Hanna Fischer
Präteritumschwund im Deutschen

Studia Linguistica Germanica

Herausgegeben von
Christa Dürscheid, Andreas Gardt,
Oskar Reichmann und Stefan Sonderegger

Band 132

Hanna Fischer
Präteritumschwund im Deutschen

Dokumentation und Erklärung
eines Verdrängungsprozesses

DE GRUYTER

Zugl. Dissertation – Universität Marburg – 2016

Gedruckt mit Unterstützung der Mainzer Akademie der Wissenschaften und der Literatur im Rahmen der Förderung des Akademievorhabens „Regionalsprache.de" (REDE) durch die Bundesrepublik Deutschland und das Land Hessen.

ISBN 978-3-11-070956-8
e-ISBN (PDF) 978-3-11-056381-8
e-ISBN (EPUB) 978-3-11-056092-3
ISSN 1861-5651

Library of Congress Cataloging-in-Publication Data
Names: Fischer, Hanna, 1983- author.
Title: Präteritumschwund im Deutschen : Dokumentation und Erklärung eines Verdrängungsprozesses / Hanna Fischer.
Description: Boston : De Gruyter Mouton, 2018. | Series: Studia Linguistica Germanica ; 132 | Includes bibliographical references and index.
Identifiers: LCCN 2018007426 (print) | LCCN 2018008185 (ebook) | ISBN 9783110563818 | ISBN 9783110560701 (hardback)
Subjects: LCSH: German language--Tense. | German language--Verb. | BISAC: FOREIGN LANGUAGE STUDY / German. | LANGUAGE ARTS & DISCIPLINES / Linguistics / General.
Classification: LCC PF3301 (ebook) | LCC PF3301 .F57 2018 (print) | DDC 435/.62--dc23 LC record available at https://lccn.loc.gov/2018007426

Bibliografische Information der Deutschen Nationalbibliothek
Die Deutsche Nationalbibliothek verzeichnet diese Publikation in der Deutschen Nationalbibliografie; detaillierte bibliografische Daten sind im Internet über http://dnb.dnb.de abrufbar.

© 2020 Walter de Gruyter GmbH, Berlin/Boston
Dieser Band ist text- und seitenidentisch mit der 2018 erschienenen gebundenen Ausgabe.
Satz: Meta Systems Publishing & Printservices GmbH, Wustermark
Druck und Bindung: CPI books GmbH, Leck

www.degruyter.com

Vorwort

Dieses Buch beruht auf meiner Dissertationsschrift, die im Jahr 2016 vom Fachbereich Germanistik und Kunstwissenschaften der Philipps-Universität Marburg angenommen und für diese Publikation leicht überarbeitet wurde.
 Ich danke Prof. Dr. Jürgen Erich Schmidt (Marburg) und Prof. Dr. Damaris Nübling (Mainz) herzlich für die Betreuung und Begutachtung dieser Arbeit. Prof. Schmidt hat mein Interesse für Variationslinguistik geweckt und mich seit meiner Studienzeit wissenschaftlich ausgebildet und gefördert. Prof. Nübling hat mich mit dem Rätsel des Präteritumschwunds bekannt gemacht und diese Arbeit von Anfang an begleitet. Prof. Dr. Joachim Herrgen und Prof. Schmidt danke ich zudem herzlich für die umfassende Förderung am *Forschungszentrum Deutscher Sprachatlas* während meiner Doktoratszeit.
 Ohne die Anregungen und die Unterstützung vieler Menschen wäre die vorliegende Arbeit in dieser Form nicht zustande gekommen. Mein Dank gilt meinen Marburger Kolleginnen und Kollegen, die durch ihre Hilfestellungen und Anregungen zum Gelingen dieser Arbeit beigetragen haben. Dankbar bin ich auch für die konstruktiven Hinweise und den Zuspruch, die ich von Fachkolleginnen und -kollegen erhalten habe. Meiner Familie sowie meinen Freundinnen und Freunden möchte ich für die Unterstützung danken.
 Den Reihenherausgebern danke ich für die Aufnahme des Buches in die Reihe *Studia Linguistica Germanica* und dem Verlag Walter de Gruyter, namentlich Herrn Daniel Gietz, Frau Anett Rehner und Frau Albina Töws, danke ich für die gute Zusammenarbeit. Weiterhin gilt mein Dank der Mainzer Akademie der Wissenschaften und der Literatur für die finanzielle Förderung der Drucklegung.
 Mein besonderer Dank gilt meinem geliebten Mann Jan, der es mir ermöglicht, Familie und Beruf zu vereinen. Für seine Unterstützung danke ich ihm von Herzen. Meinen Kindern, Paul und Maya, danke ich für die wunderbare Ablenkung. Meine Eltern, Barbara und Rudolf Fischer, haben mich in meinen Entscheidungen unterstützt und gefördert. Ihnen ist diese Arbeit gewidmet.

Marburg, im November 2017   Hanna Fischer

Inhalt

Vorwort —— V

1	**Einleitung** —— **1**	
1.1	Präteritumschwund – Perfektexpansion —— 1	
1.2	Dialekt – Regionalsprache – Regiolekt – Standardsprache —— 2	
1.3	Forschungskontexte —— 4	
1.4	Ziele der Arbeit —— 5	
1.5	Aufbau der Arbeit —— 6	
2	**Die Dokumentation des Präteritumschwunds** —— **8**	
2.1	Präteritumschwund kontrastiv —— 9	
2.2	Präteritumschwund in den deutschen Dialekten des 19. und 20. Jahrhunderts —— 14	
2.2.1	Die areale Ausbreitung – Auswertung des Wenker-Atlasses —— 15	
2.2.1.1	Starke, hochfrequente Verben: Die Karten zu *kam*, *kamen*, *lagen* und *tat* —— 16	
2.2.1.2	Modalverben: Die Karten zu *wollte* und *wollten* —— 20	
2.2.1.3	Sonderverb: Die Karte zu *war* —— 23	
2.2.1.4	Raumgliederung —— 26	
2.2.2	Dialektale Formenbestände – Auswertung der Dialektgrammatiken —— 27	
2.2.2.1	Zur Auswertung und Kartierung —— 28	
2.2.2.2	Süden —— 36	
2.2.2.3	Übergangsraum —— 43	
2.2.2.4	Norden —— 83	
2.2.3	Raumbilder und Tiefenbohrungen – Auswertung von Sprachkarten —— 100	
2.2.3.1	Süden —— 102	
2.2.3.2	Übergangsraum —— 112	
2.2.3.3	Norden —— 126	
2.2.4	Zusammenfassung – Präteritumschwund in den Dialekten —— 126	
2.2.4.1	Areale Raumgliederung des Präteritumschwunds —— 127	
2.2.4.2	Staffelungen der Formendistribution —— 128	
2.2.4.3	Zur Dynamik des Präteritumschwunds —— 130	
2.2.4.4	Zur Verwendung der Tempusformen —— 130	

2.3	Präteritumschwund in der Standardsprache des 20. Jahrhunderts —— 131
2.3.1	Präteritum und Perfekt in der Standardsprache —— 133
2.3.2	Häufigkeitsverteilungen in der gesprochenen und geschriebenen Standardsprache —— 136
2.3.3	Gebrauchsregularitäten und ihre Erklärungen —— 139
2.3.3.1	Temporale Organisation von Diskursformen —— 139
2.3.3.2	Variation entlang der Nähe-Distanz-Dimension —— 139
2.3.3.3	„Präteritumverben" und „Perfektverben" —— 140
2.3.3.4	Tempusaffinitäten nach Personalformen —— 143
2.3.4	Problematisierung des Konzepts „Sprecher der gesprochenen Standardsprache" —— 144
2.3.5	Zusammenfassung – Präteritumschwund in der Standardsprache —— 145
2.4	Historische Dokumentation des Präteritumschwunds im Deutschen —— 147
2.4.1	Datierung —— 148
2.4.2	Variation in Abhängigkeit zu Textsorten und Textmodi —— 153
2.4.3	Abbauhierarchie —— 156
2.4.4	Areale Ausbreitung —— 158
2.4.5	Zusammenfassung – Historische Dokumentation des Präteritumschwunds —— 159
2.5	Zusammenfassung —— 161
2.5.1	Präteritumschwund als europäischer Sprachwandelprozess —— 161
2.5.2	Zur Dokumentation des Präteritumschwunds im Deutschen —— 162
2.5.3	Zum Prozess und zur Erklärung des Präteritumschwunds —— 163
3	**Die Erklärung des Präteritumschwunds —— 165**
3.1	Das deutsche Tempus-Aspekt-System —— 165
3.1.1	Grundbegriffe: Zeitlichkeit in der Sprache —— 166
3.1.1.1	Temporalität —— 167
3.1.1.2	Aspektualität —— 178
3.1.2	Tempus, Aspekt und Diskurs —— 203
3.1.2.1	Diskursmodi und ihre temporale Organisation —— 203
3.1.2.2	Diskursstrukturierung durch Aspektualität —— 207
3.1.2.3	Tempus-Aspekt-Formen und Sprache der Nähe/Sprache der Distanz —— 211
3.1.3	Das neuhochdeutsche Tempus-Aspekt-System —— 214

3.2	Sprachwandel im deutschen Tempus-Aspekt-System —— 218	
3.2.1	Entstehung des neuhochdeutschen Tempus-Aspekt-Systems – ein diachroner Überblick —— 218	
3.2.1.1	Vorgeschichte I: Das germanische Erbe —— 218	
3.2.1.2	Vorgeschichte II: Systemerweiterung im Althochdeutschen und Altsächsischen —— 220	
3.2.1.3	Ausgangspunkt des Präteritumschwunds: Das Tempus-Aspekt-System im Mittelhochdeutschen und Mittelniederdeutschen —— 224	
3.2.1.4	Umbrüche im Frühneuhochdeutschen —— 238	
3.2.1.5	Übersicht: Formen und ihre Bedeutungen in den historischen Sprachstufen des Deutschen —— 241	
3.2.2	Drei zentrale Sprachwandelprozesse —— 243	
3.2.3	Grammatischer Sprachwandel als Grammatikalisierungsprozess —— 244	
3.2.3.1	Grammatikalisierung —— 244	
3.2.3.2	Mechanismen grammatischen Sprachwandels —— 247	
3.3	Prozess I: Entstehung des Perfekts —— 250	
3.3.1	Entwicklung des periphrastischen Perfekts im Deutschen —— 250	
3.3.1.1	Ausgangspunkt der Grammatikalisierung —— 251	
3.3.1.2	Semantische und syntaktische Reanalyse —— 252	
3.3.1.3	Analogische Ausweitung der Konstruktion —— 254	
3.3.1.4	*sein*-Perfekt und Auxiliarwahl —— 256	
3.3.1.5	Abschluss der Perfektgrammatikalisierung —— 258	
3.3.1.6	Weitere Erklärungen —— 258	
3.3.2	Die Entstehung des deutschen Perfekts im westeuropäischen Kontext —— 259	
3.3.3	Zusammenfassung – Entstehung des Perfekts —— 263	
3.4	Prozess II: Expansion des Perfekts —— 264	
3.4.1	Perfekt als skalare Größe: Der Faktor ‚Gegenwartsrelevanz' bei Waugh (1987) —— 266	
3.4.2	Zeitreferentielle Opposition mit Grauzone: Temporale Verankerungen bei Elsness (1997) —— 270	
3.4.3	Semantische und funktionale Perfektexpansion im Deutschen: Dentler (1997/1998) —— 273	
3.4.4	Perfektexpansion im germanischen Vergleich: Dammel/Nowak/Schmuck (2010) und Schmuck (2013) —— 283	
3.4.5	Ein integratives Analysemodell für die Perfektexpansion —— 288	
3.4.6	Expansionsgrad des Perfekts im Deutschen —— 294	
3.4.6.1	Expansionsgrad des Perfekts in der deutschen Standardsprache —— 295	

3.4.6.2	Expansionsgrad des Perfekts in den deutschen Dialekten —— 296
3.4.6.3	Empirische Überprüfung des Perfektexpansionsgrads am REDE-Korpus —— 297
3.4.7	Bewertung der Perfektexpansion in Hinblick auf das deutsche Tempus-Aspekt-System —— 308
3.4.8	Exkurs: Doppelte Perfektbildungen —— 310
3.4.9	Zusammenfassung – Expansion des Perfekts —— 313
3.5	Prozess III: Verdrängung des Präteritums —— 316
3.5.1	Perfektexpansion als Ursache des Abbaus —— 316
3.5.2	Diskussion weiterer Erklärungsansätze zum Präteritumschwund —— 325
3.5.2.1	Lautliche Faktoren —— 325
3.5.2.2	Semantische Faktoren —— 343
3.5.2.3	Morphologische Faktoren —— 347
3.5.2.4	Pragmatische Faktoren —— 349
3.5.2.5	Informationsstruktur —— 351
3.5.2.6	Sprachkontakt —— 356
3.5.2.7	Zusammenfassung – Erklärung des Präteritumschwunds —— 359
3.5.3	Die Abbauhierarchie des Präteritums und ihre Faktoren —— 362
3.5.3.1	Ausdrucksseitige Verfahren —— 363
3.5.3.2	Frequenz —— 369
3.5.3.3	Verbsemantik —— 378
3.5.3.4	Klammerbildung —— 379
3.5.3.5	Überblick: Die Abbauhierarchie der Präteritumformen —— 380
3.5.4	Evidenz aus der Spracherwerbsforschung —— 382
3.6	Zusammenfassung —— 385
3.6.1	Zum Tempus-Aspekt-System des Deutschen —— 385
3.6.2	Zur historischen Entwicklung des deutschen Tempus-Aspekt-Systems —— 385
3.6.3	Zur Perfektgrammatikalisierung —— 385
3.6.4	Zur Perfektexpansion —— 386
3.6.5	Zum Präteritumschwund —— 386

4	**Ergebnisse der Arbeit und Ausblick —— 388**
4.1	Zusammenfassung der Ergebnisse —— 388
4.1.1	Zur Dokumentation des Präteritumschwunds —— 388
4.1.1.1	Raumgliederung —— 388
4.1.1.2	Gestaffelter Abbau des Präteritums —— 389
4.1.1.3	Diachronie —— 391

4.1.2	Zur Erklärung des Präteritumschwunds —— 393	
4.1.2.1	Präteritumschwund als Folge von historischen Sprachwandelprozessen —— 393	
4.1.2.2	Das deutsche Tempus-Aspekt-System —— 393	
4.1.2.3	Perfektgrammatikalisierung und Perfektexpansion —— 394	
4.1.2.4	Perfektexpansion als Ursache des Präteritumschwunds —— 395	
4.1.2.5	Die multifaktorielle Erklärung des Präteritumschwunds —— 395	
4.2	Ausblick —— 396	
5	**Verzeichnisse —— 399**	
5.1	Literaturverzeichnis —— 399	
5.2	Tabellenverzeichnis —— 428	
5.3	Abbildungsverzeichnis —— 431	
5.4	Kartenverzeichnis —— 433	

Register —— 435

1 Einleitung

„Es gab Obstsalat zum gemeinsamen Frühstück.
Wir haben Drachen gebastelt. Wir waren draußen."

Auf einer Tafel in dem mittelhessischen Kindergarten *Regenbogenland* in Großseelheim werden die Eltern mit variierendem Tempusformengebrauch über die Aktivitäten des Tages informiert. Diese beobachtete Variation ist dem sogenannten oberdeutschen Präteritumschwund geschuldet, der offensichtlich über das oberdeutsche Sprachgebiet hinausgreift. Es handelt sich dabei um einen historischen Sprachwandelprozess, in dem seit mittelhochdeutscher Zeit Perfektformen (*haben gebastelt*) die Präteritumformen (*bastelten*) verdrängen. Diese Arbeit möchte zur Erforschung dieses Prozesses beitragen. Im Zentrum steht dabei die Dokumentation und Analyse des Schwundprozesses in den Regionalsprachen des Deutschen.

1.1 Präteritumschwund – Perfektexpansion

Was ist „Präteritumschwund"? Mit dem Terminus „Oberdeutscher Präteritumschwund" wird im engeren Sinne der Verlust der Präteritumformen in den südlichen Dialekten des deutschen Sprachraums verstanden. In diesen Dialekten wird statt des Präteritums (*sie spielte, sie ging, sie dachte*) das Perfekt (*sie hat gespielt, sie ist gegangen, sie hat gedacht*) zum Ausdruck von Vergangenheit verwendet. In einem weiteren Sinne wird unter „Präteritumschwund" allgemein der Abbau von Präteritumformen verstanden. Dieser lässt sich auch in der gesprochenen Standardsprache feststellen, in der das Präteritum seltener als in der Schriftsprache verwendet wird, aber als Form bestehen bleibt. In einem allgemeinen Sinn kann mit „Präteritumschwund" generell auf Prozesse verwiesen werden, bei denen wie im Deutschen eine Form zum Ausdruck allgemeiner oder perfektiver Vergangenheit von einer expandierenden Perfektform verdrängt wird. Solche Prozesse – die einen ähnlichen Verlauf haben wie der Prozess im Deutschen – lassen sich auch in nicht-germanischen Sprachen feststellen (z. B. in der Romania). Da nur die germanischen Sprachen über eine Präteritumform verfügen – dessen Paradigma aus einem für das Germanische typischen Zusammenfall von indoeuropäischen Aorist- und Perfektformen entstanden ist – ist der Begriff nicht auf nicht-germanische Sprachen übertragbar. Es stellt sich die Frage, ob die Prozesse nicht allgemeiner mit dem Begriff der

Perfektexpansion zu fassen sind. Wie in dieser Arbeit gezeigt wird, ist die Expansion einer Perfektform in Bedeutung und Gebrauch der treibende Motor in den Schwundprozessen, die sich genauer noch als Verdrängungsprozesse darstellen.

Die Bezeichnungen „Präteritumschwund" und „Perfektexpansion" betonen jeweils einen unterschiedlichen Blickwinkel auf den gleichen Prozess. Sie zeigen zwei Seiten einer Medaille. Während mit „Präteritumschwund" der Fokus auf den Verlustprozess der Präteritumformen gelegt wird, hebt „Perfektexpansion" die Verdrängung des Präteritums durch das expandierende Perfekt hervor. Wir werden sehen, dass die Grammatikalisierung und Expansion des Perfekts und der Abbau des Präteritums sich überlappende, zusammenhängende Prozesse darstellen. Da für den Präteritumschwund jedoch auch andere Gründe als die Perfektexpansion geltend gemacht wurden, konnotiert der Begriff „Perfektexpansion" gleichzeitig die Zurückführung des Schwunds auf die Ausweitung des Perfekts in Bedeutung und Gebrauch.

In dieser Arbeit wird der Präteritumschwund als Folge der Perfektexpansion beschrieben, der im Kontext einer umfassenden Reorganisation des deutschen Tempus-Aspekt-Systems in der Geschichte des Deutschen erfolgte. Von Interesse sind beide Seiten des Prozesses: Die Arbeit fragt sowohl nach dem genauen Ablauf des Expansionsprozesses der Perfektform als auch nach dem Abbauprozess des Präteritums. Wir werden sehen, dass beide Prozesse regelhaft verlaufen und sich auf identifizierbare Faktoren zurückführen lassen.

1.2 Dialekt – Regionalsprache – Regiolekt – Standardsprache

Der Präteritumschwund erfasst im Deutschen das gesamte Varietätengefüge. Sprachhistorisch setzten die relevanten Sprachwandelprozesse bereits ein, bevor sich die neuhochdeutsche Standardsprache – die die Präteritumform als festes Inventar aufgenommen hat – entwickelt hatte. Aus diesem Grund ist der Präteritumschwund in erster Linie ein Phänomen der Dialekte. Diese lassen sich nach Schmidt/Herrgen (2011, 59) definieren als „die standardfernsten, lokal oder kleinregional verbreiteten Vollvarietäten".[1] Die Entwicklung, Oralisierung und Verbreitung der Standardschriftsprache haben zu einer Vertikali-

---

[1] Vollvarietäten sind individuell-kognitiv durch „je eigenständige prosodisch-phonologische und morpho-syntaktische Strukturen" bestimmt und stellen sprachsozial „partiell systemisch differente Ausschnitte des komplexen Gesamtsystems Einzelsprache, auf deren Grundlage Sprechergruppen in bestimmten Situationen interagieren" dar (Schmidt/Herrgen 2011, 51).

sierung des regionalsprachlichen Sprechens und dadurch zur Ausbildung weiterer regionalsprachlicher Varietäten und Sprechlagen im Substandardbereich geführt. Das Gesamt des regionalen Sprechens wird mit dem Begriff der Regionalsprache spezifiziert:

> Eine Regionalsprache ist ein durch Mesosynchronisierungen vernetztes Gesamt an Varietäten und Sprechlagen, das horizontal durch die Strukturgrenzen der Dialektverbände/-regionen und vertikal durch die Differenzen zu den nationalen Oralisierungsnormen der Standardvarietät begrenzt ist. (Schmidt/Herrgen 2011, 66)

Im Variationsbereich zwischen Dialekt und Standardsprache wird als „standardabweichende Vollvarietät mit großregionaler Verbreitung" (Schmidt/Herrgen 2011, 66) der Regiolekt bestimmt. Je nach Dialektverband hat die Regionalsprache eine andere Struktur. Sie ist jeweils durch historische, soziale und auch sprachsystemische Eigenschaften geprägt. Traditionell lag das Forschungsinteresse auf den Dialekten, die in der klassischen Dialektologie umfangreich dokumentiert wurden. Die Regiolekte und die regionalsprachlichen Spektren wurden erst in neuerer Zeit zum zentralen Gegenstand einer modernen Regionalsprachenforschung.[2] Da sich die Regiolekte auf Grundlage der Dialekte ausgebildet haben, ist der Präteritumschwund für die gesamte Regionalsprache von Bedeutung. Auch die Standardsprache weist Auswirkungen des Schwundprozesses auf.

Die Standardsprache überdacht die Regionalsprachen des Deutschen. Sie wird wie folgt definiert:

> Standardsprache heißt diejenige Vollvarietät, auf deren Literalisierungsnorm die Mitglieder einer Sprachgemeinschaft ihre Makrosynchronisierung ausrichten. Die – nationalen – Oralisierungsnormen dieser Vollvarietät sind durch Freiheit von (kommunikativ) salienten Regionalismen gekennzeichnet. (Schmidt/Herrgen 2011, 62)

Zahlreiche Entwicklungen in der Moderne haben die Dynamik in diesem Varietätengefüge beschleunigt. So können wir neben dialektalem Wandel[3] vor allem standardkonvergente Entwicklungen innerhalb der regionalsprachlichen Systeme beobachten (vgl. Schmidt/Herrgen 2011).

---

[2] Erste Arbeiten zu den regionalsprachlichen Spektren einzelner Räume liegen bereits vor: u. a. Lenz (2003), Kehrein (2012), Rocholl (2015), Vorberger (2017). Weitere Studien sind in Vorbereitung.
[3] Konstanz lässt sich in der Regel nur an Strukturgrenzen zwischen Regionalsprachen feststellen.

1.3 Forschungskontexte

Der „Präteritumschwund im Deutschen" ist ein zentrales und für viele linguistische Disziplinen relevantes Thema. Nicht nur hat es auf der Beschreibungsebene zahlreiche linguistische Disziplinen bemüht, es reicht als Sprachwandelprozess tief in die verschiedenen Systemebenen der Sprache hinein. Der Schwund einer Tempusform, die sprachhistorisch einmal festes Inventar des Deutschen war, und die mit diesem Schwund im Zusammenhang stehenden Umbauprozesse betreffen das gesamte Sprachsystem in vielfacher Weise.

Aus Sicht der Variationslinguistik ist der Präteritumschwund in erster Linie ein Forschungsthema der traditionellen, germanistischen Dialektologie, die den Schwund in den Dialekten dokumentiert und verschiedene Erklärungen erarbeitet hat (u. a. Reis 1891; Jacki 1909; Kaiblinger 1929/30; Rowley 1983).

Als historischer Sprachwandelprozess ist der Schwund zudem Thema der historischen Sprachwissenschaft, die sich um eine Datierung, Lokalisierung und ebenfalls um Erklärungen bemüht (u. a. Lindgren 1957; Dentler 1997; Sapp 2009; Amft 2013). Gleichzeitig beschreibt die historische Linguistik morphologische und syntaktische Umbauprozesse, die auch in einem Zusammenhang mit dem Schwundprozess stehen (z. B. den frühneuhochdeutschen Präteritalausgleich, die Ausbildung periphrastischer Verbalformen; vgl. dazu u. a. Schmuck 2013).

Als Verschiebung der Form-Funktions-Relationen ist der Präteritumschwund jedoch auch ein Thema der Grammatikbeschreibung (u. a. Duden-Grammatik 2016; Rothstein 2006; 2007; Petrova 2008b) und darüber hinaus der Tempus-Aspekt-Forschung (u. a. Comrie 1976, 1985; Klein 1994; Musan 2002; Henriksson 2006; Binnick 2012) sowie der Sprachwandel- und Grammatikalisierungsforschung (u. a. Szczepaniak 2011; Eckardt 2012), die das nötige terminologische Inventar zur Beschreibung des Prozesses liefern und neben semantischen und pragmatischen auch diskurslinguistische Faktoren bemühen. Die sprachvergleichende, typologische Tempus-Aspekt-Forschung (u. a. Bybee/ Dahl 1989; Bybee/Perkins/ Pagliuca 1994) interessiert sich für den Präteritumschwund als eine Ausprägung einer allgemeinen Entwicklung und erweitert die rein germanistische Perspektive um kontrastive Erkenntnisse.

Als Sprachwandelphänomen, das für eine theoretisch und sachlich adäquate Beschreibung ein Zusammenführen verschiedener linguistischen Disziplinen erfordert, stellt der Präteritumschwund damit eine besondere Herausforderung dar. In Rahmen einer Dissertation muss daher ein klarer Fokus innerhalb des umfangreichen Forschungsfeldes gesetzt werden. Dieser liegt in dieser Arbeit auf der synchronen Beschreibung des Schwunds, dem historisch-theoretischen Hintergrund des Prozesses und seiner Erklärung.

1.4 Ziele der Arbeit

Die Arbeit verfolgt das Ziel, den Status quo des Präteritumschwunds im Deutschen zu dokumentieren, zu analysieren und zu erklären. Als Teilziele lassen sich daher die folgenden Aufgaben benennen:
1. Dokumentation der dialektalen, präteritalen Formenbestände: Welche Raumgliederung des Präteritumschwunds lässt sich ermitteln? Welchen Regeln folgt diese Raumgliederung?
2. Dokumentation der Distributionen: Welche Häufigkeitsverteilungen lassen sich für den dialektalen und standardsprachlichen Gebrauch von Präteritum- und Perfektformen feststellen? Wie lassen sich diese erklären?
3. Dokumentation des historischen Präteritumschwunds und der Perfektexpansion: Wann, wo und nach welchen Regeln hat das Perfekt expandiert und ist das Präteritum geschwunden?
4. Rekonstruktion der Prozesse, die zum Präteritumschwund geführt haben: Welche Veränderungen hat das deutsche Tempus-Aspekt-System erfahren, so dass das Präteritum schwinden konnte? Wie lassen sich diese Prozesse beschreiben und diachron sowie synchron untersuchen?
5. Erklärung des Präteritumschwunds: Welche Ursache hat den Schwund ausgelöst? Welche Faktoren haben den Prozess beeinflusst? Nach welchen Prinzipien erfolgt der Abbau der Präteritumformen?

Um diese Fragen zu beantworten, wertet diese Arbeit systematisch die vorhandenen dialektologischen Quellen und die zum Präteritumschwund und zur Tempusdistribution erschienenen Forschungsarbeiten aus. Diese Arbeiten haben jeweils nur Einzelaspekte des Schwunds oder Teilräume betrachtet. Das bisherige Bild zum Präteritumschwund ist daher stark fragmentiert. In Form einer Metaanalyse werden die Erkenntnisse nun erstmals systematisch ausgewertet, überprüft und zu einem einheitlichen Bild zusammengeführt. In dieser Hinsicht nimmt diese Arbeit eine Erstvermessung des Präteritumschwunds entlang mehrerer Dimensionen – areal, vertikal, historisch – vor. Zur Erklärung des Schwunds werden die relevanten historischen Entwicklungen im deutschen Tempus-Aspekt-System[4] ermittelt. Die Erkenntnisse zu diesen Prozessen

---

4 Indem in dieser Arbeit konsequent der Terminus „Tempus-Aspekt-System" verwendet wird, soll zum Ausdruck kommen, dass Tempusformen immer temporale und aspektuelle Bedeutung ausdrücken. Es impliziert nicht, dass hier fälschlicherweise davon ausgegangen würde, dass das Deutsche über grammatikalisierte Aspektformen (wie zum Beispiel die slawischen Sprachen oder das Altgriechische) verfüge. Korrekter müsste für das Deutsche von einem „System der Formen zum Ausdruck von temporaler und aspektueller Bedeutung" gesprochen werden, was jedoch einer einfachen und verständlichen Sprache entgegensteht.

werden aufeinander bezogen und mit den traditionellen Erklärungen des Präteritumschwunds zu einem multifaktoriellen Erklärungsrahmen zusammengeführt.

Damit liefert diese Arbeit eine empirisch fundierte Grundlage zur Beschreibung von Perfektexpansion und Präteritumschwund im Deutschen. Die germanistische Beschreibung des Präteritumschwunds wird zudem anschlussfähig für typologische und sprachvergleichende Forschungen gemacht. Sie soll als Ausgangspunkt für die künftige, empirisch fundierte, kontrastive Erforschung des europäischen Präteritumschwunds dienen.

1.5 Aufbau der Arbeit

Kapitel 2 führt den Forschungsstand zur Dokumentation des Präteritumschwunds zusammen. Nach einer kontrastiven Verortung (Kap. 2.1) wird der Forschungsstand zum Präteritumschwund im Deutschen ausgewertet. Zunächst wird der Entwicklungsstand des Präteritumschwunds im 19. und 20. Jahrhundert erörtert. Dazu werden für den bundesdeutschen Sprachraum der *Sprachatlas des Deutschen Reichs* (Wenker 1888–1923), Dialektgrammatiken, weitere Sprachkarten und einschlägige Einzelstudien ausgewertet und die darin dokumentierten dialektalen Formenbestände und Gebrauchsregularitäten erfasst und kartiert (Kap. 2.2). Die Ergebnisse werden anschließend mit den standardsprachlichen Verhältnissen kontrastiert (Kap. 2.3). Anschließend wird die diachrone Entwicklung des Präteritumschwunds skizziert (Kap. 2.4). Es folgt eine Diskussion der aus der Auswertung des Forschungsstands resultierenden Forschungsfragen (Kap. 2.5).

In Kapitel 3 wird Präteritumschwund als Folge einer Reorganisation des deutschen Tempus-Aspekt-Systems erklärt. Dazu werden zunächst die Grundkonzepte zur Beschreibung des deutschen Tempus-Aspekt-Systems entwickelt und das neuhochdeutsche Tempus-Aspekt-System entsprechend beschrieben (Kap. 3.1). In einem zweiten Schritt wird die Entstehung des neuhochdeutschen Systems skizziert, indem anhand der Sprachstufengrammatiken und einschlägigen Studien die historischen Formenbestände und Verwendungen ermittelt und diachron verglichen werden (Kap. 3.2). Dadurch lassen sich drei zentrale Sprachwandelprozesse benennen, die die heutigen Systeme maßgeblich prägen: Entstehung des Perfekts, Expansion des Perfekts und Verdrängung des Präteritums. Diese Prozesse werden anschließend genauer beschrieben. Kapitel 3.3 widmet sich der Entstehung des Perfekts und beschreibt diese als Grammatikalisierungsprozess. Kapitel 3.4 führt die vorgebrachten Modelle zur Beschreibung von Perfektexpansionsprozessen zu einem eigenen, integrativen

Analysemodell zusammen. Eine Anwendung des Modells auf die Erkenntnisse aus Kapitel 2 gibt Aufschluss über den Grad der Perfektexpansion in den Varietäten des Deutschen. In Kapitel 3.5 wird für eine Erklärung des Präteritumschwunds als Folge der Perfektexpansion argumentiert. Eine Diskussion weiterer Erklärungsansätze gibt Aufschluss über die begünstigenden Faktoren des Schwunds und führt die verschiedenen Erklärungsansätze zu einem multifaktoriellen Erklärungsrahmen zusammen. Des Weiteren werden die Faktoren ermittelt, die den Verdrängungsprozess steuern.

Kapitel 4 fasst schließlich die zentralen Argumentationslinien und Ergebnisse der Arbeit zusammen. Anschließend werden die Desiderate, die durch die vorliegende Metaanalyse aufgezeigt wurden, benannt.

2 Die Dokumentation des Präteritumschwunds

Dieses Kapitel wertet den synchronen und diachronen Dokumentationsstand zum oberdeutschen Präteritumschwund in der germanistischen Forschung aus. Seit Beginn der germanistischen Sprachwissenschaft im 19. Jahrhundert wurde der Präteritumschwund wiederholt zum Gegenstand von Grammatikschreibung, Sprachkartographie, dialektologischen und sprachhistorischen Arbeiten sowie Einzelstudien zur Tempusverwendung in ausgewählten Orten und Regionen. Was fehlt, sind überregionale, zusammenfassende Arbeiten, die einen Überblick über die areale Ausbreitung des Präteritumschwunds geben und sowohl regionalsprachliche als auch standardsprachliche Tempus-Aspekt-Systeme im Blick haben.[5] Daher werden nachfolgend die Dokumentationen zum Präteritumschwund in den Dialekten (Kap. 2.2), der Standardsprache (Kap. 2.3) und der Sprachgeschichte des Deutschen (Kap. 2.4) zusammengeführt und ausgewertet. Dabei stehen folgende Fragen im Vordergrund:

1. Was wissen wir über die Perfekt/Präteritum-Distribution in den deutschen Dialekten? In welchen Dialekten sind Präteritumformen geschwunden? Nach welchen „Regeln" erfolgt der Formenschwund/-erhalt? Welche Bedeutungsunterschiede und Funktionsunterschiede werden benannt? (Kap. 2.2)
2. Wie sieht die Perfekt/Präteritum-Distribution in der geschriebenen und gesprochenen Standardsprache aus? Welche Bedeutungs- oder Funktionsunterschiede werden benannt? (Kap. 2.3)
3. Wann und wie hat sich der Schwund historisch vollzogen? (Kap. 2.4)

Anschließend werden die Erkenntnisse zusammengefasst und die wichtigsten Forschungsfragen benannt, die sich aus den Desideraten der aktuellen Präteritumschwundforschung ergeben (Kap. 2.5).

Zunächst wird jedoch der oberdeutsche Präteritumschwund in einen weiteren Kontext gebettet, in dem der traditionelle, germanistische Erklärungsrahmen um kontrastive Perspektiven erweitert wird (Kap. 2.1). Es wird sich zeigen, dass der Präteritumschwund in jeder Hinsicht ein Grenzen überschreitendes Phänomen ist und eigentlich einer Dokumentation bedarf, die auch Nationalgrenzen überschreitet. Dieses Programm kann jedoch im Rahmen dieser Arbeit, die sich in ihren Analysen auf den bundesdeutschen Sprachraum be-

---

5 Rowley (1983) und Jacki (1909) stellen zwei begrüßenswerte Ausnahmen dar. Während Jackis Studie sich auf den hochdeutschen Sprachraum beschränkt, wertet Rowley stichprobenartig Grammatiken unterschiedlicher Regionen aus (vgl. die *Übersichtskarte zum Gebrauch des Präteritums in den heutigen deutschen Dialekten* in Rowley 1983, 175).

https://doi.org/10.1515/9783110563818-002

schränkt, nicht erfüllt werden und bleibt als Aufgabe für künftige Forschungsarbeiten bestehen.

2.1 Präteritumschwund kontrastiv

Präteritumschwund ist keine Spezialität der oberdeutschen Dialekte. Einen Schwund von Präteritumformen können wir auch in anderen germanischen Sprachen, im Afrikaans und im Jiddischen, feststellen (vgl. Abraham/Conradie 2001). Da Präteritumformen jedoch eine Besonderheit der germanischen Sprachen sind – sie sind entstanden in einem für das Germanische typischen Zusammenfall der indoeuropäischen Perfekt- und Aoristformen zu einem Präteritumparadigma – kann ein Präteritumschwund auch nur für Sprachen dieser Familie verzeichnet werden.

Wenn wir die Perspektive jedoch erweitern und einbeziehen, welchen Prinzipien dieser Prozess folgt, dann lassen sich weitere ähnliche Schwundprozesse feststellen, die als gemeinsamen Nenner denselben Expansionsprozess verzeichnen: die semantische Expansion einer gegenwartsbezogenen, analytischen Perfektform hin zu einer Vergangenheitsform, die dazu führt, dass eine bestehende, synthetische Vergangenheitsform marginalisiert wird und z. T. sogar verloren geht.

In der kontrastiven Forschung wird in der Regel von einem solchen Zusammenhang zwischen Präteritumschwund und Perfektexpansion ausgegangen. So werden in der Studie von Thieroff (2000) beide Prozesse in ein Analysemodell zusammengeführt. Thieroff (2000, 284, Tab. 8) gliedert den Expansionsprozess der europäischen Perfektformen in fünf Stufen. Die Perfektformen der unterschiedlichen Sprachen lassen sich ihrem Entwicklungsstand nach den jeweiligen Stufen zuordnen.[6] Dabei stellt Stufe 0 die konservative semantische Opposition von Perfektformen und Aorist- bzw. Präteritumformen dar.[7] Eine solche Opposition findet sich im Englischen und den skandinavischen Sprachen, aber auch im Okzitanischen und Süditalienischen.[8] In Stufe 1 ist diese

---

6 Was die Einteilung der Sprachen angeht, beruft sich Thieroff auf frühere Publikationen und „reference grammars", die jedoch nicht weiter spezifiziert werden. Thieroffs Analyse kann daher nur als grobe Einteilung verstanden werden, eine verlässliche Charakterisierung und Einteilung der Sprachen würde entsprechende einzelsprachliche, empirische Detailanalysen erfordern, die bisher zum großen Teil ausstehen.
7 Mit „Aoristformen" referiert Thieroff auf die perfektiven Vergangenheitsformen der romanischen Sprachen, wie z. B. dem *passé simple* im Französischen.
8 Thieroffs Liste dieser Sprachen ist lang und umfasst neben germanischen und romanischen Sprachen u. a. auch Estnisch, Finnisch, Baskisch, Griechisch und Armenisch.

Opposition bereits aufgehoben. Dies ist nach Thieroff zum Beispiel im Standarddeutschen der Fall, in dem Perfekt- und Präteritumformen nahezu austauschbar sind. Die Definition der nächsten Entwicklungsstufe (Stufe 2) als Marginalisierung der Aorist- bzw. Präteritumform dreht nun die Perspektive um: Der Blick liegt nicht mehr auf der Expansion der Perfektform, sondern auf der Verdrängung einer Vergangenheitsform, in deren Bedeutungsbereich die Perfektform zuvor expandiert hatte: Das sind in den europäischen Sprachen vor allem Präteritumformen oder Aoristformen (Formen zum Ausdruck von perfektiver Vergangenheit). Stufe 2, die Marginalisierung von Aorist- bzw. Präteritumformen, zeigt sich zum Beispiel im Französischen, in dem das ältere *passé simple* vom *passé composé* verdrängt wurde und heute auf die schriftsprachliche Verwendung reduziert ist. Es folgt Stufe 3, in der die ältere Vergangenheitsform abgebaut worden ist – wie in den oberdeutschen und norditalienischen Dialekten und im Jiddischen – und anschließend Stufe 4, in der die Perfektformen zusätzliche semantische und morphosyntaktische Entwicklungen erfahren haben, wie in einigen slawischen Sprachen (Polnisch, Tschechisch, Weißrussisch, Ukrainisch und Slowenisch).

Betrachtet man die Karten von Thieroff (2000, 285, Map 3) und Dahl/Velupillai (2013, Map 68.1),[9] auf denen die Expansion der Perfektformen kartiert ist, so zeigt sich, dass die Sprachen, in denen sich Perfektformen zu Vergangenheitsformen entwickelt haben, ein gemeinsames Areal bilden, dessen Grenzen z. T. quer durch traditionell als zusammenhängend empfundene Sprachgebiete oder Nationen verlaufen: Süddeutschland, Österreich, Schweiz, Frankreich und Norditalien (vgl. Karte 1 und 2). Der areale Zusammenhang ähnlicher sprachlicher Eigenschaften (von denen die Perfektentwicklung nur ein Merkmal unter anderen ist) hat in der typologischen Forschung das Konzept der *Standard Average European Languages* (SAE) und auch den Begriff des *Charlemagne Sprachbund* – eines Sprachbunds, der aus den Sprachen des Kaiserreichs Karls des Großen besteht – hervorgebracht (vgl. Auwera 1998, 833; Thieroff 2001, 221–224; Drinka 2013).

Inwieweit die Sprachkontaktsituation in Westeuropa die verschiedenen für den oberdeutschen Präteritumschwund relevanten Prozesse (Perfektgrammatikalisierung, Perfektexpansion) beeinflusst hat, wird immer wieder diskutiert. Letztlich sind hier kontaktbedingte Entwicklungen nicht auszuschließen. Ob sie als alleinige Erklärungsfaktoren dienen können, ist allerdings ebenfalls umstritten (vgl. Kap. 3.3.2 „Die Entstehung des Perfekts im westeuropäischen Kontext" und 3.5.2.6 „Sprachkontakt").

---

9 Link zur Karte: http://wals.info/chapter/68

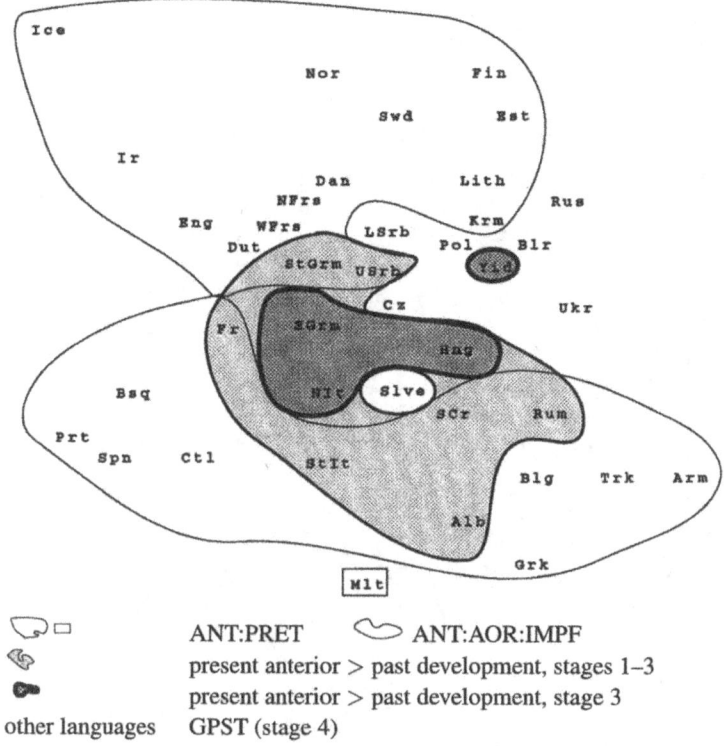

Karte 1: „Map 3" aus Thieroff (2000, 285).

Ternes (1988) widmet sich dem Präteritumschwund aus einer morphosyntaktischen Perspektive, indem er fragt, welche Bildungsweise (analytisch vs. synthetisch) die Formen haben, die in den Sprachen Europas als Narrationstempus verwendet werden. Darunter versteht Ternes „diejenige Form, bei welcher vergangene Handlungen oder Ereignisse, punktuell und als abgeschlossen betrachtet, aneinandergereiht erscheinen, also der Typ lat. *veni, vidi, vici* 'ich kam, ich sah, ich siegte'" (Ternes 1988, 335). Es handelt sich also um Formen mit perfektiver Vergangenheitsbedeutung, die in einer Erzählung die Ereignisfolge beschreiben. Ternes interessieren in erster Linie die regionalen Differenzierungen. Für das Deutsche fasst er die Verteilung wie folgt zusammen:

> Im äußersten Süden des deutschen Sprachgebiets ist das Präteritum völlig verschwunden, im Norden dagegen ist es gut bewahrt. Dazwischen finden sich vielfältig gestaffelte Abstufungen, die im allgemeinen lexikalisch bedingt sind (für bestimmte Verben ist ein Präteritum gebräuchlich, für andere nicht). (Ternes 1988, 334)

12 — 2 Die Dokumentation des Präteritumschwunds

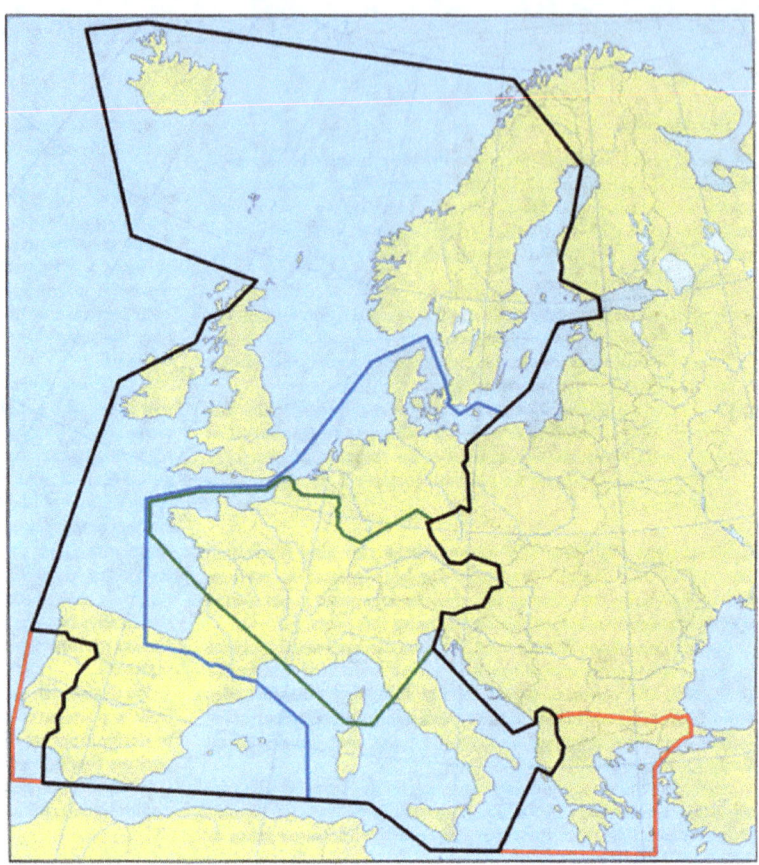

Present-day boundaries of the area where
'have' perfects (perfects based
on a transitive possessive construction) and
constructions derived from them occur

Peripheral area where less typical 'have'
perfects are found

Area of division of labour between 'have'
perfects and 'be' perfects

Area where a 'have' perfect has developed into
a past or a perfective

Karte 2: „Map 68.1: 'Have' perfects in Europe" aus Dahl/Velupillai (2013).[10]

---

10 Vgl. die in dieser Karte ausgewiesene „Area where a ‚have'-perfect has developed into past or a perfective".

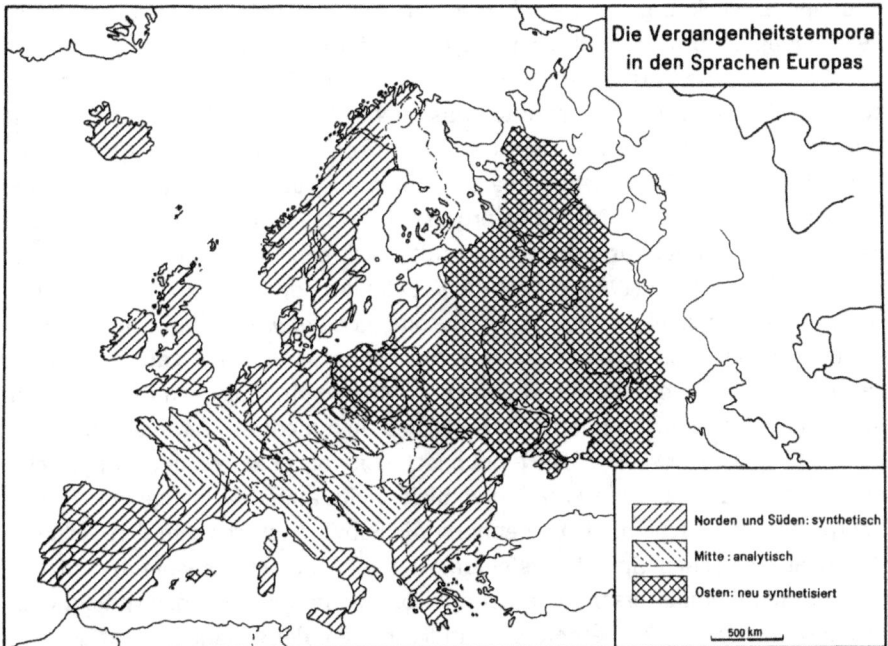

Karte 3: „Vergangenheitstempora in den Sprachen Europas" aus Ternes (1988, 340).

Für das Französische und das Italienische stellt Ternes eine ähnliche, geographisch jedoch spiegelbildliche Verteilung fest. Im Französischen, vor allem im Nordfranzösischen, wurde das synthetische *passé simple* durch das analytische *passé composé* ersetzt bzw. wurde es auf eine schriftsprachliche Verwendung reduziert,[11] im Norditalienischen wurde das *passato remoto* verdrängt. Im Okzitanischen und Süditalienischen wie auch im Spanischen und Portugiesischen kann – genauso wie in den nordeuropäischen Sprachen – ein solcher Prozess nicht beobachtet werden. Ternes Kartierung (Ternes 1988, 340) in Karte 3 zeigt ein ganz ähnliches Bild wie die Kartierung der Perfektexpansion in Dahl/Velupillai (2013, Map 68.1).

Die Sprachen, die eine semantische Opposition zwischen Perfekt und der (den) alten Vergangenheitsform(en) bewahren, erhalten auch das ältere, synthetische Erzähltempus. Die Sprachen mit einer Marginalisierung oder dem Schwund der Präteritum-/Aoristform, sind bei Ternes die Sprachen, die eine analytische Form als Erzähltempus haben. Die weiterführenden semantischen und

---

11 Da es in den romanischen Sprachen je zwei aspektuell differenzierte Vergangenheitsformen gibt, verdrängt das Perfekt nur die perfektive Vergangenheitsform („Aorist" bei Thieroff).

formalen Entwicklungen in den slawischen Sprachen, die zu neu synthetisierten Vergangenheitsformen geführt haben, sollen hier nicht besprochen werden.

Wenn wir die Karten zur Perfektexpansion und Ternes' Karte zur morphosyntaktischen Bildung des Erzähltempus vergleichen, wird der Zusammenhang zwischen dem Expansionsprozess der Perfektform und dem Verlustprozess der Präteritumform greifbar: Beide Areale stimmen überein. Der oberdeutsche Präteritumschwund stellt sich als Folgeprozess der semantischen und funktionalen Expansion der Perfektform dar und gestaltet sich als ein Verdrängungsprozess.

Nach Bybee/Dahl (1989) erfolgt die Entwicklung des Perfekts von einem *present anterior* hin zu einem *past perfective* oder *general past* entlang eines universalen Grammatikalisierungspfads, der von vielen Sprachen begangen wird. Er kann auch in nicht-europäischen Sprachen wie den afrikanischen Kru- und Bantu-Sprachen sowie im Mandarin-Chinesischen dokumentiert werden (vgl. Bybee/Perkins/Pagliuca 1994, 81).[12] Die typologische Literatur hat jedoch die Schwäche, nur exemplarisch auf die einzelsprachlichen Situationen einzugehen. Um zu überprüfen, in welchem Zusammenhang die Schwundprozesse in den verschiedenen europäischen Sprachen stehen, ist neben der entsprechenden historischen Sprachkontaktforschung auch die Dokumentation der einzelsprachlichen Prozesse notwendig. Zu beschreiben sind vor allem der genaue Verlauf des Prozesses und der konkrete Entwicklungsstand in den Varietäten der Präteritumschwundsprachen.

Für das Deutsche soll daher mit dieser Arbeit eine grundlegende Beschreibung erarbeitet werden, die auch als Grundlage für typologische Forschungen dienen kann. Im Folgenden wird daher der bestehende Dokumentationsstand zur synchronen Situation und diachronen Entwicklung der Perfekt- und Präteritumformendistribution im Deutschen und seinen Varietäten ausgewertet und zusammengefasst.

2.2 Präteritumschwund in den deutschen Dialekten des 19. und 20. Jahrhunderts

Dialekte sind progressive Varietäten: Sie sind in erster Linie gesprochene Varietäten und im Gegensatz zur Standardsprache sind sie weder normiert noch kodifiziert. Sprachwandel kann sich in ihnen daher nahezu ungebremst vollziehen. Entsprechend zeigen sich auch die Perfektausdehnung und der Präteritumschwund in den Dialekten deutlicher als in der Standardsprache. Darüber

---

12 Leider wird nicht erörtert, inwieweit sich auch bei diesen Sprachen Verdrängungsprozesse anschließen.

hinaus lässt sich in der Arealität der Formenbestände auch die Diachronie des Prozesses ablesen.

2.2.1 Die areale Ausbreitung – Auswertung des Wenker-Atlasses

Die älteste und umfangreichste Dokumentation zum Präteritumschwund findet sich in Georg Wenkers *Sprachatlas des Deutschen Reichs* (1888–1923). In den 40 standardsprachlichen Wenkersätzen, die von den Volksschullehrern mithilfe ihrer Schüler in die jeweiligen Ortsdialekte übersetzt werden sollten, wurde eine Reihe von Präteritumformen abgefragt: *war, waren, wollte* (Konj.), *sollte* (Konj.), *wollten, tat, kam, kamen, lagen* und *sagte*. Nicht alle Lemmata wurden kartiert: Es gibt nur sieben Karten zu insgesamt fünf unterschiedlichen Verben.[13] Die folgende Tabelle gibt eine Übersicht.

Tab. 1: Übersicht über die Präteritumformen in der Wenker-Erhebung.

Satznr.	Wortlaut des Wenkersatzes	Karte[14]
6	Das Feuer **war** zu stark/heiß, die Kuchen sind ja unten ganz schwarz gebrannt.	*war*: Karte 78
9	Ich bin bei der Frau gewesen und habe es ihr gesagt, und sie **sagte**, sie **wollte** es auch ihrer Tochter sagen.	*sagte*: keine Kartierung *wollte*: Karte 135 (Konjunktiv)
17	Geh, sei so gut und sag Deiner Schwester, sie **sollte** die Kleider für eure Mutter fertig nähen und mit der Bürste rein machen.	*sollte*: keine Kartierung (Konjunktiv)
20	Er **that** so, als hätten sie ihn zum dreschen bestellt; sie haben es aber selbst gethan.	*tat*: Karte 297
24	Als wir gestern Abend zurück **kamen**, da **lagen** die Andern schon zu Bett und **waren** fest am schlafen.	*kamen*: Karte 346 *lagen*: Karte 350, unvollständig, Legende fehlt *waren*: keine Karte
34	Das Wort **kam** ihm von Herzen!	*kam*: Karte 474
35	Das **war** recht von ihnen!	*war*: keine Karte
37	Die Bauern hatten fünf Ochsen und neun Kühe und zwölf Schäfchen vor das Dorf gebracht, die **wollten** sie verkaufen.	*wollten*: Karte 510

---

13 Auch der gedruckte *Deutsche Sprachatlas* (1927–1956) und der *Kleine Deutsche Sprachatlas* (1984–1999) enthalten keine zusätzlichen Kartierungen.
14 Alle Karten sind in digitalisierter Form über das *REDE SprachGIS* auf www.regionalsprache.de online einsehbar.

Die von Wenker abgefragten Verben zeichnen sich dadurch aus, dass es sich bei allen um hochfrequente Verben handelt, die zum Teil auch morphologisch irregulär gebildet werden (suppletives Sonderverb: *sein*, Präteritopräsens: *wollen*[15], Wurzelverb: *tun*, starke Verben: *kommen* und *liegen*, dialektal oft irregulär gebildet: *sagen*) und syntaktisch als Hilfs- oder Modalverben funktionalisiert sind (*sein, wollen,* auch: *tun*). Entsprechend können Verallgemeinerungen auf Basis der Raumverteilung dieser besonderen Verben nur mit Vorsicht vorgebracht werden. Nichtsdestoweniger liefern die Wenkerkarten zu diesen Verben einen wichtigen Überblick über die Raumverteilung des Präteritumschwunds.

2.2.1.1 Starke, hochfrequente Verben: Die Karten zu *kam, kamen, lagen* und *tat*

Die drei Karten zu *kam, kamen, lagen* und *tat* weisen eine klare Zweiteilung des Sprachgebiets auf. Auf den Karten wird jeweils ein südliches Perfektgebiet durch eine Isoglosse von einem nördlichen Präteritumgebiet mit unterschiedlichen lautlichen Realisierungen abgegrenzt. Die vier Isoglossen verlaufen auf gleicher geographischer Breite in einem bis zu ca. 50 km breiten Streifen. Die Isoglossen haben zahlreiche Ausbuchtungen und durchkreuzen sich immer wieder: Sie haben einen kurvenreichen, mäandernden Verlauf. Die Isoglossen führen durch das Moselfränkische, durch die Übergangsgebiete, die vom Moselfränkischen, Zentralhessischen, Rheinfränkischen, Osthessischen und Ostfränkischen zueinander gebildet werden, sowie durch das nördliche Ostfränkische. Die Karte 4[16] „Präteritalgrenzen der starken Verben bei Wenker" illustriert diesen Befund.[17] Sie zeigt eine Abzeichnung der Präteritalgrenzen der vier Lemmata und führt diese in einem Kartenbild vor dem Hintergrund der abgezeichneten Dialekteinteilung von Wiesinger (1983, Karte 47,4) zusammen.

Die Karten im Einzelnen: Die Bearbeitung der Kartenblätter zu *lagen* (Karte 350, WS 24) wurde nicht abgeschlossen. Es fehlen die Legendeneinträge genauso wie eine farbliche Illustration der Leitformenräume. Die einzelörtli-

---

15 Das Verb *wollen* lässt sich sprachhistorisch auf eine alte Optativform zurückführen, hat sich semantisch, morphologisch und syntaktisch aber der Gruppe der Präteritopräsentien/ Modalverben angeschlossen.
16 Die Karten zu dieser Arbeit wurden im *REDE SprachGIS* erstellt und können dort online eingesehen werden (www.regionalsprache.de). Dabei handelt es sich um das sprachgeographische Informationssystem des Projekts *Regionalsprache.de* (Schmidt/Herrgen/Kehrein 2008 ff.).
17 Das Verb *tun* wird an dieser Stelle zu den starken Verben gezählt, auch wenn es als athematisches Verb eine morphologische Sonderstellung hat.

2.2 Präteritumschwund in den deutschen Dialekten des 19. und 20. Jahrhunderts — 17

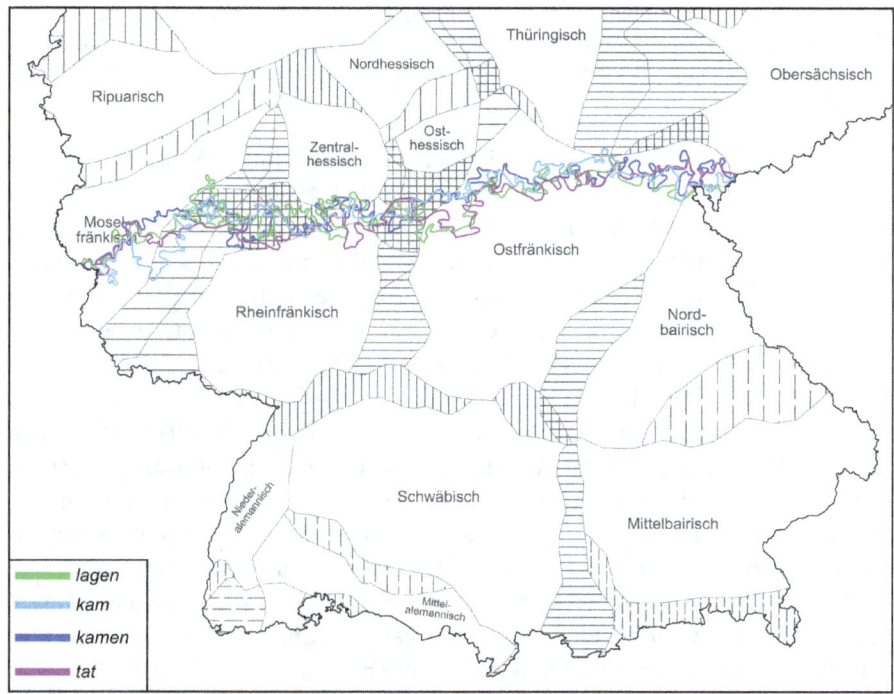

Karte 4: Präteritalgrenzen der starken Verben bei Wenker.

chen Symbolisierungen sind daher ohne eine Sichtung der entsprechenden Wenkerbogen nicht interpretierbar. Auch gibt es keinen Kommentar zur Karte. Nur die Isoglosse, die südliches Perfektgebiet von nördlichem Präteritumgebiet trennt, konnte in den Vergleich der Präteritalgrenzen aufgenommen werden.

Zur Karte *tat* (Karte 297, WS 20) schreibt Wenker, dass bereits am Südrand des Nordwestblattes „der süddeutsche Gebrauch von ‚*hat getan*' für *tat*" (Wenker 2013, 659) beginne. Des Weiteren:

> Auf Bl. *sw* nehmen die Orte, welche *tat* mit *hat getan* übersetzen, derart zu, daß nur am Nordrand eine Abgrenzung in einzelne Gebiete möglich war. Die größere südliche Hälfte setzt also das Perfektum, wo dies nicht der Fall, sind die Formen einzeln eingetragen, dabei ergibt sich dann, daß zahlreiche Orte *tut, tuat, tuet, tüat* setzen, indem sie statt des ungebräuchlichen Imperfektums das Präsens nehmen. (Wenker 2013, 660)

Auch die Karte *kam* (Karte 474, WS 34) setzt für das süddeutsche Gebiet als Leitform Perfekt an – ebenfalls mit vielen einzelörtlichen Ausnahmen. Wenker notiert in seinem Kartenkommentar dazu:

> Der größte Teil des Blattes setzt statt des Imperfektums in unserem Satze das Perfekt, viele Orte auch das Präsens. Die überall zerstreut noch vorhandenen *kam*, nur selten auch *kom, koam, kåm*, sind, wie schon der Vokal zeigt, auf schriftdeutschen Einfluß zurückzuführen. (Wenker 2013, 773)

Bei den Ausnahmen im Perfektgebiet der Karten *tat* und *kam* handelt es sich also um Präsens- und Präteritumformen. Die Präsensformen wurden vermutlich als Ausweichformen zur standardsprachlichen, präteritalen Vorgabeform im Wenker-Formular gewählt: Sie werden wie die Präteritumform im Vorgabesatz synthetisch gebildet und ermöglichen trotz des Präteritumschwunds eine syntaktisch maximal parallel strukturierte Übersetzung in den Dialekt. Zum anderen handelt es sich um Präteritumformen, die vermutlich als Echoformen auf die zu übersetzende Vorgabeform gebildet wurden. Die Präteritumformen sind den süddeutschen Lehrern und Schülern aus der Standard(schrift)sprache vertraut. Auch wenn sie nicht dem Dialekt, sondern der Standardsprache bzw. dem Medium Schrift zugeordnet werden, so sind sie doch als Varianten in der Systemkompetenz der Lehrer und Schüler verankert. Ihre generell hohe Tokenfrequenz und der stärkere Erhalt der präteritalen Konjunktivformen in den Dialekten stärken diese Formen und lassen erkennen, warum so viele Lehrer/ Schüler sich nicht gegen die Vorgabeform gewendet haben. Letztlich steht hier jedoch eine Validierung der Wenker-Befunde noch aus: Lassen sich diese Präteritumformen im Perfektgebiet als Echoformen erklären oder sind es doch genuin dialektale Formen? Diese Frage wird in Kapitel 2.2.2.2 wiederaufgenommen.

Die Karte zu *kamen* (Karte 346, WS 24) wurde für diese Arbeit eingehender untersucht. Sie zeigt die bekannte Zweiteilung des deutschen Sprachraums. Das Südwestblatt besteht zum großen Teil aus dem Perfektgebiet: „es herrscht hier das Perfektum, und die zerstreut auftauchenden *kamen*[-Formen] sind auf hochdeutschen Einfluß zurückzuführen." (Wenker 2013, 735) Sowohl die nördlichen Kartenblätter als auch das Südwestblatt weisen eine Reihe von morphologischen Varianten zur jeweiligen Leitform auf: In beiden Räumen finden sich Präsens- (insg. 203 Belege) und Plusquamperfektbelege (insg. 28 Belege); das Präteritumgebiet umfasst 190 Perfektbelege, das Perfektgebiet enthält wiederum 958 Präteritumbelege. Die Neukartierung der Leitformengebiete und der jeweiligen Ausnahmen in Karte 5 gibt Aufschluss über die Verteilung im Einzelnen.

Auf den nördlichen Kartenblättern finden sich erwartungsgemäß vor allem synthetische Präteritumformen. In der Region Brandenburg treten allerdings auch gehäuft Ausnahmen mit Perfektbildung auf. Nördlich der sehr fransigen Präteritalgrenze häufen sich Perfektbelege, südlich der Präteritalgrenze die Präteritumbelege. Die Neukartierung zeigt, dass wir vor allem im Moselfränkischen, im moselfränkisch-rheinfränkischen Übergangsraum sowie im nördlichen Rheinfränkischen und nördlichen Ostfränkischen in gehäufter Weise Prä-

2.2 Präteritumschwund in den deutschen Dialekten des 19. und 20. Jahrhunderts — 19

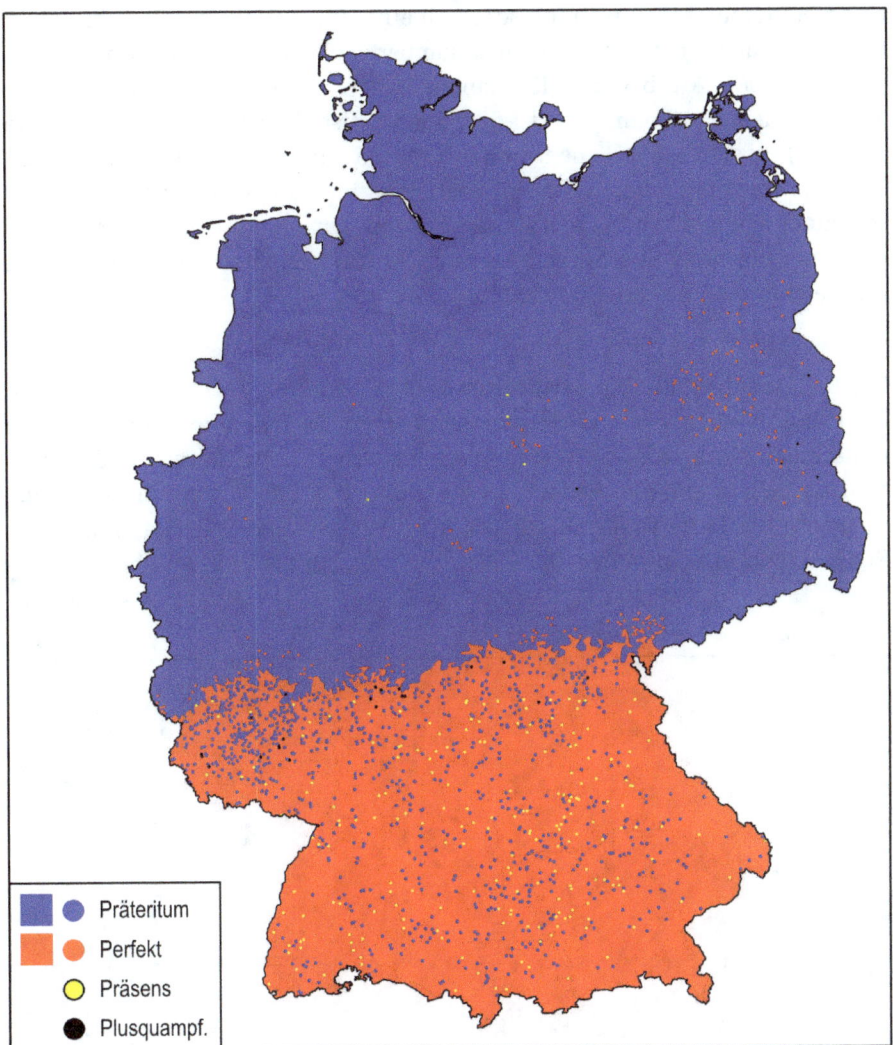

Karte 5: Neukartierung der Wenkerkarte *kamen*.

teritumbelege im Perfektgebiet finden. Wenker interpretiert diese Varianten – genauso wie die noch südlicheren Varianten – als standardsprachliche Formen. Die Häufungen im Norden und vor allem Nordwesten des Perfektgebiets lassen allerdings vermuten, dass diese keine Echoformen darstellen, sondern gültige Varianten in den jeweiligen Dialekten. Betrachtet man sowohl diese Variantenverteilungen als auch die Isoglossenbündelung der starken Verben, so ist es naheliegend, nicht von festen Präteritalgrenzen, sondern eher von einem mitteldeutschen-ostfränkischen Übergangsraum auszugehen. In diesen Übergangsraum fallen auch die Plusquamperfektformen, die als „Kontamination" (Trier 1965, 201) bzw. als „Kreuzungsform" (Friebertshäuser 1987, 92) sowie als „eine dem Plusquamperfekt angenäherte Mischform" (Hasselberg/Wegera 1976, 59) zwischen nördlichem Präteritum und südlichen Perfekt interpretiert wurden. Die Präteritum- und Präsensbelege im Kerngebiet des Präteritumschwunds können wie bei den Karten *tat* und *kam* vermutlich wiederum zum einen als Echoformen bzw. standardsprachliche Varianten, zum anderen als Ausweichformen bewertet werden.

2.2.1.2 Modalverben: Die Karten zu *wollte* und *wollten*

Die beiden Verben *wollte* (WS 9) und *sollte* (WS 17) stehen im Konjunktiv. Die präteritalen Konjunktivformen haben in ihrer Entwicklung und ihrem Schwund einen anderen Verlauf als die indikativischen Präteritumformen genommen. Die Karte *wollte* (Karte 135, WS 9) zeigt keine Präteritalgrenze. Die Konjunktivform wird in den Dialekten überwiegend als synthetische Form ge-

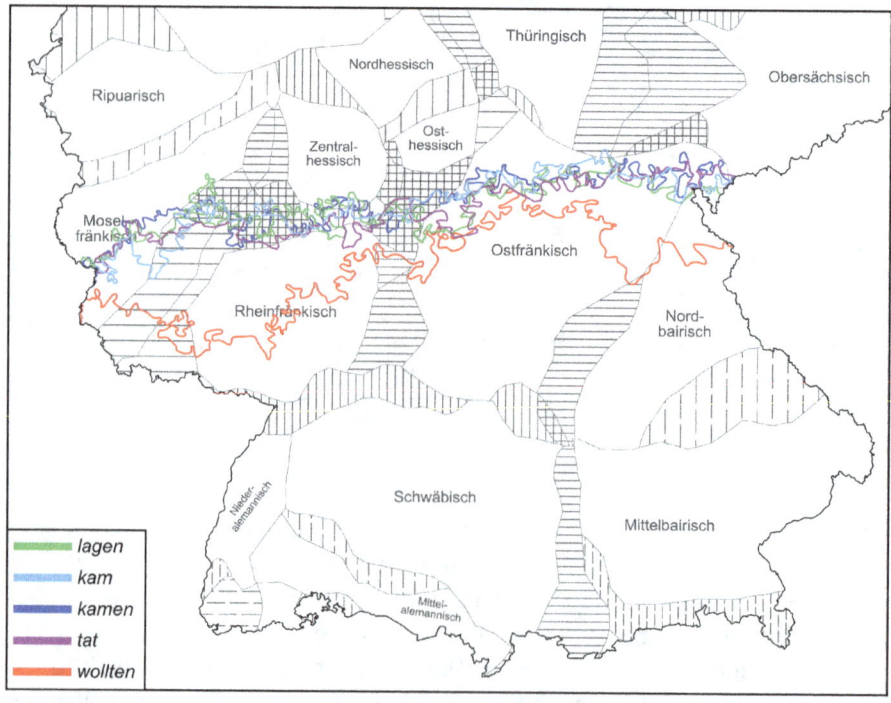

Karte 6: Präteritalgrenzen bei Wenker im Vergleich: starke Verben vs. Modalverb.

2.2 Präteritumschwund in den deutschen Dialekten des 19. und 20. Jahrhunderts — 21

bildet.[18] Zwar treten Perfektformen und auch Konjunktivumschreibungen (z. B. *würde*-Periphrasen) als Varianten auf, diese sind aber nicht in der Weise raumbildend wie es bei den Indikativformen der Fall ist.

Die Karte zu *wollten* (Karte 510, WS 37) zeigt wie die Karte zu den starken Verben eine Präteritalgrenze. Diese liegt jedoch deutlich südlicher als die Isoglossen der anderen Verben.

Karte 6 zeigt, dass die Präteritalgrenze von *wollten* nur im Südwesten des Moselfränkischen verläuft, dann quer durch das Rheinfränkische führt und auch das Ostfränkische südlicher durchkreuzt als die Isoglossen der anderen Verben. Im Osten führt sie durch die nördliche Spitze des Nordbairischen. Auch für die Karte *wollten* (Karte 510, WS 37) wurde eine Neukartierung angefertigt. Dabei ergab sich eine Schwierigkeit: Die Wenkerkarte zeigt eine Reihe von Varianten im Perfektgebiet, die nicht morphologisch interpretiert, sondern nur als graphische Varianten – aber synthetische Formen – ausgewiesen werden. In seinen Kommentaren weist Wenker für das Südwestblatt darauf hin, dass das Präteritum im Süden „durch das Perfektum ersetzt [ist], oder aber es tritt das Präsens *will, well* dafür ein, das sehr häufig erscheint, im Süden auch mit Assimilierung des *ll* an das *n* oder *nd, nt* der Endung." (Wenker 2013, 809) Die einzelörtlichen Präsens- und Präteritumformen im Perfektgebiet werden mithilfe von zahlreichen Symbolen und Farben zur Darstellung der graphischen Varianten des Stammvokals und auch des Folgekonsonanten kodiert. Eine Auflösung nach Präsens- und Präteritumformen hätte nur mit großem Aufwand vorgenommen werden können. Einfacher und für die Zwecke dieser Arbeit genügend ist eine Neuauswertung nach synthetischen und analytischen Bildungen. Diese findet sich in Karte 7.

Die Karte zeigt, dass die einzelörtlichen synthetischen Belege im gesamten Perfektgebiet vorkommen, im Norden ist die Verteilung vergleichsweise dichter. Vergleichen wir nun Karte 6 und 7 und überblenden wir die Verteilungen miteinander (z. B. im *REDE SprachGIS*), so liegen die dichter gestreuten Präteritumbelege im nördlichen Perfektgebiet vor allem zwischen den Isoglossen der beiden Verben. Die starke Variation lässt hier auf einen „Raum im Wandel" schließen. Es lässt sich erkennen, dass wir hier einen Sprachwandelprozess haben, der verbspezifisch unterschiedlich weit vorangeschritten ist. Der Verdrängungsprozess bei dem starken Verb *kommen* ist weiter vorangeschritten als bei dem Modalverb *wollen*. Die Präteritumform des Modalverbs ist beständiger.

---

[18] Zum Teil bleibt jedoch unklar, ob es sich um Präsensformen oder umgelautete Präteritumformen handelt (vgl. Wenker 2013, 789–790).

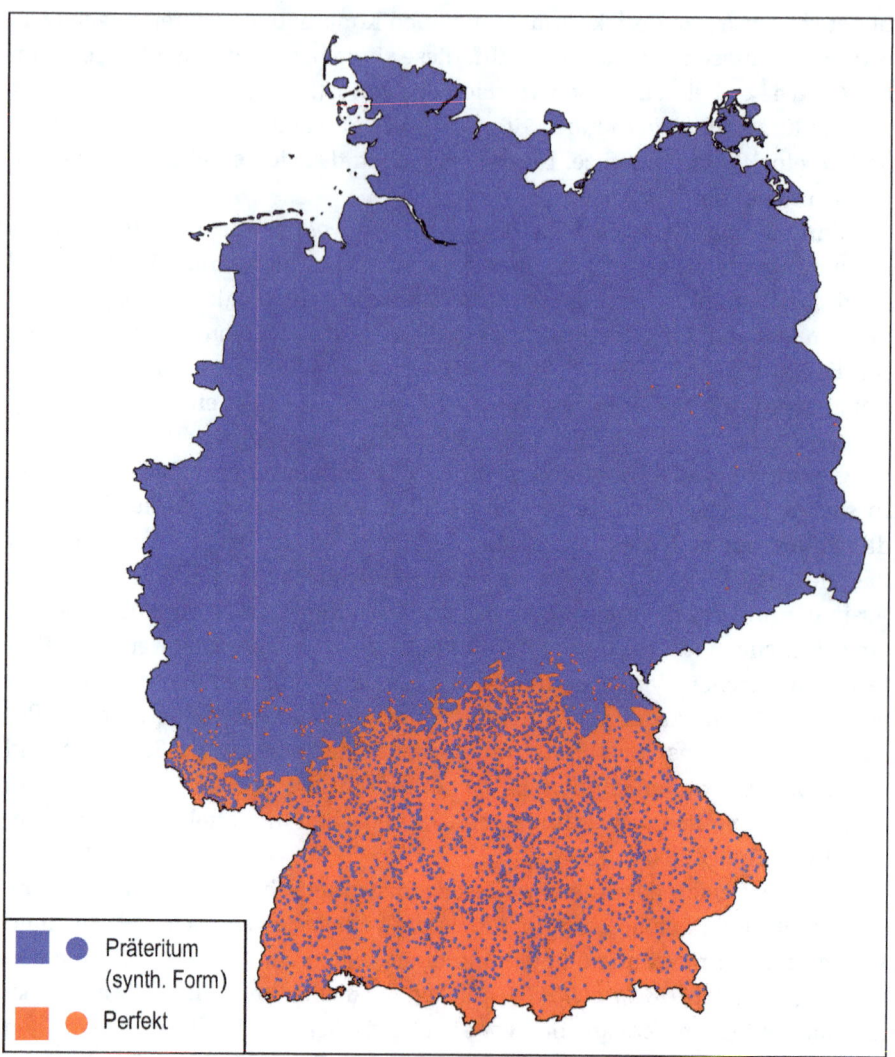

Karte 7: Neukartierung der Wenkerkarte *wollten*.

2.2.1.3 Sonderverb: Die Karte zu *war*

Noch beständiger ist die Präteritumform des Sonderverbs *sein*. Die Wenkerkarte enthält keine Präteritalgrenze. Im Süden der Karte finden sich jedoch zahlreiche einzelörtliche Abweichungen von der Leitform *war*, die laut Legende als Perfekt- bzw. Präsensbelege zu deuten sind.[19] Wenker vermutet hier wiederum den Einfluss durch die Standardsprache:

> Auf Bl. sw reicht *wor*, fast überall mit *woar* wechselnd bis Busendorf, Mainz, Würzburg, Ziegenrück. Südlich herrscht *war*, doch wird man es wohl nur da als richtige Dialektform anerkennen, wo die Perfektformen noch nicht daneben auftreten, also in der Pfalz und in der Nordostecke des Blattes. Weiter nach Süden überwiegen die Perfekta so sehr, daß die vereinzelt überall noch vorhandenen *war* etc. wohl als durch das schriftdeutsche Vorbild veranlaßt aufgefaßt werden müssen. (Wenker 2013, 698–699)

Die Neukartierung dieser zahlreichen Ausnahmen in Karte 8 lässt die Perfektbelege wie ein nahezu geschlossenes Gebiet aussehen, zu dem sich auch eine Präteritalgrenze einzeichnen lässt. Diese verläuft noch südlicher als bei *wollten*. Im Südwesten sind die Perfektbelege dichter als im östlichen Oberdeutsch. Nichtsdestoweniger zeigen sich viele Bereiche – vor allem im Südosten –, in denen die blaue „Präteritumsfläche" suggeriert, dass das Präteritum hier die Leitform sei. Um hier einen genaueren Blick auf die Beleghäufigkeit der Perfekt- und Präteritumformen zu bekommen, wurde für den südlichen Raum – südlich der selbst eingezeichneten Isoglosse – eine Neukartierung der Belege vorgenommen. Diese ist in Karte 9 zu sehen.

Südlich der Isoglosse finden sich 1966 Präteritumbelege. Sie stehen insgesamt 4.322 Perfekt- und 296 Präsensbelegen gegenüber, die sich (bis auf wenige Ausnahmen) ebenfalls in dem südlichen Raum verteilen. Das Verhältnis der Perfektbelege zu den Präteritumbelegen beträgt in etwa 2:1. Die Präteritumbelege kommen im ostfränkischen und bairischen Raum häufiger vor, im Schwäbischen sind sie nur die Ausnahme. Das Ostoberdeutsche neigt hier deutlich stärker zu Präteritumbelegen. Die Vorgabeform in den Wenkersätzen ist wesentlich häufiger eine akzeptable Variante als im Westoberdeutschen.

Der Vergleich aller Isoglossen in Karte 10 zeigt, dass die Präteritalgrenzen ein breites Übergangsgebiet zwischen Präteritumschwundgebiet im Süden und Präteritumerhaltgebiet im Norden konstituieren. Es ist davon auszugehen, dass Verben mit anderen morphologischen/syntaktischen Eigenschaften und anderen Tokenfrequenzen (z. B. schwache Verben, niedrigfrequente Verben) auch andere, nördlichere Isoglossenverläufe aufweisen. Wie weit sich das Übergangsgebiet in Richtung Norden erstreckt, können wir dem *Sprachatlas des Deutschen Reichs* nicht entnehmen.

---

19 Im Einzelnen konnten 4.322 Perfektbelege und 296 Präsensbelege identifiziert werden.

24 — 2 Die Dokumentation des Präteritumschwunds

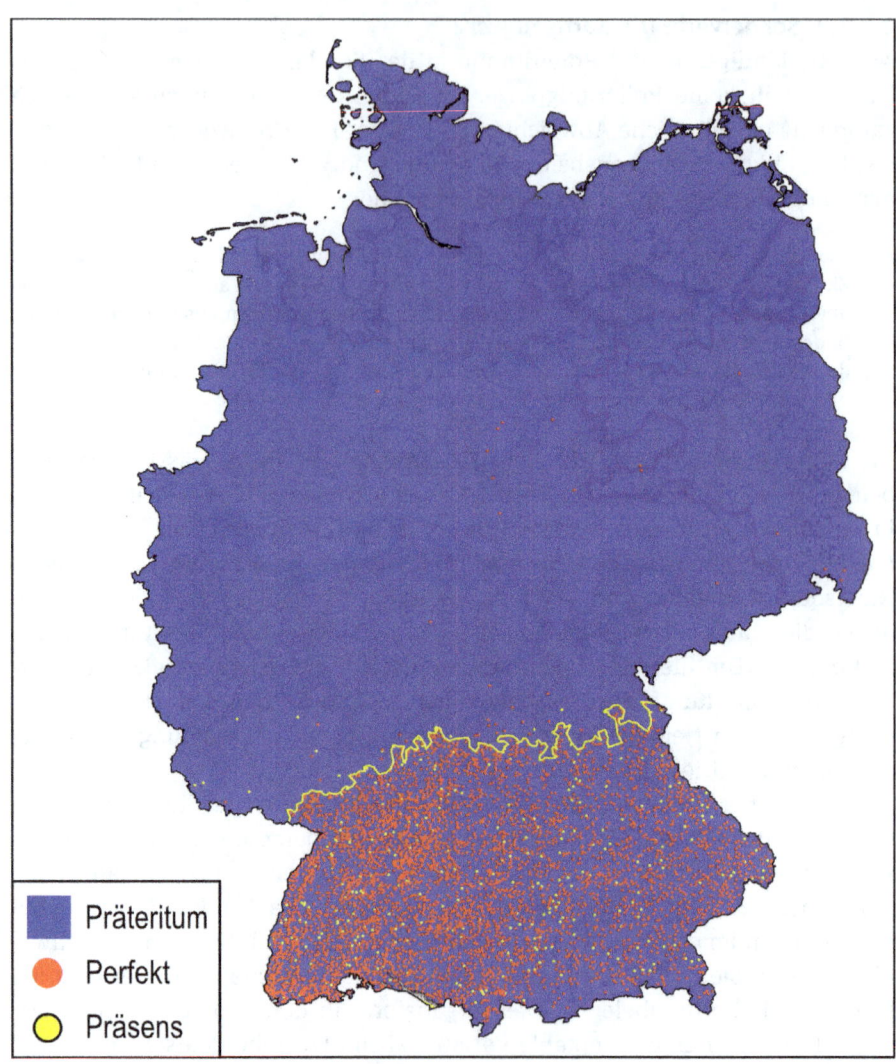

Karte 8: Neukartierung der Wenkerkarte *war* (1).

2.2 Präteritumschwund in den deutschen Dialekten des 19. und 20. Jahrhunderts — 25

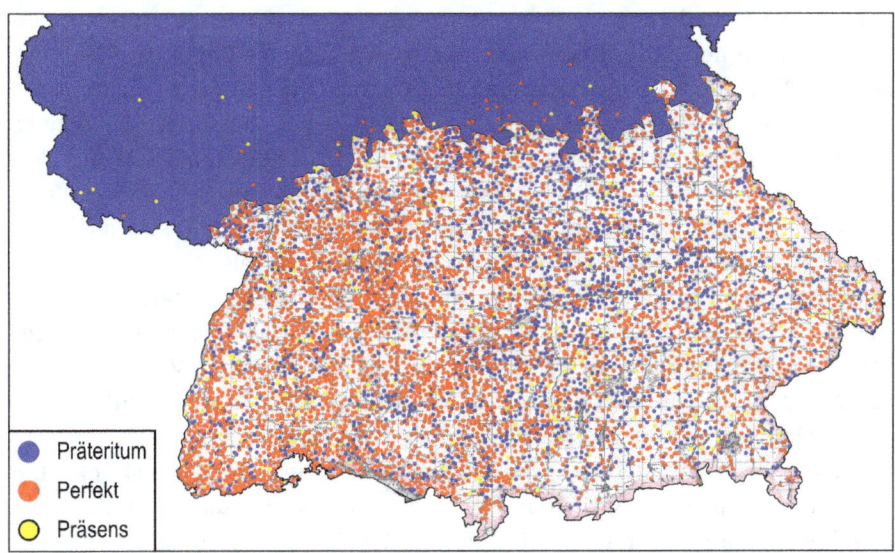

Karte 9: Neukartierung der Wenkerkarte *war* (2).

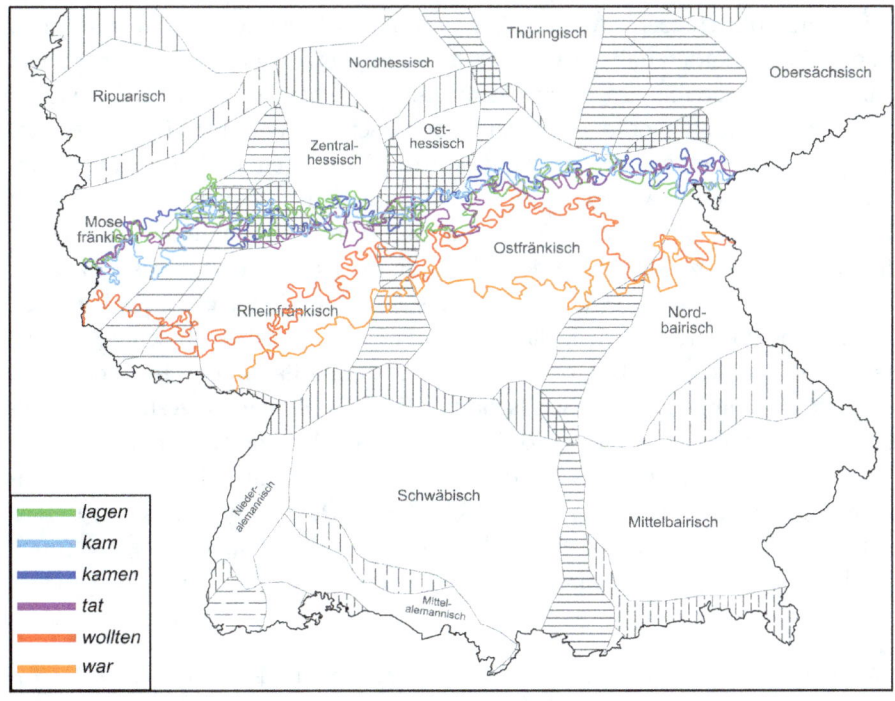

Karte 10: Präteritalgrenzen bei Wenker im Vergleich.

2.2.1.4 Raumgliederung

Die Karten zu den Präteritumformen im *Sprachatlas des Deutschen Reich* geben uns Aufschluss über die Raumgliederung des Präteritumschwunds in den Dialekten des Deutschen. Die südlichen Dialekte – das Alemannische, Schwäbische und Bairische – bilden das Kerngebiet des Präteritumschwunds. Für diesen Raum können als dialektale Präteritumformen nur Formen des Verbs *sein* angenommen werden. Nördlich an das Kerngebiet schließt sich das Übergangsgebiet an, in dem verbspezifisch die Präteritumbelege zunehmen. Die Präteritalgrenze des Verbs *sein* liegt südlicher als die des Modalverbs *wollen* und diese wiederum südlicher als die der starken Verben *kommen* und *liegen* sowie *tun*. Das Übergangsgebiet umfasst für die untersuchten Verben das Moselfränkische, Rheinfränkische und Ostfränkische sowie die nördlich zum Rheinfränkischen und Ostfränkischen angrenzenden Übergangsgebiete. Es ist unklar, wie weit sich das Übergangsgebiet in den Norden erstreckt. Der Norden des deutschen Sprachraums zeichnet sich wiederum durch den vollständigen Erhalt der Präteritumformen der Wenker-Erhebung aus.

Obwohl uns die Wenkerkarten mit ihren Isoglossen eine Zweiteilung des deutschen Sprachgebiets nahelegen, ist von einer Dreiteilung in „Süden – Übergangsgebiet – Norden" auszugehen. Das legen der Vergleich der verbspezifischen Präteritalgrenzen sowie die Auswertung der Varianten zu den Leitformen in den Wenkerkarten nahe. Wir haben gesehen, dass die einzelnen Grenzen von zahlreichen Ausnahmen umgeben sind, die auf einen breiten Übergangsraum mit hohen Variantenvorkommen schließen lassen. Die einzelnen Isoglossen verlaufen mäandernd, was ein eindeutiges Anzeichen für einen Kontaktraum (*contact zone*), ein Übergangsgebiet mit koexistierenden Varianten, ist (vgl. Girnth 2010, 116). Ein solcher Variationsraum ist ein typischer Indikator für einen Sprachwandelprozesses, besonders für Grammatikalisierungsprozesse, bei denen sich ältere und jüngere Varianten als Schichten überlagern. Im Vergleich der Isoglossen wird deutlich, dass dieser Prozess je nach Verb schneller bzw. langsamer verläuft. Die Isoglossen in Karte 10 „Präteritalgrenzen bei Wenker im Vergleich" bilden eine Staffellandschaft (*diffusion fan*), die die gestaffelte Ersetzung des Präteritums abbildet. Solche Diffusionsbilder sind typisch für sprachliche Innovationen (*linguistic innovations*), die sich konzentrisch von einem Zentrum aus ausdehnen (vgl. Girnth 2010, 114–115). Die Diachronie des Prozesses lässt sich demnach in der Arealität der verbspezifischen Ausbreitung ablesen.[20] Noch gilt es jedoch zu bestimmen, wie die verbspezifische Staffelung aussieht

---

[20] Die Distributionen erinnern auch an das Modell der „schiefen Ebene" (Seiler 2005). Allerdings gibt es hier – im Gegensatz zum Infinitivanschluss bei Seiler – einen Raum, in dem eine der Varianten für den konkreten Abfragekontext (fast) nicht vorkommt.

und welche Faktoren für diese Entwicklungen ausschlaggebend sind. Dazu ist es notwendig, zunächst die Formenbestände der Dialekträume – besonders die Staffelung in der Übergangszone – zu ermitteln und zu vergleichen.

Die Formenbestände der grammatischen Dialektsysteme wurden im 19. und 20. Jahrhundert systematisch in den Dialektgrammatiken und Dialektatlanten erfasst. Diese „Schätze" der traditionellen Dialektologie konnten für die Dokumentation des Präteritumschwunds nutzbar gemacht werden. Des Weiteren wurden alle Regionalatlanten zum Deutschen gesichtet und entsprechend einbezogen. Die Auswertung der Atlaskarten liefert zusätzliche Informationen zur arealen Verteilung der Formen. Ergänzend werden die Ergebnisse von Einzelstudien, die zu bestimmten Orten oder Räumen „Tiefenbohrungen" darstellen, auf die gewonnenen Erkenntnisse bezogen. In meiner Auswertung der Grammatiken, Atlanten und Einzelstudien beschränke mich auf den Raum der heutigen Bundesrepublik Deutschland.

2.2.2 Dialektale Formenbestände – Auswertung der Dialektgrammatiken

Ein Teil der traditionellen Orts- und Landschaftsgrammatiken des 19. und 20. Jahrhunderts wurde bereits gewinnbringend von Jacki (1909), Rowley (1983) sowie Schirmunski ([1962] 2010) hinsichtlich der Tempusformeninventare ausgewertet. Der Vorzug der Grammatiken ist, dass durch die direkten bzw. introspektiven Erhebungen Echoformen auf ein Minimum beschränkt sind. Des Weiteren liegen zahlreiche Grammatiken vor, so dass vor allem für Süd- und Mitteldeutschland auf teilweise flächendeckende Dokumentationen zurückgegriffen werden kann. Allerdings bringt diese Quellenart auch Schwierigkeiten mit sich. Schon Jacki (1909) weist darauf hin, dass der Systemstatus der Tempusformen in den genannten Quellen zum Teil unklar ist:

> Viele meiner quellen bieten reichliche, oft vollständige verzeichnisse aller st. vb. und lassen erkennen, dass mit geringen ausnahmen zu jedem st. vb. ein einfacher ind. praet. gebildet werden kann. Ob er aber auch in lebendigem gebrauch ist, erfährt man meist nicht. (Jacki 1909, 495)

Gersbach vergleicht verschiedene dialektgrammatische Beschreibungen für dasselbe Gebiet und findet widersprüchliche Aussagen zur Tempusformendistribution (vgl. Gersbach 1982, 43–44). Er vermutet, dass die widersprüchlichen Angaben auf unterschiedliche Explorationsmethoden, über die in der dialektgrammatischen Literatur nur selten explizit berichtet wird,[21] zurückzuführen sind. Letztlich bleiben bei vielen Grammatiken drei Aspekte unklar:

---

[21] In der Regel handelt es sich um Introspektion der Verfasser (vgl. Schmidt/Herrgen 2011, 90–97).

1. Welchen Status haben die angegebenen Formen? Es wird selten systematisch zwischen Erinnerungs-, Kompetenz- und Performanzformen unterschieden: Oft bleibt unklar, welche Formen noch bekannt sind, welche Teil der eigenen Kompetenz sind und welche auch verwendet werden. Auch die vertikale oder generationelle Variation wird nicht systematisch ausgewiesen.
2. Werden die Formen vollständig angegeben? Sowohl bei verallgemeinernden Angaben als auch bei konkreten Aufzählungen bleiben Fragen offen. So kann mitunter nicht entschieden werden, ob nicht aufgeführte Formen im Dialekt nicht vorhanden sind oder ob der Verfasser sie nur nicht dokumentiert hat. In die Auswertung kann jedoch nur das aufgenommen werden, was in den Grammatiken explizit ausgewiesen wird.
3. Wie unterscheiden sich die Formen in ihrer Verwendung? In der Regel wird die Verwendung der Tempusformen in den Grammatiken nicht beschrieben und wenn, dann nach unterschiedlichen Kriterien. Die Darstellungen sind nur eingeschränkt vergleichbar.

Nichtsdestoweniger sind die Grammatiken eine valide Quelle und momentan die beste Grundlage für eine deutschlandweit vergleichende Dokumentation der basisdialektalen Formenbestände. Die Grammatiken eröffnen auch die Möglichkeit, die Ergebnisse der Wenker-Erhebung anhand von zum Teil zeitgenössischen Kompetenzbeschreibungen zu überprüfen.[22] Letztlich muss jedoch berücksichtigt werden, dass Sprachbelege aus Dialektgrammatiken immer vermittelte Daten darstellen. Ein entsprechend kritischer Umgang bei der Auswertung und Interpretation ist daher unabdingbar.

2.2.2.1 Zur Auswertung und Kartierung

Die *Georeferenzierte Online-Bibliographie zur Areallinguistik* (GOBA)[23] ermöglicht eine komfortable und umfassende Recherche der Orts- und Landschaftsgrammatiken zum deutschen Sprachraum und umfasst auch nicht publizierte Manuskripte und Hochschulschriften. Für die vorliegende Arbeit konnte aufgrund der sehr umfangreichen Bestände der Marburger Bibliotheken ein Großteil der vorhandenen Grammatiken gesichtet werden. Es wurden alle verfügbaren Orts- und Landschaftsgrammatiken mit Beschreibung der Formenlehre durchgesehen und ggf. ausgewertet. 244 Dialektgrammatiken waren hinsichtlich einer Dokumentation des Präteritumformenbestands ergiebig, 226 davon ließen sich durch einen eindeutigen Raumbezug zudem kartieren.[24] Die Ergeb-

---

22 Vgl. die erfolgreichen Validierungen mittels Dialektgrammatiken in den sprachdynamischen Analysen in Schmidt/Herrgen (2011).
23 Die GOBA ist Teil der Forschungsplattform www.regionalsprache.de
24 Grammatiken, die sich generell auf Sprachräume beziehen (wie z. B. „Bairisch", „Mecklenburgisch-Vorpommersch") wurden nicht kartiert.

2.2 Präteritumschwund in den deutschen Dialekten des 19. und 20. Jahrhunderts

Tab. 2: Kategoriensystem für die Auswertung der Dialektgrammatiken mit Anzahl der zugeordneten Grammatiken.

Kategorie	Beschreibung	Anzahl der Grammatiken	
		absolut	%
1	vollständiger Präteritumformenbestand, Gebrauchsunterschied zwischen Präteritum und Perfekt festgestellt	7	3 %
2	vollständiger Präteritumformenbestand, keine Angabe zum Gebrauch	65	27 %
3	vollständiger Präteritumformenbestand, Perfektexpansion festgestellt	36	15 %
4	Präteritumschwund explizit dokumentiert: mehr als 30 Verben bilden Präteritum, mind. 1 Präteritumform ist geschwunden	17	7 %
5	„Präteritumreste": 5 bis 30 Verben bilden Präteritum	29	12 %
6	„Präteritumeinzelformen": 2 bis 4 Verben bilden Präteritum	17	7 %
7	Präteritum bei *sein*: nur 1 Verb (= *sein*) bildet Präteritum	31	13 %
8	vollständiger Präteritumschwund	42	17 %
	gesamt	244	100 %

nisse der Grammatikendurchsicht wurden tabellarisch erfasst. Jede Grammatik wurde hinsichtlich ihres Formenbestandes (und weiterer Bemerkungen) einer Kategorie zugeordnet.

Das Kategoriensystem umfasst acht Kategorien (vgl. Tab. 2). Die Kategorien sind als Skala zwischen vollständigem Präteritumerhalt und vollständigem Präteritumschwund zu verstehen. Zur Kategorie 1 bis 3 werden Grammatiken gezählt, die keinen Formenschwund des Präteritums dokumentieren. Zusätzlich wird erfasst, ob es Angaben zum Gebrauch der Präteritum- oder Perfektformen gibt. Wird ein Funktionsunterschied zwischen Perfekt- und Präteritumformen dargestellt, so wird die jeweilige Grammatik Kategorie 1 zugeordnet. Macht die Grammatik keine Angaben zum Gebrauch bei vollständigem Präteritumformenbestand, wird sie Kategorie 2 zugeordnet. Kategorie 3 fasst alle Grammatiken, die neben Präteritumerhalt eine Expansion des Perfekts im Gebrauch (rein frequentiell oder auch semantisch-funktional) feststellen. Zur Kategorie 4 zählen Dialektgrammatiken, die Präteritumschwund explizit dokumentieren: Es wurden alle Grammatiken dazu gezählt, die mindestens eine Schwundform verzeichnen bis hin zu mehr als 30 Verben mit erhaltenen Präteritumformen. Kategorie 5 umfasst Dialektgrammatiken, die fünf bis 30 Verben mit Präteritumformen – sogenannte „Präteritumreste" – ausweisen. Zur Kategorie 6 wurden wiederum Grammatiken gezählt, die nur noch präteritale „Einzelformen" dokumentieren (zwei bis vier Verben mit Präteritumformen). Kategorie 7 umfasst die Grammatiken, die nur für ein Verb Präteritumformen belegen. Dabei handelt es sich ausschließlich um Formen des Verbs *sein*. Grammatiken, die einen völligen Präteritumschwund ausweisen, zählen zu Kategorie 8. Der Schwund der Präteritumformen, wie er in den Grammatiken dokumentiert wird, wird rein quantitativ erfasst. Die erhaltenen Präteritumformen werden absolut und nicht eingeteilt nach syntaktischen oder morphologischen Verbgruppen erfasst.

Die Einteilung der Kategorie nach „2–4 Verben" (Kategorie 6), „5–30 Verben" (Kategorie 5) und „mehr als 30 präteritumbildende Verben bis mind. 1 Schwundform" (Kategorie 4) ergab sich aus der Belegsituation der Grammatiken. So zeigt das Diagramm in Abbildung 1, dass es verhältnismäßig viele Grammatiken gibt, die gar keine Präteritumformen oder ausschließlich Präteritumformen von *sein* belegen. Bei den belegten Präteritumformen in den Grammatiken der Kategorie 7 (nur ein präteritumbildendes Verb) handelt es sich ausnahmslos um Formen des Verbs *sein*. Mit 31 Grammatiken ist diese Kategorie gut belegt und grenzt sich von den Kategorien 8 (keine Präteritumformen) und 6 (Präteritumeinzelformen) deutlich ab.

Eine weitere Gruppierung lässt sich für die Grammatiken mit zwei, drei und vier Präteritumbelegen ausmachen. In den Grammatiken werden solche Belegungen zum Teil explizit als „Einzelformen" ausgewiesen und hier zur Kategorie 6 zusammengefasst. Die Grammatiken dieser Kategorie belegen Präteritumformen der Verben *sein*, *haben* und der Modalverben *wollen*, *sollen* und *können*. Vereinzelt werden aber auch Präteritumformen von *sagen*, *denken*, *nehmen*, *gehen* und *werden* genannt. Diese Kategorie kann also nicht über eine morphologische oder semantische Verbgruppe (z. B. Modalverben, Hilfsverben) definiert werden, sondern wird quantitativ (zwei bis vier präteritumbildende Verben) abgegrenzt.

Als „Präteritumreste" werden Verben verstanden, die sich noch anhand von übersichtlichen Listen aufführen lassen. In den ausgewerteten Grammatiken macht dies die Anzahl von 5 bis 30 Verben aus. Diese Grammatiken werden der Kategorie 5 zugeordnet. Sie belegen Präteritumformen einer heterogenen Gruppe von Verben. Neben *sein*, *haben*, den Modalverben (neben *wollen*, *sollen*, *können* auch *müssen*, *dürfen* und *mögen*) und Hilfsverben sind dies vor allem häufige Verben wie *sagen*, regulär und irregulär starke Verben wie *kom-*

2.2 Präteritumschwund in den deutschen Dialekten des 19. und 20. Jahrhunderts — 31

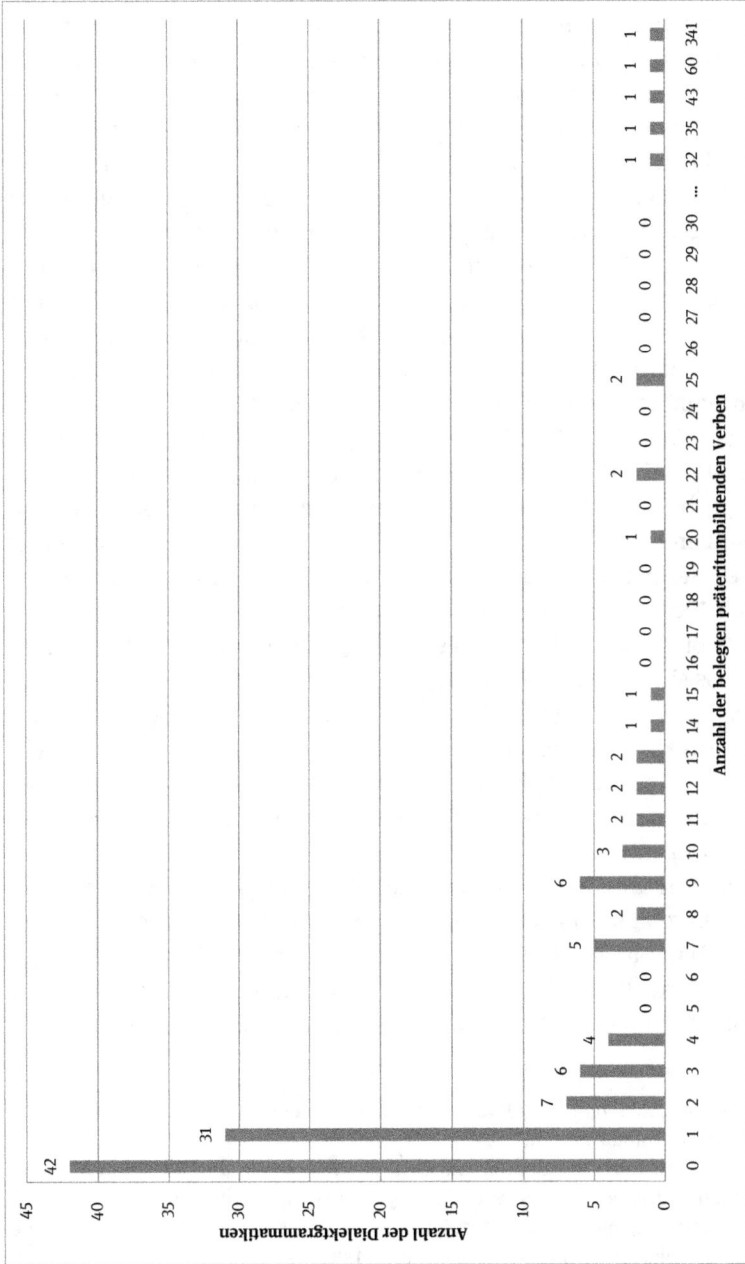

Abb. 1: Häufigkeiten der Beleganzahlen in Grammatiken.

men, gehen, stehen, nehmen, geben, tun, sitzen und irregulär schwache Verben wie *denken* sowie das Präteritopräsens *wissen* und *brauchen*. Auch hier handelt es sich morphologisch und syntaktisch nicht um eine homogene Gruppe.

Ab 30 belegten Verben wird es in den Grammatiken oft ungenau. Hier bot es sich an, eine Sammelkategorie für eindeutig dokumentierten Präteritumschwund bei mehr präteritumbildenden Verben als nur Restformen einzurichten. Dies ist auch hinsichtlich der Kartierung sinnvoll, in der mit zunehmender Anzahl von Kategorien die Lesbarkeit abnimmt. Zur Kategorie 4 zählen die Grammatiken, die mehr als 30 Präteritumformen ausweisen, aber mindestens eine Schwundform benennen. Die Kategorie dient als Übergangskategorie zwischen vollständigen Präteritumformenbeständen und der Aufzählung von präteritalen Restformen. Die Angaben in den Grammatiken sind häufig entsprechend vage, die genaue Anzahl der Schwundformen z. T. unklar. Neben konkreten Zahlen wie bei Gerbet (1908) (32 präteritumbildende Verben), Stroh (1928) (60 präteritumbildende Verben) und Schaefer (1912) (341 präteritumbildende Verben) gibt es eine Reihe von unklaren Angaben, die jedoch erschließen lassen, dass mehr als 30 Verben Präteritumformen bilden (Weiershausen 1927; Schaper 1942; Alles 1953; Seibicke 1967). Genaue Angaben von Verlustformen finden sich bei Lang (1906) (2 Schwundverben), Günter (1960) (mehr als 13 Schwundverben) und Freise (2010) (15 Schwundverben). Es wird jedoch auch teilweise oder pauschal auf „schwache Verben" als Schwundverben verwiesen (Münch 1904; Bubner 1935; Bücher 1986).

Der genaue Blick auf die Formenbestände in den einzelnen Dialekträumen wird zeigen, dass sich in den dokumentierten präteritumbildenden Verben eine Implikationsskala widerspiegelt. Diese lässt sich jedoch aufgrund fehlender oder unklarer Angaben in einigen Grammatiken nicht widerspruchsfrei belegen.[25] Mithilfe von Kompetenzerhebungen, die anhand einer einheitlichen Verbliste Präteritumformen abfragen würden, ließe sich eine solche Implikationsskala vermutlich nachweisen.

Im Anschluss an die Kategorisierung der Dialektgrammatiken wurde eine Kartierung der Ergebnisse im *REDE SprachGIS* erarbeitet, die die Formenbestände in ihrer Diatopik greifbar macht.[26] Karte 11 zeigt die Ergebnisse.

In Karte 11 wird die Skalarität der Kategorien durch das Farbspektrum „orange bis blau" symbolisiert. Auf den ersten Blick wird sichtbar, dass sich

---

25 So dokumentieren z. B. Schön (1908) und Hirsch (1971) Präteritumformen für *sein* und *sagen*, jedoch nicht für die Modalverben.
26 Die Karte besteht aus den Ortspunkten und den Räumen, denen die Dialektgrammatiken in der *Georeferenzierten Online-Bibliographie Areallinguistik* (GOBA) zugeordnet sind. Z. T. wurden die Erhebungsräume auch eigens eingezeichnet. Als Hintergrundkarte wurde eine abgezeichnete Version der Dialekteinteilung von Wiesinger (1983) gewählt.

2.2 Präteritumschwund in den deutschen Dialekten des 19. und 20. Jahrhunderts

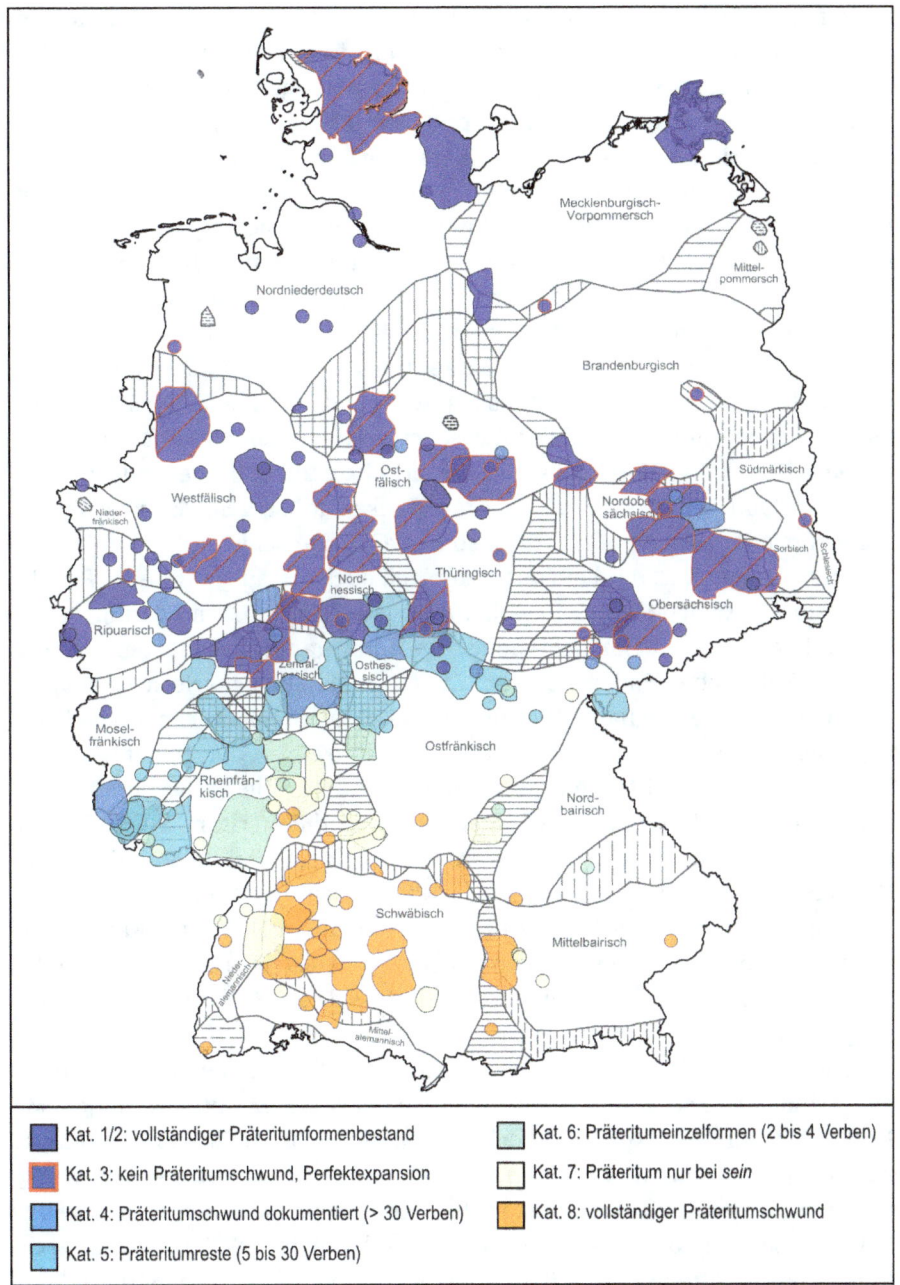

Karte 11: Überblick: Präteritumschwund nach Ausweis der Dialektgrammatiken.

die kategorielle Skala räumlich widerspiegelt. Im Süden – genauer: im Alemannischen, Schwäbischen und Bairischen – wird überwiegend der vollständige Präteritumschwund verzeichnet (= Kategorie 8, orange). Daneben finden sich Grammatiken mit Präteritumformen von *sein* (= Kategorie 7, gelb) sowie vereinzelt von präteritalen Einzelformen (= Kategorie 6, hellgrün). Richtung Norden, im Rheinfränkischen und Ostfränkischen finden sich mehr und mehr Grammatiken der Kategorie 6. Im Rheinfränkischen schließen sich westlich und nördlich dann Grammatiken der Kategorie 5 (= Präteritumreste, türkis) an; ebenso auch in den Übergangsgebieten zum Hessischen, im Zentralhessischen und im nördlichen Ostfränkischen. Nun häufen sich auch die Grammatiken der Kategorie 4 (hellblau), die explizit Präteritumschwund dokumentieren. Diese Grammatiken benennen mindestens eine Schwundform. Sie finden sich im Mittelfränkischen, im Nord- und Osthessischen sowie in den ostfränkisch-ostmitteldeutschen Übergangsgebieten. Im Ripuarischen und Ostmitteldeutschen lassen sich dann fast ausschließlich Grammatiken feststellen, die vollständige Formeninventare beschreiben, die also keine einzige Schwundform dokumentieren, (= Kategorie 2, dunkelblau) – zum Teil auch mit ausgewiesener Perfektexpansion (= Kategorie 3, dunkelblau mit roter Schraffur/Umrandung). Diese beiden Kategorien sind im niederdeutschen Sprachraum am stärksten vertreten (nur im Ostfälischen finden sich zwei Grammatiken, die teilweisen Formenverlust dokumentieren: Schaper 1942 und Freise 2010). Grammatiken mit vollständigen Formenbeständen werden in der Karte dunkelblau dargestellt.

Auf der Karte nicht eigens ausgewiesen ist Kategorie 1 – Beschreibungen von Funktionsunterschieden zwischen Perfekt und Präteritum. Sie findet sich nur in sieben Grammatiken, deren Areale nicht raumbildend sind: Franke (1892/1895) und Palm (1936) für das Obersächsische, Bröking (1945) und Hunsche (1963) für westfälische Dialekte, Dützmann (1939) für Kaarßen im mecklenburgisch-vorpommerschen Übergangsgebiet, Bernhardt (1903) für Glückstadt im Nordniederdeutschen und Mussaeus (1829) für das Mecklenburgische.

Die Grammatiken, die neben vollständigen Formen auch eine Perfektexpansion ausweisen, sind im gesamten niederdeutschen Raum zu finden. Mit Bock (1933) wird die Expansion auch für den nördlichsten Punkt Deutschlands belegt. Die Tatsache, dass sich an die Präteritumschwundgebiete Räume und Orte anschließen, für die vollständige Formeninventare und gleichzeitige Perfektexpansion belegt werden, zeigt anschaulich, dass die semantisch-funktionale und frequentielle Expansion dem Schwund vorausgeht (und damit auch, dass das Präteritum vom Perfekt verdrängt wird). Selbstverständlich ist die geographische Verteilung nicht durchgängig skalar. In den hessischen Dialekten überlappen sich Grammatiken verschiedener Kategorien, stehen

Schwundbeschreibungen neben vollständigen Inventaren. Die Unterschiede lassen sich zum Teil auf kurzzeitdiachronen Wandel zurückführen. In der Regel können widersprüchliche Angaben für denselben Raum – wenn es keine offensichtlichen Erklärungen gibt – wohl nur auf unterschiedliche Beschreibungsprinzipien der Grammatik-Verfasser zurückgeführt werden.

Karte 11 zur dialektgrammatischen Auswertung zeigt, dass in der Tat eine Skala der Präteritumsverdrängung für den bundesdeutschen Sprachraum belegt werden kann. Gleichzeitig bildet sich auch die Dreiteilung ab, die aufgrund der Wenkerkarten vermutet wurde: Das Kerngebiet des Präteritumschwunds besteht aus dem Alemannischen, Schwäbischen, Bairischen und dem südlichen Rheinfränkischen sowie Ostfränkischen. Es schließt sich nach Norden ein Übergangsgebiet an, das bis zum Ripuarischen, Nordhessischen und Ostmitteldeutschen reicht. Das Niederdeutsche bildet wiederum das Kerngebiet des Präteritumerhalts, in dem jedoch bereits das Vordringen des Perfekts dokumentiert werden kann.

Vergleichen wir die Kartierung der Dialektgrammatiken mit den Isoglossen der Wenkerkarten, so lässt sich Folgendes beobachten: Die *war*-Isoglosse scheint das Schwundkerngebiet vom Übergangsgebiet abzugrenzen. Die *wollten*-Isoglosse führt mitten durch Räume, für die Einzelformen oder Restformen verzeichnet wurden. Die nördlicheren Isoglossen der starken Verben führen wiederum durch Räume, in denen Restformen und teilweiser Schwund belegt wurden. Wie erwartet schließen weiter nördlich Räume mit Restformen und teilweisem Schwund an, bevor dann die Grammatiken mit vollständigen Formenbeständen beginnen. Im Großen und Ganzen stimmen die Grammatiken und die Isoglossen in ihrer Arealität überein – vor allem, wenn wir die in den Wenkerkarten kartierten Ausnahmen von den Leitformen (nördlich und südlich der Isoglossen) berücksichtigen. Eine hundertprozentige Übereinstimmung der in den Grammatiken verzeichneten Formenbestände und der geografischen Verläufe der Isoglossen kann nicht bestätigt werden – sie wurde jedoch auch nicht erwartet. Allein durch die unterschiedlichen Erhebungsmethoden war hier Variation erwartbar.

An diesen Überblick schließt sich nun eine dialektraumweise Auswertung der Dialektgrammatiken an. Diese „Nahaufnahmen" werden auf folgende Fragen eingehen:
1. Welche Verben verbergen sich konkret hinter den Kategorien „Einzelformen", „Restformen" und „teilweiser Schwund"? Welche Systematik lässt sich hier ablesen?
2. Welche Informationen werden hinsichtlich des Formengebrauchs (Häufigkeiten, Verwendungskontexte, Tempussemantik) gegeben?

Die Ergebnisse der dialektgrammatischen Durchsicht werden tabellarisch präsentiert. Dabei werden folgende Symbole verwendet:

Tab. 3: Symbole zur tabellarischen Auswertung der Dialektgrammatiken.

+	vorhanden/belegt
–	nicht vorhanden/nicht belegt
k. A.	keine Angabe
↑	im Aufbau/neue Form
↓	im Abbau/Reliktform/Erinnerungsform
*	auf der Überblickskarte nicht kartiert
nordbair.-mittelbair.	Übergangsgebiet
niederalem./schwäb.	Untersuchungsraum der Dialektgrammatik erstreckt sich auf mehrere Dialekträume

2.2.2.2 Süden

Der Süden des deutschen Sprachgebiets zeichnet sich nach Rowleys Durchsicht der dialektologischen Arbeiten dadurch aus, dass die in mittelhochdeutscher Zeit noch vollständigen (indikativischen) Präteritumformen „bis auf Relikte" (Rowley 1983, 163) aus den Verbalsystemen der Ortsdialekte verschwunden sind. Einen solchen Zustand beschreibt Rowley für die schweizerdeutschen und die österreichischen Mundarten sowie für das Elsass. Jackis (1909) Auswertung der älteren Grammatiken ergibt dasselbe Bild: Demnach fehlt das Präteritum vollständig im Hochalemannischen, im Niederalemannischen und im Schwäbischen. Im „bayrisch-östreichischen sprachgebiet" sei das Präteritum nur „so gut wie ausgestorben" (Jacki 1909, 456). Hier fänden sich nur vereinzelte Belege von „war" (in Oberbayern, Niederösterreich und Westböhmen). Für das Nordbairische findet Jacki (1909, 456) auch Belege für „wollte" und „sollte". Anstelle des geschwundenen Präteritums werde im gesamten süddeutschen Raum Perfekt verwendet, das sich zum normalen, unmarkierten Vergangenheitstempus entwickelt habe und in den Dialekten auch als Erzähltempus diene (vgl. u. a. Gersbach 1982, 220). Dieses, von Rowley, Jacki und Gersbach gezeichnete Bild lässt sich für den Süden des bundesdeutschen Sprachraums anhand der ausgewerteten Dialektgrammatiken einwandfrei bestätigen.[27]

---

27 Die Dialektgrammatiken des süddeutschen Raums vermerken oft sowohl Formen des Konjunktiv Präteritums (in der Regel Modalverben, irreguläre oder starke Verben) als auch doppelte Perfektbildungen (die häufig als Ersatz für das Plusquamperfekt angegeben werden). Diese

Alemannischer Dialektraum

Einen Überblick über die ausgewerteten Dialektgrammatiken gibt Karte 12.

Die alemannischen Grammatiken weisen in der Regel den kompletten Schwund der indikativischen Präteritumformen aus. In den neueren Arbeiten der 1960er Jahre werden auch Präteritumformen von *sein* dokumentiert, z. T. werden sie als „neue" Formen ausgewiesen (vgl. Burkart 1965; Meng 1967; Baur 1967). Die Präteritumformen von *sein* bewertet Mehne (1954, 55) als eindeutig regiolektales Merkmal: „Neuerdings tritt das Imperfekt von *sein* in grösserem Masse in Schichten auf, die der Hochsprache näher stehen, jedoch nicht in der Grundma."[28].

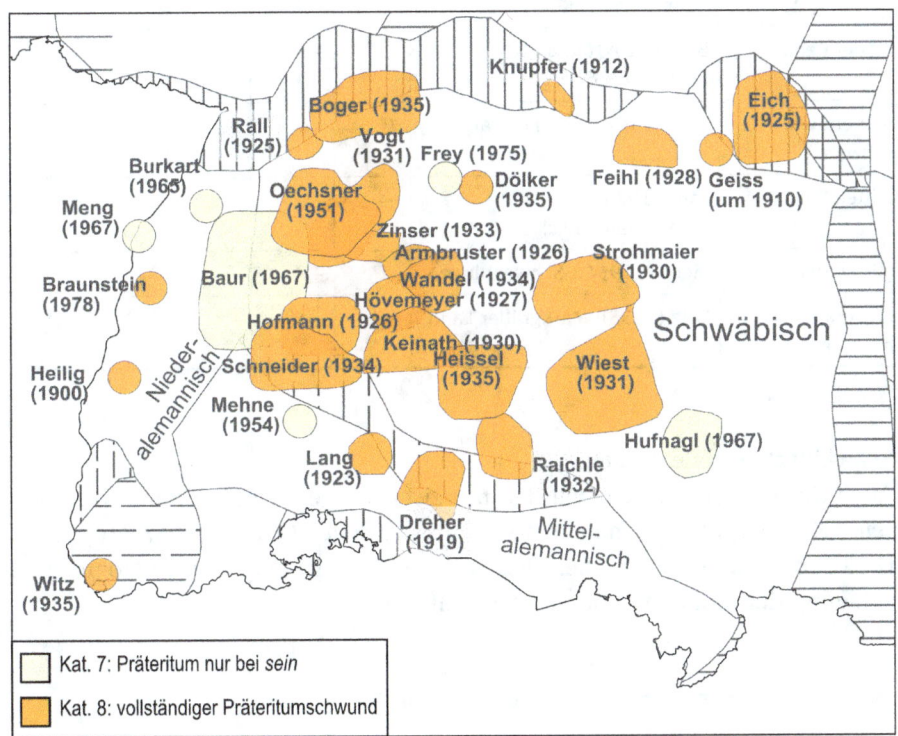

Karte 12: Präteritumschwund nach Ausweis der alemannischen und schwäbischen Dialektgrammatiken.

Formen konnten im Rahmen dieser Arbeit jedoch nicht im Einzelnen erfasst und bearbeitet werden.

28 In den Zitaten aus den Dialektgrammatiken wurde zur besseren Lesbarkeit z. T. die Kennzeichnungen von Sprachbeispielen durch Kursivsetzung ergänzt bzw. vereinheitlicht; auch im Folgenden.

Tab. 4: Auswertung der alemannischen Dialektgrammatiken.

Dialektraum Alemannisch	Kurztitel und Ort/Region	Verben in Präteritum				Kat.
		sein	wollen	sollen	können	
niederalem.	Heilig (1900): Kenzingen	–	–	–	–	8
niederalem.	Gruber ([1942–1947] 1989): Westallgäu*	–	–	–	–	8
niederalem.	Burkart (1965): Bühl-Kappelwindeck	+	–	–	–	7
niederalem.	Meng (1967): Auenheim bei Kehl	↑	–	–	–	7
niederalem.	Braunstein (1978): Schutterwald	–	–	–	–	8
niederalem./ schwäb.	Baur (1967): Schwarzwald	↑	–	–	–	7
mittelalem.	Lang (1923): Neuhausen ob Eck	–	–	–	–	8
mittelalem.	Mehne (1954): Schwenningen	–/↑	–	–	–	7
niederalem.-hochalem.	Witz (1935): Markgräfler Land	–	–	–	–	8

Schwäbischer Dialektraum

Auch für das Schwäbische wurden nur zwei Belege für Präteritumformen von *sein* gefunden; beide stammen aus neueren Arbeiten (Hufnagl 1967; Frey 1975). Der Großteil der schwäbischen Grammatiken verzeichnet einen vollkommenen Schwund der indikativischen Präteritumformen.

Tab. 5: Auswertung der schwäbischen Dialektgrammatiken.

Dialektraum Schwäbisch	Kurztitel und Ort/Region	Verben in Präteritum				Kat.
		sein	wollen	sollen	können	
allg. schwäb.	Rapp (1855): Schwäbisch*	–	–	–	–	8
allg. schwäb.	Knaus (1863): Schwäbisch*	–	–	–	–	8
allg. schwäb.	Vogt (1977): Schwäbisch*	–	–	–	–	8
schwäb.-rheinfrk.	Rall (1925): Neuenbürg	–	–	–	–	8

Tab. 5: (fortgesetzt)

Dialektraum Schwäbisch	Kurztitel und Ort/Region	Verben in Präteritum				Kat.
		sein	wollen	sollen	können	
schwäb.-rheinfrk.	Boger (1935): Enz-Pfinz-Gebiet	–	–	–	–	8
schwäb.-ostfrk.	Geiss (o. J. [um 1910]): Sechtenhausen und Schlossberg	–	–	–	–	8
schwäb.-ostfrk.	Knupfer (1912): Rot-Tal	–	–	–	–	8
schwäb.-ostfrk.	Eich (1925): Ries	–	–	–	–	8
schwäb.	Armbruster (1926): Lustenau	–	–	–	–	8
schwäb.	Hofmann (1926b): Sulz am Neckar	–	–	–	–	8
schwäb.	Hövemeyer (1927): Steinlach	–	–	–	–	8
schwäb.	Feihl (1928): Aalen	–	–	–	–	8
schwäb.	Strohmaier (1930): Blaubeuren	–	–	–	–	8
schwäb.	Keinath (1930): Onstmettingen	–	–	–	–	8
schwäb.	Vogt (1931): Deufringen	–	–	–	–	8
schwäb.	Wiest (1931): Burgrieden	–	–	–	–	8
schwäb.	Raichle (1932): Saulgau	–	–	–	–	8
schwäb.	Zinser (1933): Ammertal	–	–	–	–	8
schwäb.	Wandel (1934): Reutlingen-Betzingen	–	–	–	–	8
schwäb.	Dölker (1935): Eßlingen am Neckar	–	–	–	–	8
schwäb.	Heissel (1935): Friedingen	–	–	–	–	8
schwäb.	Oechsner (1951): Nagold-Enzgebiet	–	–	–	–	8
schwäb.	Hufnagl (1967): Memmingen	+	–	–	–	7
schwäb.	Frey (1975): Stuttgart	+	–	–	–	7
schwäb.-mittelalem.	Schneider (1934): Epfendorf	–	–	–	–	8
schwäb.-mittelalem.	Dreher (1919): Liggersdorf	–	–	–	–	8

Bairischer Dialektraum
Die wissenschaftliche Beschreibung des Bairischen beginnt mit der Arbeit von Schmeller (1821). Schmeller notiert, dass „[...] in unseren Dialekten weder das Imperfect, noch das eigentliche Plusquamperfect üblich ist: so wird für jenes immer das Perfect, für dieses das eben bezeichnete unächte Plusquamperfect [= Doppeltes Perfekt; HF] verwendet." Und auch die „einfachen Präteritumformen *war, hatte* [sind] unsern Dialekten nicht mehr geläufig" (Schmeller 1821, 374). Die Formen des Präteritums seien in der „schlichten Rede des gemeinen Mannes [...] fast ausschließlich zum Conditionalis geworden" (Schmeller 1821, 385). So vermerkt Schmeller insgesamt für die schwachen Verben einen nur selten indikativischen Gebrauch der Präteritumformen: „Präteritum der nicht umlautenden Verba [wird] in unsern Dialekten gewöhnlich conjunktivisch oder vielmehr conditionaliter, und nur selten indikativisch gebraucht" (Schmeller 1821, 316). In der Bildung der Formen mache sich die Apokope bemerkbar, gleichzeitig bleibe eine Synkopierung aus: Bsp. „*ich, er badet, saget, lebet* für *badete, sagte, lebte*" (Schmeller 1821, 316). Die Präteritumformen der starken Verben, „der umlautenden Conjugation", werden „in den Dialekten ebenfalls nur im Conjunctiv gebraucht" (Schmeller 1821, 317). Diesen Schilderungen folgen dann vollständige Verbtabellen mit indikativischen Präteritumformen, sogar mit zum Teil historischen Formenbeständen (z. B. *bellen – ball – gebollen*). Diese werden eingeleitet mit den Worten: „Hier folgt ein Verzeichniß der Verba dieser 7 Klassen, welche noch in unsern Dialekten, theils mit allen ihren Formen, theils nur mit einzelnen üblich sind." (Schmeller 1821, 326) Um welche Verben es sich jeweils handelt, wird jedoch nicht vermerkt. Als Anmerkung fügt Schmeller hinzu: „Daß die meisten derselben auch der Schriftsprache angehören, kann ihnen ihr Recht nicht nehmen, auch hier aufgeführt zu werden." (Schmeller 1821, 326, Fn.) Dass Schmeller die standardsprachlichen (historischen) Verblisten referiert, aber nur andeutet, dass nicht alle diese Verben so auch im Dialekt vorhanden sind, zeigt, wie stark Schmellers Blick durch die Systematik der Standardgrammatik geprägt wird. Auf die Frage, welche Präteritumformen Teil der Systemkompetenz der Sprecher des Bairischen im frühen 19. Jahrhundert sind, erhalten wir leider nur eine vage Antwort. Die Beschreibungen lassen trotz der umfangreichen Verblisten auf einen vollständigen Schwund schließen.

Rowley (1983) beschreibt mit Bezug auf Merkle (1975) für das Bairische in Deutschland, dass neben „war" auch vereinzelt Präteritumformen der Modalverben *wollen* und *sollen* sowie *können* auftreten. Für *wollt* und *sollt* im Nürnberger Dialekt vermutet er nach Gebhardt (1907), dass die Formen „eigentlich ein Konditional" (Gebhardt 1907, § 395) seien, also ursprüngliche konjunktivische Präteritumformen. Im Vergleich mit den schwäbischen und alemannischen Dialekträumen sind die Präteritumformen im Bairischen also stärker vertreten. Bis auf

2.2 Präteritumschwund in den deutschen Dialekten des 19. und 20. Jahrhunderts — 41

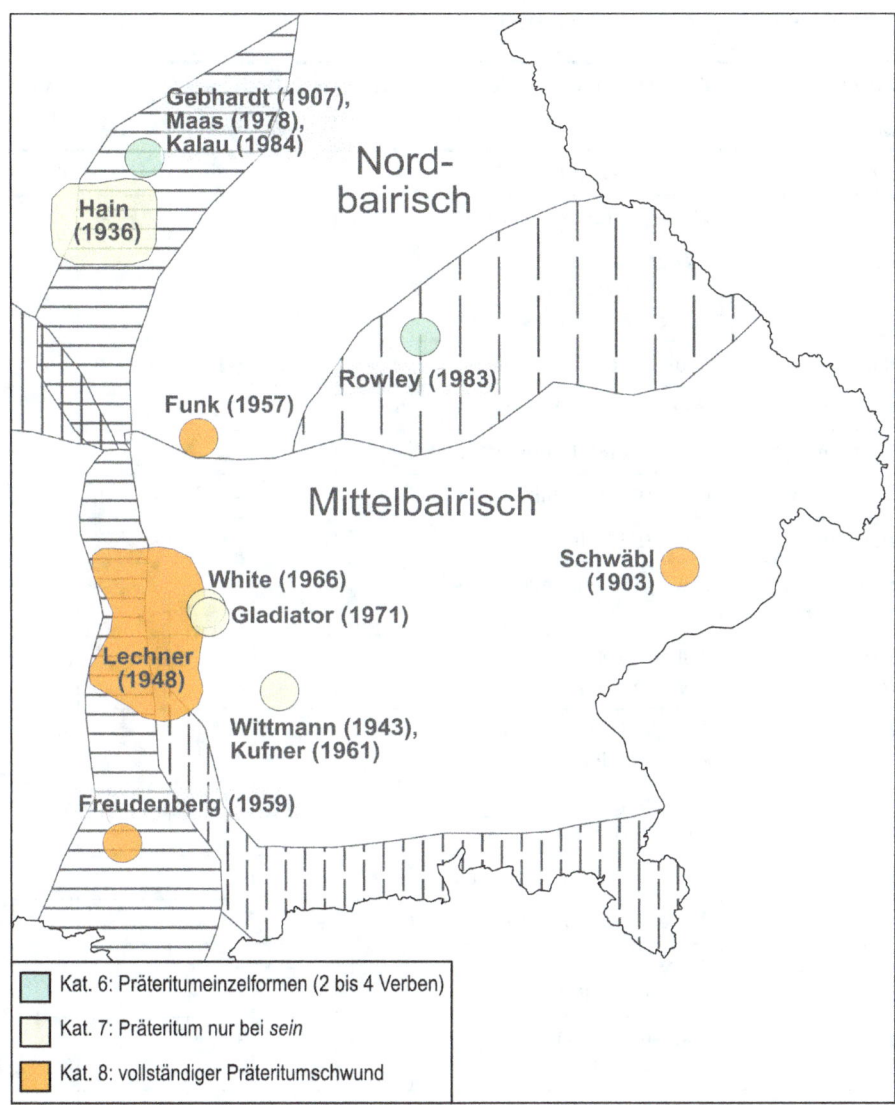

Karte 13: Präteritumschwund nach Ausweis der bairischen Dialektgrammatiken.

diese Ausnahmen dokumentieren die bairischen Dialektgrammatiken jedoch ebenfalls einen vollständigen Schwund der indikativischen Präteritumformen.

Einen Überblick über die ausgewerteten Dialektgrammatiken gibt Karte 13.

Die Karte und die Übersichtstabelle zu den Dialektgrammatiken für das Bairische zeigen, dass Präteritumformen vermehrt für städtische Dialekte

Tab. 6: Auswertung der bairischen Dialektgrammatiken.

Dialektraum Bairisch	Kurztitel und Ort/Region	Verben in Präteritum				Kat.
		sein	wollen	sollen	können	
allg. bair.	Merkle (1975): Bairisch*	+	+	+	–	6
allg. bair.	Wiesinger (1989): Bairisch*	–	–	–	–	8
nordbair.-ostfrk.	Stengel (1877): „schwäbische Retzat und mittlere Altmühl" (Nordbair.)*	–	–	–	–	8
nordbair.-ostfrk.	Gebhardt (1907): Nürnberg	+	(+)	(+)	–	6
nordbair.-ostfrk.	Maas (1978): Nürnberg	+	–	–	–	7
nordbair.-ostfrk.	Kalau (1984): Nürnberg	+	–	–	–	7
nordbair.-ostfrk.	Hain (1936): Rednitzgebiet	+	–	–	–	7
nordbair.	Funk (1957): Igerstheim	–	–	–	–	8
nordbair.-mittelbair.	Rowley (1983): Regensburg[29]	+	+	–	+	6
nordbair.-mittelbair.	Kollmer (1985): Bayrischer Wald*	–	–	–	–	8
mittelbair.	Schwäbl (1903): Rottal (Niederbayern)	–	–	–	–	8
	Schwäbl (1903): für das „Oberbayerische"*	+	–	–	–	7
mittelbair.	Wittmann (1943): München	↑	–	–	–	7
mittelbair.	Kufner (1961): München	+	–	–	–	7
mittelbair.	White (1966): Eisenhofen/Hirtlbach	+	–	–	–	7
mittelbair.	Gladiator (1971): Großberghofen	+	–	–	–	7
schwäb.-mittelbair.	Lechner (1948): schwäb.-bair. ÜG	–	–	–	–	8
schwäb.-mittelbair.	Freudenberg (1959): Böbing	–	–	–	–	8

---

[29] Bei Rowley (1983) handelt es sich um ergänzende Beobachtungen zum Dialekt in Regensburg, nicht um eine Dialektgrammatik.

beschrieben werden (Nürnberg, Regensburg, München), jedoch finden sich *war*-Formen auch im ländlichen Raum. Gleichzeitig wird in sechs Grammatiken für ländliche Orte/Regionen der vollständige Schwund dokumentiert. Auch Rowley (1983, 163) stellt in seiner Auswertung fest, dass *war* eher eine Form der Stadtdialekte (z. B. Wien, Stuttgart, München und Umgebung) und daher als „Einbringsel aus der Schriftsprache" zu bewerten sei, was sich auch darin widerspiegele, dass im ländlichen Sprachraum die *war*-Form eher bei den „gebildeteren Mundartsprechern" oder den Jüngeren auftrete, ansonsten jedoch unüblich sei.

Anders als Wenker es vermutet, lassen sich die *war*-Formen im Bairischen auch als dialektale Formen nachweisen. Für den westoberdeutschen Raum muss Wenkers Erklärung allerdings beigepflichtet werden. In der Tat sind diese Präteritumformen in den Wenkerkarten hier auf die standardsprachliche Vorlage zurückzuführen und nicht Teil der dialektalen Systeme (vgl. Kap. 2.2.1).

Zusammenfassung
Als Befunde für den süddeutschen Raum lassen sich zusammenfassen:
1. Formenbestände: Bis auf wenige Ausnahmen zeigt sich in den oberdeutschen Dialekten ein umfangreicher Schwund der Präteritumformen. Der oberdeutsche Sprachraum kann damit als Kerngebiet des Präteritumschwunds bezeichnet werden.
2. Sonderverb *sein*: Im westlichen Oberdeutschen zeigt sich ein vollständiger Schwund der Präteritumformen. Die wenigen Belege von *war*-Formen finden sich in jüngeren Grammatiken und werden als Neuerungen, die einem standardsprachlichen Einfluss unterliegen, ausgewiesen.
3. Einzelformen: Im Bairischen finden sich zum Teil Präteritumformen von *sein* und vereinzelt auch von *wollen*, *sollen* und *können*. Die areale Verteilung dieser bairischen Präteritumformen ist genauso unklar wie die Frage, ob die wenigen Präteritumformen standardsprachlichem Einfluss unterliegen oder originär dialektal sind.
4. Vergleich mit Wenkerkarten: Die Präteritumformen im Perfektgebiet der Wenkerkarten lassen sich (mit Ausnahme von *war* und *wollten* im Bairischen) als Echoformen der standardsprachlichen Formen in den Wenkersätzen erklären. Sie sind keine dialektalen Formen.

2.2.2.3 Übergangsraum
Im Rheinfränkischen und Ostfränkischen Raum nimmt die Anzahl der Verben, für die Präteritumformen belegt werden – im Vergleich zu den alemannischen, schwäbischen und bairischen Dialekträumen – zu. Hier beginnt der Über-

gangsraum, in dem in nördlicher (und nord-westlicher) Richtung die Anzahl der vorhandenen Präteritumformen zunehmen bis hin zum vollständigen Formenerhalt im ostmitteldeutschen und niederdeutschen Sprachraum.

Schirmunski ([1962] 2010, 555) beschreibt in Berufung auf Jacki (1909) diesen Raum als eine „Übergangszone"[30], in der von Süden nach Norden zuerst das Präteritum der Hilfsverben *haben* und *sein* erscheint, „dann bei den modalen Dienstverben, wo es eine besondere syntaktische Funktion und deutlicher differenzierte Formen hat; danach taucht es auf bei einer begrenzten, weiterhin immer stärker anwachsenden Zahl von Vollverben, zuerst vorwiegend bei starken." (Schirmunski [1962] 2010, 555). Rowley (1983) nennt zwei wichtige Linien: „Nördlich einer Linie „Asch – Kulmbach – Coburg – Bad Kissingen – Frankfurt/M. – Mainz – Luxemburg werden Präteritalformen zu den Hilfsverben zunehmend üblich. In etwa bei der *kam*-Linie des Deutschen Sprachatlas trifft man zunehmend auch auf Prät. starker und häufig gebrauchter schwacher Verben" (Rowley 1983, 166). (Fast) vollständige Formenbestände findet Rowley dann erst im Ripuarischen, aber auch in älteren Arbeiten zum Thüringischen und Sächsischen. Davon abgesehen sei das Präteritum „in weiten Gebieten des Mitteldeutschen [...] stark erschüttert" (Rowley 1983, 169). Diese Beobachtungen lassen sich in der Auswertung der Dialektgrammatiken bestätigen.

Rheinfränkischer Dialektraum
Einen Überblick über die ausgewerteten Dialektgrammatiken gibt Karte 14.

In den Wenkerkarten führen die Isoglossen von *wollten* und *war* mittig bzw. südlich durch das Rheinfränkische hindurch. Die Auswertung der Dialektgrammatiken bestätigt dieses Bild. Im Süden des rheinfränkischen Raums finden wir fünf Orte, für deren Dialekte ein völliger Präteritumsverlust beschrieben wird. Ansonsten überwiegen die Grammatiken, die nur wenige Restformen belegen. Dabei handelt es sich um die Formen von *sein*, und z. T. Formen von *haben*, *wollen* und *sollen*. In nördlicher und westlicher Richtung nimmt die Anzahl der belegten Präteritumformen zu. Es kommen weitere Modalverben (*können*, *dürfen*, *müssen*) hinzu, jedoch auch Formen von *kommen*, *tun* und *sagen*. Anders als bei den alemannischen Grammatiken ist hier kein eindeutiger Vertikalisierungseffekt sichtbar. Die Anzahl der Präteritumformen scheint in erster Linie räumlich bedingt zu sein und kein Effekt jüngerer Vertikalisierungsprozesse. Einzig Karch (1975) sticht mit den vier belegten Präteritumverben im Vergleich zu den benachbarten älteren Grammatiken ohne Präteritumformen hervor.

---

30 Bei Rowley (1983, 166): „Übergangsbereich".

2.2 Präteritumschwund in den deutschen Dialekten des 19. und 20. Jahrhunderts — 45

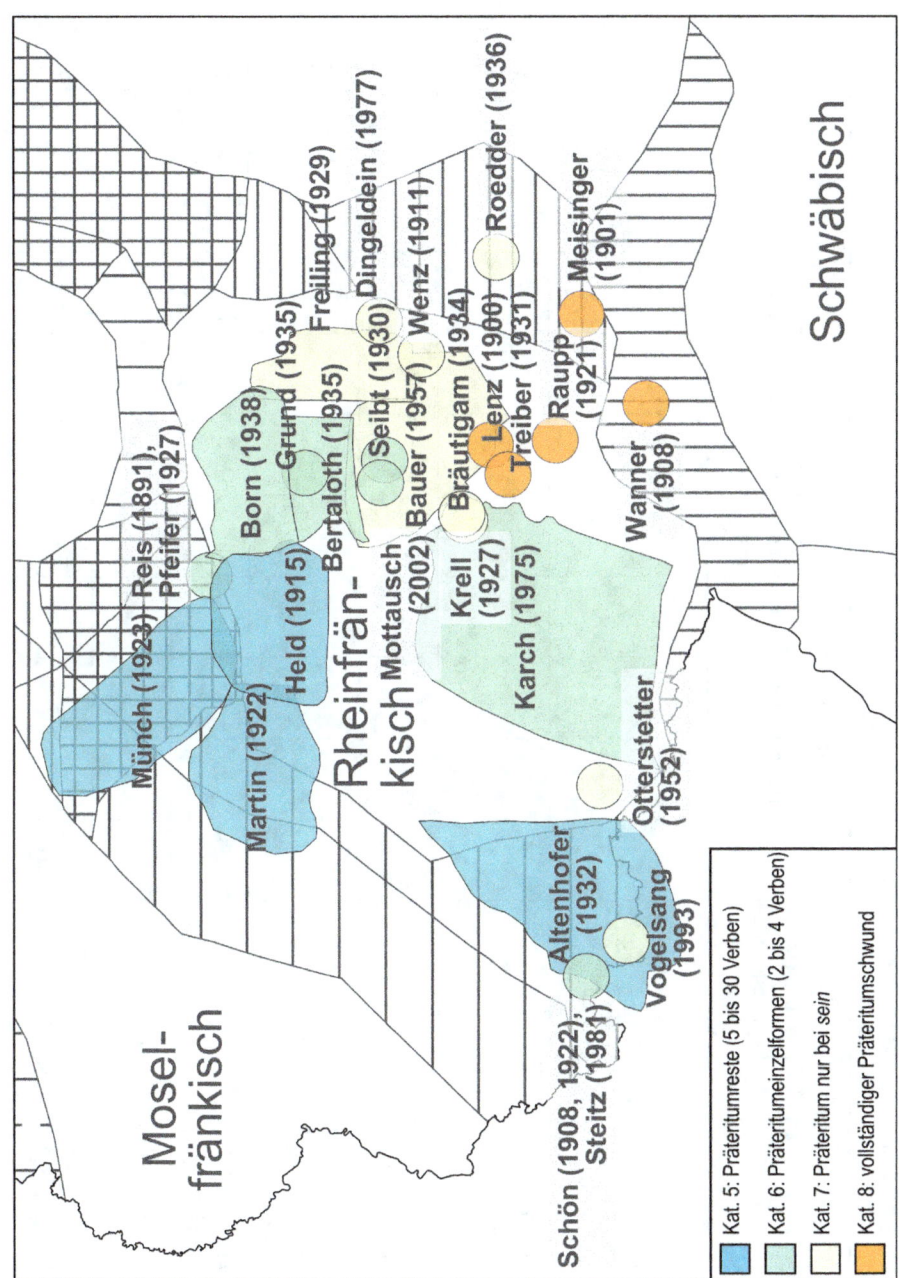

Karte 14: Präteritumschwund nach Ausweis der rheinfränkischen Dialektgrammatiken.

46 — 2 Die Dokumentation des Präteritumschwunds

Tab. 7: Auswertung der rheinfränkischen Dialektgrammatiken.

Dialektraum	Kurztitel und Ort/	Anzahl der belegten Prät.-bildenden Verben	Verben mit Präteritumform										Kat.
Rheinfränkisch	Region		sein	haben	wollen	sollen	können	dürfen	müssen	kommen	tun	sagen	
nördlich													
rheinfrk.-moselfrk.-zentralhess.	Reis (1891): Mainz	2	+	–	+	–	–	–	–	–	–	–	6
rheinfrk.-moselfrk.-zentralhess.	Pfeifer (1927): Mainz	3	+	+	+	–	–	–	–	–	–	–	6
rheinfrk.-moselfrk.	Martin (1922): Warmsroth	9	+	+	+	+	+	+	+	+	–	+	5
rheinfrk.-moselfrk.-zentralhess.	Münch (1923): Rheingau und St. Goarshausen	7	+	+	+	+	+	–	–	+	–	+	5
rheinfrk.	Held (1915): hess. Pfalz	8	+	+	+	–	+	+	+	+	–	+	5
rheinfrk.	Freiling (1929): Odenwald	1	+	–	–	–	–	–	–	–	–	–	7
rheinfrk.	Seibt (1930): Bergstraße	2	+	–	+	–	–	–	–	–	–	–	6

2.2 Präteritumschwund in den deutschen Dialekten des 19. und 20. Jahrhunderts — 47

rheinfrk.	Bertaloth (1935): vorderer Odenwald und nördliches Ried	3	+	+	+	–	–	–	–	–	–	6
rheinfrk.	Grund (1935): Pfungstadt	3	+	+	+	–	–	–	–	–	–	6
rheinfrk.	Born (1938): Darmstadt	4	+	+	+	+	–	–	–	–	–	6
rheinfrk.	Dingeldein (1977): Würzberg	1	+	–	–	–	–	–	–	–	–	7
rheinfrk.	Mottausch (2002): Lorsch	2	+	+	–	–	–	–	–	–	–	6
westlich												
rheinfrk.-moselfrk.	Schön (1908): Saarbrücken	3	+	–	–	–	–	–	–	+	–	6
rheinfrk.-moselfrk.	Schön (1922): Saarbrücker Land	4	+	+	–	–	–	–	+	+	–	6
rheinfrk.-moselfrk.	Altenhofer (1932): Sulzbach (Westpfalz)	8	+	+	+	+	+	+	–	+	–	5
rheinfrk.-moselfrk.	Steitz (1981): Saarbrücken	1	+	–	–	–	–	–	–	–	–	7
rheinfrk.-moselfrk.	Vogelsang (1993): Bliesmengen-Bolchen	1	+	–	–	–	–	–	–	–	–	7

Tab. 7: (fortgesetzt)

Dialektraum	Kurztitel und Ort/Region	Anzahl der belegten Prät.-bildenden Verben	Verben mit Präteritumform									Kat.
			sein	haben	wollen	sollen	kön- nen	dürfen	müs- sen	kom- men	tun	sagen	
Rhein- fränkisch													
südlich													
rheinfrk.	Lenz (1900): Handschuhsheim	0	–	–	–	–	–	–	–	–	–	–	8
rheinfrk.- schwäb.	Wanner (1908): Zaisenhausen	0	–	–	–	–	–	–	–	–	–	–	8
rheinfrk.	Wenz (1911): Beerfelden	1	+	–	–	–	–	–	–	–	–	–	7
rheinfrk.	Raupp (1921): Wiesloch	0	–	–	–	–	–	–	–	–	–	–	8
rheinfrk.	Krell (1927): Ludwigshafen	1	+[31]	–	–	–	–	–	–	–	–	–	7
rheinfrk.	Treiber (1931): Plankstadt	0	–	–	–	–	–	–	–	–	–	–	8
rheinfrk.	Bräutigam (1934): Mannheim	1	+	–	–	–	–	–	–	–	–	–	7
rheinfrk.	Otterstetter (1952): Pirmasens	1	+	–	–	–	–	–	–	–	–	–	7

rheinfrk.	Bauer (1957): südlicher Odenwald und Ried	1	+	–	–	–	–	–	–	–	7
rheinfrk.	Karch (1975): vorderpfälzische Dialekte	4	+	+	+	+	–	–	–	–	6
östlich											
rheinfrk.-ostfrk.	Meisinger (1901): Rappenau	0	–	–	–	–	–	–	–	–	8
rheinfrk.-ostfrk	Roedder (1936): Oberschefflenz	1	+	–	–	–	–	–	–	–	7

31 Präteritumformen von *sein* kommen nach Krell (1927) in Ludwigshafen jedoch nur in Kontaminationen wie „ich war krank gewest" für 'ich war krank' vor.

Tab. 8: Beleghäufigkeiten von Verben mit Präteritumformen in den rheinfränkischen Grammatiken.

Beleganzahl der Verben im Präteritum in den rheinfrk. Grammatiken	Verben
24	*sein*
12	*wollen*
10	*haben*
6	*sagen*
5	*sollen*
4	*können*
3	*dürfen, kommen, müssen*
1	*tun*

Vergleichen wir in den Grammatiken, die einen teilweisen Schwund oder Rest- und Einzelformen verzeichnen, welche Verben noch eine Präteritumform bilden, so zeigt sich eine auffällige Tendenz. An erster Stelle steht das Verb *sein*, gefolgt von Modalverben (*wollen, sollen, können, dürfen, müssen*) und irregulären Verben (*haben, sagen*[32]). Mit Ausnahme von *sagen* sind alle diese Verben Zustandsverben. Als einziges starkes Verb wird *kommen* belegt, zusätzlich findet sich ein einmaliger Beleg des Wurzelverbs *tun*. *Kommen* und *tun* können je nach Kontext auch mit imperfektiver aspektueller Verbsemantik auftreten (vgl. *Sie kommt aus Berlin. Der Hund tut niemandem etwas.*)

Ostfränkischer Dialektraum
Einen Überblick über die ausgewerteten Dialektgrammatiken gibt Karte 15.

Der ostfränkische Dialektraum lässt sich hinsichtlich des Präteritumvorkommens in einen nördlichen und einen südlichen Raum einteilen. Im südlichen Ostfränkischen finden wir nur Dialektgrammatiken, die einen vollständigen Schwund anzeigen oder aber eine Präteritumform von *sein* belegen. Nördlich nehmen die Präteritumformen zu: zum Teil werden nur Einzelformen belegt, zum Teil werden umfangreichere Inventare dargestellt. Ganz im Norden des Ostfränkischen werden in vier frühen Grammatiken vollständige Formeninventare dargestellt.

Gerbet (1908) an der ostfränkischen Grenze zum Obersächsischen stellt die gleiche Verteilung für seinen Untersuchungsraum fest: Auch er nimmt eine Nord-/Süd-Unterscheidung vor. Im Süden „besteht Vorherrschen des umschrie-

---

[32] Das Verb *sagen* wird dialektal irregulär gebildet.

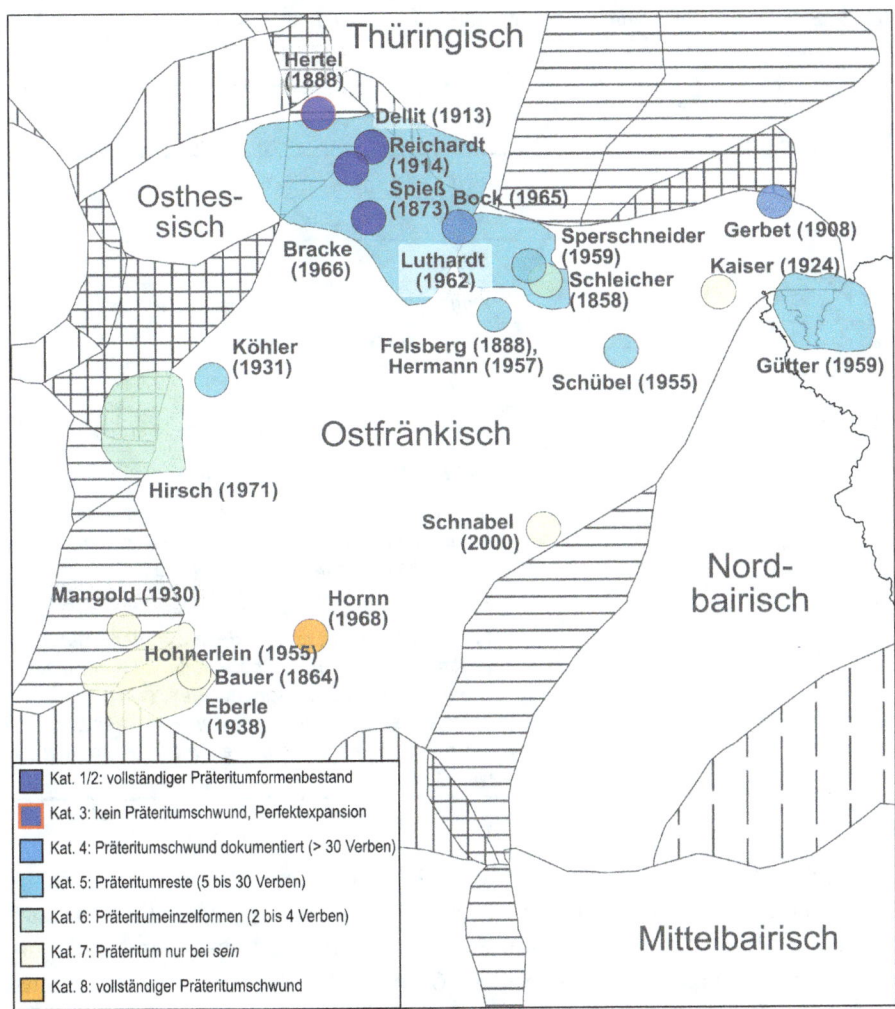

Karte 15: Präteritumschwund nach Ausweis der ostfränkischen Dialektgrammatiken.

benen Perfekts", im Norden „Vorherrschen des Präteritums" (Gerbet 1908, 45). Die weiteren Beschreibungen sind jedoch recht vage. Es scheint so, als ob die Präteritumformen in dem gesamten Untersuchungsraum vorhanden seien, ihr „Gebrauch" sich aber unterscheide. Die in einer Fußnote aufgelisteten starken Verben seien „häufiger [...], meist nur in der rein erzählenden Form, oft gebraucht"; die schwachen Verben seien „wenigstens im N[orden] so gut wie gewöhnlich" (Gerbet 1908, 45).

Hier erfahren wir zwei wichtige Aspekte: Es wird ein Unterschied im Präteritumschwund der starken und schwachen Verben genannt. Diesen finden wir

Tab. 9: Beleghäufigkeiten von Verben mit Präteritumformen in den ostfränkischen Grammatiken.

Beleganzahl der Verben im Präteritum in den ostfrk. Grammatiken	Verben
18	*sein*
9	*wollen, sollen, können*
8	*müssen*
7	*mögen*
6	*haben, dürfen, gehen, stehen*
5	*geben*
4	*denken, kommen, nehmen, sitzen, werden*
3	*hängen, fahren, fliegen, liegen, sagen, ziehen*
2	*bringen, essen, fangen, heißen, helfen, lassen, laufen, machen, schlagen, schließen, sehen, tragen, treffen, tun, waschen, wissen*
1	*[an-]reihen, backen, bieten, bleiben, binden, brechen, brennen, fallen, fließen, fragen, frieren, geschehen, greifen, halten, hauen, klingen, legen, lesen, lügen, packen, reiten, rufen, schießen, schlafen, schmeißen, schneiden, sprechen, springen, sterben, teilen, treiben, treten, trinken, wachsen*

auch in Bock (1965), der einen Schwund bei schwachen Verben, jedoch nicht bei starken und irregulären Verben feststellt. Zum anderen erfahren wir bei Gerbet, dass sich die Präteritumformen der starken Verben besonders in narrativen Kontexten gut erhalten. Andere Grammatiken stellen dagegen bereits eine deutliche Expansion des Perfekts fest. Hertel (1888, 110) beschreibt neben vollständigen Formeninventaren[33] eine allgemeine Zunahme der Perfektformen: „Im Präteritum ist der Indikativ noch ziemlich reichlich vertreten, wenn auch oft das Perfekt als Ersatz eintritt." Konkreter wird es bei Franke (1892/1895, 324), der für das Ostfränkische (mit Ausnahme der Rhön, des nördlichen Frankenwald und Hennebergs) einen Schwund von Präteritum und Plusquamperfekt feststellt, und notiert, dass „im Perfekt erzählt" werde. Ebenso stellen

---

33 Hertel gibt für sieben starke Verben (*genießen, biegen, gären, mahlen, spalten, lügen, verzeihen*) keine Präteritumformen an. Hier ist unklar, ob die Formen komplett fehlen, oder ob diese Verben zur schwachen Formenbildung gewechselt sind, die in der Darstellung nach Ablautklassen nicht berücksichtigt wird.

2.2 Präteritumschwund in den deutschen Dialekten des 19. und 20. Jahrhunderts — 53

Tab. 10: Auswertung der ostfränkischen Dialektgrammatiken.

Dialektraum Ostfränkisch	Kurztitel und Ort/Region	Prät.-Schwundformen	Anzahl der belegten Prät.-bildenden Verben	Verben im Präteritum																	Kat.
				sein	haben	wollen	sollen	können	dürfen	müssen	mögen	wissen	tun	werden	kommen	gehen	nehmen	geben	stehen	sagen	denken	
nördl. ostfrk.	Spieß (1873): Hennebergisch	–	/																			2
ostfrk.-osthess.	Hertel (1888): Salzungen	–	/																			3
nördl. ostfrk.	Dellit (1913): Schmalkalden	–	/																			2
nördl. ostfrk.	Reichard (1914): Wasunger Mundart	–	/																			2
ostfrk.	Schleicher (1858): Sonneberg	+	2	+	–	–	–	–	–	–	–	–	–	–	–	–	–	–	–	–	+	6
ostfrk.	Felsberg (1888): Koburg	+	20[34]	+	+	+	+	+	–	k.A.	+	+	–	+	–	+	+	+	+	–	+	5
ostfrk.	Gerbet (1908): Trieb	+	32[35]	+	+	+	+	+	+	+	–	–	–	–	+	+	–	+	+	+	+	4

[34] Felsberg (1888) belegt zusätzlich Präteritumformen der Verben *brennen, bringen, fangen, lassen, machen, schlagen*.

[35] Gerbet (1908) belegt weiterhin Präteritumformen der Verben *backen, bringen, fahren, fliegen, fragen, hängen, heißen, klingen, legen, packen, schlagen, schließen, schmeißen, schneiden, sehen, sitzen, springen, treffen, ziehen*.

Tab. 10: (fortgesetzt)

Dialekt-raum	Kurztitel und Ort/Region	Prät.-Schwund-formen	Anzahl der belegten Prät.-bildenden Verben	Verben im Präteritum																		Kat.
				sein	ha-ben	wol-len	sol-len	kön-nen	dür-fen	müs-sen	mö-gen	wis-sen	tun	wer-den	kom-men	ge-hen	neh-men	ge-ben	ste-hen	sa-gen	den-ken	
Ost-fränkisch																						
ostfrk.	Kaiser (1924): Hof a. Saale	+	1	+	–	–	–	–	–	–	–	–	–	–	–	–	–	–	–	–	–	7
ostfrk.	Köhler (1931): Aschenroth	+	10[36]	+	+	+	+	+	–	+	–	–	–	–	–	–	–	+	–	–	5
ostfrk.	Schübel (1955): Stadtsteinach	+	8	+	–	+	+	+	+	+	+	–	–	–	→	–	–	–	–	–	5
ostfrk.	Hermann (1957): Coburg	+	9	+	–	+	+	+	–	+	+	–	–	–	+	–	–	+	–	–	5
ostfrk.	Sperschneider (1959): Mengersgereuth-Hämmern	+	7	+	–	+	+	+	+	+	+	–	–	–	–	–	–	–	–	–	5
ostfrk.	Gütter (1959): Asch	+	7	+	–	+	+	+	+	+	+	–	–	–	–	–	–	–	–	–	5
ostfrk./ nordbair.	Luthardt (1962): Steinach	+	22[37]	+	+	+	+	+	+	+	+	+	+	+	+	+	+	+	+	+	+	5
ostfrk.	Bock (1965): Waldau bei Schleusingen	+	48[38]	+	+	+	+	+	+	+	+	k.A.	+	+	k.A.	+	+	+	k.A.	k.A.	4
ostfrk.	Bracke (1966): Hennebergisch	+	22[39]	+	+	+	+	+	+	+	+	k.A.	k.A.	+	k.A.	+	+	k.A.	k.A.	k.A.	5
zentral-hess.-rheinfrk.-ostfrk.	Hirsch (1971): Spessart	+	2	+	–	–	–	–	–	–	–	–	–	–	–	–	–	–	+	–	6

2.2 Präteritumschwund in den deutschen Dialekten des 19. und 20. Jahrhunderts — 55

südlich																	
ostfrk.	Bauer (1864): Künzelsau	+	1	(+)	–	–	–	–	–	–	–	–	–	–	–	–	7
ostfrk.	Hormn (1968): Rothenburg	+	0	–	–	–	–	–	–	–	–	–	–	–	–	–	8
ostfrk.	Schnabel (2000): Weingarts	+	1	+	–	–	–	–	–	–	–	–	–	–	–	–	7
ostfrk.-rheinfrk.-schwäb.	Eberle (1938): Kupfer	+	1	←	–	–	–	–	–	–	–	–	–	–	–	–	7
ostfrk.-rheinfrk.	Hohnerlein (1955): Kocher und Jagst	+	1	(+)	–	–	–	–	–	–	–	–	–	–	–	–	7
ostfrk.-rheinfrk.	Mangold (1930): Adelsheim	+	1	+	–	–	–	–	–	–	–	–	–	–	–	–	7

36 Köhler (1931) belegt weiterhin Präteritumformen der Verben *hängen, liegen, sitzen*.

37 Luthardt (1962) belegt weiterhin Präteritumformen der Verben *essen, liegen, sitzen, treten*.

38 Bock (1965, 55) notiert, dass bei starken und rückumlautenden Verben die Präteritumform „noch fast durchgehend [...] gebräuchlich" sei, der „Gebrauch des einfachen sw. Pt." sei jedoch „wesentlich eingeschränkt" (besonders in den Personalformen der 1., 2., 3. Sg und 2. Pl.). Es werden keine Schwundverben explizit benannt. Insgesamt lassen sich in der Grammatik 48 präteritumbildende Verben nachweisen. Neben den in der Tabelle erfassten Verben sind dies: *bieten, bleiben, brechen, essen, fahren, fallen, fangen, fliegen, fließen, frieren, geschehen, greifen, hängen, heißen, helfen, lassen, laufen, lesen, liegen, machen, reiten, schießen, sehen, sitzen, sprechen, sterben, tragen, treffen, trinken, wachsen, waschen, ziehen.*

39 Die Darstellungen von Bracke (1966, 180) sind unklar: „Das Präteritum ist als alleinige Vergangenheitsform nicht üblich. Als zusammengesetzte Vergangenheitsformen treten das Perfekt und [...] das Plusquamperfekt auf." Als Schwundverben werden nur *schicken* und *sterben* belegt, als präteritumbildende Verben werden in zwei Paradigmen und einer Tabelle zur den Ablautverhältnissen insg. 20 Verben mit einer Präteritumform ausgewiesen; die Präteritumformen von *sein* und *haben* wurden über die Bildung des Plusquamperfekts in den Paradigmen erschlossen. (Neben den in der Tabelle erfassten sind dies: *[an-]reihen, bieten, binden, brennen, fahren, fliegen, halten, hauen, helfen, laufen, lügen, rufen, schlafen, tragen, treiben, waschen, ziehen.*) Brackes Darstellungen sind lückenhaft. Es ist zu vermuten, dass weitere Verben Präteritum bilden (z. B. die Modalverben). Da ein expliziter Ausweis fehlt, wird die Dialektgrammatik jedoch der Kategorie 5 zugeordnet.

Hertel/Hertel (1902, 114) für die Pfersdorfer Mundart fest: „Als erzählendes Tempus gilt das Perfekt."[40] Dass die Perfektform als Zeitform der Narration beschrieben wird, unterstreicht ihren weit vorangeschrittenen Expansionsstand. Die Verwendung des Perfekts als Narrationstempus wird in der typologischen Tempusforschung als wichtiges Unterscheidungskriterium gewertet. Sie grenzt typische Perfekte von *perfective pasts* und *general pasts* ab (vgl. Bybee/Perkins/Pagliuca 1994).

Der Vergleich der erhaltenen Präteritumverben zeigt für das Ostfränkische eine ganz ähnliche Hierarchie wie im Rheinfränkischen. Auch hier ist das Verb *sein* am häufigsten, gefolgt von den Modalverben (und Präteritopräsentien), weiterhin den Hilfsverben *haben* und *werden* und starken und irregulären Verben. Bei diesen Verben handelt es sich um morphologisch (eher) irreguläre (suppletive Verben, Präteritopräsentien, Wurzelverben und irreguläre schwache Verben), syntaktisch funktionalisierte Verben (Hilfsverben, Modalverben) sowie um Verben, die tendenziell Zustände ausdrücken. Bei den zwei- und einmalig belegten Präteritumverben kommen nun auch weitere Verben hinzu, darunter auch regulär schwach flektierte (wie *legen, machen, teilen*).

Moselfränkischer Dialektraum
Einen Überblick über die ausgewerteten Dialektgrammatiken gibt Karte 16.

Das Moselfränkische schließt nordwestlich an das Rheinfränkische an. Nach Norden hin nehmen die Verben, für die eine Präteritumform belegt wird, zu. Im nördlichen Moselfränkischen werden vollständige Präteritumformenbestände festgestellt (Büsch 1888; Hommer 1915; Mattheier 1987). Eine Ausnahme bildet Bleyer (1936), der unterschiedliche Areale beschreibt: „Nach dem Gebrauch des Impf. zerfällt das Gebiet in zwei Teile: a) Das Impf. wird meist durch Perfekt ersetzt, außer in wenigen Wörtern [...]. b) Das Impf. wird bevorzugt." (Bleyer 1936, 35) Die genaue Raumgliederung lässt sich nicht eindeutig identifizieren, da es nicht möglich ist, die raumbezogenen Ziffern und verkürzten Angaben auf der Karte des Untersuchungsgebiets aufzulösen.

Im südlichen Moselfränkischen und im moselfränkisch-rheinfränkischen Übergangsraum werden in den Dialektgrammatiken durchgehend Restformen festgestellt. Die Darstellungen beziehen sich dabei zum Teil auf die Formeninventare und zum Teil auf den Gebrauch; vgl. z. B. Christa (1927, 14):

---

40 Der kurze Flexionsteil in der Beschreibung der ostfrk. Pfersdorfer Mundart gibt leider keine explizite Auskunft über den Formenerhalt. Im einzigen Beispielparadigma – für das Verb *sagen* – werden nur die Prät. Ind. Formen für die 1. und 3. Ps. Sg. aufgeführt. Daher konnte die Grammatik nicht kategorisiert und auch nicht in die tabellarische Darstellung und Karte aufgenommen werden.

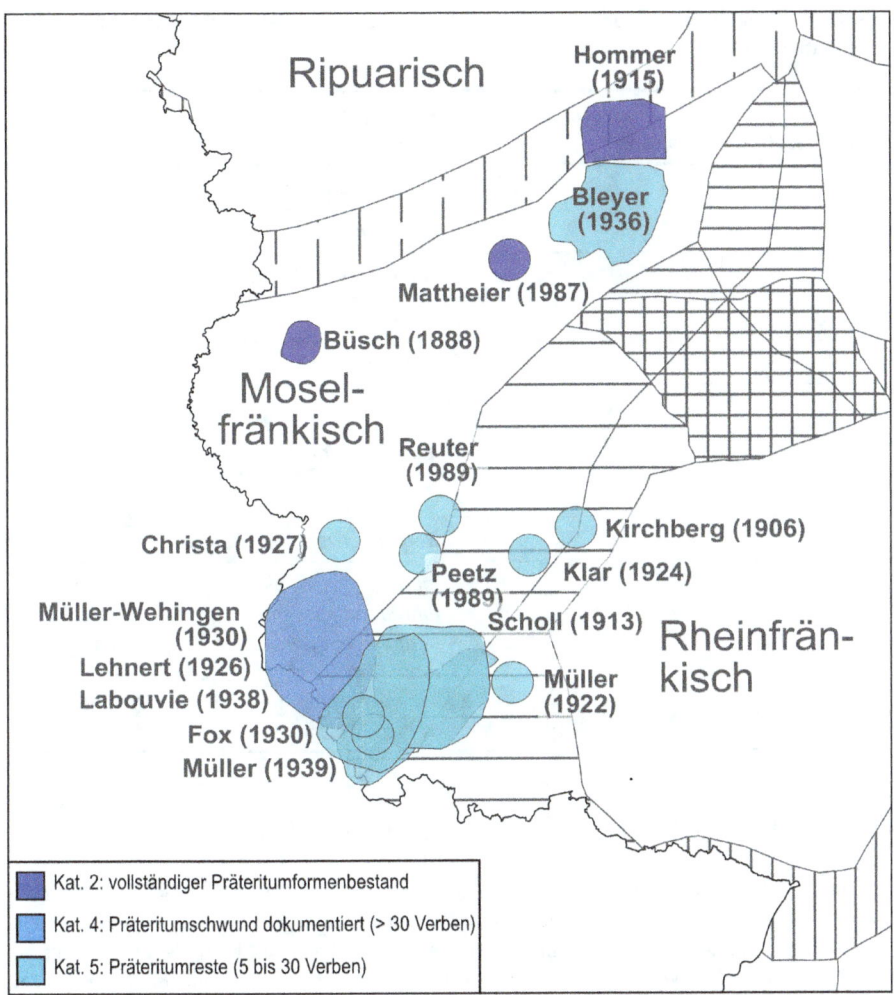

Karte 16: Präteritumschwund nach Ausweis der moselfränkischen Dialektgrammatiken.

Das Präteritum von fast allen Verben ist ungebräuchlich, sowohl im Indikativ wie im Konjunktiv. Die sogenannten Hilfsverba aber bilden sowohl den Ind. wie den Konj., ebenso verschiedene andere Verben, besonders solche, bei denen im Präteritum als Stammvokal *ao* erscheint. Es heißt also der Indik. *eisch wä·r, eisch hadt, eisch wolt, solt, kont* usw. [...] ferner *eisch gao·wf, drao·f, dao·cht* [...]. Von einzelnen anderen Verben wie *schlao·fen* wird zwar das Präteritum [...] gebildet [...], aber das Perfektum ist gebräuchlicher.[41]

---

[41] Zusätzlich bemerkt Christa auch Kontaminationsformen: Das Plusquamperfekt wird anstelle des Präteritums von *haben* und *sein* verwendet. Die gleiche Beobachtung macht Müller (1939, 198).

Tab. 11: Beleghäufigkeiten von Verben mit Präteritumformen in den moselfränkischen Grammatiken.[42]

Beleganzahl der Verben in Präteritum in den moselfrk. Grammatiken	Verben
13	*sein, wollen, sollen*
12	*haben, müssen*
11	*können, sagen, dürfen*
10	*wissen*
7	*denken*
5	*mögen*
4	*geben, kommen*
3	*brauchen*
2	*werden, sitzen, gehen, schlafen*
1	*binden, blasen, bleiben, halten, helfen, fahren, fallen, fangen, fragen, greifen, hängen, kriegen, lassen, laufen, liegen, raten, rufen, scheiden, schießen, schneiden, sehen, singen, stehen, stoßen, treffen, treiben, weichen*

Ein ähnliches Bild beschreibt Müller-Wehingen (1930) für den Saargau:

> Der Indikativ des Präteritums ist, wie im Oberdeutschen und im südlichen Mitteldeutschen überhaupt, sehr zurückgegangen. Vorhanden ist er nur bei den meisten ehemals reduplizierenden, ferner bei einigen häufiger gebrauchten und besonders der Umschreibung dienenden Verben, sowie bei den meisten Präteritopräsentien. (Müller-Wehingen 1930, 50–51)

Zu den schwachen Verben, für die keine Präteritumformen angegeben werden, stellt Müller-Wehingen fest: „Der Indikativ des Präteritums ist selten." (Müller-Wehingen 1930, 58) Entgegen dem „in der Mda. sehr oft gebrauchte[n] Perfekt" bemerkt er jedoch auch einen gegenläufigen Trend: „Andrerseits

---

42 Nach Aussagen einer Mayener Dialektsprecherin (Vielen Dank an Gabriele Diederich-Schmidt!) sind des Weiteren noch Präteritumformen von *anfangen, essen, fangen, hängen, kennen, kriechen, kriegen, laufen, liegen, machen, sehen, tun* „sicher vorhanden und im Gebrauch". Es würde sich lohnen, systematisch Kompetenzabfragen zu erheben, dadurch die Datenlage zu verbessern und die Verbstaffelungen zu vervollständigen.

2.2 Präteritumschwund in den deutschen Dialekten des 19. und 20. Jahrhunderts

Tab. 12: Auswertung der moselfränkischen Dialektgrammatiken.

Dialektraum Moselfrk.	Kurztitel und Ort/Region	Prät.-Schwundformen	Anzahl der belegten Prät.-bildenden Verben	Verben in Präteritum															Kat.
				sein	haben	wollen	sollen	können	dürfen	müssen	mögen	wissen	werden	kommen	geben	sitzen	sagen	denken	brauchen	
nördl. moselfrk.	Büsch (1888): Eifeldialekt	–	/																	2
nördl. moselfrk.	Hommer (1915): Westerwald	–	/																	2
nördl. moselfrk.	Bleyer (1936): südl. Westerwald	+	9[42]	+	–	+	+	+	–	–	–	–	–	+	–	+	+	–	–	5
nördl. moselfrk.	Mattheier (1987): Bell	–	/																	2
südl. moselfrk.	Christa (1927): Trier	+	13[43]	+	+	+	+	+	+	+	+	–	–	–	+	–	–	+	–	5
südl. moselfrk.	Müller-Wehingen (1930): Saargau	+	35[44]	+	+	+	–	–	+	+	–	+	k.A.	–	+	k.A.	+	+	+	4
südl. moselfrk.	Peetz (1989): Beuren	+	10	+	+	+	+	+	+	+	–	+	–	–	–	–	+	–	+	5

[43] Bleyer (1936): weitere präteritumbildende Verben sind *liegen* und *kriegen*.
[44] Christa (1927): weitere präteritumbildende Verben sind *schlafen* und *treffen*.
[45] Als präteritumbildende Verben listet Müller-Wehingen (1930) folgende Verben explizit auf: *brauchen, denken, dürfen, geben, gehen, haben, halten, helfen, lassen, müssen, sagen, sein, sollen, stehen, wissen, wollen*. Darüber hinaus finden sich in der sich anschließenden Auflistung nach Ablautreihen noch weitere 19 starke Verben mit Präteritumformen: *binden, blasen, fahren, fallen, fangen, greifen, hängen, laufen, raten, rufen, scheiden, schießen, schlafen, schneiden, sehen, singen, stoßen, treiben, weichen*. Es ist unklar, wie diese Formen zu bewerten sind, da sie nicht unter den präteritumbildenden Verben aufgelistet werden. Da ihre Präteritumformen hier jedoch dokumentiert sind, werden sie entsprechend erfasst.

Tab. 12: (fortgesetzt)

Dialekt-raum Moselfrk.	Kurztitel und Ort/Region	Prät.-Schwund-formen	Anzahl der belegten Prät.-bildenden Verben	Verben in Präteritum															Kat.
				sein	ha-ben	wol-len	sol-len	kön-nen	dür-fen	müs-sen	mö-gen	wis-sen	wer-den	kom-men	ge-hen	ge-ben	sit-zen	sa-gen	den-ken	brau-chen	
südl. moselfrk.	Reuter (1989): Horath	+	14	+	+	+	+	+	+	+	+	+	+	+	–	+	–	+	+	–	5
moselfrk.-rheinfrk.	Kirchberg (1906): Kirn	+	11	+	+	+	+	+	+	+	+	+	–	–	–	–	–	+	+	–	5
moselfrk.-rheinfrk.	Scholl (1913): Ottweiler	+	11	+	+	+	+	–	→	+	→	–	+	–	–	+	–	+	+	–	5
moselfrk.-rheinfrk.	Müller (1922): Dörrenbach	+	12[45]	+	+	+	+	+	–	+	–	+	–	+	–	–	+	+	+	–	5
moselfrk.-rheinfrk.	Klar (1924): Idar a. D. Nahe	+	12	+	+	+	+	+	+	+	+	+	–	+	–	–	–	+	+	–	5
moselfrk.-rheinfrk.	Lehnert (1926): Dieffeln	+	9	+	+	+	+	+	+	+	–	+	–	–	–	–	–	+	–	–	5
moselfrk.-rheinfrk.	Fox (1930): Saarlouis	+	10[46]	+	+	+	+	+	+	+	–	+	–	–	–	–	–	+	–	–	5
moselfrk.-rheinfrk.	Labouvie (1938): Dillingen	+	9	+	+	+	+	+	+	+	–	+	–	–	–	–	–	+	–	–	5
moselfrk.-rheinfrk.	Müller (1939): Lebach	+	9	+	+	+	+	+	+	+	–	+	–	–	–	–	–	–	–	+	5

46 Müller (1922): ein weiteres präteritumbildendes Verb ist *bleiben*.
47 Fox (1930): ein weiteres präteritumbildendes Verb ist *fragen*.

macht sich ein Eindringen schriftsprachlicher Elemente gerade im häufigern Gebrauch des Präteritums seitens der jüngeren Generation bemerkbar." (Müller-Wehingen 1930, 51)

Etwas südlicher, bei Lehnert (1926), werden noch weniger Präteritumformen festgestellt:

> Das Praeteritum ist unter dem Einfluß des Rheinfr.-Oberdeutschen untergegangen. Reste sind die erhaltenen Praeterita der Hilfsverba, der Praeteritopraesentia und einiger ursprünglich reduplizierenden Verba. Außerdem gibt es noch sporadische Formen wie z. B. *iχ zā:t* 'ich sagte'. (Lehnert 1926, 124)

Müller (1939) stellt Unterschiede von Ort zu Ort fest. Für *müssen* und *dürfen* wird vermerkt, dass es Orte gibt, die nur Perfekt verwenden, andere Orte, die nur Präteritum verwenden und Orte, die beide Formen als Varianten verwenden. Des Weiteren sei die Präteritumform von *kommen* im Abbau und werde nur noch in zwei Orten verwendet (vgl. Müller 1939, 199).

Zum Gebrauch erfahren wir von Scholl (1913), Müller-Wehingen (1930) und Lehnert (1926), dass vor allem das Perfekt „das gewöhnliche Tempus der Erzählung" sei (Müller-Wehingen 1930, 51). Daneben komme auch das Plusquamperfekt in der Erzählung vor (vgl. Lehnert 1926, 125). Labouvie (1938) beschreibt den Funktionszusammenfall von Perfekt und Präteritum: „Das Perfekt, das ursprünglich nur eine Verbalhandlung bezeichnete, deren Wirkung sich bis in die Gegenwart hinein erstreckte [...], erfüllt nunmehr [...] in erster Linie die Funktionen, [...] die sich in der Schriftsprache das Präteritum und das Perfekt teilen." (Labouvie 1938, 103) Solle doch eine Bedeutungsdifferenzierung vorgenommen werden, so würden Adverbien hinzugefügt. Diese regelten nach Labouvie auch die Tempusfolge.

Die Auszählung der Beleghäufigkeiten zeigt erneut die bekannte Hierarchie. Zu *sein* und den nun sehr zuverlässig vertretenen Modalverben kommen im Moselfränkischen auch weitere starke Verben hinzu (u. a. *bleiben, gehen, halten, helfen, lassen, schlafen, sitzen*), aber auch schwache Verben (u. a. als Modalitätsverb: *brauchen*, z. T. irregulär: *fragen*).

Hessischer Dialektraum

Einen Überblick über die ausgewerteten Dialektgrammatiken gibt Karte 17.

Die hessischen Dialekträume liegen zwischen dem (fast) präteritumlosen Rheinfränkischen und dem präteritumerhaltenden Niederdeutschen. Erwartungsgemäß lässt sich eine Staffelung feststellen, die sich in der Karte als farbliche Skala darstellt. So finden wir für das Nordhessische und auch im nordöstlichen Zentralhessischen viele Dokumentationen vollständiger Formenbestände (z. B. Kroh 1915; Bromm 1913; Corell 1936; Friebertshäuser 1961).

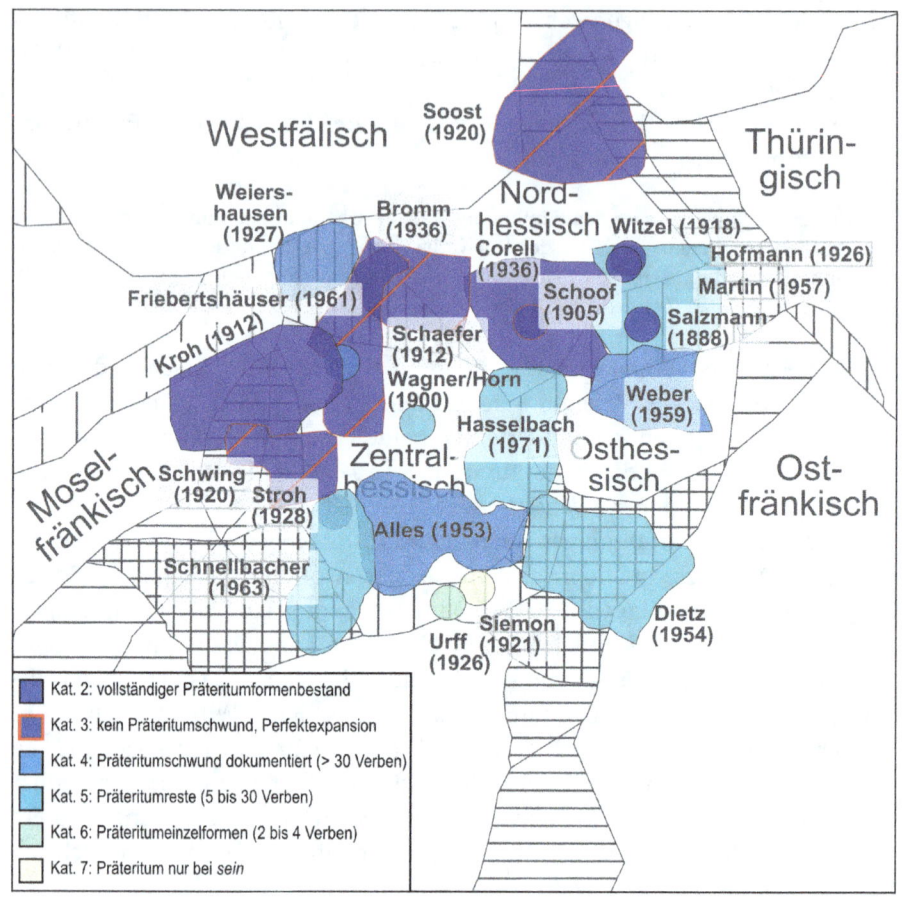

Karte 17: Präteritumschwund nach Ausweis der hessischen Dialektgrammatiken.

Gleichzeitig wird das Vordringen des Perfekts bemerkt. Vor allem für die südlicheren hessischen Dialekte, aber auch für das Osthessische, wird ein teilweiser Präteritumschwund festgestellt. Zum Teil werden auch nur Rest- und Einzelformen dokumentiert, wie bei Siemon (1921), Urff (1926), Weber (1959) sowie Schnellbacher (1963). Friebertshäuser beschreibt den Übergangsbereich von Erhalt zu Schwund wie folgt:

> Im Niederhessischen und dem größten Teil des daran südlich anschließenden Mittelhessischen sind die einfachen synthetischen Vergangenheitsbildungen möglich. Je weiter man nach Süden kommt, desto häufiger wird allerdings der Gebrauch der perfektivischen Formen [= Perfekt; HF] trotz möglichem Präteritum. Im Osthessischen und dem südlichen Mittelhessischen haben zwar noch alle Hilfsverben und Modalverben eine Präteritumform, bei den Vollverben ist sie aber nur noch bei den sogenannten starken Verben zu

2.2 Präteritumschwund in den deutschen Dialekten des 19. und 20. Jahrhunderts — 63

> finden. In einigen Fällen sind allerdings schwache Verben der Einheitssprache in der Mundart stark. An der Mainlinie hörte man nur noch die Formen *gung* 'ging' und *fung* 'fing', die aber heute recht selten geworden und in der jungen Generation unbekannt sind. Bis zum Nordrand des Odenwaldes bleiben dann nur noch die Präteritumformen der Hilfsverben *sein* und *haben*. Der Odenwald hat noch *war*, das am Neckar schließlich zu *ist gewesen* wird. An der Mainlinie findet sich die Kreuzungsform *war gewesen*. (Friebertshäuser 1987, 92)

In dieser Beschreibung finden wir bereits die wichtigsten Beobachtungen für die hessischen Dialekte, die sich in den einzelnen Dialektgrammatiken wiederfinden lassen:
1. Es gibt eine Nord-Süd-Staffelung der Präteritum/Perfekt-Distribution.
2. Der Gebrauch des Perfekts nimmt zu.
3. Es gibt eine Diskrepanz zwischen Formenkompetenz (Formeninventaren) und dem Formengebrauch.
4. Es gibt eine verbklassenweise Staffelung des Präteritumschwunds.
5. Es wird ein sich vollziehender Sprachwandel bemerkt (generationelle oder diachrone Unterschiede in der Formenverwendung).

Sowie zusätzlich:
6. Perfekt und Präteritum überlappen sich in ihren Funktionen. Die Gebrauchsbedingungen lassen sich nicht klar voneinander differenzieren.

Zu 2. Perfektexpansion
Dass der hochfrequente Gebrauch des Perfekts die Präteritumformen verdrängt, beschreibt u. a. Alles (1953, 52): „Das Präteritum ist in der Mundart der Wetterau nur noch wenig im Gebrauch. Es wird mehr und mehr durch die zusammengesetzten Zeiten (meistens durch das Perfekt) ersetzt." Ebenso notiert Weiershausen (1927, 100): „Während der Gebrauch des Praet. immer mehr zurückgeht, nehmen Umschreibungen mit dem Part. Praet. den meisten Raum ein. Gewisse Praeteritalformen sind schon ausgestorben."[48] Je südlicher, desto weniger wird das Präteritum verwendet: Im Taunus ist es nach Schnellbacher (1963, 421) „nur noch selten im Gebrauch".

Wagner/Horn (1900, 9) beschreiben den Zusammenhang von generellen Gebrauchsfrequenzen von Verben und Verlustformen: „Die Präterita [...] sind bei wenigen Verben nicht mehr zu erfragen gewesen; überhaupt sind sie bei seltener gebrauchten Wörtern ziemlich spärlich im Gebrauch." In der alphabetisch sortierten Liste der 174 Verbalformen im Dialekt von Großen-Buseck wer-

---

48 Um welche Verben es sich dabei handelt, wird leider nicht geschildert.

den für nur zehn Verben keine Präteritumformen angegeben: *bitten, gären, genießen, gießen, graben, lügen, preisen, scheren, weben, wünschen.* Neben starken Verben ist darunter auch das schwache Verb *wünschen.* Dieses wird dialektal oft stark flektiert.[49]

Zu 3. Formenkompetenz vs. Formengebrauch
Eine Diskrepanz zwischen Formenkompetenz und Formengebrauch beobachten Schoof (1905) und Bromm (1913):

> Fast von allen kann gebildet werden der Ind. Prät., der im unverfälschten Dialekt allerdings gewöhnlich durch das Perfekt (*hon* oder *seŋ*) ersetzt oder auch vermittelst Umschreibung (*dååd*) gebildet wird, besonders wenn schon ein ähnlich lautendes Präs. vorhanden ist wie bei den auf Dental endigenden Verben [...]. (Schoof 1905, 250)[50]

> Allgemein wird in der Mda. das Praeteritum gern durch Umschreibung ersetzt. Die echten Praeteritalformen sind jedoch sämtlich noch im Gebrauch. (Bromm 1913, 32)

Bei Martin (1957, 106) klingt bereits die sich anschließende Entwicklung – der Verlust der Formenkompetenz – an:

> Das Präteritum wird im ganzen Bereich nur sehr selten gebraucht; stattdessen benutzt man überall das Perfekt [...]. Dennoch konnten auch durch nachdrückliches Fragen in manchen Dörfern Präteritumformen aufgenommen werden. Sie ergeben jedoch keine geschlossenen Gebiete, so dass es unmöglich ist, die vorhandenen Präteritumformen gegeneinander abzugrenzen. (Martin 1957, 106)

Zu 4. Verbweise Staffelung des Präteritumschwunds
Allgemein für das Hessische beschreibt Hies ([1957] 1972), dass bei den starken Verben das „Imperfekt mitunter gebräuchlich" sei (Hies [1957] 1972, 110), wohingegen es bei den schwachen Verben „gar nicht gebräuchlich" sei. Diesen Trend stellt neben Alles (1953) auch Friebertshäuser (1961, 28) fest, hier für den Ortsdialekt Weidenhausens: „Starkes und schwaches Verbum sind im allgemeinen gut erhalten. [...] das Präteritum wird hier [= bei den schwachen Verben; HF] häufiger als beim starken Verbum durch die umschriebenen Formen ersetzt." Im Dialekt des Hinterlands mache sich dieser Trend noch stärker bemerkbar: „Das Präteritum ist in viel größerem Umfang erhalten als beim schwachen Verbum, trotzdem ist es auch hier schon zurückgegangen und wird

---

49 Vgl. DWB (1854–1961, Bd. 7, Sp. 6793, Lemma „gewünscht").
50 Welche Verben sich hinter dem „fast" verbergen, wird leider nicht weiter spezifiziert. Die Übersichtstabelle der „starken und bemerkenswerten schwachen Verben" (vgl. Schoof 1905, 281–291) vermerkt hier keinen Formenschwund im Präteritum Indikativ.

2.2 Präteritumschwund in den deutschen Dialekten des 19. und 20. Jahrhunderts — 65

meist durch *tun, sein am, sein beim* oder durch das Perfekt ersetzt." (Friebertshäuser 1961, 131–132). Dabei werden weder für Weidenhausen noch für das Hinterland Verlustformen notiert.

Zum Teil wird ein Präteritumschwund nur für einen Teil der schwachen Verben beschrieben. So vermerkt Salzmann (1888) keinen Formenverlust bei starken Verben, jedoch bei schwachen Verben mit /t/ im Stammauslaut: „Statt des Praeterit. der auf *t* endigenden Verba gebraucht man, um Verwechslungen mit dem Praesens zu vermeiden, gewöhnlich das Perf. oder man wählt einen anderen Ausdruck" (Salzmann 1888, 93).

Einen teilweisen Schwund der schwachen Verben beschreibt auch Schaefer (1912) für Schlierbach:

> Der Indikativus Präteriti kann von sämtlichen starken Verben gebildet werden. Hierbei erfahren wir, daß der Bauer im allgemeinen den Indikativus Präteriti, dessen Bildung tatsächlich vorhanden ist, durch eine Umschreibung mit dem Perfektum mit *haben* oder *sein* oder durch den Infinitivus mit den entsprechenden Formen von *tun* ersetzt und zwar in allen den Fällen, in denen schon ein ähnlich lautendes Präsens vorhanden ist, um Verwechslung und Undeutlichkeiten nicht aufkommen zu lassen. Das schwache Verbum ist seines Präteritums fast gänzlich verlustig gegangen, und ist nur dort erhalten, wo durch Rückumlaut die Form des Präteritums so deutlich gekennzeichnet ist, daß keine Verwechslung mit dem Präsens statthaben kann. (Schaefer 1912, 55)

Entsprechend stellt Schaefer in seiner Auflistung der 150 starken Verben nur bei neun einen Schwund der Präteritumform (= 6 %) fest,[51] bei den 357 aufgelisteten schwachen Verben (zu denen auch irreguläre schwache Verben gezählt werden) fehlen immerhin 157 Formen (= 44 %).

Auch Schwing (1920) erklärt den Schwund mit dem Formenzusammenfall:

> Das einfache schwache Präteritum wird wie das einfache starke selten gebraucht, besonders deshalb, weil infolge von Apokope die 3. Pers. Sing. und die 2. Pers. Plural Ind. und Konj. fast immer mit den entsprechenden Formen des Präsens zusammenfallen [...]. Darum tritt auch bei den schwachen Verben im Präteritum in der Regel Umschreibung ein. (Schwing 1920, 122–123)

Salzmann, Schaefer und Schwing erklären die Schwundformen durch den (durch Lautwandel bedingten) Formenzusammenfall von Präsens- und Präteritumformen bei einem Teil der Personalformen eines Teils der schwachen Ver-

---

[51] Für 24 Verben wird ein Wechsel in die schwache Flexion angegeben. Unklar ist allerdings, ob diese Verben dann schwach flektierte Präteritumformen haben oder gar keine. Die starken Verben ohne Präteritumformen sind: *gären, gebären, leihen, meiden, rächen, reiden, seihen, sieben, spalten.*

ben. Inwieweit dieser lautlich-morphologische Faktor auf den Schwund gewirkt hat, wird in Kap. 3.5.2.1 („Lautliche Faktoren") diskutiert.

Zu 5. Sprachwandel im Vollzug
Bemerkt wird ein sich vollziehender Sprachwandel. Dieser zeigt sich zum einen in Unterschieden im Tempusgebrauch der jungen und älteren Generation, die Weber (1959, 82) bemerkt: „Das Präteritum muss als Ausnahme angesehen werden. [...] Es wird nur noch strichweise von der älteren Generation gebraucht. Meist wird eine zusammengesetzte Vergangenheitsform gesetzt." Auch Stroh (1928, 19) bemerkt diesen Verwendungsunterschied und stellt fest, dass die geläufigeren Präteritumformen der starken Verben (die er von den „absterbenden" trennt) „von der älteren Generation im allgemeinen der Umschreibung noch vorgezogen" (Stroh 1928, 19) werden.

Zum anderen wird ein diachroner Wandel festgestellt. So kann Urff (1926) früher dokumentierte Präteritumformen nicht mehr bestätigen:

> In der heute gesprochenen Ma. trifft man als Vergangenheitsform durchweg eine Zusammensetzung aus den Hilfszeitwörtern *haben* und *sein* mit dem Partizip an. Statt einer Form *ich gab* heißt es daher immer *ich habe gegeben* in der mal. Entsprechung. Die vielen einfachen Vergangenheitsformen, die man in den Aufzeichnungen der Ma. findet, sind daher heute kein genaues Abbild der gesprochenen Ma. (Urff 1926, 20)

Bei Stroh (1928), der für Naunstadt eine „umfassende Tempusverschiebung" feststellt, zeigt sich ein Nebeneinander von Erinnerungsformen, geläufigen Formen und Ersatzbildungen sowie Ausweichstrategien, die von den Generationen unterschiedlich beherrscht und gebraucht werden. Diese große Variabilität – das Nebeneinander von alten und neuen Formen – ist ein deutlicher Indikator für sich vollziehenden Sprachwandel. Im Einzelnen erfasst Stroh (1928, 18) neben 27 Verben mit Präteritumform auch 33 starke Verben mit „absterbenden", „veralteten" Präteritumformen, die er auch als „Präteritaltrümmerformen, die den jüngeren Sprechern ungeläufig oder völlig unbekannt sind" bezeichnet.[52] Daneben führt Stroh eine Reihe von zwölf Verben auf, bei denen noch eine Präteritumform vorhanden sei, die aber oft umschrieben würden.[53] 24 Verben nennt Stroh explizit, für die keine Präteritumform mehr besteht und

---

[52] Aufgelistet werden: *gleichen, streichen, versiegen, genießen, bieten, verdrießen, finden, binden, spinnen, besinnen, singen, zwingen, rinnen, gerinnen, befehlen, stehlen, brechen, sprechen, stechen, treffen, lesen, geschehen, gären, wachsen, mahlen, laden, heben, backen, braten, hauen, stoßen, klagen, sagen.*
[53] Dazu zählen: *speien, schmeißen, springen, essen, stecken, schelten, machen, holen, brennen, halten, fahren, wickeln.*

die immer mit Perfekt oder *tun*-Periphrase umschrieben würden.[54] Des Weiteren unterscheidet Stroh zwischen denjenigen schwachen Verben, die einen lautlichen Unterschied zwischen den Präteritum- und Präsensformen aufweisen, und denjenigen, bei denen die Formen zusammengefallen sind. Erstere werden „nicht ganz ebenso häufig" umschrieben wie letztere, für die drei Ausweichstrategien dargestellt werden. Die uneindeutigen „Formen des schwachen Präteritums, die mit dem Präsens zusammenfallen", könnten entweder „präterital in der Verbindung mit einer anderen eindeutigen Präteritalform" (Stroh 1928, 19) oder mit einem eindeutigen Zeitadverb stehen oder sie werden durch eine *tun*-Periphrase („vorwiegend") bzw. durch die Perfektform („nicht ganz ebenso häufig") umschrieben (vgl. Stroh 1928, 19–20).

Zu 6. Fehlende Funktionsdifferenz von Perfekt und Präteritum
Perfekt und Präteritum überlappen sich in ihren Funktionen. Die Gebrauchsbedingungen lassen sich nicht klar voneinander abgrenzen. Eingängig beschreibt diesen Zustand Soost (1920) ganz im Norden:

> Neben dem alten Praeteritum steht als Tempus der Vergangenheit das Perfectum. Die Funktionen beider lassen sich nicht ganz eindeutig festlegen. Man verwendet vorzugsweise das Perf., wenn eine Handlung einfach als der Vergangenheit angehörig bezeichnet werden soll. [...] Deshalb wird das Perf. auch in der absoluten Frage fast ausschließlich angewendet: [...] Das Praet. wendet man dann an, wenn man zwei Handlungen der Vergangenheit in Beziehung zueinander setzt. So ist die häufige Verwendung des Praet. in der Erzählung zu erklären [...]. Doch lässt sich die Verwendung beider Tempora nicht in feste Regeln bringen. Individuelle Eigenheiten spielen eine große Rolle dabei. Eins läßt sich aber mit Sicherheit sagen, das Perf. drängt das Praet. zurück. Besonders bei den schw. Verben läßt es sich deutlich beobachten. (Soost 1920, 182)

Klare Verwendungsregeln lassen sich demnach nicht formulieren. Als Verwendungstendenz kann die Affinität zu Präteritumformen in narrativen Kontexten genannt werden. Auch Schwing (1920) findet Präteritumformen vor allem in der Erzählung:

> Das einfache Präteritum ist sehr stark im Rückgang begriffen, nur in der Erzählung ist es bei häufig vorkommenden Verben wie *kommen*, *nehmen* u.s.w. noch gebräuchlich, sonst aber wird es entweder durch das zusammengesetzte Präteritum [= Perfekt; HF] [...] oder durch Umschreibung mit *tun* [...] ersetzt. (Schwing 1920, 118)

---

54 Das sind: *spritzen, hinken, regnen, nützen, rupfen, baumeln, dauern, kautse* 'bellen', *lecken, passen, platzen, schwätzen, khoerme* 'jammern', *fehlen, drücken, brüten, suchen, ruhen, verbrauchen, knoetse* 'tüfteln', *rupfen, setzen, dreschen, wachsen*.

Tab. 13: Auswertung der hessischen Dialektgrammatiken.

Dialekt-raum	Kurztitel und Ort/Region	Prät.-Schwund-formen	Perfekt-expan-sion	Anzahl der belegten Prät.-bildenden Verben	Verben in Präteritum													Kat.
					sein	ha-ben	wol-len	sol-len	kön-nen	dür-fen	müs-sen	mö-gen	wis-sen	kom-men	sa-gen	den-ken	tun	wer-den	ge-hen	neh-men	
Nordhessisch																					
nordhess.-westfäl.-ostfäl.	Soost (1920): Nordhessen	–	+	/																	3
nordhess.	Schoof (1905): Schwälmer Mundart	–	+	/																	3
nordhess.	Witzel (1918): Nieder-ellenbach	–	k.A.	/																	2
nordhess.	Hofmann (1926a): Oberellenbach	–	k.A.	/																	2
nordhess.	Corell (1936): Ziegenhain	–	k.A.	/																	2
nordhess./ nordhess.-zentralhess.	Bromm (1913): Rauschenberg	–	+	/																	3
nordhess.-osthess.	Salzmann (1888): Hersfeld	–	k.A.	/																	2
nordhess.-zentralhess.	Weiershausen (1927): Wittgenstein	+	+	unklar	k.A.	k.A.	k.A.	k.A.	k.A.	k.A.	k.A.	k.A.	k.A.	k.A.	k.A.	k.A.	k.A.	k.A.	k.A.	k.A.	4

2.2 Präteritumschwund in den deutschen Dialekten des 19. und 20. Jahrhunderts

nordhess.-zentralhess./ zentralhess.	Friebertshäuser (1961): Weidenhausen und Hinterland	-	+	/					-	-	-	-	-	3
nordhess./ nordhess.-osthess.	Martin (1957): Rotenburg und Hersfeld	+	+	25⁵⁴	+	+	+	+	+	+	-	-	-	5
Osthessisch														
osthess./ nordhess.-osthess.	Weber (1959): Werra-Fuldaraum	+	+	32⁵⁵	→	→	→	→	→	→	→	-	-	4
Zentralhessisch														
zentralhess.	Wagner/Horn (1900): Großen-Buseck	+	+	25⁵⁶	+	+	+	+	+	+	+	+	+	5
zentralhess.	Schaefer (1912): Schlierbach	+	+	341⁵⁷	+	k.A.	k.A.	k.A.	k.A.	k.A.	k.A.	+	+	4

55 Weitere Verben mit Präteritumformen (im Abbau) sind: *binden, bleiben, brechen, essen, fahren, fallen, fliegen, helfen, laufen, pfeifen, schießen, sitzen, steigen, streichen, verlieren*.

56 Weber (1959, 82) beschreibt, dass das Präteritum „nur noch strichweise von der älteren Generation gebraucht" und wertet sie als Ausnahmen, die im Abbau begriffen sind. Belegt werden neben den oben erfassten Verben weiterhin *binden, bleiben, brechen, essen, fahren, fliegen, heißen, helfen, laufen, liegen, melken, pfeifen, rufen, schießen, sitzen, springen, steigen, sterben, streichen, verlieren, werfen*. Die einzigen Verben, für die ein Schwund explizit benannt wird, sind *stehlen, verstehen* und *gönnen*. Über schwache Verben wird keine Auskunft gegeben.

57 Wagner/Horn (1900) vermerken als weitere Verben mit Präteritumformen: *essen, fangen, hängen, liegen, schlagen, sitzen, stehen, treten*.

58 Schaefer (1912) macht keine Angaben zu den Hilfs- und Modalverben. Für die schwachen Verben wird ein teilweiser Schwund beschrieben, s. o.

2 Die Dokumentation des Präteritumschwunds

Tab. 13: (fortgesetzt)

Dialektraum	Kurztitel und Ort/Region	Prät.-Schwundformen	Perfektexpansion	Anzahl der belegten Prät.-bildenden Verben	Verben in Präteritum															Kat.
					sein	haben	wollen	sollen	können	dürfen	müssen	mögen	wissen	kommen	sagen	denken	tun	werden	gehen	nehmen	geben	
zentralhess.	Stroh (1928): Naunstadt	+	+	mind. 60[58]	+	k.A.	+	k.A.	+	k.A.	+	k.A.	k.A.	k.A.	↓/+	k.A.	+	+	k.A.	+	k.A.	4
zentralhess.	Alles (1953): Wetterau	+	+	unklar[59]	+	+	+	+	+	+	+	–	+	+	+	k.A.	+	+	+	+	+	4
zentralhess.	Hasselbach (1971): Vogelsberg	+	+	15[60]	+	+	–	+	–	–	+	k.A.	–	k.A.	k.A.	k.A.	+	k.A.	k.A.	k.A.	k.A.	5
zentralhess./zentralhess.-rheinfrk.	Schnellbacher (1963): östlicher Taunus	+	+	7	+	+	+	–	–	+	+	–	+	–	–	–	–	–	–	–	–	5
zentralhess./zentralhess.-moselfrk./moselfrk.	Kroh (1915): Nassau	–	k.A.	/																		2
zentralhess./zentralhess.-moselfrk.	Schwing (1920): mittlere Lahn	–	+	/																		3
zentralhess.-osthess.-ostfrk.	Dietz (1954): Vogelsberg, Spessart, Rhön	+	+	13[61]	+	+	+	+	–	–	+	–	–	+	–	–	+	–	–	–	–	5

zentral-hess.-rheinfrk.	Siemon (1921): Langenselbold	+	+	1	+	–	–	–	–	–	–	–	–	–	–	7
zentral-hess.-rheinfrk.	Urff (1926): Hanau	+	+	2	+	+	–	–	–	–	–	–	–	–	–	6
hessisch	Hies ([1957] 1972): Allg. Hessisch*	+	+	4	+	+	–	–	–	+	–	+	–	–	–	6

59 Weitere Verben, für die Stroh eine Präteritumform angibt, sind: *brennen, essen, essen, fahren, fangen, glauben, halten, holen, knappen, läuten, machen, schelten, schmeißen, sitzen, speien, springen, springen, stecken, wickeln* – sowie die 33 „Präteritaltrümmerformen", s. o.
60 Alles (1953) vermerkt Präteritumschwund nur bei schwachen Verben; explizit genannt werden *kennen, nennen, brennen, wenden, rennen, taugen*. Er teilt die schwachen Verben in Verben ohne und mit Stammvokalwechsel bei Bildung des Präteritum sein. Zu ersten Gruppe zählt er 79 Verben. Aus den Darstellungen wird nicht klar, ob diese schwachen Verben noch Präteritum bilden. Für die Verben der zweiten Klasse, zu denen auch die Präteritopräsentien und andere unregelmäßige Verben gehören, vermerkt Alles nur für *taugen* und *mögen* einen Präteritumformenschwund.
61 Hasselbach (1971) nennt des Weiteren Präteritumformen von *bleiben, brechen, essen, fahren, fallen, helfen, liegen, pfeifen, springen, werfen*. Als Schwundformen werden dokumentiert: *dürfen, fliegen, fließen, gönnen, heißen, können, laufen, stehlen, rufen, verlieren, wissen, wollen*. Die genauen Bestände sind unklar. Es wäre auch eine Zuordnung zu Kategorie 4 möglich.
62 Dietz (1954) nennt des Weiteren Präteritumformen von *essen, fahren, liegen, sitzen, springen, verlieren*.

Noack (1938, 26), der sich leider nicht weiter zu Formenbeständen äußert, führt den Funktionszusammenfall auf die semantische Expansion des Perfekts zurück: „Das Perfekt hat seinen Wirkungsbereich bedeutend erweitert, indem es zum großen Teil die Funktion des Imperfekts übernommen hat. Das Imperfekt wird selten gebraucht."

Die z. T. unklaren Beschreibungen der Formeninventare machen eine verbweise Auswertung der Beleghäufigkeiten schwierig. Die Angaben sind zu ungenau, um eine klare Hierarchie des Schwunds zu ermitteln, und beziehen sich zum Teil auf unterschiedliche Ausschnitte der Formenkompetenz (Erinnerungsformen vs. Performanzformen). Trotzdem lässt sich den dialektgrammatischen Beschreibungen eine Abbauhierarchie entnehmen: Am häufigsten belegt sind die Präteritumformen des Verbs *sein* sowie der Modalverben.[63] Es folgen die starken und dann die schwachen Verben. Dabei gehen niedrigfrequente starke Verben schneller verloren als hochfrequente. Irreguläre schwache Verben (z. B. mit Stammvokalwechsel) erhalten sich besser als reguläre schwache Verben. Neben Irregularität (und damit verbunden auch die Kategorienunterscheidung) scheint somit in erster Linie eine hohe Gebrauchsfrequenz das entscheidende Kriterium für die Hierarchie des Formenerhalts zu sein.

Ripuarischer und niederfränkischer Dialektraum
Einen Überblick über die ausgewerteten Dialektgrammatiken gibt Karte 18.

Für das Ripuarische und Niederfränkische finden wir überwiegend Dialektgrammatiken, die vollständige Formenbestände darstellen bzw. keine Schwundformen benennen. Für das Ripuarische haben wir neben fünf Grammatiken ohne Formenschwund auch drei Grammatiken, die einen teilweisen Schwund dokumentieren. Münch (1904) und Bubner (1935) stellen einen Schwund der Präteritumformen nur bei schwachen Verben fest, „deren Stämme auf *d, t* ausgehen" (Bubner 1935, 117). Diese Formen würden durch verschiedene Alternativkonstruktionen ersetzt. Münch und Bubner nennen beide sowohl das Perfekt als auch die *tun*-Periphrase und den *am*-Progressiv.[64] Um wie viele Verben mit Präterit-

---

[63] Angaben für *mögen* sind jedoch nur sehr lückenhaft.
[64] Münch (1904, 179): „Der Gebrauch des praet. schwacher Verben ist sehr beschränkt. Die Mundart vermeidet jede Form, in welcher das *t* am Ende der Verben sich wiederholen würde. Alle schwachen Verben, deren Stamm auf *d* oder *t* ausgeht, können daher das praet. nicht bilden, sondern müssen wie das Engl. das Verb *dōn* zu Hülfe nehmen. [= 'ich tat arbeiten'] Auch die in der Mundart so beliebte Form [= 'ich war am Arbeiten'] steht zur Umschreibung des praet., sowie auch das perf. [= 'ich habe gearbeitet']." – Bubner (1935, 117): „Das Präteritum wird verschiedenartig gebildet. Verben, deren Stämme auf *d, t* ausgehen, bilden kein Präteritum; es wird mit 'tun' umschrieben [...] oder die Umschreibung [= *am*-Progressiv; HF] oder man gebrauchst das Partizip [= Perfekt; HF]."

2.2 Präteritumschwund in den deutschen Dialekten des 19. und 20. Jahrhunderts — 73

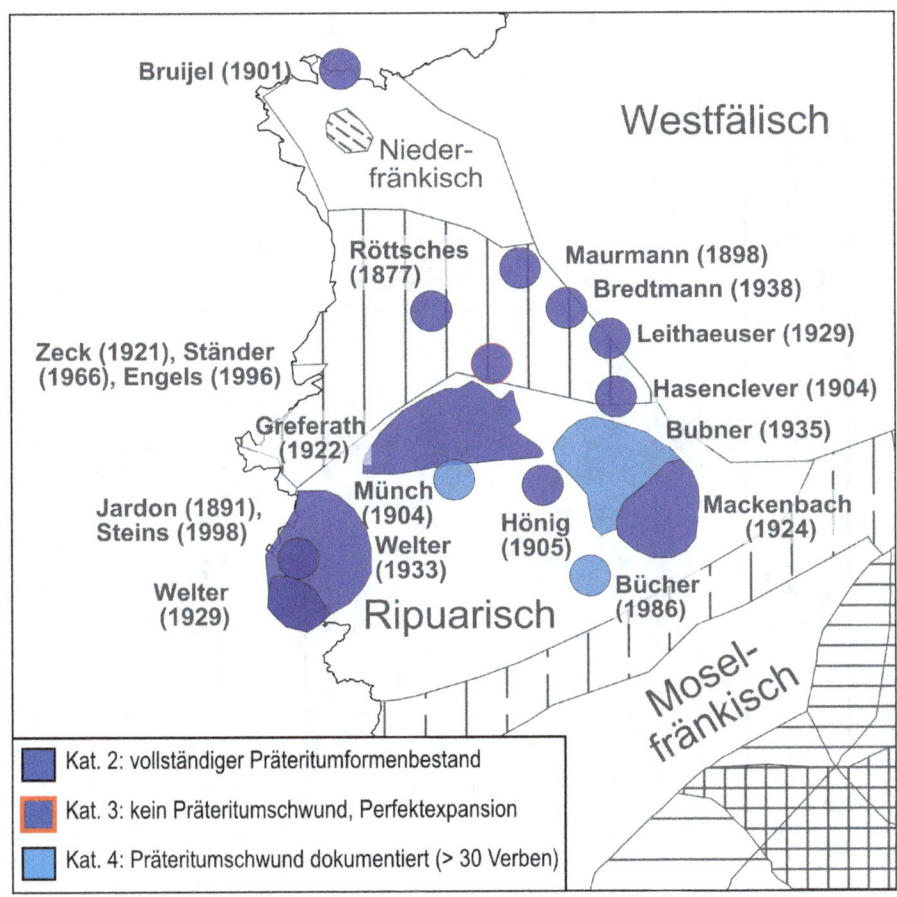

Karte 18: Präteritumschwund nach Ausweis der ripuarischen und niederfränkischen Dialektgrammatiken.

umschwund es sich jeweils handelt, wird nicht klar. Bücher (1986) listet für den Dialekt von Bonn-Beuel 106 Verben – „fast ausschließlich schwache Verben" (Bücher 1986, XXXV) – ohne Präteritumformen auf. Ihnen stellt er 190 Verben mit Präteritum – „in der Mehrzahl starke Verben" (Bücher 1986, XXXV) sowie auch irreguläre Verben – gegenüber.

Für den ripuarisch-niederfränkischen Raum finden wir nur in der Beschreibung von Engels (1996) für Düsseldorf Hinweise auf Schwundformen. Er verzeichnet Personalformen von Verben, die nur „mit Einschränkung" in der Mundart gebildet werden können (2. Sg. und 2. Pl. Ind. Akt. Pt. Form von *backen*, 2. Pl. Ind. Akt. Pt. von *fragen, meinen, kieken* ('schauen'), *schneiden, stehen, suchen, teilen*; vgl. Engels 1996, 64). Hier erweist sich also die 2. Person

Tab. 14: Auswertung der ripuarischen und niederfränkischen Dialektgrammatiken.

Dialektraum	Kurztitel und Ort/Region	Formen-schwund	Prät.-Schwund-formen	Perfekt-expansion	Funktionsunterschied Perfekt vs. Präteritum	Kat.
Niederfränkisch						
niederfrk.	Bruijel (1901): Elten-Bergh	–	–	k.A.	k.A.	2
Ripuarisch-niederfränkisches Übergangsgebiet						
rip.-niederfrk.	Röttsches (1877): Krefeld	–	–	k.A.	k.A.	2
rip.-niederfrk.	Maurmann (1898): Mühlheim	–	–	k.A.	k.A.	2
rip.-niederfrk.	Hasenclever (1904): Wermelskirchen	–	–	k.A.	k.A.	2
rip.-niederfrk.	Zeck (1921): Düsseldorf	–	–	+	k.A.	3
rip.-niederfrk.	Leithaeuser ([1929] 1968): Barmen	–	–	k.A.	k.A.	2
rip.-niederfrk.	Welter (1929): Kreis Eupen	–	–	k.A.	k.A.	2
rip.-niederfrk.	Welter (1933): Luettich	–	–	k.A.	k.A.	2
rip.-niederfrk.	Bredtmann (1938): Velbert	–	–	k.A.	k.A.	2
rip.-niederfrk.	Ständer (1966): Düsseldorf	–	–	k.A.	k.A.	2
rip.-niederfrk.	Engels (1996): Düsseldorf	+	nur 2. Ps.	k.A.	k.A.	4
Ripuarisch						
ripuarisch	Jardon (1891): Aachen	–	–	k.A.	k.A.	2
ripuarisch	Münch (1904): Bergheim	+	z. T. swV	k.A.	k.A.	4
ripuarisch	Hönig ([1905] 1952): Köln	–	–	k.A.	k.A.	2
ripuarisch	Greferath (1922): Schelsen	–	–	k.A.	k.A.	2
ripuarisch	Mackenbach (1924): Siegkreis	–	–	k.A.	k.A.	2
ripuarisch	Bubner (1935): Schlebusch	+	z. T. swV	k.A.	k.A.	4
ripuarisch	Bücher (1986): Bonn-Beuel	+	>100 (swV)	k.A.	k.A.	4
ripuarisch	Steins (1998): Aachen	–	–	k.A.	k.A.	2

als besonders „perfektaffin". In Zeck (1921, 30) finden wir noch einen anderen interessanten Befund:

> Für die schwachen Verben ist in unserer Mundart die Endung des Präteritums charakteristisch. Zu erwarten wäre für nhd. *lebte* ein *left*, da *-e* sonst überall abgestoßen wird. Es heisst jedoch *ech lɛfdən* = *ich lebte*. Der Hauptgrund für diese Endung mag in dem Streben liegen, dem Präteritum gegenüber dem Präsens eine deutlich unterscheidbare Form zu geben. Diese Bildung des Präteritums ist teilweise schon stark zurückgedrängt durch das umschriebene Präteritum, Bsp. *ech han jəlɛft* (*ich habe gelebt*). Das Präteritum auf *-dən* scheint immer mehr zu schwinden, so dass schliesslich die Mundart bei den schwachen Verben das eigentliche Präteritum nicht mehr kennen wird. (Zeck 1921, 30)

Was Zeck dokumentiert, ist eine formale Ausweichstrategie, den Formenzusammenfall von Präteritum und Perfekt zu umgehen, ohne die Präteritumform aufzugeben. Gleichzeitig stellt Zeck jedoch auch ein Vordringen des Perfekts fest. Ob und wenn ja, welche Formen bereits untergegangen sind, wird nicht notiert. Es werden starke, schwache und irreguläre Verben ohne genaue Angaben von Formenverlusten aufgeführt.

Ostmitteldeutscher Dialektraum
Einen Überblick über die ausgewerteten Dialektgrammatiken gibt Karte 19.

Auch für die ostmitteldeutschen Dialekte finden sich überwiegend Beschreibungen, die vollständige Formenbestände dokumentieren. Gleichzeitig wird häufig ein Vordringen des Perfekts bemerkt. Es finden sich einige Grammatiken, die konkrete Formenverluste nennen. Vereinzelt werden auch Funktionsunterschiede zwischen Perfekt und Präteritum beschrieben. Die Variation ist m. E. weder raumbildend, noch lässt sich ein eindeutiger diachroner Trend feststellen.

Neben den Darstellungen vollständiger Formenbestände ohne weitere Angaben zur Verwendung lassen sich die Grammatiken hauptsächlich in zwei Gruppen einteilen:
1. Es wird ein starker bzw. zunehmender Gebrauch des Perfekts festgestellt, der die Präteritumformen bedroht. Es werden jedoch keine expliziten Verlustformen ausgewiesen. (= Kategorie 3)
2. Der zunehmende Gebrauch der Perfektformen führt dazu, dass Präteritumformen ungeläufig werden. Es werden konkrete Verlustformen oder Formen im Abbau genannt. (= Kategorie 4)

Zur ersten Gruppe – Perfektexpansion, keine konkreten Verlustformen – können sowohl frühe Grammatiken aus dem 19. Jahrhundert als auch neuere Arbeiten aus der zweiten Hälfte des 20. Jahrhunderts gezählt werden. Es werden

76 — 2 Die Dokumentation des Präteritumschwunds

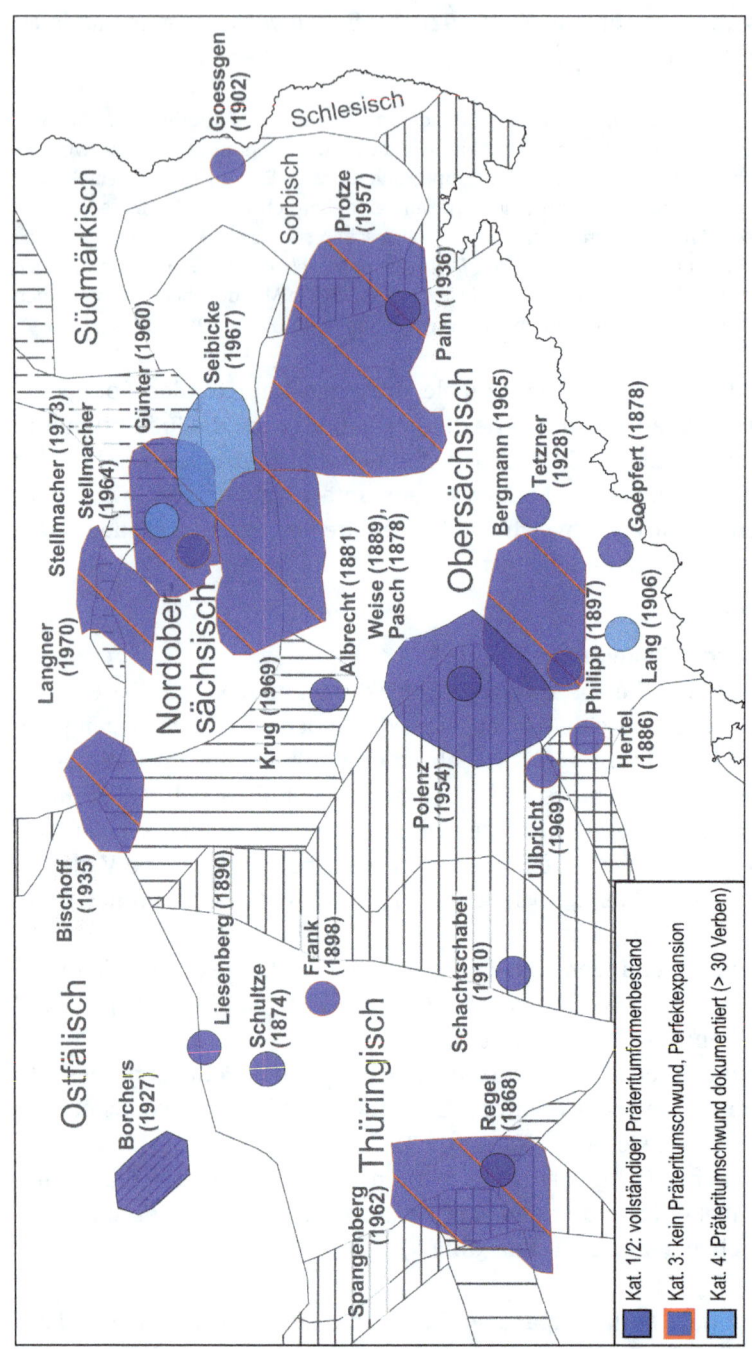

Karte 19: Präteritumschwund nach Ausweis der ostmitteldeutschen Dialektgrammatiken.

2.2 Präteritumschwund in den deutschen Dialekten des 19. und 20. Jahrhunderts — 77

jeweils keine konkreten Verben benannt, deren Präteritumformen verloren gegangen sind. Vgl. die folgenden Zitate:

> Das Imperfectum ist zwar bei vielen Verben noch gebräuchlich, doch wird dieses Tempus auch häufig durch das Perfectum ersetzt. (Hertel 1886, 148)
>
> Als Kennzeichen der Flexion kann häufig nur das Part. dienen, da das Prät. zumal bei schwachen Verben mit Dental im Stammesauslaut, gern mit *thun* umschrieben oder durch das Perf. ersetzt wird. (Philipp 1897, 59)
>
> Von den Temporibus wird das Imperfektum sehr selten gebraucht. Geläufig sind nur *nåmp* 'nahm', *gåmp* 'kam', *såk* 'sah'. Sonst wird es durch das Perfektum ersetzt. (Frank 1898, 36; beschrieben wird in erster Linie der Gebrauch. In der darauffolgenden Darstellung markiert er einige Präteritumformen als selten [z. B. *schadete*; Formen von *sein, haben*]; für die Verben *tun, dürfen, wollen* fehlen in den Darstellungen die Präteritumformen [obwohl diese wohl zu erwarten wären]. Explizit als Verlustformen werden jedoch keine Formen ausgewiesen.)
>
> Die einfachen Präteritalformen werden in auffallender Weise gemieden, man zieht die Umschreibung durch *hōbm̩* und *faęn* vor. (Goessgen 1902, 46)
>
> Es besteht die Neigung, das Prät. zu meiden und es durch das Part. Prät. in Verbindung mit dem Präs. von *haben* und *sein* zu umschreiben, ohne dass das Prät. aber gänzlich verdrängt ist. (Bischoff 1935, 57)
>
> Die Umschreibung mit *tun, haben* und *sein* (Perfekt) verdrängen immer stärker das Prät. der schwachen Verben. (Protze 1957, 58)
>
> Da das Praeteritum in der we. Ma. [Weidaer Mundart; HF] so gut wie nicht gebraucht wird, ist es hier in Klammern gesetzt. (Ulbricht 1948, 43; Allerdings ist nur ein Teil der Präteritumformen in Klammern gesetzt; vor allem von starken Verben, die in die schwache Flexionsklasse gewechselt sind. Unklar bleibt, für welche Verben der Dialekt keine Präteritumformen kennt.)
>
> Das Präteritum ist bei den starken Verben noch fast durchgehend, bei den schwachen nur bedingt gebräuchlich. Die Mda. scheint hier Rücksicht zu nehmen auf eine gewisse Verständigungsmöglichkeit; denn wo eine klare lautliche Abgrenzung zum Präsens vorliegt, steht das Präteritum (z. B. bei den Verben mit Ablaut und Rückumlaut); wo dies nicht der Fall ist (z. B. bei den apokopierten schwachen Verben), treten in der Regel die umschreibenden Perfektformen auf. (Spangenberg 1962, 30–31)
>
> Die Formen des Präteritums sind in der Mda. kaum gebräuchlich. Es bereitete mir große Mühe, die Präteritalformen überhaupt zusammenzubekommen. Statt der Präteritalformen werden Umschreibungen mit *haben* oder *sein* verwendet! (Stellmacher 1964, 50)
>
> Die Formen des Präteritums sind in unserer Mda. – entgegen den Verhältnissen in den meisten nd. Mdaa. – wenig gebräuchlich, so daß es Mühe breitete, sie zusammenzubekommen. Statt der Präteritalformen werden gern Umschreibungen mit *haben* oder *sein* verwendet. (Stellmacher 1973, 27; in beiden Arbeiten von Stellmacher folgen diesen Anmerkungen vollständige Darstellungen der Verbparadigmen ohne Nennung von Verlustformen.)

> In allen Sprachschichten wird das Imperfekt durch das Perfekt ersetzt. Selbst in den untersuchten Kinderaufsätzen herrschen die mit *haben, sein* umschriebenen Formen weitgehend vor; lediglich bei *denken, dürfen, können, mögen, müssen, schmecken, sein sollen, wollen* konnten sie sich noch nicht restlos durchsetzen." (Bergmann 1965, 129; Bergmann beschreibt den Gebrauch der Tempusformen, nicht die Formenkompetenz. Er diskutiert eine Reihe weiterer Formenbildungen [darunter auch Präteritumformen]. Nicht explizit dargelegt, aber erkennbar, ist, dass Präteritumformen zwar erhalten, aber nur in den genannten Ausnahmen gebräuchlich sind. Bei diesen Verben wird ausschließlich das Präteritum gewählt.)

> Das Praeteritum ist nur bei *haben, sein, tun* in vollem Gebrauch. Gelegentlich erscheint es bei anderen Verben in lebhafter Erzählung. (Krug 1969, 48)

> Die Formen des Imperf. werden seltener als die des Perf. zur Darstellung vergangener Geschehen gebraucht. [...] Die lebendige Sprache benutzt im allgemeinen das Präs. und das Perf. (Langner 1970, 126)

Langner (1970, 127–128) erörtert zusätzlich den Grund der Perfektexpansion und betont dabei die informationsstrukturellen Vorteile des periphrastischen Perfekts:

> Insgesamt bleibt aber die Feststellung bestehen, daß das Imperf. seltener als das Perf. gebraucht wird. Die Erscheinung gilt für weite Räume des Omd.; sie hängt auch mit dem vorwiegend mündlichen Gebrauch der Ma. und ma.-nahen US zusammen. Jedoch ist das Imp. in der Ma. von Wittenberg noch nicht grundsätzlich wie im Obd. und im südl. Md. verdrängt worden; doch scheint auch in diesem Falle südl. Sprachgut im Vordringen zu sein. [...] Die innersprachliche Notwendigkeit, durch das Perf. die Homonymie bei den sw. Verben zu vermeiden, ist im Raum Wittenberg nicht gegeben, denn hier gibt es im Prinzip keine Apokope. Eher mögen syntaktische Gründe das Vordringen des Perf. begünstigen. Der Sprecher erhält durch das zweiteilige Perf. die Möglichkeit, das sinnwichtigere Vollverb in das Nachfeld zu setzen und ihm damit einen höheren Mitteilungswert zu verleihen. Außerdem entspricht eine solche Verbalform der Tendenz zur Rahmenbildung, die auch in der Ma. eine Rolle spielt. Schließlich weist Bergmann mit Recht darauf hin, daß mit dem stärkeren Einsatz des Perf. die Unsicherheiten im Gebrauch der Imperfektform vermieden werden können. (Langner 1970, 127–128)

Zu den Grammatiken, die neben der Perfektexpansion auch konkrete Verlustformen notieren, lassen sich deutlich weniger Beschreibungen zählen. Lang (1906) unterschiedet zwischen schwachen und starken Verben. Erstere würden „seltener [...] umschrieben mit *tun* oder ersetzt durchs Perf.". Konkretere Angaben zu den verloren gegangenen schwachen Verbformen gibt es jedoch nicht: „Das st. Prät. hat sich meist erhalten; oft wird es jedoch auch ersetzt durchs Perf. oder umschrieben mit *tun*." (Lang 1906, 48) Als Verlustformen werden nur die Formen für 'fror' und 'trank' ausgewiesen.

Auch Günter (1960) bemerkt neben Perfektexpansion einen Schwund von Einzelformen:

> Die Formen des Präteritums der schwachen Verben sind in der Mundart kaum gebräuchlich, die der st. Verben sind ebenfalls nicht häufig. Anstelle des einfachen Präteritums tritt die Umschreibung mit *haben* und *sein*, manchmal auch mit der Praet. Form von *tun* + Inf. (bes. bei der Verneinung). (Günter 1960, 75)

In der Konjugationstabelle werden die Präteritumformen der 2. Sg. von *baden* und der 2. Pl. von *bleiben* und *baden* mit einem Fragezeichen versehen (vgl. Günter 1960, 74). Ausdrücklich als Verlustformen werden jedoch nur die Präteritumformen folgender Verben gekennzeichnet: *zwingen, gelingen, gewinnen, klingen, abschürfen, spinnen, springen, schlingen, singen, sinken, einsalzen, laufen, stoßen*. Die Liste scheint nicht vollständig zu sein.

Auch bei Seibicke (1967) finden sich z. T. unklare Angaben. So ist der Status der eingeklammerten Präteritumformen in den Verbalparadigmen unklar. Darüber hinaus werden keine Schwundformen genannt. Grundsätzlich haben die Präteritumformen in der Mundart von Friedersdorf stark eingebüßt: „Das Prät. – vor allem der sw. Verben – wird in der Ma. nur selten gebraucht. An seine Stelle tritt die Umschreibung mit *haben* oder *sein*. Hin und wieder wird es auch mit der Präteritalform von *tun* + Infinitiv gebildet [...]" (Seibicke 1967, 57).

Vereinzelt finden sich für das Ostmitteldeutsche auch ältere Beschreibungen, die eine semantische oder sonstige funktionale Differenzierung der Präteritum- und Perfektverwendung annehmen: Franke (1892/1895, 324) stellt allgemein fest, dass „das Obersächsische" im Präteritum erzähle. Er benennt auch eine semantische Unterscheidung von Perfekt und Präteritum im Obersächsischen: Das Perfekt diene noch „zur Bezeichnung von vollendeten, abgeschlossenen Thatsachen" (Franke 1892/1895, 324). Auch Weise (1900, 16) beschreibt diesen diskursmodalen Unterschied und grenzt das Altenburgische sogleich von den oberdeutschen Dialekten ab: „Die erzählende Zeitform ist das Praeteritum (nicht wie in Süddeutschland das umschr. Perfekt)." Palm (1936, 136) stellt für den Dialekt von Großröhrsdorf noch nicht einmal eine Ausweitung der Perfektverwendung fest: „Das Imperfektum befindet sich dort, wie überall im Meißnischen und Lausitzischen, in lebendigem Gebrauch und wird vom Perfekt streng geschieden." Die Charakterisierung des Präteritums als Narrationsform markiert einen deutlichen Unterschied zwischen dem Ostmitteldeutschen und dem Ostfränkischen, für das die Perfektform als Narrationstempus bestimmt wurde. Die Beschreibungen enthalten leider keine Sprachbeispiele, an denen die Funktionsunterschiede belegt oder illustriert würden.

Tab. 15: Auswertung der ostmitteldeutschen Dialektgrammatiken.

Dialektraum	Kurztitel und Ort/Region	Formen-schwund	Prät.-Schwund-formen	Perfekt-expansion	Funktionsunter-schied Perfekt vs. Präteritum	Kat.
Ostmitteldeutsch						
westlich						
thüring-ostfrk.	Regel (1868): Ruhla	–	–	k.A.	k.A.	2
thüring.	Schultze (1874): Nordhausen	–	–	k.A.	k.A.	2
thüring.	Frank (1898): Frankenhausen	–	–	+	k.A.	3
thüring./ostfäl.	Liesenberg (1890): Stiege	–	–	k.A.	k.A.	2
thüring./osthess.-nordhess.	Spangenberg (1962): Unterellen	–	–	+	k.A.	3
zentral						
obersächs.-thüring.	Pasch (1878): Altenburg	–	–	k.A.	k.A.	2
obersächs.-nordobersächs.	Albrecht (1881): Leipzig	–	–	k.A.	k.A.	2
obersächs.-ostfrk.	Hertel (1886): Greiz	–	–	+	k.A.	3
obersächs.-thüring.	Weise (1889): Altenburg	–	–	k.A.	k.A.	2
thüring.-obersächs.	Schachtschabel (1910): Kranichfeld	–	–	k.A.	k.A.	2
obersächs.-thüring.	Ulbricht (1948): Weida	–	–	+	k.A.	3
obersächs.-thüring.	Polenz (1954): Altenburg	–	–	k.A.	k.A.	2
obersächs. allg.:	Franke (1892/1895): Obersächsisch allg.*	–	–	k.A.	+	1
südlich						
obersächs.	Goepfert (1878): Erzgebirge	–	–	k.A.	k.A.	2
obersächs.	Philipp (1897): Zwickau	–	–	+	k.A.	3
obersächs.	Lang (1906): Zschorlau	+	2	+	k.A.	4
obersächs.	Tetzner (1928): Leubsdorf	–	–	k.A.	k.A.	2
obersächs.	Bergmann (1965): Vorerzgebirgisch	–	–	+	k.A.	3

2.2 Präteritumschwund in den deutschen Dialekten des 19. und 20. Jahrhunderts — 81

östlich					
südmärkisch	Goessgen (1902): Dubraucke	–	+	k.A.	3
obersächs.	Palm (1936): Großröhrsdorf	–	k.A.	+	1
obersächs.	Protze (1957): Westlausitz. und Ostmeissn.	–	+	k.A.	3
nördlich					
nordobersächs.-thüring.	Bischoff (1935): Elbe-Saale-Gebiet	–	+	k.A.	3
nordobersächs.	Günter (1960): Holzdorf (Elster)	>13	+	k.A.	4
nordobersächs.	Stellmacher (1964): Herzberg/Jessen	k.A.	+	k.A.	3
nordobersächs.	Seibicke (1967): Friedersdorf	unklar	+	k.A.	4
nordobersächs.-obersächs.	Krug (1969): zw. unterer Mulde und Elbe	–	+	k.A.	3
nordobersächs.	Langner (1970): Wittenberg	–	+	k.A.	3
nordobersächs.	Stellmacher (1973): Grassau	k.A.	+	k.A.	3
obersächs. Sprachinsel	Borchers (1927): erzgeb. Kolonie im Harz	–	k.A.	k.A.	2

Zusammenfassung
Als Befunde für den Übergangsraum lassen sich zusammenfassen:
1. Zur Raumgliederung: Der Übergangsraum umfasst den Raum, in dem von Süden nach Norden in den Dialekten zunehmend mehr Präteritumformen gebildet werden, bis hin zu den Dialekträumen, für die vollständige Formeninventare dokumentiert werden. Der Übergangsraum beginnt im Rheinfränkischen und Ostfränkischen. Diese Räume weisen im Süden z. T. noch vollständigen Präteritumschwund auf. In nördlicher Richtung nehmen die Präteritumformen jedoch zu, so dass hier nicht nur Einzelformen, sondern mehrere Verben mit Präteritumformen belegt werden. Im Westdeutschen und im Hessischen nimmt die Anzahl der präteritumbildenden Verben in nördlicher Richtung kontinuierlich zu bis zu vollständigen Formeninventaren im nördlichen Moselfränkischen, im Ripuarischen, im Niederfränkischen und den nördlichen Dialekten des Hessischen und den entsprechenden Übergangsgebieten. Der Übergangsraum im Osten ist deutlich schmaler. Hier werden bereits im südlichen Thüringischen und Obersächsischen vollständige Formeninventare dokumentiert. Aber erst im Niederdeutschen sind die vollständigen Formeninventare flächendeckend (bis auf zwei Ausnahmen im Ostfälischen) – anders als in den nördlichen mitteldeutschen Gebiete, in denen neben vollständigen Formeninventaren auch teilweiser Schwund dokumentiert wird.
2. Zur arealen Staffelung: Der Übergangsraum zeigt mit seiner Arealität eine dreifache Staffelung. Die Staffelungen lassen sich als generalisierte Tendenzen wie folgt formulieren:
    a) Je nördlicher ein Dialektraum liegt, desto mehr Verben bilden Präteritumformen (Anzahl der präteritumbildenden Verben).
    b) Je nördlicher ein Dialektraum liegt, desto höher ist die Gebrauchsfrequenz der Präteritumformen (Kategorienfrequenz).
    c) Die Abnahme der Präteritumformen unterliegt einer geregelten, verbspezifischen und verbklassenweisen Staffelung. Es gibt eine Hierarchie des Präteritumformenabbaus:

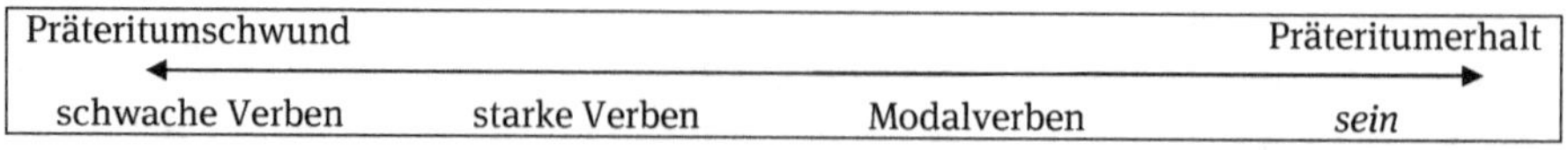

Präteritumschwund			Präteritumerhalt
←――――――――――――――――――――――――――→			
schwache Verben	starke Verben	Modalverben	*sein*

Abb. 2: Hierarchie des Präteritumschwunds.

3. Zur Diskrepanz zwischen Kompetenz und Performanz: Es gibt eine Diskrepanz zwischen Formenkompetenz und dem Gebrauch der Formen. So können dialektale Präteritumformen zwar passiv noch bekannt sein, sie wer-

den jedoch nicht mehr oder selten aktiv verwendet. Auch wurde bei vollständigen Formeninventaren in vielen Dialekten überwiegender Perfektgebrauch oder die Zunahme des Perfekts festgestellt.
4. Zur Dynamik des Prozesses: Es wurde eine Dynamik der Präteritumdistribution festgestellt: Jüngere Sprecher im mitteldeutschen Raum kennen und verwenden weniger dialektale Präteritumformen als ältere Sprecher. Ältere Dialekttexte bezeugen mehr Präteritumformen als für den synchronen Stand festgestellt werden.
5. Zur Funktionsseite der Formen: In den Gebieten mit teilweisem Schwund werden in der Regel keine Funktionsunterschiede zwischen Präteritum und Perfekt festgestellt. Dort dient das Perfekt auch als Narrationstempus. Im Ostmitteldeutschen gibt es vereinzelt Hinweise auf einen Funktionsunterschied und darauf, dass das Präteritum als reguläres Narrationstempus verwendet wird.

2.2.2.4 Norden

Im Gegensatz zum Oberdeutschen und Mitteldeutschen gibt es in den niederdeutschen Dialekten grundsätzlich vollständige Formenbestände des Präteritums. Die Frage, die sich hier in den Vordergrund drängt, ist die nach dem Gebrauch der Tempusformen und im Speziellen nach der Expansion des Perfekts auf Kosten des Präteritums: Für welche Räume kann eine solche Expansion belegt werden? Gibt es auch Beschreibungen von Bedeutungsunterschieden zwischen Präteritum und Perfekt?

Rowley (1983, 172) schlussfolgert aus seiner Durchsicht der Grammatiken, dass „auch im Niederdeutschen das Prät. durch die Konkurrenz mit der Perfektumschreibung schon seit einiger Zeit bedrängt wird." Und weiter: „In den genannten Untersuchungen also wird der Gebrauch des Prät. trotz voller Erhaltung der Formen als eingeschränkt geschildert." (Rowley 1983, 172) Bei Kettner (1978) findet Rowley sogar die Angabe, dass das Perfekt zur normalen Erzählzeit geworden sei. Diese Beobachtung, dass im Niederdeutschen eine Veränderung des Tempus-Aspekt-Systems erfolgt ist bzw. noch passiert, zeigt sich auch in der Auswertung der dialektgrammatischen Literatur.

Westfälischer Dialektraum

Einen Überblick über die ausgewerteten Dialektgrammatiken gibt Karte 20.
Für das Westfälische bestätigt sich in den Grammatiken der vermutete vollständige Formenbestand. Im Gegensatz zu den südlicheren niederfränkischen, ripuarischen und nordhessischen Dialekträumen finden sich für das Westfälische ausschließlich Grammatiken, die einen kompletten Präteritum-

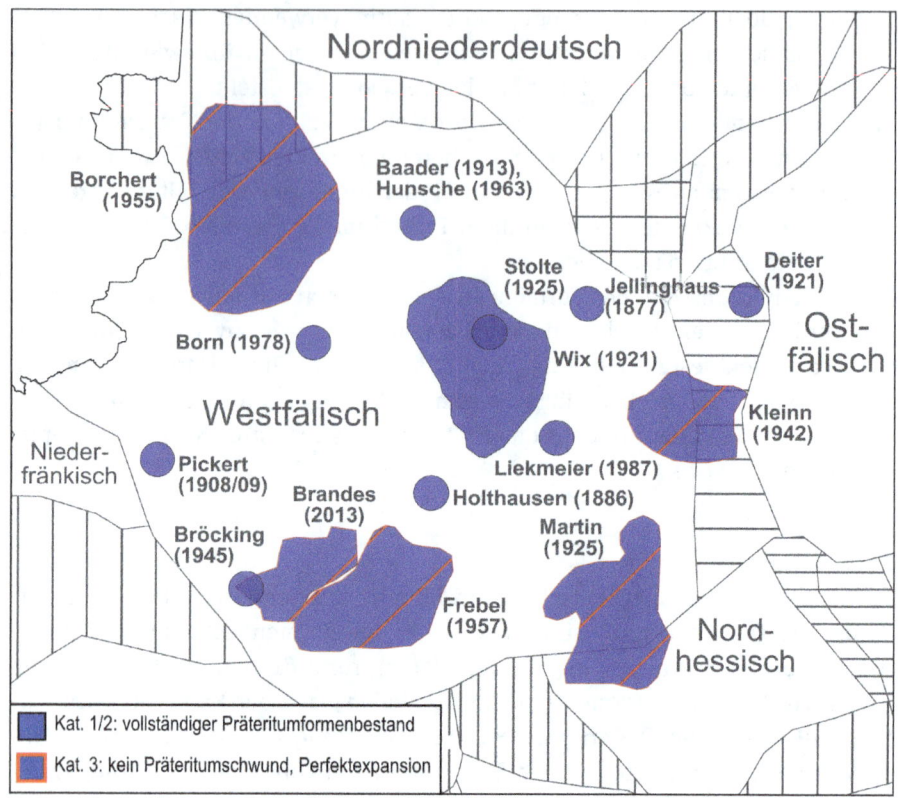

Karte 20: Präteritumschwund nach Ausweis der westfälischen Dialektgrammatiken.

erhalt dokumentieren. In einem Teil der Grammatiken wird zusätzlich eine Zunahme des Perfekts bemerkt. In zwei Grammatiken findet sich dahingegen auch eine Funktionsdifferenzierung von Perfekt- und Präteritumformen. Keine der Kategorien ist dabei raumbildend.

Die Expansion des Perfekts, besonders in der 2. Person, wird in fünf Grammatiken näher beschrieben:

> Im allgemeinen ist das starke Verbum gut erhalten. [...] Besonders das Präteritum ist mehr oder weniger der Gefahr ausgesetzt, durch die umschriebenen Formen ersetzt zu werden. (Martin 1925, 72)

> Die einfache Vergangenheitsform wird gewöhnlich durch die mit Hilfsverb zusammengesetzte Form ersetzt. (Kleinn 1942, 98)

> Noch stark in Erscheinung treten in meinem Gebiet starke Verben mit voller Ablautreihe, jedoch sind zusammengesetzte Zeiten der Vergangenheit, gebildet mit Hilfe der Verben *sein* und *haben*, nicht selten [...]. (Borchert 1955, 83)

Tab. 16: Auswertung der westfälischen Dialektgrammatiken.

Dialekt-raum	Kurztitel und Ort/Region	Prät.-Formen-schwund	Perfekt-expansion	Funktions-unterschied Perfekt vs. Präteritum	Kat.
Westfälisch					
nördlich					
westfäl.	Jellinghaus ([1877] 1972): Ravensbergisch	–	k. A.	k. A.	2
westfäl.	Baader (1913): Osnabrückisch-Tecklenburgisch	–	k. A.	k. A.	2
westfäl.	Wix (1921): Gütersloh	–	k. A.	k. A.	2
westfäl.-ostfäl.	Deiter (1921): Hastenbeck	–	k. A.	k. A.	2
westfäl.	Stolte (1925): Ravensberg	–	k. A.	k. A.	2
westfäl.	Borchert (1955): südl. Emsland	–	+	k. A.	3
westfäl.	Hunsche (1963): Tecklenburger Land	–	k. A.	(+)	1
westfäl.	Born (1978): Münsterländer Platt	–	k. A.	k. A.	2
südlich					
westfäl.	Holthausen (1886): Soest	–	k. A.	k. A.	2
westfäl.	Pickert (1908): Dorsten	–	k. A.	k. A.	2
westfäl.	Oesterhaus ([o. J., ca. 1910–1920]): Lippe*[65]	–	unklar	unklar	2
westfäl.	Martin (1925): Waldeck	–	+	k. A.	3
westfäl.-ostfäl.	Kleinn (1942): Zwischen Egge und Weser	–	+	–	3
westfäl.	Bröking (1945): Gevelsberg	–	k. A.	+	1
westfäl.	Frebel (1957): Sauerland	–	+	k. A.	3
westfäl.	Liekmeier (1987): Scharmede[66]	–	k. A.	k. A.	2
westfäl.	Brandes (2013): Breckerfeld, Hagen, Iserlohn	–	+	k. A.	3

---

65 Oesterhaus ([o.J., ca. 1910–1920]) gibt vollständige Formentabellen an. Das Manuskript mit Oesterhaus' umfangreichen Schilderungen in deutscher Kursive ist aufgrund der Papier- und Tintenqualität nur schwer zu entziffern. Es besteht die Möglichkeit, dass Schilderungen zum Gebrauch der Tempusformen übersehen wurden.

66 In Liekmeiers (1987) Darstellung gibt es eine Reihe von Verben, für die keine Präteritumformen eingetragen sind: *bieten, bitten* (Präteritumform nur in 1. Ps. Sg.); *dreschen, geschehen, mahlen, scheren, sollen, sprießen, stehlen, winken*. Dies lässt sich vermutlich damit erklären, dass diese Verbformen einen Flexionsklassenwechsel von stark zu schwach vollzogen haben und daher nicht in der Tabelle der starken Verben aufgelistet werden. Es ist auch möglich, dass diese Formen in der Tat geschwunden sind.

> Die 2. Sg. Ind. Praet. wird selten gebraucht und meist durch die umschriebene Form des Perfekt [sic] ersetzt. Auch die übrigen Formen des Praet. treten im Gebrauch stark hinter den umschriebenen Formen zurück. (Frebel 1957, 41)

> Das Präteritum ist noch erstaunlich lebendig, wenngleich auch hier im Laufe des 20. Jahrhunderts das Perfekt, vor allem in der 2. Pers. Sg., deutlich an Boden gewonnen hat. Vom Schwund des Präteritums, wie z. B. häufig in oberdt. Maa., kann im UG jedoch keine Rede sein. (Brandes 2013, 328)

Zum Gebrauchsunterschied äußert sich Bröking (1945) für die Umgangssprache von Gevelsberg:

> In unserer Umgangssprache hat der Gebrauch des Präteritums neben dem des Perfekts volle Gültigkeit nach besonderen Gesichtspunkten und ist nicht, wie in anderen deutschen Sprachgebieten, zurückgedrängt worden oder gänzlich geschwunden. Das, was J. Bernhardt vom Gebrauch des Perfekts und Präteritums sagt, gilt nur zum Teil auch für unsere Umgangssprache. Von ihr lässt sich sagen, dass zur einfachen Registrierung eines Geschehens das Perfekt bevorzugt wird, während das Präteritum ein Geschehen in der Vergangenheit, d. h. eine nähere Bestimmung der Art des Geschehens bezeichnet. Es besteht ein Unterschied zwischen den beiden folgenden Aussagen: *ich traf ihn heute morgen*, und *ich habe ihn heute morgen getroffen*. Im ersten Fall wird auf das besondere Treffen hingewiesen, welches dann meist in der Folge noch näher beschrieben wird, wie z. B. *ich traf ihn heute morgen, er war ganz aufgeregt*. Im zweiten Fall wird nur die Tatsache an sich als eine abgeschlossene registriert. (Bröking 1945, 116–117)

Diese Unterscheidung ist mit tempustheoretischen Konzepten nur schwer nachzuvollziehen und zu beschreiben. Es bleibt unklar, wie systematisch diese Unterscheidung – „einfache Registrierung eines Geschehens" vs. „nähere Bestimmung der Art des Geschehens" – durchgeführt wird.

Für das Präteritum stellt Bröking sowohl imperfektive als auch perfektive Verwendungen fest:

> Bei dauernden, gewohnheitsmässigen Handlungen in der Vergangenheit wird – entsprechend der Regel – gewöhnlich das Imperfekt gesetzt. [= imperfektive Vergangenheitsbedeutung; HF] [...] Aber auch bei einmaligen Handlungen in der Vergangenheit wird das Imperfekt gebraucht, wenn es sich um lebhafte Vorgänge handelt [= perfektive Vergangenheitsbedeutung; HF] [...]

> Das Präteritum dagegen steht nie in solchen Fällen, wo die Bedingungen für den Gebrauch des Perfekts gegeben sind. (Bröking 1945, 118)

Für das Perfekt dokumentiert Bröking zwei Verwendungsweisen – eine ursprüngliche und die des Präteritums, die zuvor als Ausdruck sowohl imperfektiver als auch perfektiver Vergangenheit beschrieben wurden.[67]

---

[67] Einen Ausdruck von Evidentialität kann Bröking allerdings für Gevelsberg nicht bestätigen, vgl. Bröking (1945, 117).

> Das Perfekt übt sowohl die Funktion des Präteritums als auch die seiner eigentlichen Bestimmung aus, Verbalhandlungen auszudrücken, deren Wirkung sich bis in die Gegenwart hinein erstreckt. (Bröking 1945, 118)

In der Erzählung können alle drei Zeiten – gemeint sind Präsens, Perfekt und Präteritum – miteinander wechseln (vgl. Bröking 1945, 118).

Wie sind Brökings Beschreibungen zu bewerten? Bröking gibt sowohl Verwendungstendenzen als auch Unterschiede zwischen Perfekt und Präteritum an. Wie im Standarddeutschen kann das Präteritum nicht die resultativen Bedeutungen des Perfekts ausdrücken. Das Perfekt aber ist neben seinen „eigentlichen" Bedeutungen auch für die Bedeutungsbereiche des Präteritums einsetzbar. Diese wurden als perfektive und imperfektive Vergangenheit identifiziert. Die beschriebenen Verwendungsunterschiede sind allerdings zum Teil schwer nachvollziehbar. Ist das Sprachempfinden der Sprecher wirklich so „fein entwickelt" (1945, 118), wie Bröking es beschreibt? In Kapitel 3 werden wir sehen, dass „Perfekte", die imperfektive Bedeutung tragen können (so wie es Bröking für Gevelsberg beschreibt), in ihrem Expansionsprozess schon sehr weit vorangeschritten sind. Das westfälische Perfekt hat demnach schon eindeutig Bedeutungen eines *general past* übernommen.

Hunsches (1963) Darstellungen sind im Gegensatz zu Bröking nur wenig explizit und geben wenig Aufschluss: „Der Gebrauch der Zeitformen eines Verbums im Niederdeutschen weist gegenüber dem Neuhochdeutschen keinen wesentlichen Unterschied [auf]. Für die Schilderung vergangener Zustände gebraucht man sowohl das Imperfekt als auch das Perfekt." (Hunsche 1963, 125) Die formulierte Gebrauchstendenz – „Je näher die Schilderung an die Gegenwart heranrückt, desto mehr wird das Perfekt benutzt." (Hunsche 1963, 125) – ist wenig konkret. Unklar bleibt, ab welcher „zeitlichen Nähe" sich ein solches Umschlagen im Gebrauch bemerkbar macht bzw. ob noch weitere Kriterien (wie z. B. die Definitheit der temporalen Verortung oder die Gegenwartsrelevanz der vergangenen Verbalsituation) die Tempuswahl beeinflussen.

Ostfälischer Dialektraum
Einen Überblick über die ausgewerteten Dialektgrammatiken gibt Karte 21.

Im Ostfälischen finden sich im Gegensatz zu den anderen niederdeutschen Dialekträumen auch zwei Beschreibungen, die Schwundformen dokumentieren. Ansonsten werden auch hier vollständige Formenbestände und auch die Expansion des Perfekts dokumentiert.

Das Vordringen des Perfekts auf Kosten des Präteritums wird mehrfach beschrieben:

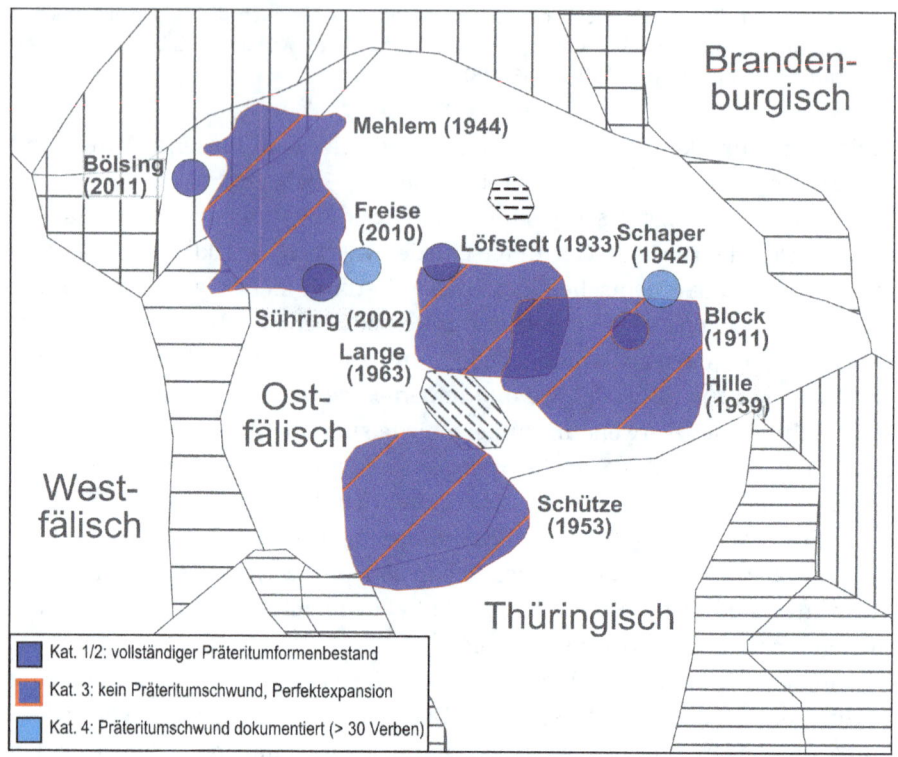

Karte 21: Präteritumschwund nach Ausweis der ostfälischen Dialektgrammatiken.

Neben dem Präsens, der Gegenwartsform hat die Eilsd. Mundart ein Perfektum zur Bezeichnung des durch eine vergangene Handlung geschaffenen Zustandes und als Erzählform. [...] Das Präteritum verliert an Boden und wird oft durch das Perfektum ersetzt. Diese Entwicklung wird durch den Zusammenfall der 1. u. 2. Pers. Sing. im Praes. und im Prät. der schwachen Zeitwörter eingeleitet sein; ist ja auch die Ersetzung durchs Perfekt am meisten bei schwachen Zeitwörtern zu beobachten. (Block 1911, 206)

Vergangenheit (Präteritum): Die Formen der Vgh. sind offensichtlich im Aussterben begriffen. In der Regel waren sie nur durch wiederholte Satzbildung zu gewinnen. Die am leichtesten zu bildende Form war die 3. Ez. [= Einzahl; HF], von der aus dann die übrigen entwickelt wurden. In manchen Orten war alle Mühe vergebens. Die Vgh. [= Vergangenheit; HF] wird heute im allgemeinen durch die Vggw. [= Vorgegenwart; HF] umschrieben: *ek bait > ek hevə bētṇ*. (Mehlem 1944, 217)

Im Allgemeinen wird beim starken und schwachen Verb das Perfekt gegenüber dem Präteritum bevorzugt. Umschreibungen mit *tun* [...] sind in Neuendorf nicht gebräuchlich. (Schütze 1953, 36)

Das Prät. Ind. wird oft umschrieben; [PT und Perfekt-Formen von *suchen* und *aufwachsen*] die Formen mit Hilfszeitwort überwiegen. (Lange 1963, 266)

Tab. 17: Auswertung der ostfälischen Dialektgrammatiken.

Dialektraum	Kurztitel und Ort/Region	Formen-schwund	Prät.-Schwund-formen	Perfekt-expansion	Funktions-unterschied Perfekt vs. Präteritum	Kat.
Ostfälisch						
nördlich						
ostfäl.	Löfstedt (1933): Lesse	–	–	k. A.	k. A.	2
ostfäl.	Schaper (1942): Warsleben	z. T.	unklar	k. A.	k. A.	4
ostfäl.	Mehlem (1944): Kalenberger Ma.	↑	–	+	k. A.	3
ostfäl.	Sührig (2002): Ostfäl. Platt (für 1. Hälfte 20. Jh.)	–	–	k. A.	k. A.	2
ostfäl.	Freise (2010): Hildesheim	z. T.	15	k. A.	k. A.	4
ostfäl.-nordnd.	Bölsing (2011): Lindhorst	–	–	k. A.	k. A.	2
südlich						
ostfäl.	Block (1911): Eilsdorf	–	–	+	k. A.	3
ostfäl.	Hille (1939): Huymundart	–	–	+	k. A.	3
ostfäl.	Schütze (1953): Neuendorf	–	–	+	k. A.	3
ostfäl.	Lange (1963): Göddeckenrode, Isingerode	–	–	+	k. A.	3

> Das Präteritum hat denselben Bedeutungsbereich wie im Hd., seine Verwendung ist aber weit beschränkter als dort. Es wird meist durch die Perfektumschreibung ersetzt. [...]
> So ist die frühere Verwendung der Präteritalformen im Sinne des griech. Perfekts oder Plusquamperfekts [...] heute nicht mehr möglich. Unsere Ma. hat eine noch stärkere Vorliebe für Umschreibungen als das Hd., wie z. B. der weitgehende Gebrauch des Perfekts (besser: des Präs. Perf.) für das Präteritum, das seiner Natur nach ein Imperfektum ist, beweist und wie es noch deutlicher aus der Existenz der „doppelten" Perfektformen hervorgeht. [...]
> Die Präteritalformen werden weitgehend durch die Perfektumschreibung ersetzt. [Bsp. für Perfekt statt Präteritum: für die Verben *holen, laufen, gesagt werden*, sowie DPF von *holen*.] (Hille 1939, 96–98)

Formenverluste bemerken Freise (2010) und Schaper (1942). In Freises Verbtabellen fehlen Präteritumformen vollständig für die zwölf Verben 'beten, dauern, feiern, hetzen, kosten, lehren, prüfen, rieden, ringen, scheuern, schmieden, schmoren'.[68] Einzelne fehlende Personalformen notiert Freise für 'betrügen' (3. Ps. Sg. und 1./2./3. Ps. Pl. fehlen) sowie für 'behelfen, laden' (1./2./3. Ps. Pl. fehlen).

Schaper (1942) stellt im Kapitel „Gebrauch der Zeiten bei den einzelnen Generationen" einen generationellen Unterschied im Tempusgebrauch fest. Demnach führt der hochdeutsche Einfluss bei der jüngeren Generation zu einem Abbau der Präteritumformen:

> Ueber den Verfall des Präteritums im Deutschen und über seine Ursachen ist schon viel geschrieben worden. Dieser Verfall macht sich nämlich nicht nur im Nd., sondern auch im Hd. bemerkbar. [...] Meine Aufgabe ist es nicht vordringlich, nach der Wurzel dieses Wandels zu suchen, sondern aufzuzeichnen, wie sich der Ablösungsprozess in der Mundart vollzieht. Solange eine Mundart Besitz aller Alters- und Gesellschaftsschichten ist, ist ihr Bestand in jeder Weise gesichert. Verengt sich jedoch der Kreis der Mundartsprecher, und wird die Sprache hd. durchsetzt, so wird nicht nur der Wortschatz, sondern auch der Formenschatz angegriffen. Ich glaube darum, dass diese äusserlichen Gründe dazu beigetragen haben, dem Imperfekt seine Lebenskraft zu nehmen. Solange die Mundart lebendige Erzählsprache war, war die einfache Vergangenheit, die den Stil lebhaft macht, gesichert. [...] Jetzt ist in der Mundart von vielen Verben ein Präteritum gar nicht mehr möglich, von anderen ist es der jüngeren Generation nicht mehr bekannt. Nur in wenigen Fällen wird das Präteritum noch von allen gesprochen. (Schaper 1942, 80–81)

Nach Auflistung der mundartlich schwachen Verbalformen von *brakhen* ('die Hülle der Flachsfaser brechen'), *blöikhen* ('blöken'), *bruen* ('bauen'), *grapschen* ('gierig haschen'), *ramschen, forhalen* ('erholen, ausruhen'), *kratschen* ('kramen, sich beschäftigen'), *khoekhen* mit Präteritumformen schreibt Schaper (1942, 81): „So wie von diesen schwachen Verben ist von fast allen noch

---

[68] Bei den hier und im Folgenden aufgelisteten Verben handelt es sich jeweils um die standardsprachlichen Entsprechungen, nicht um die dialektalen Verbformen.

die Bildung eines Präteritums möglich, die Anwendung jedoch recht selten, nur in gewissen Personen." Damit sind die 1. und 2. Pers. Sg. gemeint, in denen die Präteritumformen „sehr selten" vorkämen. Als „rein formal bildbar", aber nicht gebraucht vermerkt Schaper die dialektalen Präteritumformen von 'fahren, antworten, bauen, beben, brauchen und spleissen', obwohl die Verben an sich „in allen Generationen häufig angewendet werden" (Schaper 1942, 82).

Für die starken Verben beschreibt Schaper 1.) Verben, die eine altertümliche Form haben und von der jüngeren Generation nicht gebraucht würden ('heizen'), 2.) Verben, bei denen im Gegensatz zur älteren Generation von den Jüngeren nur einzelne Personalformen gebraucht würden (bei 'fragen' nur Sg. üblich), 3.) Verben, für die die alte und die jüngere Generation unterschiedliche Formen haben (wobei die Formen der jüngeren Generation lautlich an das Hochdeutsche angeglichen wurden) ('gehen, gießen, kommen, sehen'). Schaper schließt zusammenfassend: „Die angeführten Beispiele zeigen, dass sowohl bei den schwachen, wie auch bei den starken Verben Ausfälle in der Imperfektbildung zu bemerken sind." (Schaper 1942, 84) Welchen Umfang diese Ausfälle haben, wird durch die Darstellungen nicht deutlich. Ob die genannten Verben als Beispiele stellvertretend für weitere Verben stehen oder die Auflistung erschöpfend ist, bleibt unklar.

Schapers Beschreibungen können wir drei Entwicklungstendenzen entnehmen:
1. Die jüngere Generation verwendet statt altdialektalen Präteritumformen tendenziell standardnähere, regiolektale Formen.
2. Es gibt Formen, die die ältere Generation noch kennt (Erinnerungsformen), aber nicht mehr gebraucht und die von der jüngeren Generation z. T. nicht mehr gekannt, auf jeden Fall aber nicht mehr verwendet werden.
3. Innerhalb eines Verbalparadigmas gehen einige Personalformen eher verloren als andere.

Leider gibt Schaper zu wenige Beispiele für die ersten beiden Entwicklungen, um diese genauer zu verstehen. Auch die genaue Logik des Formenabbaus wird durch die Beispiele nicht fassbar.

Mecklenburgisch-Vorpommersch, Brandenburgisch und Berlinisch
Einen Überblick über die ausgewerteten Dialektgrammatiken gibt Karte 22.

Die Beleglage für das Brandenburgische ist weniger günstig; auch für das Mecklenburgisch-Vorpommersche gibt es wenige, dennoch ein paar mehr Beschreibungen. Es zeigen sich – wie erwartet – vollständige Formenbestände.[69]

---

[69] Die zentralen Grammatiken zum Brandenburgischen (Seelmann 1908; Trebs 1914/15; Teuchert 1964) enthalten leider keine Angaben zu den Tempusformenbeständen.

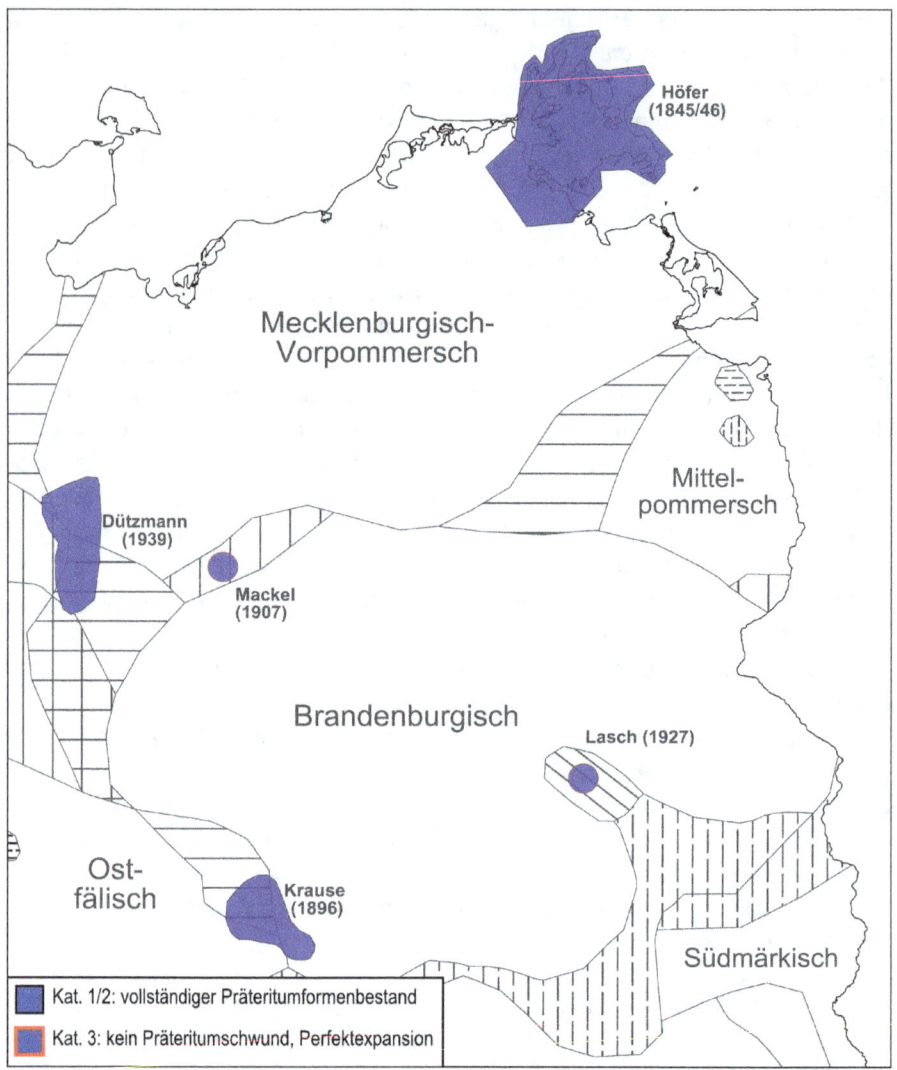

Karte 22: Präteritumschwund nach Ausweis der Dialektgrammatiken des Mecklenburgisch-Vorpommerschen, Brandenburgischen und Berlinischen.

Eine frühe, etwas enigmatische Beschreibung gibt Mussaeus (1829), der für 109 Verben (starke und irreguläre) Formen eines sog. „Imperfekt II" vermerkt, das formal wohl dem Ind. Prät. Konj. entspricht.

> Diese neue Form wird nicht bloß als eine Zeit des Conjunctivs, sondern auch als ein zweites Imperf. Ind. gebraucht. Nach sorgsamem Aufmerken auf den Sprachgebrauch wage

Tab. 18: Auswertung der Dialektgrammatiken für das Mecklenburgisch-Vorpommersche, Brandenburgische und Berlinische.

Dialektraum	Kurztitel und Ort/Region	Formen-schwund	Perfekt-expansion	Funktions-unterschied Perfekt vs. Präteritum	Kat.
Mecklenburg.-Vorpommersch					
mecklenburg.-vorpommersch	Mussaeus (1829): Mecklenburgisch*	–	k. A.	+	1
mecklenburg.-vorpommersch	Höfer (1845/46): Neu-Vorpommern (Regierungsbezirk Stralsund)	–	k. A.	k. A.	2
mecklenburg.-vorpommersch	Wiggers (1858): Mecklenburgisch-Vorpommersch*	–	k. A.	k. A.	2
mecklenburg.-vorpommersch	Nerger (1869): Mecklenburgisch*	–	k. A.	k. A.	2
mecklenburg.-vorpommersch	Lierow (1904): Allg. Mecklenburgisch*	–	k. A.	k. A.	2
mecklenburg.-vorpommersch	Mackel (1907): Prignitz	–	+	k. A.	3
mecklenburg.-vorpomm./ brandenburg.	Dützmann (1939): Kaarßen	–	k. A.	+ (referiert Bernhardt 1903)	1
Brandenburgisch					
ostfäl.-brandenburg.	Krause (1896): Jerichower Kreis	–	k. A.	k. A.	2
Berlinisch					
südmärkisch/berlinisch	Lasch (1927): Berlin	–	+	k. A.	3

ich, folgenden Unterschied zwischen 1sten und 2ten Imperf. Indicativ anzudeuten. (Mussaeus 1829, 72)

Mussaeus spricht dem sog. „Imperfekt I" imperfektive Bedeutungen und dem „Imperfekt II" aoristische, d. h. perfektive Bedeutungen, zu. Auch die Verwendung des Perfekts bestimmt Mussaeus näher. Hier zeigen sich wieder evidentielle Bedeutungsanteile, die wohl durch die Perfekt/Präteritum-Opposition ausgedrückt werden können. Wie systematisch diese Opposition von den Dialektsprechern verwendet wird, ist unklar.

> Das Perfectum wird nicht zum Erzählen gebraucht, sondern nur in kurz hingeworfenen Sätzen, oder wenn das Vorgetragene der bedeutsameren Lebhaftigkeit entbehren kann. Daher kann auch unter solchen Umständen das Perfectum für beide Imperfecta gebraucht werden. – Das Perfectum hat aber auch zuweilen den Nebenbegriff, daß man es vom Hörensagen wisse z. B. *hei feil in't Woter* – ich war Augenzeuge; *sei is in't Woter follen* – ich habe es gehört. Es steht endlich auch, wiewohl selten, für das Präsens z. B. *ick seig gistern rechtsch ein Hus liggen.* Antwort: *dat is mien Hus wäst.* (Mussaeus 1829, 73)

Wiggers (1858) diskutiert das Problem des Formenzusammenfalls. Die defektiven Formen werden demnach im mecklenburgisch-vorpommerschen Dialekt durch die *tun*-Periphrase kompensiert. Eine Perfektexpansion wird nicht festgestellt. Wiggers (1858, 56–57, 79) notiert zu den schwachen Verben:

> Ist der Auslaut des Stammes *t* oder *tt*, so stoßen in einzelnen Formen zwei und drei durch stilles *e* getrennte *t* zusammen. [...] Bei großer Häufung von Consonanten im Imperfectum wählt man meistens die Umschreibung mittelst des Zeitwortes von *thun*, besonders wenn der Satz von einer Conjunction abhängt. [...] Auch kann man wahrnehmen, daß in der Rede von Manchem das *t* am Ende der dritten Person Singulars des Imperfectum ausgelassen wird, in der Absicht, dadurch diese Form von der gleichlautenden der dritten Person des Präsens zu unterscheiden, z. B. *he hal* für *he halt* 'er holte', welches letztere auch bedeuten kann: *er holt*. (Wiggers 1858, 56–57)

Zur Verwendung von *don* 'tun' heißt es:

> Im Imperfectum dient es zur Vermeidung schwieriger Konsonantenfolgen und zur Unterscheidung der dritten Person Sing. Imperfecti der schwachen Conjugation von der gleichlautenden Form der dritten Person Sing. Präs., beides in Nebensätzen: *as ji jug höd upsetten deedt* als ihr eure Hüte aufsetztet; *as he noch so snacken deed* während er noch so sprach. (Wiggers 1858, 79)

Mackel (1907) beschreibt eine Zunahme des Perfekts und einen Ersatz des Präteritums, was er mit defektiven Präteritumformen erklärt:

> Das Präteritum kommt, besonders im Sg. und hier besonders wieder bei den schwachen Ztw., immer mehr ausser Gebrauch. Es wird mit *haben* und *sein* umschrieben. [...]

2.2 Präteritumschwund in den deutschen Dialekten des 19. und 20. Jahrhunderts — 95

> In der schwachen Konjugation lauten (durch Schwund des End-*e*) die 2. und 3. Sg. des Präs. und des Präter. gleich: *spålst, spålt* heissen *spielst, spieltest*; *spielt, spielte*. Dies ist sicherlich mit ein Grund für die Erscheinung, dass das Prät., besonders im Sing., immer mehr aus dem Gebrauch kommt. (Mackel 1907, 88)

Nur Lasch (1927) lässt für das hochdeutsche Berlinische eine Gebrauchszunahme des Perfekts erkennen. Das Präteritum ist demnach v. a. auf narrative Kontexte beschränkt:

> In den meisten Dialekten ist die einfache Vergangenheitsform (Präteritum, Imperfektum) wenig in Gebrauch. Doch ist das Präteritum, wie auch sonst in Norddeutschland, hier nicht ganz geschwunden, es kann namentlich in der Erzählung gebraucht werden. (Lasch 1927, 288)

Nordniederdeutscher Dialektraum
Einen Überblick über die ausgewerteten Dialektgrammatiken gibt Karte 23.

Auch im nordniederdeutschen Raum[70] finden wir ausnahmslos vollständige Formenbestände. Jedoch wird bemerkt, dass die Präteritumformen der 2. Person und auch des Plurals deutlich seltener vorkommen:

> Beim starken Verbum ergab sich beim Abfragen der interessante Befund, daß das Präteritum in der Regel mühelos gebildet werden konnte, bis auf die 2. pl., die vom Sprecher meist durch das Perfekt umschrieben wurde; bei sehr geläufigen Vbn. war allerdings auch hier das Präteritum möglich. (Feyer 1939, 11, für Borgstede)

> Im allgemeinen ist zu sagen, daß der Pl. des Präteritums nicht mehr lebendig ist und schwer erfragt werden kann; nur in fließender Rede taucht er bisweilen auf, ist aber dem Bewußtsein nicht gegenwärtig. (Feyer 1939, 48, für Aschhauserfelde)

Zugleich wird ein Vordringen des Perfekts auch im nördlichsten Raum dokumentiert.:

> Der Gebrauch des Präter. ist gegen das Perfektum, namentlich in der ruhigen Erzählung, sehr zurückgetreten. (Schönhoff 1908, 186)

> Grundsätzlich können auch im Niederdeutschen alle Tempusformen des Verbs gebildet werden, doch besonders im mündlichen Gebrauch werden einige von ihnen nur selten oder gar nicht eingesetzt. Am häufigsten werden die Formen des Präsens und des Perfekts gebraucht; das Perfekt auch dort, wo im Standarddeutschen das Präteritum bevorzugt wird. [...] In erzählenden Texten ist das Präteritum die vorherrschende Zeitform. (Lindow et al. 1998, 70)

---

70 Die friesischen Sprachgebiete wurden nicht berücksichtigt.

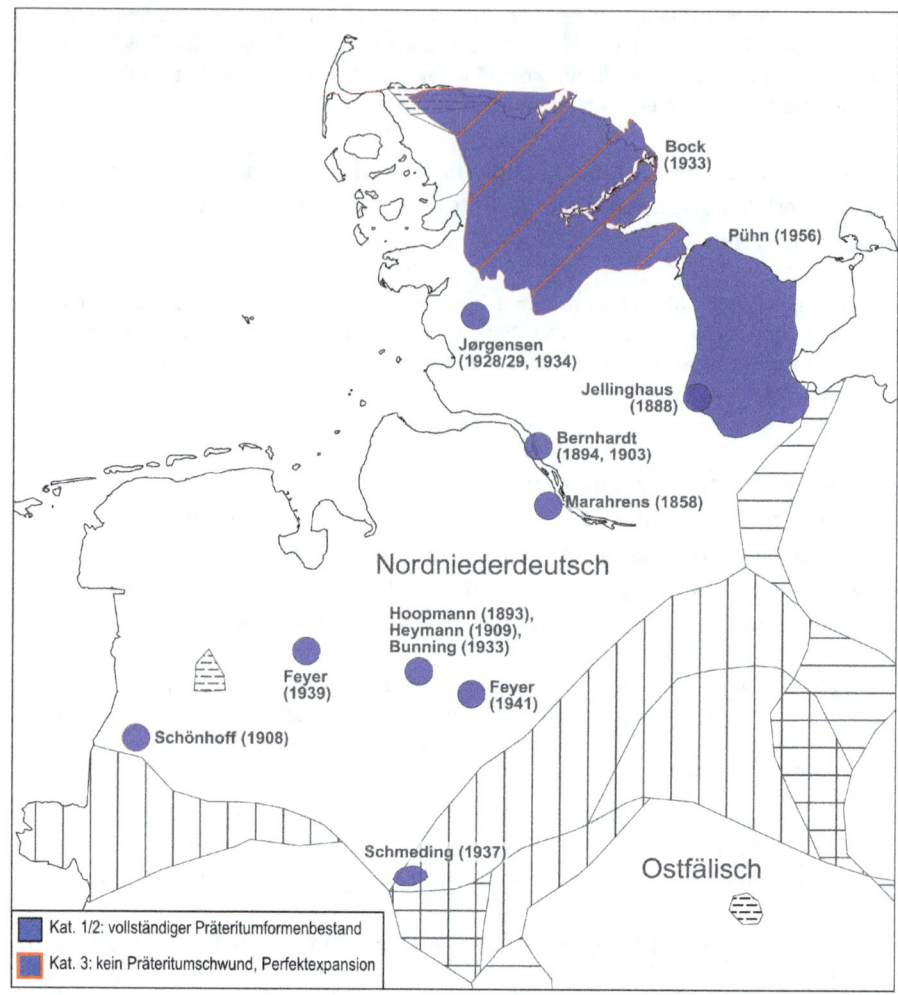

Karte 23: Präteritumschwund nach Ausweis der nordniederdeutschen Dialektgrammatiken.

> Das Präsensperfekt ist die häufigste Form. Es wird meistens für das Präteritum eingesetzt, z. B. 'er kam' *he keem*, meistens *he is kamen*. Manchmal tritt es auch für das Präteritumperfekt ein. [...]
> Das einfache praet. war oft schwer festzustellen, da der Gebrauch des umschriebenen perf. sehr beliebt ist. (Thies 2010, 61, 182)

Für das Nordniederdeutsche finden wir zudem mehrere Versuche, Funktionsunterschiede zwischen Präteritum und Perfekt zu beschreiben. Während Lindow et al. (1998) das Präteritum als vorherrschendes Erzähltempus beschreiben – es also dem narrativen Diskursmodus zuschreiben, macht Thies die

Unterscheidung am Medium fest: „Das Präteritum erscheint mehr im Schriftlichen, beim Sprechen wird oft das Präsensperfekt vorgezogen." (Thies 2010, 57) Bernhardt (1903, 17) beschreibt den Gebrauch der Tempora in Hauptsätzen im niederdeutschen Dialekt und „in das auf dieser Grundlage ruhende Hochdeutsch der mittleren Bevölkerungsschicht Glückstadts" (Bernhardt 1903, 1):

> Perfektum und Imperfektum. Das Perfektum stellt eine in der Vergangenheit liegende Tatsache fest, d. h. es registriert einfach, das Imperfektum nimmt Bezug auf einen anderen Gedanken, gleichviel ob er besonders ausgesprochen wird oder nicht. *Ich bin noch nie in Berlin gewesen, er ist wenigstens schon zehn mal in Amerika gewesen, ich habe heute morgen Gras gemäht, er hat gestern gegraben* [...] *er ist (früher) Seemann gewesen* (wofür man häufig von ‚Gebildeteren' *er war* usw. hört). Aber *ich mähte heute morgen Gras, da lief da n Kerl vorbei* (Gleichzeitigkeit). Besonders deutlich tritt der Unterschied in Fragen und den dazu gehörigen Antworten hervor: *Was hast du heute morgen getan? Ich habe Gras gemäht. Was hat er gestern getan? Er hat gegraben. Wo bist du gestern gewesen? Ich bin in Hamburg gewesen. Bist du schon mal in Berlin gewesen? Ist hier heute morgen ein Kerl vorbeigelaufen?* In diesen Sätzen wird einfach nach einer Tatsache gefragt ohne jeden Zusammenhang mit einem andern Gedanken; dagegen würde durch das Imperfektum irgend eine Beziehung auf einen anderen Gedanken ausgedrückt werden. *Was tatst du heute morgen?* kann also etwas bedeuten: 'ich sah (hörte merkte), dass du etwas tatest, konnte deine Tätigkeit aber nicht genau erkennen.' *Was tat er gestern?* nämlich als du zu ihm kamst, als du bei ihm warst, als du ihn beobachtetest usw. *Wo warst du gestern?* enthält etwas den Gedanken: 'ich wollte dich gestern aufsuchen, traf dich aber nicht an.' Auch zeitlich weit entlegene Einzeltatsachen werden im Perfektum erzählt, während bei der Erzählung früherer Sitten, Gebräuche usw. der Sprachgebrauch schwankt: *Sun Hüte haben sie vor fufzig Jahren wirklich getragen. Solche Leute hin (so!) man vor n paar hundert Jahren einfach auf.* (Bernhardt 1903, 17–18)

Betrachtet man Bernhardts Beschreibung, die später in anderen Grammatiken wiederaufgenommen wird (z. B. in Bock 1933; Dützmann 1939), aus temporalaspektueller Perspektive, so stellen sich die benannten Bedeutungen als Gemengelage dar. Die Beispiele und Beschreibungen des Perfekts legen die Bedeutungen retrospektive Gegenwart *(Ich bin noch nie in Berlin gewesen, er ist wenigstens schon zehn mal in Amerika gewesen)*, perfektive Vergangenheit *(ich habe heute morgen Gras gemäht, er hat gestern gegraben)* aber auch imperfektive Vergangenheit *(er ist [früher] Seemann gewesen)* nahe. Auch für das Präteritum werden perfekte und imperfektive Vergangenheitsbedeutungen benannt *(ich mähte heute morgen Gras* [imperfektiv], *da lief da n Kerl vorbei* [perfektiv]). Es gibt hier also ganz deutliche Überschneidungen in den Bedeutungsmöglichkeiten beider Formen, jedoch auch Verwendungstendenzen: Für Fragen (die ja vor allem Teil der mündlichen Kommunikation sind) würde Perfekt verwendet, für die Erzählung aus früheren Zeiten Präteritum. Gleichzeitig „schwankt" der „Sprachgebrauch". Es zeigen sich nur noch Reste einer ehemaligen Ordnung.

Von dieser Ordnung leitet auch Bernhardt evidentielle Bedeutungsanteile ab:

> Ein Unterschied ferner zwischen dem Gebrauch des Perfekts und des Imperfekts, der sich aus dem soeben angelegten leicht erklärt und mit dem selben vielfache Berührungen hat, ist folgender. Man erzählt ein Ereignis im Imperfekt, wenn man selbst dabei war, das Perfekt deutet an, dass man es von anderen gehört hat: *hüt morgen keem eener an håben op schreckliche wis' to schåden* heisst also etwas: 'als ich heute morgen am Hafen war, verunglückte jemand auf schreckliche Weise'; dagegen *hüt morgen is eener ... to schåden kåmen* 'man hat mir erzählt, es sei jemand' usw. Dasselbe gilt von der Frage: *Warst du gestern verreist? Nein, wie meinst du das? Du gingst doch zum Bahnhof* d. h. 'ich sah, wie du zum Bahnhof gingst'; aber: *Bist du gestern verreist gewesen? – Du bist doch zum Bahnhof gegangen*; d. h. 'ich habe gehört, du seiest ... gegangen'. *Wie ging das zu?* (wie kam es?) d. h. 'du wirst (musste) es wissen, denn du warst ja dabei'. *Wie ist das zugegangen?* = 'Hast du nichts Näheres darüber gehört?'
>
> Hiermit hängt auch der Gebrauch des Imperfekts zusammen in Fällen, wo man das Präsens erwarten sollte, z. B. wo die Mühle stand (nämlich als wir dort vorbeigingen), sie steht aber jetzt noch da. (Bernhardt 1903, 17)

Bei Bock (1933) finden wir die Bernhardt'sche Gegenüberstellung der Perfekt- und Präteritumbedeutung wieder. Auch hier wird eine Bedeutungserweiterung des Perfekts deutlich:

> Neben dem alten Präteritum – auch Imperfectum genannt – haben wir die mit *sīn* und *heṁ* zusammengesetzten Verbindungen. Das umschriebene Perfectum ist in das Gebiet des praet. eingedrungen. Das praet. bezeichnet jetzt eine vergangene Handlung mit Bezugnahme auf andere damit zusammenhängende Tatsachen, das perf. constatiert einfach das Vergangene. (Bock 1933, 91)

In den mitteldeutschen Dialekten wurde der Präteritumschwund häufig auf den Formenzusammenfall von Präteritum- und Präsensformen zurückgeführt. Dafür, dass dahinter kein Automatismus steckt, sprechen Befunde aus dem Nordniederdeutschen, in denen trotz des Formenzusammenfalls keine Formenersetzung zu beobachten ist. So beschreibt Feyer (1941, 71), die für den Badener Dialekt weder Formenschwund noch Formenersatz feststellt, den Zusammenfall der Präsens- und Präteritumformen eines Teils der schwachen Verben, der in der Reduzierung der Präteritalendungen begründet liegt: „[E]s heißt also *nɔmm* 'ich nenne' und *nɔmm* 'ich nannte' gegenüber mnd. *nöme* und *nömede*".

Keseling (1968) spricht sich gegen einen Zusammenhang der häufigen *tun*-Periphrase mit dem Zurückdrängen der Präteritumformen aus:

> Das Präteritum ist als synthetische, also ausschließlich flexivisch gekennzeichnete Form im Niederdeutschen durchaus geläufig und normal. Der sogenannte Präteritalverfall gilt nur für die oberdeutschen und für einige mitteldeutsche Mundarten. Als Gegenargument kann aber vor allem angeführt werden, daß präsentische *tun*-Umschreibungen ebenso häufig sind wie präteritale [...]. (Keseling 1968, 146)

Tab. 19: Auswertung der nordniederdeutschen Dialektgrammatiken.

Dialektraum	Kurztitel und Ort/Region	Formen-schwund	Perfekt-expansion	Funktions-unterschied Perfekt vs. Präteritum	Kat.
Nordniederdeutsch					
nördlich					
nordnd.	Marahrens (1858): Nordniederdt.	−	k.A.	k.A.	2
nordnd.	Jellinghaus (1888): Fahrenkrug	−	k.A.	k.A.	2
nordnd.	Bernhardt (1894): Glückstadt	−	k.A.	k.A.	2
nordnd.	Bernhardt (1903): Glückstadt	−	k.A.	+	1
nordnd.	Jørgensen (1928/29) und (1934): Heide	−	k.A.	k.A.	2
nordnd.	Bock (1933): Südostschleswig	−	+	unklar	3
nordnd.	Pühn (1956): Ostholsteinisch	−	k.A.	k.A.	2
nordnd.	Lindow et al. (1998): (Nord-)nd.*	−	+	(+)	3
nordnd.	Thies (2010): Nordnd.*	−	+	+	3
südlich					
nordnd.	Hoopmann (1893): Bremen	−	k.A.	k.A.	2
nordnd.	Heymann (1909): Bremen	−	k.A.	k.A.	2
nordnd.	Bunning (1933): Bremen	−	k.A.	k.A.	2
nordnd.	Schönhoff (1908): Emsland	−	+	k.A.	3
nordnd.-ostfäl.	Schmeding (1937): Lavelsloh	−	k.A.	k.A.	2
nordnd.	Feyer (1939): Borgstede/Aschhauserfelde	−	k.A.	k.A.	2
nordnd.	Feyer (1941): Baden (Kr. Verden)	−	k.A.	k.A.	2

Zusammenfassung
1. Formenbestände: In den niederdeutschen Grammatiken werden grundsätzlich vollständige Formenbestände beschrieben.
2. Formenschwund: In zwei ostfälischen Grammatiken wird ein Formenschwund dokumentiert (Schaper 1942; Freise 2010). Die beiden Grammatiken stellen damit eine Ausnahme dar. Bei Schaper wird der Verlust von Präteritumformen vor allem bei jüngeren Sprechern bemerkt, die die alten, dialektalen Präteritumformen nicht mehr kennen und diese durch standardnähere, regiolektale Präteritumformen oder Perfektformen ersetzen.
3. Expansion des Perfekts: Im gesamten niederdeutschen Sprachraum finden sich Grammatiken, die eine Expansion des Perfekts auf Kosten des Präteritums beobachten.
4. Funktionsunterschiede: Vereinzelt und nicht raumbildend werden die Funktionsunterschiede zwischen Perfekt und Präteritum benannt. Diese Beschreibungen stellen vor allem Verwendungstendenzen dar, deren Charakterisierungen nicht immer nachvollziehbar sind. Eine strikte Bedeutungsdifferenz ist nicht feststellbar. Mit der Verwendung von Perfekt und Präteritum werden vereinzelt auch evidentielle Bedeutungsunterschiede assoziiert. Als Narrationstempus wird das Präteritum benannt, wobei auch die Verwendung von Perfekt und Präsens als Narrationstempus belegt wird.

2.2.3 Raumbilder und Tiefenbohrungen – Auswertung von Sprachkarten

Beschreibungen der Präteritum/Perfekt-Distributionen in den Dialekten des Deutschen finden sich auch in Regionalatlanten und einer Reihe von Einzelstudien. Die darin dokumentierten Befunde sollen im Folgenden mit den Ergebnissen der Auswertung der Dialektgrammatiken verglichen werden und diese ggf. ergänzen. Wiederum wurden nur Atlanten und Studien zum bundesdeutschen Sprachraum herangezogen.[71] Die Karte 24 gibt eine Übersicht über die untersuchten Räume und Orte.

---

[71] Nicht ergiebig waren der *Südwestdeutsche Sprachatlas*, der *Historische Südwestdeutsche Sprachatlas*, der *Atlas zur Geographie der schwäbischen Mundarten*, der *Nordbairische Sprachatlas*, der *Thüringische Dialektatlas* und der *Fränkische Sprachatlas*. Der *Norddeutsche Sprachatlas* (NOSA), der aus dem Forschungsprojekt *Sprachvariation in Norddeutschland* (SiN) entsteht, befindet sich noch in Bearbeitung. Auch der *Sprachatlas von Nord-Baden-Württemberg* (SNBW) umfasst noch keinen Morphologie-Band.

2.2 Präteritumschwund in den deutschen Dialekten des 19. und 20. Jahrhunderts — 101

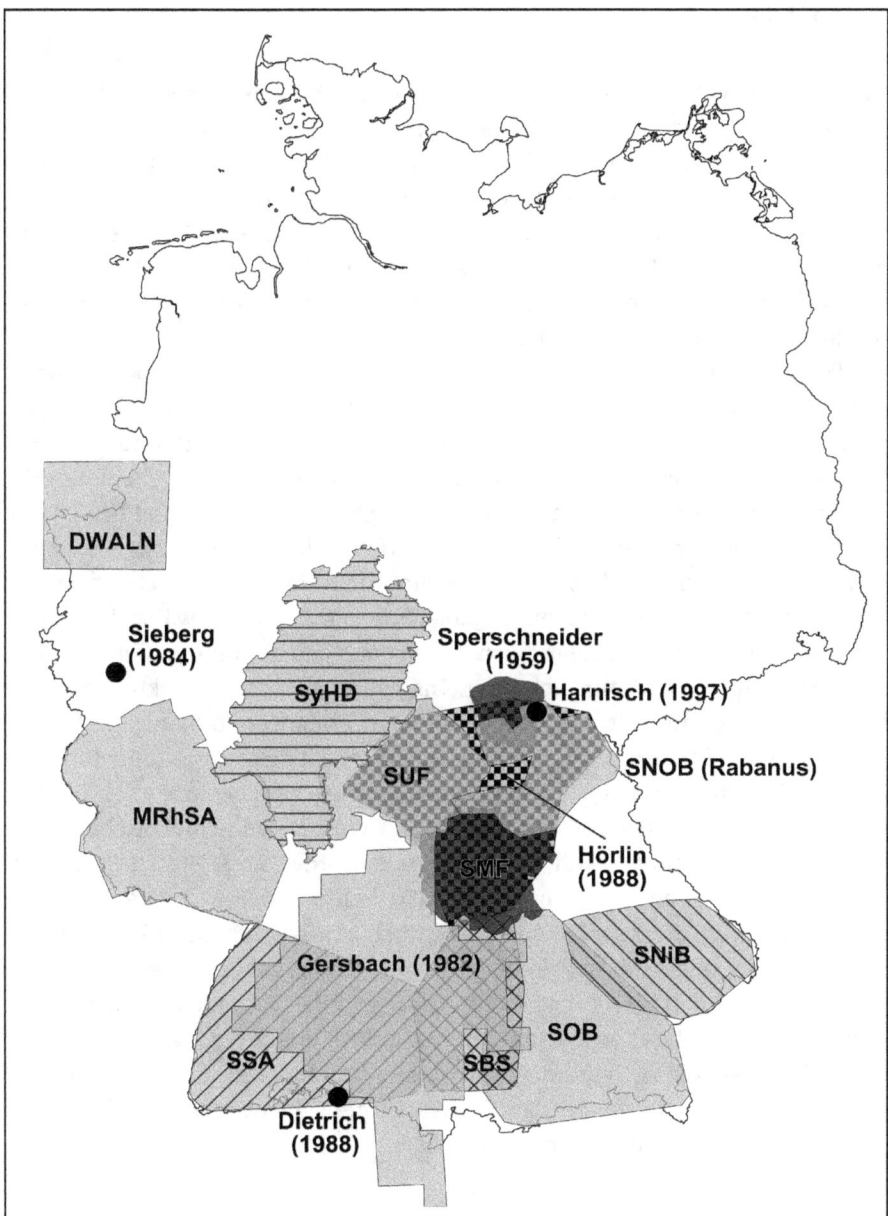

Karte 24: Überblick: Sprachatlanten und weitere Studien.

2.2.3.1 Süden

Zu den Unterschieden zwischen westlichem und östlichem Oberdeutsch
Die Dialektgrammatiken des süddeutschen Raums legen eine klare Raumteilung nahe. Im westlichen Oberdeutsch wurden die Präteritumformen vollständig abgebaut. Die wenigen *war*-Belege werden als neue Formen markiert, die aus standardnäheren Sprechweisen übernommen wurden. Dahingegen wurden für den ostoberdeutschen Raum auch in den älteren Beschreibungen Präteritumformen dokumentiert – zum Teil für das Verb *sein* und ganz vereinzelt für die Modalverben *wollen, sollen, können*.

Dieses Raumbild bestätigt sich in den Karten des *Sprachatlas von Bayerisch-Schwaben* (SBS) (König 1997–2009). Der SBS enthält zwei Karten zur Vergangenheitsbildung: Karte 166 (König 1998, 450–451) zu „ich war" und Karte 198 (König 1998, 539–541) zu „er wollte". Der Karte 166 („ich war")[72] liegt der Fragesatz „Als ich noch ein kleiner Bub war" zugrunde. Das Kartenbild zeigt eine deutliche Raumverteilung. Während die Perfektformen im gesamten Untersuchungsgebiet auftreten, kommen die Präteritumformen hauptsächlich im Osten und Norden des SBS-Erhebungsgebietes vor: D. h., im schwäbischen Raum wird die Verbform mit wenigen Ausnahmen entgegen der präteritalen Vorgabeform mit einer Perfektform übersetzt. Insgesamt sind die Perfektformen (192 Belege, 67,4 %) doppelt so häufig wie die Präteritumformen (93 Belege, 32,6 %).[73] Auch in Karte 198 („er wollte")[74] zeigt sich dieselbe Raumteilung wie in Karte 166 zu „ich war". Wieder tritt die Perfektform mehrheitlich und im gesamten Raum auf (246 Belege, 83,1 %). Im Westen (im Schwäbischen) wird sie als alleinige Form gewählt, wohingegen im Norden und Osten des Untersuchungsgebietes auch Präteritumformen (50 Belege, 16,9 %) auftreten. Insgesamt sind im SBS die Perfektbelege wesentlich häufiger als die Präteritumbelege; bei *wollen* noch stärker als bei *sein*. Die Karten zeigen einen deutlichen Unterschied in den Variantenverteilungen im SBS-Untersuchungsgebiet. Im westlichen, schwäbischen Teilraum herrscht das Perfekt vor, im östlichen und nördlichen bairischen Teilraum treten beide Varianten auf. Diese Verteilung spiegelt die Erkenntnisse zu den Ost-West-Unterschieden im Oberdeutschen bezüglich des Präteritumvorkommens wider.

---

[72] Link zur Karte im *REDE SprachGIS*: http://regionalsprache.de/Map/DIuH2ebB
[73] Die Werte wurden der automatischen Auszählung der Vektorkartendarstellung im *REDE SprachGIS* entnommen.
[74] Die Kartierung beruht auf dem Fragesatz „Er wollte ihn nicht gehen lassen". Link zur Karte im *REDE SprachGIS*: http://regionalsprache.de/Map/1Ah1qAt2

Das vollkommene Fehlen des Präteritums im Westoberdeutschen kann durch Korpusdaten bestätigt werden: Lindgren (1957, 97–102) wertet neben historischen Texten auch Texte zum „heutigen Oberdeutsch" aus. Für das Schwäbische zählt er die Tempusformen des Textes *A hemmlisches G'schichtle* von Wendelin Überzwerch (vgl. Lindgren 1957, 102) aus. Der Text enthält sowohl in erzählenden als auch in dialogischen Passagen nur Präsens- und Perfektformen sowie zum geringen Teil Konjunktivformen. Indikativische Präteritumformen und Plusquamperfektformen werden nicht belegt. Diese Verteilung stimmt überein mit den Verteilungen anderer von Lindgren ausgewerteter Texte aus dem österreichischen und schweizerdeutschen Sprachraum.

Zum Variantenvorkommen im Bairischen

Für das Bairische wurden Präteritumformen der Verben *sein*, *wollen*, *sollen* und *können* belegt. Es wurde vermutet, dass das Vorkommen der Präteritumformen durch standardsprachlichen Einfluss – vor allem in Stadtsprachen oder durch stadtsprachlichen Einfluss – bedingt sei. Die indikativischen Präteritumformen der Modalverben wurden auf die (z. T. gleichlautenden) stärker erhaltenen konjunktivischen Präteritumformen zurückgeführt.

Beide Vermutungen werden durch die Karten des *Sprachatlas von Niederbayern* (SNiB) (Eroms/Spannbauer-Pollmann 2003 ff.) gestützt. Der SNiB enthält zwei Karten zur Vergangenheitsbildung: Karte 155 (SNiB, Bd. 5: Koch 2007, 368–369) zu „ich war" und Karte 156 (SNiB, Bd. 5: Koch 2007, 370–371) zu „er wollte". Die Datengrundlage der Karte 155 („ich war")[75] ist hauptsächlich der Übersetzungssatz „Als ich noch ein kleiner Bub war". Auf der Karte können beide Formvarianten festgestellt werden. Das Präteritum ist mit 27 Belegen (= 13,4 %) jedoch wesentlich seltener belegt als das Perfekt mit 175 Belegen (= 86,6 %).[76] Zur Raumbildung vermerkt der Kartenkommentar, dass Präteritumformen vor allem im Gäuboden (Region Straubing) und im Westen (Region Landshut) vertreten sind und sich daher ein Einfluss der Stadtsprachen bemerkbar mache (vgl. SNiB, Bd. 5: Koch 2007, 368). Für die Karte 156 („er wollte")[77] wurde der Satz „Er wollte ihn nicht gehen lassen" ausgewertet. Sowohl Präteritum als auch Perfekt sind im gesamten Erhebungsraum vorhanden. Im Gäuboden und im mittleren Bayerischen Wald stellt Koch jedoch „eine alleinige Präferenz für die Präteritalform fest" (SNiB, Bd. 5: Koch 2007, 370). Das Modalverb wird überwiegend mit der Präteritumform (150 Belege, 67 %) übersetzt, nur ein Drittel der Belege sind Per-

---

75 Link zur Karte im *REDE SprachGIS*: http://regionalsprache.de/Map/k4eIuiSJ
76 Die Werte wurden der automatischen Auszählung der Vektorkartendarstellung im *REDE SprachGIS* entnommen.
77 Link zur Karte im *REDE SprachGIS*: http://regionalsprache.de/Map/cDcZTTQD

fektformen (74 Belege, 33 %). Die hohe Beleghäufigkeit des Präteritums – besonders im Vergleich mit dem Verb *sein* – führt Koch auf die modale Bedeutung zurück, die durch die Präteritumform des Modalverbs impliziert werde (vgl. SNiB, Bd. 5: Koch 2007, 370). Der SNiB zeichnet damit ein anderes Bild der Formenverteilung als der SBS und zeigt eine andere Gewichtung als die Dialektgrammatiken. In Niederbayern ist die Präteritumform beim Modalverb stärker belegt, bei *sein* die Perfektform. In beiden Karten scheint die Stadtnähe einen Einfluss auf die Formenwahl zu haben.

Auch der *Sprachatlas von Oberbayern* (SOB) (Eichinger 2008 ff.) zeigt ein häufiges Vorkommen der Präteritumform von *wollen*. Der SOB enthält nur eine Karte zur Vergangenheitsbildung: Karte 76 (SOB, Bd. 3: Maiwald 2008, 156–157)[78] zu „er wollte" (Fragesatz: „Er wollte ihn nicht gehen lassen."). Das Kartenbild zeigt, dass überwiegend Präteritumformen genannt werden (226 Belege, 70,2 % in Präteritum vs. 96 Belege, 29,8 % in Perfekt).[79] Beide Formen treten im gesamten Untersuchungsgebiet auf, wobei das Perfekt im Westen (Richtung Bayerisch-Schwaben) etwas stärker vertreten ist. Die Kommentare der Informanten zur Formenwahl sind z. T. widersprüchlich und geben kein klares Bild der Variantenbewertung. Das Präteritum wurde als „normal", „ganz normal", „Dialekt", „richtig Dialekt", aber auch als „schriftdeutsch" und „durchaus möglich" eingeschätzt. Perfekt sei für einige „älter", „besser", „auch richtig"; es wurde jedoch auch abgelehnt (vgl. SOB, Bd. 3: Maiwald 2008, 156).

Maiwald (2002, 2004) bestätigt das Vorkommen von Präteritumformen von *sein*, *wollen* und *sollen* im Material des Sprachatlas von Oberbayern. Ihre Auszählung der Ergebnisse des Fragenkatalogs zeigt eine klare Verwendungstendenz hin zur analytischen Perfektform, die sich besonders bei den Präteritumvorlagesätzen zeigt. Erstaunlich sind jedoch die Präteritumbelege bei der Perfektvorlage. Sie zeigen, dass Präteritumformen durchaus akzeptable Varianten darstellen.

Die Ergebnisse des SOB zeigen, dass sowohl die Präteritum- als auch die Perfektformen von *sein* und *wollen* von den Gewährspersonen als dialektale Formen angegeben werden. Ähnlich wie im SNiB sind die Präteritumformen von *wollen* auch im SOB stärker belegt als von *sein*. Die Variation ist m. E. nicht raumbildend. Die Bewertungen der Varianten sind widersprüchlich, grundsätzlich werden beide Formen akzeptiert. Der Vergleich der Übersetzungshäufigkeiten des Verbs *sein* in Tab. 20 (Zeile 1–3) zeigt zudem, dass bei Übersetzungsaufgaben die Vorgabeform einen großen Einfluss auf die Häu-

---

[78] Link zur Karte im *REDE SprachGIS*: http://regionalsprache.de/Map/LgNOBeEc
[79] Die Werte wurden der automatischen Auszählung der Vektorkartendarstellung im *REDE SprachGIS* entnommen.

Tab. 20: Formendistribution der Übersetzungsfragen im Fragenkatalog des *Sprachatlas von Oberbayern* nach Maiwald (2002).[80]

Übersetzungsvorlage	Übersetzung mit			
	Präteritum		Perfekt	
	n	%	n	%
„Welcher **ist** es **gewesen**?" (*sein*, Perfekt)	22	7 %	207	93 %
„Er **ist** nie still **gewesen**." (*sein*, Perfekt)	8	3 %	294	97 %
„Wir **waren** zu fünft." (*sein*, Präteritum)	54	21 %	204	79 %
„Er **wollte** ihn nicht gehen **lassen**." (*wollen*, Präteritum)[81]	55	31 %	120	69 %

figkeitsverteilungen hat, was auf einen unterschiedlichen Stellenwert der Varianten im Sprachwissen der Gewährspersonen schließen lässt.[82]

Im Bairischen ist das Bild somit nicht eindeutig. Teils erscheinen Präteritum- und Perfektformen als Varianten (bei *wollen*), teils findet sich eine starke Tendenz hin zur Präteritumform. Bei dem Verb *sein* sind die Perfektbelege in den Atlanten stets häufiger als die ebenfalls belegten Präteritumformen. Die Dialektgrammatiken geben ein spiegelverkehrtes Bild, indem Präteritumformen von *sein* in elf Grammatiken, Präteritumformen von Modalverben jedoch in nur drei Grammatiken erfasst werden. Es ist unklar, ob dieser Unterschied auf einen sich vollziehenden Sprachwandel zurückgeht oder ob er von den methodischen Unterschieden der Studien hervorgerufen wurde (introspektive Beschreibung der Systemkompetenz in den Dialektgrammatiken[83] vs. Übersetzung eines Vorgabesatzes durch Informanten). Es ist umstritten, ob sich im bairischen Raum die *war*-Formen relikthaft erhalten haben, oder ob sie neu aus der Standardsprache entlehnt worden sind: Beide Szenarien – „Stabilisierung alter Präteritalformen" und „Übernahme des synthetischen *wǫ(r)* aus der Schriftsprache" (SNiB, Bd. 5: Koch 2007, 368) – scheinen hier möglich, auch ein Zusammenspiel ist denkbar.[84]

---

80 Die Zahlen werden hier nach Maiwald (2002, 93–94) referiert.
81 Die Häufigkeitswerte zu *wollen* in Maiwald (2002, 94) stimmen nicht überein mit den Häufigkeiten der Kartendarstellung (s. o.), obwohl es sich um dieselbe Erhebung handelt. Dieser Widerspruch kann hier nicht aufgelöst werden.
82 Vgl. dazu auch die Diskussion zu den Methodenunterschieden im Rahmen des SyHD-Projekts (vgl. Fischer 2015; Fleischer/Kasper/Lenz 2012).
83 In den Grammatiken wird die Form *wollte* in erster Linie dem Konjunktiv Präteritum zugeordnet.
84 Vgl. auch die in Schachner (1908) und Gersbach (1982, 43–49) zusammengetragenen Kommentare zur Präteritalform von „sein" in den oberdeutschen Dialekten.

Zum Einfluss der vertikalen Variationsdimension auf die Tempusverwendung

Einen Zusammenhang zwischen der Tempusformenverwendung und der vertikalen Dimension legen die Studien von Gersbach (1982) und Dietrich (1988) nahe. In beiden Korpusauswertungen zum Westoberdeutschen konnten eine Reihe von Präteritumformen belegt werden, die sich entsprechend der vertikalen Dimension verhalten. Des Weiteren sehen wir, dass die präteritumbildenden Verben in ihren Beleghäufigkeiten eine klare Hierarchie aufweisen.

In seiner umfangreichen Auswertung der Tonaufnahmen der Zwirner-Erhebung (*Deutsches Spracharchiv*; Erhebungszeitraum 1955–1964) aus Baden-Württemberg, Bayerisch-Schwaben und Vorarlberg konnte Gersbach neben *sein*, *wollen*, *sollen* und *können* noch eine Reihe anderer Verben in Präteritumform belegen.[85] Neben den Präteritumformen von *sein*, die mit 93 % die absolute Mehrheit der Präteritumformen darstellen, finden sich in Gersbachs Korpus auch die Präteritumformen von sieben Modalverben, 34 starken Verben und 10 schwachen Verben, wie in der folgenden Tabelle im Einzelnen dargestellt wird.

Tab. 21: Verben mit Präteritumbelegen im Korpus von Gersbach (1982, 84–86).

Präteritumbelege (insg. 4562) bei Gersbach (1982)
Sonderverb   *sein* (4224 Belege = 92,6 %)

Modalverben (7 Verben, 99 Belege = 2,2 %)
    müssen (38), *wollen* (30), *können* (18), *sollen* (6), *dürfen* (5), *lassen*, *brauchen* (je 1)
    (Ø ca. 14,14 Belege/Verb)

starke Verben (34 Verben, 210 Belege = 4,6 %)
    kommen (68), *gehen* (43), *werden* (39), *liegen* (10), *stehen* (8), *geben* (6), *sitzen* (5), *heißen* (3), *bekommen*, *sehen* (je 2), *anschließen*, *auftreiben*, *auftun*, *besinnen*, *besitzen*, *bleiben*, *bringen*, *denken*, *entsprießen*, *hereinkommen*, *herkommen*, *hineinkommen*, *nützen*, *schreiben*, *tragen*, *treffen*, *verbleiben*, *vergehen*, *verschlingen*, *verstehen*, *vertreten*, *wissen*, *wegkommen*, *zurückkommen* (je 1)
    (Ø ca. 6,17 Belege/Verb)

schwache Verben (10 Verben, 29 Belege = 0,6 %)
    haben (18), *sagen* (3), *blühen*, *erlernen*, *erwähnen*, *folgen*, *genehmigen*, *kaufen*, *leben*, *umbauen* (je 1)
    (Ø 2,9 Belege/Verb)

---

85 Das Gesamtkorpus, das Gersbach untersucht, besteht aus 44.529 Verbbelegen aus 540 Aufnahmen. Die Belege der Vergangenheitstempora verteilen sich wie folgt: Präteritum 10,25 %, Perfekt 88,41 %, Doppeltes Perfekt 0,95 %, Plusquamperfekt 0,29 (vgl. Gersbach 1982, 105, Gesamtstatistik).

Die Zahlen legen eine Hierarchie in der Verwendung der Präteritumformen (im eigentlich präteritumlosen Süddeutschland) nahe. Nach dem Verb *sein* sind es vor allem die Modalverben, die mit durchschnittlich 14,14 Belegen pro Verbtype stärker vertreten sind als die starken Verben mit nur 6,17 Belegen pro Verbtype. Die wenigen schwachen Verben, die in Präteritumform auftreten, haben durchschnittlich nur 2,9 Belege pro Verb, wobei das Vorkommen von schwachen Verben zu zwei Dritteln auf das irreguläre Verb *haben* zurückzuführen ist.

Eine ganz ähnliche Staffelung findet sich bei Dietrich (1988), die die Interviews des Projekts *Phonologie der Konstanzer Stadtsprache* auswertet.[86] Das Verb *sein* dominiert auch hier die Präteritumbildungen. Modalverben sind mit durchschnittlich 7,75 Belegen pro Verblexem stärker vertreten als starke Verben mit durchschnittlich 3,15 Belegen pro Verblexem und diese wiederum stärker als die schwachen Verben mit durchschnittlich 2,3 Belegen pro Verblexem. In den absoluten Häufigkeiten gehen wie bei Gersbach die starken Verben mit ihrer Gesamttokenfrequenz den Modalverben voraus.

Für die Verben mit Präteritumvorkommen hat Dietrich auch das Perfektvorkommen ausgewertet. Wir sehen, dass in ihrem Korpus nur drei Verben ausschließlich in Präteritum und nicht in Perfekt auftreten (*genügen, führen, mitstürmen*).[87] Alle anderen Verben kommen wesentlich häufiger in Perfektform vor als in Präteritumform (bis auf wenige Ausnahmen mit vergleichbar starker Häufigkeit: *wollen, sollen, liegen, suchen*).

Ein wichtiger Faktor des Präteritumvorkommens ist die vertikale Variationsdimension, d. h. die sprachliche Variation zwischen Dialekt und Standardsprache. Die Aufnahmen des Zwirner-Korpus wurden verschiedenen „Sprachschichten" zugeordnet (z. B. „Grundmundart", „Regionalmundart", „landschaftliche Hochsprache", vgl. Gersbach 1982, 65).[88] Hinsichtlich der vertikalen Variationsdimension stellt Gersbach fest, dass „mit steigender Sprachschicht [...] Prät. in der Gebrauchshäufigkeit zunimmt" und gleichzeitig „die Differenziertheit des Prät.gebrauchs (ausgedrückt in den verwendeten Verben) zunimmt" (Gersbach 1982, 217). D. h., je standardnäher die Sprechweise in den Aufnahmen ist, desto

---

86 Als Gesamtbelegzahlen der Vergangenheitstempora gibt Dietrich (1988, 24) folgende Werte an: 73,18 % Perfekt, 26,14 % Präteritum, 0,59 % Doppeltes Perfekt, 0,09 % Plusquamperfekt.
87 Die Basis der Verben *hervorgehen* und *durchgehen* – nämlich *gehen* – wird 27mal in Perfektform belegt.
88 Gersbach (1982, 65) stellt fest, dass häufig auch Mischzuordnungen vorgenommen werden, „die entweder einen Wechsel von einer Sprachschicht zu einer anderen [...] oder eine Zwischenlage bezeichnen". Sowohl die Kriterien für die „Sprachschicht"-Zuordnungen also auch die Frage, welchen kategoriellen Stellenwert diese Sprechweisen haben, bleibt leider unklar.

Tab. 22: Präteritumbelege bei Dietrich (1988).[89]

Präteritum	Verb	Perfekt
Sonderverb (1 Verb, 486 Belege in Präteritum = 85,0 %)		
486	sein	k. A.
Modalverben (4 Verben, 31 Belege in Präteritum = 5,4 %)		
18	wollen	17
7	können	27
5	müssen	29
1	sollen	1
31	Summe	74
starke Verben (13 Verben, 41 Belege in Präteritum = 14,4 %)		
16	kommen	43
3	gehen	27
3	heißen	11
3	geben	32
3	finden	7
3	anfangen	17
2	werden	34
2	denken	40
2	wissen	9
1	sitzen	4
1	hervorgehen	–
1	durchgehen	–
1	liegen	2
41	Summe	224
schwache Verben (6 Verben, 14 Belege in Präteritum = 2,4 %)		
7	haben	132
2	suchen	3
2	kennen	11
je 1	genügen, führen, mitstürmen	–
14	Summe	146

mehr Präteritumbelege kommen vor und desto mehr Verbtypes werden mit Präteritum gebildet. Diese Tendenz spiegelt sich auch in der „Sozialschicht"[90] der Sprecher wider:

---

89 Die Werte sind den Tabellen 2 und 3 bei Dietrich (1988, 25–26, Tab. 2, 3) entnommen.
90 Die Sozialschicht wird bei Gersbach entsprechend des Berufs eingeteilt: Unterschicht = Arbeiter und Bauer, Mittelschicht = Handwerker und Kaufleute, Oberschicht. Deutlich wird hier, dass die Berufe mit zunehmender Sozialschicht auch stärker kommunikationsorientiert sind (vgl. Gersbach 1982, 66).

Mit steigender Sozialschicht nimmt der Prät.gebrauch zwar insgesamt zu, wird aber differenzierter, so daß mit steigender Sozialschicht Prät. bei *sein*, das in der Unterschicht (AB [=Arbeiter und Bauer; HF]) dominiert, reduziert wird zugunsten eines differenzierteren Gebrauchs auch der anderen Verbgruppen; diese nehmen in der Oberschicht drastisch in der Gebrauchshäufigkeit zu. (Gersbach 1982, 218)

In Dietrichs (1988) Ergebnissen lässt sich Gersbachs Beobachtung zur Sprachschicht bestätigen. Auch Dietrich nimmt für eine Stichprobe eine Einteilung auf der Vertikalen vor und kann ebenso einen Zusammenhang zwischen Standardnähe und einem stärkeren und differenzierteren Präteritumgebrauch feststellen (vgl. Dietrich 1988, 36). Der Präteritumgebrauch nimmt mit höherer Sozialschicht zu und wird ausdifferenzierter. Auch intergenerationell können Gersbach und Dietrich Unterschiede feststellen. Bei Gersbach verwenden die „jüngeren" (nach 1930 geb.) Sprecher Präteritumformen häufiger als die „mittelalten" (1891–1929 geb.) und diese wiederum häufiger als die „alten" (vor 1890 geb.) Sprecher (Gersbach 1982, 92). Bei Dietrichs Daten zeigt sich der gleiche Trend (vgl. Dietrich 1988, 34). Leider wird weder bei Gersbach noch bei Dietrich ausgewiesen, welche Verben von welchen Sprechern (mit welchen „sozialen" Eigenschaften) und in welchen Sprechweisen (vertikale Variation) in Präteritumform verwendet werden. Die genauen Abhängigkeitsverhältnisse zwischen den Präteritumformen und der Staffelung ihrer Beleghäufigkeiten einerseits und den sozialen, situativen und kompetenzbezogenen[91] Faktoren andererseits bleiben unklar.

Arealität hat nur einen geringen Effekt auf die Tempusformenverwendung. Die meisten Präteritumbelege befinden sich in den „Sprachlandschaften" „Bayrisch-Schwäbisch" und „Alemannisch in Deutschland". Etwas weniger lassen sich im „Fränkischen" und „Schwäbischen" feststellen. Im „Alemannischen in Vorarlberg" finden sich verhältnismäßig die wenigsten Präteritumbelege (vgl. Gersbach 1982, 91, Tab. 8). Im Oberdeutschen ist demnach in erster Linie die vertikale Variationsdimension für die Präteritumverwendung ausschlaggebend. Präteritumformen (vor allem der Modalverben, starken und schwachen Verben) werden insbesondere in den standardnäheren Sprechweisen, von jungen Sprechern und von Sprechern höherer Sozialschichten (kommunikationsorientierte Berufe) verwendet (vgl. Gersbach 1982, 131). Dietrich bestätigt diesen Zusammenhang. Präteritum würde dann stärker verwendet werden, wenn

---

91 Mit „kompetenzbezogen" ist hier gemeint, über welche regionalsprachlichen Varietäten die Sprecher verfügen (Systemkompetenz). Ist die Systemkompetenz der Sprecher monovarietär dialektal oder regiolektal, oder ist sie bivarietär und umfasst sowohl den Dialekt als auch den Regiolekt?

eine größere Nähe zum Standardsprachgebrauch und damit höheres Sprachprestige beabsichtigt ist. Dieses Phänomen tritt verstärkt auf mit steigender Sozialschicht oder in Situationen, in denen der Sprecher die Aufmerksamkeit auf sich lenkt, sich dadurch seiner Sprache bewusster wird und stärker auf eine ‚gepflegte' (= standardnahe) Ausdrucksweise achtet, wie es in monologischen Erzählungen und Berichten der Fall ist. (Dietrich 1988, 42)

Das legt nahe, dass das Vorkommen der Präteritumformen dem Einfluss der Standardsprache auf die Dialekte zuzusprechen ist. Gersbach vermutet, dass der Präteritumgebrauch seit Ende des Ersten Weltkriegs wieder zugenommen habe (1982, 216). Das würde übereinstimmen mit der Ausbildung des regionalsprachlichen Varietätengefüges, die seit den 1920er und 30er Jahren durch die zunehmende Relevanz der Standardsprache im Alltag stark beschleunigt wurde. Das ist vor allem auf die steigende Präsenz der Standardsprache in den aufkommenden akustischen Medien (Rundfunk, Tonfilm etc.) zurückzuführen. Gleichzeitig kann eine Regionalisierung der Kommunikationsbeziehungen festgestellt werden, die sich aus verschieden sozialen, kulturellen und wirtschaftlichen sowie technischen Veränderungen (v. a. sozialer Umbruch als Folge der Industrialisierung, kleinräumige Binnenmigration, Modernisierungsschübe, Regionalisierung des Ausbildungssystems, zunehmende Freizeitmobilität als Folge der Automobilisierung) ergab (vgl. Schmidt/Herrgen 2011, 65–67, 161).

Zur Funktionsseite der Vergangenheitsformen
Rowley findet keine Hinweise darauf, dass bei der Verwendung der wenigen Präteritumformen im Süden eine temporalsemantische Unterscheidung bestimmend sei. Eine systematische temporalsemantische Unterscheidung ist bei den wenigen präteritumbildenden Verben auch nicht denkbar. Als wichtigsten Faktor für die Verwendung von Präteritumformen im Süden sieht Rowley (1983, 176) den Einfluss der Standardsprache auf die Dialekte und die damit im Zusammenhang stehende Vertikalisierung der Dialekte, was mit Gersbachs (1982) und Dietrichs (1988) Ergebnissen übereinstimmt. Als weitere Faktoren zieht Rowley Gesprächsthema und soziolinguistische Faktoren, aber auch stilistische, sprachökonomische und satzphonetische Gründe in Betracht.

Auch Gersbach stellt fest, dass es keine temporalsemantischen Unterschiede zwischen Perfekt und Präteritum gibt. In seiner Analyse der „Gebrauchsbedingungen" der Tempusformen stellt er fest, dass sowohl Perfekt- als auch Präteritumformen hauptsächlich auf Vergangenes referieren und in ihrem Vergangenheitsausdruck im untersuchten Korpus austauschbar sind.[92] In der

---

92 Präteritumformen werden sowohl dazu verwendet, auf Vorvergangenheit (9 Belege) als auch auf einfache Vergangenheit (225 Belege) zu referieren. Auch die Perfektbelege referieren

2.2 Präteritumschwund in den deutschen Dialekten des 19. und 20. Jahrhunderts — 111

Aufschlüsselung der Präteritum- und Perfektbelege nach Gebrauchsbedingungen (z. B. Altersangabe, Formel, Pointe, Nachtrag von Information, Ortsangabe) zeigt sich ebenfalls kaum ein Unterschied. Beide Formen werden in ähnlichen Relationen in allen Gebrauchsbedingungen verwendet (vgl. Gersbach 1982, 205–207, Tab. 82, 83), auch wenn in den analysierten Textpassagen eine leichte Tendenz der Präteritumformen hin zur Hintergrundbeschreibung auffällig ist (vgl. Gersbach 1982, 178–171, 194–198).

Die Tendenz zur Verwendung in Hintergrundbeschreibungen beschreiben auch Dietrich (1988), Maiwald (2002, 2004) und Trost (2011): Dietrich stellt in ihrer Analyse der Verwendungskontexte fest, dass das Präteritum „häufig als Tempus der Hintergrundinformation fungiert und andauernde Zustände ausdrückt, während das Perfekt als Tempus der Vordergrundinformation verwendet wird, mit dem plötzlich einsetzende, nicht andauernde Einzelereignisse bezeichnet werden." (Dietrich 1988, 62) Eine Auszählung der Hintergrund- vs. Vordergrundkontexte ergab jedoch, dass nur etwa 1/3 der Präteritumformen (ohne *sein*) solchen Hintergrundbeschreibungen zugeordnet werden können. Die Hintergrundierung kann daher nicht als alleiniges oder ausschlaggebendes Kriterium zur Verwendung von Präteritumformen gewertet werden.

Maiwald (2002, 91–93, 2004) analysiert eine Reihe von Perfekt- und Präteritumverwendungen, v. a. des Verbs *sein* im Spontanmaterial des *Sprachatlas von Oberbayern*, und stellt dabei ebenfalls fest, dass die Präteritumformen häufig zur Darstellung von Hintergrundinformationen (auch: Nachträge und Kommentare) genutzt werden und somit – im Zusammenspiel mit vordergrundierenden Perfektformen – eine textgliedernde Funktion haben („Reliefgebung").[93] Sie sieht hier eine klare „Refunktionalisierung" des Präteritums, das semantisch und funktional eine „Spezialisierung" erfahre (Maiwald 2004, 325). Ob es sich hierbei um eine Refunktionalisierung des Präteritums auf den Ausdruck von Hintergrundinformationen oder aber lediglich um eine semantische Spezialisierung handelt, bleibt unklar. Auch ist fraglich, wie systematisch eine solche Reliefgebung sein kann, wenn nur wenige Verben überhaupt Präteritum bilden können.

Trost (2011) vergleicht die Verwendung von Perfekt- und Präteritumformen von *sein* in dialektalem Gesprächsmaterial aus dem Korpus der Spontangespräche des *Sprachatlas von Niederbayern*. An zwei Textausschnitten zeigt er, dass die Präteritumformen von *sein* imperfektiv perspektiviert sind, wohingegen die Perfektformen von *sein* als „Zusammenfassungs- und als

---

überwiegend auf Vergangenheit (1501 Belege) und Vorvergangenheit (33 Belege). Geringfügig finden sie sich auch mit Zukunfts- (2 Belege) und Gegenwartsreferenz (3 Belege) (vgl. Gersbach 1982, 142, Tab. 80).
93 Vgl. auch Eller (2008, 42), die diese Funktion ebenfalls feststellt.

perfektives Abschlussperfekt" (Trost 2011, 167–169) auftreten. Eine systematische, aspektdifferenzierende Funktion der Tempusformen kann allerdings nicht durchgängig beobachtet werden. So finden sich auch Perfektformen mit imperfektiver Aspektualität. Der Trend zu imperfektiver Perspektivierung der Präteritumformen und zu perfektiver Perspektivierung der Perfektformen passt gut zu den Annahmen und Ergebnissen von Dietrich und Maibaum, da die Darstellung von Hintergrundinformationen in der Regel durch imperfektive Perspektivierung erfolgt.

Dass eine solche imperfektive Perspektivierung besonders häufig durch das Verb *sein* ausgedrückt wird, ist nicht überraschend. Das Verb *sein* ist als Zustands- und Existenzverb von seiner lexikalischen Semantik her prädestiniert zum Ausdruck von imperfektiver Aspektualität. Zudem wurde historisch gesehen erst spät eine Perfektform mit *sein* gebildet, so dass wir ganz allgemein eine Präferenz dazu finden, *sein* mit Präteritum zu bilden (vgl. Kap. 3.3.1.5 „Abschluss der Perfektgrammatikalisierung"). Gleichzeitig führt die Tatsache, dass Formen von *sein* die häufigsten Präteritumbelege im Süden ausmachen, auch dazu, dass Präteritum im Süden tendenziell in Hintergrundbeschreibungen auftritt.

2.2.3.2 Übergangsraum

Zu den Staffelungen der Formendistribution
Die grundsätzliche Raumgliederung und die dreifache Staffelung, die in den Dialektgrammatiken beschrieben wurde, lässt sich anhand einer Reihe von Sprachkarten und weiteren Studien bestätigen und um genauere Daten und Raumbilder ergänzen.

Der *Sprachatlas von Mittelfranken* (SMF) (Munske/Klepsch 2003–2013) bestätigt für den südlichen ostfränkischen Raum das Bild der Dialektgrammatiken: In Karte 131[94] zu „er wollte" (SMF, Bd. 7: Heyse et al. 2007; Abfragesatz: „Er wollte ihn nicht gehen lassen") stellen die Perfektformen die häufigste Variante dar, auch wenn viele Präteritumformen belegt werden können. Zur Verteilung heißt es:

> Die Belege des Präteritums bilden hingegen kein auffälliges Areal. Sie häufen sich allerdings im Raum um Nürnberg und im Norden des USG. Es ist zu vermuten, daß nördlich des USGs die Vorkommen des Präteritums zunehmen; allgemein ist das Präteritum jedenfalls innerhalb des ostfränkischen Dialektraums nach Norden zu immer häufiger anzutreffen. (SMF, Bd. 7: Heyse et al. 2007, 476)

---

94 Link zur Karte 131 des SMF: http://regionalsprache.de/Map/jTQv3vOS

2.2 Präteritumschwund in den deutschen Dialekten des 19. und 20. Jahrhunderts — 113

Wie im Bairischen unterliegt die Verteilung auch dem Einfluss der Stadtsprache. Das zeigt sich in den Karten zur Tempuswahl im SMF-Band zur Stadtregion Nürnberg (SMF, Bd. 6: Mang 2004; Abfragesatz: „sie ist nicht da gewesen"; Karten 139a–139d), in denen Präteritumformen häufig als Alternativform zum vorgegeben Perfekt gewählt wurden. Mang (2004, 550) notiert dazu: „Viele GPs hielten aber die Präteritumform (*sie war nicht da*) für in ihrer Mundart gebräuchlicher, so daß nicht bei allen GPs Perfekt notiert werden konnte." Die Präteritumformen finden sich vor allem bei den Landwirten im stadtnahen Bereich und bei den älteren Handwerkern und Angestellten (> 60 Jahre alt). Die mittleren und jüngeren Gewährspersonen bevorzugen allerdings die der Vorgabe entsprechende Perfektform.

Die areale Staffelung, die im SMF noch nicht sichtbar wird, lässt sich im *Sprachatlas von Unterfranken* (SUF) (Krämer-Neubert/Wolf 2005–2009), der sich nordwestlich an den SMF anschließt, eindeutig belegen.[95] Für diesem Raum notieren die Dialektgrammatiken bereits Dialekte mit Präteritumresten (5–20 Formen). Der SUF bringt drei Karten zur „Bildung der Vergangenheitsform". Die Verbalformen wurden teils in Paradigmen abgefragt, teils in Abfragesätzen. Die Karte 167 „geben" (SUF, Bd. 3: Bayer-Weghake/Simon/Herbst 2008, 524–525, Form *gab*) zeigt nur für den nördlichsten Raum Präteritumformen. Dort wurde für 11 der insgesamt 182 Erhebungsorte Präteritum notiert. Für den Rest des Erhebungsraums gilt Perfekt. Nicht-kartierte „Vergleichsbelege" zu *geben* werden für die Verben *dürfen, liegen, mögen, stehen* und *tun* angegeben. Für diese Verben ergeben sich „morphologische Unterschiede hinsichtlich dem Kartenbild" zu *geben*, die in Textform aufgelistet werden. Um die Unterschiede in ihrer arealen Verteilung vergleichen zu können, müssten sie jedoch zuerst kartiert werden. Somit bleibt unklar, wie sich die Modalverben *dürfen* und *liegen* sowie die starken Verben *liegen, stehen* und das Wurzelverben *tun* hinsichtlich der „Präteritalgrenze" von *geben* verhalten. Die SUF-Karte 167.1 zu *wollen* (SUF, Bd. 3: Bayer-Weghake/Simon/Herbst 2008, 526–527, Form „er wollte") zeigt ein deutlich anderes Bild. Hier wird die nördliche Hälfte des Erhebungsraums vollständig von Präteritumformen dominiert. Diese reichen zum Teil bis in den Süden. Insgesamt machen sie ca. ¾ der gesamten Belege aus; die Perfektbelege sind deutlich in der Unterzahl. Ein „im Wesentlichen gleiches Raumbild" wird auch für *können* ausgewiesen. Als weitere Vergleichsbelege werden die Verben *haben, müssen* und *kommen*[96] genannt, denen – von einzelnen Abweichungen

---

95 Link zu den Karten 167, 167.1 und 167.2 des SUF: http://regionalsprache.de/Map/XJRRs0xd
96 Zu *kommen* finden sich widersprüchliche Angaben. Auf S. 510 wird notiert, dass *kommen* in der 3. Ps. Sg. (Ind. Prät.) ein vergleichbares Raumbild wie *liegen* und *geben* habe. Im Kommentartext der Karten wird *kommen* jedoch *wollen* zugeordnet. Die genaue Verteilung bleibt unklar.

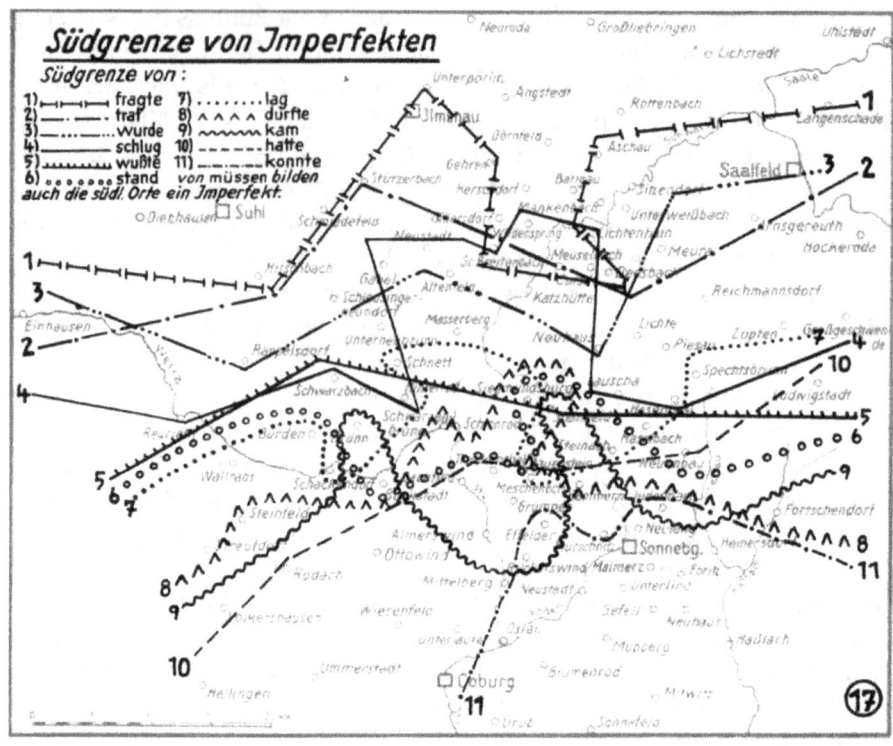

Karte 25: „Südgrenze von Imperfekten" aus Sperschneider (1959, Karte 17).

abgesehen – ein vergleichbares Raumbild bzgl. der Tempuswahl zugesprochen wird. Karte 167.2 zu *gehen* (SUF, Bd. 3: Bayer-Weghake/Simon/Herbst 2008, 528–529, Form „ging") spiegelt in erster Linie ein Problem des Abfragesatzes wider: „So ging es halt damals". Der Satz wurde von ca. der Hälfte der Gewährspersonen mit dem Verb *sein* übersetzt und zwar fast durchgängig mit Präteritum (bis auf vier Perfektformen). Die *gehen*-Belege finden sich verstärkt im Norden, vereinzelt jedoch im gesamten Untersuchungsraum. Eine „Präteritalgrenze" ist aufgrund der Fehlbelege nicht auszumachen.

Die eingängigste kartographische Darstellung des ostfränkischen Übergangsraums, die die areale Staffelung der präteritumbildenden Verben sichtbar macht, stellt die Karte von Sperschneider (1959) dar (hier: Karte 25). Die Karte beruht auf den Übersetzungen von Fragesätzen. In den Sätzen finden sich 20 Präteritumformen von insgesamt 15 Verben.[97]

---

[97] Vgl. die Fragesätze in (Sperschneider 1959, 81–82): *sein, müssen, können, dürfen, wollen, haben, werden, wissen, kommen, bekommen, schlagen, liegen, treffen, fragen* und *sagen*.

Die Karte zeigt die „Südgrenzen von Imperfekten" von elf dieser Verben. Sperschneider notiert zum gestaffelten Linienverlauf der verbspezifischen „Präteritalgrenzen":

> Die Linien richten sich nicht nach dem Rennsteig, sondern verlaufen, von N nach S gestaffelt, in Ost-West-Richtung. Diese Staffelung zeigt trotz des breiten Vibrationsgürtels sehr deutlich den Abbau des Imperfekts von N nach S. Die Karte zeigt somit einen Ausschnitt aus dem Übergangsgebiet zwischen dem N, in dem von nahezu allen Verben das Imperfekt gebildet werden kann, und dem großen imperfektfreien Sprachraum im Süden. (Sperschneider 1959, 90)

Die einzelnen Linien laufen überwiegend parallel zueinander, doch durchkreuzen sie sich auch immer wieder. Trotzdem lässt sich eine klare, verbbezogene Staffelung beschreiben. Die Linien der Modalverben (Linie 11 *konnte*, 8 *durfte*) und des Verbs *haben* (10 *hatte*) verlaufen am südlichsten. Nördlich schließen sich die Linien der starken Verben (9 *kam*, 7 *lag*, 6 *stand*, 4 *schlug*, 2 *traf*, 3 *wurde*) und des Präteritopräsens *wußte* (5) an. Die nördlichste Linie bildet das schwache Verb *fragte* (1). Die zweite Karte von Sperschneider (hier: Karte 26) zeigt die durchschnittlichen Beleghäufigkeiten von Präteritumformen (in den Übersetzungen der Fragesätze mehrerer Informanten per Ort) im Vergleich. Sichtbar wird, dass die Beleghäufigkeiten von Süden nach Norden hin zunehmen. Sperschneider schließt daraus, dass „es auch in den Orten, die alle Imperfektformen bilden können, nicht nötig [ist], sie zu gebrauchen" (1959, 90). Und weiter: „Die Karte stellt also nicht die Möglichkeit dar, Imperfektformen zu bilden, sondern den wirklichen Gebrauch des Imperfekts in den Sätzen meiner Frageliste" (Sperschneider 1959, 91). Die Linienstaffelung in Sperschneiders Karte und die statistische Darstellung der Gebrauchshäufigkeiten illustrieren in übersichtlicher Weise den östlichen Übergangsraum, der mit einer Breite von 40 km erstaunlich schmal ist. Die Auswertung der Dialektgrammatiken hat gezeigt, dass sich im Norden dieses Raums direkt der ostmitteldeutsche Dialektverbund mit überwiegend vollständigen Formenbeständen anschließt.

Für die Staffelung im hessischen Übergangsraum können die Ergebnisse aus dem Projekt *Syntax hessischer Dialekte* (SyHD) herangezogen werden (vgl. Fischer 2015, 2017). Der *SyHD-atlas* umfasst sechs Karten zur Präteritum/Perfekt-Distribution.[98] Abgefragt wurden die drei Verben *wohnen*, *kommen* und *wollen* (+ Infinitiv) mit jeweils zwei Fragemethoden – Übersetzungsfragen und Bewertungsfragen.[99] Die Vergangenheitsbildung wurde im Rahmen der in-

---

[98] Link zu den Karten im *SyHD-atlas*: www.syhd.info/phptest/atlas/#perfekt-praeteritum (Fischer 2017); die Karten sind mit dem Erhebungsstand von 2012 auch im Farbkartenanhang von Fischer (2015) erschienen.
[99] Vgl. den konkreten Wortlaut der Fragen in Fischer (2015, 119, 2017).

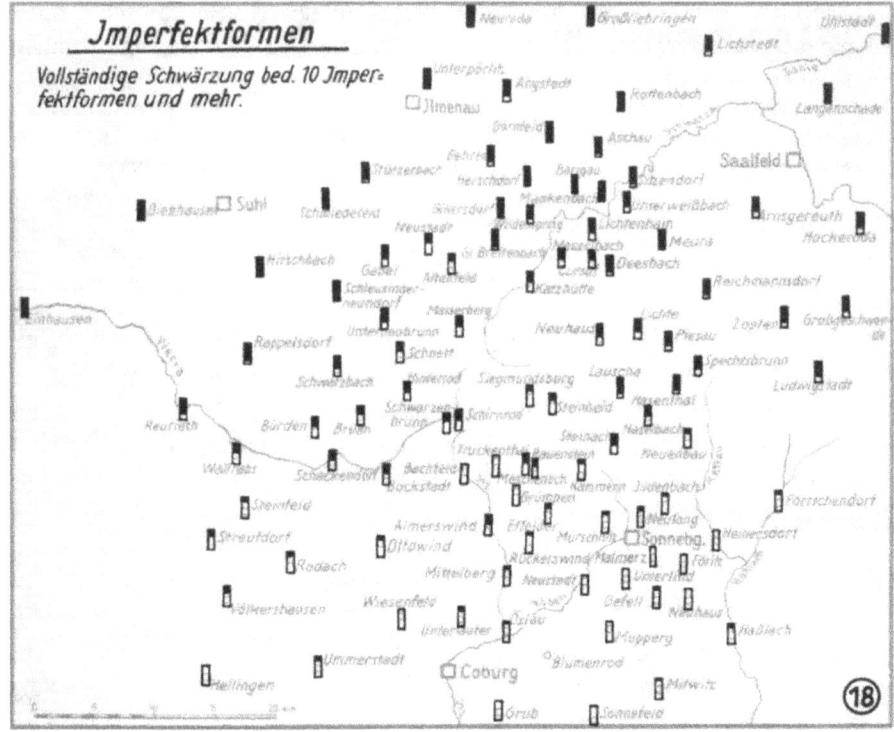

Karte 26: „Imperfektformen" aus Sperschneider (1959, Karte 18).

direkten Erhebung des Forschungsprojekts abgefragt (Erhebungsrunde 1 und 2). In der indirekten Erhebung haben an ca. 160 Orten in Hessen sowie an weiteren zwölf Vergleichsorten außerhalb Hessens jeweils 4–10 Informanten, auf die die Kriterien der traditionellen Dialektologie zutreffen („NORMs" bzw. „NORFs"), Fragebogen mit verschiedenen Aufgaben zur Dialektkompetenz, Dialektverwendung und Dialektbewertung ausgefüllt.[100] Die Ergebnisse der Erhebung werden in kartographischer Form im *SyHD-atlas* (vgl. Fischer 2017) und in Fischer (2015) dargestellt. Dort finden sich auch eine Interpretation der Karten sowie in Fischer (2015) auch ein kurzzeitdiachroner Vergleich mit der Wenker-Erhebung. Die Ergebnisse bestätigen und ergänzen die Befunde zur Staffelung aus den Dialektgrammatiken.

1. Alle Karten (für alle drei Verben, für beide Aufgabentypen) zeigen eine Nord-Süd-Staffelung. Dabei werden im Norden die Übersetzungssätze häufiger mit

---

[100] Zum Erhebungsdesign des SyHD-Projekts vgl. Fleischer/Kasper/Lenz (2012) und Fleischer/Lenz/Weiß (2015).

Präteritum übersetzt bzw. die Präteritumformen häufiger als natürliche Variante bewertet als im Süden des Bundeslandes.

Das Bundesland Hessen stellt sich damit auch in dieser Erhebung als Übergangsraum zwischen nördlichem Präteritumerhalt und südlichem Präteritumschwund dar. Die Kartenbilder bestätigen die in den Grammatiken gewonnenen Erkenntnisse und illustrieren eingängig die Sukzessivität des Verdrängungsprozesses. Dazu gehört auch die Variabilität am Ort, die sich durch die Pluralität der Antworten ergibt: An vielen Orten sind die Antworten der Informanten heterogen; besonders bei den Bewertungsfragen werden beide Variantentypen gewählt.[101] Eine ähnliche Variation am Ort zeigt sich bereits bei Sperschneiders (1959) „statistischer Gebrauchsauswertung" (Karte 26). Die Variabilität macht es zudem unmöglich, klare Isoglossen zu ziehen. Für die Perfekt/Präteritum-Distribution gibt es auch hier keine Grenzlinien, sondern einen Übergangsbereich, in dem beide Formen als Varianten auftreten.

2. Bei beiden Aufgabentypen finden wir eine verbweise Staffelung der Perfekt/ Präteritum-Distribution. Jeweils gibt es für das Modalverb *wollen* die meisten und südlichsten Präteritumbelege. Das schwache Verb *wohnen* weist die wenigsten Präteritumbelege auf, die sich nördlicher verteilen als bei dem starken Verb *kommen*, das – verglichen mit *wollen* und *wohnen* – eine mittlere Raumverteilung aufweist.

Diese verbweise Staffelung wurde in Fischer (2015) mit verschiedenen Faktoren (u. a. Tokenfrequenz, morphologische Regularität/Lexikalisierungsgrad, syntaktische Funktionalisierung, frühe/späte Perfektgrammatikalisierung) erklärt (vgl. Abb. 7 in Fischer 2015, 120). Eine umfangreiche Diskussion dieser Faktoren wird weiter unten in Kapitel 3.5.3 („Abbauhierarchie des Präteritums und ihre Faktoren") wieder aufgenommen. Dort werden die Faktoren bestimmt, die den Abbauprozess der Präteritumformen beeinflussen. Es wird sich zeigen, dass der Schwundprozess verbweise und prinzipiengeleitet erfolgt. Die verbweisen Unterschiede der SyHD-Karten spiegeln auch die in den Dialektgrammatiken ermittelte Hierarchie des Abbauprozesses wider.

3. Der methodische Unterschied in der Aufgabenstellung der SyHD-Erhebung schlägt sich bei allen drei Verben in gleicher Weise nieder. Im Vergleich der sechs Karten zeigt sich, dass bei den Bewertungsfragen die Perfektantworten stets zahlreicher vorhanden sind als bei den Übersetzungen, und dass sie in der arealen Distribution insgesamt nach Norden hin verschoben sind.

---

101 Allerdings ist die Angabe von beiden Tempusformen als gleichberechtigte Varianten eher selten. Die hessischen Informanten sind in ihrem Antwortverhalten sehr entscheidungsfreudig.

In Fischer (2015) wird dieser Unterschied erörtert und es wird dafür argumentiert, dass durch die Aufgabenstellung jeweils andere Ausschnitte des Sprachwissens abgefragt wurden (vgl. auch Fleischer/Kasper/Lenz 2012, 28–30). Während mit den Bewertungsfragen in erster Linie das Sprachbewertungswissen (als Teil der Registerkompetenz) erhoben wurde, wurde mit den Übersetzungsfragen das dialektale Inventar der sprachlichen Elemente und Regeln (die Systemkompetenz) abgefragt. Die unterschiedliche Verteilung kommt dadurch zustande, dass viele Informanten die Präteritumformen im Übersetzungssatz als unauffällig wahrnehmen und in ihren Dialekt übertragen. Dahingegen führt die Aufforderung zur Bewertung der beiden Varianten, die quasi als Minimalpaare gegenübergestellt werden, dazu, dass die Präteritumform als salient wahrgenommen und die Perfektvariante präferiert wird (vgl. die ausführliche Erläuterung in Fischer 2015, 124–127 sowie in Fleischer/Kasper/Lenz 2012, 28–30). Die sechs Karten zur Präteritum/Perfekt-Distribution im *SyHD-atlas* stellen die kartographisch umfangreichste Dokumentation des Präteritumschwunds im Übergangsgebiet dar. Sie geben uns nicht nur Auskunft über die verbweise Staffelung der Präteritumformen und lassen auf die Faktoren, die den Prozess bedingen, schließen, sondern sie geben uns auch Hinweise auf die Sprach- und Registerkompetenz der Informanten und die Dynamik der Dialekte (s. u.).

Die Staffelung in den Gebrauchshäufigkeiten der präteritumbildenden Verben wird für den ostfränkischen Raum von Hörlin (1988) und Harnisch (1997) bestätigt. Hörlin (1988) ließ im ostfränkischen Raum an 46 Orten eine Reihe von alltagssprachlichen Sätzen in den Ortsdialekt übersetzen. In der Auswertung werden ausgewählte Variablen diskutiert und kartiert. Zur Vergangenheitsbildung beschreibt Hörlin den Verlust des Präteritums:

> Fränkisch heißt es also stets und völlig korrekt (– von landschaftlichen Variationen hier einmal abgesehen –): *ich hobb gsunga* statt: *ich sang* [...]. Lediglich von den Verben *sein* und *wollen* hat sich überall bei uns neben dem Perfekt das Imperfekt erhalten [...]
> Nun stellen wir aber fest, daß sich in den nördlichen Kontaktregionen unserer Heimat mit dem Mitteldeutschen doch einige weitere Formen der 1. Vergangenheit erhalten haben – vorwiegend bei so häufig gebrauchten Verben wie *können, müssen, haben, sollen* und ähnlichen [...]
> Vom Hennebergischen und vom Rhöngebiet an setzen dann die Imperfektformen „auf breiter Front" ein. (Hörlin 1988, 181–182)

Die einzige Karte zum „Verlust der ersten Vergangenheit" ist verallgemeinernd und gibt keine Informationen zur Staffelung der Verben.[102] Es lässt sich jedoch

---

102 Sie zeigt für das Erhebungsgebiet die Formen *ich bin gelaufen* und *ich habe gesungen*. Im Norden außerhalb des Untersuchungsgebiets steht: *ich lief, ich sang* (vgl. Hörlin 1988, 180).

mehr herausfinden, wenn man die Übersetzungen der Vorgabesätze im Einzelnen auswertet.[103] Die folgende Tabelle zeigt die Auswertung der Präteritum/Perfekt-Distribution.

Tab. 23: Auswertung der Präteritum- und Perfekt-Belege in Hörlin (1988).[104]

Vorgabeform		PT	PF	PLQPF	Übersetzungssatz (Seitenangabe in Hörlin 1988)
Präteritum als Vorgabeform					
1	war	44	2	0	Die alte Brücke war noch aus Holz. (24)
2	hatten	39	7	0	Letztes Jahr hatten wir noch vierzehn Hühner. (41)
3	mussten	38	8	0	Die Pferde mußten in der Furche laufen. (87)
4	wollte	14	32	0	Ich wollte ihr tragen helfen. (90)
5	konnten	7	39	0	Die Namen konnte ich mir nicht merken. (88)
6	hatte	1	39	0	Er hatte am Bein eine (Verletzung). (60)
7	standen	0	36	10	Da hinten standen einmal fünfzehn Bäume. (42)
8	fragte	0	46	0	Er fragte mich, wann die Margarete niedergekommen sei. (83)
Perfekt als Vorgabeform					
9	sind gewesen	19	25	2	Wir zwei (Frauen!) sind bei der Nachbarin gewesen. (46)
10	habe müssen	12	34	0	Ich habe abladen helfen müssen. (89)
11	habe gesagt	0	46	0	Ich hab's ihm/Ich hab's ihnen „fei" gesagt. (82)
12	haben gebadet	0	46	0	Wir haben „uns" erst in der vorigen Woche gebadet. (53)
13	habt gesehen	0	46	0	Habt ihr schon die vielen Krähen gesehen? (43)
14	hat lassen	0	46	0	Wer hat denn da die Leiter liegen lassen? (45)
15	hat geläutet	0	46	0	Hat es jetzt zehn (Uhr) oder elf (Uhr) geläutet? (44)

Die Tabelle zeigt deutliche Tendenzen in der Wahl der Vergangenheitsformen. Die Sätze mit der Präteritumvorgabe haben zum großen Teil sowohl Präteritum- als auch Perfektformen hervorgerufen. Die Sätze 1–3 (*war, hatten, mussten*) wur-

---

[103] Hörlin führt den genauen Wortlaut der Übersetzungen von allen 46 Orten satzweise auf.
[104] PT = Präteritum, PF = Perfekt, PLQPF = Plusquamperfekt.

den sogar mehrheitlich mit einer Präteritumform in den Dialekt übertragen. Bei den Sätzen 4–6 (*wollte, konnten, hatte*) überwiegen die Perfektformen. Nur die Sätze 7 und 8 wurden ausschließlich mit Perfektformen übersetzt. Bei den Sätzen mit Perfektvorgabe (9, *sind gewesen*, und 10, *habe müssen*) wurde zu einem guten Teil mit Präteritum gewählt. Die anderen Verben (Satz 11–15) wurden ausschließlich mit Perfektformen gebildet. Wieder ist es das Verb *sein*, dessen Präteritumformen am stärksten erhalten sind und das auch entgegen einer Perfektvorgabe mit Präteritum gebildet wird – mit nur zwei Ausnahmen. Danach kommt das Modalverb *müssen*. *Wollen* und *können* werden im Vergleich mit *müssen* trotz gleicher morphologischer Klasse und ähnlicher Tokenfrequenzen deutlich seltener mit Präteritum übersetzt. Das Verb *haben* zeigt einen variierenden Gebrauch: In Satz 2 wird die Vorgabe 39-mal mit Präteritum übertragen, in Satz 6 nur noch einmal. Dies scheint vom Kontext gesteuert zu sein. Während in Satz 2 ein Zustand in der definiten Vergangenheit ausgedrückt wird, wurde Satz 6 häufig perfektiv interpretiert. Sechs Informanten haben sogar statt *hatte/hat gehabt* ein Achievement-Verb gewählt – *hat gekriegt* –, das den perfektiven Charakter der Satzaussage verdeutlicht. Keine Präteritumbelege finden sich für das starke Verb *stehen* und das schwache Verb *fragen*. Hier sind es nur *sein*, *haben* und Modalverben, die überhaupt und entgegen der Perfektvorlage (!) Präteritum bilden. Es zeigt sich, dass diese Verben im Ostfränkischen präferiert mit Präteritum gebildet werden. Bei den Sätzen mit Perfektvorgabe wurden die Verben *sagen*, *baden*, *sehen*, *lassen* und *läuten* jeweils nur mit Perfekt übersetzt. Explizite Perfektkontexte liefern die Sätze 13, 14 und 15 (bei Satz 11 als Lesart möglich). Satz 12 drückt eine Vergangenheitsbedeutung mit Gegenwartsrelevanz aus, die im Deutschen ebenfalls als typischer Perfektkontext gilt. Diese Sätze (11–15) wurden nicht mit Präteritumformen übersetzt. Im Gegensatz zu *sein* und *müssen* in Satz 9 und 10 drücken die Verben der Sätze 11–15 keine Zustände aus. Auch die „Präteritumaffineren" Verben aus den Sätzen 1–5 drücken Zustände aus. Hier deutet sich bereits an, dass die aspektuelle Verbalsemantik eine Rolle für den Ablauf des Schwundprozesses spielt.

Wie bei den Übersetzungen in der Studie von Hörlin finden sich auch im *Mittelrheinischen Sprachatlas* (MRhSA) (Bellmann/Herrgen/Schmidt 1994–2002) Präteritumformen, die bei der Abfrage von Perfektformen genannt wurden. Diese Präteritumbelege treten in den Karten zu den Verben *sein*, *haben*, *wollen* und *müssen* auf (Bd. 5):[105]

---

[105] Bei folgenden Perfektformen wäre vom Kontext her eine Präteritumform möglich (kein eindeutig resultativer Kontext), auf den Karten ist jedoch keine einzige Nennung einer Präteritumform vermerkt: bei 499/533 „gekannt", 503 „gefunden", 505/539 „gelassen", 509 „geworden", 529 „bestellt", 530 „gehört", 532 „gedacht", 538 „gelesen", 542 „gekniet", 543 „gebracht". Leider wurden im Mittelrheinischen Sprachatlas keine Präteritumformen abgefragt.

2.2 Präteritumschwund in den deutschen Dialekten des 19. und 20. Jahrhunderts

Tab. 24: Auswertung der Präteritumvarianten im MRhSA.

Karte[106]	Präteritumbelege auf dem Basisblatt (von 549 Orten)	Arealbildung	Vgl. Datenserie 1 zu 2
496 „(ge)wesen"	31	nein	unauffällig
546 „gehabt"	28	eher nördlich	unauffällig
537/548 „gewollt"	29	nein	starke Zunahme, Arealbildung in der Nordhälfte
547 „gemußt"	132	nördlich	k. A.

Wieder handelt es sich bei den Verben, bei denen Präteritum zum einen erhalten ist und zum anderen sogar präferiert wird (entgegen der Perfektvorgabe) um die Verben *sein* und um Modalverben sowie das Verb *haben*. Während bei *sein* keine eindeutige Raumbildung feststellbar ist, sind die Präteritumbelege von *müssen* ausschließlich in der Nordwesthälfte des Untersuchungsgebiets zu finden. Bei *haben* zeigt sich ein leichter Trend für die nördliche Hälfte. Bei *wollen* wird diese Raumbildung erst bei den jüngeren, mobilen Informanten (Datenserie 2: mittleres Alter/Nahpendler) sichtbar. Hier treten die Präteritumbelege erst ab dem nördlichen rheinfränkisch-moselfränkischen Übergangsgebiet auf. Im Gegensatz zu den älteren Informanten (Datenserie 1: „NORMs") nimmt die Nennung der Präteritumbelege von *wollen* bei den Jüngeren außerdem stark zu.

Zur Staffelung im nördlichen Ostfränkisch liegt uns auch die Analyse von Harnisch (1997) vor. Er wertet einen mündlichen, dialektalen Erzähltext aus Ludwigsstadt aus. Harnisch interessiert sich für das „temporale Paradigma" im Sinne eines „Kategoriengefüges". Im Besonderen untersucht Harnisch, mit welchen Ausdrucksmitteln die Kategorie „Präteritum" ausgedrückt wird und welchen semantischen Klassen die präteritumbildenden Verben angehören. In dem untersuchten Text findet Harnisch 49 Lexeme, die 155 Verbformenbelege liefern. 9 Verben kommen in einer präteritalen Form vor (7 Verben mit insg. 29 Vorkommen in Prät. Ind.: *sein, gehen, müssen, können, wissen, stehen, liegen*; 2 Verben mit insg. 3 Vorkommen in Konj. Prät.: *haben, sollen*).[107] Die auftretenden Präteritumformen weisen eine lexikalische/suppletive (*wạr*) Formenbildung auf oder sie zeigen Introflexion mit und ohne äußere Flexion (*ghụn-d* bzw. *lạx*).

---

106 Link zu den besprochenen MRhSA-Karten: http://regionalsprache.de/Map/CFir1OZM
107 Perfektformen sind 43mal von insgesamt 28 Verblexemen belegt. Im Durchschnitt hat jedes Perfektverb nur anderthalb Vorkommensfälle, wohingegen die Präteritumverben durchschnittlich pro Verb vier Vorkommensfälle aufweisen (vgl. Harnisch 1997, 122–123).

Die präteritumbildenden Verben weisen damit stets Stammallomorphie auf und lassen sich auf einer Skala für den Suppletionsgrad – für die Komprimiertheit des grammatischen Ausdrucks – verschoben in Richtung des Pols „+komprimierend" anordnen (vgl. Kap. 3.5.3.1). Rein agglutinierende Verfahren (z. B. die „schwache" Formenbildung) treten nicht auf. Bei diesen Verben wird die Vergangenheit durch die syntaktische Perfektperiphrase ausgedrückt. Bei den präteritumbildenden Verben handelt es sich erneut um das Verb *sein*, die Modalverben *müssen* und *können*, sowie das morphologisch ähnliche *wissen*, zudem um die „Ruheverben" *stehen* und *liegen* und statische Varianten von *gehen*. Demnach sind die „modalen und prototypischen statischen Verben" die besten Kandidaten für die „präteritale Art der Vergangenheitsbildung", wohingegen schlechtere Kandidaten „die prototypischen dynamischen Verben nebst dem ‚dynamischeren' Aux. *werden*" sind und „solche Verben, die man um *wissen* herum in einem Wortfeld des ‚Sinn und Verstands' versammeln könnte" (Harnisch 1997, 122). Gleichzeitig weisen die präteritumbildenden Verben eine sehr hohe Tokenfrequenz auf (vgl. auch den Vergleich mit den Ruoff'- schen Häufigkeitsrängen in Harnisch 1997, 119–120, besonders Tab. 1):

> Es können also vergleichsweise wenige Verblexeme ein Präteritum bilden; sie sind aber in Texten die häufiger vorkommenden. Umgekehrt bilden die meisten Verben ein Perfekt; sie kommen in Texten jedoch weniger häufig vor. Das Präteritum erweist sich gegenüber dem Perfekt mithin als komprimierte Art der ‚Vergangenheits'-Bildung, als temporale Kurzform sozusagen, die bei hoher Textfrequenz (welche zum größten Teil wieder mit wortsemantischer Gruppenzugehörigkeit einhergeht) sprachökonomisch sehr willkommen ist. (Harnisch 1997, 123)

Die Dialekte des Übergangsraums weisen nach Harnisch damit eine besondere Art des „Paradigmendefekts" auf: „Bei ein und derselben grammatischen Kategorie ('Vergangenheit') wechselt je nach Verb die Form zwischen (a) synthetischem Präteritum und (b) periphrastischem Perfekt", wobei die synthetischen Präteritumformen „auf eine Existenz unter Sonderbedingungen zurückgedrängt" wurden (Harnisch 1997, 126). Sie zeigen eine komprimierte Art der Vergangenheitsbildung, bilden typischerweise eine Satzklammer (Modalverben, Funktionsverben mit substantivischen Komplementen) und sind in der Regel Zustandsverben. Harnisch identifiziert damit am Beispiel des Tempusparadigmas des Ludwigsstädter Dialekts gleich mehrere Faktoren, die den synchronen Übergangsbereich mit verbweiser Staffelung des Formenbestands (diatopische Perspektive) und zugleich den sprachhistorischen Schwundprozess mit verbweisem Abbau der Formen steuern (diachrone Perspektive).

Die bekannte Staffelung in den Gebrauchsfrequenzen zeigt sich auch im ripuarischen Raum, für den in den Grammatiken überwiegend vollständige Formeninventare beschrieben werden. Sieberg (1984) wertet die Tempusverwendung in der ostripuarischen „Umgangssprache" aus und untersucht 22 Sprachaufnahmen des Situationstyps „Freies Gespräch" von 9 Umgangs- und 13 Standardsprachesprechern aus, die im Rahmen des Erp-Projekts erhoben wurden. In der Auswertung der Tempusformenverwendung findet Sieberg kaum Unterschiede zwischen den Aufnahmen der beiden Varietäten bzw. Sprechlagen. Die Befunde für die standardsprachlichen Gespräche lassen sich in gleicher oder ähnlicher Weise auch für die „rheinisch gefärbten, umgangssprachlichen" Gespräche feststellen. Insgesamt stehen sich 56,9 % Präteritumbelege und 43,1 % Perfektbelege gegenüber. Diese werden von unterschiedlichen Verben und Verbgruppen dominiert. Die Präteritumbelege werden zu über 60 % von Hilfsverben oder Modalverben gebildet. Insgesamt sind nur 25 Verben an der Bildung von fast 90 % aller Präteritumbelege beteiligt.[108] Die 40 häufigsten Perfektverben haben dagegen nur einen Anteil von 48,6 % an allen Perfektformen, viele Perfektverben sind sogar nur einfach belegt (vgl. Sieberg 1984, 91).[109] Die Perfektbelege werden von den schwachen Verben dominiert (46,2 % der Perfektverben), starke und irreguläre Verben machen nur einen geringeren Teil der Perfektbelege aus (39,2 % bzw. 14,6 %) (vgl. Sieberg 1984, 84). Auch am nördlichen Ende des Präteritumschwundgebiets zeigen sich in der Tempusverwendung im freien Gespräch also klare Tendenzen in der Tempusformenwahl verschiedener Verben und Verbgruppen. Sieberg zeigt, dass die präteritumaffinen Verben mehrheitlich Verben sind, die als „analytische Verbalsatzverbindungen" (z. B. Finitum + Infinitiv, Finitum + Prädikation) in der Präteritumform Satzklammern bilden. Damit ähneln sie satzstrukturell den satzklammerbildenen Perfektformen und teilen mit ihnen verschiedene – u. a. informationsstrukturelle – Vorteile (vgl. Sieberg 1984, 253–256). Der Faktor „Klammerbildung" muss damit in die Diskussion um die Faktoren des Präteritumschwundprozesses aufgenommen werden. Die verbspezifischen Tempusverwendungen bei vollständigen Formeninventaren geben uns Hinweise auf den Ablauf des Verdrängungsprozesses.

---

[108] Rangliste der am häufigsten belegten Verben im Präteritum bei Sieberg (mind. 5x belegt): *sein* (602), *kommen* (105), *haben* (105), *sagen* (93), *werden* (75), *können* (53), *wollen* (48), *gehen* (46), *müssen* (43), *stehen* (42), *fahren* (19), *kriegen* (19), *wissen* (16), *geben* (16), *tun* (15), *machen* (12), *sollen* (10), *liegen* (10), *denken* (8), *laufen* (7), *fallen* (5), *nehmen* (5), *bleiben* (5), *heißen* (5), *finden* (5) (Sieberg 1984, 90).

[109] Rangliste der am häufigsten belegten Verben im Perfekt bei Sieberg (mind. 5x belegt): *sagen* (55), *sein* (54), *werden* (54), *machen* (42), *haben* (37), *sehen* (33), *gehen* (20), *kommen* (20), *bauen* (16), *kriegen* (16), *fahren* (15), *lassen* (14), *ziehen* (11), *erleben* (10), *heiraten* (9), *hören* (8), *nehmen* (8), *müssen* (8), *arbeiten, sprechen, tun, kennenlernen, wohnen, anfangen, passieren* (je 7), *geben, fragen, versuchen, treffen, lesen, sich ergeben, trinken* (je 6), *kosten, sich unterhalten, verstehen, sterben, sich interessieren, brauchen, essen, bezahlen* (je 5) (Sieberg 1984, 91).

Dazu zählen – wie Sieberg nachvollziehbar begründet – satzstrukturelle, satzprosodische und semantische Vor- und Nachteile der Perfekt- und Präteritumformen. Diese müssen demnach auch in der Diskussion um die Faktoren des Abbauprozesses in Kapitel 3.5 („Verdrängung des Präteritums") berücksichtigt werden.

Zur Dynamik des Prozesses

Die hier zusammengeführten Studien geben Hinweise zur Dynamik des Präteritumschwunds, die in den Dialektgrammatiken bereits beobachtet wurde. So zeigt der Vergleich von Erhebungsdaten aus dem *Sprachatlas des Deutschen Reichs* (Wenker 1888–1923) (Erhebungszeitraum: 1876–1887) und dem *Sprachatlas von Nordostbayern* (SNOB) (Hinderling 2004 ff.) (Erhebungszeitraum: 1978–1998) ein Voranschreiten des Schwunds im Norden des ostfränkischen Raums. Der Vergleich wurde von Stefan Rabanus unternommen und im *REDE SprachGIS* veröffentlicht. Er kartiert die SNOB-Ergebnisse für die Verbform *kam* für den ostfränkischen Raum des Erhebungsgebiets. Die Karte zeigt nur 15 Präteritumbelege am nördlichen Rand; ihnen stehen 131 Perfektbelegen gegenüber. Für dasselbe Ortsnetz hat Rabanus auch das Lemma *kam* (WS 34) der Wenker-Erhebung kartiert.[110] Im kurzzeitdiachronen Vergleich der Wenker-Belege mit den SNOB-Belegen sehen wir, dass viele Präteritumbelege der Wenker-Erhebung hundert Jahre später durch Perfektformen ersetzt wurden. In der Wenker-Erhebung finden sich noch 49 Präteritumbelege, die lediglich 97 Perfektbelegen gegenüberstehen. Die Neukartierungen dokumentieren ein deutliches Voranschreiten des Präteritumschwunds zwischen der Wenker-Erhebung und der SNOB-Erhebung.

Für den hessischen Dialektraum ist eine solche Dynamik nicht zu bestätigen. Das zeigen die Ergebnisse in Fischer (2015). Darin wurden für das Ortsnetz der SyHD-Erhebung auch die Präteritumformen in den Wenkerbogen ausgewertet und kartiert. Im Vergleich mit den SyHD-Karten der 130 Jahre späteren Erhebung zeigt sich eine erstaunliche Konstanz. Zwar sehen wir bei beiden Verben (*kommen* und *wollen*) in der SyHD-Erhebung mehr Variation in der Formenwahl als in der Wenker-Erhebung – es stehen sich hier ja auch die Belege eines Wenkerbogens pro Ort und die mehrerer SyHD-Fragebogen pro Ort gegenüber – grundsätzlich zeigen sich jedoch sehr ähnliche, areale Verteilungen. Der große Unterschied ist, dass die SyHD-Karten durch die Variation am Ort einen Übergangsraum eröffnen, wohingegen die Wenkerkarten zwei fast

---

[110] Link zu den Karten im *REDE SprachGIS*: http://regionalsprache.de/Map/5Y6UJGSp

homogene Räume nahelegen. Die diachrone Konstanz, die sich im Vergleich der Übersetzungsaufgaben von 1880 und 2010 zeigt, ist unerwartet, da sie nahelegt, dass sich der Schwund in Hessen nicht (mehr) ausbreitet. Warum schreitet der Schwundprozess in Hessen nicht in gleicher Weise voran wie im ostfränkischen Sprachraum? In Fischer (2015) schlage ich als einen Erklärungsfaktor die Kleinräumigkeit der dialektalen Kommunikation in Hessen vor. Die Dialekte in Hessen sind konservativ und werden nur kleinräumig gesprochen. Sie sind auf wenige Domänen beschränkt: sie werden nur in der Nähekommunikation von Dialektsprechern desselben Ortsdialekts gesprochen – also in der Familie und unter ortsansässigen Nachbarn. Mit Ortsfremden oder Nicht-Dialektsprechern wechseln die hessischen Dialektsprecher sofort in standardnahe Sprechlagen, die von allen Sprechern beherrscht und verstanden werden. Der dadurch beschränkte horizontale Sprachaustausch im Dialekt bremst daher auch die arealbedingte Dynamik der Dialekte (die nicht mit der vertikalen, standardkonvergenten Dialektdynamik zu verwechseln ist).

Dahingegen haben die hessischen Grammatiken das Bild eines Sprachwandels in Vollzug geschildert. Besonders von Stroh (1928) wurden generationelle Unterschiede in der Kompetenz und der Verwendung der Präteritumformen festgestellt. Wie kommt es, dass der 130-Jahres-Vergleich der Karten zu *wollen* und *kommen* diese Dynamik nicht abbildet? In allen einschlägigen Studien zeigt sich, dass die Modalverben und auch hoch frequente starke Verben auch dann noch Präteritumformen bilden, wenn viele andere Verben ausschließlich Perfekt bilden. Dass wir nun gerade bei diesen beiden Verben stabile Verhältnisse finden – vor allem in einem Raum, der für seine konservativen und kleinräumigen Dialekte bekannt ist, – ist mit den Beobachtungen von Stroh und anderen vereinbar. Es ist allerdings zu vermuten, dass sich für andere Verben im 130-Jahres-Vergleich auch eine entsprechende Dynamik abbilden ließe.

Der Trend, dass die jüngere Generation stärker zu Perfektformen neigt als die ältere, konnte neben den hessischen Grammatiken (vgl. Stroh 1928; Weber 1959) auch im SMF (s. o.) beobachtet werden. Hier sind es die älteren Handwerker und Angestellten, die die Perfektvorlage häufiger mit Präteritumformen übersetzen, wohingegen die mittleren und jüngeren Gewährspersonen mehr Perfekt verwenden. Das steht im Kontrast zur intergenerationellen Dynamik im süddeutschen Raum. Dort haben wir gesehen, dass die Verwendung von Präteritumformen in standardnäheren Sprechlagen zunimmt und hinsichtlich der Verbwahl differenzierter wird (u. a. Gersbach 1982; Dietrich 1988). Dieser Trend zeigt sich auch im MRhSA: Der Kartenkomplex zu „gewollt" weist für die jüngere Generation (Datenserie 2) mehr Präteritumbelege auf als für die ältere Generation (Datenserie 1).

2.2.3.3 Norden

Die dialektgrammatische Literatur zum Niederdeutschen lässt (mit zwei Ausnahmen) auf vollständige Formenbestände schließen. Dieser Befund lässt sich auch im *Dialektatlas Westmünsterland – Achterhoek – Liemers – Niederrhein* (DWALN) (Cornelissen/Schaars/Sodmann 1993) bestätigen. Der DWALN umfasst 4 Karten zur Abfrage von Präteritumformen: Karte 36 „(er) probierte", Karte 37 „(er) stopfte", Karte 38 „(er) machte" und Karte 39 „(er) kam". In allen Karten werden ausnahmslos Präteritumbelege vermerkt. In ihrer Formenbildung variieren die Präteritumformen.[111] Die schwachen Verben *probieren* und *stopfen* weisen in den Dialekten neben Formen mit und ohne Dentalsuffix auch andere Formen mit erweiterten Endungen auf; darunter auch die bereits von Zeck (1921) dokumentierte Endung -*den* (z. B. *schekdene* 'schickten') und andere „*n*-Erweiterungen", die die lautliche Differenz zwischen Präsens- und Präteritumformen verstärken. Für *machen* finden sich im Dialekt hauptsächlich starke Präteritumbildungen. Die Präteritumformen von *kommen* variieren ausschließlich auf lautlicher Ebene. In keiner Karte werden Perfektvarianten notiert.

Der *Atlas der Celler Mundart* bringt als einzige Karte zur Vergangenheitsbildung eine Abzeichnung der Leitformen der *war*-Karte aus Wenkers *Sprachatlas des Deutschen Reichs* mit verschiedenen lautlichen Varianten. Es gibt keine Angaben zur Präteritum/Perfekt-Distribution. Der *Norddeutsche Sprachatlas* (NOSA) (Elmentaler et al. 2015 ff.) umfasst noch keine Kartierungen zur Morphologie, so dass wir für die Präteritum/Perfekt-Distribution zurzeit keine weiteren Dokumentationen heranziehen können.

2.2.4 Zusammenfassung – Präteritumschwund in den Dialekten

In diesem Kapitel wurden verschiedene dialektologische Quellen hinsichtlich des Präteritumschwunds ausgewertet. Die Auswertung des *Sprachatlas des Deutschen Reichs* von Georg Wenker gab erste Hinweise zur arealen Ausdehnung des Schwunds. Anschließend wurden die dialektalen Formenbestände in der dialektgrammatischen Literatur ausgewertet. In einem dritten Schritt wurden Sprachkarten und weitere Studien zu Einzelräumen hinsichtlich der Tempusformendistribution ausgewertet.

Die Auswertungen der Wenkerkarten, Dialektgrammatiken, Atlanten und weiteren Studien haben zentrale Erkenntnisse zum Präteritumschwund in den

---

111 Vgl. die ausführlicheren Darstellungen im DWALN (Cornelissen/Schaars/Sodmann 1993, 64–68).

Dialekten ergeben. Diese werden im Folgenden zusammengefasst. Des Weiteren werden offene Fragen und Ansatzpunkte für die weitere Analyse des Schwunds benannt.

2.2.4.1 Areale Raumgliederung des Präteritumschwunds

Eine erste areale Raumgliederung des Präteritumschwunds konnte durch die Auswertung der Wenkerkarten zu den Präteritumformen *kam, kamen, lagen, tat, wollten* und *war* gewonnen werden. Die Karten zeigen jeweils Präteritalgrenzen, die den deutschen Sprachraum in ein nördliches Gebiet mit Präteritumerhalt und ein südliches Gebiet mit Präteritumschwund teilen. Ein Vergleich der Isoglossen, die parallel, aber gestaffelt verlaufen, und eine Berücksichtigung der Ausnahme-Belege nördlich und südlich der Isoglossen lässt jedoch darauf schließen, dass sich die Raumgliederung des Präteritumschwunds nicht durch eine Zweiteilung, sondern durch eine Dreiteilung auszeichnet: Das südliche Präteritumschwundgebiet und das nördliche Präteritumerhaltgebiet werden durch ein Übergangsgebiet verbunden.

Diese Dreiteilung bestätigt sich in der Auswertung der dialektgrammatischen Literatur. Die Dialektgrammatiken dokumentieren für den süddeutschen Raum einen beinahe vollständigen Präteritumverlust. Nur Präteritumformen von *sein* – und im bairischen Raum vereinzelt auch von Modalverben – können als Einzelformen belegt werden. Richtung Norden nimmt die Anzahl der präteritumbildenden Verben kontinuierlich zu. Im Westen eröffnet sich ein breites Übergangsgebiet, in dem in den Dialekten sukzessive immer mehr Verben mit Präteritumformen belegt werden und das vom Rheinfränkischem über das Moselfränkische und Zentral- und Osthessische bis hin zum Ripuarischen und Nordhessischen reicht. Im Osten ist das Übergangsgebiet vergleichsweise schmal. Die präteritumbildenden Verben werden erst im nördlichen Ostfränkischen zahlreicher, wobei in den ostmitteldeutschen Dialekten dann bereits überwiegend vollständige Formeninventare dokumentiert werden. Für den niederdeutschen Sprachraum können dann fast ausschließlich vollständige Formenbestände verzeichnet werden. Viele Grammatiken der mitteldeutschen und niederdeutschen Sprachräume, die vollständige Formeninventare dokumentieren, bemerken gleichzeitig eine Expansion des Perfekts in Bedeutung und Gebrauch. Nur vereinzelt (und nicht raumbildend) werden Verwendungsunterschiede der beiden Formen genannt. Die Regionalatlanten und weiteren Studien bestätigen die von den Wenkerkarten und Dialektgrammatiken dokumentierte Raumgliederung.

Am Raumbild lässt sich die Diachronie des Schwunds ablesen: Im Norden wird die Expansion des Perfekts bei vollständigen Formenbeständen festgestellt. Dies ist historisch der erste Schritt im Entwicklungsprozess des Präteritumschwunds. Südlicher werden erste Verlustformen dokumentiert, die dann in Gebiete übergehen, in denen ein teilweiser Schwund, nur noch Restformen und schließlich, ganz im Süden, nur noch Einzelformen oder der vollständige Schwund beschrieben werden. Hierin spiegelt sich der historische Prozess wider, in dem ebenfalls verbweise Präteritumformen durch das expandierende Perfekt verdrängt werden.

2.2.4.2 Staffelungen der Formendistribution
Der Übergangsraum weist hinsichtlich der Distribution der Präteritumformen eine dreifache Staffelung auf.
1. Erste Staffelung: Je nördlicher ein Dialektraum liegt, desto mehr Verben des Dialekts bilden Präteritumformen.
   Die erste Staffelung wird eingängig durch die Kartierung der dialektgrammatischen Befunde belegt, die die Anzahl der präteritumbildenden Verben farblich darstellt. Die Skalarität zwischen vollständigem Schwund und vollständigem Erhalt wird durch das Farbspektrum „orange bis blau" symbolisiert. Auf den ersten Blick wird sichtbar, dass sich die kategorielle Skala räumlich prinzipiell widerspiegelt, auch wenn die Verteilung nicht strikt skalar ist.
2. Zweite Staffelung: Je nördlicher ein Dialektraum liegt, desto höher ist die Gebrauchsfrequenz der Präteritumformen.
   Die zunehmende Relevanz der Präteritumformen von Süden nach Norden zeigt sich in steigenden Gebrauchsfrequenzen. Das wird im Vergleich der Korpusuntersuchungen sichtbar: Stehen im süddeutschen Korpus von Gersbach (1982, 105) nur 10,4 % Präteritumbelege einem Übergewicht von 89,6 % Perfektbelegen gegenüber, so sind die Häufigkeiten im ostfränkischen Text bei Harnisch (1997) deutlich ausgeglichener: Hier stehen sich 40,3 % Präteritum- und 59,7 % Perfektbelege gegenüber. Im ripuarischen Korpus von Sieberg (1984) drehen sich diese Gebrauchshäufigkeiten um: Präteritumbelege kommen zu 56,9 %, Perfektbelege zu 43,1 % vor. Die Zunahme der Präteritumfrequenzen in nördlicher Richtung bestätigt sich auch in der SyHD-Erhebung und in Sperschneider (1959, Karte 18 [hier: = Karte 26]).
3. Dritte Staffelung: Die Abnahme der Präteritumformen unterliegt einer geregelten, verbspezifischen und verbklassenweisen Staffelung. Es gibt eine Hierarchie des Präteritumformenabbaus bzw. -erhalts.
   Die Präteritumformen von *sein* halten sich in dem Verdrängungsprozess am besten. Auf der Skala werden sie gefolgt von den Modalverben und Hilfsverben, deren Präteritumformen überwiegend ebenfalls gut erhalten sind (mit Ausnahme der oberdeutschen Dialekte). Die Präteritumformen

der starken und irregulären Verben halten sich tendenziell besser als die der schwachen Verben, die zuerst verdrängt werden.

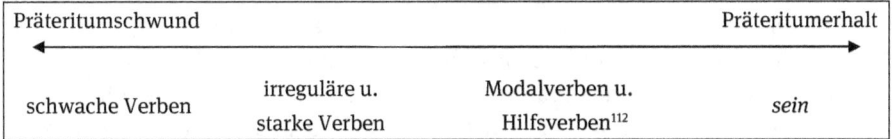

Abb. 3: Abbauhierarchie des Präteritumschwunds nach Verbklassen.

Die Abbauhierarchie zeigt folgende Eigenschaften:
- Der Schwund erfolgt tendenziell verbgruppenweise. Dabei scheint die Konjugationsklasse eine relevante Rolle zu spielen: Konjugationsklassen gruppieren Verben ähnlicher ausdrucksseitiger Formenbildung und syntaktischer Eigenschaften.
- Auch die Tokenfrequenz eines Verblexems ist von Bedeutung. So sind die Präteritumformen der höherfrequenten Vertreter einer Verbgruppe tendenziell besser erhalten als die niedrigerfrequenten.
- Verben, bei denen Präteritumformen eher erhalten bleiben, neigen häufig bereits in den synthetischen Verbformen (Präsens, Präteritum) zur syntaktischen Klammerbildung (vgl. Sieberg 1984, z. B. Modalverben, Kopulaverben).
- Auch die Verbsemantik spielt eine Rolle für Erhalt und Schwund. Präteritum-erhaltende Verben sind tendenziell „Ruheverben" (vgl. Harnisch 1997, Auswertung der Hörlin-Daten); sie bezeichnen in der Regel Zustände.
- Innerhalb eines Verbalparadigmas gehen einige Personalformen eher verloren als andere: Am ehesten schwinden die Präteritumformen der 2. Person, also die Personalform, die am stärksten in situative, deiktische Kontexte eingebunden ist (vgl. die ausführlichere Diskussion in Kap. 2.3.3.4 „Tempusaffinitäten nach Personalformen").

Die Perfektexpansion mit ihrem präteritumverdrängenden Effekt setzt demnach tendenziell eher bei morphologisch regelmäßig gebildeten, niedrigfrequenten Verben ein, die eine perfektive Verbsemantik haben und nicht zu einer syntaktischen Klammerbildung neigen. Besonders perfektaffin innerhalb eines Verbalparadigmas ist dabei die 2. Person.

---

[112] Gemeint sind *haben* und *werden*.

2.2.4.3 Zur Dynamik des Präteritumschwunds

Der 100-Jahres-Vergleich der Tempusdistribution im Übergangsgebiet hat unterschiedliche Ergebnisse für den hessischen und den ostfränkischen Raum gezeigt. Während in den hessischen Dialekten die Präteritum/Perfekt-Distribution relativ konstant geblieben ist und nur eine geringe Variation zeigt, finden wir im Ostfränkischen erwartungsgemäß eine klare Zunahme der Perfektformen und damit eine Ausbreitung des Präteritumschwunds im Übergangsbereich in Richtung Norden. Die nicht erwartete Konstanz im Hessischen wurde auf die Konservativität und Kleinräumigkeit der hessischen Dialekte zurückgeführt.

Für einige Räume haben wir Erkenntnisse zur intergenerationellen Variation erhalten. Im Oberdeutschen konnte eine Zunahme der Präteritumformen festgestellt werden: Die jüngeren Sprecher neigen eher zu Präteritumformen. Auch wird in Städten und städtischen Räumen sowie in standardnäheren Sprechweisen eher Präteritum verwendet. Im Süden führt demnach der Einfluss der Standardsprache zu mehr Präteritumformen. Im mitteldeutschen und niederdeutschen Sprachraum zeigt sich eine andere Tendenz. Vereinzelt wurde festgestellt, dass dort die jüngeren Sprecher altdialektale Präteritumformen nicht mehr kennen oder verwenden.[113] Diese werden durch Perfektformen oder standardnähere Präteritumformen ersetzt.

Hinsichtlich der Dynamik des Schwunds lassen sich demnach zwei Entwicklungsrichtungen benennen. Zum einen haben wir eine Ausbreitung des Schwunds in den Dialekten. Dies ist der historisch ältere Prozess, der zur heutigen Raumgliederung der Schwundareale geführt hat. Seit der Dialekterhebung von Wenker haben hier – wenn überhaupt – nur leichte Verschiebungen der Präteritalgrenzen nach Norden stattgefunden. Der relevantere Prozess, der für die System- und Registerkompetenz samt regionalsprachlicher Tempus-Aspekt-Systeme von großer Bedeutung ist, ist die Vertikalisierung der Dialekte: die Ausbildung von sprachlichen Variationsräumen zwischen Dialekten und Standardsprache. Nicht zuletzt seit Beginn der Schulpflicht Anfang des 19. Jahrhunderts werden alle Sprecher zumindest beim Erlernen der Schriftsprache mit Präteritumformen konfrontiert. Gleichzeitig hat die Bedeutung der Dialekte im kommunikativen Alltag – vor allem in der zweiten Hälfte des 20. Jahrhunderts – stark abgenommen. Diese Dynamiken spiegeln sich in der Dokumentation des Präteritumschwunds in den Dialekten des Deutschen wider.

2.2.4.4 Zur Verwendung der Tempusformen

Für den süddeutschen Raum werden keine Funktionsunterschiede benannt, jedoch wurde eine Verwendungstendenz von Präteritumformen in Hinter-

---

113 Eine Ausnahme stellt die MRhSA-Karte „gewollt" dar. Hier werden für die jüngeren Gewährspersonen mehr Präteritumformen belegt als für die älteren.

grunddarstellungen festgestellt, die sich dadurch erklären lässt, dass dort die Formen des imperfektiven Zustandsverbs/Existenzverbs *sein* den Großteil der Präteritumbelege ausmachen.

In den Gebieten mit teilweisem Schwund werden in der Regel ebenfalls keine Funktionsunterschiede zwischen Präteritum und Perfekt festgestellt. Dort dient das Perfekt auch als Narrationstempus. Im Ostmitteldeutschen gibt es vereinzelt Hinweise auf einen Funktionsunterschied und darauf, dass das Präteritum als reguläres Narrationstempus verwendet wurde. Diese Hinweise stehen im Widerspruch zu vielen ostmitteldeutschen Grammatiken, die eine Expansion des Perfekts in diesen Funktionsbereich dokumentieren.

Im Norden werden vereinzelt und nicht raumbildend Funktionsunterschiede zwischen Perfekt und Präteritum benannt. Diese Beschreibungen stellen vor allem Verwendungstendenzen dar, deren Charakterisierungen nicht immer nachvollziehbar sind. Eine strikte Bedeutungsopposition ist nicht feststellbar. Mit der Verwendung von Perfekt und Präteritum werden vereinzelt auch evidentielle Bedeutungsunterschiede assoziiert. Als Narrationstempus wird das Präteritum benannt, wobei auch die Verwendung von Perfekt und Präsens als Narrationstempus belegt wird. Auch im niederdeutschen Raum dokumentieren zahlreiche Grammatiken die Expansion des Perfekts.

2.3 Präteritumschwund in der Standardsprache des 20. Jahrhunderts

Die Standardsprache hat als normierte und kodifizierte Varietät eine besondere Bedeutung für das gesamte Varietätengefüge der Einzelsprache Deutsch und deren Sprecher. Sie dient als Grundlage des Schriftspracherwerbs von Schulkindern (und des Zweitspracherwerbs von L2-Lernern) und überdacht die Regionalsprachen als eine überregionale, schriftliche und gesprochensprachliche Norm. Die neuhochdeutsche Standardsprache ist im Rahmen von umfangreichen und vielschichtigen Ausgleichsprozessen entstanden und war anfangs nur eine schriftliche Varietät, die später auch oralisiert wurde – zunächst auf Grundlage der dialektalen Systeme als landschaftliches Hochdeutsch. Die zunehmende Relevanz der Schriftsprache und ihrer Oralisierung in der Bevölkerung (z. B. durch Einführung der Schulpflicht, durch Aufkommen der Massenmedien) hat die Vertikalisierung (Ausbildung der sprachlichen Vertikale zwischen Dialekten und Standardsprache) weiter befördert und zu den heutigen regionalsprachlichen Systemen geführt.[114]

---

[114] Vgl. Schmidt/Herrgen (2011, 53–67).

Leider wissen wir sehr wenig darüber, welchen konkreten Einflüssen das Tempus-Aspekt-System der sich ausbildenden, überregionalen Schriftsprache unterlag. Die frühen Grammatiken zum Deutschen aus dem 17. Jahrhundert verraten wenig über das tatsächliche, historische System. Ihre Beschreibungen des deutschen Tempus-Aspekt-Systems sind geprägt von einem starken Einfluss der lateinischen und/oder griechischen Grammatik.[115] Weder die Entwicklung des Tempus-Aspekt-Systems innerhalb des Entstehungsprozesses der neuhochdeutschen Schriftsprache noch die Geschichte der grammatischen Beschreibungen der Tempusformen wurden bisher ausreichend aufgearbeitet. So bleiben viele Fragen zum historischen Verhältnis des standardsprachlichen Tempus-Aspekt-Systems zu den landschaftlichen Tempus-Aspekt-Systemen des 16. Jahrhunderts offen. Dadurch fällt es schwer, die grammatischen Beschreibungen des heutigen standardsprachlichen Tempus-Aspekt-Systems historisch und variationslinguistisch anzubinden.

Die Grammatiken des 20./21. Jahrhunderts stellen keinen Präteritumschwund für die deutsche Standardsprache fest. Standardsprachlich kann grundsätzlich zu jedem Verb sowohl eine Präteritumform als auch eine Perfektform gebildet werden.[116] Für Präteritum- und Perfektformen werden sowohl gemeinsame als auch voneinander abweichende Bedeutungsbereiche beschrieben. Besonders die Frage, ob es einen Bedeutungsunterschied zwischen Präteritum und Perfekt gibt, wurde umfangreich diskutiert.[117] Da diese Frage auch für den Prozess der Perfektexpansion zentral ist, werden hier die wich-

---

115 In den Grammatiken finden sich für die Perfektform Beschreibungen, die zum großen Teil der Bedeutung des lateinischen, historischen (aoristischen) Perfekts entsprechen: Es sei „ganz vergangen" (Kromayer [1619] 1986), „vor lengst geschehen" (Schottelius [1663] 1967) und beschreibe „die Veränderungen in der länger vergangenen Folge der Dinge" (Bödiker [1690] 1746). Dem gegenüber steht ein Präteritum (häufig *Imperfectum* genannt), das mit Beschreibungen versehen wird, die an Perfektbedeutungen erinnern: Es sei „zwar vergangen/aber nemlich oder nicht gar" (Kromayer [1619] 1986), das „Fastvergangene", „so kurz vorher geschah" (Schottelius [1663] 1967) und zeige „Veränderungen in der kaum und gleichsam als noch nicht vergangene Folge der Dinge an" (Bödiker [1690] 1746). Insgesamt lässt sich hier kein klares Bild über die Verwendung der Formen gewinnen.
116 Natürlich gibt es Ausnahmen. Es gibt durchaus Verben oder Verbalphrasen, für die eine Präteritum- oder eine Perfektbildung blockiert ist (vgl. die Liste in Latzel 1977, 73–79). Hier handelt es sich überwiegend um Komposita, Phraseologismen und andere besondere Bildungen. Die Listen sind nicht unproblematisch. Für viele der „perfektdefizienten" Verben scheinen Perfektformen ohne Weiteres möglich (*sie ist/hat schlafgewandelt, sie ist/hat seilgesprungen*), andere zeichnen sich durch ihre Textsortenspezifität (*lustwandeln*) oder Seltenheit (*weißnähen*) aus. Hier könnte auch bereits Wandel in der Sprachbewertung eingesetzt haben. Dies müsste mithilfe von Akzeptabilitätsstudien überprüft werden.
117 Vgl. die Zusammenfassung verschiedener Ansätze in Hennig (2000, 26–31).

tigsten Bedeutungen der beiden Tempusformen zusammengefasst. Dabei verzichte ich auf eine Diskussion der verschiedenen Ansätze und eine erschöpfende Auswertung der bestehenden Beschreibungen.

2.3.1 Präteritum und Perfekt in der Standardsprache

Das Perfekt wird in der Regel mit vier verschiedenen Bedeutungen beschrieben: Neben einer futurischen Bedeutung[118] und einer Allgemeingültigkeitsbedeutung[119] werden als Hauptbedeutungen eine „perfektische" und eine „präteritale" Bedeutung angenommen, welche im Folgenden die relevanten Bedeutungen sind.
1. „perfektisches" Perfekt: Als präsentisches, deiktisches Tempus stellt das Perfekt das Verbalgeschehen als vorzeitig zum Sprechzeitpunkt dar. Temporaladverbien wie *jetzt, in diesem Augenblick* beziehen sich auf die Jetzt-Zeit des Sprechens, die als Orientierungszeit dient. Zu diesem Bedeutungsbereich wird auch der Ausdruck von Gegenwartsrelevanz gezählt: Das Ergebnis/die Folge eines Geschehens ist „im Sprechzeitpunkt (noch) belangvoll" (Duden-Grammatik 1998, 151).
2. „präteritales" Perfekt: Als Vergangenheitstempus verortet das Perfekt ein Verbalgeschehen in der Vergangenheit. Temporaladverbien (z. B. *vor einiger Zeit, neulich*) beziehen sich bei dieser Bedeutung auf die Zeit in der Vergangenheit, zu der das Verbalgeschehen verortet wird.

Die Frage, ob die präteritale und die perfektische Bedeutung des Perfekts Lesarten einer Grundbedeutung oder aber eigenständige Bedeutungsbereiche sind, wurde umfangreich diskutiert.[120] Im Folgenden wird nach Löbner (2002) davon ausgegangen, dass beide Bedeutungen eigenständig sind, auch wenn es Kontexte gibt, in denen beide Bedeutungen als Lesarten verfügbar sind. Dass das Perfekt in der Standardsprache in seiner „präteritalen" Bedeutung allgemeine Vergangenheit ausdrücken kann, zeigt, dass es im Vergleich mit seiner ursprünglichen „perfektischen" Bedeutung eine semantische Expansion erfahren hat. In Kapitel 3.4 („Expansion des Perfekts") wird gezeigt, dass sich

---

118 Als Futurtempus drückt das Perfekt Abgeschlossenheit in der Zukunft aus und wird äquivalent zum Futur II verwendet.
119 Der Ausdruck von Allgemeingültigkeit wie in *Ein Unglück ist schnell geschehen* wird hier vernachlässigt. Er lässt sich dem „perfektischen" Perfekt grob unterordnen.
120 Vgl. die Diskussion der verschiedenen Ansätze in Amft (2013, 34–68); vgl. auch die Argumentation in Löbner (2002), wo an verschiedenen Beispielen gezeigt wird, dass beide Bedeutungen synchron gesehen eigenständig sind, auch wenn es Kontexte gibt, in denen beide Bedeutungen als Lesarten verfügbar sind.

die „präteritale" Bedeutung über eine Bedeutungsskala mit kontextgesteuerten Lesarten aus der ursprünglichen, „perfektischen" Bedeutung entwickelt hat. Eine solche Bedeutungsskala zwischen „perfektischem" und „präteritalem" Perfekt wird in den Grammatiken nicht berücksichtigt.

Das Präteritum wird in den Grammatiken als das Tempus des Vergangenheitsausdrucks charakterisiert: Es referiert auf „einzelne oder wiederkehrende Geschehnisse, die [...] einer bestimmten Zeit in der Vergangenheit zugewiesen werden" (Duden-Grammatik 2016, 522). Es ist mit der „präteritalen" Bedeutung des Perfekts synonym: Beide Formen können das Verbalgeschehen als „vergangen" beschreiben. Dadurch dass sich die Bedeutungen beider Formen überschneiden, kommt es zu Unsicherheiten in der Verwendung. So notiert die Duden-Grammatik (1966, 101), dass „das Gefühl für die strenge Scheidung von Perfekt und Präteritum [...] während der ganzen neueren Sprachperiode nie stark ausgeprägt gewesen [ist]".[121] Die Tatsache, dass die Sprecher des Deutschen in der Regel keinen Unterschied zwischen Perfekt und Präteritum empfinden, weist Hennig (2000) in einer Fragebogenstudie nach. Die Mehrheit der Befragten (119 von 182 Muttersprachlern) sah keinen Unterschied in der Verwendung von Präteritum und Perfekt im zu bewertenden Text (vgl. Hennig 2000, 30). Hennig schließt daraus, dass der „im Sprachsystem angelegte und in bestimmten Textsorten bzw. von einigen Sprechern auch heute noch bewusst genutzte Unterschied zwischen Perfekt und Präteritum [...] im Sprachgefühl des Nichtlinguisten offenbar kaum noch vorhanden [ist]" (Hennig 2000, 31).

Die angesprochenen Unterschiede zwischen Perfekt und Präteritum bestehen darin, „dass das Perfekt auch temporale Bedeutungen realisieren kann (Gegenwartsrelevanz, Zukunftsbezug, Allgemeingültigkeit), die durch das Präteritum nicht ausgedrückt werden können" (Hennig 2000, 27). Sieberg (1984, 2003a) hat eine Minimalunterscheidung zwischen Perfekt und Präteritum erarbeitet, die als Merkmalsopposition beschreibbar ist. Das Perfekt stellt einen Sachverhalt immer als vorzeitig zum Orientierungspunkt dar, wohingegen das Präteritum nicht notwendigerweise eine solche Vorzeitigkeitsrelation ausdrücken muss, sondern auch eine einfache Kontextreferenz ausdrücken kann, d. h., dass die im Kontext ausgewiesene Zeitreferenz als weiterhin gültig für die folgende Aussage ausgewiesen wird – was wiederum das Perfekt nicht kann. Dem Kontextreferenz anzeigenden Präteritum[122] steht damit ein einen Temporalwert markierendes Perfekt gegenüber.

---

121 Die Wahl der Tempusform kann dann auch durch andere Motive begründet sein, indem das Präteritum als die vermeintlich höhere, vornehmere, formeller, schriftsprachlichere Variante gewertet wird.
122 Im Duden-Grammatik (2009, 519) wird dies als „stärkere Kontextgebundenheit" des Präteritums gefasst.

Das führt dazu, dass es Kontexte gibt, in denen Präteritum oder Perfekt jeweils obligatorisch oder wahrscheinlich sind. Obligatorisch ist das Perfekt demnach in Kontexten, in denen keine Kontextreferenz ausgedrückt werden soll – dann also, wenn der Sprechzeitpunkt als Orientierungspunkt dient (z. B. *In diesem Augenblick, in dem ich spreche,* **haben** *die Spieler den Rasen* **betreten**.). Wahrscheinlich tritt das Perfekt auf, wenn Kontextelemente Bezug auf eben jenen Sprechzeitpunkt nehmen (z. B. *jetzt, bis jetzt*) (vgl. Sieberg 2003a, 114–116) oder ihn hervorheben (durch Verwendung der Personalformen der 1. Person [*ich/wir*] und der Anredeformen [*du/ihr/Sie*]). Das Perfekt ist damit prädestiniert für eine „kommunikative Intention mit besprechender Einstellung zum Ausgesagten" (Sieberg 2003b, 303). Das Präteritum ist obligatorisch, wenn eine Abgeschlossenheitsrelation zum Orientierungspunkt keinen Sinn macht (z. B. **Sie fürchtete, dass er jeden Augenblick* **gekommen ist**. ✓ *Sie fürchtete, dass er jeden Augenblick* **kam**.). Wahrscheinlich wird die Verwendung des Präteritums durch die Verwendung von Zeitadverbien wie *da, dann, damals* und von Personalformen der besprochenen Personen (3. Ps. Sg. und Pl.). Das Präteritum ist daher prädestiniert für „kommunikative Intentionen mit erzählender Einstellung zum Ausgesagten" (Sieberg 2003b, 303). In Siebergs (2002, 244, 246) mündlichem Korpus kommen 29,7 % der Perfektbelege als obligatorische Perfektverwendungen vor (94 von 316 Perfektbelegen). In diesen Fällen kann das Perfekt nicht durch ein Präteritum ausgetauscht werden. Von den 193 Präteritumbelegen stehen nur 2 (= 1 %) obligatorisch. 99 % der Präteritumformen wären durch eine Perfektform ersetzbar. Diese Verteilungen lassen sich mit der starken bzw. fehlenden Situationsbezogenheit erklären.

Zu den obligatorischen und wahrscheinlichen Kontexten tritt noch ein „Textsortenfaktor" hinzu, der über die Verwendung der Tempusformen entscheidet: In der geschriebenen Standardsprache dient das Präteritum als „Grundtempus des chronologischen Erzählens" (Duden-Grammatik 2016, 524) bzw. als „Haupttempus in allen Erzählungen und Berichten" (Duden-Grammatik 1998, 150). Für die Verwendung in der geschriebenen Standardsprache ist die Wahl des Präteritums durchaus als normativ zu verstehen. Das Perfekt wiederum werde „als reihendes Erzähltempus in geschriebener Sprache" vermieden und diene lediglich in eröffnender oder schließender – und damit textgliedernder – Funktion (vgl. Duden-Grammatik 2016, 524–525). Nicht nur die Tempusverwendung von narrativen Texten ist normiert. Auch andere Textsorten/Diskursformen sind in der einschlägigen Ratgeberliteratur hinsichtlich der Tempuswahl geregelt. So werden z. B. in einem Praxisbuch zu Radionachrichten (Linke 2007, 63–65) für den Diskurstyp „Meldung" verschiedene Zeitenfolgen bestimmt. Bei einem Bericht über ein Geschehen in der Vergangenheit müsse nach einem Leadsatz im Perfekt der Hauptteil im Präteritum folgen und schließlich die Schlussgruppe im Plusquamperfekt die Meldung abschließen. Ähnliche textsortenspezifische Normierungen werden auch in Schulbüchern und ähnlichen Lehr- und Nachschlagewerken anempfohlen und in entsprechenden Unterrichtssituationen eingeübt.

Es lässt sich zusammenfassen, dass die Bedeutungsunterschiede nur zu einem geringen Anteil über die Vorkommenshäufigkeit der Formen entscheiden. In der Mehrheit der Fälle wären aus semantischer Sicht beide Formen möglich. Muttersprachler empfinden zudem kaum einen semantischen Unterschied zwischen den Formen. Es stellt sich also die Frage, welche Faktoren es sind, die die Häufigkeitsverteilungen in der gesprochenen und geschriebenen Standardsprache maßgeblich bedingen.

2.3.2 Häufigkeitsverteilungen in der gesprochenen und geschriebenen Standardsprache

Neben den Systembeschreibungen findet sich auch eine Reihe von Studien zu den Gebrauchsregularitäten der Tempusformen (u. a. Lindgren 1957; Hauser-Suida/Hoppe-Beugel 1972; Latzel 1977; Hennig 2000; Sieberg 1984, 2002). Sie geben uns Aufschluss über die Tempusverwendungen in verschiedenen Diskursformen der geschriebenen und gesprochenen Standardsprache und lassen auf die Faktoren schließen, die diese Verteilungen steuern.

Tabelle 25 vergleicht die Häufigkeitsverteilungen verschiedener statistischer Auswertungen der Tempusformenverwendung in unterschiedlichen schriftlichen Korpora. Verglichen werden nur Präteritum- und Perfektvorkommen. Andere Tempusformen, vor allem das Präsens, das als das Haupttempus des Deutschen gelten muss (vgl. Hennig 2000, 76) und in zahlreichen Textsorten dominiert, werden nicht berücksichtigt.

Die Tabelle zeigt, dass es je nach Textsorte sehr unterschiedliche Verteilungen gibt. Die Präteritumanteile variieren von fast 100 % bis zu nur ca. 15 % und zeigen eine große Spannweite. Bei narrativen, nicht-dialogischen Texten überwiegen die Präteritumbelege. Besonders in den Erzähltexten bei Lindgren und Latzel ist das Perfekt auf ein marginales Auftreten reduziert. Zudem zeigt sich ein Unterschied zwischen dialogischer und nicht dialogischer Rede. Bei dialogischen Texten (z. B. Romandialoge und Dramen) haben wir ausgeglichene Verhältnisse, monologische Texte neigen zu einer stärkeren Präteritumverwendung. Das höchste Perfektvorkommen wurde bei Regel-, Gesetzes- und Anweisungstexten – die in der Regel atemporal strukturiert sind – und offiziellen Briefen ermittelt. Den Unterschied der Häufigkeitsverteilungen zwischen privatem und offiziellem Brief erklärt Hennig (2000, 69–72) mit dem stärker erzählenden Charakter der privaten Briefe, die vergangene Erlebnisse und Er-

2.3 Präteritumschwund in der Standardsprache des 20. Jahrhunderts — 137

Tab. 25: Übersicht über die Häufigkeitsverteilungen der Tempusformen in Korpora geschriebener Sprache.

Studie	Textsorte/Korpus	Präteritum		Perfekt	
		n	%	n	%
Lindgren (1953, 33)	Erzählung		99,4%		0,6%
Latzel (1977, 100)	Erzähltexte *Mannheimer Corpus* (aus der Zeit von Th. Mann bis G. Grass)	25.198	94,5%	1.462	5,48%
Hauser-Suida/ Hoppe-Beugel (1972, 83)	gemischtes Korpus: nicht-dialogische Rede	19.222	88,8%	2.418	11,2%
Hauser-Suida/ Hoppe-Beugel (1972, 31)	gemischtes Korpus (Dichtung/Belletristik, wissenschaftl. Literatur, Berichte, Zeitungen und Zeitschriften)	19.955	86,5%	3.109	13,5%
Hennig (2000, 72)	Rezension	183	66,5%	92	33,5%
Hennig (2000, 69)	privater Brief	324	55,6%	259	44,4%
Hauser-Suida/ Hoppe-Beugel (1972, 83)	gemischtes Korpus: dialogische Rede	733	51,5%	691	48,5%
Latzel (1977, 113)	Romandialoge	1.613	47,7%	1.769	52,3%
Latzel (1977, 113)	Dramen, Hörspiele	2.402	44,7%	2.968	55,3%
Lindgren (1953, 33)	direkte Rede		43,1%		56,9%
Latzel (1977, 85)	Dramentexte	1.580	37,7%	2.608	62,3%
Hennig (2000, 69)	offizieller Brief	60	28,6%	150	71,4%
Latzel (1977, 85)	Regel-, Gesetzes- und Anweisungstexte	137	14,8%	791	85,2%

eignisfolgen schildern, und dem stärker besprechenden Charakter der offiziellen Briefe, die vollzogene Handlungen nur feststellen und weiteres Handeln erörtern. Die unterschiedlichen Diskursformen führen also zu ganz unterschiedlichen Tempusverwendungen. In der Neigung, Präteritum verstärkt in narrativen Diskursen anzuwenden, spiegelt sich auch die Textsortenregel aus Lehrwerken und Unterricht wider.

Zusammenfassend lässt sich festhalten, dass schriftliche, narrative und damit nicht-dialogische Texte zu einer stärkeren Präteritumverwendung neigen. Dialogische und atemporale Texte weisen einen stärkeren Perfektgebrauch auf.

Auch für die gesprochene Sprache können wir eine Reihe von Studien heranziehen:[123]

Tab. 26: Übersicht über die Häufigkeitsverteilungen der Tempusformen in Korpora gesprochener Sprache.

Studie	Diskursform/Situation/Korpus	Präteritum		Perfekt	
		n	%	n	%
Latzel (1977, 104)	erzählende Rede „in Sequenz"	3.481	68,2 %	1.620	31,8 %
Sieberg (1984, 73)	Alltagsdialoge „Standardsprecher"	761	53,6 %	658	46,4 %
Hennig (2000, 62)	Fußball-live-Reportage	246	50,2 %	244	49,8 %
Dammel/Nowak/ Schmuck (2010, 351)	Interviews mit Fußballspielern		48 %		52 %
Latzel (1977, 84)	*Freiburger Corpus* zur gespr. Sprache	5.741	45,7 %	6.819	54,3 %
Latzel (1977, 113)	mündliche Dialoge „außer Sequenz"	3.293	44,2 %	4.151	55,8 %
Hennig (2000, 65)	Talk Show	765	43,9 %	971	56,1 %
Sieberg (2002, 244)	Talk Show[124]	193	37,9 %	316	62,1 %

Die Präteritumanteile variieren von knapp 70 % bis zu ca. 40 % und zeigen eine geringere Spannweite als die Präteritumverteilung bei den schriftlichen Texten. Die Zusammenstellung der Häufigkeitswerte zeigt, dass das Präteritum im Vergleich mit den geschriebenen Texten geringer vorkommt. In nur einem Korpus bildet das Präteritum eine deutliche Mehrheit: in Latzels „erzählender Rede ‚in Sequenz'", die als mündliche Narration verstanden werden kann. Damit weist wieder eine narrative Äußerungsform die stärkste Präteritumverwen-

---

123 Die Studie von Wierzbicka/Schlegel (2008) konnte hier nicht berücksichtigt werden, da keine Häufigkeitsauswertungen der Korpora vorgelegt werden.
124 Sieberg gibt an, dass einige Sprecher in den Talkshows mit „leichten dialektalen Einfärbungen" (2002, 241) sprechen. Um welche Dialekträume es sich handelt, bleibt offen.

dung auf. Auch das Perfekt wird in dieser mündlichen Erzählsituation – immerhin mit einem Anteil von ca. 30 % – als Narrationstempus verwendet. Hier stellt sich die Frage, ob das Perfekt in dieser Verwendung auch die Kontextreferenzfunktion, die Sieberg exklusiv dem Präteritum zuschreibt, einnehmen kann. Ein Großteil der weiteren mündlichen Korpora weist relativ ausgeglichene Perfekt/Präteritum-Verwendungen auf und zeigt ähnliche Werte wie die schriftlichen, dialogischen Texte.

2.3.3 Gebrauchsregularitäten und ihre Erklärungen

Der Vergleich der Häufigkeitsverteilungen der Tempusformen in verschiedenen Diskursformen sowie weiterführende Auswertungen der Gebrauchsregularitäten lassen eine Reihe von Faktoren erkennen, die die Tempusdistributionen motivieren. Diese werden im Folgenden kurz erörtert.

2.3.3.1 Temporale Organisation von Diskursformen

Der Überblick über die Häufigkeitsverteilungen zeigt, dass die Tempusdistributionen je nach Text-/Gesprächssorte stark variieren. Die narrativen, nicht-dialogischen Diskursformen neigen zu einer stärkeren Präteritumverwendung als die nicht-narrativen, dialogischen Diskursformen. Hier macht sich der Einfluss der Diskursmodi mit ihren unterschiedlichen temporalen Organisationsprinzipien bemerkbar (sowie auch die z. B. in Schule angeeignete Textsortenkompetenz). Die temporale Organisation der Diskursmodi steuert auch die Tempusformenverwendung, wie dies bei den Regel-, Gesetzes- und Anweisungstexten deutlich wurde. Unbeantwortet bleibt allerdings, in welchem Zusammenhang die Wahl der Tempusform mit den verschiedenen Diskursmodi und ihren temporalen Organisationen steht. Diese Frage wird in Kapitel 3.1.2 („Tempus, Aspekt und Diskurs") wieder aufgenommen.

2.3.3.2 Variation entlang der Nähe-Distanz-Dimension

Weiterhin zeigt sich, dass schriftliche Texte tendenziell mehr Präteritumformen aufweisen als mündliche Diskursformen. Der mediale Unterschied ist auf den konzeptionellen Unterschied in der Diskursgestaltung zurückzuführen. So sind medial schriftliche Texte tendenziell auch konzeptionell „geschriebensprachlicher" und medial mündliche Texte sind tendenziell konzeptionell „gesprochensprachlicher" – aber nicht notwendigerweise: In ihrem Modell der *Sprache der Nähe und Distanz* trennen Koch/Oesterreicher (1985) die Ebene des Mediums von der der Konzeption, gleichwohl werden die bestehenden Affinitäten zwischen Medium und Konzept in dem Modell beibehalten.[125] Die Variation auf der Skala zwischen den Polen „Sprache der Nähe" und „Sprache der Distanz" wird durch zahlreiche Kommunikationsbedingungen beeinflusst, die sich in verschiedenen Versprachlichungsstrategien ausdrücken. In der Weiterentwicklung des Modells von Ágel/Hennig (2006; 2007a; *Theorie und Praxis des Nähe- und Distanzsprechens*) werden die Kommunikationsparameter und die hierarchisch über mehrere Stufen davon ableitbaren Diskursmerkmale konsequent auf einen gemeinsamen Ausgangspunkt zurückgeführt: die Raum-Zeit-Gleichheit bzw. -Ungleichheit von Produzent und Rezipient einer Kommunikationssituation. Medial mündliche Kommunikation findet in der Regel in Situationen mit einer solchen Raum-Zeit-Gleichheit der Sprecher statt, wohingegen medial schriftliche Kommunikation in der Regel ohne Raum-Zeit-Gleichheit der Sprecher erfolgt. Dass diese Grunddisposition von Kommunikation und die mit ihr eröffnete Variationsdimension im Deutschen auch einen Einfluss auf die Wahl von Tempusformen haben, zeigen die Häufigkeitsverteilungen in den oben zusammengestellten Korpora. In Kapitel 3.1.2 („Tempus, Aspekt und Diskurs") wird die Frage aufgenommen, warum Perfektformen tendenziell stärker in nähesprachlichen und Präteritumformen tendenziell stärker in distanzsprachlichen Kontexten verwendet werden.

2.3.3.3 „Präteritumverben" und „Perfektverben"

Korpusauswertungen zeigen, dass es eine charakteristische Verteilung der Verblexeme auf die Tempusformen gibt. Demnach können zum einen Verben mit einer besonderen Affinität zur Präteritumform und zum anderen Verben mit einer starken Affinität zur Perfektform benannt werden. Bei einem relativ ausgeglichenen Präteritum-Perfekt-Verhältnis (56 % Perfekt vs. 44 % Präteritum) im Talkshow-Korpus von Hennig (2000) gibt es deutliche Unterschiede in der Verteilung der Verblexeme auf die Tempusformen. Nur 19 % der Verben (72 von insg. 379 Verbtypes) bilden eine Präteritumform, wohingegen 94 % eine Perfektform bilden. Es gibt also eine begrenzte Anzahl von Verben mit hoher Tokenfrequenz, die zu Präteritumformen neigen. Nur 6 % der Verbtypes (23 Verben) kommen ausschließlich mit Präteritumgebrauch vor, während 81 % der Verblexeme ausschließlich Perfekt bilden. Als Verben mit Präteritumneigung notiert Hennig (2000, 181) die Verben *sein, haben, dürfen, können, müs-*

---

125 So weist die Verteilung der „Textsorten" zu den Nähe-/Distanzpolen eine durch das Medium gesteuerte Verteilung auf. Es gibt mehr mündliche „Textsorten", die dem Nähepol zuzuordnen sind als dem Distanzpol (und umgekehrt für schriftliche Textsorten), auch wenn theoretisch jede Textsorte in das jeweils andere Medium überführt werden kann. In dem Modell wird dieser Zusammenhang durch die Trapezform ausgedrückt (vgl. Koch/Oesterreicher 1985, 23).

sen, wollen, wissen, geben, kommen und *stehen*. Ähnliche Befunde macht Sieberg (2002). Auch bei ihm sind es immer dieselben Verben, die das finite Element der präteritalen Verbalverbindung bilden: *sein, haben, werden*, Modalverben und eine Gruppe von funktionsverbähnlichen, in der Regel starken oder irregulären Verben wie *kommen, gehen, geben, finden, stehen*. Diese Befunde decken sich mit den statistischen Auswertungen von Hauser-Suida/Hoppe-Beugel (1972). Latzel (1977, 83) stellt diese und andere Korpusauswertungen gegenüber und zeigt, dass die Präteritumformen überwiegend von Kopula- und Modalverben gebildet werden (Kopulaverben machen ca. 60 %, Modalverben ca. 15 % der Präteritumformen aus), während Perfektformen hauptsächlich von Vollverben (zu ca. 95 %) gebildet werden. Des Weiteren ist auffällig, dass die Verben, die zum Präteritum neigen, „keine Veränderungen bezeichnen" (Latzel 1977, 87), also eine imperfektive Verbsemantik tragen. Hennig (2000, 183) listet für ihr Talkshow-Korpus eine Reihe von Verben mit Perfektneigung auf: *arbeiten, bekommen, einladen, fahren, fragen, heiraten, kennenlernen, klagen, klappen, kriegen, lesen, machen, merken, mitnehmen, nehmen, passieren, sagen, sehen, sprechen, tun, vergessen, verlassen, verstehen, versuchen, zulassen*. Diese Verben werden sowohl stark als auch schwach flektiert. Auffällig ist, dass sich darunter viele Verben mit einem unbetonten Präfix befinden.

Zusammenfassend lässt sich feststellen, dass es vergleichsweise wenige, aber sehr frequente Verbtypes sind, die Präteritumformen bilden. Es handelt sich in erster Linie um die Verben *sein* und *haben*, um Modalverben und eine Reihe von weiteren starken und irregulären Verben. Diese stellen Verbsondergruppen mit besonderen morphologischen und syntaktischen Eigenschaften dar. Zudem haben sie in der Regel eine imperfektive Verbsemantik. Dahingegen bilden die meisten Verben – vor allem reguläre Vollverben und mehrsilbige Verben – Perfektformen. Sie sind tendenziell mehrsilbig, regulär flektiert und niedrig(er) frequent.

In den Korpora von Sieberg machen die Präteritumformen jeweils ca. ein Drittel der Belege aus. Eine genaue Analyse der Präteritum- und Perfektbelege zeigt eine Reihe von Eigenschaften der Verben mit Präteritumneigung auf, die diese Distribution zu motivieren scheinen. Im Einzelnen stellt Sieberg fest, dass die Präteritumbelege satzstrukturell den Perfektbelegen ähneln, da die Präteritumbelege in der Regel von „verbalen analytischen Einheiten" gebildet werden. Sie weisen als Prädikativkonstruktion, Modalkonstruktion, Passivkonstruktion, Funktionsverbgefüge oder als ähnliche, idiomatisch zusammenhängende Verbindungen eine Distanzstellung im Satz auf, die zugleich der gesamten Redeeinheit als Satzrahmen eine äußere Form verleiht – genauso, wie es das analytische Perfekt mit seinem finiten Auxiliar und infiniten Partizip vermag (vgl. Sieberg 1984, 141–212; 2002, 242–244). Dadurch verfügt die Mehrheit aller Redeeinheiten über einen Satzrahmen, in dem die unter dem Spannungsbogen stehenden finiten und weiteren Elemente zu einer gedanklichen Einheit verschmolzen werden. Der Satzrahmen bringt auch ein für Sprecher und Hörer vorteilhaftes, einheitliches Satzprinzip mit sich:

> Aus der Perspektive der Sprecher erweist sich der Satzrahmen als einheitliches – und damit ökonomisches – Prinzip der Planung und Realisierung von Sprachäußerungen, während auf Rezipientenseite durch dieselbe Einheitlichkeit der äußeren Form und dem Prinzip der inneren Spannungserzeugung die Dekodifizierung und das Verständnis der Äußerungen erleichtert wird. (Sieberg 2002, 248)

Vorteilhaft an diesem Prinzip ist auch, dass es das Finitum funktional entlastet (vgl. Sieberg 2002, 248–249). In der Perfektperiphrase muss es nur die grammatischen Kategorien (Person, Numerus, Modus, Genus Verbi) anzeigen, wohingegen das Partizip die lexikalische Bedeutung ausdrückt. Ähnlich sind auch die Finita in den „verbalen analytischen Einheiten" oft semantisch entleert oder in ihrer lexikalischen Bedeutung reduziert, während die anderen Elemente die relevante lexikalische Bedeutung tragen.

Neben der einheitlichen Satzstruktur identifiziert Sieberg noch weitere Eigenschaften und Vorteile, die durch die Rahmenbildung beim Präteritum ermöglicht werden (vgl. Sieberg 1984, 213–251; 2002, 247–250). So lassen sich auch intonatorische Faktoren benennen, die die Verteilung der Verben in präteritumaffine und perfektaffine Verben steuern. Durch die Rahmenbildung der präteritalen „verbalen analytischen Einheiten" wird das Akzentuierungsschema an das des Perfekts angeglichen, was zu einer Vereinheitlichung des Intonationsmusters verschiedener morphologischer Klassen führt:

1. Die finiten Formen sind in der Regel ein- oder zweisilbig und führen daher zu einem „rhythmisch glatten Sprachfluss". Verben, die einem solchen Sprachfluss entgegen stehen – i.e. auf -*d* und -*t* endende schwache Verben, vielsilbige Verben und/oder Verben, die aus wiederholten, ähnlich klingenden Silben bestehen – bilden tendenziell Perfekt und werden in der finiten Position gemieden.
2. Ebenfalls in der finiten Position gemieden werden präfigierte, nicht trennbare Verben. In der Position werden überwiegend Finita gewählt, die den Wortakzent auf der ersten Silbe tragen. Alle anderen Verben neigen zu einer Perfektbildung.
3. Der zweite Teil der Verbalverbindungen steht (zumindest in V1- und V2-Stellung) am Satzende und trägt den Hauptakzent der Äußerung. Die in diesem Teil ausgedrückte, lexikalische Bedeutung kann damit eine zusätzliche intonatorische Aufwertung erhalten.

Die Zweiteilung der Prädikation im Satzrahmen erlaubt des Weiteren eine hohe Flexibilität in der Planung und Durchführung einer Sprachäußerung. So kann eine Konstruktion flexibel geändert werden. Die Wahl des Finitums legt den zweiten Teil noch nicht fest. Sowohl die Partizipien beim Perfekt als auch die „verbalen analytischen Einheiten" der Präteritumformen erlauben eine Korrektur oder späte Planung des zweiten Elements. Nicht zuletzt ermöglichen die „verbalen analytischen Einheiten" eine explizitere Kennzeichnung der Aktionsarten. Besonders in den Funktionsverbgefügen wird die lexikalische Aspektualität zusätzlich und explizit ausgedrückt (z. B. *zum Abschluss kommen, in Betrieb nehmen*).

2.3.3.4 Tempusaffinitäten nach Personalformen
Die Studien von Latzel (1977, 92–95) und Hauser-Suida/Hoppe-Beugel (1972, 95–103 und 119–128) zeigen einen dominanten Perfektgebrauch bei Personalformen der 2. Person. Bei Personalformen der 3. Person dominiert hingegen Präteritumgebrauch. Diese Tendenzen lassen sich durch zwei Faktoren erklären:
1. Die 2. Person ist die Person des Dialogs. Mit ihr wird das Gegenüber in der Kommunikationssituation angesprochen. Die Ansprache erfolgt aus einer deiktischen Bezugnahme heraus. Dahingegen ist die 3. Person die Person des Besprochen-Werdens und des Erzählens. Die 1. Person ist grundsätzlich deiktisch – bezieht sie sich ja auf den sprechenden „Produzenten" – doch wird kein Gegenüber benötigt. Sie kann sowohl sprechend als auch besprechend eingesetzt werden. Die starke Situationsgebundenheit des Perfekts, das sich in seiner ursprünglichen Bedeutung notwendigerweise auf die Jetzt-Zeit der Sprechsituation bezieht, prädestiniert diese Form für situationsbezogene Kommunikation. Sprechzeitbezogene Kommunikation war die erste große Domäne der Perfektform in ihrer Grammatikalisierungs- und Expansionsgeschichte. Es verwundert daher nicht, dass Personalformen vor allem der 2. (aber auch der 1.) Person überwiegend mit Perfektformen gebildet werden (vgl. die statistischen Auswertungen bei Latzel 1977, 92–95 und Hauser-Suida/Hoppe-Beugel 1972, 95–103). Der semantische Zusammenhang der deiktischen Personalform mit der deiktischen Tempusform führt zu einer hohen kategoriellen Frequenz der 2. Person bei Perfektformen. Diese schwächt wiederum generell die Präteritumverwendung mit dieser Person.
2. Ein zweiter Faktor, der den dominanten Perfektgebrauch bei der 2. Person erklärt, ist ökonomischer Natur. Viele Präteritumformen in der 2. Person sind aufgrund von Konsonantenhäufungen schwierig zu artikulieren. Das trifft in besonderem Maße auf Formen mit sich wiederholenden Silben und/oder Konsonantenclustern zu: z. B. *du batst, du flochtst, du erkältetest*

dich, du meldetest. Hinsichtlich der Akzeptabilität der Präteritumformen in der 2. Personalform haben Hauser-Suida/Hoppe-Beugel eine Hierarchie ermittelt, nach der starke Verben noch eher akzeptabel und bildbar sind als schwache Verben, besonders jene mit Stammauslautendem *-t-* oder *-d-*.[126] Tendenziell werden diese unvorteilhaften Präteritumformen – besonders in mündlicher Kommunikation – gemieden und mit den sprechökonomischeren Perfektformen substituiert.

2.3.4 Problematisierung des Konzepts „Sprecher der gesprochenen Standardsprache"

Die oben zitierten Studien beschreiben die mündlichen Korpora als Beispiele für gesprochene Standardsprache. An dieser Stelle müssen Zweifel daran geäußert werden, dass die Studien in der Tat Standardsprache untersucht haben. Sieberg (1984) untersucht die Gespräche der „Standardsprecher" des Erp-Korpus und kontrastiert sie mit den „Umgangssprechern", deren Sprache regionale Merkmale aufweist. Die Einteilung in „Standardsprecher" und „Umgangssprecher" erfolgte im Erp-Projekt (Erhebungszeit 1972–74) über die subjektive Einschätzung zweier Projektmitarbeiter, von denen mindestens einer den ripuarischen Dialekt beherrschte (vgl. Sieberg 1984, 33). Die Einordnung erfolgte nicht aufgrund von objektsprachlichen Analysen. Solche objektsprachlichen Analysen haben – zumindest für eine Auswahl der Erp-Sprecher – gezeigt, dass auch die standardnächsten Sprecher bei einigen Variablen (z. B. Koronalisierung) zu einem hohen Prozentsatz standarddivergente Varianten bilden (vgl. Lausberg 1993, 181; Schmidt/Herrgen 2011, 311–312). Es ist sehr unwahrscheinlich, dass die Sprache der von Sieberg untersuchten Erper „Standardsprecher" keinerlei regionale Interferenzen aufweisen. Wir können davon ausgehen, dass auch die Sprechweise dieser „Standardsprecher" regional geprägt ist. Auch für die Sprecher der ausgewerteten Talkshows in Sieberg (2002, 2003a) wird regionales Sprechen festgestellt, aber nicht systematisch in die Analysen einbezogen: „Die Sprecher sprechen umgangssprachliches bis standardsprachliches Deutsch mit zum Teil leichten dialektalen Einfärbungen" (Sieberg 2002, 241). Hennig (2000) überprüft die regionale Herkunft ihrer Sprecher nicht. Das Korpus von Wierzbicka/Schlegel (2008) ist heterogen und umfasst zu einem Teil Gespräche aus dem südwestdeutschen Stuttgarter Raum. Es muss also vermutet werden, dass die Arbeiten, die zur gesprochenen Standardsprache vorlie-

---

[126] Vgl. dazu die Diskussion in Latzel (1977, 93–95).

gen, zu einem großen Teil keine gesprochene Standardsprache analysieren, sondern standardnahe Sprechlagen der jeweiligen Regionalsprachen.

Die meisten Sprecher, die die Standardvarietät in einer Kommunikationssituation als Zielvarietät anstreben, bilden regionalsprachliche Merkmale. Die Sprache eines jeden Individuums weist immer auch regionale Merkmale auf. Das liegt daran, dass der Spracherwerb von Kindern immer mit einem Raumbezug erfolgt, da Kinder an Orten und innerhalb von sozialen Gruppen aufwachsen und in der sozialen, kommunikativen Interaktion ihre Sprache erwerben (vgl. das „sprachliche Raum-Apriori" bei Schmidt/Herrgen 2011, 58, 340). Natürlich wird die individuelle System- und Registerkompetenz darüber hinaus auch von anderen Faktoren beeinflusst. Je nach Raum ist die Alltagskommunikation stärker oder schwächer regional geprägt, aber sie steht immer unter dem Einfluss der jeweiligen Regionalsprachen. Dadurch ist die Sprachkompetenz aller Sprecher immer auch regional beeinflusst. Menschen, die in bestimmten Situationen interferenzfreie Standardsprache sprechen können, haben in der Regel eine entsprechende Schulung erfahren (z. B. Nachrichtensprecher).

Die Auswertung der dialektologischen Dokumente und Studien hat gezeigt, wie unterschiedlich die Inventare und Gebrauchsregularitäten der Tempusformen in den Dialekten sind. Wir können davon ausgehen, dass diese auch die Tempus-Aspekt-Systeme der Regiolekte prägen und die Tempusverwendung in standardnahen Sprechweisen beeinflussen. Wie genau die regiolektalen Tempus-Aspekt-Systeme aussehen, ist bisher unklar. Aus den dialektologischen Quellen wissen wir, dass im Präteritumschwundgebiet in standardnahen Sprechweisen der Gebrauch an Präteritumformen zunimmt. Für den niederdeutschen Raum wurde dokumentiert, dass die jüngeren Sprecher die altdialektalen Präteritumformen durch standardnähere Präteritumformen oder durch Perfektformen ersetzen. Diese punktuellen Befunde müssten durch systematische Untersuchungen überprüft und ergänzt werden. Auch auf welcher Basis sich die regiolektalen Tempus-Aspekt-Systeme historisch herausgebildet haben, ist bisher unklar. Die Tempus-Aspekt-Systeme der Varietäten der sprachlichen Vertikale (Dialekt – Regiolekt – Standardsprache) diachron und synchron zu erforschen, muss hier als zentrales Desiderat ausgewiesen werden. Mit der systematischen Auswertung der dialektologischen Quellen wird hier für die standardfernsten Varietäten der erste Schritt getan.

2.3.5 Zusammenfassung – Präteritumschwund in der Standardsprache

Die Ergebnisse zum Präteritumschwund in der deutschen Standardsprache lassen sich wie folgt zusammenfassen:

1. **Kein Formenverlust:** Für die deutsche Standardsprache kann kein Präteritumschwund festgestellt werden. Beide Tempusformen, Präteritum und Perfekt, sind Kernbestandteile des standardsprachlichen Tempus-Aspekt-Systems.
2. **Bedeutungsunterschied:** Semantisch weisen die beiden Formen sowohl überschneidende als auch differente Bedeutungsbereiche auf. In ihrem Bezug auf Verbalsituationen in der Vergangenheit sind sie in großem Umfang austauschbar und Muttersprachler empfinden dabei mehrheitlich keinen Bedeutungsunterschied.
3. **Perfektexpansion:** Die Häufigkeitsverteilungen lassen erkennen, dass das Perfekt in der standardnahen, mündlichen Kommunikation eine umfangreiche Expansion (bis hin zu einem Erzähltempus) erfahren hat.
4. **Gebrauchsregularitäten:** Zwar kann kein Schwund von Präteritumformen im standardsprachlichen Systeminventar festgestellt werden, jedoch lassen sich in den Häufigkeitsauswertungen klare Affinitäten der unterschiedlichen Verben zur Präteritumform bzw. Perfektform feststellen: So ist es eine Reihe von „besonderen" Verben, die die Mehrheit der Präteritumbelege ausmacht: Es sind die Verben *sein, haben, werden*, Modalverben und eine Reihe von syntaktisch funktionalisierten, häufig starken oder irregulären Verben. Alle diese Verben neigen als „verbale analytische Einheiten" dazu, auch in der Präteritumform eine Satzklammer (ähnlich der Perfektperiphrasen) zu bilden. Somit weist ein Großteil der Aussagen eine Klammerbildung auf, die zu einem einheitlichen Strukturprinzip und einheitlichen Intonationsmustern führt. Damit einher geht eine Reihe von Vorteilen für Produzenten und Rezipienten, die sich sowohl auf die Planung und Sprechökonomie als auch die Rezeption beziehen. Neben diesen informationsstrukturellen und intonatorischen Vor- und Nachteilen wurden noch weitere Faktoren ermittelt, die die Häufigkeitsverteilungen der Tempusformen bestimmen. So zeigt sich, dass Präteritumformen tendenziell in medial schriftlichen, konzeptionell distanzsprachlichen, narrativen und monologischen Diskursformen stärker verwendet werden, wohingegen Perfektformen stärker in medial mündlichen, konzeptionell nähesprachlichen, besprechenden und dialogischen Diskursen gebraucht werden. Zusätzlich wirken auf die Tempusverwendungen gelernte Textsortenregeln und die temporale Organisation der Diskursmodi, die sich je nach Diskursform unterscheidet.

Um diese Faktoren anschaulich zusammenzufassen, wird in Abbildung 4 die Affinität zur jeweiligen Tempusformenverwendung als Skala dargestellt. Es wurde erörtert, dass die Gebrauchsregularitäten komplexer sind und stark ineinandergreifen. Eine eindimensionale Skala wie in Abbildung 4 dient vorrangig der Übersichtlichkeit und ist weder als absolut noch als vollständig zu verstehen.

Perfekt	Präteritum
← Affinität des Tempusformengebrauchs →	
Mündliche Kommunikation	Schriftliche Kommunikation
Nähesprechen	Distanzsprechen
Besprechen	Erzählen/Narration
Dialog	Monolog
Vollverben	klammerbildende Verbsondergruppen ("verbale analytische Einheiten")
reguläre, schwache Verben	irreguläre und starke Verben
Personalformen der 2. Ps.	Personalformen der 3. Ps.
Verben mit mehrsilbigem Stamm	Verben mit einsilbigem Stamm
artikulatorisch schwierige/phontaktisch komplexe Präteritumformen	artikulatorisch/phonotaktisch einfache Präteritumformen

Abb. 4: Affinität des Tempusformengebrauchs in der Standardsprache des 20. Jahrhunderts.

Wie lassen sich die beschriebenen Verteilungen interpretieren? Sieberg schlussfolgert, „dass man von einem Strukturwandel in Richtung einer die traditionelle Untergliederung in Perfekt und Imperfekt überschneidenden neuen analytischen Tempuskategorie zum Ausdruck des Vergangenen sprechen könnte." (Sieberg 2002, 250) Zu dem gleichen Schluss kommt auch Harnisch (1997, 120), der Präteritum- und Perfektformen als „nur zwei ausdrucksseitige Varianten für ein und dieselbe ‚Vergangenheit'" mit geregeltem Vorkommen versteht.

Wie für den süddeutschen Raum gezeigt wurde, war zumindest in den Dialekten ein solcher Zustand nicht stabil. Die zunehmende Ausbreitung des Perfekts hat das Präteritum weiter marginalisiert – bis hin zum Verlust der Präteritumformen. Anders als die Standardsprache verfügen die Dialekte jedoch nicht über eine konservative, geschriebene, in der Schule gelehrte Norm, die nicht zuletzt auch durch Textsortenregeln die Präteritumformen stabilisieren und erhalten können. Inwieweit der momentane Zustand in der Schriftsprache und in der standardnahen gesprochenen Sprache stabil ist, bleibt abzuwarten. Der zunehmende Einfluss der Standardsprache auf die Dialekte seit Beginn des 20. Jahrhunderts hat dem Präteritum sicherlich einen vorläufigen Aufwind beschert.

2.4 Historische Dokumentation des Präteritumschwunds im Deutschen

Der historische Präteritumschwundprozess wurde in einer Reihe von Studien untersucht. Diese Studien variieren in ihrer Korpuszusammensetzung, ihren Analysekategorien und Fragestellungen, so dass nicht immer ein direkter Vergleich der Daten möglich ist. Im Zusammenspiel können sie uns jedoch Aufschluss über die Datierung und die areale Ausbreitung des Schwunds, sowie über Regularitäten, nach denen der Schwundprozess fortschreitet, geben.

Der Fokus dieser Studien liegt stets auf den Entwicklungen im hochdeutschen Sprachraum. Ein Vergleich der frühneuhochdeutschen Distributionen mit den zeitgenössischen, niederdeutschen Verhältnissen fehlt bisher und wird in Kapitel 3.2.1.3 („Ausgangspunkt des Präteritumschwunds") erstmals, jedoch nur punktuell vorgenommen. Zunächst soll jedoch der Schwundprozess, wie er in den historischen hochdeutschen Varietäten dokumentieren wurde, skizziert werden.

2.4.1 Datierung

Grundsätzlich kann ab mittelhochdeutscher Zeit eine Abnahme in der Verwendung des Präteritums und eine Zunahme in der Verwendung von Perfektformen in hochdeutschen Texten beobachtet werden.

So stellt Solms (1984, 311) die Verteilung von finiten Präteritumformen und Partizip-II-Formen in hochdeutschen Texten von 1300 bis 1700 quantitativ gegenüber.[127] Es zeigt sich, dass der Anteil finiter Präteritumformen in den Texten der ausgewählten Zeiträume kontinuierlich abnimmt (von 62,1 % im ersten auf 25,8 % im letzten Zeitraum), wohingegen die Anzahl der Partizip-II-Formen steigt (von 37,9 % auf 74,2 %). In der Auswertung wurden alle Partizip II-Belege gezählt, also neben den Perfekt-Konstruktionen auch attributive Verwendungen und Passivkonstruktionen. Diese Werte können demnach nur eine grobe Orientierung geben.[128]

---

[127] Vgl. dieselbe Auswertung in Dammers/Hoffmann/Solms (1988, 525). Insgesamt wurden über 32.235 Belege ausgewertet.

[128] Solms bemerkt, dass die Werte „in der Tendenz [...] mit der allgemein zu beobachtenden Tendenz" (Solms 1984, 311) übereinstimmen. Er verweist dabei auf Schieb (1976), die vermeintlich einen ähnlichen Anstieg von Perfektformen verzeichnet: „So sind die vorliegenden Zahlen nahezu identisch zu den Angaben bei Schieb (1976, 125–126) über den Anstieg der Perfektformen am Gesamt der präteritalen Bildungen von 57,5 % (1470–1530) auf 69,3 % (1670–1730)." (Solms 1984, 311; vgl. auch Dammers/Hoffmann/Solms 1988, 526). Bei genauer Lektüre von Schieb (1976) fällt jedoch ins Auge, dass sich die von Solms referierten Daten im Original auf die Anteile der Perfektformen an zweigliedrigen Verbalkomplexen, die aus einem finiten Verb und einem Perfektpartizip bestehen, beziehen. („Bei den aktiven Vollzugsstufen vom Typ /hat getan/, /ist gekommen/, die um 1500 57,5 % und um 1700 69,3 % der Gruppen VF + PerfPart ausmachen [...]"; Schieb 1976, 201–211). Eine Gegenüberstellung von Präteritum- und Perfektformen ist aufgrund Schiebs Analyse nicht möglich, da Schieb eingliedrige Verbalkomplexe nicht weiter unterteilt und die Anzahl der Präteritumformen daher nicht ermittelt werden kann (vgl. Schieb 1976, 60).

2.4 Historische Dokumentation des Präteritumschwunds im Deutschen — 149

Tab. 27: Abnahme finiter Präteritumformen nach Dammers/Hoffmann/Solms (1988, 525), beruhend auf Solms (1984, 311).

		Formen des	
		finiten Präteritums	Partizips II
Zeitraum I	(1350–1400)	4.240 (62,1 %)	2.584 (37,9 %)
Zeitraum III	(1450–1500)	3.560 (42,8 %)	4.755 (57,2 %)
Zeitraum V	(1550–1600)	3.176 (37,5 %)	5.296 (62,5 %)
Zeitraum VII	(1650–1700)	2.226 (25,8 %)	6.398 (74,2 %)

Auch Oubouzar (1974) verzeichnet in ihrer Untersuchung hochdeutscher Texte (11. bis 17. Jahrhundert) einen Anstieg von Perfektformen. Besonders im 16. Jahrhundert nehmen die Perfektformen stark zu und fallen zum 17. Jahrhundert hin wieder leicht ab.[129]

Tab. 28: Anstieg der Perfektformen nach Oubouzar (1974, 79, 83).

Jahrhundert	Anteil der *haben*-Perfektformen an allen aktiven Verbformen	Zunahme Prozentpunkte	Anteil der *sein*-Perfektformen an allen aktiven Verbformen	Zunahme Prozentpunkte
11. Jh.	1,3 %		2,5 %	
13. Jh.	5,5 %	+4,2	7,4 %	+4,9
14. Jh.	5,2 %	−0,3	6,8 %	−0,6
15. Jh.	6,7 %	+1,5	9,4 %	+2,6
16. Jh.: Anfang 16. Jh.	9,6 %	+2,9	13,1 %	+3,7
Mitte 16. Jh.	15,1 %	+5,5	21,1 %	+8,0
17. Jh.	12,6 %	−2,5	16,8 %	−4,3

Eine Korpusauswertung für Texte ausschließlich aus dem Präteritumschwundgebiet, dem oberdeutschen Sprachraum, findet sich bei Lindgren (1957). Lindgren wertet 64 oberdeutsche Texte aus dem 15.–17. Jahrhundert bezüglich der Verteilung von Tempusformen aus. Die Texte ordnet er verschiedenen Textsorten zu: Chroniken, Romane, Reisebeschreibungen und Texte in „direkter

---

[129] Da Oubouzar nur die zusammengesetzten Verbformen untersucht, fehlt leider eine Gegenüberstellung mit dem Vorkommen von Präteritumformen.

Rede". Die Auswertung erfolgt einzeln und für jeden Text getrennt nach Passagen der Erzählung und Passagen der direkten Rede. Die Ergebnisse der Einzelauswertungen fasst Lindgren wie folgt zusammen:

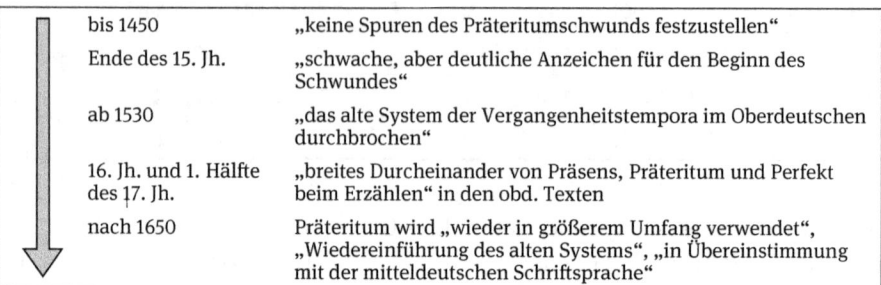

bis 1450	„keine Spuren des Präteritumschwunds festzustellen"
Ende des 15. Jh.	„schwache, aber deutliche Anzeichen für den Beginn des Schwundes"
ab 1530	„das alte System der Vergangenheitstempora im Oberdeutschen durchbrochen"
16. Jh. und 1. Hälfte des 17. Jh.	„breites Durcheinander von Präsens, Präteritum und Perfekt beim Erzählen" in den obd. Texten
nach 1650	Präteritum wird „wieder in größerem Umfang verwendet", „Wiedereinführung des alten Systems", „in Übereinstimmung mit der mitteldeutschen Schriftsprache"

Abb. 5: Zeitleiste des Präteritumschwunds nach Lindgren (1957, 97).

Entsprechend dieser Zusammenschau scheint der Präteritumschwund in den schriftlichen Zeugnissen des Oberdeutschen relativ sprunghaft zu verlaufen: Nachdem Ende des 15. Jahrhunderts zunächst erste Ansätze zu verzeichnen sind, treten Mitte des 16. Jahrhunderts mehr Perfektformen als Präteritumformen auf. Lindgren vermutet jedoch, dass „wohl angenommen werden [muss], dass sich der Schwund in der mündlichen Sprache langsamer und ruhiger vollzog, als wie er in der schriftlichen zum Ausdruck kommt." (Lindgren 1957, 110) Eine eigens angefertigte Sekundärauswertung der Daten in Lindgren (1957) quantifiziert diese Beobachtungen.

Tab. 29: Sekundärauswertung der Daten in Lindgren (1957) nach Jahrhunderten.

Zeitraum	Präteritum		Perfekt	
	n	%	n	%
12. Jh.	4.824	88 %	650	12 %
13. Jh.	3.763	87 %	555	13 %
14. Jh.	14.600	94 %	925	6 %
15. Jh.	38.176	88 %	5.236	12 %
16. Jh.	38.034	60 %	25.702	40 %
17. Jh.	8.856	49 %	9.251	51 %

2.4 Historische Dokumentation des Präteritumschwunds im Deutschen — 151

Die Tabelle zeigt, dass nach gleichmäßig hohen Präteritumanteilen um die 90 % vom 12. bis zum 15. Jahrhundert ein Einbruch der Präteritumzahlen im 16. und 17. Jahrhundert beobachtet werden kann. Für das 17. Jahrhundert wurden dann knapp mehr Perfektbelege als Präteritumbelege erfasst.

Ein genauerer Blick auf das 16. und 17. Jahrhundert zeigt, dass die niedrigsten Präteritumanteile in Lindgrens Korpus in der zweiten Hälfte des 16. und der ersten Hälfte des 17. Jahrhunderts erfasst wurden. In den Texten des frühen 17. Jahrhundert überwiegen die Perfektformen sogar die Präteritumbelege.

Tab. 30: Sekundärauswertung der Daten in Lindgren (1957) für das 15.–17. Jahrhundert.

Zeitraum	Präteritum		Perfekt	
	n	%	n	%
1400–1449	6.924	84 %	1.326	16 %
1450–1499	31.252	89 %	3.910	11 %
1500–1549	23.442	66 %	11.812	34 %
1550–1599	14.592	51 %	13.890	49 %
1600–1649	3.178	38 %	5.280	62 %
1650–1699	5.678	59 %	3.971	41 %

Den erneuten Anstieg der Präteritumformen in der zweiten Hälfte des 17. Jahrhunderts erklärt Lindgren mit dem Erstarken der Schriftsprache, wodurch das Präteritum auch in der süddeutschen Schriftsprache gestärkt wurde (vgl. Lindgren 1957, 97).

Sapps (2009) Auswertung des *Bonner Frühneuhochdeutschkorpus* verzeichnet für Texte aus dem gesamten hochdeutschen Sprachraum im Vergleich zu den Daten von Solms eine schwächere Abnahme der Präteritumformen zugunsten der Perfektformen.

Tab. 31: Anzahl Tempusformen (nach Sapp 2009, 425, Table 1: *Frequency of the present perfect by century*).

Zeitraum	Präteritum		Perfekt	
	n	%	n	%
14. Jh.	4.972	88,1 %	672	11,9 %
15. Jh.	5.635	78,7 %	1.526	21,3 %
16. Jh.	4.743	69,8 %	2.056	30,2 %
Summe	15.350	78,3 %	4.254	21,7 %

Die Abbildung zeigt, dass der Anteil der Perfektformen von ca. 12% im 14. Jahrhundert auf über 20% im 16 Jahrhundert steigt. Dabei steigt die Häufigkeit relativ gleichmäßig und kontinuierlich an und nicht sprunghaft, wie es Lindgren (1957) anhand seines Korpus beschreibt (vgl. Sapp 2009, 425).

Für den Präteritumschwund in der Schweiz liegt uns die Untersuchung von Jörg (1976) vor. Sie stellt anhand verschiedener autographischer Texte fest, dass sich der Schwund in Basel Anfang bis Mitte des 16. Jahrhunderts vollzog. In Bern erfolgte der Schwund ca. 30 Jahre später. Im Emmental und dem Berner Oberland kam es zu einer weiteren Verzögerung. In Luzern setzte der Schwund ab Mitte des 16. Jahrhunderts ein und wurde vor Beginn des 17. Jahrhunderts abgeschlossen. In Zürich setzte der Prozess etwa zeitgleich mit Luzern ein, dauerte aber etwas länger (vgl. Jörg 1976, 182). Zu Beginn des 17. Jahrhunderts hatte der Präteritumschwund das schweizerdeutsche Gebiet bis zur höchstalemannischen Grenze erfasst und breitete sich weiter Richtung Süden aus. Zu Beginn des 20. Jahrhunderts konnte in den systematischen dialektologischen Erhebungen des Schweizerdeutschen kein Präteritum mehr festgestellt werden.[130]

Es lässt sich zusammenfassen, dass sich die Verdrängung des Präteritums ab dem 16. Jahrhundert deutlich in den historischen Textkorpora niederschlägt. Während Lindgrens Daten einen eher ruckhaften Verlust der Präteritumformen nahelegen, zeigt das Korpus von Sapp einen kontinuierlichen Anstieg der Perfektformen. Diese Perfektexpansion macht sich besonders ab dem 16. Jahrhundert bemerkbar. Für dieses Jahrhundert können wir zwei weitere Studien heranziehen:

Mit der Studie von Boon (1983) liegt eine diachrone Auswertung der Präteritum/Perfekt-Verwendung in den Fastnachtspielen des bairischen Meistersingers Hans Sachs im 16. Jahrhundert vor. Fastnachtsspiele sind kurze, burleske und häufig dialogische Bühnenstücke, die im Rahmen der Fastnachtstraditionen entstanden sind. Sie geben uns einen Einblick in die Tempusverwendung in einer nähesprachlichen, tendenziell dialogisch strukturierten Textsorte. Boon ermittelt die „relative Frequenz der Präteritumverwendung in der Gesamtzahl von perfektischen und präteritalen Formen" und stellt die Häufigkeiten pro Fastnachtsspielnummer dar (vgl. das Diagramm in Boon 1983, 234). Darauf basierend wurde Tabelle 32 erarbeitet. Sie zeigt die Mittelwerte der Präteritumanteile pro Dekade.

Die Präteritumhäufigkeiten variieren, liegen aber bei etwas mehr als 30%. Von 1530 bis 1570 nehmen sie leicht ab: insgesamt sind sie jedoch nicht konsequent sinkend. Die Daten lassen nicht darauf schließen, dass Hans Sachs im

---

[130] Eine Ausnahme bildet der Dialekt von Saley im Antigoriotal (vgl. Frei 1970).

Tab. 32: Sekundärauswertung der Daten in Boon (1983, 234).

Zeitraum	Präteritumanteile (an der Summe aller Präteritum- und Perfektbelege)
1510–1519	32,5 %
1520–1529	k. A.
1530–1539	40 %
1540–1549	35,8 %
1550–1559	32,9 %
1560–1569	30 %
Durchschnitt	34,3 %

Laufe seines Schaffens einen „Präteritumverlust" erlebt hat. Die Variation ist stark abhängig von der jeweiligen konkreten Ausgestaltung der Stücke. Die Präteritumanteile der einzelnen Fastnachtstücke (die in Tabelle 32 jahrzehntweise zusammengefasst wurden) bewegen sich zwischen 0 % und 90 %. Pro Dekade liegen unterschiedlich viele Stücke vor (60 der 85 Spiele stammen aus der Zeit 1550–1559). Die Daten lassen sich daher nur exemplarisch heranziehen. Insgesamt gesehen zeigen die Fastnachtsspiele erstaunlich geringe Präteritumanteile und lassen erkennen, wie stark sich das Perfekt im Bairischen des 16. Jahrhunderts bereits ausgedehnt hatte.

Die umfangreichste und detaillierteste Untersuchung zur Tempusverwendung in der ersten Hälfte des 16. Jahrhunderts stammt von Amft (2013). Sie untersucht in 40 hochdeutschen Flugschriften aus dem Zeitraum 1509–1552, inwieweit sich eine Perfektausbreitung in der Tempusverwendung manifestiert. Anders als in den meisten Studien unterscheidet sie die Perfektverwendung nach perfektischen und präteritalen Lesarten und vergleicht die Gebrauchsregularitäten von Präteritum und präteritalem Perfekt und damit den beiden Formen, die hinsichtlich des Ausdrucks des sog. „präteritalen Konzepts" in Konkurrenz zueinander stehen. Ihre Gesamtauswertung zeigt, dass das präteritale Konzept mehrheitlich – zu 69 % – durch Präteritumformen ausgedrückt wird, während es nur – aber immerhin – zu 31 % durch Perfektformen ausgedrückt wird (vgl. Tab. 116 in Amft 2013, 312).

2.4.2 Variation in Abhängigkeit zu Textsorten und Textmodi

Die Verteilung bei Amft (2013, 312) variiert zudem hinsichtlich der Textformen der Flugschriften. So ist das präteritale Perfekt in Dialogen mit 36 % stärker vertreten als in Erzählungen (31 %) und Auslegungen/Kommentaren (25 %).

Eine ähnliche, textsortenbezogene Variation lässt sich auch in den anderen Studien bestätigen. So belegt auch Sapp (2009) den Zusammenhang zwischen der „Formalität" eines Textes und einem stärkeren Erhalt der Präteritumformen (vgl. Sapp 2009, 442). Besonders in literarischen Texten, die stark von narrativen Passagen geprägt sind, bleibt der Anteil der Perfektformen gering (ca. 17 %), in religiösen Texten (wie den z. T. dialogischen Predigten) ist der Perfektanteil deutlich höher (ca. 27 %).

Auch in der eigens erarbeiteten Sekundärauswertung der Daten in Lindgren (1957) zeigen sich Unterschiede in Abhängigkeit von der Textsorte.

Tab. 33: Sekundärauswertung der Daten in Lindgren (1957) – Präteritumanteile nach Textsorte.

Zeitraum	Präteritumanteile nach Textsorte			
	Chroniken	Reisebeschreibungen	Romane u. Ä.	Texte in direkter Rede
12. Jh.			88 %	
13. Jh.			87 %	
14. Jh.	96 %		91 %	
15. Jh.	88 %	81 %	89 %	59 %
16. Jh.	48 %	90 %	76 %	28 %
17. Jh.	86 %	21 %	69 %	32 %
18. Jh.			78 %	40 %

Die Abnahme des Präteritums und Zunahme des Perfekts erfolgen in unterschiedlichen Textsorten unterschiedlich stark bzw. schnell. Dabei sind die Präteritumanteile der Kategorie „Texte in direkter Rede" am geringsten. Sie sinken im 16. Jahrhundert auf nur 28 % bzw. 32 % im 17. Jahrhundert, während in den Chroniken des 16. Jahrhunderts nur ein Minimalwert von 48 % festgestellt wird. In den Romanen sinkt der Präteritumanteil auf 69 %, bevor er dann im 18. Jahrhundert wieder ansteigt.

Eine Auswertung nach dem Diskursmodus bestätigt die Affinität der Perfektformen zum dialogischen Textmodus. Lindgren wertet die Texte separat nach Passagen der „Erzählung" und der „direkten Rede" aus. Der Vergleich der Gesamtwerte zeigt, dass die Präteritumformen die erzählenden Passagen dominieren (78,8 %), während das Perfekt in Passagen „direkter Rede" überwiegt (62,1 %). Eine Auswertung nach Zeiträumen zeigt, dass die Anteile des Perfekts in beiden Textmodi konsequent steigen. Im 17. Jahrhundert wird das

Tab. 34: Sekundärauswertung der Daten in Lindgren (1957) – Tempusverwendung nach Diskursmodus.

Zeitraum	Erzählung				Direkte Rede			
	Präteritum		Perfekt		Präteritum		Perfekt	
	n	%	n	%	n	%	n	%
14. Jh.	13.684	98,7 %	187	1,3 %	943	54,1 %	799	45,9 %
15. Jh.	33.848	94,9 %	1.808	5,1 %	3.181	48,1 %	3.428	51,9 %
16. Jh.	36.116	66,3 %	18.391	33,7 %	1.918	20,8 %	7.311	79,2 %
17. Jh.	7.693	54,8 %	6.355	45,2 %	1.163	28,7 %	2.896	71,3 %
Summe	91.341	78,7 %	26.741	21,3 %	7.205	37,9 %	14.434	62,1 %

Perfekt in erzählenden Passagen schon fast so häufig verwendet wie das Präteritum (45,2 % Perfekt zu 54,8 % Präteritum). In den Texten „direkter Rede" hat das Perfekt mit 71,3 % bereits die absolute Mehrheit.

Die historischen Daten bestätigen das Bild, das wir in den Korpusauswertungen des 20./21. Jahrhunderts gewonnen haben: Der Präteritumschwund ist vorrangig ein Prozess der gesprochenen Sprache. Er hat in der Mündlichkeit eingesetzt und schlägt sich erst zeitversetzt in schriftlichen Textzeugnissen nieder (vgl. dazu auch Jörg 1976, 3). Sowohl in den historischen als auch in den aktuellen Verteilungen zeigt sich jeweils eine Präferenz des Perfekts zur Mündlichkeit und zu dialogisch organisierten Textformen – allgemein: zur Verwendung in nähesprachlichen Kontexten. Im diachronen Vergleich dehnt sich das Perfekt in eben diesen nähesprachlichen Text-/Diskursformen am stärksten aus.

Die Restitution des Präteritums, die sich in Lindgrens Daten zeigt, wurde auf den Einfluss der erstarkenden neuhochdeutschen Schriftsprache zurückgeführt. Ein Blick in die weitere Entwicklung lässt erkennen, dass sich die Restitution nur in bestimmten Textformen erhalten kann. Dies zeigt der Vergleich der literarischen Texte des 18. und 21. Jahrhunderts in der diachronen Untersuchung von Langenberg (2008). Die folgende Tabelle fasst die Ergebnisse zusammen.[131]

Langenbergs Daten zeigen, dass die Tempusformenverteilung im Roman identisch bleibt, während im Briefroman/Tagebuch und im Drama im diachronen Vergleich eine Zunahme des Perfekts auf Kosten des Präteritums feststell-

---

[131] Die Werte wurden den Tabellen in Langenberg (2008, 57–81) entnommen und neu zusammengestellt.

Tab. 35: Tempusdistribution nach Textsorte und Textmodus in Langenberg (2008, 57–81).

	18. Jahrhundert				21. Jahrhundert			
	Präteritum		Perfekt		Präteritum		Perfekt	
	n	%	n	%	n	%	n	%
Textsorte								
Roman	4.335	96 %	159	4 %	3.406	97 %	95	3 %
Briefroman und Tagebuch	2.216	86 %	375	14 %	477	72 %	186	28 %
Drama	1.453	66 %	749	34 %	482	45 %	600	55 %
Auswertung (alle Textsorten) nach …								
narrativen Textpassagen		91 %		9 %		78 %		22 %
dialogischen Textpassagen		59 %		41 %		43 %		57 %

bar ist. In den Dramentexten, die bereits im 18. Jahrhundert niedrige Präteritumanteile haben, sind im 21. Jahrhundert die Perfektbelege häufiger als die Präteritumformen. Die Auswertung nach narrativen und dialogischen Textpassagen zeigt den gleichen Effekt der Diskursmodi, wie wir ihn aus den Auswertungen der Korpora des 20. Jahrhunderts und der historischen Korpora kennen: in dialogisch strukturierten Texten wird mehr Perfekt verwendet als in narrativen Texten. Im diachronen Vergleich sehen wir, dass der Trend zu mehr Perfektformen und weniger Präteritumformen bei beiden Diskursmodi vom 18. zum 21. Jahrhundert zunimmt. Die Ergebnisse legen nahe, dass die Perfektausdehnung im Deutschen weiterhin voranschreitet.

2.4.3 Abbauhierarchie

Für den Ausdehnungsprozess des Perfekts bzw. den Schwundprozess des Präteritums wurden verschiedene Staffelungen und Gebrauchsregularitäten festgestellt, die Aufschluss darüber geben, wie die Prozesse verliefen. Diese Staffelungen und Gebrauchsregularitäten lassen sich anhand der historischen Studien als Abbauhierarchie bestätigen. So lassen sich auch in den historischen Studien Verben mit einer Affinität zum Präteritum- bzw. Perfektgebrauch feststellen. Die Affinitäten stehen im Zusammenhang mit der Konjugationsklasse dieser Verben – und damit auch mit ihren flexionsmorphologischen und syntaktischen Eigenschaften. Des Weiteren sind auch Affinitäten zu unterschiedlichen grammatischen Personen zu beobachten.

So findet Rowley (2013, 62–65) in verschiedenen westmittelbairischen Quellen aus der Mitte des 17. Jahrhunderts Belege für indikativische Präteritumformen von *haben, können, fangen, gehen, stehen, tragen, machen, schauen* sowie vermutlich auch zu *tun, stimmen* und *wissen* (die letzteren Formen konnten nicht eindeutig identifiziert werden). Dabei ist ein Teil der Indikativformen gleichlautend mit präteritalen Konjunktivformen, die ebenfalls für eine Reihe von Verben belegt werden können. Die Verben *haben, können, stehen, wissen* haben sich auch in den standardsprachlichen Korpora des 20. Jahrhunderts als präteritumaffin gezeigt. Im Bairischen, in dem sich ab Ende des 15. Jahrhunderts der Präteritumschwund schriftlich niederschlägt und wo es im 19. Jahrhundert in den Dialekten (bis auf wenige Ausnahmen) keine Präteritumformen mehr gibt, finden wir im 17. Jahrhundert noch Restformen. Dabei handelt es sich zum großen Teil um die Verben, die auch in der arealen Staffelung in den Übergangsräumen tendenziell stärker erhalten sind und die in den Korpusauswertungen des 20./21. Jahrhunderts zum Präteritumgebrauch neigen. Die Staffelungen und Gebrauchsregularitäten lassen sich daher als Abbauhierarchie im Schwundprozess bestätigen.

Das zeigen auch die Ergebnisse von Sapp (2009) und Amft (2013). Sapp wertet die Zunahme der Perfektformen nach Konjugationsklassen aus (vgl. Sapp 2009, 427, Table 3, Figure 2). Während die Perfektformen von Modalverben und dem Verb *haben* selten vorkommen und nur eine geringe Zunahme bzw. sogar Abnahme verzeichnen, steigen die Häufigkeiten der Perfektformen der schwachen, starken und rückumlautenden Verben vom 14. zum 16. Jahrhundert erheblich an (sw. Verben: von 22,1 % auf 41,2 %, st. Verben: von 12,3 % auf 35 %, rückuml. Verben: von 16 % auf 39 %). Auch das Verb *sein* nimmt an Perfektformen zu (von 4,6 % auf 19,8 %). Besonders schnell breiten sich die Perfektformen der schwachen Verben aus, dicht gefolgt von denen der Rückumlautverben und der starken Verben. Die Modalverben und auch das Verb *haben* bilden dagegen weiterhin fast ausschließlich Präteritumformen. Die Tendenz der Modalverben zur Präteritumform wird von Amft (2013, 196) bestätigt. Auch in ihrem Korpus neigen die Modalverben überwiegend zu Präteritumformen: 78 % der Modalverben, die zum Ausdruck des „präteritalen Konzepts" verwendet werden, werden mit Präteritumform gebildet, nur 22 % mit Perfektform. Dahingegen verzeichnen die schwachen und die starken Verben eine etwas stärkere Verwendung der Perfektform (beide zu 32 %).

Eine Tempusvariation nach grammatischer Person bestätigen die Auswertungen von Sapp und Amft. Bei Sapp (2009, 431, Tab. 6 und 7) bilden die Verbformen der 2. Person im Vergleich zu den Verbformen der 1. und 3. Person sehr häufig Perfekt (Perfektanteile: 2. Ps. = ca. 46,5%; 1. Ps. = ca. 10,5%; 3. Ps. = 12%). Im diachronen Vergleich kann Sapp einen vergleichsweise starken Anstieg der Perfektformen in der 2. Person feststellen (von 42% auf 62% im Plural und von 48% auf 76% im Singular). Amft (2013, 218) bestätigt diese Tendenz. In ihrem Korpus bilden sogar nur 16% der Präteritumformen eine Personalform der 2. Person, während für die 1. Person 61% und für die 3. Person 70% Präteritumbelege verzeichnet werden. Die Perfektformen machen damit den Großteil der Personalformen der 2. Person (zum Ausdruck des präteritalen Konzepts) aus. Die Affinität der Personalformen der 2. Person zu Perfektformen lässt sich abermals zurückführen auf die phonotaktisch unvorteilhafte Form der Präteritumformen in der 2. Person (Konsonantencluster, defektive Formen) und die Affinität der 2. Person zu dialogisch strukturierten und auf den Sprechzeitpunkt bezogenen Diskursformen, die zu hohen Kategorienfrequenzen der 2. Person in Perfektform führt.

2.4.4 Areale Ausbreitung

Sapps (2009, 444–447) Auswertung nach den Herkunftsräumen und -orten der Texte zeigt, dass in Köln, Sachsen, Nürnberg, Augsburg (und Wien) ein kontinuierlicher Anstieg von Perfektformen vom 14. zum 16. Jahrhundert verzeichnet werden kann. Für diese Räume werden im 16. Jahrhundert Perfektanteile von 48% bis 57,7% festgestellt. Im Hessischen, Thüringischen, im Elsass, im Schwäbischen und in Zürich zeigen sich geringere Perfektanteile und es lassen sich keine kontinuierlichen Zunahmen feststellen; die Einzelwerte variieren stark.[132] Mit Ausnahme von Köln[133] liegen die Orte mit eindeutigem Perfektanstieg und hohen Perfektanteilen im südöstlichen Teil des frühneuhochdeutschen Sprachraums und lassen in Übereinstimmung mit den Daten von Lindgren (1957) darauf schließen, dass der Präteritumschwund eben dort, im östlichen Oberdeutsch, seinen Anfang nahm: „Therefore, we may conclude that the loss of the preterite began in the southeast [...] and then moved to other dialects as an language-internal, areal spread" (Sapp 2009, 447). Dieser *areal spread* – die areale Ausdehnung des Perfekts – hat ab dem 16. Jahrhun-

---

[132] Für eine Diskussion der Einzelwerte und -entwicklungen s. Sapp (2009, 444–447).
[133] Für die hohen Werte in Köln sieht Sapp es entsprechend der Erklärung von Drinka (2004) nicht als unwahrscheinlich, dass diese vom französischen Tempus-Aspekt-System, das schon früher als im Deutschen Präteritumschwund verzeichnete, beeinflusst sein könnten (vgl. Kap. 3.5.2.6 „Sprachkontakt"). Möglich sei aber auch ein Einfluss durch den östlichen Sprachraum gewesen.

dert das nördliche Schweizerdeutsche erreicht. Die Untersuchung von Jörg (1976) zeigt, dass sich der Präteritumschwund in der Schweiz von Norden nach Süden ausbreitete. Das Präteritum sei zuerst im Norden verlorengegangen, in Basel, das Jörg aufgrund seiner geographischen, kulturellen und sprachlichen Öffnung gegenüber dem nördlichen Oberrhein als „Einbruchstelle" dieser sprachlichen Neuerung bezeichnet (Jörg 1976, 184). Das Präteritum habe sich anschließend in südlicher Richtung zurückgezogen und sei auch südlich der Alpen verloren gegangen. Jörgs Untersuchung zeigt, dass der Schwund seinen Ausgangspunkt nicht in der Schweiz genommen hat, sondern lässt vermuten, dass er durch Sprachkontakt mit dem Norden angestoßen wurde. Eine Untersuchung, die die areale Ausbreitung im Detail und auch in nördlicher Richtung des deutschen Sprachraums skizziert, steht noch aus.

2.4.5 Zusammenfassung – Historische Dokumentation des Präteritumschwunds

In diesem Kapitel wurden verschiedene Studien ausgewertet, die den Prozess des Präteritumschwunds historisch dokumentieren. Es lassen sich folgende Ergebnisse zur Datierung, zum Einfluss von Textsorten und Textmodus, zur Abbauhierarchie und zur arealen Ausbreitung zusammenfassen:
1. Datierung: Seit mittelhochdeutscher Zeit lassen sich eine Zunahme von Perfektformen und eine Abnahme von Präteritumformen feststellen. Die in den Studien erhobenen Daten zur Verteilung von Perfekt- und Präteritumformen geben zwar unterschiedliche Niveaus an, in der Tendenz stimmen sie jedoch überein. Ein Pik der Perfektausdehnung kann für das 16. und 17. Jahrhundert festgestellt werden. Es ist davon auszugehen, dass der Prozess in der Mündlichkeit schon früher begonnen hatte und sich erst zeitverzögert in den schriftlichen Textzeugnissen niederschlägt. Es ist demnach damit zu rechnen, dass sich der Schwund bereits im 15. Jahrhundert im südostdeutschen Sprachraum bemerkbar machte. Ende des 17. Jahrhunderts wird – vermutlich durch das Erstarken und den Einfluss der neuhochdeutschen Schriftsprache – das Präteritum auch in den süddeutschen Schreibsprachen wieder restituiert. In den oberdeutschen Dialekten setzt sich der Schwund fort.
2. Textsorten und Textmodus: Die Tempusdistributionen variieren – wie in den Korpora des 20. Jahrhunderts – je nach Textsorte. Das entscheidende Kriterium ist dabei wiederum die temporale Organisation der unterschiedlichen Textmodi. Narrative, nicht-dialogische Textsorten zeigen ein stärkeres Präteritumvorkommen als besprechende, dialogische Textsorten, in de-

nen das Perfektvorkommen höher ist. Im diachronen Verlauf zeigt sich, dass die Perfektformen in allen Textsorten und Textmodi zunehmen, jedoch besonders stark in den dialogischen Textsorten und Textpassagen. Diese tendenziell nähesprachlichen Kontexte bilden die große Domäne der Perfektverwendung, während die narrativen, nicht-dialogischen – tendenziell distanzsprachlichen – Texte die Domäne der Präteritumformen bleiben. Im Vergleich der Literatursprache des 18. und 21. Jahrhunderts zeigt sich jedoch, dass das Perfekt neuerdings auch in narrativen Textsorten eine zunehmend stärkere Verwendung findet.
3. Abbauhierarchie: Die in den Korpora des 20. Jahrhunderts gezeigten Gebrauchsregularitäten lassen sich in den diachronen Studien als Expansions- und Abbauhierarchien wiederfinden. So expandiert das Perfekt zunächst bei schwachen Verben, Rückumlautverben und starken Verben. Modalverben werden nur selten mit Perfektformen gebildet. Hinsichtlich der Personalformen tritt das Perfekt am stärksten in Verbalformen der 2. Person auf und nimmt dort im Laufe des 15. und 16. Jahrhunderts (im Gegensatz zu den anderen grammatischen Personen) weiterhin stark zu.
4. Areale Ausbreitung: Die frühen und hohen Perfektanteile im ostoberdeutschen Sprachraum lassen darauf schließen, dass der Schwund in diesem Raum seinen Ursprung nahm und sich von dort ausgehend nach Westen, Südwesten und Norden ausbreitete. Eine detaillierte Studie zu den arealen Ausbreitungsverläufen steht noch aus.

Die folgende Grafik fasst die Erkenntnisse zum historischen Ablauf des Präteritumschwundprozesses noch einmal zusammen.

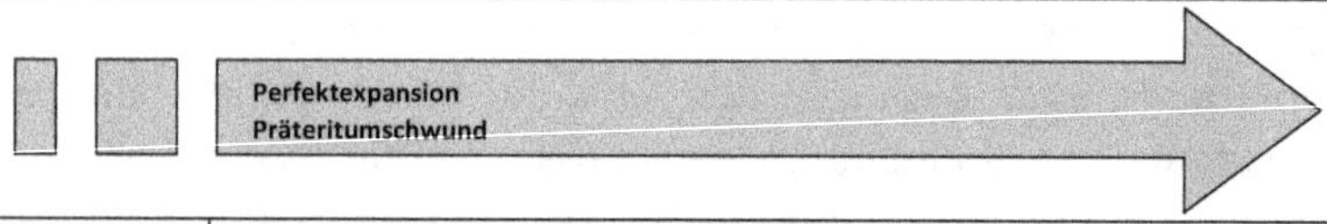

	Perfektexpansion Präteritumschwund		
Raum	Südosten	>>>	Südwesten, Westen, Norden
Zeit	14./15. Jh.	>>>	heute
Textsorte/-modus	direkte Rede	>>>	Erzählung
Konzeption	Nähesprache		Distanzsprache
Konjugationsklasse	schwache V. >>> rückumlautende/starke V.	>>>	*sein*, *haben*, MV
gramm. Person	2. PS	>>>	1. und 3. PS

Abb. 6: Historische Entwicklung von Perfektexpansion und Präteritumschwund.

2.5 Zusammenfassung

Im Anschluss an die Auswertungen der dialektalen, standardsprachlichen und historischen Dokumentationen des Präteritumschwunds lassen sich zentrale Erkenntnisse zum Prozess zusammenfassen und die Forschungsdesiderate benennen.

2.5.1 Präteritumschwund als europäischer Sprachwandelprozess

Den Schwund von präteritalen Formen gibt es nicht nur im Deutschen, sondern auch in anderen Sprachen – darunter in mehreren europäischen Sprachen. Ein Blick auf die areale Verteilung dieser europäischen Sprachen und Varietäten in Kapitel 2.1 („Präteritumschwund kontrastiv") legt einen Zusammenhang dieser Prozesse nahe. Der deutsche Schwundprozess wurde in der typologischen Forschung als Folge eines universalen Grammatikalisierungspfads beschrieben, der auch von den anderen Präteritumschwundsprachen begangen wurde. Um zu überprüfen, in welchem Zusammenhang die Schwundprozesse in den verschiedenen europäischen Sprachen stehen, ist neben der entsprechenden historischen Sprachkontaktforschung auch die Dokumentation der einzelsprachlichen Prozesse notwendig. Zu beschreiben sind vor allem der genaue Verlauf des Prozesses und der konkrete Entwicklungsstand in den Varietäten der Präteritumschwundsprachen.

Für das Deutsche wurden daher in Kapitel 2.2 („Präteritumschwund in den deutschen Dialekten") die Dokumentationen zu den regionalsprachlichen und standardsprachlichen Varietäten ausgewertet. Die Auswertung bestätigt die Darstellungen, nach denen das Präteritum im süddeutschen Raum (bis auf wenige Reste) verloren gegangen ist. Nördlich schließt sich ein Übergangsgebiet an, das bis in die ripuarischen und ostmitteldeutschen Dialekträume reicht. Der norddeutsche Sprachraum weist wiederum überwiegend vollständige Formeninventare auf. Das Deutsche zeigt damit einen räumlich kontinuierlich abgestuften Erhalt der Formeninventare. Anders als in den typologischen Darstellungen (z. B. in der Karte von Dahl/Velupillai 2013) ist das deutsche Sprachgebiet in Bezug auf die Perfektexpansion nicht zweigeteilt. Die Perfektexpansion hat den gesamten (bundesdeutschen) Sprachraum erfasst. Auch die niederdeutschen Grammatiken dokumentieren die Expansion des Perfekts in die Bedeutungs- und Verwendungsbereiche des Präteritums. Allerdings sind die Grammatiken in ihrer Beschreibungsmethodik uneinheitlich. Um den Expansionsgrad der Perfektformen verschiedener Varietäten adäquat dokumentieren zu können, benötigt es eine einheitliche Beschreibungsmethode, die die semantischen und kontextuellen Eigenschaften des Perfektgebrauchs berücksichtigt. Ein solches Analysemodell wird in Kapitel 3 erarbeitet, indem der semantische Expansionsprozess systematisch einbezogen wird. In exemplarischer Anwendung auf das regionalsprachliche Korpus der REDE-Neuerhebung kann für das Deutsche damit die Ausdehnung der Perfektexpansion mithilfe einer einheitlichen und auf andere Sprachen übertragbaren Methodik dokumentiert werden. Diese Arbeit eignet sich somit als Ausgangspunkt für eine bisher ausstehende, sprachvergleichende Aufarbeitung dieses zentralen und übereinzelsprachlichen, europäischen Sprachwandelprozesses.

2.5.2 Zur Dokumentation des Präteritumschwunds im Deutschen

Eine verstärkte Zunahme des Perfekts auf Kosten des Präteritums zeigt sich in den historischen Korpusuntersuchungen vor allem ab und im 16. Jahrhundert. Der vollständige Schwund der Präteritumformen im Süddeutschen wird dann erst von der aufkommenden germanistisch-dialektologischen Forschung ab dem 19. Jahrhundert dokumentiert. Wir können von einem sukzessiven Ausdehnungsprozess des Perfekts ausgehen, der die Verdrängung des Präteritums zur Folge hatte. In den schriftlichen Textzeugnissen spiegelt sich die Expansion nur verzögert und jeweils beeinflusst von der konkreten Textsorte und der Herkunft des Schreibers wider. Auch der aufkommende Einfluss einer gemeinsamen neuhochdeutschen Schriftsprache schlägt sich auf die Tempusverwendung in den Texten nieder. Der Verlauf des Präteritumschwunds in der Mündlichkeit lässt sich nur indirekt aus der Schriftlichkeit rekonstruieren, in der er sich zeitverzögert bemerkbar macht.

Die Auswertung der verschiedenen Dokumentationen aus dem 19. und 20. Jahrhundert zeigt eine räumlich kontinuierlich abgestufte Ausdehnung von Perfektexpansion und Präteritumschwund von Süden nach Norden. Während in den oberdeutschen Dialekten keine Präteritumformen oder nur Einzelformen erhalten sind, nimmt die Anzahl der Verben, die eine Präteritumform bilden, in Richtung Norden kontinuierlich zu. Im Ripuarischen, Ostmitteldeutschen und Niederdeutschen lassen sich dann überwiegend vollständige Formeninventare belegen. Allerdings wird auch für diese Räume die Ausdehnung des Perfekts bemerkt, die dem Schwund der Formen vorausgeht.

Der Erhalt der Formen im Übergangsgebiet zeigt eine dreifache Staffelung:
1. Je nördlicher ein Dialektraum liegt, desto mehr Verben des Dialekts bilden Präteritumformen.
2. Je nördlicher ein Dialektraum liegt, desto höher ist die Gebrauchsfrequenz der Präteritumformen.

3. Die Zunahme der Präteritumformen unterliegt einer eigenen, geregelten, verbspezifischen und verbklassenweisen Staffelung. Es gibt eine Hierarchie des Präteritumformenabbaus bzw. -erhalts. Die Präteritumformen von *sein* halten sich in dem Verdrängungsprozess am besten. Ihnen folgen die Präteritumformen der Modalverben und Hilfsverben. Weiterhin erhalten sich die Präteritumformen der irregulären und starken Verben tendenziell besser als die der schwachen Verben, die zuerst verloren gehen.

Neben der lexemspezifischen Verteilung lassen sich in den dialektologischen, standardsprachlichen und sprachhistorischen Untersuchungen noch weitere verbbezogene Gebrauchs- und Verteilungsregularitäten aufzeigen. So neigen klammerbildende Verben, imperfektive Verben und tokenfrequente Verben eher zu einem Präteritumgebrauch, wohingegen Personalformen der 2. Person tendenziell eher mit Perfekt gebildet werden. Die verbspezifische Staffelung lässt sich auch in den Untersuchungen der historischen Linguistik bestätigen. Sie kann damit als Abbauhierarchie des Präteritumschwunds bestätigt werden. Auch die Textsorte, der Diskursmodus und ebenso die nähe- bzw. distanzsprachliche Konzeption spielen eine Rolle für die Tempusformenwahl. Während Perfektformen stärker in dialogisch strukturierten, nicht-narrativen und nähesprachlichen Diskursformen auftreten, werden Präteritumformen verstärkt in monologischen, narrativen und distanzsprachlichen Diskursformen verwendet.

Diese Tendenzen konnten für die dialektalen Formeninventare, den regionalsprachlichen und standardsprachlichen Tempusgebrauch sowie für den Gebrauch in den historischen Korpora anhand von Einzelstudien und Grammatiken beschrieben werden. Was bisher jedoch unklar geblieben ist, ist, welche Faktoren und Prinzipien diese Verteilungen und Tendenzen im Einzelnen steuern. Diese werden in Kapitel 3.5.3 („Abbauhierarchie des Präteritums und ihre Faktoren") diskutiert.

2.5.3 Zum Prozess und zur Erklärung des Präteritumschwunds

Die Erklärung dieses Prozesses ist in der Forschung umstritten. Nach der historischen und gegenwärtigen Quellenlage stellt sich der Präteritumschwund als Verdrängungsprozess dar, der durch die Expansion des Perfekts ausgelöst wurde. Die synchrone, areale Distribution kann als Resultat dieses historischen Verlustprozesses, der im südlichen Sprachraum früher einsetzte und sich von dort ausbreitete, erklärt werden. Um diesen Prozess verstehen zu können, ist es notwendig, den historischen Hintergrund dieser Entwicklung zu berücksichtigen. Hier stellen sich folgende Fragen:

- Wie ordnet sich der Präteritumschwund in die sprachgeschichtlichen Entwicklungen des deutschen Tempus-Aspekt-Systems ein?
- Welche Prinzipien steuern den Ausdehnungs- bzw. Schwundprozess und stehen hinter den Staffelungen, wie sie in den Dokumentationen, die in Kapitel 2 ausgewertet wurden, beschrieben werden?
- Wie lassen sich diese Faktoren in ein Analysemodell zum Entwicklungsstand der Perfektexpansion in den Regionalsprachen des Deutschen überführen?

Die meisten Forschungsarbeiten zum deutschen Präteritumschwund enthalten Vermutungen und Erklärungen zur Ursache dieses Sprachwandelprozesses. Diese Erklärungsansätze müssen hinsichtlich ihrer Plausibilität überprüft werden. Es stellen sich also die folgenden Fragen:
- Welche Ursachen und Faktoren wurden in der Forschung benannt und welche dieser Erklärungen sind in Hinblick auf die dokumentierten Verteilungen plausibel?
- Welche Faktoren können in einen multifaktoriellen Erklärungsrahmen aufgenommen werden, der neben den auslösenden Ursachen auch nach den begünstigenden Faktoren des Prozesses fragt?

Kapitel 3 greift die Fragen nach dem historischen und theoretischen Hintergrund von Perfektexpansion und Präteritumschwund auf und erörtert die zugrundeliegenden Prozesse und Faktoren dieses umfassenden Sprachwandels im Tempus-Aspekt-System des Deutschen.

3 Die Erklärung des Präteritumschwunds

Der Verlust von Präteritumformen im Deutschen, wie er sich für die deutschen Dialekte ermitteln ließ, ist die Folge von historischen Sprachwandelprozessen, durch die Präteritumformen von den seit mittelhochdeutscher Zeit expandierenden Perfektformen verdrängt werden. Die Entstehung der Perfektkonstruktion und ihre Expansion führen zu tiefgreifenden Veränderungen des deutschen Tempus-Aspekt-Systems. Im Folgenden werden diese Umbauprozesse anhand des aktuellen Forschungsstands beschrieben und es wird überprüft, inwieweit sie zur Erklärung des Präteritumschwunds herangezogen werden können.

Ausgangspunkt der Argumentation ist ein Vergleich der Formenbestände verschiedener historischer Sprachstufen des Deutschen. Dazu wird zunächst das neuhochdeutsche Tempus-Aspekt-System (mit Fokus auf den Vergangenheitstempusformen) beschrieben (Kap. 3.1) und anschließend mit den Formenbeständen der historischen Sprachstufen verglichen (Kap. 3.2). Es zeigt sich, dass das deutsche Tempus-Aspekt-System hinsichtlich der Vergangenheitstempora von drei zentralen Prozessen gestaltet wurde, die jeweils in einzelnen Kapiteln skizziert werden. Durch die Perfektgrammatikalisierung (Kap. 3.3) wurden neue Formen in das System eingegliedert, die einen eigenen Ausdruck von Retrospektivität ermöglichten. Anschließend führte die Perfektexpansion (Kap. 3.4) zu einer Ausdehnung des Perfektgebrauchs: Das Perfekt konnte in immer mehr Kontexten, die zuvor dem Präteritum vorbehalten waren, verwendet werden. Schließlich wird im Präteritumschwund (Kap. 3.5) das Präteritum vom Perfekt verdrängt und regelgeleitet abgebaut. Dieser Prozess wird von verschiedenen Nachteilen der Präteritumform sowie von Vorteilen der Perfektform begünstigt.

Das Kapitel ermittelt den historischen Hintergrund, vor dem sich der Präteritumschwund im Deutschen vollzieht. Gleichzeitig wird eine Beschreibungsgrundlage zur Darstellung und Analyse von Tempus-Aspekt-Formen entwickelt. Darauf aufbauend wird ein integratives Analysemodell zur Beschreibung der Perfektexpansion erarbeitet, mit dem der Expansionsgrad von Perfektformen bestimmbar wird. Dieses Modell greift auf die Konzepte, die Terminologie und die Analysemodelle zurück, die sich in der theoretischen und historischen Beschreibung des Tempus-Aspekt-Systems des Deutschen und seinen Wandelprozessen als aussagekräftig und erkenntnisreich erwiesen haben.

3.1 Das deutsche Tempus-Aspekt-System

Tempus-Aspekt-Systeme sind Systeme von (grammatischen, häufig verbalen) Formen und ihren temporalen und aspektuellen Bedeutungen. Dieses Kapitel fragt danach, was temporale und aspektuelle Bedeutungen sind und mit welchen Formen sie im Deutschen ausgedrückt werden. Gleichzeitig wird ermittelt, welche temporalen und aspektuellen Bedeutungen für den Präteritumschwund relevant sind.

3.1.1 Grundbegriffe: Zeitlichkeit in der Sprache

Es wird angenommen, dass die zeitliche Bestimmung von Situationen[134] ein Grundkonzept der menschlichen Wahrnehmung ist. Bei einem solchen *basic time concept*[135] handelt es sich um die Vorstellung von grundlegenden temporalen Relationen wie der Vor- oder Nachzeitigkeit oder der temporalen Überlappung (vgl. Henriksson 2006, 22). Es ist daher nicht verwunderlich, dass die zeitliche Bestimmung von Situationen in den Sprachen der Welt häufig versprachlicht wird. In vielen Sprachen wird Zeitlichkeit grammatisch am Verb ausgedrückt. Dabei wird unterschieden zwischen einer zeitlichen Verortung von Situationen, der *Temporalität*, und ihrer internen zeitlichen Struktur bzw. Perspektivierung, der *Aspektualität*. Der grammatische Ausdruck von Temporalität wird nach Comrie (1985) *Tempus* (engl. *tense*) genannt: „tense is grammaticalised expression of location in time" (Comrie 1985, 9). Aspektualität kann nach Comrie (1976) durch *Aspekte* (engl. *aspects*) grammatisch ausgedrückt werden: „aspects are different ways of viewing the internal temporal constituency of a situation" (Comrie 1976, 3). Sowohl Temporalität als auch Aspektualität können neben dem Ausdruck durch verbale Tempus- und Aspektformen auch mittels anderer sprachlicher Mittel (wie z. B. nominaler, adverbialer, adjektivischer und präpositionaler Phrasen) versprachlicht werden. Diese können die Bedeutung und die Verwendung von verbalen Tempus- und Aspektformen beeinflussen (vgl. Binnick 2001, 558).

Die Bezeichnungen „Tempus" und „Aspekt" werden in der Forschung sowohl für die Ausdrucksebene (Tempus- bzw. Aspektformen) als auch für die Kategorienebene (temporale bzw. aspektuelle Bedeutung: Temporalität bzw. Aspektualität) verwendet. Eine weitere Kategorie, die im Deutschen (durch *Modus*formen) am Verb ausgedrückt werden kann, ist *Modalität*. Zum Teil ergeben sich Zusammenhänge und Überschneidungen von Tempus-, Aspekt- und Modusformen und ihren Bedeutungen. Die deutsche Futurform hat sich z. B. aus Konstruktionen mit aspektuellen und modalen Bedeutungen entwickelt. Ihr

---

134 *Situationen* wird hier wie bei Lindstedt (2001, 768) als allgemeiner Terminus für alles verstanden, was ein Satz oder eine Äußerung bezeichnet („anything that a sentence denotes"), z. B. ein Zustand, ein Ereignis, ein Prozess. Vgl. auch die Situationstypen in Kap. 3.1.1.2 („Aspektualität").
135 Der Terminus stammt von Klein (1994).

wird auch heute noch eine überwiegend modale Bedeutung zugeschrieben (vgl. Leiss 1992; Vater 1975, 1997; Szczepaniak 2011; Heinold 2015, 112–115). Daher befasst sich die Forschung häufig mit Tempus-Aspekt-Modus-Systemen (TAM-Systemen) einzelner Sprachen. Da Modus für den Schwund des Präteritums keine bzw. bestenfalls eine untergeordnete Rolle spielt, werde ich den Ausdruck von Modalität in den weiteren Darstellungen nicht berücksichtigen. Gleiches gilt für den gesamten Bereich der Evidentialität und für den Ausdruck von Zukunft, der hier ebenfalls weitestgehend vernachlässigt wird.[136]

Im Folgenden wird anhand der einschlägigen Forschungsliteratur diskutiert, welche temporalen und aspektuellen Bedeutungen relevant für den Präteritumschwund im Deutschen sind. Es wird sich zeigen, dass Verbalsituationen im Deutschen immer sowohl temporale als auch aspektuelle Bedeutung tragen. Daher werden die deutschen Verbalformen als Tempus-Aspekt-Formen bezeichnet, auch wenn keine grammatikalisierten Aspektformen vorliegen.

3.1.1.1 Temporalität

Temporale Bedeutungen
Die temporale Bedeutung einer Verbalsituation ist ihre temporale Verortung in der Zeit. Diese erfolgt relativ zu einem *deiktischen Zentrum*, das in der Regel mit der *Sprechzeit* (*speech act time, time of utterance*) zusammenfällt. Daher ist Tempus eine deiktische, indexikalische Kategorie (vgl. Binnick 2001, 557).[137] In der Forschung werden drei unterschiedlichen Arten von Tempus unterschieden: absolute, relative und metrische Tempora.[138]

---

136 Die dialektgrammatische Durchsicht in Kap. 2.2 hat gezeigt, dass in einigen Dialekten der Tempusformenwahl auch der Ausdruck von Evidentialität zugesprochen wurde (z. B. Franke 1892/1895, 324). Dabei wird dem Perfekt die Markierung von Wissen per „Hörensagen" und dem Präteritum die Markierung von „Augenzeugen-Wissen" zugesprochen. Hier wäre eine Studie zur Systematizität dieser Markierung wünschenswert.
137 Zur temporalen Deixis allgemein vgl. Wingender (1995) und Schmidt (1995). Inwieweit auch Aspektualität als „schwach deiktische" Kategorie verstanden werden kann, wird in Bezugnahme auf die relevante Forschung in Henriksson (2006, 53) diskutiert.
138 Metrische Tempora (*metrical tenses*) drücken Entfernungsgrade (*degrees of temporal remoteness*) einer Situationszeit zum deiktischen Zentrum aus (vgl. Binnick 2001, 560–561). So kann eine Sprache die nahe Vergangenheit (*immediate, proximate past*) von einer entfernten Vergangenheit (*remote past*) grammatisch differenzieren. Manche Sprachen unterscheiden z. B. die Opposition 'heute' (*hodiernal*) und 'vor heute' (*antehodiernal*) grammatisch. Vgl. dazu die Überblicke in Binnick (2001, 560), Lindstedt (2001, 771), Dahl (1985, 120–128). Für das Deutsche wurde vorgeschlagen, ein absolut verwendetes Plusquamperfekt als *Remoteness*-Ausdruck zu werten, da eine größere zeitliche Entfernung zur Sprechzeit impliziert würde als durch den Vergangenheitsausdruck mittels Präteritum oder Perfekt (vgl. Brandner/Salzmann/Schaden 2016, 28–29).

168 — 3 Die Erklärung des Präteritumschwunds

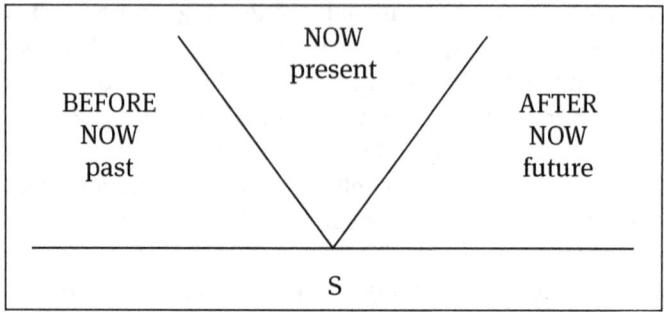

Abb. 7: Abbildung zu absoluten temporalen Distinktionen in natürlichen Sprachen von Kibort (2008).[139]

Absolute, deiktische Tempora (*absolute, deictic, primary tenses*) lokalisieren Situationen in der *Vergangenheit, Gegenwart* oder *Zukunft* (vgl. Binnick 2001, 558–559). Genauer gesagt, wird die *Situationszeit* (*situation time*) bei diesen Tempora relativ zur Sprechzeit verortet. Die Situationszeit, also die Zeitspanne, für die ein Zustand gültig ist bzw. in der ein Ereignis erfolgt, wird als vorzeitig, gleichzeitig oder nachzeitig zur Sprechzeit angeordnet und dadurch in der Vergangenheit, Gegenwart oder Zukunft lokalisiert (vgl. Binnick 2001, 558). Die Abbildung von Kibort (2008) visualisiert diese grundlegenden temporalen Distinktionen.

Das Deutsche versprachlicht in erster Linie die Basisopposition Vergangenheit – Nicht-Vergangenheit (*Past – Non-Past*) durch eine markierte Präteritumsform.[140] Sprachhistorisch spiegelt sich diese Opposition in den Präterital- und Präsensstämmen der Verbformen wider, die als morphologische Grundopposition die Verbflexion des Deutschen bestimmen. Die grammatische Markierung des Vergangenheitsausdrucks findet man in vielen Sprachen der Welt.[141] Bybee/Dahl (1989) und Bybee/Perkins/Pagliuca (1994) bezeichnen diesen übereinzelsprachlichen Ausdruck als *past gram-type*: „Past indicates a situation which occured before the moment of speech." (Bybee/Perkins/Pagliuca 1994, 55)[142] Ein eigener,

---

139 „S" steht für „speech time" ('Sprechzeit').
140 Eine solche Zweiteilung – ein *binary tense system* – konnten Hewson/Bubenik (1997) für neun von den zwölf in ihrer Arbeit untersuchten indoeuropäischen Sprachen feststellen. Diese Sprachen drücken in der Regel Zukunft durch aspektuelle – genauer: prospektive – Konstruktionen aus (vgl. Hewson 2012, 513–515).
141 Die Präsensform ist im Deutschen wie auch in vielen anderen Sprachen der Welt mehrheitlich unmarkiert (vgl. Bybee/Dahl 1989, 55).
142 In Dahls (1985) Sample weisen 33 von 45 Sprachen solche sogenannten *past-grams* auf. Häufig tragen *past grams* in Dahls Sample zusätzlich noch Bedeutungen, die anderen *gram-*

grammatikalisierter Zukunftsausdruck ist im Deutschen noch recht jung – die temporale Distinktion von Gegenwarts- und Zukunftsbedeutung ist daher formal wenig prominent. Die deutsche *werden*-Futurform steht nach wie vor in Konkurrenz zur Präsensform, die im Germanischen der einzige Zukunftsausdruck war und bis heute diesen Bedeutungsausdruck dominiert.[143]

Die relativen Tempora haben in der Forschung viel Diskussion und unterschiedliche Definitionen erfahren. Häufig werden unter relativen Tempora (*relative, anaphoric, secondary tenses*) Tempora verstanden, die Situationen (bzw. deren Situationszeiten) relativ zu einer kontextuell gegebenen *Referenzzeit* (*reference time/point*) lokalisieren. Die Referenzzeit wird wiederum in Relation zur Sprechzeit lokalisiert (vgl. Binnick 2001, 599).[144] Zu diesen Tempora werden in der Regel Perfektformen (z. B. Perfekt, Plusquamperfekt, Futur II) gezählt. Im Deutschen kann z. B. mit dem Plusquamperfekt eine Situationszeit vorzeitig zu einer Referenzzeit, die in der Vergangenheit liegt, verortet werden und diese wird dadurch hinsichtlich der Sprechzeit als *vorvorzeitig* lokalisiert.[145] So beschreibt auch die Duden-Grammatik (2016, 523) das Plusquamperfekt als „typisches Tempus der Vorvergangenheit". Eine andere Perspektive sieht die relativen Tempora als deiktische Tempora in Relation zu ebenfalls deiktischen Tempora. Demnach könnte das deutsche Plusquamperfekt als Ausdruck einer „Vergangenheit in der Vergangenheit" (*past-in-the-past*) verstanden werden (vgl. Binnick 2001, 559). In dieser Arbeit wird diese Bedeutung des Plusquamperfekts als *Vorvergangenheit* bezeichnet.[146]

Als temporale Grundbedeutungen des deutschen Tempus-Aspekt-Systems werden in dieser Arbeit Vergangenheit, Gegenwart und Zukunft (in ihrer Bedeutung als absolute Tempora, s. o.) gewertet, wobei sich Gegenwart und Zu-

---

types (z. B. *perfective, anterior*) mit aspektuellem Charakter zugeordnet werden (vgl. Bybee/Dahl 1989, 56). Der WALS verzeichnet für 134 Sprachen eine *past tense* (z. T. mit mehreren Remotenessgraden), denen 88 Sprachen ohne *past tense* gegenüberstehen (vgl. Dahl/Velupillai 2013).

143 Deshalb und aufgrund der modalen Lesarten ist der Status des *werden*-Futurs als Zukunftsausdruck umstritten (vgl. Vater 1975, 1997; Heinold 2015, 112–115).

144 Fällt die Referenzzeit mit der Sprechzeit zusammen, spricht man häufig von einem *primary reference point*. Bei den relativen Tempora wird zusätzlich ein *secondary reference point* etabliert (vgl. Lindstedt 2001, 770). Für einige relative Tempora – z. B. für die doppelten und dreifachen Perfektbildungen im Französischen und Deutschen – werden zusätzlich noch weitere Referenzzeiten angenommen (vgl. Binnick 2001, 560).

145 Formen wie das Plusquamperfekt werden in der Forschung auch *absolute-relative tenses* genannt. Oft wird dann der Terminus *relative tenses* infiniten Formen wie Partizipien vorbehalten (vgl. Lindstedt 2001, 772).

146 Grundsätzlich sind hier weitere Vor-Verortungen der Ereigniszeit denkbar, so dass hier eine Erweiterung um eine Vorvorvergangenheit und Vorvorvorvergangenheit möglich – wenn auch selten realisiert – ist.

kunft zu einem Non-Past-Bereich zusammenfassen lassen. Im Vergangenheitsbereich lassen sich ggf. zudem weitere Zeitstufen etablieren. Die folgende Abbildung stellt dies in einer Übersicht dar:

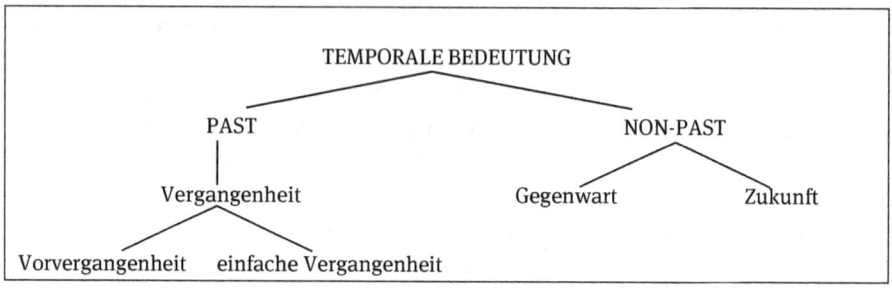

Abb. 8: Temporale Grundbedeutungen im Deutschen.

Zu den relativen Tempora werden auch die Perfektformen der Gegenwart gezählt, deren Bedeutung anhand der Relation von Ereignis-, Referenz- und Sprechzeit beschrieben werden kann: Perfektformen der Gegenwart lokalisieren ein Ereignis vorzeitig zur Sprechzeit, betrachten es jedoch ausgehend von der Sprechzeit. Ein anderer Beschreibungsansatz ist, die relativen Tempora als Kombination von deiktischen Tempora mit einer aspektuellen Bedeutung zu werten (vgl. Binnick 2001, 559). Die Perfektbedeutung würde dann als der Ausdruck von Gegenwart mit „perfektischem Aspekt" beschrieben werden. Hier deutet sich an,
1. dass temporale und aspektuelle Bedeutungen eng miteinander verbunden sind und manche aspektuelle Bedeutungen ebenfalls eine temporale Verortung umfassen.
2. dass diese Zusammenhänge und auch die Bedeutungen an sich in den verschiedenen Schulen und Traditionen der Tempusforschung z. T. sehr unterschiedlich beschrieben wurden.
3. dass je nach Beschreibungsansatz andere Gesichtspunkte (z. B. die temporalen Relationen oder aspektuelle Bedeutungen) in den Vordergrund rücken.
4. dass für die Analyse von Bedeutungsveränderungen einzelner Formen in Tempus-Aspekt-Systemen ein Ansatz, der temporale und aspektuelle Bedeutungseinheiten konzeptuell zu differenzieren versucht, von Vorteil ist.

Bevor im nächsten Kapitel die für diese Arbeit relevanten aspektuellen Bedeutungen definiert und erläutert werden können, soll ein kurzer Exkurs zur Tempusforschung klären, welche Forschungsansätze geeignet sind, um die Reorganisation des deutschen Tempus-Aspekt-Systems im Zusammenhang mit dem Präteritumschwund zu beschreiben.

Exkurs: Verortung innerhalb der Tempusforschung
Temporale und aspektuelle Bedeutungen werden in den verschiedenen Schulen und Forschungsansätzen der Tempusforschung sehr unterschiedlich verstanden und beschrieben. Die klassische grammatische Tradition war stets einzelsprachlich ausgerichtet und beschreibt die Tempora einer Sprache als Formkategorien, denen verschiedene „Bedeutungen", „Verwendungen" oder „Gebrauchsvarianten" zugeschrieben werden (vgl. Fabricius-Hansen 1991, 729–731). Diese Grammatikschreibung wurde stark von der Tempuslehre der griechischen und lateinischen Grammatik geprägt, was sich auch in der Terminologie widerspiegelt (z. B. „Perfekt", „aoristischer Gebrauch", „Imperfekt") und die Schulgrammatik z. T. bis heute prägt. Theoretisch sind diese Beschreibungen zum Teil wenig reflektiert und rufen terminologische und sogar begriffliche Unklarheiten hervor.[147] Das zeigt sich z. B. in der zweiten Auflage der Duden-Grammatik (1966). Hier werden die Begriffe „Präteritum", „Imperfekt", „1. Vergangenheit" und „2. Stammform" gleichgesetzt und mit allgemeinen Beschreibungen erläutert, wie z. B.: „Die 2. Stammform und ihr Passiv sind daher das eigentliche, neutrale Tempus der Abstand wahrenden Schilderung, der erzählenden, berichtenden Darstellung" (Duden-Grammatik 1966, 100). Die Definition mit Begriffen wie „eigentlich", „neutral" und „Abstand wahrend" ist problematisch, da sie keinerlei temporalsemantische Information enthält, aber auch keine klaren stilistischen Richtlinien zur Verwendung der Tempusformen anbietet. Auch die Zitate aus den Dialektgrammatiken haben gezeigt, dass die Bedeutungsbeschreibungen der Tempusformen stets einer Interpretation bedürfen und nur unter Vorbehalt vergleichbar sind (vgl. z. B. die Diskussion der Beschreibungen von Bernhardt 1903 und Bröking 1945 in Kap. 2.2.2.4 „Dialektale Formenbestände – Norden"). Erst in neueren Grammatiken werden explizite, temporal-aspektuell eindeutige Beschreibungen geliefert. So erläutert die Duden-Grammatik (2016) die Bedeutungen des Präteritums sowohl mithilfe von temporalen Verortungen („Geschehnisse, die [...] einer bestimmten Zeit in der Vergangenheit zugewiesen werden") als auch mit aspektuellen Perspektivierungen („Abhängig von der Aktionsart und dem allgemeinen Zusammen-

---

[147] Diese Generalisierung verschweigt die Tatsache, dass die Beschreibungen der deutschen Tempusformen in Standardwerken wie den „Prinzipien der Sprachgeschichte" von Paul (1886) eine differenzierte Bestimmung erfahren, in der neben lateinischen oder griechischen Äquivalenzen auch außersprachliche zeitlogische Relationen herausarbeitet werden.

hang erlaubt das Präteritum eine Außenperspektive oder eine Binnenperspektive auf das Geschehen"; beide Zitate: Duden-Grammatik 2016, 522–523). Damit greifen aktuelle Grammatiken auf die Terminologie und Konzepte der linguistischen Tempusforschung zurück.

Die linguistische Tempusforschung wurde im 20. Jahrhundert stark geprägt von dem überaus erfolgreichen, zeitlogischen Modell von Reichenbach (1947) (vgl. Fabricius-Hansen 1991, 732–734).[148] Reichenbachs Beschreibungsmodell nimmt neben den temporalen Bezugspunkten *Ereigniszeit (point of event, E)* und *Sprechzeit (point of speech, S)* erstmals auch eine *Referenzzeit (point of reference, R)* an. Anhand bestimmter Konstellationen dieser Bezugsgrößen zueinander lassen sich in Reichenbachs Modell die englischen Tempusformen semantisch eindeutig beschreiben: Für das englische *simple present* bestimmt Reichenbach eine Gleichzeitigkeit von E, R und S, wohingegen beim *present perfect* die Erreigniszeit der Referenz- und Sprechzeit vorangeht. Beim *simple past* liegen Ereignis- und Referenzzeit zeitgleich in der Vergangenheit. Beim *past perfect* wird das Ereignis rückblickend aus der Perspektive der Referenzzeit betrachtet, die ebenfalls in der Vergangenheit liegt. Auch die anderen Tempusformen des Englischen wurden mithilfe des Modells beschrieben, vgl. die folgende Darstellung anhand eines Zeitstrahls.

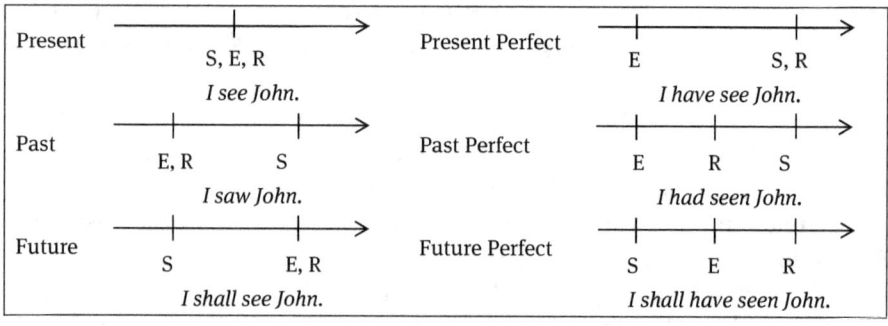

Abb. 9: Ausschnitt des zeitlogisches Modells für das Englische von Reichenbach (1947).

---

148 Frühere tempussemantische Arbeiten, in denen außereinzelsprachliche Zeitmodelle entwickelt wurden, werden bei Fabricius-Hansen (1991, 731–732) behandelt. Dazu zählen auch Modelle aus der vergleichenden Sprachwissenschaft (besonders der Indogermanistik), z. B. das Modell von Jespersen (1924). Diese hat die deutschen Tempora aus einer kontrastiven Perspektive untersucht und zahlreiche Vergleiche und Bezüge zu anderen ie. Sprachen hergestellt (vgl. z. B. Jacobsohn 1933). Viele der dort getroffenen Beobachtungen und Begriffsunterscheidungen (z. B. *Aspekt* vs. *Aktionsarten*) prägen die theoretischen und typologischen Ansätze der Tempusforschung bis heute.

Reichenbachs Modell wurde später von den „Neo-Reichenbachianern" wiederaufgenommen und weiterentwickelt und hatte auch Einfluss auf die klassische Zeitlogik. Die Darstellungsweise, bei der Zeitpunkte auf einem Zeitstrahl angeordnet werden, ist sehr eingängig und kann helfen, Unterschiede in den Bedeutungen zweier Formen zu verdeutlichen. Wie einzelne Formen durch semantischen Wandel ihre Bedeutung verändern (z. B. Bedeutungen/Lesarten hinzugewinnen oder verlieren), ist jedoch kaum darstellbar.

In der zweiten Hälfte des 20. Jahrhunderts entwickelte sich die klassische Zeitlogik als Teilgebiet der Modallogik (vgl. Prior 1967; Rescher/Urquhart 1971; van Benthem 1983).[149] Sie bemühte sich vor allem um die Entwicklung einer modelltheoretischen Tempussemantik, die jedoch keine Übertragung auf natürlichsprachliche Sätze einer Einzelsprache zuließ. Das führte zu einer Weiterentwicklung durch Logiker und Linguisten. Die klassische Zeitlogik hat die temporalsemantischen Forschungen der Folgezeit deutlich beeinflusst. Das zeigt sich auch an dem von logischen Formeln durchdrungenen, semantischen Beschreibungsinventar der modernen Forschungsrichtungen. Die Weiterentwicklungen führten zu Erweiterungen und Ausdifferenzierungen der Fragestellungen, Beschreibungsinventare und theoretischen Modellierungen, die sich nun nicht mehr nur auf Minimalkontexte, sondern auf Temporalausdrücke in ganzen Texten bezogen und auch einzelsprachliche Tempus-Aspekt-Systeme untersuchten (vgl. Ogihara 2011). Zu den verschiedenen Ansätzen und Weiterentwicklungen, in denen Tempus nur einen Teil einer umfassenden, semantischen Beschreibung ausmacht, gehört z. B. die *Discourse Representation Theory* (vgl. Kamp/Reyle 1993). Für das deutsche Tempus-Aspekt-System liegen zeitlogisch beeinflusste Analysen z. B. von Bäuerle (1979), Fabricius-Hansen (1986), Ballweg (1988a, b) und Thieroff (1992) vor. Ein Problem der stark formalisierten logischen Ansätze ist die hohe Komplexität und Abstraktheit ihrer Darstellungen. Die Grundfrage der zeitlogischen Ansätze ist die wahrheitslogische Modellierung von Temporalausdrücken. Dabei werden auch kontextuelle Bedeutungsvarianten modelliert und auf Grundrelationen und Operatoren zurückgeführt. Auf variationslinguistische und sprachgeschichtliche Fragestellungen sind diese Ansätze jedoch kaum anwendbar und auch als Analysetool für Korpusanalysen eignen sich die abstrakten und komplexen Beschreibungen wenig.

In der Tradition Reichenbachs und gleichzeitig stark beeinflusst von der formalen Tempuslogik haben sich verschiedene, weitere Ansätze entwickelt, wie z. B. der kompositionale Ansatz von Musan (2002) oder der Ansatz von Klein (1994), in der die Referenzzeit als *Topic Time* eine neue Konzeptionalisierung erfährt. Einflussreich war auch der *Extended-Now*-Ansatz von McCoard (1978),

---

149 Vgl. die Überblicke in Fabricius-Hansen (1991) und Ogihara (2011).

der von Stechow (1999) und Iatridou/Anagnostopoulou/Izvorski (2003) weiterentwickelt und auch von Rothstein (2006) unter dem Begriff der „Perfektzeit" wiederaufgenommen wurde. Aktuelle temporalsemantische Darstellungen des deutschen Tempus-Aspekt-Systems, wie z. B. die Studieneinführung zu *Tempus* von Rothstein (2007), führen diese Entwicklungslinien zusammen. Die Bedeutungsbeschreibung in Rothstein (2007) hat das Ziel, für jede Tempusform des Deutschen eine Grundbedeutung zu formulieren, die alle Verwendungskontexte und Teilbedeutungen umfasst.[150] Diese „Bedeutungsformeln" stellen adäquate Beschreibungen der Bedeutungen neuhochdeutscher Tempusformen dar, doch versperren sie die Perspektive auf die synchrone Variation, in der sich die aktuellen (und historischen) Sprachwandelprozesse widerspiegeln.

Die strukturalistische Tempusforschung geht auf die *Prager Schule*, v. a. auf Arbeiten von Jakobson, zurück. Sie bestimmt die Tempusformen und deren grammatische Markierung hinsichtlich semantischer Oppositionen. Die strukturalistische Tempusforschung und die *Neo-Reichenbach'schen* Arbeiten teilen die Annahme, dass

> Zeitrelationen in der Sprache auf multiplen Wegen und im Rahmen unterschiedlicher funktionaler Ebenen kodiert werden, die in ihrer Gesamtheit die vollständige Bedeutung der jeweiligen Tempusformen ergeben, diese damit kompositional aufgebaut ist. (Petrova 2008a, 201)

Ein solches *kompositionales* Tempusmodell, das sowohl die strukturalistischen Konzepte von semantischen Oppositionen, grammatischer Markiertheit und Unmarkiertheit integriert hat und gleichzeitig die kompositionale Bedeutung einzelner Tempusformen in „neo-Reichenbach'schen" Begriffen formulieren kann, ist der Ansatz von Petrova (2008a, b), die das von Lucko (1982) für das Englische entwickelte Modell auf das Deutsche überträgt und um Erkenntnisse aus der Tempusforschung zum Bulgarischen erweitert. Von Lucko übernimmt Petrova die Kategorie „Korrelation", die die temporale Relation von Ereigniszeit und Referenzzeit kausal deutet. Damit wird das Perfekt aus den Kategorien Tempus und Aspekt ausgesondert. Petrova (2008a) vergleicht das Tempus-Aspekt-Modus-System der neuhochdeutschen Standardsprache mit dem des Niederdeutschen und Oberdeutschen anhand eines solchen kompositionalen Modells. Die Modelle

---

150 Die Bedeutung des Perfekts stellt sich nach Rothstein (2007, 55) z. B. wie folgt dar: „(R ¬ < S) & PZ (LG, RG) & (RG ≤ R) & (E ⊆ PZ)". „Das Präsensperfekt liefert demnach ein Intervall PZ mit der linken Grenze (LG) und der rechten Grenze (RG). (RG) der Perfektzeit kann vor (R) oder gleichzeitig zu (R) sein. (E) liegt innerhalb von PZ. (R) nicht vor (S)." Diese Beschreibung umfasst sowohl resultative, experientielle und kontinuative Perfektbedeutungen als auch „präteritale" Lesarten.

werden systematisch anhand der gleichen Kategorien und Merkmale beschrieben. Petrova will zeigen,

> dass die Tempus- und Modussysteme in der Standardsprache und in den Dialekten des Deutschen Variationen eines einheitlichen Grundmodells verbaler Kategorialarchitektonik sind, die sich nur im Grad der formalen Anreicherung und funktionalen Ausdifferenzierung einzelner Teilbereiche voneinander unterscheiden. (Petrova 2008a, 217)

Problematisch an der „verbalen Kategorialarchitektonik" bei Petrova ist, dass die Tempusformen fest mit den aspektuell-temporal-modalen Bedeutungskomponenten gekoppelt sind. Zum Beispiel werden alle deutschen Verbformen des Präsensstamms der Gruppe I (mit dem Merkmal „Proximität") in der Kategorie „Distanz" zugesprochen, wohingegen die Verbformen des Präteritalstammes zu Gruppe II (mit dem Merkmal „Distalität") gehören. Diese starre Kopplung von Formen mit Bedeutungskomponenten führt dazu, dass, wenn eine Form schwindet, mit ihr auch der Bedeutungsausdruck entfällt. Das wird in dem Modell des oberdeutschen TAM-Systems zum Problem. Die Systemstelle des Präteritums entfällt mit Schwund der Präteritumform (vgl. Petrova 2008a, 216). Die Perfektform, die in den oberdeutschen Dialekten das geschwundene Präteritum ersetzt, bleibt in Petrovas Modell nur der Gruppe I zugeordnet und kann die Systemstelle des Präteritums nicht übernehmen, da sie morphologisch nicht der Gruppe II (Präteritalstamm = „Distalität") angehört. Der Bedeutungskomplex der Präteritumform[151] ist in Petrovas Modell des Oberdeutschen unbesetzt, der Ausdruck einer indikativischen Vergangenheit wird nicht erfasst. Aufgrund der Form-Bedeutungs-Kopplung ist weder die semantische Expansion noch eine eventuelle Polysemie des Perfekts in Petrovas Modell abbildbar oder modellierbar. Auch lässt die strukturalistische Methode von Petrova nur dichotome Bedeutungsunterscheidungen zu. Eine Form drückt z. B. in der Kategorie „Korrelation" entweder „Perfekt" oder „Non Perfekt" aus, gemeint als Vorliegen oder Nicht-Vorliegen einer logisch kausalen und damit auch zeitlichen Relation zwischen Situationszeit und Tempuszeit.[152] Bedeutungskontinua oder Polysemien finden in diesem binären Modell keinen Platz. Weder die strukturalistischen noch die „neo-Reichenbach'schen" Ansätze liefern daher ein hilfreiches Beschreibungswerkzeug für die Analyse von Sprachwandelprozessen und synchroner Sprachvariation in einzelsprachlichen Tempus-Aspekt-Systemen.

---

151 Konkret wäre das [+ distant] (Kategorie „Distalität"), [+ wahrheitswertbezogen] (*Taxis*), [+ gleichzeitig] („Tempus"), [+ non-perfekt] („Korrelation"), vgl. Petrova (2008a).
152 Der Terminus „Situationszeit" entspricht in etwa der Reichenbach'schen Ereigniszeit, „Tempuszeit" der Referenzzeit.

Erkenntnisreich haben sich für diese Fragestellungen funktional-typologische Ansätze erwiesen. In den Arbeiten von Comrie (z. B. 1976 zu *Aspect* und 1985 zu *Tense*) wird die Perspektive umgedreht und nicht nach der Bedeutung von Aspekt- bzw. Tempusformen gefragt, sondern nach den einzelsprachlichen Ausdrücken allgemeingültiger temporaler und aspektueller Bedeutungen. Hier schließt auch die typologische Tempusforschung von Dahl (1985), Bybee (1985), Bybee/Dahl (1989) und Bybee/Perkins/Pagliuca (1994) an,[153] die auch die temporal-aspektuellen Wandelprozesse mit in ihre Analyse einbeziehen. Bybee/Dahl (1989) und Bybee/Perkins/Pagliuca (1994) vergleichen Tempus- und Aspektformen verschiedener Sprachen und deren Entwicklungswege. Durch sprachvergleichende Analysen konnten die Autoren bestimmte temporal-aspektuelle, prototypische Bedeutungen und Verwendungen (sogenannte *cross-linguistic gram-types*) ermitteln, die in den Sprachen der Welt häufig mittels grammatischer Formen (*grams*) ausgedrückt werden.[154] Die ermittelten *gram-types* des TAM-Bereiches sind *perfective, imperfective, progressive, future, past* und *perfect/anterior* (Bybee/Dahl 1989, 55). Der Fokus verschiebt sich bei den Substantialisten weg von einer strukturalistischen Perspektive auf Tempus und Aspekt als fundamentale Bedeutungseinheiten hin zu den einzelsprachlichen *grams* und ihren übereinzelsprachlichen *gram-types*, die als *universal categories* gehandelt werden. Diese semantischen Einheiten (*semantic foci*) müssen weder in Bedeutungsbestandteile aufgebrochen werden, noch zu allgemeineren Kategorien wie Tempus oder Aspekt gruppiert werden. Für einzelsprachliche und typologische Studien ergibt sich damit nach Lindstedt (2001, 770) der Vorteil, dass nicht entschieden werden muss, ob es sich bei einer Form, z. B. dem englischen Perfekt, um eine Tempus- oder Aspektform handelt, da dies wenig zum Verständnis der Bedeutung, Verwendung oder Entwicklung des *grams* beiträgt. Auch birgt dieser Ansatz ein befreiendes Element: „[I]t liberates the linguist from the obligation of presenting an overall philosophical or cognitive model of situations and temporality every time tense and aspect grams are discussed" (Lindstedt 2001, 770). In ihren Studien haben Bybee/Dahl und Bybee/Perkins/Pagliuca auch historische Entwicklungsverläufe untersucht. Die genannten *gram-types* lassen sich als Ergebnis von universellen Grammatikalisierungspfaden erklären, die in unterschiedlichen Sprachen wiederholt zu gleichen Ergebnissen führen. Ein für diese Arbeit wichtiger, als universell beschriebener Grammatikalisierungs-

---

153 Diese Forschungsrichtung wird von Lindstedt (2001, 769–770) auch als *substantialist approach* bezeichnet.
154 Es handele sich um „the most common and most widespread of grams marking notions of tense and aspect" (Bybee/Dahl 1989, 55).

pfad ist die Entwicklung von Kopula- und Possessivkontruktionen, die sich zu *perfects/anteriors* entwickeln, welche wiederum dazu neigen, sich zu *perfective pasts* oder *pasts* weiterzuentwickeln. Dieser Grammatikalisierungsprozess kann beispielhaft an der Entwicklung des deutschen Perfekts nachvollzogen werden und spielt für den Präteritumschwund und die Prozesse, die zu ihm geführt haben, eine entscheidende Rolle.

Die Betrachtung von Wandelprozessen als Grammatikalisierungsprozesse erlaubt es, nicht nur in einer diachronen Perspektive den Ursprung und die Entwicklung von *grams* einzubeziehen, sondern sie sind auch wichtig für die synchrone Beschreibung der Variation, die sich aus der diachronen Entwicklung ergibt:

> An adequate description of the tense and aspect system of any language must thus refer not only to the meaning of the individual grams and to the structure of their overall system, but also to the on-going grammaticalization processess as reflected in various kinds of synchronic variation. (Lindstedt 2001, 781)

Synchron kann eine solche Variation als *grammaticalization cline* beschrieben werden:

> [T]he propensity towards the use of a gram decreases monotonically along some dimensions, such as the semantic distance from certain prototypical (focal) contexts, the geographical distance from the centre of innovation, or the age scale from younger to older generations. (Lindstedt 2001, 781)

Eine solche *multidimensional synchronic cline* kann als Modell zur Beschreibung des graduellen semantischen Wandels von romanischen Perfektformen (wie dem Französischen *passé composé* und dem Italienischen *passato prossimo*) zu *perfective pasts* und des deutschen Perfekts zu einem aspektneutralen *general past* geltend gemacht werden (vgl. Lindstedt 2001, 781). Konkrete Modellierungen der diachronen Entwicklung und synchronen Variation im deutschen Tempus-Aspekt-System werden unten vorgeschlagen.

Die jüngste Richtung der Tempusforschung hat sich aus der Kognitionslinguistik entwickelt und folgt dem aktuellen Trend zu kognitiven Modellierungen unserer Sprachverarbeitung (vgl. u. a. Radden/Dirven 2007 und Evans/Green 2006, die auf Fauconniers 1994, 1997 *mental-space model* und auf Langackers 2002 *profile-base model* zurückgreifen). Als Beispiel sei hier auf Polzenhagen (2008) verwiesen, der die strukturalistisch-funktionale Beschreibung des englischen Tempus-Aspekt-Systems durch Lucko (1982) anhand kognitiver Modelle zu fundieren versucht. Spannende Ergebnisse konnten in kontrastiven Studien von Stutterheim, Carroll und Klein gewonnen werden (vgl. Stutterheim/Carroll/Klein 2003, 2009; Stutterheim/Carroll 2007). Sie zeigen, dass Aufmerksamkeitsprozesse sprachstrukturell beeinflusst werden, dass es also einen Zusammenhang zwischen einer einzelsprachlichen Sprachstruktur und der Informationsorganisation ihrer Sprecher gibt: „[D]iejenigen kognitiven Prozesse, die den Redeinhalt formen, [sind] bereits auf der Stufe der Informationsverarbeitung von visuellem Input an die grammatischen Strukturen der Einzelsprache angepasst [...]" (Stutterheim/Carroll 2007, 57). Mit anderen Worten wird unsere Wahrnehmung von der einzelsprachlichen Grammatik und den hier grammatikalisierten semantischen Einheiten beeinflusst. Da diese Wahrnehmungs- und Sprachverarbeitungsdifferenzen im Spracherwerb ausgebildet werden, lassen sich hier interaktionistisch-kognitive Sprachwandeltheorien – wie die *Sprachdynamiktheorie* von Schmidt/Herrgen (2011) – gewinnbringend anknüpfen. Es sind nämlich genau die wiederholten, gleichgerichteten Synchronisierungsakte, die ein Kind im Spracherwerb erfährt und die sprachliches Wissen durch positive Rückkopplung (Verstehen) stabilisieren und durch negative Rückkopplung (Korrektur, Missverstehen) modifizieren. Synchronisierungsprozesse in der primären Sprachsozialisation bilden die individuellen Sprach- und Registerkompetenzen aus, zu denen auch die einzelsprachlichen und varietätenspezifischen Tempus-Aspekt-Systeme gehören.

Die bisherigen Modelle von Temporalität und Aspektualität, die auf kognitiv fundierte Größen aufbauen, – wie z. B. das Modell von Henriksson (2006) – liefern eine vielversprechende Beschreibungsgrundlage für regionalsprachliche, standardsprachliche und sprachhistorische Tempus-Aspekt-Systeme. Wie sich historische Sprachwandelprozesse von Tempus-Aspekt-Systemen – z. B. semantischer und formaler Wandel in Grammatikalisierungsprozessen – mit den kognitiven Ansätzen erklären und modellieren lassen, wird im Rahmen der kognitiven Semantik (vgl. Fritz 2012; Geeraerts 2012) und in neueren Ansätzen der formalen Semantik (vgl. Eckardt 2012) derzeit diskutiert. Auf die (kognitiven) Mechanismen dieser Wandelprozesse wird in Kapitel 3.3 („Entstehung des Perfekts") näher eingegangen. Zunächst soll jedoch anhand des kognitiv fundierten Modells von Henriksson der Frage nachgegangen werden, welche aspektuellen Bedeutungen für das Deutsche und insbesondere für den Präteritumschwund relevant sind.

3.1.1.2 Aspektualität

Das Konzept „Aspektualität" bezieht sich auf das zeitliche Profil (*shape, constituency*) einer Situation und häufig wird darunter die Grundunterscheidung verstanden, ob einer Situation eine Begrenzung (*bound, limit*) inhärent ist oder nicht (vgl. Lindstedt 2001, 768). Gleichzeitig gehören zur Aspektualität auch unterschiedliche Perspektivierungsmöglichkeiten beim Betrachten einer Situation (vgl. Henriksson 2006). Die Frage, wie Aspektualität am Verb ausgedrückt wird, wird in der Forschung unterschiedlich beantwortet. Oft wird eine Unterscheidung zwischen lexikalischem (*lexical aspect*, Aktionsart) und grammatischem Aspekt (*grammatical aspect*, Aspekt) getroffen.[155] Dabei werden Aktionsarten häufig mit derivationell ausgedrückter Aspektualität und Aspekte mit flexivisch ausgedrückter Aspektualität in Verbindung gebracht.[156]

Henriksson (2006) unterscheidet zwischen einer kontinentalen, vor allem durch die Slawistik geprägten Aspektforschung mit einem sehr engen Aspektualitätskonzept, das sich an der morphologischen Realisierung von Aktionsart und Aspekt ausrichtet, und einer angelsächsischen Forschungstradition mit einem weiten, inhaltlich bestimmten Aspektualitätskonzept. Die slawistische Aspektforschung definiert verschiedene Aspekte und Aktionsarten anhand der in den einzelnen slawischen Sprachen vorhandenen, lexikalisch und morphologisch ausgedrückten Aktionsarten und Aspekte. Diese Ansätze sind kaum auf das Deutsche übertragbar, da das Deutsche keine Aspektsprache in slawischem Sinne ist und sich auch nur ein Teil der slawischen Aktionsarten im Deutschen wiederfinden lassen.[157] Henriksson (2006) selbst schlägt ein kognitiv fundiertes Zwei-Ebenen-Modell vor, in dem er zwischen der inhärenten temporalen Struktur von Situationen einerseits („Situationstypen") und der Perspektive beim Betrachten dieser Situationen andererseits („Blickwinkel") unterscheidet. Nach Henriksson liegt Aspektualität als basale konzeptuelle Kategorie jedem Wahrnehmungs- und Sprachproduktionsprozess zugrunde. Er bestimmt Aspektualität damit als inhaltlich-funktionale Kategorie, die einzelsprachlich als Verbalcharakter, Aktionsart oder Aspekt lexikalisiert bzw. grammatikalisiert sein kann. Ihr Ausdruck muss allerdings nicht durch grammatikalisierte Formen erfolgen. Henriksson nimmt an, dass Aspektualität auch ohne grammatischen Aspekt ihren Ausdruck findet.

Henrikssons Modell eignet sich hervorragend für die vorliegende Arbeit: Es ist kognitiv fundiert und erlaubt kontrastive, übereinzelsprachliche Perspektiven. Es wurde anhand relevanter Arbeiten aus der deutschen und inter-

---

155 Der lexikalische Aspekt wird in der Forschungsliteratur auch *actionality, situation aspect* (vgl. Binnick 2001, 557) oder *aspectual character, inherent aspectual meaning* sowie *derivational aspect* (vgl. Lindstedt 2001, 772) genannt. Für den grammatischen Aspekt wird auch *viewpoint aspect* verwendet (vgl. Binnick 2001, 557).
156 Bybee (1985, 145) verortet die beiden Möglichkeiten auf einem Kontinuum des Aspektualitätsausdrucks. Demnach würde es sich nicht um eine binäre Opposition, sondern um eine Skala handeln. Vgl. dazu auch Lindstedt (2001, 773).
157 Vgl. z. B. die Einteilungen von Nespital (2005), der die angelsächsischen, kontrastiv und inhaltlich ausgerichteten Konzepte als „Fehlinterpretation der/von Fakten der slaw. Sprachen" und als „globale und unscharfe Definition des Begriffs ‚Aspekt'" (Nespital 2005, 1003) bezeichnet.

nationalen Tempus- und Aspektforschung hergeleitet und baut dadurch auf zahlreichen konsensfähigen Konzepten auf. Hinsichtlich der in dieser Arbeit zur Diskussion stehenden Fragen ist das Modell zudem erweiterbar. Im Folgenden werden auf der Basis von Henrikssons Zwei-Ebenen-Modell die für diese Arbeit relevanten aspektuellen Bedeutungen skizziert. Die beiden Ebenen – Situationstypen und Blickwinkel – sind distinkte Größen, auch wenn sie eng miteinander verwandt sind. Beide beziehen sich auf die ontologische Größe der Situation und deren Präsentation (vgl. Henriksson 2006, 27).

	Aspektualität von Situationen
	(als inhaltlich-funktionale Kategorie)
Ebene 1: *Situationstypen*	inhärente temporale Struktur von Situationen
	Verbalcharakter und Aktionsarten
	z. B. States, Activities, Accomplishments, Achievements
Ebene 2: *Blickwinkel*	unterschiedliche Perspektiven auf die Situationen
	aspektuelle Perspektivierung (Außenperspektive, Innenperspektive)
	z. B. Perfektivität, Imperfektivität

Abb. 10: Zwei-Ebenen-Modell nach Henriksson (2006).

Situationstypen (Verbalcharakter und Aktionsarten)
Die erste Ebene der Aspektualität in Henrikssons Modell bezieht sich auf die inhärente temporale Struktur von Situationen – die Situationstypen. Mit Bezug auf die kognitionslinguistische Forschung wertet Henriksson die Größe *Situation* als grundlegende Wahrnehmungskategorie. Die Basis für das Situationskonzept und seine inhärenten temporalen Muster sind allgemeinmenschliche kognitive Mechanismen, die universell gelten und die Situation und deren aspektuelle Struktur zu universellen Konzepten machen (vgl. Henriksson 2006, 16). Anhand von zwei kognitiven Wahrnehmungs- bzw. Situationsmodellen – dem *Source-path-goal*-Schema aus der Framesemantik und dem *Billiard Ball Model* von Langacker (1999) – lassen sich „abstrakte Situationsmuster" entwickeln (vgl. Henriksson 2006, 14–21):

> Bei dem *source-path-goal*-Modell handelt es sich um eine räumliche Metapher für die temporale Struktur von Situationen, die auf den Anfang, den Verlauf und den Endpunkt der Situation zeigt. Ähnliches trifft für das *billiard ball model* zu, bei dem allerdings durch das Rollen sowie den möglichen Zustammenstoß von Billiardkugeln vor allem die [...] Interaktion der beteiligten Entitäten im Vordergrund steht. (Henriksson 2006, 17)

Aus den Situationsmustern lassen sich grundlegende aspektuelle Merkmale ableiten, die schließlich eine Einteilung in spezifische Situationstypen erlauben. Bei jeder Äußerung entscheidet sich der Sprecher durch die Wahl von Verben und Verbphrasen für einen dieser Situationstypen (vgl. Henriksson 2006, 20). Die Grundunterscheidung bei den Situationstypen ist dabei die, ob eine Situation als dynamisch oder statisch wahrgenommen wird (*Rollt die Billardkugel oder liegt sie still?*).[158] Weiterhin sind die Vorstellungen von inhärenten Grenzen der Situation (*Liegt ein sichtbarer Endpunkt des Rollens vor?*) und von ihrer Dauer/Durativität (gegenüber Punktualität) wichtig (*Ist das Rollen an sich relevant oder wird nur der Zusammenstoß mit der zweiten Kugel in Betracht gezogen?*) (vgl. Henriksson 2006, 31–32). Diese Merkmale – [± Dynamizität], [± Grenzbezogenheit], [± Durativität] – erlauben es, mehrere grundlegende aspektuelle Situationstypen herzuleiten, „auf die eine Mehrheit der Verben und Verbphrasen in Bezug auf deren inhärente Struktur zurückgeführt werden können" (Henriksson 2006, 29). Diese Situationstypen wurden mit einem anderen theoretischen Hintergrund bereits in dem einflussreichen Modell von Vendler (1957, 1967) entwickelt. Seine Terminologie wurde bei Henriksson beibehalten. Das „formale sprachliche Korrelat" zu den Situationstypen – also das Ausdrucksmittel – sind „infinite Verben oder Verbphrasen einschließlich Komplementen wie Objekten und bestimmten Adverbialen" (Henriksson 2006, 31), was Henriksson als *Verbalsituationen* bezeichnet: z. B. *groß sein, Schach spielen, einen Brief schreiben, den Deckel öffnen*.[159]

Die folgende Tabelle gibt einen Überblick über die bei Henriksson kognitiv fundierten Situationstypen und deren aspektuelle Merkmale.[160]

---

158 Das Modell von Henriksson macht die Unterscheidung zwischen dynamischen und statischen Situationen zur Grundunterscheidung der Situationstypeneinteilung. In der Forschungsliteratur wird auch die Grenzbezogenheit als Grundunterscheidung herangezogen. Grenzbezogene Situationstypen werden *perfektiv* oder *telisch* genannt, nicht-grenzbezogene Situationstypen *imperfektiv* oder *atelisch*.
159 Die infiniten Verben können dabei sowohl Simplizia („Verbalcharaktere") wie *blühen* als auch Derivationen („Aktionsarten") wie *erblühen* oder *verblühen* sein. Neben der lexikalischen Aspektualität der Verben können auch Subjekt (*Soldaten fielen* vs. *ein Soldat fiel*), Objekt (*Bücher lesen* vs. *ein Buch lesen*), Temporaladverbiale (*täglich* vs. *einmal*) und Lokaladverbiale (*ins Mittelmeer segeln* vs. *im Mittelmeer segeln*) auf die Aspektualität einwirken.
160 In der Forschungsliteratur finden sich durchaus auch andere Einteilungen, z. T. mit mehr Situationstypen, die durch eine feinere Untergliederung der Merkmale hergeleitet werden (vgl. Comrie 1976; Henriksson 2006; Nicolay 2007).

Tab. 36: Situationstypenmodell nach Henriksson (2006, 45), erweitert um Semelfactives.

Situationstypen	Beispiel	[± Dynamizität]	[± Grenz-bezogenheit]	[± Durativität]
States	blond sein, liegen	–	–	+
Activities	waschen, essen	+	–	+
Accomplishments	etw. aufbauen, einen Brief schreiben	+	+	+
Achievements	finden, abstürzen	+	+	–
Semelfactives	husten, aufschrecken	+	–	–

States

Die grundlegende aspektuelle Distinktion ist bei Henriksson das Merkmal [± Dynamizität], das aus Phänomenen wie Bewegung oder Veränderung ableitbar ist. Das Merkmal unterscheidet dynamische Vorgänge (*Events*/Ereignisse) von statischen Situationen (*States*/Zustände), die von undifferenzierter Dauer sind und mit Eigenschaften zu vergleichen sind. Eine statische Situation erfährt keine Veränderung, sie weist keine inhärente Grenze auf und ist immer durativ (vgl. Henriksson 2006, 32–34). Prototypische States haben kein Agens. Nur, wenn eine Situation dynamisch ist, machen weitere Unterscheidungen anhand der Merkmale [± Grenzbezogenheit] und [± Durativität] Sinn.[161]

Zu den States gehören die sogenannten *individual-level predicates*, die mit Substantiven und Adjektiven kombiniert werden und primär statische Eigenschaften ausdrücken: *blond sein, groß sein, Lehrer sein, Student bleiben*. Daneben zählen auch Lokativausdrücke mit *sein* oder einem Positionsverb (*in Deutschland liegen, am Marktplatz sein*) und mentale Zustände, die *private predicates*, zu den States (*kennen, hoffen*) (vgl. Henriksson 2006, 34).[162] Die undifferenzierte zeitliche Bestimmung führt dazu, dass bei prototypischen States eine genauere Bestimmung hinsichtlich der Dauer des Zustands nicht sinnvoll ist. Zur Vorstellung einer statischen Verbalsituation gehören weder ein Anfangs- noch ein Endpunkt und dadurch auch kein Nachzustand.

---

161 Henriksson spricht hier von einer Implikationshierarchie, da bei den States die Merkmale [– Grenzbezogenheit] und [+ Durativität] automatisch festgelegt werden, wohingegen bei den dynamischen Situationstypen noch Wahlmöglichkeiten bestehen (vgl. Henriksson 2006, 42). In seiner Übersicht werden States folglich auch nicht hinsichtlich [± Durativität] und [± Grenzbezogenheit] definiert.
162 Aufgrund der unterschiedlichen temporalen Bestimmbarkeit wird in der deutschen Forschungsliteratur daher häufig zwischen *Eigenschaften* (Individuenprädikate, gültig für die gesamte Existenzzeit der beschriebenen Größe) und *Zuständen* (Zustandprädikate, temporäre Eigenschaften) unterschieden (vgl. Rothstein 2007, 11; Ehrich/Vater 1989, 116–119).

```
    ?(Anfang)      ·········································      (Ende)?
```

Abb. 11: Zeitschema der States nach Henriksson (2006, 34).

Im Zusammenspiel mit temporalen Adverbialen und anderen sprachlichen Komponenten kann jedoch eine sekundäre Dynamisierung erfolgen (vgl. *in Schweden liegen [Stockholm]* vs. *fünf Stunden im Bett liegen [Person]*. Dabei ist die Situation immer noch statisch, jedoch ist durch die eingeschränkte Dauer und potenzielle Veränderung eine gewisse Dynamizität denkbar. Solche dynamisch interpretierbaren Zustände werden *stage-level predicates* genannt (vgl. Henriksson 2006, 47–48).[163] Sie erlauben die Vorstellung einer zeitlichen Dauer und Begrenzung des Verbalgeschehens. Nur bei sehr hoher Agentivität des Subjekts kann auch eine Activity-Lesart evoziert werden, zu der auch ein Nachzustand denkbar ist (vgl. *resultant state* bei Activities).

Activities
Activities sind dynamische, durative Situationen ohne eine inhärente Grenze. Betrachtet wird nur der Weg der Billardkugel – das Rollen –, nicht der Anfang oder das Ziel, obwohl der Beginn des Rollens und sein notwendiges Ende ebenfalls zum mentalen Konzept von Activities gehören, jedoch nicht fokussiert werden (vgl. das Zitat von Henriksson zum *billiard ball model* oben). Die inhärente Dynamizität schließt immer einen arbiträren Anfangs- und Endpunkt mit ein (vgl. Henriksson 2006, 37), dieser wird jedoch nicht als Teil der Verbalsituation versprachlicht. Das Fehlen einer Grenzbezogenheit macht auch das potenzielle Erreichen einer Grenze, durch die ein Nachzustand in Form eines Resultats erzeugt wird, obsolet. Kontextuell lassen sich jedoch durchaus Nachzustände zu Activities sekundär ableiten. Solche kontextuell erzeugten Resultatszustände sind wenig prototypisch und werden *resultant states* genannt und von den *target states* abgegrenzt (vgl. Parsons 1990, 234–235; Kratzer 2000). *Target states* sind Resultatszustände, die in der lexikalischen Bedeutung eines Verbs angelegt sind (bei Accomplishments und Achievements, [+ Grenzbezogenheit]). Zu Activities lassen sich Nachzustände nur kontextuell erschließen, z. B. wäre zu *waschen* der Nachzustand 'sauber sein' und zu *essen* der Nachzustand 'satt sein' denkbar. Grundsätzlich impliziert der Nachzustand eines Activity-Verbalgeschehens die Information, dass die Verbalsituation nicht mehr andauert.

---

[163] Desclés/Guentchéva (2012, 131–132) unterscheiden zwischen *permanent* und *contingent states* und fügen Beispiele aus Sprachen an, in denen diese Unterscheidung grammatisch differenziert ausgedrückt wird (wie z. B. im Spanischen, Portugiesischen und Hebräischen).

Die fehlende inhärente Grenzbezogenheit führt bei den States und den Activities zu einer homogenen zeitlichen Struktur der Verbalsituation. Dadurch sind sie teilbar, d. h., dass jeder Teil der Verbalsituation im Hinblick auf die aspektuelle Struktur mit der Ganzheit identisch ist. Die Wahrheitsbedingungen des Teilmoments entsprechen denen der gesamten Verbalsituation (vgl. Henriksson 2006, 36; Leiss 1992).

Activities und Accomplishments teilen das Merkmal [+ durativ], das sie beide zu Prozessen (*process*) macht, und Activities von States abgrenzt. Prozessverben sind die häufigsten Verben, zu ihnen gehören zahlreiche Handlungs- und Vorgangsverben wie *essen, spielen, lesen* und *waschen*. Eine Reihe von Activities ist hinsichtlich des Merkmals [± Grenzbezogenheit] unterspezifiziert. Diese Verben sind ambig, z. B. *fahren, essen, lesen*.[164] Durch Komplemente oder Adverbiale kann ein Grenzbezug vorgenommen werden, was sie zu Accomplishments macht: *in die Garage fahren, ein Schnitzel essen, ein Buch lesen* (vgl. Henriksson 2006, 81).

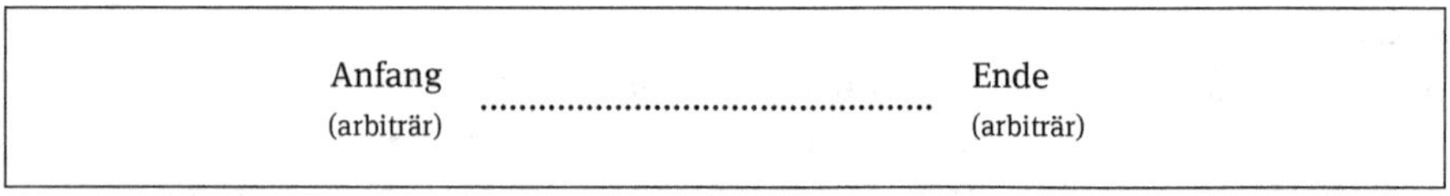

```
         Anfang                              Ende
        (arbiträr)     ...................  (arbiträr)
```

Abb. 12: Zeitschema der Activities nach Henriksson (2006, 37).

Accomplishments
Accomplishments sind dynamische, durative Prozesse mit Bezug auf eine inhärente Grenze.[165] In der Metapher der kognitiven Situationsmodelle wird bei Accomplishments sowohl auf den Weg als auch das Ziel – sowohl auf das Rollen

---

164 Vgl. auch die Terminologie bei Leiss (1992, 227), die die ambigen Verben „aspektuell labile Verben" nennt, und Comrie (1976, 20), der sie unter „ambiguous verbs" fasst.
165 Grenzbezogenheit bedeutet nach Henriksson, dass die Verbalsituation nur einen Bezug auf eine Grenze herstellen. Es muss nicht das tatsächliche Erreichen der Grenze ausgedrückt werden. Vgl. engl. *She is walking to the post office*. In diesem Satz ist eine inhärente Grenze als Faktum gegeben, fokussiert ist jedoch der Prozess des Gehens. Das tatsächliche Erreichen der Grenze wird durch den Blickwinkel ausgedrückt. In diesem Fall lässt der progressive Blickwinkel das Erreichen der Grenze offen (vgl. Henriksson 2006, 35). In der Forschungsliteratur wird die Grenzbezogenheit daher auch weiter unterteilt in *telicity* und *boundedness*, wobei mit *telicity* die der Verbsemantik inhärente Begrenzung und mit *boundedness* die aktuell im Satz realisierte Begrenzung gemeint ist, die z. B. bei ambigen Verben durch die Setzung von Komplementen erfolgt, aber auch durch grammatischen Aspekt hinzugefügt werden kann. Vgl. dazu auch Lindstedt (2001, 773).

als auch auf das Zusammenstoßen der Billiardkugeln – Bezug genommen. Accomplishments beziehen sich daher auf Prozesse mit natürlichen Endpunkten, wie z. B. bei *etwas aufbauen, einen Brief schreiben*. Der natürliche Endpunkt schließt den Prozess ab und führt zu einem Nachzustand, der als Resultat auf den Prozess folgt. Dieser lexikalisch inhärente Nachzustand wird *target state* genannt (vgl. Parsons 1990, 234–235; Kratzer 2000). Er muss im Gegensatz zu den *resultant states* der Activities nicht kontextuell inferiert werden, sondern ist das natürliche Resultat der Verbalsituation. Das Merkmal [± Resultativität] ist der Grenzbezogenheit untergeordnet.

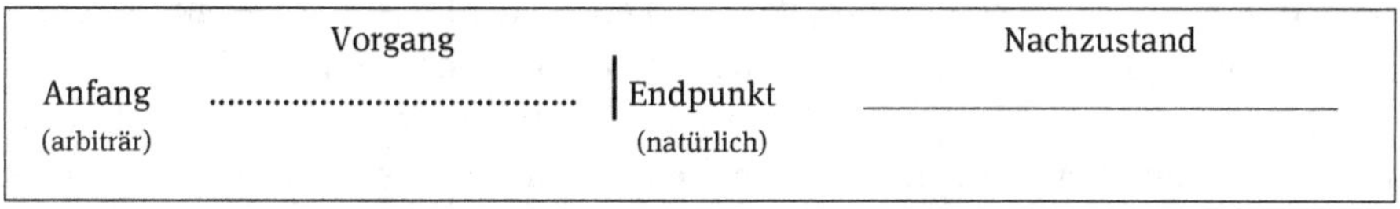

	Vorgang		Nachzustand
Anfang (arbiträr)	....	Endpunkt (natürlich)	

Abb. 13: Zeitschema der Accomplishments nach Henriksson (2006, 39).

Achievements

Achievements sind punktuelle – nicht-durative – dynamische, grenzbezogene Situationstypen. Sie führen ebenso wie die Accomplishments zu einem lexikalisch inhärenten, resultativen Nachzustand, einem *target state*. Achievements werden als punktuelle Verbalsituationen konzeptualisiert, die keine Vorstellung eines durativen Vorgangs erlauben, wie z. B. *finden, abstürzen, öffnen* (vgl. Henriksson 2006, 39). Punktualität ist schwer messbar und wirklich punktuelle Situationen sind kaum möglich. Auch Achievement-Situationen lassen sich letztlich noch in kleinere Einheiten aufteilen, so wie im Film mit Zeitlupe ein plötzliches Geschehen als durativer Prozess sichtbar gemacht werden kann. Sprachkognitiv scheint jedoch die Eigenschaft [± Durativität] relevant zu sein. So sind durative Zeitangaben wie *drei Tage lang* oder *in zwei Monaten* bei *achie*-

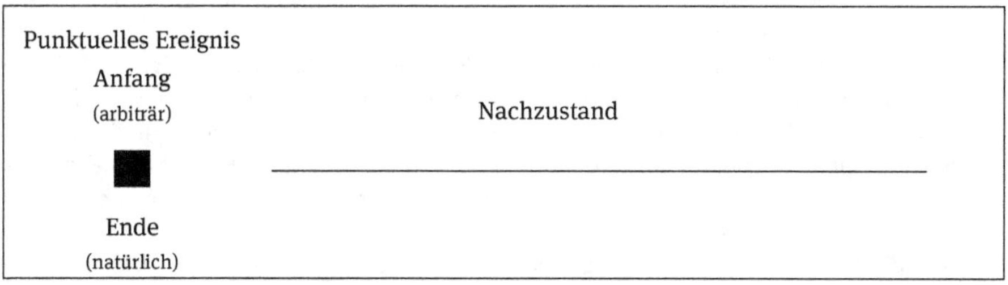

Punktuelles Ereignis Anfang (arbiträr) ■ Ende (natürlich)	Nachzustand

Abb. 14: Zeitschema der Achievements nach Henriksson (2006, 39).

vements im Gegensatz zu der Verwendung mit Accomplishments nicht möglich bzw. stark markiert.[166]

Semelfactives

Semelfactives sind Situationstypen, die Vendler (1957, 1967) in seiner Einteilung nicht berücksichtigt hat. Comrie (1976, 41–44) hat sie jedoch als Situationen beschrieben, die nur einmalig und punktuell stattfinden.[167] Grundsätzlich handelt es sich um punktuelle Activities, also um dynamische, aber nicht-durative Situationstypen, wie z. B. *husten, aufschrecken, klopfen*. Im Gegensatz zu den grenzbezogenen Situationstypen Accomplishments und Achievements haben Semelfactives jedoch keinen *target state*, keinen lexikalisch inhärenten Resultatszustand. Die Begrenzung bei Semelfactives entsteht durch die Punktualität, nicht durch einen natürlichen Endpunkt. Daher werden sie in der Literatur unterschiedlich kategorisiert.[168] Ich habe sie in der Übersichtstabelle (s. o.) als [+ dynamisch], [– grenzbezogen], [– durativ] eingeordnet, um zu unterstreichen, dass die Grenzbezogenheit der Semelfactives nicht durch einen lexikalisch inhärenten, natürlichen Endpunkt entsteht, sondern durch Punktualität. Beim Nachzustand von Semelfactives handelt es sich um *resultant states*, nicht um *target states*.

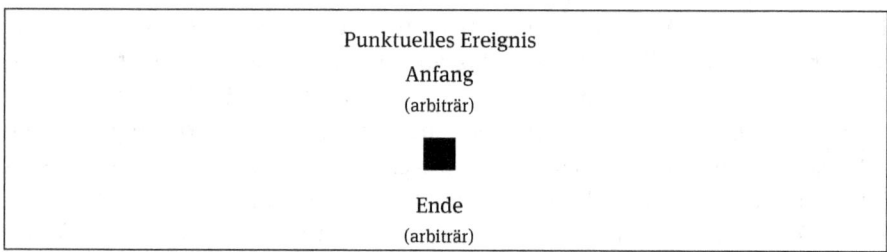

Abb. 15: Zeitschema der Semelfactives (eigene Abbildung).

---

166 Vgl. auch die Diskussion von Problemfällen bei der Unterscheidung von Accomplishments und Achievements bei Henriksson (2006, 46).
167 Den einmaligen Semelfactives stellt Comrie die *iteratives* gegenüber, die eine sich wiederholende Situation beschreiben: „At this stage, we may introduce the terms ‚semelfactives' to refer to a situation that takes place once and once only (e. g. one single cough), and ‚iterative' to refer to a situation that is repeated (e.g. a series of coughs)." (Comrie 1976, 42) Semelfactives treten häufig iterativ auf. Sie lassen sich dann imperfektiv interpretieren, z. B. im *am*-Progressiv: *Sie ist am Klopfen/Husten.*
168 Vgl. die Diskussion bei Henriksson (2006, 43), der sich jedoch dafür entscheidet, die Semelfactives in seinem Modell nicht zu berücksichtigen, da sie für das Thema seiner Arbeit, Progressivität, nicht relevant sind.

Für die einzelnen Situationstypen können bessere und schlechtere Vertreter genannt werden – jeweils abhängig von der Verbsemantik, dem Agens, der weiteren Komplemente und Angaben. Die oben genannte sekundäre Dynamisierung der States und die Ambiguität bei Activity/Accomplishment-Verben lassen erkennen, dass die Einteilung der Situationstypen hinsichtlich der einzelnen Merkmale weniger diskret ist als zunächst angenommen. In der Tat scheint es mehrere Skalen zu geben, entlang derer die Situationstypen angeordnet werden können.

Die Rückführung auf die aspektuellen Merkmale Grenzbezogenheit, Durativität und Dynamizität macht Henrikssons Modell an die internationale, typologische Aspektforschung anschlussfähig. Desclés/Guentchéva führen in ihrem Handbuchartikel die genannten Situationstypen auf sogenannte *basic aspectual concepts* (wie *states, processes, complete/punctual events*) zurück, die in einem *conceptual network of basic aspects* aufeinander bezogen werden können. Die *basic aspectual concepts* lassen sich anhand von *semantic primitives*, den möglichen Begrenzungen einer Situation, beschreiben (vgl. Desclés/Guentchéva 2012, 143, Tab. 4.3). Die in dieser Arbeit von Henriksson übernommene Situationstypeneinteilung stimmt mit dem aktuellen Forschungskonsens überein.[169]

Aspektuelle Situationstypen – Zusammenfassung
Für diese Arbeit erweist sich folgende Gliederung in fünf Situationstypen als sinnvoll.

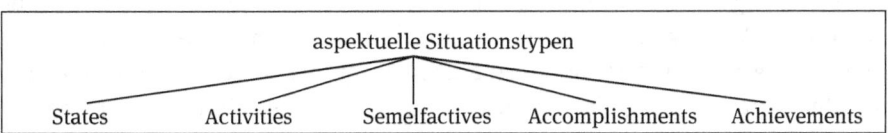

Abb. 16: Aspektuelle Situationstypen im Überblick.

Die Situationstypen wurden anhand der Merkmale [± Dynamizität], [± Grenzbezogenheit] und [± Durativität] beschrieben. Es wurde gezeigt, dass die aspektuelle Struktur von Situationen in unterschiedlicher Weise eine Grenzbezogenheit zulässt. Während bei Achievements und Accomplishments eine natürliche Grenze lexikalisch inhärent ist, verfügen Semelfactives und Activities nur indirekt über arbiträre Grenzen, die sich aufgrund der Dynamizität ergeben. Ebenso können dynamisch interpretierbare States als temporal begrenzt verstanden

---

[169] Zum Beispiel auch mit den Konzepten in Filip (2011, 2012).

werden, obwohl sich States ansonsten einer zeitlichen Bestimmung entziehen. Zur Grenzbezogenheit gehört auch die Vorstellung eines Nachzustands, die bei den verschiedenen Situationstypen unterschiedlich nahe liegt bzw. weniger oder mehr prototypisch erscheint. Die Grenzbezogenheit wurde als binäre Kategorie eingeführt. Bedingt durch die konkreten Verwendungsweisen und die weniger typischen Vertreter der Situationstypen stellt sich die Grenzbezogenheit jedoch eher wie eine Skala dar. Es wird sich zeigen, dass sich der retrospektive Blickwinkel entlang dieser Skala unterschiedlich affin zu den Situationstypen verhält, was sich auch im Grammatikalisierungsprozess der deutschen Perfektform widerspiegelt (vgl. Kap. 3.3 „Entstehung des Perfekts").

Darüber hinaus sind die Situationstypen der Verbalsituationen im Deutschen von besonderer Bedeutung. Da das Deutsche keine typische Aspektsprache wie z. B. das Russische ist, wird ein großer Teil der aspektuellen Bedeutung, einschließlich dem aspektuellen Blickwinkel, von den Situationstypen (z. T. im Zusammenspiel mit Adverbialen u. ä.) ausgedrückt. Die Situationstypen sind daher auch für den aspektuellen Blickwinkel und für die aus diesen ableitbaren aspektuellen Textfunktionen (vgl. Kap. 3.1.2 „Tempus, Aspekt und Diskurs") relevant.

Aspektuelle Blickwinkel (grammatikalisierte und nicht-grammatikalisierte Aspekte)

Die zweite Ebene der Aspektualität in Henrikssons Modell bezieht sich auf die Perspektive beim Betrachten von Situationen – den aspektuellen Blickwinkel. In Anlehnung an Smith (1991) und Leiss (1992) trennt Henriksson die Perspektivierung der Verbalsituation von ihrer inhärenten temporalen Struktur. Die Voraussetzung dafür liefert die konzeptuelle Trennung der Sprecherperspektive von der Betrachterperspektive. Bei Tempus erfolgt eine zeitliche Verortung der Situation in Relation zur Sprechzeit.[170] Beim aspektuellen Blickwinkel geht es jedoch um die Relation des Betrachterstandpunkts (der durch die Referenzzeit – bei Klein (1994) die *Topic Time* – etabliert wird) zur Situation. Dieser kann sich – vereinfacht ausgedrückt – außerhalb oder innerhalb einer Verbalsituation befinden und dadurch eine Innen- oder Außenperspektivierung hervorrufen. So wird die Verbalsituation in dem Satz *Maria ist gerade am Kochen* aus einer Innenperspektive heraus betrachtet. In dem Satz *Maria hat gestern Bohnensuppe gekocht* wird die Verbalsituation von Außen perspektiviert. Eine

---

170 Das ist eine verkürzte Darstellung. In der Regel wird Tempus als die Relation der Referenzzeit (bei Klein 1994: die *Topic Time*) zur Sprechzeit definiert. Die Situationzeit (= die Ereigniszeit) ist indirekt über die Referenzzeit/*Topic Time* temporal lokalisierbar.

solche „Verortung" des Betrachterstandpunkts geschieht obligatorisch: Jede Äußerung weist entweder eine Innen- oder Außenperspektivierung auf (vgl. Henriksson 2006, 22; Leiss 1992, 34–35). Bei der Innenperspektive wird das Verbalgeschehen nicht in seiner Totalität, sondern von innen heraus, ohne Berücksichtigung von Grenzen betrachtet. Der Betrachterstandpunkt ist in die Verbalsituation eingeschlossen. Die Außenperspektive betrachtet die Verbalsituation dagegen in ihrer Totalität, als nicht teilbares Ganzes. Es wird mindestens eine Begrenzung der Situation betrachtet. Der Betrachterstandpunkt befindet sich hier außerhalb der Verbalsituation.

Die Grundunterscheidung zwischen Innen- und Außenperspektive ist in der internationalen Aspektforschung weit verbreitet. Traditionell werden diese Perspektiven als *perfektiver* (Außenperspektive) und *imperfektiver* (Innenperspektive) Aspekt bezeichnet (vgl. Binnick 2001, 563). Auch die Definition von Comrie betont die Totalität einer perfektiven Perspektive – ohne Berücksichtigung des zeitlichen Profils der Situation: „[T]he whole of the situation is presented as a single unanalysable whole" (Comrie 1976, 3; vgl. auch Lindstedt 2001, 774). Dahingegen stellt die imperfektive Perspektive eine Situation als intern-strukturiert und über eine gewisse Zeitspanne bestehend dar. Die zur Definition der Aspektunterscheidung immer wieder herangezogenen Konzepte sind neben der Außen- und Innenperspektive *totality* vs. *non-totality, inclusion* vs. *non-inclusion of boundaries, exterior* vs. *interior view, punctual* vs. *cursive/ linear, unanalyzable/atomic* vs. *internally-structured* (vgl. Binnick 2001, 562), *focus on the whole of an eventuality* vs. *focus on some internal part of some eventuality* (vgl. Caudal 2012, 272) und *completed whole* vs. *on-going* (vgl. Binnick 2001, 557), die im Einzelnen jedoch von verschiedenen Forschern kritisch diskutiert werden (vgl. Lindstedt 2001, 774–775).

Die Grammatikalisierung der aspektuellen Perspektive – z. B. durch Grammatikalisierung von morphologischen Markern wie Flexiven – führt zur Ausbildung einer grammatischen Aspektkategorie. In Sprachen mit solchen grammatikalisierten Aspektformen dient der Aspekt einer systematischen und expliziten Perspektivierungsalternation (vgl. Henriksson 2006, 50).[171] Eine solche Alternation ist allein anhand von Situationstypen nicht möglich: zwar kann den Verbpaaren *lernen* vs. *erlernen* und *stehen* vs. *aufstehen* ein aspektueller Bedeutungsunterschied zugesprochen werden, doch unterscheiden sich diese Verben noch hinsichtlich weiterer, lexikalischer Bedeutungsmerkmale (vgl. Henriksson 2006, 9–10). In Sprachen mit einer grammatikalisierten Perfektiv/Imperfektiv-Unterscheidung ist es möglich, jede Verbalsituation –

---

[171] Vgl. auch Heinold (2015, 18), die „Aspekt" als „grammatikalisierte Binnen- oder Außenperspektive, unter der ein Ereignis dargestellt wird", definiert.

unabhängig von dem jeweiligen Situationstyp –, sowohl aus einem perfektiven als auch aus einem imperfektiven Blickwinkel zu betrachten.

Die konzeptuelle Distinktion zwischen Innen- und Außenperspektive kann auch in Sprachen ohne eine grammatische Kategorie – ohne grammatikalisierten Aspekt – geltend gemacht werden (vgl. Henriksson 2006, 22). Für diese Sprachen muss jedoch angenommen werden, dass „die Analyse des in einem Satz vorliegenden Blickwinkels die Erkundung des Betrachterstandpunkts und dessen Relation zur Verbalsituation voraussetzt." (Henriksson 2006, 50) Die aspektuellen Konzepte existieren also auch ohne einen spezifischen Ausdruck und können durch andere, weniger spezifizierte sprachliche Mittel zum Ausdruck kommen (vgl. Henriksson 2006, 21). Zum Beispiel können die Situationstypen den Blickwinkel bestimmen, wenn kein grammatischer Aspekt vorliegt, da die inhärente temporale Struktur einer Situation einen aspektuellen Blickwinkel nahelegen kann:

> So kann bei einer Situation, die eine inhärente Grenze (also einen natürlichen Endpunkt) aufweist, in erster Linie angenommen werden, dass sich der Betrachter außerhalb der Situation befindet, weil er bei einer Außenperspektive den optimalen Überblick über die temporale Struktur der ganzen Situation hat – einschließlich des als Teil der situationsinhärenten temporalen Struktur anzusehenden Endpunkts. [...] Das Gegenteil liegt bei Situationen ohne eine inhärente Grenze vor. Da ein natürlicher Endpunkt in diesen Fällen keinen Teil der situationsinhärenten temporalen Struktur ausmacht, dürfte dieser Typ von Situation am ehesten von innen betrachtet werden können. (Henriksson 2006, 27)

In der Regel ist es in Sprachen ohne grammatikalisierten Aspekt also der Situationstyp, der den aspektuellen Blickwinkel bestimmt: grenzbezogene Situationstypen (*öffnen, finden*) prädestinieren einen perfektiven, nicht-grenzbezogene Situationstypen (*joggen, denken*) einen imperfektiven Blickwinkel. Daneben gibt es auch bestimmte Kontextelemente, die den Blickwinkel beeinflussen: z. B. iterative (*häufig*), progressive (*gerade*) oder habituelle (*regelmäßig*) Zeitangaben sowie temporale Konjunktionen (*immer wenn; dann*) (vgl. Dry 1983, 23–31).

Desclés/Guentchéva (2012) führen sowohl die Situationstypen als auch die Blickwinkel auf die gleichen aspektuellen Basiskonzepte, die *semantic primitives*, zurück. Der gemeinsame Nenner in der Beschreibung der beiden Ebenen der Aspektualität ist dabei die Kategorie [± Grenzbezogenheit]. So liegt bei nicht-grenzbezogenen, durativen Verben und Verbphrasen der imperfektive Blickwinkel besonders nahe, weil sich der temporale Betrachterstandpunkt in diesen Verbalsituationen am leichtesten inkludieren lässt (vgl. auch Henriksson 2006, 153). Bei fehlendem grammatikalisiertem Aspekt kann daher der Situationstyp der Verbalsituation den aspektuellen Blickwinkel bestimmen.

Henriksson verwendet für das inhaltlich-funktionale Konzept der aspektuellen Perspektivierung einer Verbalsituation den Terminus *Blickwinkel*. Damit bleibt *Aspekt* der Bezeichnung von einzelsprachlichen, grammatikalisierten Ausdrücken des aspektuellen Blickwinkels vorbehalten – eine Terminologie, der in der vorliegenden Arbeit gefolgt wird.

Imperfektiver vs. perfektiver Blickwinkel
Auch in den sprachvergleichenden Untersuchungen von Bybee/Dahl (1989) und Bybee/Perkins/Pagliuca (1994) haben sich *perfective* und *imperfective* als übereinzelsprachliche *major gram-types* ergeben. Ihr Ausdruck wird in vielen Sprachen grammatisch markiert.[172]

Eine grammatische Perfektiv/Imperfektiv-Unterscheidung hat z. B. das Russische, in dem wie in folgendem Beispiel *pro* ein Perfektiv-Marker ist (Beispiel zitiert nach Rothstein 2007, 58):[173]

russ. *on **pro**čital* vs. russ. *on čital*
perfektive Bedeutung: imperfektive Bedeutung:
'er las' 'er las; er war am Lesen/pflegte zu lesen'

In den Definitionen dieser übereinzelsprachlichen Bedeutungsausdrücke finden sich die bereits genannten Konzepte wieder, ergänzt um typische, übereinzelsprachliche Verwendungen im Diskurs:

> Perfectives signal that the situation is viewed as bounded temporally. Perfective is the aspect for narrating sequences of discrete events [...]. (Bybee/Perkins/Pagliuca 1994, 54)

> Imperfective [...] views the situation not as a bounded whole, but rather from within, with explicit reference to its internal structure [...]. Imperfective forms are typically used in discourse for setting up background situations, in contrast with perfective forms, which are used for narrating sequences of events. (Bybee/Perkins/Pagliuca 1994, 125–126)

Die Perfektiv/Imperfektiv-Unterscheidung wird im Neuhochdeutschen nicht anhand grammatischer Marker versprachlicht. Für das Germanische, Althochdeutsche, Altsächsische und Mittelhochdeutsche wird jedoch diskutiert, ob das Derivationspräfix *ga-/gi-/ge-* eine systematische Aspektunterscheidung ermöglichte (vgl. Schrodt/Donhauser 2003, 2511, 2520–2521). Das *ge*-Präfix als perfektiver Perspektivierungsmarker wurde seit Beginn der althochdeutschen Zeit abgebaut und spätestens im Frühneuhochdeutschen vollständig aufgegeben.

---

172 Der *World Atlas of Language Structures* (WALS) dokumentiert für 101 von 121 Sprachen eine solche aspektuelle Perfekt/Imperfekt-Unterscheidung (vgl. Dahl/Velupillai 2013).
173 Vgl. auch die Beispiele in Henriksson (2006, 8–10) und die ausführlichen Erläuterungen in Nespital (2005), Gvozdanović (2012) und de Swart (2012).

Einige Reste dieser alten Wortbildungsmöglichkeit finden sich als erstarrte Lexeme, z. B. in *gewinnen*, *gebären* und *gehören*.[174] Zur Diskussion steht, wie systematisch und obligatorisch dieses Präfix verwendet wurde, d. h. wie hoch sein Grad an Obligatorität war. Ob das Gotische und Althochdeutsche ein voll „funktionierendes" Aspektsystem hatten, ist umstritten (vgl. den Überblick in Zhang 1995).

Dem imperfektiven Blickwinkel können weitere Subkategorien zugeordnet werden, u. a. der progressive und der habituelle Blickwinkel, wobei die genauen Relationen dieser drei aspektuellen Blickwinkel und ihrer grammatikalisierten Formen zueinander unterschiedlich diskutiert werden (vgl. Lindstedt 2001, 774). Im Deutschen zeichnen sich einige Grammatikalisierungsprozesse des Progressivausdrucks ab (z. B. *am*-Progressiv). Es kann jedoch noch nicht von einem grammatischen Aspekt gesprochen werden. Der imperfektive Blickwinkel und seine Subkategorien werden in dieser Arbeit nur wenig berücksichtigt, da sie für den Schwund des Präteritums weniger relevant sind.

Auch dem perfektiven Blickwinkel lassen sich Subkategorien zuordnen. Eine für diese Arbeit relevante aspektuelle Perspektive ist der retrospektive Blickwinkel, der sprachvergleichend als *Perfekt*, *perfect aspect/tense* bzw. *perfektischer Aspekt* diskutiert wird.[175] Retrospektiv und Perfektiv haben die Perspektive auf die Totalität und Begrenztheit einer Verbalsituation gemeinsam. Das Retrospektiv betrachtet die Verbalsituation zusätzlich aus dem „Danach". Der retrospektive Blickwinkel ist für die in dieser Arbeit untersuchten Prozesse von besonderer Bedeutung.

Retrospektiver Blickwinkel
Der retrospektive Blickwinkel kann als eine Subkategorie des perfektiven Blickwinkels gewertet werden. Ebenso wie der perfektive Blickwinkel wird mit ihm eine Verbalsituation als abgeschlossen und begrenzt – in ihrer Totalität – dargestellt. Die Perspektivierung erfolgt zusätzlich rückblickend aus dem Nachzustand heraus, Betrachtungszeit und Nachzustand liegen zeitgleich. Zu diesem Zeitpunkt kann ein aus der Verbalsituation folgender Resultatszustand oder Komplementärzustand anhalten. Da der retrospektive Blickwinkel sowohl auf die Abgeschlossenheit der Situation als auch auf ihren Folgezustand (der quasi imperfektiv dargestellt wird) verweist, verbindet sich im retrospektiven Blick-

---

174 Vgl. auch den Überblick in Dal/Eroms (2014, 105–108).
175 Weitere Subkategorien des Perfektivs sind *Prospektiv* und *Inceptiv* (vgl. Comrie 1976, 64). Prospektiv wird häufig als Aspektpartner zum Retrospektiv betrachtet. Der Betrachterstandpunkt liegt vor einer Situation und schaut auf die zukünftig stattfindende Situation. Inceptiv werden Situationen betrachtet, wenn ihre Anfangsgrenze perspektiviert wird.

winkel eine perfektive Perspektive mit imperfektiven Elementen. Dieser doppelte Fokus auf eine abgeschlossene Verbalsituation und einem daraus folgenden Zustand macht den retrospektiven Blickwinkel zu einem temporalaspektuellen Zwitterwesen, was bei Desclés/Guentchéva zu einer Rückführung auf zwei aspektuelle Basiskonzepte, nämlich *complete/completed event* und *resultant state*, führt (vgl. Desclés/Guentchéva 2012, 137).[176]

Dass Retrospektivität Perfektivität impliziert, wird auch bei Hewson/Bubenik (1997, 14) und Hewson (2012, 510) angenommen, bei denen das Retrospektiv eine der fünf Kardinalpositionen der Perspektivierungen einer Verbalsituation darstellt. Der mögliche Rückblick auf die Verbalsituation erfordert es, dass diese bereits abgeschlossen ist.

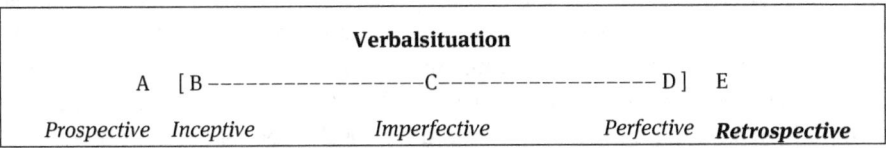

Abb. 17: Die fünf Kardinalpositionen nach Hewson/Bubenik (1997, 14) und Hewson (2012, 510).

In der Tempus- und Aspekt-Forschung ist die Frage, ob es einen „perfektischen" Aspekt (*perfect aspect, anterior*) als eigenen grammatischen Aspekt gibt (und nicht nur als bloßes Zusammenwirken von temporalen und aspektuellen Bedeutungen), umstritten. Zahlreiche Arbeiten und Debatten widmen sich der Bedeutung, den Verwendungen und dem kategorialen Stellenwert von Perfektformen in verschiedenen einzelsprachlichen Tempus-Aspekt-Systemen.[177] Aus methodischen Gründen ist es in der vorliegenden Arbeit dienlich, den retro-

---

[176] In der Tat lässt sich daher diskutieren, inwieweit der retrospektive Blickwinkel eine perfektive Subkategorie ist. Ebenso schlüssig kann für eine Einteilung als *imperfective resultative viewpoint* argumentiert werden (vgl. Caudal 2012, 290).
[177] Vgl. die Überblicke in Binnick (2001, 564), Portner (2011, 1217–1241), Desclés/Guentchéva (2012, 137–139), Ritz (2012, 885–888). Es gibt auch Ansätze, die die „perfektische" Bedeutung keiner der beiden zeitlichen Kategorien zuordnen: Für Lucko (1982) gehört das Perfekt weder zur Kategorie Aspekt noch zu Tempus, sondern zur Kategorie „Korrelation", die das Verhältnis von Ereigniszeit und Referenzzeit nicht primär zeitlich, sondern kausal ausdrückt. Die zeitliche Folge – erst Ereigniszeit dann Referenzzeit – ermöglicht eine kausale Interpretation, die den Zustand zur Referenzzeit auf das davorliegende Ereignis ursächlich zurückführt. Die aktuelle Beschreibung des deutschen Tempus-Aspekt-Systems von Petrova (2008a, b) übernimmt diese Kategorie und auch Polzenhagen (2008) nimmt sie in seine kognitionslinguistische Analyse des englischen Tempus-Aspekt-Systems auf. Der Frage, ob es sich bei der Bedeutungskonstellation Perfekt/Anterior/Retrospektiv letztlich um Aspekt, relationales Tempus oder doch kau-

spektiven Blickwinkel[178] als eigenen aspektuellen Blickwinkel zu werten, da mit ihm die temporal-aspektuelle Bedeutungserweiterung der Perfektform sinnvoll beschrieben werden kann. Zur typischen Grundbedeutung des Retrospektivs lassen sich folgende Elemente zusammenfassen (vgl. Binnick 2001, 564; Lindstedt 2001, 776):

1. Es wird auf einen Zustand referiert, der aus einem vorangehenden Ereignis resultiert (*Resultativität*).
2. Dieses Ereignis wird daher aus einer rückblickenden Perspektive gesehen (*Retrospektivität*).
3. Das Ereignis ist in Bezug auf die Referenzzeit relevant (*Gegenwartsrelevanz*).

Die Retrospektivität und die Gegenwartsrelevanz lassen sich letztlich aus der Grundbedeutung (1) ableiten. Allerdings definiert die Resultativität allein die „perfektische" Bedeutung nicht hinreichend, da sie keine Abgrenzung zu den *resultatives* (Resultativkonstruktionen) erlaubt.[179] Erst durch die retrospektive Komponente erhalten die Perfektformen die typische „perfektische" Bedeutung, in der neben dem Fokus auf den Zustand zur Referenzzeit auch das vorausgehende Ereignis in den Blick genommen wird. Je weniger grenzbezogen eine Verbalsituation ist, desto weniger kann aus ihr ein Resultatszustand abgeleitet werden. Dementsprechend tritt die Resultativitätsbedeutung je nach Situationstyp in den Hintergrund – der Fokus verlagert sich auf das Verbalgeschehen selbst und dessen Vollzug. Die Bedeutung „Gegenwartsrelevanz" lässt sich ebenfalls aus der Resultativität ableiten. In der Forschung ist diese Bedeutung allerdings sehr umstritten (vgl. den Überblick in Elsness 1997, 67–76). Für die semantische Expansion von Perfektformen hat die Gegenwartsrelevanz eine besondere Rolle, da sie trotz einer Verortung der Verbalsituation in der definiten Vergangenheit einen Bezug zum Sprecher-Jetzt hervorrufen kann (s. Kap. 3.4 „Expansion des Perfekts").

---

sale Korrelation handelt, soll an dieser Stelle nicht nachgegangen werden. Sie ist für die Arbeit nicht ausschlaggebend.

178 Der Terminus „Retrospektiv" für die Bedeutungskonstellation „Perfekt/Anterior/Retrospektiv" hat den Vorteil, dass ein Durcheinander der Begriffe „Perfekt", „Perfektform", „Perfektiv" und „Resultativ" vermieden wird. Auch der Ausdruck „Anterior" nach Bybee/Dahl (1989, 55) und Bybee/Perkins/Pagliuca (1994) ist missverständlich, da Bybee/Perkins/Pagliuca (1994, 82–85) die deutsche Perfektform – mit ihrer „präteritalen" Lesart – als *Old Anterior* bezeichnen. Bei der Analyse von semantischem Sprachwandel muss jedoch eine klare Trennung der Form- und Bedeutungskategorien sichergestellt werden.

179 Resultativkonstruktionen bilden historisch häufig die Basis für die Grammatikalisierung von Perfektformen. Daher ist es nicht verwunderlich, dass sie die resultative Bedeutung teilen.

Die sprachvergleichenden Analysen von Bybee und Dahl zeigen, dass der retrospektive Blickwinkel – in diesen Arbeiten *anterior gram-type* genannt – in vielen Sprachen grammatisch ausgedrückt wird.[180] Perfektformen gibt es für verschiedene Tempora; im Deutschen und im Englischen wird z. B. zwischen einem Perfekt der Gegenwart, der Vergangenheit und der Zukunft unterschieden. Vergleicht man die Verwendungen der Perfektformen von verschiedenen Sprachen, lassen sich typische „Perfektlesarten" (vgl. u. a. Anderson 1982, 228; Portner 2003, 1219)[181] feststellen. Zum Teil entstehen diese durch ein Zusammenspiel mit bestimmten Temporaladverbialen und Situationstypen.[182] Besonders das Perfekt der Gegenwart, bei dem Betracht- und Sprechzeit zusammenfallen, wurde in zahlreichen Studien untersucht. Zum Beispiel wurden häufig an den Verwendungen des englischen *present perfect* die typischen „Perfektlesarten" dargestellt. Zu diesen typischen Perfektlesarten gehören die Resultatslesart,[183] die Gegenwartsrelevanzlesart[184] sowie die Vollzugslesart.[185] Diese Lesarten stellen Fokussierungen der einzelnen Bedeutungselemente des retrospektiven Blickwinkels dar. Zwei weitere wichtige Lesarten des Perfekts sind die Kontinuitätslesart[186] und die Erfahrungslesart.[187] Die Kontinuitätslesart

---

180 Bybee/Perkins/Pagliuca (1994) definieren den *anterior gram-type* entsprechend der oben genannten Bedeutungsbeschreibung: „[A]n anterior signals that the situation occurs prior to reference time and is relevant to the situation at reference time." (Bybee/Perkins/Pagliuca 1994, 54) Die Relevanz ist jedoch nicht immer Bestandteil der Definitionen, vgl. Smith (2011, 2594): „[T]he present perfect focuses a current state that results from a prior event."
181 Vgl. auch die leicht abweichende Zusammenstellung der Perfektlesarten in Smith (2011, 2594–2595).
182 Vgl. z. B. die Erläuterungen zur Abhängigkeit der kontinuativen Interpretation von Situationstyp und Adverbialen in Portner (2011, 1219–1225).
183 Auch: *result-state perfect* (Anderson 1982). Bsp.: *He has gone. (or) He is gone. (is not here)* (Anderson 1982). *The plane has just landed.* (Schmuck 2013).
184 Auch: *Relevanz zum Sprechzeitpunkt* (Schmuck 2013), *current relevance of anterior perfect* (Anderson 1982). Bsp.: *He has studied the whole book. (so he can help us.)* (Anderson 1982) *Lunch? No thanks, I've already eaten.* (Schmuck 2013).
185 Auch: „unmittelbare Vergangenheit/aktuelles Ereignis", *recent past* (Smith 2011), *new situation, hot news perfect* (Anderson 1982). Bsp.: *Recently, she has had a terrible accident.* (Schmuck 2013) *Io has just erupted! (Discory of volcanos on one of Jupiter's moons)* (Anderson 1982). Zu dieser Bedeutung lässt sich auch die *hot-news*-Bedeutung zählen.
186 Auch: andauernder Zustand/Sprechzeit eingeschlossen (Schmuck 2013), *continuous perfect* (Anderson 1982), *extended now* (Iatridou/Anagnostopoulou/Izvorski 2003), *perfect of persistant situation* (Henriksson 2006), *universal perfect* (Binnick 1991). Bsp.: *We've lived here for ten years now.* (Schmuck 2013) *I have been standing here for three hours. (still here)* (Anderson 1982). Diese Lesart liegt auch bei *immer/schon immer*-Kontexten vor: *Ich habe Dich schon immer geliebt. I have always loved you.* (Rothstein 2006, 128)
187 Auch: *experiential perfect* (Anderson 1982), Bsp.: *Have you (ever) been to Japan?* (Anderson 1982).

entsteht durch die Angabe einer Zeitspanne mithilfe der Temporalangabe 'seit', die in der Vergangenheit begonnen hat und bis zum Betrachtzeitpunkt anhält. Im Deutschen wird die Kontinuitäts-Lesart in der Regel mit Präsensformen ausgedrückt (*Ich studiere seit zwei Jahren.*)[188]. Die Erfahrungslesart bezieht sich darauf, dass eine Situation einmal oder mehrmals in einer Zeitspanne (die bis zur Betrachtzeit anhält) erfolgt ist. Sie kann im Deutschen mit dem Perfekt ausgedrückt werden (*Bist du schon mal in Paris gewesen? Hast du den Film schon gesehen?*), wird beim Verb *sein* in der Regel jedoch mit Präteritumformen versprachlicht (*Warst du schon mal in Paris?*). Hier deutet sich schon an, dass es im Deutschen keine 1:1-Form-Bedeutungsbeziehung gibt. Die Perfektlesarten werden – z.T. in Kombination mit Adverbialen – auch von anderen Formen ausgedrückt.[189]

Nach Ritz (2012) erlauben die kontextsensitiven Lesarten dem Sprecher, sehr genaue temporale Distinktionen zu treffen und unterschiedliche Foki zu setzen. Zusätzlich ermöglichen Perfektausdrücke dem Hörer, zahlreiche Schlüsse hinsichtlich der Bedeutung und den möglichen Konsequenzen einer Verbalsituation zu ziehen. Das alles macht das Perfekt zum „shapeshifter of tense-aspect categories, changing and adapting its meaning to fit in a given system and to serve the communicative goals of speakers" (Ritz 2012, 904). Diese semantisch-pragmatische Flexibilität gestaltet eine Abgrenzung zu anderen temporalen und aspektuellen Bedeutungen oft als schwierig. Bybee/Perkins/Pagliuca (1994) grenzen die *anteriors* von den *perfectives* durch das Kriterium ab, dass erstere nicht für sequenzielle Handlungsfolgen verwendet werden:

> Anterior differs from perfective in that it would not be marked on several verbs in succession that are reporting a sequence of events but would only be used to show that some action is prior to the others in the narrative [...]. (Bybee/Perkins/Pagliuca 1994, 54)

Diese *non-narrativity*, die sich aus einer Abgelöstheit des Ereignisses (auf das mit der Perfektform referiert wird) von anderen (vergangenen) Ereignissen ergibt, wird häufig als Kriterium der Perfektbedeutung genannt (vgl. Lindstedt 2001, 776). Dass die deutsche Perfektform durchaus (und in mündlicher Kommunikation völlig unmarkiert) in narrativen Kontexten verwendet wird, zeigt, dass sie sich weiterentwickelt hat und neben dem retrospektiven auch den per-

---

188 Die Verwendung des Perfekts in dem Satz *Ich habe seit zwei Jahren studiert* impliziert sogar, dass das Studieren zum Sprechzeitpunkt nicht mehr anhält.
189 Vgl. auch die Diskussion der Lesarten des deutschen Perfekts in Musan (1999) und den kontrastiven Vergleich in Rothstein (2006).

fektiven Blickwinkel ausdrücken kann und in entsprechenden Kontexten verwendet wird.

Interaktion von Situationstyp und retrospektivem Blickwinkel
Die beiden Ebenen des Zwei-Ebenen-Modells von Henriksson sind – auch wenn semantisch eng miteinander verwandt – zwei konzeptuell distinkte Größen. Allerdings können sich die Bedeutung der Situationstypen und die Bedeutung der Blickwinkel gegenseitig beeinflussen. Für diesen Zusammenhang wurde von Lindstedt das Bild verschiedener aspektueller Layer gewählt:

> The aspectual semantics of a sentence can be described as consisting of different layers. The aspectual character of the predicate lexeme is the innermost layer, whose meaning is modified by grammatically marked aspect, different adverbials, number of the actant NP's and so on. (Lindstedt 2001, 779)

So kann z. B. eine Verbalsituation mit einem grenzbezogenen Situationstyp durch einen imperfektiven Blickwinkel „imperfektiviert" werden und andersherum. Dies ist in Aspektsprachen mit grammatikalisierten Blickwinkeln durchaus üblich. Unabhängig von dem Zusammenspiel der aspektuellen Bedeutungen von Situationstyp, Blickwinkel und weiteren kontextuellen Elementen, lässt sich für den retrospektiven Blickwinkel ein besonderer Zusammenhang feststellen.

Der retrospektive Blickwinkel verhält sich unterschiedlich affin zu den verschiedenen Situationstypen (vgl. dazu Ehrich/Vater 1989, 124–129).[190] Das ist auf die unterschiedliche Grenzbezogenheit und die dadurch ermöglichten Nachzustände zurückzuführen. Wie oben ausgeführt wurde, entsteht der retrospektive Blickwinkel dadurch, dass die Betrachtzeit (Referenzzeit) der Ereigniszeit nachgeordnet ist und sie zeitgleich zum Folgezustand einer Situation lokalisiert wird. Der Nachzustand dient als Bezugssituation für die Betrachtzeit, von der aus die Verbalsituation retrospektiv betrachtet werden kann. Ein solcher Nachzustand lässt sich je nach Situationstyp jedoch unterschiedlich gut ableiten. Er ist als *target state* (z. B. 'angekommen sein' zu 'ankommen') den Achievements und Accomplishments – wie oben gezeigt wurde – lexikalisch inhärent. Die Nachzustände erlauben eine klare Lokalisierung des Betrachterstandpunkts. Die Affinität des retrospektiven Blickwinkels mit grenzbezogenen Verben zeigt sich auch historisch bei der Entstehung der Perfektkonstruktion, die zunächst nur auf Bildungen mit grenzbezogenen Situationstypen beschränkt war (vgl. Henriksson 2006, 91). Activities und Semelfactives ermöglichen keinen

---

190 Vgl. auch Salveit (1977).

target state. Der Folgezustand dieser Situationstypen ist ihr Komplementärzustand, das Nicht-(Mehr-)Bestehen der Verbalsituation.[191] Allerdings lässt sich häufig ein *resultant state* kontextuell inferieren (z. B. 'sauber sein' zu 'waschen'). Bei States und besonders bei den zeitneutralen *individual-level predicates* ist eine Nach-Lokalisierung des Betrachterstandpunkts schwierig, da hier der Endpunkt der Verbalsituation nicht mit zur Vorstellung der Situation gehört.[192] Bei einer retrospektiven Perspektivierung kann daher kein Nachzustand fokussiert werden; der Fokus verschiebt sich automatisch auf die Ereigniszeit selbst, die in der Vergangenheit liegt. Dadurch nähert sich der spezifischere retrospektive Blickwinkel bei States dem allgemeineren perfektiven Blickwinkel an.[193]

Obwohl die Grenzbezogenheit als binäre Kategorie eingeführt wurde, stellt sie sich in Anbetracht der nicht-prototypischen Situationstypen eher wie eine Skala dar, die gleichzeitig die Affinität des retrospektiven Blickwinkels zu den Situationstypen abbildet:

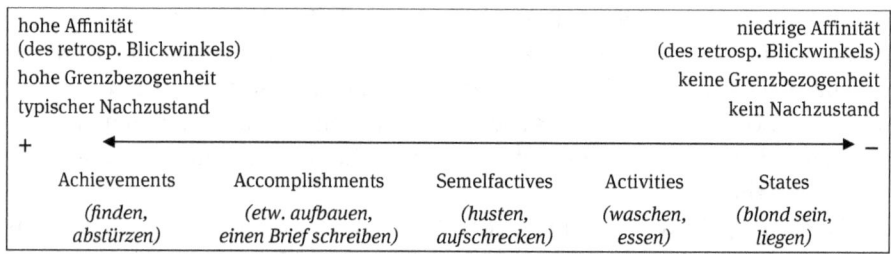

Abb. 18: Affinität des retrospektiven Blickwinkels zu den Situationstypen.

Aspekte in den indoeuropäischen Sprachen

Die drei Blickwinkel – Imperfektiv, Perfektiv und Retrospektiv – sind in den indoeuropäischen (ie.) Sprachen besonders wichtig. Rekonstruierter Ausgangspunkt des ie. Tempus-Aspekt-Verbalsystems ist ein rein aspektuelles System, das diese drei Aspekte anhand von drei verschiedenen Verbalstämmen unterscheidet. Diese werden traditionell *Imperfekt* für den imperfektiven Aspekt, *Ao-*

---

191 Der Komplementärzustand zu 'Klavier spielen' wäre z. B. 'nicht Klavier spielen', vgl. auch Ehrich/Vater (1989, 125).
192 Durch den Kontext kann allerdings eine sekundäre Dynamisierung von States stattfinden, s. oben.
193 Vgl. auch die Abbildung zum „Zeitbezug des *haben*-Perfekts in Abhängigkeit von der Aspektklasse" bei Schmuck (2013, 219), in denen allerdings eine andere Reihenfolge vorgeschlagen wird.

rist für den perfektiven Aspekt und *Perfekt* für den retrospektiven Aspekt genannt. Aus diesem Aspektsystem haben sich in den ie. Sprachfamilien und Einzelsprachen unterschiedliche Tempus-Aspekt-Systeme entwickelt, wobei die drei Aspekte besonders häufig einen grammatikalisierten Ausdruck finden.[194]

Zum Beispiel haben sich auf dem Weg zum Altgriechischen aus dem ie. Imperfekt sowohl eine imperfektive Non-Past-Form als auch eine imperfektive Past-Form gebildet. Diese morphologische Vergangenheitsmarkierung wurde im Anschluss auch genutzt, um zu den präsentischen Aorist- und Perfektformen Vergangenheitsformen zu bilden. Damit ergibt sich für das Altgriechische ein Sechs-Formen-System, das zu drei grammatikalisierten Aspekten (Imperfektiv, Perfektiv, Retrospektiv) jeweils zwei temporale Formen (Past und Non-Past) bildet (vgl. Hewson 2012, 510).

In der Entwicklung hin zum klassischen Latein sind die ie. Perfekt- und Aoristform zu einer Form, dem lateinischen Perfekt, zusammengefallen. Bei der Verwendung des lateinischen Perfekts wird daher in den Grammatiken auch zwischen einem „resultativen Perfekt" und einem „historischen Perfekt" – häufig auch „Perfectum aoristum" bezeichnet – unterschieden (vgl. Menge 2007, § 136). Die lateinische Perfektform steht in ihrer aoristischen Bedeutung der imperfektiven Vergangenheitsform, dem lateinischen Imperfekt, gegenüber. Eine solche Opposition von Perfektiv- vs. Imperfektivausdruck in der Vergangenheit bleibt in den sich aus dem Lateinischen entwickelnden romanischen Sprachen bestehen, auch wenn sich für den perfektiven Vergangenheitsausdruck und den retrospektiven Gegenwartsausdruck wiederholt neue Formen bilden. Eine typische Entwicklung, die zum Beispiel in der französischen Sprachgeschichte beobachtet werden kann, ist die Entwicklung einer retrospektiven Gegenwartsform hin zu einer perfektiven Vergangenheitsform, was zu einer Verdrängung letzterer führt. So hat das ursprünglich retrospektive, gegenwartsbezogene *passé composé* die perfektive Vergangenheitsform *passé simple* vollständig aus der mündlichen Kommunikation verdrängt und kann heute beide Bedeutungen, sowohl die gegenwärtige Bedeutung wie in (1) als auch die Vergangenheitsbedeutung wie in (2), ausdrücken:

(1) *J'ai compris* maintenant. ('Ich habe es jetzt verstanden.')

(2) *J'ai compris* hier pourquoi il n'était pas ici. ('Ich habe gestern verstanden, warum er nicht da war.')[195]

---

194 Vgl. Hewson/Bubenik (1997) für Analysen der Tempus-Aspekt-Systeme mehrerer Einzelsprachen.
195 Beispiele aus Waugh (1987, 4, 6).

Auch die Tempus-Aspekt-Formen des klassischen Armenisch lassen sich auf die ursprünglichen ie. Aspektformen zurückführen. Hier wurde zwar die Perfektiv/Imperfektiv-Unterscheidung anhand von eigenen Verbalstämmen konserviert, die alte Retrospektivform wurde jedoch durch neu gebildete Periphrasen ersetzt (vgl. Hewson/Bubenik 1997, 67–81).

Dahingegen zeigt sich das Gemeingermanische sehr arm an Tempus-Aspekt-Formen. In der Entwicklung vom Indoeuropäischen zum Germanischen sind die ursprünglichen Perfekt- und Aoristformen morphologisch zu einer Form, dem Präteritum, zusammengefallen (vs. einer temporalen Präsensform). Die folgende Abbildung zeigt die Entwicklung auf der Formebene: Die präteritalen Flexionsformen der frühen germanischen Sprachen beruhen sowohl auf den ie. Aorist- als auch den Perfektformen, wohingegen die germanischen Präsensformen auf die ie. Imperfektformen zurückgehen. Der Zusammenfall hatte stattgefunden, bevor sich die ie. Aspekte zu einem Tempus-Aspekt-System wie z. B. im Altgriechischen weiterentwickeln konnten.

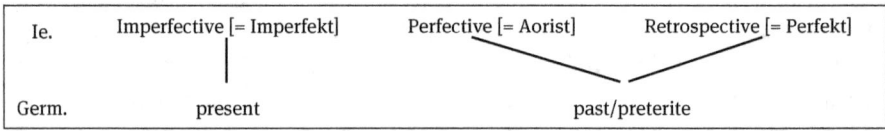

Abb. 19: Entwicklung eines temporalen Kontrasts im Germanischen durch Verschmelzung von ie. Aorist- und Perfektformen nach Hewson/Bubenik 1997, 354, Fig. 3; ergänzt: HF).

Auch semantisch fand ein Zusammenfall statt: Die Präteritumform ist aspektuell unterspezifiziert; sie kann z. B. im Gotischen sowohl den imperfektiven, den perfektiven, aber auch den retrospektiven Blickwinkel ausdrücken.[196] Die germanischen Tempusformen, Präsens und Präteritum, sind aspektuell nicht näher bestimmt. Durch die Grammatikalisierung von Perfektformen sowie z. T. von Progressivformen wurden weitere aspektuelle Unterscheidungen dann erneut in die grammatischen Systeme der modernen germanischen Sprachen eingegliedert.

Vergleicht man die einzelsprachlichen Entwicklungen der indoeuropäischen Sprachen und Sprachfamilien, so zeigen sich wiederkehrende Ent-

---

196 Aus diesem Grund ist es auch nicht angebracht, die deutsche Präteritumform mit „Imperfekt" zu bezeichnen, da die Präteritumform in keiner Weise äquivalent zum französischen Imperfekt ist, das aspektuell imperfektive Bedeutung ausdrückt (vgl. hierzu auch Rompelman 1953). S. auch Hewson (2012), der den immanenten Verbalaspekt der germanischen Präteritumformen als *performative* bestimmt.

wicklungen, die die Aspektformen der drei Blickwinkel betreffen. Unter anderem sind dies die Entstehung neuer Perfektformen (z. B. im Französischen, Italienischen, in den germanischen Sprachen), die Weiterentwicklung von Perfektformen zu Aoristformen (z. B. im Deutschen, Niederländischen, Französischen, Jiddischen, Italienischen) und der Zusammenfall von Perfektformen und Aoristformen (z. B. Latein, Germanisch) (vgl. u. a. Hewson/Bubenik 1997; Bybee/Perkins/Pagliuca 1994).

Aspektuelle Blickwinkel – Zusammenfassung
In dieser Arbeit werden die drei Blickwinkel Perfektiv, Imperfektiv und Retrospektiv aufgrund ihrer Bedeutung für die indoeuropäischen Sprachfamilien allgemein und für den Präteritumschwund im Deutschen im Besonderen als aspektuelle Grundbedeutungen gewertet.[197]

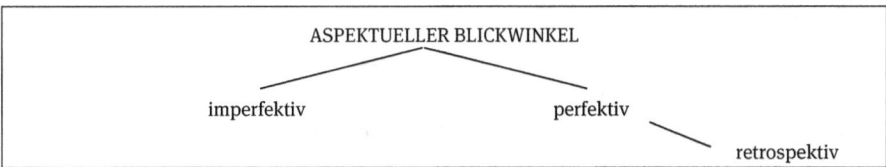

Abb. 20: Aspektuelle Blickwinkel im Überblick.

Diese aspektuellen Bedeutungen werden – mit Ausnahme des Retrospektivs – im Neuhochdeutschen nicht anhand einzelner grammatischer Formen differenziert: es gibt z. B. keine imperfektive Vergangenheitsform, die einer perfektiven Form gegenüberstünde (wie die Opposition *imparfait* vs. *passé simple* im Französischen). In der Regel ergibt sich die aspektuelle Bedeutung im Deutschen daher durch die Situationstypen der Verbalsituationen im Zusammenspiel mit weiteren kontextuellen Elementen.

Zusammenfassung: Aspektualität im Deutschen
Die aspektuellen Bedeutungen im Deutschen lassen sich entsprechend dem Modell von Henriksson (2006) auf zwei Ebenen anordnen. Die erste Ebene be-

---

[197] Wie bereits angedeutet wurde, können noch weitere aspektuelle Subkategorien angenommen werden, die hier aber keine weitere Berücksichtigung finden. Auch Löbner (2002, 370–375) setzt für seine Analyse und Beschreibung der Vergangenheitsformen Präteritum und Perfekt nur diese drei aspektuellen Bedeutungen *Perfective*, *Imperfective* und *Perfect* (= Retrospektiv) an.

schreibt die inhärente temporale Struktur von Verbalsituationen als Situationstypen. Auf der zweiten Ebene wird mit den aspektuellen Blickwinkeln die Möglichkeit erfasst, beim Betrachten dieser Situationen unterschiedliche Perspektiven einzunehmen. Wie Desclés/Guentchéva (2012) hervorheben, lassen sich die beiden Ebenen von Aspektualität auf das gleiche *basic network of concepts* zurückführen.

Die folgende Übersicht fasst die für die vorliegende Arbeit relevanten aspektuellen Bedeutungen zusammen.

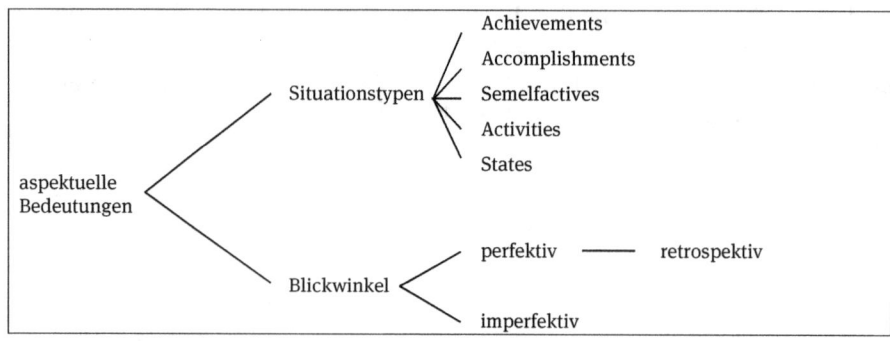

Abb. 21: Aspektuelle Bedeutungen im Deutschen.

In dieser Arbeit folge ich der Annahme von Henriksson, dass jeder Verbalsituation der Ausdruck von Aspektualität zugeschrieben werden kann. Aspektualität wird im Deutschen in erster Linie durch die Situationstypen versprachlicht, die dann jeweils einen Blickwinkel nahelegen (können). Dabei legen die grenzbezogenen Situationstypen in der Regel einen perfektiven Blickwinkel und die nicht-grenzbezogenen Situationstypen einen imperfektiven Blickwinkel nahe. Der retrospektive Blickwinkel wird in grammatikalisierter Form durch die Perfektform ausgedrückt. Weitere aspektuelle Blickwinkel können durch mehr oder weniger grammatikalisierte Ausdrücke (z. B. *progressive marker*, Temporalangaben) forciert werden. Die Perfektiv Imperfektiv-Unterscheidung ist im Deutschen nicht grammatikalisiert, daher lässt sich das Deutsche nicht als typische Aspektsprache beschreiben. Nichtsdestoweniger werden auch im Deutschen die grundlegenden, aspektuellen Konzepte sprachlich ausgedrückt. Für die Beschreibung des Präteritumschwunds im Deutschen sind beide aspektuelle Ebenen von Bedeutung. Die Bildung von Perfektkonstruktionen war z. B. zunächst nur mit grenzbezogenen Situationstypen möglich und die semantische Expansion ging einher mit einem steigenden Auftreten von Perfektbildungen mit nicht-grenzbezogenen Situationstypen (vgl. Kap. 3.4 „Expansion des Perfekts" und 3.5 „Verdrängung des Präteritums"). Es wird sich zeigen, dass die Perfektform im Zuge der Perfektexpansion eine deutliche aspektuelle Bedeutungserweiterung erfuhr. Sie konnte zunächst nur den retrospektiven Blickwinkel ausdrücken, wurde dann jedoch auch in perfektiven Kontexten verwendet und ist schließlich zu einer aspektuell unspezifizierten Tempusform geworden, die heute neben dem retrospektiven und perfektiven Blickwinkel auch den imperfektiven Blickwinkel ausdrücken kann.

3.1.2 Tempus, Aspekt und Diskurs

Die synchronen und diachronen Überblicke zur Präteritum/Perfekt-Distribution im Deutschen haben verschiedene Zusammenhänge zwischen Tempus-Aspekt-Formen und bestimmten Arten der Diskursgestaltung nahegelegt. Die Auswertungen der standardsprachlichen Korpora in Kapitel 2.3 haben gezeigt, dass Präteritumformen tendenziell stärker in medial schriftlichen, konzeptionell distanzsprachlichen, narrativen und monologischen Diskursformen verwendet werden, wohingegen Perfektformen stärker in medial mündlichen, konzeptionell nähesprachlichen, besprechenden und dialogischen Diskursen gebraucht werden. Diese Zusammenhänge lassen sich letztlich mit den temporal-aspektuellen Bedeutungen der Formen erklären.

Im Folgenden werden drei für die vorliegende Arbeit zentrale Fragen behandelt. Erstens stellt sich die Frage, warum Tempus-Aspekt-Formen in Abhängigkeit von bestimmten Diskursmodi auftreten. Zweitens wird dargestellt, welche Rolle aspektuelle Formen für die Diskursstrukturierung spielen. Drittens werden weitere Zusammenhänge der Tempusformenwahl zur Nähe- und Distanzsprachlichkeit skizziert. Im Rahmen dieser Arbeit ist es nicht möglich, die umfangreiche Forschung der Text-/Gesprächslinguistik im Einzelnen zu berücksichtigen. Ich werde mich daher auf Grundunterscheidungen beschränken.

3.1.2.1 Diskursmodi und ihre temporale Organisation

Diskurse, also Texte und Gespräche, werden häufig (und ganz unterschiedlich) typisiert. Neben globalen Zuordnungen zu Textsorten[198] – wie z. B. Nachrichtenmeldung, Roman, Zeugenbefragung – können Diskurse auch hinsichtlich ihrer Diskursstruktur, ihres Vertextungsmusters, eingeteilt werden. Häufig werden darunter die sog. Diskursmodi (*discourse modes*) verstanden, wie z. B. *narration* (Erzählen), *report* (Berichten), *description* (Beschreiben), *argument-*

---

[198] Vgl. *genre* (Smith 2011, 2602), *text-type* (Carruthers 2012, 306).

commentary (Argumentieren), *Explikation* (Erklären) (vgl. Smith 2011).[199] Zum Teil werden die Diskursmodi auch nur binär unterschieden in narrative vs. nicht-narrative Diskursformen. So unterscheidet Benveniste ([1966] 1974) einen narrativen *historical plane* von einem nicht-narrativen *discourse plane*. Weinrich (1964, 47–51) unterscheidet die beiden „Sprechhaltungen" *Erzählen* vs. *Besprechen*, die jeweils über ein eigenes System von Tempusformen verfügen.[200] Weinrichs Ansatz wird hier nicht weiterverfolgt, jedoch machen seine Ausführungen deutlich, dass die jeweilige Diskursform für die Wahl(möglichkeit) von Tempusformen entscheidend ist. Das liegt daran, dass je nach Diskursmodus eine unterschiedliche temporale Diskursstrukturierung vorgenommen wird, welche sich wiederum auf die Wahl der Tempus-Aspekt-Formen auswirkt.[201] Dabei ist der Unterschied zwischen narrativen und nicht-narrativen Diskursmodi für die Tempuswahl am wichtigsten.

Narrativer Diskursmodus („Erzählen")

Bei der Definition von Narrativität werden in der Regel folgende Merkmale herangezogen:[202] 1) Ereignisse werden als losgelöst vom deiktischen Standort des Sprechers und als Teil einer entfernten, „erzählten Welt" dargestellt. (Situationsentbindung) 2) Die Ereignisse werden in Form einer sequenziellen Abfolge dargestellt. (Ereignisfolge) 3) Die Darstellung erfolgt in chronologischer Reihenfolge.[203] Zeitliche Vor- und Rückgriffe werden sprachlich markiert. (ikonische Darstellung). Narrative Diskursmodi enthalten immer Handlungsketten. D. h., – in einer engeren Definition – besteht eine Narration immer aus einer

---

199 Vgl. die Überblicksartikel zu den Diskursmodi in Texten und Gesprächen in Brinker et al. (2000, 2001), besonders Heinemann (2000) und Sager (2000). Carruthers (2012) unterscheidet neben *text-type* und *dicourse-mode* noch *medium (spoken or written)* und *register (degree of formality)*. Gülich/Hausendorf (2000, 370) zählt zu den Prototypen der Vertextungsmuster das narrative, deskriptive, explikative und argumentative Vertextungsmuster. Für „Vertextungsmuster" ist auch der Begriff „Typen der Thematischen Entfaltung" (Brinker 1993) geläufig.
200 Vgl. zu Benevistes und Weinrichs Ansätzen auch Fludernik (2012, 78–82); zu Weinrichs Ansatz eingehender auch Zifonun (2000, 321–323).
201 Zur Bedeutung der unterschiedlichen temporalen Organisation der Diskursmodi s. auch Desclés/Guentchéva (2012, 146–147).
202 Vgl. u. a. Dahl (1985, 113–114), Fludernik (2012, 77). Weitere Definitionskriterien werden bei Gülich/Hausendorf (2000, 373–374) zusammengefasst.
203 Vgl. zu diesem Merkmal die Definition von Comrie (1985, 28): „[A] narrative is by definition an account of a sequence of chronologically ordered events (real or imaginary), and for a narrative to be well-formed it must be possible to work out the chronological order of events from the structure of the narrative with minimal difficulty; this constraint of minimal difficulty means that the easiest way to present these events is with their chronological order directly reflected in the order of presentation."

Sequenz von mindestens zwei Ereignissen, die auf einer Zeitlinie angeordnet sind (vgl. Dry 1983).

Das wichtigste Strukturprinzip der Narration ist die Chronologie: die Ereignisse der Handlungsfolge schließen sich chronologisch und kontinuierlich aneinander an und beziehen sich temporal anaphorisch aufeinander. Mit der Folge der Ereignisse verschiebt sich die Referenzzeit von Ereignis zu Ereignis.[204] Zur Chronologie gehört auch die Vor- oder Nachordnung von Ereignissen, die nicht Teil der sequentiellen Reihung sind. Vor- und Rückgriffe in der Zeitfolge müssen dabei sprachlich markiert werden, z. B. durch einen Wechsel der Tempusformen. Der Wechsel bzw. die Markierung stört die Kontinuität und bedarf einer Interpretation (z. B. temporaler Vor-/Rückgriff, Übergänge zu anderen Diskursmodi, oder Vordergrund/Hintergrund-Wechsel bei Aspektsprachen).[205] Die Ereignisfolge kann durch temporale Adverbien der Erzählfolge noch genauer bestimmt und gegliedert werden.

Das deutsche Präteritum beschreibt als Vergangenheitstempus Verbalsituationen losgelöst vom Sprechzeitpunkt. Es war seit jeher die typische Erzählform im Deutschen.[206] Das Perfekt lässt in seiner ursprünglichen retrospektiven Gegenwartsbedeutung dagegen keine Loslösung von der Kommunikationssituation der Sprechzeit zu. So kann das mittelhochdeutsche Perfekt keine sequenziellen Ereignisfolgen beschreiben, da sein Referenzpunkt notwendigerweise mit dem Sprechakt verbunden ist (vgl. Zeman 2010, 291). Noch im Frühneuhochdeutschen haben narrative Texte ein geringeres Perfektvorkommen als nicht-narrative Texte (vgl. Sapp 2009, 442–443). In der neuhochdeutschen geschriebenen Standardsprache entspricht die Verwendung des Perfekts als Erzähltempus nicht den Konventionen und ist als „gesprochensprachlich" markiert, in der gesprochenen Standardsprache ist Verwendung des Perfekts als Erzähltempus jedoch üblich (vgl. Kap. 2.3, z. B. Latzel 1977, 104, „Verwendung der Perfektformen in Sequenz"). In der typologischen Forschung wird die *nonnarrativity* als Definitionskriterium für die *anterior grams* genutzt (vgl. Bybee/

---

204 Rothstein (2007, 71–81) nennt dies die temporale Bewegung eines Textes (vgl. auch Dry 1983). Vgl. jedoch auch die Problematisierung des Konzepts des „Weiterschiebens der Betrachtzeit" in Zifonun (2000, 321).
205 Vgl. Fludernik (2012, 82).
206 Vgl. dazu die Befunde zum Mhd. von Zeman (2010, 292) und zum Frnhd. von Sapp (2009, 437). Daneben dient auch das „historische Präsens" als Narrationstempus. Dabei werden die Handlungsfolgen zunächst durch andere Tempusformen in der vergangenen bzw. entfernten *story world* verankert. Auf diesen Referenzpunkt wird dann das deiktische Zentrum des Plots gelegt, das sich ebenfalls mit der Handlungsfolge chronologisch verschiebt. Zum historischen Präsens s. auch Zeman (2013) und Zifonun (2000, 323). Zu den Besonderheiten des „epischen Präteritums" s. auch Fludernik (2012, 82–84).

Perkins/Pagliuca 1994, 54; Lindstedt 2001, 771). Retrospektivformen können in narrativen Diskursen lediglich Rückgriffe innerhalb der narrativen Handlungsfolge ausdrücken, aber nicht die aufeinanderfolgenden Ereignisse bezeichnen. Infolge der semantischen und pragmatischen Expansion von Perfektformen wird nach der zeitreferentiellen Ablösung der Verbalsituation vom Sprechzeitpunkt auch die Verwendung in narrativen Diskursen möglich. Diese Verwendung in narrativen Kontexten wird dann als letzte Stufe der Expansion gewertet und zum entscheidenden Kriterium dafür gemacht, ob ein *anterior gram* als *past perfective* oder *general past gram* gewertet wird (vgl. Caudal 2012, 290). Innerhalb narrativer Diskurse ist eine weitere Stufung zwischen der Verwendung zur Vordergrund- bzw. Hintergrunddarstellung anzunehmen, wobei das Perfekt zunächst vordergrundierte Verbalgeschehen und dann erst hintergrundierte Situationen bezeichnet.

Die Eigenschaften von Narration – Situationsentbindung und Ereignisfolge – erfordern die Verwendung einer Tempusform, die auf von der Sprechsituation entbundene Ereignisse referieren kann. Das deutsche Präteritum konnte diese Bedeutung schon immer ausdrücken; das deutsche Perfekt kann das erst nach seiner semantischen Expansion. Daher zeigt sich in den Korpora der geschriebenen und gesprochenen Sprache (vgl. Kap. 2.3 „Präteritumschwund in der Standardsprache") eine deutliche Tendenz zur stärkeren Verwendung von Präteritum in narrativen Diskursformen und von Perfekt in nicht-narrativen Diskursformen.

Nicht-narrative Diskursmodi („Besprechen")
Nicht-narrative Diskursmodi unterscheiden sich vom narrativen Diskursmodus dadurch, dass ihre temporale Struktur entweder deiktisch organisiert oder atemporal ist. Beim Diskursmodus Bericht (*report*) werden die Verbalsituationen in Bezug zum Sprechzeitpunkt (oder einem anderen deiktischen Zentrum, das z. B. in der Vergangenheit liegt) dargestellt. Zum Beispiel wird ein Zeitungsartikel in der Regel aus der Jetzt-Perspektive geschrieben. Die temporale Lokalisation erfolgt deiktisch, ausgehend von diesem deiktischen Zentrum: die Verbalsituationen werden vor-, nach- oder gleichzeitig zu diesem Referenzpunkt lokalisiert (vgl. Smith 2011, 2603; Carruthers 2012, 316). Im Diskursmodus Beschreiben (*description*) ist Zeit statisch. Die gesamte Beschreibung ist anaphorisch lokalisiert zu einer zuvor eingeführten Zeit, von der aus nicht fortgeschritten wird. Die weitere Textprogression findet nicht durch eine zeitliche Abfolge statt, sondern durch ein quasi-räumliches Abtasten des Beschriebenen (vgl. Smith 2011, 2603; Carruthers 2012, 316; Stutterheim/Kohlmann 2000). Auch Argumentation/Kommentar (*argument-commentary*) und Explikation (Erklären) werden deiktisch verortet, hinsichtlich ihrer Strukturierung sind sie jedoch

atemporal. Sie werden durch thematische und argumentative Progression strukturiert (vgl. Smith 2011, 2603).

Deiktische, auf die Sprechzeit bezogene Diskursgestaltung ist die Domäne des Gegenwartstempus Präsens und des Perfekts mit seiner ursprünglichen, retrospektiven Gegenwartsbedeutung. Daher zeigt sich auch eine klare Tendenz zur stärkeren Verwendung von Perfektformen in nicht-narrativen Diskursformen (vgl. Kap. 2.3.2 „Häufigkeitsverteilungen in der gesprochenen und geschriebenen Standardsprache"). Die Verbalsituationen atemporaler Diskurse erfordern des Weiteren häufig den Ausdruck von Allgemeingültigkeit, die von den gnomischen Lesarten des Präsens und Perfekts ausgedrückt werden können.

3.1.2.2 Diskursstrukturierung durch Aspektualität

Tempus-Aspekt-Formen können je nach aspektuellem Blickwinkel unterschiedliche diskursgliedernde Funktionen haben (vgl. u. a. Binnick 2001, 562; Lindstedt 2001, 776; Carruthers 2012, 316; Caudal 2012, 288; Dry 1983; Fludernik 2012, 87–90; Rothstein 2007, 71–82). Verbalsituationen, die durch einen perfektiven Blickwinkel betrachtet werden, lassen die Ereignisfolge und mit ihr die erzählte Zeit voranschreiten: „[T]he fundamental function of perfective viewpoint tenses is to ‚move the reference time (and narration) forward'" (Caudal 2012, 288, in Bezug auf Reichenbach 1947). Sie bilden die narrative Ereigniskette, die die Handlung zeitlich nach vorne bewegt und die *state-of-affairs in the world* verändert (vgl. *advancement of discourse* bei Smith 2011, 2602; *temporale Bewegung* bei Rothstein 2007, 71–82; *temporal movement* bei Dry 1983). Für das Voranschreiten der Handlung spielt die aspektuelle Bedeutung der Verbalsituationen daher eine Schlüsselrolle. Verbalsituationen, die durch einen imperfektiven Blickwinkel betrachtet werden, beschreiben den Hintergrund, vor dem die Handlungen stattfinden. Dabei handelt es sich vor allem um Situationsbeschreibungen, wozu Beschreibungen, Zustände, allgemeine Umstände sowie wiederkehrende Handlungen und Gewohnheiten gezählt werden können. Anfang und Ende dieser Ereignisse und Zustände sind irrelevant. Sie sind in ihrer Wichtigkeit den perfektiv perspektivierten Ereignissen untergeordnet.[207]

Weinrich (1964) nennt diese Funktion der Vorder- und Hintergrundierung „Reliefgebung" und erläutert sie am Beispiel des Französischen (vgl. Weinrich 1964, 238–276). In Sprachen mit einer grammatischen Perfektiv/Imperfektiv-Unterscheidung werden Vordergrund- und Hintergrundmarkierung durch die jeweiligen Aspektformen ausgedrückt, z. B. markiert im Französischen das

---

[207] Vgl. auch Dry (1983, 47–49) zum Zusammenhang von perfektiv perspektivierten Verbalsituationen und der Wahrnehmung von Bedeutung/Relevanz.

imperfektive *imparfait* die Hintergrunddarstellung und das perfektive *passé simple* (bzw. *passé composé*) die Vordergrundereignisse.[208] In Sprachen ohne grammatikalisierten Blickwinkel entscheidet die Begrenzung bzw. Nicht-Begrenzung der Verbalsituation (samt aller Komplemente und Adverbiale) über die Diskursfunktion. In der Regel dienen grenzbezogene und punktuelle Situationstypen (Achievements, Accomplishments, Semelfactives) dem Voranschreiten der Handlung und beschreiben Situationsveränderungen, wohingegen nicht-grenzbezogene Situationstypen (States, Activities) der Beschreibung der Situationen dienen.[209] Durch temporale Adverbien kann im Deutschen natürlich auch ein grenzbezogenes Ereignis als andauernd oder habituell (als Gewohnheit) dargestellt werden und dann einer Situationsbeschreibung (ohne Situationsveränderung, ohne temporale Bewegung) dienen. Ebenso kann ein nicht-grenzbezogenes Ereignis Teil der Ereigniskette werden und die temporale Bewegung voranbringen, wenn es aufgrund des Kontextes als perfektiv zu deuten ist; z. B. indem auf das Einsetzen einer Situation referiert wird (vgl. die *inceptive acitivity sentences* in Dry 1983, 27). So lässt sich in (3) verstehen, dass Mary erst nach Johns Frage und als Reaktion auf diese beginnt, aus dem Fenster zu schauen. Das Beginnen des Schauens markiert einen neuen Punkt auf der *timeline*.

(3) *John asked where the children were.* **Mary looked anxiously out the window.** *Their coats lay on the lawn, but they were not in sight.* (Dry 1983, 26)

Ebenso kann ein vorhergehender Zustandswechsel bei States impliziert werden, wenn der Kontext dies zu verstehen gibt. In (4) hat das Losgehen schon begonnen, die Person ist daher nicht mehr da. Zeitlich ordnet sich diese Situation nach dem Kampf mit den Schuhbändern an.

(4) *In his haste, he knotted his shoelace wrong and had to fight with the knot like a little kid late to school;* **then he was off.** (Dry 1983, 27)

Folgende Darstellung gibt einen Überblick über den Zusammenhang der aspektuellen Perspektivierung und der temporalen Bewegung im Text.

---

208 Vgl. u. a. Weinrich (1964), Zifonun (2000, 322).
209 Vgl. Caudal (2012, 291–293) zur Disambiguierung aspektueller Bedeutungen/Funktionen bei aspektuell unterspezifizierten Tempora wie z. B. im Englischen und Deutschen.

temporale Bewegung	keine temporale Bewegung
Voranschreiten der Ereigniskette	Hintergrunddarstellung
perfektiver Blickwinkel	imperfektiver Blickwinkel
Achievements, Accomplishments	iterativ, habituell, progressiv oder kontinuativ gebrauchte Achievements, Accomplishments
inzeptiv gebrauchte Activities, States	Activities, States

Abb. 22: Überblick über aspektuelle Perspektivierung und temporale Bewegung im Text.

Vordergrundierung und Hintergrundierung werden in der Regel vor allem für narrative Diskursmodi beschrieben. Allerdings kann das Prinzip auch auf die nicht-narrativen Diskursmodi übertragen werden. Dann denotieren perfektiv perspektivierte Verbalsituationen in erster Linie Situationsveränderungen. Es wird auf einmalige, singuläre Geschehnisse referiert. Demgegenüber denotieren die imperfektiv perspektivierten Verbalsituationen Situationsbeschreibungen. Mit der Vordergrundierung wird in nicht-narrativen Diskursmodi auch die Aufmerksamkeit gelenkt. So kann den vordergrundierten Ereignissen eine höhere Relevanz zugeschrieben werden, während hintergrundierte Zustände und Prozesse lediglich konstatiert werden.[210]

Der perfektive Blickwinkel kann auch dazu dienen, von einem besprechenden Diskursmodus zu einer narrativen Diskurspassage überzuleiten. Er kann Anfang und Ende einer narrativen Episode markieren. So kann er einleitend eine Außenperspektive auf die darauffolgende Erzählung liefern und die zu erzählenden Ereignisse dadurch einleiten. Im Anschluss an eine narrative Passage kann der perfektive Blickwinkel durch seine Außenperspektive zusammenfassend und abschließend wirken. Eine narrative Episode kann durch die perfektive Außenperspektive somit mit der besprochenen Welt verknüpft werden.[211] Die Überleitungsfunktion wird häufig auch Perfektformen in ihrer ursprünglichen retrospektiven Gegenwartsbedeutung zugesprochen. Durch ihr Zwitterwesen (Ausdruck eines vergangenen Verbalgeschehens bei gleichzeitigem Gegenwartsbezug) sind sie für eine Überleitung von einem deiktisch organisierten, besprechenden Diskursmodus zu einem narrativen Diskursmodus (und andersherum) prädestiniert (vgl. Jörg 1976, 30).[212] Diese Überleitungsfunktion wird gerne dem letzten Satz in Goethes *Die Leiden des jungen Werthers*

---

[210] Vgl. auch Schrodt (2004).
[211] Vgl. Trost (2011), Zifonun (2000, 322–323), Gülich/Hausendorf (2000, 381).
[212] Vgl. auch Zifonun (2000, 323): „Das Perfekt führt, im einfachen Fall, von der Sprechzeit als Orientierungszeit in die Vergangenheit dieser Orientierungszeit und stellt so die Verankerung im Jetzt des Sprechers her."

zugesprochen, der das narrative Nachwort mit der Rezeptionssituation des Lesers verbindet:

(5) *Nachts gegen eilfe ließ er ihn an die Ståtte begraben, die er ſich erwåhlt hatte, der Alte folgte der Leiche und die Söhne. Albert vermochts nicht. Man fürchtete für Lottens Leben. Handwerker trugen ihn.* **Kein Geiſtlicher hat ihn begleitet.** (Goethe 1774, 224)

Die Diskurseigenschaften und -funktionen der aspektuellen Blickwinkel lassen sich wie folgt zusammenfassen:

Eigenschaften von Situationen mit	
imperfektivem Blickwinkel	**perfektivem Blickwinkel**
nicht-grenzbezogene Situationstypen	grenzbezogene Situationstypen
stellt Situation dar als:	stellt Situation dar als:
dauerhaftes, sich wiederholendes Geschehen, Gewohnheit, Zustand/Umstand	einmaliges, punktuelles Geschehen, bedeutsames Ereignis
keine temporale Bewegung: kein Fortschreiten der Betrachtzeit	temporale Bewegung: Fortschreiten der Betrachtzeit in der Handlungsfolge

Abb. 23: Eigenschaften der aspektuellen Blickwinkel.

Diskursgliedernde Funktionen der aspektuellen Blickwinkel		
imperfektiver Blickwinkel	**perfektiver Blickwinkel**	**retrospektiver Blickwinkel**
Hintergrundierung (Narration)	Vordergrundierung (Narration)	Rückblick
Situationsbeschreibung	Situationsveränderungen	Rückgriff
	Überleitung/Einleitung/Abschluss	

Abb. 24: Diskursgliedernde Funktionen der aspektuellen Blickwinkel.

Die aspektuellen Diskursfunktionen sind relevant für die Perfektexpansion im Deutschen. Bei der Perfektexpansion erfährt das deutsche Perfekt eine semantische Erweiterung und kann in immer mehr Vergangenheitskontexten verwendet werden. Wie unten gezeigt wird, erfolgt der Grammatikalisierungspfad vom Ausdruck der retrospektiven Gegenwart über den Ausdruck der perfektiven Vergangenheit hin zum Ausdruck imperfektiver Vergangenheit. Dementsprechend ist anzunehmen, dass Perfektformen bei ihrer Expansion zunächst perfektive Diskursfunktionen und dann erst imperfektive Diskursfunktionen annehmen. Die imperfektive Diskursfunktion wäre dann die letzte Domäne des schwindenden Präteritums, das spiegelbildlich zur Perfektexpansion eine Bedeutungsverengung/-spezialisierung erfährt. Bisher gibt es noch keine Erkenntnisse darüber, wie weit dieser Prozess in den Regionalsprachen des Deutschen vorangeschritten ist.

3.1.2.3 Tempus-Aspekt-Formen und Sprache der Nähe/Sprache der Distanz
Neben dem Zusammenhang mit bestimmten Diskursmodi wurde in den Korpusstudien (vgl. Kap. 2.3.2 „Häufigkeitsverteilungen in der gesprochenen und geschriebenen Standardsprache") und der Forschungsliteratur auch ein Zusammenhang der Verwendung der Perfektform mit der Nähesprachlichkeit – im Besonderen der gesprochenen Sprache, Dialogizität und informellen Registern – festgestellt. Wie ist dieser Zusammenhang zu erklären?

Die ursprüngliche Bedeutung des deutschen Perfekts ist der Ausdruck retrospektiver Gegenwart. Zeitreferentiell ist beim Perfekt die Betrachtzeit identisch mit der Sprechzeit. Dadurch gibt es beim Perfekt einen temporalen Bezug auf die Kommunikationssituation – auf das Jetzt des Sprechens –, von der aus die Verbalsituation retrospektiv betrachtet wird.[213] Da das Jetzt des Sprechens als natürliches deiktisches Zentrum dient, erlaubt eine solche Sprechsituation eine deiktisch organisierte Kommunikation (deiktisches Diskursmuster). Dazu zählen die Verwendungen von temporal-, lokal- und objektdeiktischen Ausdrücken (z. B. *jetzt, heute, gestern, gerade, gleich; hier, da hinten, dort; dieses, das da*) genauso wie der deiktische Bezug auf die Akteure der Kommunikationssituation (Personendeiktika, z. B. *ich, du, wir, ihr, mein, euer*). Häufig erfolgt eine solche sprechzeit- und sprecherbezogene Kommunikation in Situationen, an denen neben dem Sprecher (Produzent) auch ein Hörer (Rezipient) teilnimmt. Diese Raumzeitgleichheit von Produzent und Rezipient stellt die Grundkonstellation des Nähesprechens dar, das affin zur gesprochenen Sprache (dem phonischen Medium) ist. In dem Modell von Ágel/Hennig (2006, 2007b) zum Nähe- bzw. Distanzsprechen wirkt sich diese Raumzeitgleichheit von Produzent und Rezipient auf unterschiedliche Parameter der Situation aus (Rollenparameter, Zeitparameter, Situationsparameter, Parameter des Codes und des Mediums). Hinsichtlich der Rollen der Kommunikationsteilnehmer erlaubt die Raumzeitgleichheit eine Dynamik: Sprecher und Hörer können sprachlich interagieren, sich in ihren Rollen als Produzent und Rezipient ablösen; sie können dialogisch miteinander kommunizieren. In der Tat finden Dialoge typischerweise in

---

[213] Genauso wie das Präsens kann das Perfekt jedoch auch zeitlos und damit allgemeingültig verwendet werden.

Situationen mit Raumzeitgleichheit von Sprecher und Rezipient statt.[214] Berichtende und narrative Diskursgestaltung erfolgt dahingegen eher in der schriftlichen, distanzsprachlichen Kommunikation. Entsprechend sind auch Verbformen der deiktischen 2. Person in Dialogen tendenziell häufiger als die Verbformen der anaphorischen 3. Person. Das Modell von Ágel/Hennig stellt eine Weiterentwicklung des Modells von Koch/Oesterreicher (1985) dar, nach dem sich die konzeptionelle Diskursgestaltung entlang eines Kontinuums mit den Polen „Sprache der Nähe – Sprache der Distanz" anordnen lässt. Nach Koch/Oesterreicher (1985) zeichnet sich die Sprache der Nähe neben anderen Kommunikationsbedingungen auch durch die Vertrautheit der Kommunikationspartner und die Privatheit der Kommunikationssituation aus – Eigenschaften, die auch die Wahl des stilistischen Registers beeinflussen können. Über die Vertrautheit/Fremdheit der Kommunikationspartner lässt sich nach Kehrein/Fischer (2016) auch die beobachtbare Affinität von Nähesprachlichkeit und Dialektalität (Grad der regionalsprachlichen Markiertheit) herleiten. Es lässt sich zusammenfassen, dass der zeitreferentielle Bezug des Perfekts auf die Sprechsituation ausschlaggebend ist für seine Affinität zu nähesprachlichen Diskursen, die ebenfalls eine Sprechsituationseinbindung aufweisen.

Spiegelbildlich kann die Affinität des Präteritums zu distanzsprachlichen Diskursen erklärt werden. Das Präteritum lokalisiert eine Verbalsituation in der Vergangenheit, und zwar von der Sprechzeit losgelöst betrachtet. Die Situationszeit wird in Bezug auf eine in der Vergangenheit liegende Betrachtzeit anaphorisch verortet (anaphorisches Diskursmuster). Situations- und Betrachtzeit der Verbalsituation sind von der Kommunikationssituation der Sprechzeit losgelöst. Nicht-deiktische, situationsentbundende Diskurse sind typisch für die Sprache der Distanz mit ihren Affinitäten zur geschriebenen Sprache (graphische Kommunikationsformen), zur Monologizität, zu narrativen Textmodus, zu höheren stilistischen Registern und Standardsprachlichkeit.

Perfektformen und Präteritumformen können aufgrund ihrer unterschiedlichen temporalen Relationen typischerweise Diskursformen bedienen, die sich hinsichtlich verschiedener Parameter, Faktoren, Eigenschaften und Kommunikationsbedingungen diametral entgegenstehen. Diese Affinitäten werden in der folgenden Übersichtstabelle noch einmal zusammengefasst.[215]

---

214 Natürlich gibt es zahlreiche Formen von Dialogen, die nicht raumzeitgleich stattfinden (E-Mails, Briefe, Chat, SMS). Die Beispiele lassen erahnen, dass vor allem die Zeitgleichheit Auswirkungen auf die nähesprachliche Diskursgestaltung hat. Die Dialogizität ist allerdings in Situationen zeitgleicher, phonischer Kommunikation am höchsten.
215 Vgl. auch die Modellbildung von Zeman (2010, 290–298), die ebenfalls einen Zusammenhang von sprecherbezogener, origo-inklusiver, deiktischer Diskursgestaltung und nicht-narrativem Diskursmodus einerseits und einem Zusammenhang von nicht-sprecherbezogener, origo-

Perfektformen	Präteritumformen
(ursprüngliche) zeitreferentielle Bedeutung	
– (retrospektive) Gegenwart (E < R, S)	– (perfektive und imperfektive) Vergangenheit (E, R < S)
– Verortung der Verbalsituation in Bezug auf Sprechzeit/Kommunikationssituation	– Verortung der Verbalsituation in anaphorischem Bezug auf Referenzzeit
– Verschränkung mit der Kommunikationssituation	– Entbindung von der Kommunikationssituation
– sprecherbezogen	– nicht-sprecherbezogen
– origo-inklusiv: deiktisches Diskursmuster	– origo-exklusiv: anaphorisches Diskursmuster
Sprache der Nähe	**Affinität zu**	**Sprache der Distanz**
– gesprochene Sprache (phonisches Medium)	– geschriebene Sprache (graphisches Medium)
– Dialog (Rollendynamik)	– Monolog (keine Rollendynamik)
– nicht-narrativer Diskursmodus	– narrativer Diskursmodus
– Vertrautheit der Kommunikationspartner	– Fremdheit der Kommunikationspartner
– Privatheit der Kommunikationssituation	– Öffentlichkeit der Kommunikationssituation
– ggf. Regionalsprachlichkeit	– Standardsprachlichkeit
– informelles Register	– formelles, gehobenes Register

Abb. 25: Affinitäten der Tempusformen zur nähe-/distanzsprachlichen Diskursgestaltung.

Diesen Zusammenhängen sind auch die sekundären Funktionen und Effekte geschuldet. So kann natürlich auch eine Präteritumform „stilistisch" bewusst genutzt werden, um einen hohen Grad an Distanzsprachlichkeit zu erreichen. Dies geschieht mitunter in der Absicht, dem Kommunikationspartner den Eindruck zu vermitteln, man selbst verfüge über große Belesenheit und Schöngeistigkeit und damit einhergehend über ein hohes soziales Prestige. Präteritumformen werden aber auch dann gezielt verwendet, wenn die Sprecher intendieren, besonders standardsprachlich (wenig dialektal) oder bildungssprachlich („typisch schriftsprachlich") zu sprechen. Der Grammatikunterricht in den Schulen trägt zu genau diesen Verwendungsmotiven bei, wenn er das Perfekt vor allem als Tempusform der gesprochenen Sprache und das Präteritum als Tempusform der geschriebenen Sprache einführt (vgl. z. B. Diekhans/ Fuchs 2004, 285–286)[216] und damit eine einfache Substitutionsregel nahelegt. Werden jedoch schematisch alle Perfektformen der eigenen, individuellen

---

exklusiver, anaphorischer Diskursgestaltung und narrativem Diskursmodus sieht und für das mhd. Tempus-Aspekt-System belegen kann.
216 Zum Beispiel erklärt die Wortartenlehre des Schulbuchs *P.A.U.L. D.* für die 6. Klasse die Verwendung von Präteritum- und Perfektformen wie folgt: „Mit der Zeitform Präteritum drückt

Kompetenz durch Präteritumformen ausgetauscht, kann es leicht zu Hyperkorrekturen kommen, wenn Präteritumformen in Kontexten mit retrospektiver Gegenwartsbedeutung verwendet werden (vgl. Hentschel/Weydt 2013, 95–96).[217] Bereits Schmeller (1821, 375) stellt einen solchen hyperkorrekten Gebrauch des Präteritums fest:

> Weil uns auf diese Weise die lebende Umgangssprache über den richtigen Gebrauch des Imperfects durchaus kein Maaß gibt: So fallen wir, wenn wir es im gehalteneren, besonders schriftlichen Vortrag absichtlich verwenden wollen, gar leicht in den Fehler, es zum Aergerniß schulgerechter Ohren auch da zu gebrauchen, wo eigentlich das Perfect stehen muß. Dieses geschieht, wenn wir z. B. ohne alle Beziehung auf eine andere vorhergehende oder noch folgende Handlung sagen: *Rom wurde nicht in einem Tag gebaut. Ich kam die ganze Woche nicht aus dem Hause. Auch ich war in der Fremde. Ich schrieb dieses in einer trüben Stimmung nieder etc.* (Schmeller 1821, 375)

Trier (1965, 205) bezeichnet solche Verwendungen „Ästhetenpräteritum" und attestiert ihnen einen „Ton der Affektiertheit" sowie „Scheinfeierlichkeit". Besonders beliebt sei das Ästhetenpräteritum wohl im künstlerischen Bildungsbürgertum: „Man trifft es in kunsthandwerklichen, bibliophilen und anderen ästhetisierenden Kreisen." (Trier 1965, 205) Nicht zuletzt zeigen diese hyperkorrekten Tempusverwendungen, dass die Präteritumform in vielen Varietäten des Deutschen wie ein Fremdkörper wahrgenommen wird, über deren Verwendung Unsicherheit herrscht. Im standardsprachlichen, neuhochdeutschen Tempus-Aspekt-System ist das Präteritum als Form jedoch nach wie vor fest verankert.

3.1.3 Das neuhochdeutsche Tempus-Aspekt-System

Das neuhochdeutsche Tempus-Aspekt-System lässt sich nun mithilfe der in den letzten Kapiteln getroffenen terminologischen Unterscheidungen zusammenfassend darstellen.

Zunächst zeigt die folgende Abbildung einen Überblick über die hier eingeführten temporal-aspektuellen Bedeutungen und ihre Funktionen im Diskurs. Nicht weiter differenziert wurden der Zukunfts- und Vorvergangenheitsbedeutungsbereich sowie der imperfektive Blickwinkel.

---

man aus, dass ein Geschehen vergangen ist. Das Präteritum als Vergangenheitsform wird vor allem beim schriftlichen Erzählen und Berichten benutzt." (Diekhans/Fuchs 2004, 285) „Das Perfekt wird häufig beim mündlichen Erzählen verwendet. Dabei kann es ausdrücken, dass ein vergangenes Geschehen noch in die Gegenwart hineinreicht und auf den Sprecher oder Schreiber wirkt." (Diekhans/Fuchs 2004, 286)

[217] Vgl. auch die Diskussion zu solchen hyperkorrekten Verwendungen des Präteritums bei Herrgen (1986, 172–173). Dort wird das Zitat aus *Kabale und Liebe* von Friedrich Schiller angeführt, in dem der Protagonist Ferdinand – einen Brief in der Hand haltend – mehrfach fragt: „Schriebst du diesen Brief?" Auch die Weimarer Klassik wurde nicht vom Präteritumschwund verschont.

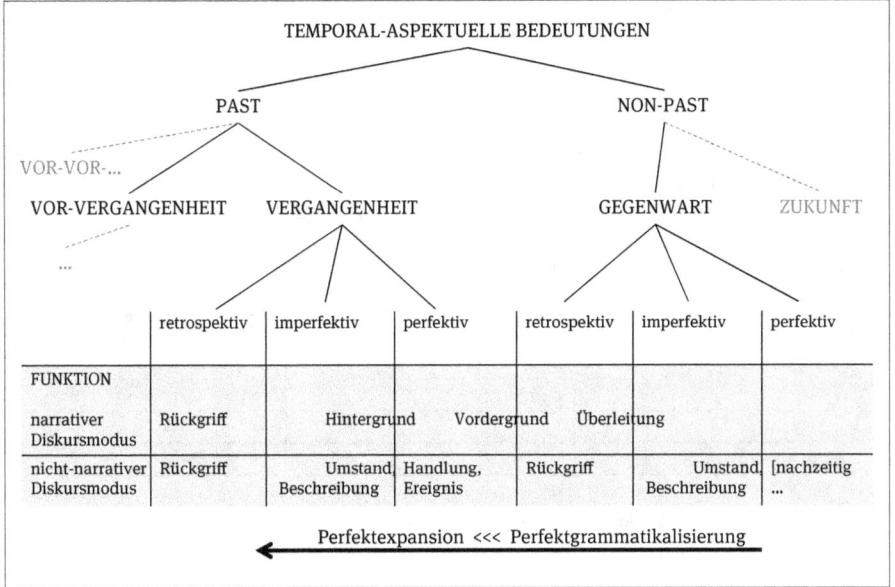

Abb. 26: Überblick: Bedeutungen und Funktionen.

Die eingeführte Terminologie zu den temporalen und aspektuellen Bedeutungen ermöglicht eine Systematik, nach der nun die deutschen Verbalformen in Form eines Tempus-Aspekt-Systems zusammengestellt werden können. Dabei soll zunächst nur das standardsprachliche System berücksichtigt werden.

In der Abbildung 27 wird das neuhochdeutsche, indikativische, aktive Tempus-Aspekt-System der Standardsprache dargestellt.

Die Präsensform kann im Deutschen auf Ereignisse in der Gegenwart und Zukunft referieren und dient auch zum Ausdruck von Allgemeingültigkeit. In seinem Gegenwartsbezug kann es sowohl ein „atelisches Geschehen" (Bsp. *Es regnet*; Duden-Grammatik 2016, 515) beschreiben als auch ein „telisches Geschehen" (Bsp. *Der Ball geht ins Tor!*; Duden-Grammatik 2016, 516). In der Terminologie dieser Arbeit entspricht das dem Ausdruck imperfektiver bzw. perfektiver Gegenwartsbedeutung. Der Ausdruck der Allgemeingültigkeit (Bsp. *Uran hat das Atomgewicht 238,03*; Duden-Grammatik 2016, 516) ist ein „Sonderfall", da der Zeitbezug auf eine quasi unbegrenzte Gegenwart erfolgt. Das Präsens kann auch völlig unmarkiert mit einem Bezug auf die Zukunft verwendet werden (Bsp. *Leider geht die erste Seilbahn erst wieder in zwei Stunden*; Duden-Grammatik 2016, 516). Ein weiterer Sonderfall ist die Verwendung des Präsens mit Bezug auf vergangene Situationen, was oft als historisches, szenisches oder episches Präsens bezeichnet wird. Nach der Duden-Grammatik

	Temporale Bedeutung	Aspektueller Blickwinkel	Präsens	Perfekt	Präteritum	Plusquamperfekt
PAST	Vorvergangenheit	imperfektiv				?
		perfektiv				✓
	Vergangenheit	retrospektiv			✓	✓
		imperfektiv		✓	✓	
		perfektiv		✓	✓	
NON-PAST	Gegenwart	retrospektiv	✓*	✓	✓**	
		imperfektiv	✓			
		perfektiv	✓			
	Zukunft		✓	✓		
	Allgemeingültigkeit		✓	✓		

Abb. 27: Das nhd. Tempus-Aspekt-System (Indikativ).[218]

(2016, 517) liegt hier eine „atypische Verwendung" vor. Dieses Präsens tritt vor allem dann auf, wenn eine stilistisch gewünschte Vergegenwärtigung hervorgerufen werden soll. Daher wird diese Verwendungsweise des Präsens hier nicht in die systematische Darstellung aufgenommen.[219] Die retrospektive Gegenwartsbedeutung trägt das Präsens, wenn es die kontinuative Perfektlesart ausdrückt (*Deutschland* **arbeitet** *seit 1945 [...] an seiner ‚Normalität'*; Duden-Grammatik 2016, 515–516).

Das Perfekt drückt in der Standardsprache retrospektive Gegenwart aus: „Das Vollverb wird als vorzeitig (vollzogen) präsentiert relativ zu einem Orientierungszeitpunkt, der in Übereinstimmung mit der Funktion des einfachen Präsens festgelegt ist." (Bsp. *Jetzt* **hat** *er sein Werk* **vollendet**; Duden-Grammatik 2016, 518). Als Vergangenheitstempus bezieht sich das Perfekt jedoch auch auf Situationen in der bestimmten Vergangenheit (= Ausdruck von perfektiver/ imperfektiver Vergangenheit) (Bsp. *Anna* **ist** *vor einiger Zeit krank* **gewesen**; Duden-Grammatik 2016, 518). Daneben kann das Perfekt auch auf die Zukunft referieren (Bsp. *Morgen hat er sein Werk vollendet*; Duden-Grammatik 2016, 519) und Allgemeingültiges ausdrücken (Bsp. *Ein Unglück* **ist** *schnell* **geschehen**; Duden-Grammatik 2016, 519) sowie als Vorzeitigkeitstempus zum historischen Präsens dienen (vgl. Duden-Grammatik 2016, 519).

---

218 * = Perfekt-Kontinuitätslesart, ** = Perfekt-Erfahrungslesart.
219 Vgl. zu diesem Sonderfall auch Zeman (2013).

Die Präteritumform bezieht sich auf „einzelne oder wiederkehrende Geschehnisse, die durch Temporaladverbialien oder den allgemeinen Zusammenhang einer bestimmten Zeit in der Vergangenheit zugewiesen werden" (Duden-Grammatik 2016, 522). Demnach drückt es perfektive und imperfektive Vergangenheitsbedeutung aus (Bsp. *Vor über hundert Jahren wurde der Kölner Dom vollendet.* bzw. *Goethe **beschäftigte** sich jahrelang mit der Farbenlehre*; Duden-Grammatik 2016, 522). Das Präteritum kann auch (parallel zum Präsens, jedoch für die Vergangenheit) retrospektive Vergangenheitsbedeutung ausdrücken, wenn es in einer Perfekt-Kontinuitätslesart verwendet wird (Bsp. *Zu der Zeit **wohnten** sie schon seit mehreren Jahren auf dem Lande*; Duden-Grammatik 2016, 523). In einer Perfekt-Lesart kann sich das Präteritum auch auf die Gegenwart beziehen. So wird in Sätzen wie *Ich **war** schon mal in Armenien* die Perfekt-Erfahrungslesart (= Ausdruck retrospektiver Gegenwart) ausgedrückt.

Das Plusquamperfekt „stellt ein Geschehen als vorzeitig (abgeschlossen) dar mit Bezug auf eine bestimmte Zeit oder ein bestimmtes Geschehen in der Vergangenheit" (Duden-Grammatik 2016, 523). Damit drückt es retrospektive Vergangenheit aus. (Bsp. *Winckelmann wurde 1717 als Sohn eines Schuhflickers zu Stendal geboren. 1743 **hatte** er es bis zum Konrektor in Seehausen **gebracht***; Duden-Grammatik 2016, 523). Es wird jedoch auch für den Ausdruck von (perfektiver) Vorvergangenheit verwendet (Bsp. *Im März 1930 war es soweit. Stresemann **war** im Oktober 1929 **gestorben***; Duden-Grammatik 2016, 523). Inwieweit auch imperfektive Vorvergangenheit mit dem Plusquamperfekt ausgedrückt werden kann, lässt die Duden-Grammatik offen. Das Plusquamperfekt zeigt damit genauso wie das Perfekt eine semantische Expansion, allerdings um eine Zeitstufe in die Vergangenheit versetzt: von einer retrospektiven Vergangenheitsbedeutung hin zum Ausdruck von Vorvergangenheit. Über diesen „plusquamperfektischen" Expansionsprozess wissen wir leider noch zu wenig. Hier wären weiterführende Studien wünschenswert.

In der Darstellung wurde die Variation hinsichtlich Nähe-/Distanzsprachlichkeit sowie Dialektalität nicht berücksichtigt. Besonders für die Dialekte lässt sich hier eine große Forschungslücke feststellen. Bis auf die Arbeit von Maiwald (2002) für das „temporale System des Mittelbairischen" liegen keine systematischen Beschreibungen der dialektalen Tempus-Aspekt-Systeme vor. Des Weiteren wurde eine Reihe von Formen nicht berücksichtigt, deren Status z. T. umstritten ist (z. B. *tun*-Periphrase, doppelte Perfektbildungen, *am*-Progressiv). Die doppelten Perfekt- und Plusquamperfektformen gelten als nicht standardsprachlich, obwohl sie sowohl in historischen Texten gut belegt als auch in der heutigen gesprochenen Sprache weit verbreitet sind (s. Kap. 3.4.8 „Exkurs: Doppelte Perfektbildungen"). In dem Überblick wurden nur die für die hier untersuchten Prozesse relevanten Verwendungen der Formen erfasst. Die Bedeutungsbereiche, die für die Prozesse der Perfektexpansion bzw. des

Präteritumschwunds wichtig sind, wurden grau schattiert. Dabei wird deutlich, wie sehr sich Präteritum- und Perfektformen in ihrem Bedeutungsausdruck gleichen. Dies ist die Folge von historischen Sprachwandelprozessen, die das neuhochdeutsche Tempus-Aspekt-System geprägt haben. Diese sollen daher im Folgenden im Vordergrund stehen.

3.2 Sprachwandel im deutschen Tempus-Aspekt-System

3.2.1 Entstehung des neuhochdeutschen Tempus-Aspekt-Systems – ein diachroner Überblick

Das Tempus-Aspekt-System des Deutschen hat sich seit althochdeutscher Zeit stark verändert. In das sehr reduzierte Tempus-Aspekt-System, das im Germanischen nur die zwei synthetischen Tempusformen Präsens und Präteritum umfasste, haben sich über eine Zeitspanne von 1000 Jahren mehrere periphrastische Verbformen eingegliedert. So finden sich in den neuhochdeutschen Grammatiken sechs verschiedene Tempusformen: Präsens, Perfekt, Präteritum, Plusquamperfekt, Futur I und Futur II. Zum Teil werden auch die doppelten Perfektbildungen – in der Regel jedoch als regionalsprachliche oder als mündlich markierte Formen – hinzugenommen (vgl. Duden-Grammatik 2016, 525). Zentral für den Präteritumschwund sind dabei die Grammatikalisierung der Perfektformen und deren semantische Expansion ab mittelhochdeutscher Zeit. Diese Prozesse sollen im Folgenden in ihrem Ablauf näher bestimmt werden. Zunächst gebe ich jedoch einen diachronen Überblick über die Tempusformen der deutschen Sprachstufen, um den Ausgangspunkt dieser Sprachwandelprozesse zu bestimmen und deren Verlauf zeitlich zu dokumentieren.

Die Tempus-Aspekt-Systeme der hochdeutschen Sprachstufen sind im Vergleich zu den niederdeutschen Tempus-Aspekt-Systemen gut erforscht. Mit Zeman (2010) liegt für den hochdeutschen Sprachraum eine aktuelle Arbeit vor, die den Forschungsstand umfassend aufarbeitet und eine systematische Beschreibung des mittelhochdeutschen Tempus-Aspekt-Systems vorgelegt. Die Tempus-Aspekt-Systeme des Altsächsischen, Mittelniederdeutschen und der niederdeutschen Dialekte sind bis auf wenige Ausnahmen (z. B. Magnusson 1939, Schöndorf 1983) weniger gut beschrieben. Hier zeigt sich ein großes Forschungsdesiderat.

3.2.1.1 Vorgeschichte I: Das germanische Erbe
Das Gotische, das hier als älteste bezeugte germanische Sprache beispielhaft für das Germanische vorgestellt wird, weist nach einer starken und für das Germanische charakteristischen Reduktion der indoeuropäischen Formenvielfalt nur

noch zwei Tempusformen auf: Präsens und Präteritum (vgl. Braune/Heidermanns 2004, §167). Die Formen drücken dabei in erster Linie den Bedeutungsunterschied 'vergangen' vs. 'nicht-vergangen' aus.[220] Eine eigene Form für den Zukunftsausdruck ist nicht vorhanden. Die Präsensform dient sowohl dem Ausdruck von Gegenwärtigem als auch Zukünftigem. Damit teilen sich die temporalen Bedeutungsbereiche, für die grammatische Tempusformen vorliegen, in Past und Non-Past – eine Zweiteilung, die sich grundsätzlich bis ins Neuhochdeutsche hält (vgl. Kap. 3.1.1.1 „Temporalität"). „Das Präteritum ist das allgemeine Tempus der Vergangenheit" (Braune/Heidermanns 2004, §167)[221] und übernimmt sowohl die Funktionen des ie. Imperfekts, des Aorists als auch des Perfekts (vgl. Zeman 2010, 64).[222] Die Bedeutung der Präteritumform ist damit aspektuell unterspezifiziert. Sie kann sowohl den imperfektiven, den perfektiven, als auch den retrospektiven Aspekt ausdrücken (vgl. Kap. 3.1.1.2 „Aspektualität").

Der Ausdruck von Aspektualität wird in der Regel vom Situationstyp gesteuert. Das Gotische verfügt aber auch über ein derivatives Verfahren, mit dem nicht-grenzbezogene Verben „perfektiviert" werden können: die *ga*-Präfigierung finiter Verbformen. Imperfektive Simplexverben und *ga*-präfigierte Verben stehen sich dann in aspektueller Opposition gegenüber (Beispiel zitiert nach Zeman 2010, 65):

taujan 'tun' (imperfektiv)   *ga-taujan* 'tun, vollenden' (perfektiv)

Die Rolle der *ga*-Präfigierungen im gotischen (bzw. germanischen) Verbalsystem wurde mehrfach diskutiert. Die Forschung hat den „Systemcharakter der postulierten Aspektopposition" (Zeman 2010, 65) wiederholt in Frage gestellt. Sie ist sich nur darin einig, „dass die *ga*-präfigierten Verben grundsätzlich perfektive Semantik tragen. Fraglich erscheint daher vor allem die Konstitution sowie der Grammatikalisierungsgrad des gotischen Aspektsystems, nicht dessen grundsätzliche Existenz." (Zeman 2010, 65) Den *ga*-präfigierten, aspektuellen Formen wird auch ein temporaler Bedeutungseffekt zugesprochen: Für die

---

220 Vgl. auch die Beschreibung des „Germanic two tense system" in Hewson/Bubenik (1997, 209–228).
221 Vgl. auch Behaghel (1924, 282): „Das einfache Präteritum bezeichnet ursprünglich (idg., urgerm., got., wgm.) jede in der Vergangenheit liegende Tatsache: einen Zustand wie einen Vorgang. Dabei ist es ganz gleichgültig, ob die Tatsache der Vergangenheit in der Gegenwart nachwirkt oder nicht."
222 Es ist ungeklärt, inwieweit bereits im Gotischen der Vorläufer des *haben*-Perfekts existiert. Eine Integration der Perfektform zum Ausdruck der retrospektiven Gegenwart ist jedoch noch nicht vollzogen (vgl. Zeman 2010, 64).

ga-präfigierten **Präsens**formen wurde wiederholt Zukunftsbedeutung[223] und für die *ga*-präfigierten **Präteritum**formen wurden neben den aoristischen (= perfektiven) Bedeutungen auch „plusquamperfektische Bedeutungen" geltend gemacht, womit vermutlich sowohl retrospektive Vergangenheit als auch Vorvergangenheit gemeint sind (vgl. Zeman 2010, 66).

Die folgende Tabelle fasst die Bedeutungsbereiche und zugehörigen Ausdrucksformen für das Gotische zusammen. In der Tabelle werden die temporal-aspektuellen Bedeutungen als analytische Kategorien dargestellt und voneinander getrennt. Dies soll nicht implizieren, dass die (rekonstruierten) „Gotisch-Sprecher" diese Bedeutungsbereiche bewusst unterschieden hätten.

Tab. 37: Rekonstruktion des gotischen Tempus-Aspekt-Systems.

	GOTISCH	
	temporal-aspektuelle Bedeutung	Form
PAST	„plusquamperfektische Bedeutungen" (= Vorvergangenheit und/oder retrospektive Vergangenheit?)	Präteritum; *ga*-Präteritum
	perfektive Vergangenheit	Präteritum; *ga*-Präteritum
	„allgemeine" Vergangenheit	Präteritum
NON-PAST	retrospektive Gegenwart	Präteritum
	allgemeine Gegenwart	Präsens
	perfektive Gegenwart (mit Zukunftsbedeutung)	*ga*-Präsens
	Zukunft	Präsens

3.2.1.2 Vorgeschichte II: Systemerweiterung im Althochdeutschen und Altsächsischen

Die Tempus-Aspekt-Systeme der frühesten bezeugten deutschen Sprachstufen – Althochdeutsch und Altsächsisch – verfügen wie das Gotische über ein sehr reduziertes, temporales Formeninventar bestehend aus Präsens- und Präteritumformen mit der Grundopposition Non-Past und Past sowie über die derivationell ausgedrückte Aspektopposition. Neu und der Beginn des bevorstehenden Ausbaus des Tempus-Aspekt-Systems ist die Perfektperiphrase, deren Grammatikalisierung bereits zu Beginn des dokumentierten Althochdeutschen

---

[223] Hier zeigt sich eine Parallele zum Altgriechischen und den slawischen Sprachen, in denen ebenfalls die perfektive Präsensform Zukunftsbedeutung trägt, vgl. Hewson (2012, 510).

zu beobachten ist. Sie stellt die „entscheidende Veränderung im Vergleich zum Gotischen dar" (Zeman 2010, 67) und muss als folgenreichster Sprachwandelprozess für das deutsche Tempus-Aspekt-System bewertet werden. Mit der Entstehung der Perfektperiphrase erfolgt eine aspektuelle Ausdifferenzierung: nunmehr erhält der Ausdruck von retrospektiver Gegenwart eine eigene Form.

Wie das Gotische hat auch das Althochdeutsche „nur zwei morphologische Tempusformen, das Präsens und das aus dem idg. Perfekt unter Beteiligung von Aoristformen hervorgegangene Präteritum." (Schrodt 2004, §S 121) Die Präsensform ist die Tempusform für den Ausdruck ‚nicht vergangener' und zukünftiger Geschehnisse sowie auch allgemeiner, nicht zeitgebundener Tatsachen. Zukünftige Bedeutung kann wie im Gotischen auch durch *gi*-präfigierte Präsensformen und die entstehenden Futurperiphrasen ausgedrückt werden. Die Funktion eines erzählenden Tempus im Sinne des Praesens historicum trägt es nur sehr selten (vgl. Schrodt 2004, §S 122). Die Präteritumform trägt wie im Gotischen das Bedeutungsmerkmal ‚vergangen' und bezeichnet „alle Arten von Zuständen und Vorgängen" (Schrodt 2004, §S 123) in der Vergangenheit. Damit entspricht die Präteritumform „regelmäßig dem lat. Imperfekt [= imperfektive Vergangenheit] und dem erzählenden Perfekt [= perfektive Vergangenheit]" (Braune/Reiffenstein 2004, §301; Ergänzungen HF). Aber auch „das reine Perfekt" (Braune/Reiffenstein 2004, §301), die retrospektive Gegenwart, kann im Althochdeutschen noch durch die Präteritumform ausgedrückt werden: „Gegenüber dem schon im Ahd. entstehenden Perfekt [...] kann auch noch das einfache Präteritum die Funktion eines resultativen Perfekts haben" (Schrodt 2004, §S 123). Meistens tritt für diese Bedeutung jedoch auch schon im Althochdeutschen „die Umschreibung mit *habēn, eigan* oder mit *wësan* ein, die schon in den ältesten Quellen fest ausgebildet ist" (Braune/Reiffenstein 2004, §301). Die Präteritumform kann auch „im Sinn eines Plusquamperfekts" (Schrodt 2004, §S 123) stehen. Diese Bedeutung kann außerdem von *gi*-präfigierten Präteritumformen ausgedrückt werden, allerdings ist diese „temporale Funktion des *gi*-Präfixes [...] eher linear als Bezeichnung eines Handlungsabschlusses [= retrospektive Vergangenheit] zu verstehen, der Schluss auf ein vorausliegendes Tempusintervall [= Vorvergangenheit] ist nur eine Implikation" (Schrodt 2004, §S 123; Ergänzungen HF).

Die Aspektopposition von imperfektivem Simplex-Verb gegenüber einem perfektiven *gi*-präfigierten Derivat sieht Schrodt (2004, §S 103–120) auch im Althochdeutschen noch erhalten. Schrodt vergleicht anhand von zwei Wahrnehmungsverben in Otfrids *Evangelienbuch* die Bedeutungen und textuellen Funktionen der Simplexformen und *gi*-Komposita. Die Bedeutung von *hōren* bestimmt er als 'die Fähigkeit des Hörens anwenden', wohingegen *gihōren* das Ergebnis des Hörens, 'vernehmen', bedeute. Der perfektive Aspekt des *gi*-Derivats führe zu weiteren Bedeutungen und Funktionen im Text: Er drücke Situationsveränderung aus und zeige eine Wichtigkeit der Handlung (für das Subjekt) an; gleichzeitig hebe er das Verbalereignis in den Vordergrund und nehme es in die Handlungskette auf. Die imperfektiven Simplizia würden in Situationsbeschreibungen auftreten und sich auf Zustände der Hintergrunddarstellung beziehen bzw. in Kommentaren und anderen beschreibenden Textpassagen vorkommen (vgl. Schrodt 2004, §S 105–120). Hier zeigt sich, wie semantische Aspektformen die Text- bzw. Diskursfunktionen bestimmen (vgl. Kap. 3.1.2 „Tempus, Aspekt und Diskurs"). Diese Funktionen wurden von Schrodt nur an wenigen Verben belegt. Es bleibt offen, wie systematisch sie auf andere gi-vs.-Simplex-Oppositionspaare aber auch auf Simplizia mit opponierenden Aktionsarten zu übertragen sind: „Der Aspekt ist im Ahd. nicht systematisch kodiert, [...] aber dennoch lässt sich das Vorhandensein der Aspektfunktionen im Evangelienbuch bei den Wahrnehmungsverben 'sehen' und 'hören' nicht abstreiten" (Schrodt 2004, §S 120).

Die Verbalgruppe *habēn/eigan* + Partizip II grammatikalisiert sich im Laufe des Althochdeutschen von einer Resultativkonstruktion, die den Zustand des Akkusativobjekts bestimmt, hin zu einer temporal-aspektuellen Perfektform, die das Resultat oder den Vollzug des Verbalereignisses ausdrückt und sich auf das Subjekt der Aussage bezieht (= Ausdruck von retrospektiver Gegenwart) (vgl. Schrodt 2004, §6). Parallel entwickelt sich die *wësan/sīn* + Partizip II-Konstruktion mit stativer Bedeutung ebenfalls zur Perfektform v. a. für die intransitiven Verben der Bewegung oder Zustandsveränderung. Sie bezeichnet ebenfalls einen „Tatbestand" mit Bezug auf vergangene Ereignisse und deren zum Sprechzeitpunkt vorliegende Resultate (vgl. Schrodt 2004, §S 5b). Der genaue Ablauf dieses Grammatikalisierungsprozesses wird in Kapitel 3.3.1 erörtert. Für den diachronen Überblick ist zunächst wichtig festzuhalten, dass wir bereits am Ende der althochdeutschen Zeit von einer weitgehend grammatikalisierten und in das Tempus-Aspekt-System integrierten Perfektform ausgehen können.[224] Dieses Perfekt hat sich auf den Ausdruck von Retrospektivität spezialisiert und dadurch eine Restrukturierung des Systems angestoßen: „Infolge der Reorganisation des Systems wird ein Ereignis, das vor einem anderen stattgefunden hat, im allgemeinen mit der Vollzugsstufe wiedergegeben" (Oubouzar 1974, 47).

Nach Oubouzar (1974, 46) stehen durch die Integration der Perfektformen in das Tempus-Aspekt-System im Althochdeutschen drei Möglichkeiten, über ein vergangenes Ereignis zu berichten, zur Verfügung. Der Vorgang kann aus-

---

[224] Abgeschlossen ist der Grammatikalisierungsprozess der Perfektform erst spät, in frnhd. Zeit. Dann erst hat er mit der Perfektbildung von Modalverben alle Verben erfasst.

Tab. 38: Rekonstruktion des althochdeutschen Tempus-Aspekt-Systems.

	ALTHOCHDEUTSCH	
	temporal-aspektuelle Bedeutung	Form
PAST	„im Sinne eines Plusquamperfekts" (= perfektive Vorvergangenheit und retrospektive Vergangenheit?)	Präteritum; *gi*-Präteritum
	imperfektive Vergangenheit	Präteritum
	perfektive Vergangenheit	Präteritum; *gi*-Präteritum
NON-PAST	retrospektive Gegenwart	Präteritum; Perfekt
	allgemeine Gegenwart	Präsens
	perfektive Gegenwart (mit Zukunftsbedeutung)	*gi*-Präsens
	Zukunft	Präsens
	Allgemeingültigkeit	Präsens

gedrückt werden: 1) „in seinem Verlauf (Präteritum des kursiven Verbs)" (= imperfektiver Blickwinkel, Vergangenheit), 2) „mit Hinblick auf sein Resultat (Präteritum des *ge*-Derivats u. ä.)" (= retrospektiver Blickwinkel, Vergangenheit) und 3) „als Tatbestand zur Zeit des Sprechaktes oder des Handlungsablaufs (Vollzugsstufe)" (= retrospektiver Blickwinkel, Gegenwart). Zu ergänzen ist 4), als punktuelles Ereignis in der Vergangenheit durch *ge*-präfigierte Präteritumformen oder Präteritumformen von telischen Verben (= perfektiver Blickwinkel, Vergangenheit).

Der Forschungsstand zum altsächsischen Tempus-Aspekt-System ist vergleichsweise mager. Die *Altsächsische Grammatik* (Gallée/Lochner/Tiefenbach 1993, §375) gibt wenig Auskunft über das altsächsische Tempus-Aspekt-System. Es werden lediglich die Formen Präsens und Präteritum sowie die Perfekt-Periphrase mit den Hilfsverben *hebbian* und *wesan* aufgeführt, über ihre Bedeutungen sowie den Grammatikalisierungsprozess der Perfektform gibt es keine Angaben. Mit der Studie von Gillmann (2016) liegt nun eine qualitative und quantitative Auswertung eines historischen Korpus mit althochdeutschen und altsächsischen Texten vor. Ihre Auswertungen zeigen, dass das altsächsische Perfekt stärker grammatikalisiert ist als das althochdeutsche Perfekt (vgl. v. a. Gillmann 2016, 232–244). In dem altsächsischen Text *Heliand* (ca. 840 n. Chr.) gibt es z. B. deutlich mehr Perfektformen als im althochdeutschen *Evangelienbuch* von Otfrid (ca. 870 n. Chr.) (vgl. Gillmann 2016, 234–235, Abb. 37 und 38). Diese altsächsischen Perfektformen können zudem deutlich mehr Lesarten tragen bzw. Funktionen erfüllen als die althochdeutschen Perfektformen (vgl. Gillmann 2016, 238, Abb. 40). Das altsächsische Perfekt ist damit weiter entwickelt als das althochdeutsche Perfekt. Es ist anzunehmen, dass es früher grammatikalisiert wurde.

3.2.1.3 Ausgangspunkt des Präteritumschwunds: Das Tempus-Aspekt-System im Mittelhochdeutschen und Mittelniederdeutschen

Mittelhochdeutsch

Das Tempus-Aspekt-System des Mittelhochdeutschen, das im Vergleich zum Gotischen und Althochdeutschen nicht nur wesentlich umfangreicher bezeugt, sondern auch ausgiebig beschrieben ist, stellt den Ausgangspunkt für die zentralen Prozesse der Perfektexpansion und des Präteritumschwunds dar. Gegenüber dem althochdeutschen System können einige Verschiebungen beobachtet werden.

Präsensformen bezeichnen weiterhin Gegenwart, Allgemeingültigkeit und Zukunft (vgl. Paul 2007, §S 2),[225] die Präteritumform kann nach wie vor „jeden in der Vergangenheit liegenden Vorgang bezeichnen" (Paul 2007, §S 3). Im Einzelnen erfasst die *Mittelhochdeutsche Grammatik* als Bedeutungen der Präteritumformen sowohl eine „objektive" Vergangenheit eines Geschehens, vor allem als Erzählform („episches Präteritum"), als auch eine „perfektische Bedeutung", die ausdrücke, dass sich „die Vergangenheit eines Geschehens auf die Gegenwart bezieht (etwa im resultativen Sinne), oder indem das vergangene Geschehen subjektiv betrachtet wird" (alle Zitate: Paul 2007, §S 6). Präteritumformen können demnach wie im Althochdeutschen retrospektive Gegenwart ausdrücken. Wie genau jedoch objektive von subjektiven Betrachtungen zu unterscheiden sind, wird nicht deutlich. Des Weiteren können Präteritumformen auch für „das umschriebene Plusquamperfekt" stehen und Vorvergangenheit ausdrücken (vgl. Paul 2007, §S 6). Die dazu in der Grammatik aufgeführten Beispiele machen deutlich, dass hier sowohl Vorvergangenheit als auch retrospektive Vergangenheit zusammengefasst werden;[226] Bedeutungen, die „besonders häufig" (Paul 2007, §S 6) bei *ge*-Präfigierungen der Präteritumform zu Ausdruck gebracht werden. Auch als „gnomisches Präteritum" mit Allgemeingültigkeitsbedeutung ist das Präteritum belegt (vgl. Paul 2007, §S 6).

---

225 In vereinzelten Fällen kann die Präsensform auch als ‚Praesens historicum' vergangenes Geschehen im Rahmen einer Erzählung bezeichnen (vgl. Paul 2007, §S 3).
226 Ein Beispiel für Vorvergangenheit ist *„den brunnenich dar under sach und swes mir der waltman jach* ('ich sah den Brunnen und was mir der Waldmensch gesagt hatte' Iw 622" (Paul 2007, §S 6). Eine retrospektive Vergangenheitsbedeutung bietet sich an in dem Beispielsatz *„daz Philippus den zins galt* [...], *daz was tem sune ungemach* ('dass Ph. den Zins bezahlt hatte [...], darüber war der Sohn ungehalten') Alex V 479" (Paul 2007, §S 6).

Tab. 39: Rekonstruktion des mittelhochdeutschen Tempus-Aspekt-Systems.

	MITTELHOCHDEUTSCH	
	temporal-aspektuelle Bedeutung	Form
PAST	Vorvergangenheit	Präteritum; ge-Präteritum; Plusquamperfekt
	retrospektive Vergangenheit	Präteritum; ge-Präteritum; Plusquamperfekt
	imperfektive Vergangenheit	Präteritum
	perfektive Vergangenheit	Präteritum; ge-Präteritum
NON-PAST	retrospektive Gegenwart	Präteritum; Perfekt
	allgemeine Gegenwart	Präsens
	perfektive Gegenwart (mit Zukunftsbedeutung)	ge-Präsens
	Zukunft	Präsens
	Allgemeingültigkeit	Präsens; Präteritum

Die Perfektform bezeichnet regulär die „perfektische Bedeutung" (= retrospektive Gegenwart), und geht einher (wie ebenfalls für die Präteritumform angenommen) mit einem Gegenwartsbezug und einer subjektiven Betrachtung (vgl. Paul 2007, §S 8). Vor allem das Konzept der subjektiven Betrachtung ist dabei nicht unproblematisch.

Die Plusquamperfektform wird erstmalig in der *Mittelhochdeutschen Grammatik* beschrieben. Ihr wird Vorvergangenheitsbedeutung zugesprochen, wobei die aufgeführten Beispiele wiederum sowohl Vorvergangenheitsbedeutung als auch retrospektive Vergangenheitsbedeutung nahelegen (vgl. Paul 2007, §S 10).[227]

Die Beschreibungen in der einschlägigen Sprachstufengrammatik können nur Aufschluss über die allgemein belegten Bedeutungen und Verwendungen der Tempusformen geben. Sie stellen keine quantitative Auswertung dar und können nur allgemein über typische und seltene Bedeutungen und Verwendungen der Formen Auskunft geben.

---

227 Vgl. die folgenden Beispiele aus Paul (2007, §S 10). Für retrospektive Vergangenheit: „*dô sî ditz hâten vernommen, dô sprach der rîter mittem leun* Iw 6108". Der Ausdruck von Vorvergangenheit liegt bei diesem Beispiel nahe: „*nû widervuor im allez daz daz im sîn vriundîn ... vordes hâte gesagt* Iw 1302–1304".

Tab. 40: Gesamtverteilung der Tempora im mhd. *Herzog Ernst* nach Zeman (2010, 112).[228]

Tempusformen	n	%
Präsens	1.025	23,84 %
Präteritum	2.956	68,76 %
Perfekt (*hân/sîn*)	141	3,28 %
Plusquamperfekt (*hân/sîn*)	177	4,11 %
Futur I/II	0	0,00 %
Gesamt	4.299	100,00 %

Durch die Arbeit von Zeman (2010) haben wir einen tieferen Einblick in das Tempus-Aspekt-System des Mittelhochdeutschen erhalten. Ihre Auswertung des Versepos *Herzog Ernst* (um 1200) gibt Aufschluss zu den Fragen, welche die prototypischen Bedeutungen der Formen im Mittelhochdeutschen sind und, im Besonderen, wie weit die Grammatikalisierung und Expansion des Perfekts bereits durchgeführt wurde. Die folgende Tabelle zeigt die Gesamtverteilung der Tempusformen in dem von Zeman untersuchten Text. Präteritum und Präsens weisen die häufigsten Formen auf und belegen die angenommene temporale Zweiteilung des Bedeutungsausdrucks in Past vs. Non-Past. Die periphrastischen Perfekt- und Plusquamperfektformen nehmen mit insgesamt 7,39 % einen relativ geringen Anteil ein.

Zeman stellt eine Abhängigkeit der Formen und ihrer Verwendung zur „Mündlichkeit" fest. Das Versepos *Herzog Ernst* lässt sich entsprechend der Bestimmung von dialogischen und nicht-dialogischen Textpassagen in „sprecherbezogene" und „nicht-sprecherbezogene" Rede einteilen. Mit dieser Unterscheidung korrelieren weitere „distinktive Oppositionen" (vgl. auch Kap. 3.1.2.3 „Tempus-Aspekt-Formen und Sprache der Nähe/Sprache der Distanz"): Nicht-sprecherbezogene Rede, die in nicht-dialogischen Passagen der Erzählung auftritt, wird nicht auf ein deiktisches Sprecher-Ich zurückgeführt, sondern geschieht ohne Bezug auf eine gegenwärtige Kommunikationssituation. Ihr temporaler Bezug liegt in der (fiktionalen) Vergangenheit. Ihr Textmodus ist narrativ, ihr Diskursmuster anaphorisch. Die sprecherbezogene Rede dagegen findet sich in den fingierten Dialogen der Figurenrede, die in die nicht-sprecherbezogene Erzählung eingebunden sind. Sie bezieht sich deiktisch auf diesen fingierten Sprechzeitpunkt – ihre Referenzzeit ist die des Figuren-Jetzt. Sprecherbezogene Rede findet sich auch in der Rahmenerzählung, in

---

[228] Tabelle 40 fasst die Tabelle bei Zeman in verkürzter Form zusammen.

der sich die Referenzzeit auf das Erzähler-Jetzt bzw. Hörer/Leser-Jetzt bezieht. In diesen Fällen durchbricht die sprecherbezogene Rede die narrative Handlungsdarstellung durch non-narrative Dialoge.[229] Entsprechend dieser distinktiven Opposition von „sprecherbezogenen" und „nicht-sprecherbezogenen Rede" lässt sich eine prototypische sowie nicht-prototypische Distribution der Tempusformen beschreiben.

Tab. 41: Übersicht über das Analysekonzept von Zeman (2010).[230]

Distinktive Oppositionen	Versepos *Herzog Ernst*	
Darstellungsmodus	„nicht-sprecherbezogene Rede"	„sprecherbezogene Rede"
	„nicht-dialogische Passagen"	„dialogische Passagen"
Kommunikationssituation (KS)	Situationsentbindung origo-exklusiv *dô*, 'damals, dort' R < S	fingierte kanonische KS origo-inklusiv *nu* 'jetzt, hier' R = S
prototypische Tempusdistribution (Formen)	PRÄT (ca. 95 %)	PRÄS (ca. 98 %)
	PLUSQ (ca. 95 %)	PERF (ca. 98 %)
nicht-prototypische Tempusdistribution (Formen)	PRÄS	PRÄT
	PERF	PLUSQ
Textmodus	NARRATIV	NON-NARRATIV
Diskursmuster	ANAPHORISCH	DEIKTISCH

Die Präsensformen im *Herzog Ernst* können in ihrer prototypischen Distribution, in der sprecherbezogenen Rede, dieselben drei Bedeutungsbereiche ausdrücken, die auch für die vorangehenden Sprachstufen und im Forschungskonsens angenommen werden. Zum einen ist dies die Gleichzeitigkeit von E, R und S und damit ein Bezug auf die Gegenwart des Sprechers, was in ca. 60 %[231] der Präsensbelege auch der Fall ist. Der Gegenwartsbezug kann jedoch

---

229 Genauer genommen kann natürlich auch in einer Figurenrede narrativ berichtet werden. Zeman charakterisiert 25 Präteritumbelege in der sprecherbezogenen Rede als narrativ, was dem geringen Anteil von 0,84 % an allen Präteritumbelegen entspricht.
230 Die Übersicht basiert auf den Tabellen 1, 2 und 3 (Zeman 2010, 308–311), die Zemans Argumentationslinie zusammenfassen, und auf der Ergebnistabelle 6 (Zeman 2010, 116) zur Gesamtverteilung der Tempora im *Herzog Ernst* in Abhängigkeit der Opposition „nicht-sprecherbezogen" vs. „sprecherbezogen".
231 Hinter der Zahl verbergen sich alle Präsensbelege von Vollverben im Indikativ und in Hauptsätzen der sprecherbezogenen Rede mit Gegenwartsbezug.

nur von atelischen Verben getragen werden.[232] Telische Verben, genauso wie *ge*-präfigierte Verben oder atelische Verben, denen durch den Kontext eine perfektive Bedeutung zukommt,[233] drücken hingegen einen Zukunftsbezug aus. Insgesamt lösen ca. 38 % der Präsensformen eine „Futurimplikation" aus.[234] Dies geschieht aufgrund der Implikation, durch die Ereignisse, die perfektiv und damit punktuell betrachtet werden, keine Ausdehnung haben, die gleichzeitig zur Sprechzeit verlaufen könnte. Zu einem geringen Anteil drücken Präsensformen auch Allgemeingültigkeit aus. In der nicht-sprecherbezogenen Rede, dem nicht-prototypischen Darstellungsmodus, bezeichnen Präsensformen durch Bezug auf die Sprechzeit v. a. einen Wechsel des Referenzsystems (von der Referenzzeit der Erzählung hin zur Referenzzeit (= Sprechzeit) des Erzähler-Ichs) und allgemeingültige Verweise. Der Effekt, den die Aspektualität des Verbs samt der Adverbien und Ergänzung in der Verbalsituation auf den Zeitbezug haben, ist nicht zu unterschätzen. Die von Zeman für das Versepos *Herzog Ernst* ermittelte und mit den Beschreibungen für das Mittelhochdeutsche übereinstimmende Beschreibung der Präsensformen und ihrer Bedeutungen wird in der folgenden Tabelle zusammengefasst.

Tab. 42: Das mittelhochdeutsche Präsens nach Zeman (2010).

	MITTELHOCHDEUTSCHES PRÄSENS (im *Herzog Ernst*)	
	temporal-aspektuelle Bedeutung	Form
NON-PAST	imperfektive Gegenwart (ca. 60 %)	Präsens^{ATEL}
	perfektive Gegenwart (mit Zukunftsbedeutung) (ca. 38 %)	*ge*-Präsens; Präsens^{TEL}
	Allgemeingültigkeit (ca. 2 %)	Präsens

---

[232] Auch telische Verben, die durch den Kontext – z. B. durch temporale Frequentativadverbien (*oft, häufig*) – mit einem imperfektiven Blickwinkel (Wiederholung, Habitualität) betrachtet werden, haben eine solche Gegenwartsbedeutung (vgl. Zeman 2010, 169): *Sie findet ihre Schlüssel häufig hinter dem Schrank.*

[233] Dies geschieht z. B. durch ein Objekt (*Ich lese.*^{IMP} vs. *Ich lese ein Buch.*^{PF}) oder durch Adverbien mit Zukunftsbezug (*Morgen lese ich.*^{IMP})

[234] Die Zahl umfasst alle Präsensbelege von Vollverben im Indikativ und in Hauptsätzen der sprecherbezogenen Rede mit „Futurimplikation". Vgl. Zeman (2010, 169, Tabelle 13): Die Tabelle zeigt Präsensbelege von additiven (= atelischen) Verben sowohl mit Gleichzeitigkeitsbezug als auch Nachzeitigkeitsbezug. Wohingegen non-additive (= telische) Verben nur aufgrund des Kontexts Gleichzeitigkeit ausdrücken können. Die *ge*-präfigierten Verben sind dagegen ausschließlich mit Nachzeitigkeitsbezug belegt.

Präteritumformen kommen im *Herzog Ernst* zu 95 % in nicht-sprecherbezogener Rede vor, ihrem prototypischen Textmodus. Sie bezeichnen „Verbalereignisse, die von einem temporalen Perspektivenpunkt aus betrachtet werden, der vor der Sprechzeit liegt" (Zeman 2010, 148). Die Präteritumformen dienen zudem als Erzähltempus, wobei sie aufgrund ihrer aspektuellen Unterspezifizierung alle Diskursfunktionen der Narration erfüllen können:

> Die für die früheren Sprachstufen charakteristische Polysemie des Präteritums zeigt sich nun im Mhd. insofern, als damit Vordergrund- wie Hintergrundhandlungen sowie Verbalereignisse unterschiedlicher Aktionsart bezeichnet werden können, wie auch an der häufigen Verwendung mit unterschiedlichen Modal- und Temporaladverbien abzulesen ist (bspw. *dicke* 'häufig, oft'; *lange* 'lange Zeit'). (Zeman 2010, 129)

Perfektive Präteritumformen können Vorvergangenheit ausdrücken und zwar sowohl mit als auch ohne *ge*-Präfix. Die *ge*-Präfigierungen sind jedoch nicht auf die Vorzeitigkeitsbedeutung beschränkt, sondern können sich auch auf (aus der Perspektive der Referenzzeit gesehen) Gleichzeitiges und Nachzeitiges beziehen (vgl. Zeman 2010, 143–150). Der Ausdruck von Vorzeitigkeit bzw. Retrospektivität in der Vergangenheit wird auch durch die Adverbien *ie* 'jemals' oder *nie* 'niemals' bedingt, die in sehr geringem Vorkommen dem Präteritum die Perfektbedeutungsvariante „experiential" (Erfahrungs-Lesart, vgl. Kap. 3.1.1.2 „Aspektualität") verleihen (vgl. Zeman 2010, 138).

Sehr selten drücken Präteritumformen Allgemeingültigkeit aus und wenn, dann beziehen sie sich weiterhin auf den durch die Narration gegebenen Referenzpunkt (vgl. Zeman 2010, 139). Diese Bedeutung wird in der Übersicht vernachlässigt, da sie auch im Mittelhochdeutschen hauptsächlich von der Präsensform ausgedrückt wird (vgl. Zeman 2010, 169).

Zu ca. 5 % treten Präteritumformen in sprecherbezogener Rede auf. Der Großteil dieser Präteritumbelege stammt von Verben, deren Perfektformen im Mittelhochdeutschen noch nicht (vollständig) grammatikalisiert waren (z. B. Modalverben). In Konkurrenz zum Perfekt, das in der sprecherbezogenen Rede seine prototypische Verwendung findet, stehen letztlich nur 47 Verbbelege. Davon werden wiederum 25 Belege in narrativen Passagen (mit definitem Vergangenheitskontext) und damit in der für die Präteritumform prototypischen Verwendungsweise gebraucht. Weitere 13 der 47 Belege stellen Präteritumvorkommen mit *ie/nie* im Kontext dar, die hier die Perfekt-Lesart „experiential" tragen. Zeman (2010, 282) geht hier davon aus, dass die Perfektform die Lesart ‚experiential' noch nicht vollständig übernommen hat, ihre semantische Extension auf alle Perfektbedeutungsvarianten noch nicht abgeschlossen hat und daher der diachron frühere Ausdruck mittels Präteritumformen noch Anwendung findet. In „echter" Konkurrenz mit den Perfektformen befinden sich lediglich 9 der 47 Präteritumbelege in sprecherbezogener Rede. Hier handelt es sich um

Tab. 43: Das mittelhochdeutsche Präteritum nach Zeman (2010).

	MITTELHOCHDEUTSCHES PRÄTERITUM (im *Herzog Ernst*)	
	temporal-aspektuelle Bedeutung	Form
PAST	Vorvergangenheit	Präteritum^{TEL}, *ge*-Präteritum
	retrospektive Vergangenheit	Präteritum^{TEL}, *ge*-Präteritum
	imperfektive Vergangenheit	Präteritum
	perfektive Vergangenheit	Präteritum^{TEL}, *ge*-Präteritum
NON-PAST	retrospektive Gegenwart: **nur** „Erfahrungslesart"	Präteritum, *ge*-Präteritum

atelische Verben, deren durative und gleichzeitig vergangenheitsbezogene Bedeutung aufgrund der fehlenden Grenzbezogenheit wenig „perfektaffin" sind (vgl. Kap. 3.1.1.2 „Aspektualität"). Die typische Resultats-Lesart des Perfekts schließt sich daher hier aus. Insgesamt stehen 99,6 % Präteritumformen mit einer Past-Bedeutung nur 0,4 % Präteritumformen mit einer Non-Past-Bedeutung gegenüber.

Perfektformen kommen im *Herzog Ernst* relativ selten vor. Insgesamt haben sie nur einen Anteil von ca. 3 % (141 Belege) an allen Verbbelegen (vgl. Zeman 2010, 112). Davon finden sich 95,87 % (*hân*-Perfekt) bzw. 100 % (*sîn*-Perfekt) in sprecherbezogener Rede, ihrem prototypischen Diskursmodus (vgl. Zeman 2010, 116). Diese Perfektformen[235] tragen zu geringem Teil Allgemeingültigkeits- oder Zukunftsbedeutung (Bedeutung des neuhochdeutschen Futur II), ihre am häufigsten aktualisierten Bedeutungen sind jedoch prototypische Perfektbedeutungen: Perfektformen im mittelhochdeutschen *Herzog Ernst* werden weder als Vergangenheitstempus noch als präsentische Resultativkonstruktionen verwendet. Der Großteil der Formen hat eine Grammatikalisierung zur Perfektform bereits durchlaufen, eine semantische Expansion in Richtung Vergangenheitsausdruck ist jedoch noch nicht erfolgt (vgl. Zeman 2010, 218). Ihr Temporalwert ist „grundsätzlich variabel" (Zeman 2010, 218): Sie tragen je nach Temporaladverbien und Situationstyp eine gleichzeitige oder vorzeitige Lesart. Nicht-grenzbezogene Verben, die keinen Resultatszustand implizieren, erlauben durch ihre Ereignisbezogenheit eine Vorzeitigkeitsbedeutung, telische Verben lassen dagegen aufgrund des lexikalisch implizierten Resultatszustands Gleichzeitigkeitsbedeutung zu (vgl. Zeman 2010, 193–200). Der Bezug

---

[235] Die folgende Beschreibung bezieht sich in erster Linie auf die *hân*-Perfektbelege. Für die *sîn*-Perfektformen stellt Zeman (2010, 218) fest, dass sie sich – wenn auch noch nicht durchgehend ausgebildet – bereits an die Perfektsemantik annähern.

zur Sprechzeit ist jedoch allen Perfektformen gemein: ihre dominierenden Bedeutungsmerkmale sind Gegenwartsrelevanz, Gegenwartsbezug und Resultativität. Mit dem Perfekt kann auf vorzeitige Verbalhandlungen nur referiert werden, wenn sie innerhalb einer indefiniten Vergangenheit liegen. Hier deutet sich bereits ein Übergangsbereich zwischen retrospektiver Gegenwart und perfektiver Vergangenheit an, der in Kapitel 3.4 („Expansion des Perfekts") als Bedeutungsskala modelliert wird.

> Der deutliche Bezug zur Sprechzeit verhindert die Verlagerung der Referenzzeit in die Vergangenheit, so dass das Perfekt von der Bezeichnung der definiten Vergangenheit ausgeschlossen ist. [...] Das mhd. Perfekt verhält sich in dieser Hinsicht parallel zum englischen Perfekt, das im übereinzelsprachlichen Vergleich als prototypisches Perfekt gilt. (Zeman 2010, 207)

In ihren textuellen Funktionen unterscheiden sich die Perfektformen deutlich von den Präteritumformen. Perfektformen werden nicht in sequentiellen Abfolgen von Verbalhandlungen in der Vergangenheit – also in narrativen Kontexten – verwendet: sie zeichnen sich entsprechend dem übereinzelsprachlichem Merkmal von Perfektausdrücken durch *non-narrativity* aus (vgl. Zeman 2010, 219). Die Verbalhandlungen der Perfektformen werden nicht in ihrem Verlauf oder in ihrer Abfolge dargestellt, sondern sie haben – wenn nicht maßgeblich resultative Bedeutung – eine konstatierend-resümierende Bedeutung.

Damit lässt sich die Bedeutung der Perfektformen im Mittelhochdeutschen grundlegend von der der Präteritumformen – aber auch der Präsensformen – abgrenzen. In Nebensätzen können Perfektformen bereits einen Kontrast zu den Präsensausdrücken bezeichnen und damit eine temporale Opposition (Gleichzeitigkeit vs. Vorzeitigkeit) aufstellen. Hier sieht Zeman (2010, 219) „eine beginnende Fokusverschiebung zur Bezeichnung der Vorzeitigkeit" bei den mittelhochdeutschen Perfektformen.

In nicht-prototypischem Textmodus, der nicht-sprecherbezogenen Rede, sind Perfektformen nur sehr selten belegt. Hier stellen sie wie auch die Präsensformen vor allem einen Wechsel zum sprecherbezogenen Referenzsystem dar oder sie bezeichnen ein Perfekt in der Vergangenheit (retrospektive Vergangenheit) (vgl. Zeman 2010, 273–274).

Tab. 44: Das mittelhochdeutsche Perfekt nach Zeman (2010).

	MITTELHOCHDEUTSCHES PERFEKT (im *Herzog Ernst*)	
	temporal-aspektuelle Bedeutung	Form
NON-PAST	retrospektive Gegenwart (Resultatslesart, Gegenwartsrelevanzlesart, Vollzugslesart, Kontinuitätslesart) nicht: Erfahrungslesart	Perfekt

Die Plusquamperfektformen, die im *Herzog Ernst* mit ca. 4 % ebenso gering vertreten sind wie die Perfektformen, kommen zu ca. 95 % in der nicht-sprecherbezogenen Rede vor. Hier bezeichnen sie analog zum Perfekt der Gegenwart im Regelfall ein Perfekt in der Vergangenheit (retrospektive Vergangenheit). Nur wenigen Belegen kann eine Vorvergangenheitsbedeutung zugesprochen werden.[236] Die Plusquamperfektformen zeichnen sich damit sowohl durch typische Perfektmerkmale als auch durch den Bezug auf eine Referenzzeit in der eindeutigen Vergangenheit aus (vgl. Zeman 2010, 250). Als textuelle Funktionen wird auch den Plusquamperfektformen neben Abgeschlossenheit, Resultativität und Gegenwartsrelevanz (zum Referenzpunkt in der Vergangenheit), das „resümierende Konstatieren eines Tatbestands" (Zeman 2010, 245) und das Zusammenfassen von den Ergebnissen eines Textabschnitts, was gleichzeitig als Grenzmarkierung in der Textgliederung fungiert, zugeschrieben. Das Plusquamperfekt ist durch die „Möglichkeit der Verlagerung der Referenzzeit, die Bezeichnung in Relation zum Präteritum vorzeitiger Verbalereignisse sowie seine textstrukturierende Funktion" (Zeman 2010, 251) ein narratives Tempus, was seine prototypische Verwendung in nicht-sprecherbezogener Rede erklärt. Die wenigen Belege von Plusquamperfektformen in sprecherbezogener Rede, also in nicht-prototypischem Textmodus, drücken die gleichen Bedeutungen aus wie in ihrem prototypischen Textmodus.[237]

Anhand der Daten von Zeman konnte im Einzelnen gezeigt werden, dass die Perfektformen im Mittelhochdeutschen bereits in das Tempus-Aspekt-

Tab. 45: Das mittelhochdeutsche Plusquamperfekt nach Zeman (2010).

	MITTELHOCHDEUTSCHES PLUSQUAMPERFEKT (im *Herzog Ernst*)	
	temporal-aspektuelle Bedeutung	Form
PAST	retrospektive Vergangenheit (Resultatslesart, Gegenwartsrelevanzlesart [Bezug auf Referenzzeit in der Vergangenheit])	Plusquamperfekt

---

[236] Vgl. Tabelle 24 (Zeman 2010, 231): nur 5 der 44 *hân*-Plusquamperfekt-Belege (= 11,36 %) tragen eine Vorzeitigkeits-Lesart. Bei den *hân*-Perfektbelegen sind es 6 von 40 Fälle (= 15,00 %). Gegenüber dem Perfekt, das sich „grundsätzlich dadurch charakterisiert zeigt, dass Sprechzeit und Referenzzeit im Sinn eines temporalen Perspektivenpunkts zusammenfallen, sind die durch das Plusquamperfekt bezeichneten Verbalereignisse zwar in der Regel auf eine verlagerte, „präteritale" Referenzzeit bezogen, eine diesbezügliche Bewertung bleibt aber häufig uneindeutig" (Zeman 2010, 235).
[237] Allerdings handelt es sich bei diesen Belegen zum großen Teil um Konjunktivbelege mit irrealer Bedeutung (vgl. Zeman 2010, 287–288).

System integriert wurden und einen eigenen Bedeutungs- und Funktionsbereich bedienen. Nur in einigen, seltenen Belegen ist noch die alte retrospektive Gegenwartslesart des Präteritums sichtbar. Ansonsten hat sich das Präteritum aus dem Non-Past-Bereich zurückgezogen. Des Weiteren zeigt sich, dass die Perfektformen in dem untersuchten Text noch keine semantische und funktionale Expansion erfahren haben. Im Mittelhochdeutschen existiert eine klare semantische und funktionale Opposition von Perfekt- und Präteritumformen, die sich anhand prototypischer Verwendungen beschreiben lässt.

Mittelniederdeutsch

Das Tempus-Aspekt-System des Mittelniederdeutschen ist verglichen mit dem mittelhochdeutschen Tempus-Aspekt-System nur lückenhaft beschrieben. Die *Mittelniederdeutsche Grammatik* (Lasch 1974) erfasst neben den „zwei tempora, praesens und praeteritum", deren Bedeutung nicht weiter geschildert wird, auch „umschreibungen". Deren „anwendungsgebiet" sei jedoch „noch nicht immer gegen das praeteritum völlig abgegrenzt" (alle Zitate: Lasch 1974, §412). Diese Darstellung lässt vermuten, dass das Perfekt die Präteritumformen noch nicht in gleicher Weise wie im Mittelhochdeutschen aus dem retrospektiven Gegenwartsbereich verdrängt hat.

Ausführlichere Beschreibungen liefern die Arbeiten von Magnusson (1939) und Schöndorf (1983). Magnussons Untersuchung der *Syntax des Prädikatsverbums im Mittelniederdeutschen* widmet sich u. a. einer umfangreichen Darstellung der Tempusformen und -bedeutungen. Er hat Texte für den Zeitraum 1200 bis ca. 1400 ausgewertet, wobei die Texte, die „nach der Mitte des 14. Jhs. entstanden sind", in der Untersuchung „ziemlich stark vertreten" waren (Magnusson 1939, X). Wir können daher davon ausgehen, dass seine Beschreibungen vorrangig für das Ende des 14. Jahrhunderts gelten. Zu dieser Zeit kann für den hochdeutschen Sprachraum schon eine Perfektexpansion festgestellt werden (vgl. Kap. 3.2.1.4 „Umbrüche im Frühneuhochdeutschen"): Für das 14. Jahrhundert werden bereits 7,3 % der Perfektbelege in Dentlers Hochdeutsch-Korpus in Präteritumskontexten verwendet, anschließend im 15. Jahrhundert nehmen die Zahlen weiterhin zu (15. Jh.: 18,2 %, 16. Jh.: 20,9 %; Dentler 1998, 138). Im Mittelniederdeutschen scheint diese Entwicklung jedoch später eingesetzt zu haben oder aber langsamer vollzogen worden zu sein, da hier Ende des 14. Jahrhunderts kaum Perfektformen in definiten Vergangenheitsbedeutungen zu finden sind. Magnusson zählt nur wenige solcher Perfektbelege auf, die „zur wirklichen Vergangenheitsform übergegangen" seien (Magnusson 1939, 68) und fasst zusammen: „Eine reine Vergangenheitsform wie im Hochd. liegt aber hier kaum vor. Wenigstens die Mehrzahl der Perfektformen bezieht sich klar und deutlich auf die Gegenwart" (Magnusson 1939, 69). Eine quantitative Auswertung fehlt.

Im Einzelnen bestimmt Magnusson für Präsensformen vor allem Gegenwarts-, Allgemeingültigkeits- und Zukunftsbedeutungen (wie im Mittelhochdeutschen). Dabei sieht er einen klaren Zusammenhang zwischen der Aspektualität des Verbs und der temporalen Satzbedeutung: „imperfektive" Präsensformen drücken Gegenwart aus, „perfektive" Präsensformen dagegen zukünftige Bedeutung (vgl. Magnusson 1939, 43). Auch die Kontinuitätslesart wird wie im Neuhochdeutschen von Präsensformen ausgedrückt (eine Handlung, die „früher stattgefunden hat und noch immer stattfindet"; Magnusson 1939, 45). Ein *Präsens historicum* kommt auch hier nur „äusserst spärlich" (Magnusson 1939, 45) vor.

Die Bedeutung der Präteritumformen entspricht wie im Mittelhochdeutschen „im grossen und ganzen dem Imperfekt wie auch dem Aorist der griechischen Sprache. Es [das mnd. Präteritum; HF] ist also nicht nur ein beschreibendes, sondern auch ein erzählendes Tempus" (Magnusson 1939, 56). Präteritumformen stehen für den allgemeinen Ausdruck von Vergangenheit. Darunter fallen auch Präteritumformen in einem *iu/ni*-Kontext (= Erfahrungslesart des Perfekts) und Perfekt in der Vergangenheit sowie Vorvergangenheit.

Die Bedeutung der mittelniederdeutschen Perfektform vergleicht Magnusson mit dem Schwedischen, Englischen und Französischen. Dabei spricht er ihr eine „Zwischenstellung" zu, „denn das Perf. ist hier in einigen Fällen als ein Präs. [wie im Engl./Schwed., HF], in anderen als ein Prät. [wie im Dt./Franz.; HF] aufzufassen" (Magnusson 1939, 63). Überwiegend treten die Perfektformen mit einer präsentischen Bedeutung auf, also den typischen Perfektbedeutungen: „Das Perf. [ist in diesen Fällen; HF] eine rein präsentische Zeitform und bezeichnet je nach der Aktionsart des Verbums das jetzige Bestehen oder Vorübersein eines Zustandes" (Magnusson 1939, 68). Dazu zählt auch die Kontinuitätslesart des Perfekts, die sowohl mit Perfektformen als auch wie im Neuhochdeutschen mit Präsensformen bezeichnet werden kann. „Aber zuweilen wird es [das Perfekt; HF], wenigstens scheinbar, auch als erzählendes Tempus gebraucht, und schildert da das Entstehen eines Zustands"[238] (Magnusson 1939, 68). Magnusson diskutiert eine Reihe von Belegen und kommt zu dem Schluss, dass eine „wirkliche" Vergangenheitsbedeutung tatsächlich nur in wenigen Fällen vorliegt. Die anderen Belege ließen sich auf die Produktionssituation[239] oder auf die lateinische Vorlage beziehen. Dadurch, dass im Lateinischen das ie. Aorist (= perfektive Vergangenheit; *perfectum historicum*) und das

---

[238] Dies entspricht der Bedeutung eines Aorists: perfektive Vergangenheit.
[239] Magnusson (1939, 68) bezieht sich hier auf Urkunden, in denen für die Schreiber ein Bezug zu einer echten Jetzt-Zeit erfolgt. Aus Perspektive des Lesers wird allerdings erzählend auf eine für sie vergangene Zeit referiert.

ie. Perfekt (= retrospektive Gegenwart; *perfectum praesens*) in der Perfektform zusammengefallen sind, hätten sich im Mittelniederdeutschen fehlerhafte Übersetzungen eingeschlichen: „Ein echt deutscher Sprachgebrauch liegt hier höchst wahrscheinlich nicht vor, vielmehr haben wir es mit einem Latinismus zu tun: das Perf. als erzählendes Tempus ist auf das Perf. hist. des Grundtextes zurückzuführen" (Magnusson 1939, 69). Eine semantische Expansion der Perfektform steht im Mittelniederdeutschen am Ende des 14. Jahrhunderts noch am Anfang.

Dem mittelniederdeutschen Plusquamperfekt schreibt Magnusson die Bedeutung eines Perfekts in der Vergangenheit zu: „Es bezeichnete also, je nachdem das Verbum perfektiv oder imperfektiv war, dass ein Zustand irgendwann in der Vergangenheit bestand bzw. vorüber war." (Magnusson 1939, 69) Nach Magnusson hat das mittelniederdeutsche Plusquamperfekt diese „ursprüngliche Bedeutung gut bewahrt" (1939, 69) und drückt noch keine Vorvergangenheit aus.

Tab. 46: Das mittelniederdeutsche Tempus-Aspekt-System nach Magnusson (1939).

	MITTELNIEDERDEUTSCH		
	temporal-aspektuelle Bedeutung		Form
PAST	allg. Vorvergangenheit		Präteritum
	retrospektive Vergangenheit		Präteritum, Plusquamperfekt
	imperfektive Vergangenheit		Präteritum
	perfektive Vergangenheit		Präteritum
NON-PAST	retrospektive Gegenwart	Erfahrungslesart	Präteritum
		weitere Lesarten	Perfekt
		Kontinuitätslesart	Präsens, Perfekt
	allg. Gegenwart		Präsens^{IMP}
	perfektive Gegenwart (mit Zukunftsbedeutung)		Präsens^{PERF}
	Zukunft		Präsens^{PERF}
	Allgemeingültigkeit		Präsens

Mit dem Beitrag von Schöndorf (1983) liegt eine quantitative Untersuchung der Tempusformenverteilung im Mittelniederdeutschen vor. Schöndorf wertet den gleichen Textabschnitt (Kap. 37–50 aus der *Genesis*) aus drei mittelniederdeutschen Bibelübersetzungen aus: der *Kölner Bibel* von 1478 (für Ostwestfälisch), der *Lübecker Bibel* von 1494 in „Nordniedersächsisch" und der *Halberstädter Bibel* von 1522 für das südliche Ostfälisch. Aus Schöndorfs Übersichtsdarstellungen lassen sich folgende Gesamtwerte zusammenfassen:

Tab. 47: Anzahl der Vergangenheitsformen in drei mnd. Bibelübersetzungen (1478–1522) nach Schöndorf (1983, 174).

	Präteritum (92 % aller Belege)		Perfekt (7 % aller Belege)		Plusquamperfekt (1 % aller Belege)	
Erzählung	1.291	89 %	7	6 %	10	77 %
Dialog	164	11 %	110	94 %	3	23 %
gesamt	1.455	100 %	117	100 %	13	100 %

Schöndorf stellt fest, dass alle drei Vergangenheitstempora sowohl in Erzählung als auch im Dialog verwendet werden, „wobei der Präteritumgebrauch in der Erzählung dominiert, das Perfekt mehr im Dialog neben dem Präteritum zu finden ist. Der Gebrauch des Plusquamperfekts ist bei allen gleich minimal." (Schöndorf 1983, 180) Die quantitative Auswertung bestätigt auch die qualitative Beschreibung von Magnusson (1939) für das 14. Jahrhundert.

Stellen wir die von Schöndorf ermittelten Häufigkeitswerte in den mittelniederdeutschen Quellen aus dem 15. und 16. Jahrhundert mit den Werten von Zeman zu dem mittelhochdeutschen Text *Herzog Ernst* von 1200 gegenüber, so ergibt sich das gleiche Bild. Das mittelniederdeutsche Tempus-Aspekt-System scheint mindestens bis ins 16. Jahrhundert hinein mit dem mittelhochdeutschen System um 1200 vergleichbar zu sein. Für den hochdeutschen Sprachraum machen sich – wie die Daten von Sapp (2009) und die Neuauswertung der Daten von Lindgren (1957, 55–93) zeigen – im 15. und 16. Jahrhundert bereits Perfektexpansion und Präteritumschwund quantitativ bemerkbar.[240]

Das mittelhochdeutsche Perfekt des 13. Jahrhunderts bei Zeman hat einen ähnlichen Anteil (5 %) wie das mittelniederdeutsche Perfekt des 15./16. Jahrhunderts bei Schöndorf (7 %), während das frühneuhochdeutsche Perfekt dieser Zeit einen erheblich höheren Anteil hat (22 % in den Daten von Lindgren).

Die Daten von Lindgren wurden im Rahmen einer Neuauswertung vergleichbar gemacht. Lindgren selbst hat keine tabellarischen Übersichten erstellt. Werten wir für die frhnd. Texte des Zeitabschnitts 1450–1549 in Lindgren (1957) die Anteile nach Diskursmodus aus, so wird das Bild noch klarer.

---

[240] Der Vergleich der Daten kann hier nur eine Tendenz geben. Im Einzelnen wäre zu problematisieren, wie vergleichbar Bibelübersetzungen und Versdichtung hinsichtlich der Tempusverwendung sind. Für eine belastbare Argumentation müssten weitere, vergleichbare Textsorten ausgewertet werden.

Tab. 48: Präteritum-Perfekt-Verteilung im arealen und diachronen Vergleich.

	Zeman (2010, 308–311)	Sapp (2009, 425)	Sapp (2009, 425)	Lindgren (1957)	Schöndorf (1983, 174)	Sapp (2009, 425)
	Mhd. Herzog Ernst	Bonner Frnhd. Korpus	Bonner Frnhd. Korpus	obd. Texte	Mnd. (Bibeldrucke)	Bonner Frnhd. Korpus
	ca. 1200	14. Jh.	15. Jh.	1450–1549	1478–1522	16. Jh.
Perfekt	5 %	12 %	21 %	22 %	7 %	30 %
Präteritum	95 %	88 %	79 %	78 %	93 %	70 %
gesamt	100 %	100 %	100 %	100 %	100 %	100 %
	n = 3.097	n = 5.644	n = 7.161	n = 70.416	n = 1.572	n = 6.799

Tab. 49: Präteritum-Perfekt-Verteilung nach Diskursmodus im arealen und diachronen Vergleich.

	Zeman (2010, 308–311)		Lindgren (1957)		Schöndorf (1983, 174)	
	für Mhd. *Herzog Ernst*		für obd. Texte		für Mnd. (Bibeldrucke)	
	ca. 1200		1450–1549[237]		ca. 1478–1522	
	Erzählung (NR)	Dialog (SR)	Erzählung	Dialog	Erzählung	Dialog
Perfekt	2 %	98 %	63,6 %	36,4 %	6 %	94 %
Präteritum	95 %	5 %	93,8 %	6,2 %	89 %	11 %
Plusquamperfekt	98 %	2 %	95,7 %	4,3 %	77 %	23 %

Die Tabelle zeigt, dass sich das mittelniederdeutsche Perfekt (Schöndorf) hinsichtlich des Diskursmodus ähnlich verteilt wie das mittelhochdeutsche Perfekt (Zeman). Es tritt nur zu 2 % bzw. 6 % in narrativen Textpassagen auf. In den oberdeutschen Texten bei Lindgren tritt das Perfekt bereits zu 63,6 % in erzählenden Textpassagen auf. Hier kann eine deutliche Expansion des frühneuhochdeutschen Perfekts in den narrativen Diskursmodus festgestellt werden, während das mittelniederdeutsche Perfekt für den gleichen Zeitraum noch eine ähnliche Verteilung wie das mittelhochdeutsche Perfekt aufweist.

---

241 Die Werte im Einzelnen (Erzählung/Dialog): Perfekt: 9648/5513, Präteritum: 45857/3043, Plusquamperfekt: 3831/171. Die Daten wurden den Einzelauswertungen in Lindgren (1957, 55–93) für den Zeitraum 1450–1549 entnommen. Berücksichtigt wurden die Texte Nr. 21, 24, 26–28, 31, 36, 37, 41–43, 46, 47, 52–59, 69, 70, 77, 78. (Für diese Texte führt Lindgren die Werte auf.)

Das niederdeutsche Tempus-Aspekt-System ist demnach stabiler und konservativer als das hochdeutsche System. Die Daten lassen darauf schließen, dass die Perfektexpansion im niederdeutschen Sprachraum – trotz früherer Perfektgrammatikalisierung im Altsächsischen – später eingesetzt hat und/oder wesentlich langsamer verlaufen ist als im hochdeutschen Sprachraum. Dies gilt es in Kapitel 3.4 („Expansion des Perfekts") zu überprüfen.

Der Vergleich der mittelhochdeutschen und mittelniederdeutschen Daten zeigt, dass der Umbau des deutschen Tempus-Aspekt-Systems regional unterschiedlich verlief. In frühneuhochdeutscher Zeit erfährt er eine weitere Beschleunigung.

3.2.1.4 Umbrüche im Frühneuhochdeutschen

Auch das frühneuhochdeutsche Tempus-Aspekt-System kann weiterhin durch die grundsätzliche Zweiteilung in „vergangen" und „nicht-vergangen" charakterisiert werden. Jedoch kommt es nun zur entscheidenden Veränderung. Das Perfekt kann im Verlauf seiner semantischen Expansion nun zusätzlich Vergangenheitsbedeutung ausdrücken. Dentler (1997) und Lindgren (1957) stellen fest, dass Perfektformen im Frühneuhochdeutschen Vergangenheit ausdrücken können und in narrativen Texten für die Bezeichnung von Handlungsfolgen genutzt werden. Damit dringen die Perfektformen im Frühneuhochdeutschen in die Bedeutungsdomäne und in den textuellen Funktionsbereich der Präteritumform ein.

Präsensformen bezeichnen im Frühneuhochdeutschen weiterhin Gegenwärtiges, Allgemeingültiges und Zukünftiges. Präteritumformen bezeichnen die „neutrale Vergangenheit" eines Ereignisses. Dies geschieht weder unter dem „Gesichtspunkt einer Beziehung auf die Gegenwart noch mit Hinblick auf sein Resultat" (Ebert et al. 1993, §S 159). Damit hat das Präteritum den Bedeutungsbereich der retrospektiven Gegenwart verlassen. Seine wichtigste Domäne bleibt die Narrativität – Präteritum ist das Tempus des Erzählens. Die Ausnahme machen die Präteritumformen des Passivs und der Modalverben. Diese „werden noch im 16. Jh. häufig verwendet in Fällen, wo sonst Perfektformen anderer Verben stehen würden" (Ebert et al. 1993, §S 159). Seit Anfang des 16. Jahrhunderts lassen sich auch Perfektformen von Modalverben nachweisen (vgl. Oubouzar 1974, 52), sie werden jedoch bevorzugt mit Präteritum gebildet (auch die Verben *haben* und *sein*) (vgl. Boon 1983, 236). Mit der Möglichkeit, Perfektformen von Modalverben zu bilden, ist die Bedingung geschaffen, dass die Präteritumformen sich vollständig aus dem Non-Past-Bedeutungsbereich zurückziehen können. Perfektformen haben die typischen Bedeutungen des Perfekts, bei denen Sprechzeit und Referenzzeit zusammenfallen. Sie stehen

1. wenn ein zur Sprechzeit abgeschlossener Vorgang für die Sprechzeit (Gegenwart) eine belangvolle Tatsache ist oder für sie Folgen hat [...]
2. wenn ein Vorgang in einem vergangenem Zeitintervall (das bis an die Sprechzeit reichen kann) vom Standpunkt der Gegenwart mit subjektiver Stellungnahme betrachtet wird
3. wenn eine Handlung sich aus der Vergangenheit bis in die Gegenwart fortsetzt [...].

In Sätzen mit *ie* und *nie* konkurriert das Perfekt im 14. Jh. noch mit dem Präteritum oder mit Präsensformen mit *ge-*, seit dem 15. Jh. ist das Perfekt die gewöhnliche Form. [...] (Ebert et al. 1993, §S 163).

Damit hat sich die Perfektform auf die Perfektlesarten spezialisiert, die auch im kontrastiven Vergleich typische Bedeutungen darstellen (vgl. Kap. 3.1.1.2 "Aspektualität"). Perfektformen können aber auch schon zu Beginn der frühneuhochdeutschen Zeit in Kontexten mit eindeutigem Vergangenheitsbezug stehen und sind darin mit der Präteritumform austauschbar: „Schon zu Beginn der frnhd. Zeit konnte das Perfekt für ein vergangenes Ereignis – auch mit Zeitadverb – verwendet werden" (Ebert et al. 1993, §S 163). Es verwundert nicht, dass diese Perfektformen vor allem in Kontexten auftreten, die Zeman als ‚sprecherbezogen' charakterisieren würde: „in der direkten Rede, im Kommentar und in abhängigen Sätzen" (Ebert et al. 1993, §S 163). In der nicht-sprecherbezogenen Rede, v. a. in der Narration, bleibt die Vergangenheitsbedeutung der Präteritumform vorbehalten. Das Perfekt kann aber „in der Einleitung oder am Schluß von erzählenden Partien [...] als Übergangsstufe von der Sprechzeit (Gegenwart) des Erzählers zur Vergangenheit des Erzählten [erscheinen]" (Ebert et al. 1993, §S 163).[242] Dabei nimmt die Perfektform textgliedernde Funktion ein.[243] Aber auch eine Ausbreitung in die narrative Textfunktion vermerkt die *Frühneuhochdeutsche Grammatik*: „In der Verwendung von Perfektformen in der Erzählung geht der Süden voran" (Ebert et al. 1993, §S 163). Die Perfektform dringt damit nicht nur in den Bedeutungsbereich der Präteritumform vor, sondern übernimmt auch deren textuelle Funktionen. Wie bereits in Kapitel 2.4 („Historische Doku-

---

242 Vgl. auch Boon (1983, 232–233): Er kann in der Analyse der Fastnachtsspiele von Hans Sachs das Perfekt sowohl in retrospektiver Bedeutung finden als auch als „absolute Vergangenheitsform": Als solches „stellt es ein Faktum von selbstständiger Bedeutung hin oder überblickt es einen größeren Verlauf zusammenfassend, indem es diesen zu einem Gesamtvorgang rafft" (Boon 1983, 232). Diese Beschreibung entspricht der perfektiven Vergangenheitsbedeutung. Auch die textgliedernde Funktion als „Eingangsperfekt" und „Schlußperfekt" kann Boon in den Fastnachtspielen feststellen.
243 Sowohl Perfekt- als auch Plusquamperfektformen wird von Ebert et al. (1993, §S 165) als textuelle Funktionen die Markierung von Grenzen einer Mitteilung/Erzählung und die Hervorhebung des Wesentlichen in der Mitteilung zugesprochen, was den Diskursfunktionen des perfektiven Aspekts zugeschrieben werden kann (vgl. auch Kap. 3.1.2.2 „Diskursstrukturierung durch Aspektualität").

mentation des Präteritumschwunds") anhand der Studien zum Frühneuhochdeutschen gezeigt wurde, lässt sich anhand frühneuhochdeutscher Korpora zeigen, dass Perfektformen immer häufiger und Präteritumformen dagegen seltener verwendet werden.[244] Die Perfektexpansion und spiegelbildlich der Präteritumschwund sind – formal, semantisch und funktionell – bereits in vollem Gange.

Im Frühneuhochdeutschen finden sich zudem erstmalig Doppelperfekt- und Doppelplusquamperfektbelege, die auf eine formale Expansion der Perfektform hinweisen. Ihnen wird in der *Frühneuhochdeutschen Grammatik* (Ebert et al. 1993, §S 166) „Bezug auf Abgeschlossenheit bzw. Vorvergangenheit" aber auch einfacher Vergangenheitsbezug zugeschrieben.

Die *ge*-Präfigierung finiter Verben, die noch im Mittelhochdeutschen in geringem Maß eine aspektuelle Opposition ausdrücken konnte, wird im Frühneuhochdeutschen abgebaut: „Sie finden sich im 14. Jh. nicht selten, werden im 15. Jh. viel seltener und reichen nur noch bis ins frühe 16. Jh." (Ebert et al. 1993, §S 160). Dahingegen steigt die Frequenz der Plusquamperfektformen, die in funktionaler Konkurrenz zu den *ge*-präfigierten Präteritumformen stehen. Nach Ebert et al. (1993, §S 165) bezeichnen die Plusquamperfektformen „Abgeschlossenheit einer Handlung vom Standort der Vergangenheit und damit auch Vorvergangenheit", was den beiden Bedeutungen retrospektive Vergangenheit und (unspezifizierte) Vorvergangenheit entspricht.

In die frühneuhochdeutsche Zeit fällt ebenfalls die Grammatikalisierung der Futur- und Passivperiphrasen, so dass mit Beginn der neuhochdeutschen Phase das Tempus-Aspekt-System – entsprechend dem lateinischen Vorbild der Grammatikschreiber – über sechs Tempusformen in Aktiv und Passiv verfügt.

Die frühneuhochdeutsche Zeit ist auch die Zeit, in der sich eine gemeinsame hochdeutsche Schriftsprache herausbildet. Diese Schriftsprache erfährt nach verschiedenen Ausgleichsprozessen eine Normierung durch verschiedene Grammatiker. Ihre Darstellungen des Tempus-Aspekt-System erfolgen in der Regel nach lateinischem oder altgriechischem Vorbild und spiegeln weniger das tatsächliche temporal-aspektuelle System des Standardschriftdeutschen wider als vielmehr eine Übertragung der deutschen Formen auf die antiken Systeme.[245]

---

244 Die Auszählung der Kategorienfrequenzen von Perfekt und Präteritum in Boon (1983, 234) zeigt für die Fastnachtspiele der Jahre 1518–1560 „kein Schwinden des Präteritums" (Boon 1983, 241). Ein genauerer Blick auf die Werte relativiert diese Interpretation. Von 85 Texten übersteigt der Präteritumanteil nur fünf Mal die 50 %, insgesamt zeigt sich ein leicht absteigender Trend der Präteritumverwendung. (In der Studie von Lindgren 1957 werden Texte, die die 50 %-Marke unterschreiten, als Belegtexte für sich vollziehenden Präteritumschwund gewertet.). Insgesamt ist also ein für den Perfektexpansionsprozess angemessen niedriger Präteritumgebrauch festzustellen. (Vgl. die Kategorienfrequenzen für den mhd. Text bei Zeman: Hier stehen 2.956 Präteritumformen [95,5 %] nur 141 Perfektformen [4,5 %] gegenüber.)
245 Vgl. Fn. 113 in Kap. 2.3 („Präteritumschwund in der Standardsprache").

Tab. 50: Rekonstruktion des frühneuhochdeutschen Tempus-Aspekt-Systems.

	FRÜHNEUHOCHDEUTSCH	
	temporal-aspektuelle Bedeutung	Form
PAST	Vorvergangenheit	(Präteritum); Plusquamperfekt; DPF[246]
	retrospektive Vergangenheit	(Präteritum); Plusquamperfekt; DPF
	imperfektive Vergangenheit	Präteritum
	perfektive Vergangenheit	Präteritum, Perfekt
NON-PAST	retrospektive Gegenwart	Perfekt
	allgemeine Gegenwart	Präsens
	Zukunft	Präsens; Futur
	Allgemeingültigkeit	Präsens

3.2.1.5 Übersicht: Formen und ihre Bedeutungen in den historischen Sprachstufen des Deutschen

Folgende Übersichtstabelle fasst die Beschreibungen der Formeninventare im Vergangenheitsbereich der Tempus-Aspekt-Systeme der historischen Sprachstufen des Deutschen zusammen.

Tab. 51: Formenübersicht: Auf- und Abbau des Formenbestands im diachronen Vergleich.

FORMEN	Got.	Ahd.	Mhd.	Frnhd.	Nhd.
Präsens	+	+	+	+	+
Präteritum	+	+	+	+	+*
Perfekt	–	↑	↑/+	+	+
Plusquamperfekt	–	↑	↑/+	+	+*
Dopp. Perfekt	–	–	–	↑	+
Dopp. Plusquamperfekt	–	–	–	↑	+
ga/gi/ge-Präfigierung	+	+	↓	↓	–

+ = belegt; – = nicht belegt; ↑ = im Aufbau; ↓ = im Abbau; * = in den Regionalsprachen und der gesprochenen Sprache z. T. im Abbau

---

246 „DPF" steht für „doppelte Perfektbildungen".

Die diachrone Zusammenschau der Tempus-Aspekt-Systeme des Gotischen und der historischen Sprachstufen des Deutschen zeigt verschiedene Veränderungen. Das zweiteilige System des Germanischen, das nur eine „vergangen"/ „nicht-vergangen"-Opposition kannte, wurde schrittweise durch neue Formen, die sich auf den Ausdruck einzelner Bedeutungsbereiche spezialisierten, erweitert (vgl. auch Schrodt/Donhauser 2003). Für den Ausdruck der Retrospektivität gibt es seit althochdeutscher Zeit mit den Perfektformen der Gegenwart und Vergangenheit erstmals einen sprachlich expliziten Ausdruck. Gleichzeitig zieht sich das Präteritum, genauso wie die schwindenden *ga/gi/ge*-Präfigierungen aus diesen Bereichen zurück. Die Übersicht zeigt, wie sich schrittweise die analytischen Formen in das System integrieren. Die diskrete Einteilung in Sprachstufen verbirgt dabei, dass diese Prozesse über mehrere Jahrhunderte verlaufen. Obwohl die Perfektform im Mittelhochdeutschen bereits eine fest integrierte Form ist, wird ihre Grammatikalisierung erst zu frühneuhochdeutscher Zeit abgeschlossen, als sich auch die letzten Verben in das Paradigma der Perfektkonstruktion einfügen.

Nachdem die Perfektformen in althochdeutscher Zeit entstanden sind und sich in mittelhochdeutscher Zeit fest im Tempus-Aspekt-System etabliert haben, kann anschließend eine Bedeutungs- und Funktionserweiterung festgestellt werden. Für das Frühneuhochdeutsche werden sowohl Bedeutungs- und Verwendungsüberschneidungen von Perfekt und Präteritum als auch der Abbau von Präteritumformen festgestellt. Im Vergleich der Bedeutungszuschreibungen der Perfekt- und Präteritumformen ist eine gegenläufige Entwicklung sichtbar. Die folgenden Tabellen zeigen, dass das Perfekt systematisch seinen Bedeutungsbereich erweitert, wohingegen das Präteritum auf den Ausdruck der perfektiven und imperfektiven Vergangenheit beschränkt wird.

Tab. 52: Bedeutungen der Perfektform – diachron.

Bedeutungen der PERFEKTFORM	Got.	Ahd.	Mhd.	Frnhd.	Nhd.
Vorvergangenheit (allg.)	–	–	–	–	?
retrospektive Vergangenheit	–	–	–	–	?
imperfektive Vergangenheit	–	–	–	–	+
perfektive Vergangenheit	–	–	(↑)	+	+
retrospektive Gegenwart	–	+	+	+	+

+ = belegt; – = nicht belegt; ↑ = im Aufbau; ↓ = im Abbau; ? = unklar

Tab. 53: Bedeutungen der Präteritumform – diachron.

Bedeutungen der PRÄTERITUM-FORM	Got.	Ahd.	Mhd.	Frnhd.	Nhd.
Vorvergangenheit (allg.)	+	+	+	↓	–
retrospektive Vergangenheit	+	+	↓	–	–
imperfektive Vergangenheit	+	+	+	+	+
perfektive Vergangenheit	+	+	+	+	+
retrospektive Gegenwart	+	+	↓	↓	–

+ = belegt; – = nicht belegt; ↑ = im Aufbau; ↓ = im Abbau

Parallel zur Verdrängung aus der retrospektiven Gegenwartsbedeutung durch das Perfekt wird das Präteritum durch die Plusquamperfektform auch aus dem Vorvergangenheitsbereich und aus dem Bedeutungsbereich der retrospektiven Vergangenheit verdrängt. Die Studie von Buchwald-Wargenau (2012) zeigt, dass auch die doppelten Perfektbildungen in diesen Bereich vorstoßen. Ob auch das Perfekt für den Ausdruck von Vorvergangenheit und retrospektiver Vergangenheit verwendet werden kann, muss in weiterführenden Studien überprüft werden. Die Auswertung des regionalsprachlichen Korpus in Kapitel 3.4.6.3 weist auf eine durchgeführte Expansion des Perfekts in diese Bedeutungsbereiche hin.

Das Perfekt zeigt im Mittelhochdeutschen bereits Ansätze zum Ausdruck von perfektiver Vergangenheit. Erst jedoch auf dem Weg zum Frühneuhochdeutschen expandiert das Perfekt zu einem Tempus der Vergangenheit.

3.2.2 Drei zentrale Sprachwandelprozesse

Die diachrone Zusammenschau zeigt drei zentrale Sprachwandelprozesse auf, die das deutsche Tempus-Aspekt-System der Vergangenheit maßgeblich geprägt haben und letztlich zum Präteritumschwund geführt haben:
1. Entstehung des Perfekts: Ab althochdeutscher Zeit werden durch die Grammatikalisierung des Perfekts neue Formen in das deutsche Verbalsystem eingegliedert. Die Formen dienen zunächst dem Ausdruck von retrospektiver Gegenwart.[247]

---

[247] Parallel werden die Plusquamperfektformen entwickelt, die zunächst retrospektive Vergangenheit ausdrücken.

2. **Expansion des Perfekts:** Ab mittelhochdeutscher Zeit werden Perfektformen immer häufiger und in immer mehr Kontexten verwendet. Das Perfekt expandiert in die Bedeutungs- und Funktionsbereiche des Präteritums.
3. **Abbau des Präteritums:** In frühneuhochdeutscher Zeit ist ein Frequenzverlust des Präteritums feststellbar. Das Präteritum wird vom expandierenden Perfekt verdrängt und wird regelgeleitet abgebaut.

Die drei Prozesse stehen im Zusammenhang. Perfektentstehung und Perfektexpansion können als zwei Teilprozesse eines umfassenden Grammatikalisierungsprozesses gewertet werden, dessen erster Teil eine grammatische Form zum differenzierten Ausdruck einer aspektuellen Bedeutung entstehen lässt. In dem zweiten Teilprozess erfährt die Perfektform eine Bedeutungserweiterung und drückt nunmehr auch Perfektivität, die der Retrospektivität übergeordnet ist (vgl. oben Kapitel 3.1.1.2), aus. Gleichzeitig verschiebt sich die temporale Bedeutung auf den Ausdruck von Vergangenheit (aufgrund der in der Retrospektivität inhärenten Vorzeitigkeitsrelation). Wie diese drei Prozesse im Einzelnen erfolgt sind und wie sie aufeinander aufbauen, wird in Kapitel 3.3, 3.4 und 3.5 erörtert. Zuvor stellt sich jedoch die Frage, welche Arten von Sprachwandelprozessen hier vorliegen und welchen Mechanismen sie folgen.

3.2.3 Grammatischer Sprachwandel als Grammatikalisierungsprozess

3.2.3.1 Grammatikalisierung

Die Entstehung der Perfektformen im Deutschen wird in der Forschungsliteratur als Grammatikalisierungsprozess beschrieben. Eine Grammatikalisierung wird als ein Prozess definiert, „in dem ein lexikalisches Zeichen grammatische Bedeutung annimmt oder in dem bereits grammatische Zeichen noch grammatischere Funktionen entwickeln" (Nübling et al. 2013, 271).[248] Bei einem Grammatikalisierungsprozess verändern sich sowohl die Bedeutung als auch die Form des im Wandel befindlichen Zeichens. Im Fall des hier behandelten Grammatikalisierungsprozesses liegt eine Entwicklung von Resultativkonstruktionen zu Perfektformen (mit retrospektiver Gegenwartsbedeutung) vor sowie eine Weiterentwicklung hin zu Formen zum Ausdruck der allgemeinen Vergangenheit.

Die sprachvergleichende Forschung von Bybee/Dahl (1989) und Bybee/Perkins/Pagliuca (1994) zur Entstehung und Entwicklung von Tempus- und

---

[248] Diese Definition entspricht der Definition in Szczepaniak (2011, 5) und denen der dort zitierten Arbeiten der Grammatikalisierungsforschung.

Aspektausdrücken hat ergeben, dass bestimmte Grammatikalisierungspfade – sogenannte „major paths of development" – typologisch gesehen häufig vollzogen werden und dass grammatische Kategorien in vielen Sprachen ähnliche lexikalische Quellen haben.[249] Einer dieser Pfade ist genau derjenige, der für das Deutsche nachgezeichnet werden kann: „[E]xpressions with a copula or possession verb plus a past participle, or verbs meaning 'finish', 'come from' or 'throw away', develop into grams marking anterior or perfect, which in turn develop into perfectives or pasts" (Bybee/Dahl 1989, 57).[250] Grundsätzlich entwickeln sich *perfects/anteriors* also häufig aus einem Set von verschiedenen Quellen. In den germanischen (und romanischen) Sprachen sind die lexikalischen Spender „original possessive constructions" bzw. „copula + past partciple constructions", die bei Bybee/Dahl als *resultatives* (Resultativkonstruktionen) beschrieben werden. Die folgende Abbildung illustriert den universellen Grammatikalisierungspfad, mit den für die romanischen und germanischen Sprachen typischen Spenderkonstruktionen.

Lexical Source	Grammatical Category	
u. a. *have/be* + Past Participle >>>>>>>	perfect (anterior) >>>>>>>	past or perfective

Abb. 28: Universeller Grammatikalisierungspfad (nach Bybee/Dahl 1989, 58, 68).

Der deutsche Grammatikalisierungsprozess der Perfektform lässt sich ausgezeichnet diesem universellen Pfad zuordnen. Der Gesamtprozess kann in zwei Teilprozesse unterteilt werden: 1) die Perfektgrammatikalisierung, die eine eigene Form zum Ausdruck von Retrospektivität entstehen lässt, und 2) deren anschließende semantisch-funktionale Expansion, die Perfektexpansion.

Der erste Teil der Entwicklung ist die Entwicklung der Resultativkonstruktionen zu Perfektformen. Bei ihr erfolgt ein Bedeutungswandel, der zu unterschiedlichen Eigenschaften von Perfektformen und Resultativkonstruktionen führt (vgl. Bybee/Dahl 1989, 68–69). Zum Beispiel drücken Perfektformen im Gegensatz zu den Resultativkonstruktionen nicht notwendigerweise ein direktes Resultat aus. Sie können also auch in Kontexten verwendet werden, in denen kein direktes Resultat existiert (z. B. bei Activities) oder in denen das Resultat zum Referenzzeitpunkt bereits revidiert worden ist. Während Resultativkonstruk-

---

[249] Vgl. auch die neuere Betrachtung in Nicolle (2012).
[250] Dieser Pfad konnte für verschiedene und nicht miteinander verwandte Sprachen bestätigt werden (vgl. Bybee/Perkins/Pagliuca 1994, 81, 85–87). Vgl. auch Dahl/Velupillai (2013), die Perfektformen in den Sprachen der Welt nach den lexikalischen Spendern kartieren.

tionen in ihrer Bildung lexikalisch auf grenzbezogene Verben beschränkt sind, können Perfektformen grundsätzlich von jedem Verb gebildet werden. Resultativkonstruktionen haben häufig einen Einfluss auf die Valenz, z. T. sind sie auch Teil des „voice system" des Verbs. Im Deutschen sind sie als Zustandspassive Teil des Passivsystems. Perfektformen haben keinen vergleichbaren Effekt. Des Weiteren können Resultativkonstruktionen im Gegensatz zu Perfektformen unmarkiert mit einem Temporaladverb der Bedeutung 'still' (= 'noch') kombiniert werden. Mit den Unterschieden wollen Bybee/Dahl aufzeigen, dass *resultatives* kein „subset" von *perfects* sind (1989, 69–70). Der Wandel von der Resultativ- zur Perfektkonstruktion erfordere nicht nur eine semantische Ausdehnung („an extension of the meaning"), sondern einen Bedeutungswandel („shift in meaning"). Dieser bestehe vor allem in der Fokussetzung:

> The shift represents a change in emphasis: whereas resultatives focus on the state which is the result of a previous event, perfects focus on the event itself which leads to the extension to non-resultative cases. (Bybee/Dahl 1989, 70)

Nur Konstruktionen, die diese Fokusverschiebung von „a state resulting from an action" zu „an action with some lasting relevance" (Bybee/Perkins/Pagliuca 1994, 69) erreicht haben, werden von Bybee/Perkins/Pagliuca auch als *perfects/anteriors* gewertet. Die „non-resultative cases", die am Ende dieses Teilprozesses stehen, stellen wiederum den Ausgangspunkt für den zweiten Teil des Gesamtprozesses dar: die Entwicklung „perfect to past or perfective" – die Perfektexpansion.

Dieser semantische Wandel der Perfektform vom Ausdruck von Retrospektivität hin zum Ausdruck von Vergangenheit kann ebenfalls bei vielen Sprachen festgestellt werden.[251] Ob entlang dieses Grammatikalisierungspfads die Perfektform nur perfektive Vergangenheitsbedeutung annimmt oder auch imperfektive Vergangenheitskontexte bedient, hängt nach Bybee/Perkins/Pagliuca (1994) davon ab, ob es in der Sprache bereits eine Form für den imperfektiven Vergangenheitsausdruck gibt: „Thus it appears that the existence of a past imperfective determines whether a generalizing anterior will become perfective or simple past" (Bybee/Perkins/Pagliuca 1994, 85). So habe die Existenz einer Imperfektivform im Französischen dazu geführt, dass das semantisch expandierende Perfekt nur die perfektive Vergangenheitsbedeutung annehmen konnte, nicht die imperfektive Vergangenheitsbedeutung. Die romanischen *anterior*-Formen haben sich nicht zu einem *general past* entwickelt, wie dies im Deutschen der Fall

---

[251] Bybee/Perkins/Pagliuca (1994, 81) nennen als Beispiele die indoeuropäischen Sprachen Französisch, Italienisch, Rumänisch, Deutsch und Niederländisch sowie Sprachen der afrikanischen Kru- und Bantu-Familien sowie Mandarin-Chinesisch.

war (vgl. Bybee/Perkins/Pagliuca 1994, 85). Anhand ihres Untersuchungskorpus argumentieren Bybee/Perkins/Pagliuca (1994) dafür, dass *general past grams* stärker grammatikalisiert sind als *perfective past grams*, und vermuten, dass es eine diachrone Verbindung zwischen den beiden *gram types* gibt (vgl. Bybee/Perkins/Pagliuca 1994, 91). Der Gesamtprozess aus Perfektentstehung und Perfektexpansion, der die Entwicklung des *general past* aus einem *perfective past* berücksichtigt, lässt sich demnach wie folgt modellieren:

Resultativkonstruktion	Perfekt-grammatikalisierung	Perfektexpansion
have/be + past participle >	perfect (anterior) >	perfective past > general/simple past
		perfective + imperfective past

Abb. 29: Grammatikalisierungspfad der Perfektform im Deutschen (in Anlehnung an Bybee/Dahl 1989, 58, 68).

Mit der Beschreibung des Grammatikalisierungspfads skizzieren Bybee/Dahl und Bybee/Perkins/Pagliuca den grammatischen Wandel aus einer Makroperspektive. Im Rahmen der Grammatikalisierungsforschung wurden die Mechanismen, die diesem Wandel zugrunde liegen, auch detaillierter beschrieben.

3.2.3.2 Mechanismen grammatischen Sprachwandels

Die traditionelle Grammatikalisierungsforschung beschreibt die Veränderungen, die ein Zeichen während eines Grammatikalisierungsprozesses erfährt, anhand von vier Phasen (vgl. Szczepaniak 2011, 11–14). Zunächst verliert das Zeichen in der Desemantisierung seine ursprüngliche, konkrete bedeutung (auch *bleaching* genannt). Daraufhin erfolgt in der Extension eine Kontexterweiterung, durch die das Zeichen in neuen Kontexten verwendet werden kann. Es folgen Dekategorialisierung und Erosion, die sich auf morphosyntaktische Eigenschaften und die phonetische Substanz des Zeichens beziehen. Mit dieser Entwicklung steigt der Grad der Grammatizität des Zeichens. Im Sinne der traditionellen Grammatikalisierungsforschung lässt sich die Grammatizität mithilfe der sogenannten, von Lehmann (1995) eingeführten Grammatikalisierungsparameter (Integrität, struktureller Skopus, Paradigmatizität, Fügungsenge, Wählbarkeit, Stellungsfreiheit) beschreiben (vgl. Szczepaniak 2011, 19–24). Der Grammatikalisierungsprozess wird durch den semantischen Wandel, den das Zeichen erfährt, angetrieben. Erst anschließend kommt es zu formalen Veränderungen (*form follows function*). Der semantisch-funktionale Wandel findet in den ersten beiden Phasen statt. Über sogenannte Brückenkontexte wird ein Zeichen in reduzierter, weniger konkreter Bedeutung verwendet. Wird diese abstrakte Bedeutung in neuen Kontexten – sogenannten Wendekontexten – verwendet, in denen die ursprüngliche, konkrete Bedeutung keinen Sinn mehr macht, kann sich eine Konventionalisierung der neuen, abstrakt-grammatischeren Bedeutung anschließen (vgl. Szczepaniak 2011, 11–15).

Die von der Forschung benannten Grammatikalisierungsparameter und auch die Mechanismen Reanalyse und Analogie, die beim funktionalen Wandel des Zeichens die wichtigste Rolle spielen, konnten für viele einzelsprachliche, historisch bezeugte Grammatikalisierungsprozesse als zutreffend nachgewiesen werden. Im Einzelnen wurden jedoch auch immer wieder Beispiele angebracht, die die der Grammatikalisierungsforschung zugrunde liegenden Konzepte hinterfragen und letztlich die Frage stellen, wie sich Grammatikalisierungsprozesse von anderen grammatischen Wandelprozessen unterscheiden lassen.[252] Hinzu kommt, dass einige Konzepte, wie z. B. das *Bleaching*, mehrere unterschiedliche semantische Mechanismen zusammenfassen und damit eine konkrete, feinkörnige (und theoriegestützte) Beschreibung des semantischen Wandelprozesses umgehen (vgl. auch Fritz 2012, 2636). Eckardt (2012) nennt als Ergebnis der neueren Forschung die Erkenntnis, dass Grammatikalisierungen als „the felicitous conspiracy of independent modes of language change in phonology, mo[r]phosyntax, and semantics" (Eckardt 2012, 2679) entstünden. Grammatikalisierungen wären dann nur ein theoretisches Konstrukt: ein „epiphenomenonal result of semantic changes, structural reanalysis and phonological reduction" (Eckardt 2012, 2679), deren Einzelprozesse bisher unterschiedlich gut erforscht und verstanden wurden.[253]

Traditionell wird der semantische Wandelprozess den Mechanismen Reanalyse und Analogie zugeschrieben, die auf konzeptuelle Metonymien und kategorielle Metaphern zurückgeführt werden. Diese Konzepte werden bei Szczepaniak (2011, 30–37) wie folgt skizziert: Konzeptuelle Metonymien sind Konzeptübertragungen, die auf Berührungs-Relationen von Konzepten – auf ihrer Kontiguität – beruhen. Gleichzeitig werden konversationelle Implikaturen ausgelöst, über die Zusatzinformationen kontextuell erschlossen werden.

---

252 Auf einige zentrale Probleme der Grammatikalisierungsforschung weist Fritz (2012, 2636–2638) hin, der u. a. Schwierigkeiten bei der Differenzierung der Konzepte „konkrete" vs. „abstrakte Bedeutung" benennt.
253 Eine Übersicht der unterschiedlichen Beschreibungen von semantischen Wandelprozessen in Grammatikalisierungen in der Forschung findet sich bei Eckardt (2012, 2682). U. a. sind dies Generalisierung, Desemantisierung (*bleaching*), Metapher, Metonymie und Subjektifizierung (*subjectification*).

Tritt eine konzeptuelle Metonymie häufig auf und löst regelmäßig dieselbe Implikatur aus, so kann diese konventionalisiert werden. Die zusätzliche Bedeutung, die durch die Implikatur entsteht, macht die Aussage semantisch und strukturell ambig. In der Reanalyse wird die ursprüngliche Bedeutung und syntaktische Struktur uminterpretiert. Es entsteht eine neue semantische Lesart mit einer veränderten syntaktischen Struktur. Die durch die Reanalyse entstandene neue Lesart kann dann analogisch auf andere Kontexte ausgeweitet werden. Dieser Mechanismen beruht auf der kategoriellen Metapher, bei der eine Konzeptübertragung aufgrund eines Ähnlichkeitsverhältnisses stattfindet. Dadurch ist es möglich, prototypische durch weniger prototypische Konzepte zu ersetzen. In Grammatikalisierungsprozessen liegt die kategorielle Metapher den Analogieprozessen der Extension zugrunde. Die neue Verwendung eines Zeichens wird dabei auf weitere Kontexte ausgeweitet.

Auch in der formalsemantisch untermauerten Analyse von Eckardt wird die semantische Reanalyse – begleitet von einer syntaktischen Reanalyse – zum zentralen Prozess von Grammatikalisierungen und anderen grammatischen Sprachwandelprozessen. Eckardt (2012) spricht sich gegen die Konzepte der Metonymie und Metapher aus und geht selbst von einem engeren Konzept von *semantic reanalysis* aus. Sie zeigt an einem Beispiel, wie die neue Bedeutung durch diskrete Reanalyseschritte aus der alten Bedeutung entsteht. Ihre komplexen, formalsemantischen Analysen bringt sie auf den Punkt, wenn sie konstatiert: „[The new meaning] arose by attributing a missing chunk of meaning to a suitable chunk of form." (Eckardt 2012, 2687) Sie betont, dass diese neue Bedeutung hörerseitig entstehe. Nicht die kreativen Absichten des Sprechers ließen die neue Lesart entstehen, sondern sie sei der Interpretation des Hörers geschuldet. Das schreibt Eckardt der Tatsache zu, dass Hörer versuchten, eine pragmatische Überladung zu vermeiden. Sie folgten dem Prinzip des *Avoid Pragmatic Overload*:

> The speaker makes his utterance under the assumption that the interpreter will accommodate them. The interpreter may see this possibility but considers the required accommodations implausible. As an interpretive alternative, *H* [the hearer; HF] hypothesizes a new message [...], leading to reanalysis. (Eckardt 2012, 2688)

Wenn die Äußerung, die ein Hörer zu entschlüsseln hat, ihm abverlange, unklare und ungerechtfertigte Präsuppositionen zu akzeptieren, könne er sich für eine alternative Interpretation der Konstruktionen entscheiden. Er könne die ursprüngliche Äußerung in einer reanalysierten Form verarbeiten und würde dabei die pragmatisch überladene Lesart vermeiden: „[T]he hearer undertakes reanalysis as an alternative to a pragmatically overloaded reading." (Eckardt 2012, 2696)

Die Frage, was grammatische Wandelprozesse auslöse, ist demnach wie folgt zu beantworten: Sprecher schaffen regelmäßig ambige Äußerungen, die die gleichen Implikaturen auslösen. Hörer interpretieren die Äußerungen in neuen Lesarten, mit der eine semantische und syntaktische Reanalyse der Äußerungen einhergeht. Dass ambige Äußerungen entstehen, ist den kognitiven Wahrnehmungsmöglichkeiten und dem sprachlichen Gestaltungsraum zuzuschreiben. Solche Gestaltungsräume können durch intensive Mehrsprachigkeit erweitert werden, weshalb auch Sprachkontakt grammatische Wandelprozesse im Tempus-Aspekt-Bereich auslösen kann (vgl. Friedman 2012, 421; Riehl 2009, 35).

Unabhängig vom jeweiligen theoretischen Ansatz wird hier klar, dass es sich bei den semantischen und syntaktischen Reanalyseprozessen um kognitive Prozesse an der Syntax-Semantik-Schnittstelle handelt und dass diese nur durch Berücksichtigung pragmatischer Aspekte verstanden werden können. Der Einfachheit halber werde ich die Entstehung der Perfektformen und ihre Expansion als Grammatikalisierungsprozesse behandeln und mich der traditionellen Einordnung anschließen, auch wenn die neueren Forschungen – die in Eckardt (2012) zusammengefasst und weiterentwickelt wurden – adäquatere Modelle vorschlagen und die Existenz von Grammatikalisierungsprozessen als autonome Prozesse anzweifeln. Vorteilhaft an den traditionellen Grammatikalisierungskonzepten ist die Anschlussfähigkeit an die sprachvergleichenden Forschungen zu ähnlichen grammatischen Wandelprozessen. Allerdings können die Konzepte der Grammatikalisierungsforschung nicht uneingeschränkt übertragen werden. Problematisch sind v. a. die Annahme einer Unidirektionalität (vgl. die Reetablierung der Perfekt/Präteritum-Opposition in der englischen Sprachgeschichte, Kap. 3.4.2 „Elsness 1997") und die Sukzessivität von funktionalem und formalem Wandel im Germanischen (ungeregelter Erhalt/Abbau der flektierten Personalendung der Partizipien, vgl. Kap. 3.3.1 „Entwicklung des periphrastischen Perfekts im Deutschen"). Bei den in Kapitel 3.3 und 3.4 skizzierten Einzelprozessen wird zu zeigen sein, welche Mechanismen im Perfektgrammatikalisierungspfad stattfinden und wie sie seinen Verlauf strukturieren.

3.3 Prozess I: Entstehung des Perfekts

3.3.1 Entwicklung des periphrastischen Perfekts im Deutschen

Mit der Entstehung der Perfektformen in althochdeutscher Zeit setzt eine entscheidende Veränderung des deutschen Vergangenheitstempussystems ein. Die Perfektform ist bereits früh in althochdeutschen und altsächsischen Texten belegt, wobei das Althochdeutsche innerhalb der germanischen Sprachen bei der Perfektgrammatikalisierung als „Nachzügler" gilt (vgl. Öhl 2009, 275). Die Entwicklung der Perfektform kann anhand althochdeutscher Quellen gut nachvollzogen werden (vgl. v. a. Dal 1966; Oubouzar 1974; Grønvik 1986; Bybee/Dahl 1989; Kuroda 1999; Öhl 2009; Fleischer/Schallert 2011; Szczepaniak 2011; Gillmann 2016).

3.3.1.1 Ausgangspunkt der Grammatikalisierung

Die Grundlage für die Entwicklung der *haben*-Perfektform ist die Auxiliarisierung von *haben*. Diese nimmt ihren Anfang in Konstruktionen mit dem Besitzverb *haben* oder *eigan* ('haben, besitzen'), einem Besitzobjekt und einem Perfektpartizip, das sich prädikativ auf das Objekt bezieht (vgl. Dal 1966, 119; Szczepaniak 2011, 131). Nach Dal (1966, 117) gehen die Perfektpartizipien zurück auf die ie. Verbaladjektive, die aus der Verbalwurzel gebildet wurden. Dabei haben die Perfektpartizipien der transitiven Verben durchgängig passive Bedeutung (*der geschlagene Feind*), die der intransitiven, telischen[254] Verben aktive Bedeutung (*eine verblühte Schönheit*) (vgl. Dal 1966, 117). Die intransitiven, atelischen Verben bilden ursprünglich keine Partizipien (**eine geblühte Blume*). Sie entstehen erst durch Analogiebildung nach dem Entstehen der periphrastischen Verbformen (vgl. auch Grønvik 1986, 13–15).

Im Althochdeutschen und Altsächsischen war eine freiere Wortstellung in der Nominalgruppe möglich als im Neuhochdeutschen. Dadurch konnte das Partizip dem Bezugswort nachgestellt werden oder auch in Distanzstellung stehen. Es ergibt sich ein Brückenkontext, in dem sowohl die Lesart des ursprünglichen Besitzausdrucks als auch die neue Perfektlesart erkennbar sind. An folgendem, häufig diskutiertem Beispiel aus dem *Tatian* wird das deutlich (zitiert nach Szczepaniak 2011, 131–132; Fleischer/Schallert 2011, 125):

(1) Ahd. *phigboum **habeta** sum **giflanzotan** in sinemo uuingarten*

  wörtlich: 'Feigenbaum hatte (jemand) als gepflanzten in seinem Weingarten'

  sinngemäß: 'jemand besaß einen Feigenbaum, der in seinem Weingarten gepflanzt war'

  lat. Vorlage: *arborem fici **habebat** quidam **plantatam** in uinea sua*

  (Tatian 102, 2)

---

254 „Telisch" bezieht sich auf die oben als grenzbezogene Situationstypen bestimmten Verbalsituationen, „atelisch" auf die nicht-grenzbezogenen (vgl. Kap. 3.1.1.2 „Aspektualität").

In diesem Satz ist das Partizip *giflanzotan* ein flektiertes (prädikativ verwendetes) Attribut zu *phigboum*, mit dem es auch kongruiert: beide Formen stehen im Akkusativ Singular Maskulinum '(einen) gepflanzten Feigenbaum'. Das Partizipialattribut bezeichnet einen passivischen Zustand des Feigenbaums, der auf eine vorausgehende Handlung zurückzuführen ist. Diese vorausgehende Handlung wird durch die Partizipform impliziert; ausgedrückt wird jedoch der anhaltende, durative Zustand, der aus der Handlung resultiert. Wer die Handlung des Pflanzens ausgeführt hat – ob es der Besitzer war oder jemand anderes –, wird nicht ausdrückt. Da diese Information fehlt, aber zunächst auch kein Grund besteht, anzunehmen, dass jemand anderes den Baum gepflanzt habe, liegt der Schluss nahe, „dass der Besitzende den Zustand des besessenen Objekts selbst herbeigeführt" habe (Szczepaniak 2011, 132). Diese „pragmatische Anreicherung" stellt eine konversationelle Implikatur dar.[255] Sie trifft jedoch nicht unbedingt zu: Im genannten Beispiel wird aus dem weiteren Kontext klar, dass die anfangs „implikatierte Gleichstellung Besitzer = Pflanzender" (Szczepaniak 2011, 132) nicht haltbar ist. Wird die Implikatur nicht durch Kontextinformationen rückgängig gemacht, wird „das besitzende Subjekt [...] in der Vorstellung des Hörers zum Verursacher des Zustands, in dem sich das von ihm besessene Objekt befindet" (Szczepaniak 2011, 132). Grønvik (1986, 34) wertet das *Tatian*-Beispiel noch nicht als echten *haben*-Perfekt-Beleg, sondern als Nachbildung der lateinischen *habere*-Konstruktion des Originaltextes, einer „objektsprädikativen Fügung". Auch Gillmann (2016, 181–182) wertet den Beleg noch als Resultativkonstruktion. Fleischer/Schallert (2011) sehen in diesem Beispiel ebenfalls keinen Beleg für ein *haben*-Perfekt, sondern „nur einen Beleg für den Kontext, aus welchem heraus das *haben*-Perfekt entstehen konnte" (Fleischer/Schallert 2011, 126). Diese Bewertung wird gestützt durch die lateinische Übersetzungsvorlage, in der keine ambige Deutung möglich ist, sondern nur eine Interpretation als Objektsprädikativ. Diese lateinische Struktur wird in der althochdeutschen Übersetzung wortwörtlich nachgebildet (vgl. Fleischer/Schallert 2011, 126). Nichtsdestoweniger gibt der *Tatian*-Beleg Aufschluss über den möglichen Entstehungskontext des *haben*-Perfekts.

3.3.1.2 Semantische und syntaktische Reanalyse

Erst durch eine Verschiebung der Perspektive – einer „Umdeutung" (Grønvik 1986, 30) –, nämlich weg von der gegenwärtigen Zustandsbeschreibung hin

---

255 Vgl. Szczepaniak (2011, 132): „Gesagt: 'Er hatte einen Feigenbaum, der in seinem Weingarten gepflanzt war.' Gemeint: +> 'Er hatte den Feigenbaum selbst gepflanzt.'"

zur vorhergehenden Verbalhandlung, die dem Partizip implizit ist, und durch die Subjektifizierung (Possessor wird Subjekt) entsteht die Perfektform mit ihrer prototypischen, retrospektiven Bedeutung, die die althochdeutschen Texte dominiert: „Die Konstruktion bezeichnet eine vergangene Handlung, deren Resultat am direkten Objekt gleichzeitig andauert" (Gillmann 2016, 199). Den ersten echten althochdeutschen Beleg einer Perfektform liefert nach Grønvik (1986, 34–35) die *Exhortatio* aus der Zeit um 800 n. Chr.:[256]

(2) ir den christanun namun **intfangan eigut**
sinngemäß: 'die ihr den christlichen Namen empfangen habt'
lat. Vorlage: *qui christianum nomen accepistis*

(Exhortatio 9, 5)

Bei diesem Beleg handelt es sich um eine selbstständige Wiedergabe der lateinischen, synthetischen Perfektform (*accepistis*) durch eine deutsche, periphrastische Perfektform (*intfangan eigut*). Das Partizip ist nicht mehr flektiert und als finites Verb steht das defektive Verb *eigan*, das noch bis ins 10. Jahrhundert als Auxiliar verwendet wird. Durch konversationelle Implikatur werden die mit dem Pronomen Angesprochenen (*ihr*) als Subjekt der Handlung *empfangen* identifiziert. Szczepaniak (2011, 132) macht die Reanalyse der Resultativkonstruktion als Perfektkonstruktion an folgendem Beispiel deutlich:

(3) uuanda er mundam habet [...] irlöset
sinngemäß: 'weil er die Welt (lat. mundus) als erlöste/erlöst hat'

(Notker: Der Psalter 97 359, 37)

Durch semantische Reanalyse hat der Satz zwei Lesarten: „1) 'Er [Jesus] besitzt die Welt als erlöste' oder 2) 'Zuvor hat Jesus die Welt erlöst. Daraus resultiert der aktuelle Zustand.'" (Szczepaniak 2011, 133) In der zweiten Interpretationsmöglichkeit entstehen zwei „instabile" Lesarten: Das Objekt kann sowohl das Besitzobjekt als auch das Objekt der vorausgehenden Handlung sein und das Partizip erlaubt sowohl eine passivische Deutung (in Bezug auf das Objekt) als auch eine aktivische (in Bezug auf die Handlung) (vgl. Szczepaniak 2011, 133). „Das Subjekt war sowohl der Possessor der *erlösten Welt* als auch das Agens von *erlösen*." Szczepaniak (2011, 132–133) weist in diesem Zusammenhang auch auf die Rolle

---

256 Dahingegen wertet Öhl (2009, 272) erst die Perfektbildungen ab Notker (um 1000 n. Chr.) als „echte Perfektkonstruktionen", da erst hier „ein vollständiges Paradigma analytischer Perfektflexion im Ahd." vorlag: Sämtliche Vollverben konnten nun Perfektformen bilden. Dies sei der „entscheidende Indiz für die Existenz eines periphrastischen Perfekts als Flexionstyp" (Öhl 2009, 274).

der Agentivität hin: Das Subjekt der Konstruktionen ist in der Regel belebt, was seine Agentivität verstärkt und die aktivische Lesart nahelegt. Diese Lesart verhindert gleichzeitig, dass das Vollverb *habēn/eigan* seine volle Bedeutung entfalten kann und das direkte Objekt binden kann. *Habēn/eigan* wird zum Hilfsverb. Das Objekt wird in dieser Lesart nicht mehr von *habēn/eigan* regiert, sondern vom Vollverb des Partizips. Aus einer ursprünglichen Besitzkonstruktion ist eine neue aktivische Konstruktion mit dem lexikalischen Schwerpunkt auf dem Partizip, das die eigentliche Verbalhandlung ausdrückt, entstanden (vgl. Szczepaniak 2011, 133). Die konversationelle Implikatur verändert somit auch syntaktisch die Beziehungen der Satzelemente zueinander (vgl. Szczepaniak 2011, 132, Abb. 47). Dieser Ablauf wird auch für die Grammatikalisierung der Plusquamperfektformen, bei denen *habēn/eigan* in Präteritum steht, beobachtet. Folgende Abbildung illustriert die Entwicklung.

temp. Wert[257]	imperfektive Gegenwart		retrospektive Gegenwart
Konstruktion	*habēn/eigan* + Obj + [V-PP]		*habēn/eigan* + [V-PP] (+ Obj)
Interpretation	1	1 und 2	2
	resultative Besitzkonstruktion: passivische Bedeutung des Partizips	ambig: passivischer Besitzausdruck und aktivischer Ausdruck eines durch das Subjekt herbeigeführten Resultatszustands	Perfektkonstruktion

Abb. 30: Grammatikalisierung des Perfekts.

Etwas komplexer ist die chronologische Gliederung des Grammatikalisierungsprozesses bei Teuber (2005, 75–83, bes. 82), der den Prozess in vier Schritte einteilt. Bei ihm geht die syntaktische Reanalyse der semantischen Reanalyse voraus. Das Ergebnis ist jedoch auch hier das gleiche: die periphrastische Ausgangskonstruktion fällt aufgrund von Reanalyseprozessen zu einer analytischen Form zusammen und verliert dadurch ihre Bildungsbeschränkungen. Es folgt eine Ausweitung auf alle Verben.

3.3.1.3 Analogische Ausweitung der Konstruktion
Die *habēn/eigan*-Perfektkonstruktion weitet sich systematisch auf alle Verben aus. Den Ausgangspunkt bilden die telischen, transitiven Verben (z. B. *empfan-*

---

[257] Bei der Entwicklung der Plusquamperfektformen verändert sich der temporal-aspektuelle Wert von imperfektiver Vergangenheit zu retrospektiver Vergangenheit.

gen) mit Objekt – eben jene Verben, deren Partizipien einen Resultatszustand ausdrücken und die die oben dargestellte ambige Lesart erlauben. Grønvik (1986, 31), der die Ausweitung in Phasen einteilt, bezeichnet dies als Phase I und datiert sie auf ca. 800 n. Chr. Es folgt Phase II, in der auch atelische, transitive Verben (z. B. *meinen*) *habēn/eigan*-Perfekte bilden. In Phase III finden sich nun auch Konstruktionen mit abstrakten Objekten und Ergänzungssätzen (z. B. *dass*-Sätze) und anderen nicht-prototypischen Objekten. Entgegen der Ursprungskonstruktion ist eine Objektergänzung nun nicht mehr notwendig und auch absolut gebrauchte, transitive Verben (z. B. *büßen*) können ein *habēn/eigan*-Perfekt bilden. Diese Phase ist um ca. 830 n. Chr. erreicht und kann in Otfrids *Evangelienbuch* nachgewiesen werden (vgl. Grønvik 1986, 35–36). Spätestens jetzt hat die retrospektive Lesart die imperfektive Zustandslesart vollständig abgelöst. In den nächsten Schritten bilden auch Verben mit Genitiv- oder Dativergänzung (z. B. *danken*) Perfektformen (Phase IV). Da das Vollverb *habēn* ursprünglich den Akkusativ regiert, ist mit der Dekategorialisierung nun die Auxiliarisierung von *habēn* durchgeführt. In Phase V bilden schließlich auch die atelischen, intransitiven Verben (z. B. *schlafen, weinen, sündigen*) Perfektformen, deren Partizipien nicht attributiv verwendet werden können (**ein geschlafenes Kind*).[258]

Als „Einfallstor" für die Verwendung von atelischen, intransitiven Verben in der Perfektkonstruktion dienten ambige Activity-Verben, die ohne Objekt atelische (Activity), mit Objekt jedoch telische (Accomplishment) Bedeutung trugen; z. B. *hören* (atelisch) vs. *eine Nachricht hören* (telisch). In atelischer Verwendung wirkten diese Verben als Vorbild für die Verwendung von atelischen Verben wie *weinen* (vgl. Szczepaniak 2011, 135). Phase IV und V sind bei Notker um die Jahrtausendwende erreicht: „Jedes Verbum konnte nun mittels der *haben*- oder *sein*-Fügung aktive Perfekt- und Plusquamperfektformen bilden, abgesehen von den Hilfsverben" (Grønvik 1986, 37).

Gillmann (2016, 164–231), die die althochdeutschen und altsächsischen Perfektbelege quantitativ erfasst und eingehend qualitativ analysiert, bestätigt die bei Grønvik dargestellte Entwicklung. Sie zeigt zudem, dass die Entwicklung der Perfektkonstruktion entlang einer Transitivitätsskala erfolgt. Ausgehend von einem prototypischen Perfekt mit einem transitiven, telischen Verb im Partizip und einem direkten Objekt im Akkusativ weitet sich die Konstruktion auf Sätze mit nicht-prototypischen Objekten wie Genitivobjekten, Komplementsätzen, Reflexivpronomen und Partikeln (*so*) sowie auf Sätze mit indirek-

---

[258] Genauer: nur die nicht-mutativen, atelischen Intransitiva bildeten kein Partizip. Bei den mutativen atelischen Intransitiva war dies möglich (*laufen – eine gelaufene Strecke*) (vgl. Grønvik 1986, 14).

n. Chr.	800		830–870		1000
Phase Verben	Phase I telische, transitive Verben + Akk. Obj.	Phase II atelische, transitive Verben + Akk. Obj.	Phase III absolut gebrauchte, transitive Verben (– Akk. Obj.)	Phase IV Verben + Gen. / Dat. Obj.	Phase V atelische, intransitive Verben (– Obj.)
Beispiel	empfangen	meinen	büßen	danken	schlafen

Abb. 31: Entwicklung des *habēn/eigan*-Perfekts nach Grønvik (1986).

tem Objekt (Dativobjekt) und auf intransitive Verben, die kein Objekt fordern, aus. Gleichzeitig erfolgt die Entwicklung entlang einer Telizitätsskala: Zunächst finden sich nur Bildungen mit telischen Verben, denen ein Zustandswechsel lexikalisch inhärent ist. Erst später kommen Perfektkonstruktionen mit atelischen Verben hinzu, deren Partizipien keinen Resultatszustand ausdrücken.[259] Hier setzt auch der Wandel an, der von der prototypischen, retrospektiven Bedeutung der Perfektform zur semantischen Expansion in Richtung perfektiver Vergangenheitsbedeutung führt. Die Partizipien von atelischen Verben drücken keinen Resultatszustand aus, da ihrer lexikalischen Bedeutung kein Zustandswechsel inhärent ist, sondern nur der Vollzug der Verbalhandlung. Mit der Expansion auf atelische (und intransitive) Verben wird somit die temporalsemantische Expansion auf den Vergangenheitsausdruck möglich (vgl. auch Szczepaniak 2011, 135). Gillmanns Telizitätsskala – die sich auch in Grønviks Phasengliederung widerspiegelt – entspricht der in Kapitel 3.1.1.2 („Aspektualität") modellierten Skala der Affinität des retrospektiven Blickwinkels zu den Situationstypen.

Mit der voranschreitenden Grammatikalisierung fällt auch die Flexion des Partizips weg. Schon im Althochdeutschen stellen sie bereits eine Ausnahme dar, ab mittelhochdeutscher Zeit finden sich keine Belege mehr (vgl. Fleischer/ Schallert 2011, 125, 128; Grønvik 1986, 30; Szczepaniak 2011, 133). Grønvik (1986, 61) sieht allerdings keinen funktionalen Unterschied bei „Fügungen mit und ohne Kongruenzflexion" und vermutet, dass es sich um Allomorphe handelte, deren Verwendung durch Stil, Reim und Rhythmus gesteuert gewesen sei (vgl. dazu auch die Diskussion in Fleischer/Schallert 2011, 128).

3.3.1.4 *sein*-Perfekt und Auxiliarwahl

Bei den perfektiven, intransitiven Verben (z. B. *kommen, sterben, auferstehen*) hatte sich bereits früh die Perfektbildung mit *sein*-Auxiliar herausgebildet,[260]

---

259 Dies bestätigt auch Kuroda (1999) anhand einer diachronen Korpusuntersuchung.
260 Grønvik (1986, 17–18) bewertet die *sein*-Perfektkonstruktionen mit perfektiven, intransitiven Verben als alte, „fest integrierte" germanische Formen. Sie sei als „eine alte Kategorie im

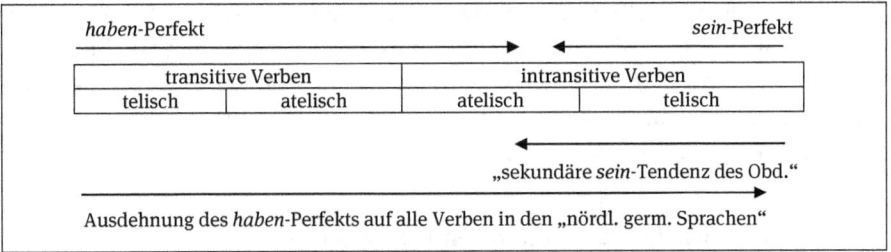

Abb. 32: Übersicht über die Entwicklung des Perfekts im Deutschen nach Grønvik (1986).

so dass das *haben*-Perfekt in seiner Entwicklung im hochdeutschen Sprachraum auf eine Grenze stieß. Für diese Verben gab es bereits prädikative Konstruktionen mit Partizip, die eine aktive Bedeutung trugen (vgl. Dal 1966, 122):

> Aus Fügungen, in denen diese Formen prädikativ auf das Subjekt bezogen waren, entwickelten sich Vergangenheitsformen, die syntaktisch gleichwertig waren mit den durch *haben* gebildeten. Die prädikative Verbindung *er ist gefallen* hatte ursprünglich die Bedeutung 'er ist ein Gefallener'. [...] Auch hier ändert sich dann der Bedeutungsinhalt des Partizips, es drückt nicht mehr den Zustand, sondern die in der Vergangenheit liegende Handlung aus und verbindet sich mit dem Hilfsverb zu einer einheitlichen Verbalform. (Dal 1966, 122–123)

Die Entwicklung der Perfektform verläuft in den germanischen Sprachen unterschiedlich. Die „nördlichen germanischen Sprachen" (Grønvik 1986, 31) haben auch bei den telischen, intransitiven Verben ein *haben*-Perfekt ausgebildet. So wurde das Hilfsverb 'haben' im Englischen und in einigen skandinavischen Sprachen generalisiert und stellt dort heute das einzige Perfektauxiliar dar.[261] Dahingegen dehnte sich im oberdeutschen Sprachraum das *sein*-Perfekt auch auf atelische, intransitive Verben aus, was Grønvik (1986, 31) als „sekundäre ‚sein'-Tendenz der süddeutschen Dialekte" beschreibt. Damit speist sich die deutsche Perfektform aus zwei unterschiedlichen „historical sources", die sich jedoch funktional angeglichen haben – eine Eigenschaft, die das Deutsche mit wenigen anderen westeuropäischen Sprachen teilt (Bybee/Dahl 1989, 70–72).

Germanischen anzusehen [...], von ebenso hohem Alter wie das Part. Perf. in seiner überkommenen Form und Bedeutung."

261 Bybee/Dahl (1989, 72) führen als besondere Entwicklung beim Perfekt des Englischen und der skandinavischen Sprachen auch den Wandel in der Wortstellung an: Das Partizip steht in diesen Sprachen näher beim Auxiliar. Auch weitere Unterschiede lassen sich feststellen. So hat das Schwedische eine neue infinite Form, das Supinum, entwickelt, das anstelle des Partizips steht. Vgl. hierzu auch Schmuck (2013, u. a. 122).

Ausgehend von dieser durch Transitivität und Situationstyp gesteuerten Auxiliarwahl haben sich im Deutschen anschließend regionalsprachlich und sprachhistorisch bedingte unterschiedliche Entwicklungen ergeben (vgl. u. a. Dal 1966, 123–128; Grønvik 1986, 40–45; Schrodt/Donhauser 2003, 2517; Gillmann 2016, 245–313).

3.3.1.5 Abschluss der Perfektgrammatikalisierung

Bis die Perfektgrammatikalisierung vollständig abgeschlossen war, dauerte es noch mehrere hundert Jahre. Erst ab 1130 finden sich *ist gewesen*-Belege. Grønvik (1986, 44–45) begründet die späte Bildung mit den syntaktischen Eigenschaften dieses Kopulaverbs sowie mit der besonders hohen Gebrauchsfrequenz der Präteritumform *was*. Dies konnte synchron bereits sowohl dialektgeographisch als auch korpuslinguistisch bestätigt werden (vgl. Kap. 2). Auch sieht Grønvik die regelwidrige Wahl des *sein*-Auxiliars bei diesem atelischen, intransitiven Verb der sekundären *sein*-Tendenz des Oberdeutschen geschuldet. „Als die neue Vergangenheitsform um 1130 endlich gebildet wurde, machte sich in der Sprache schon eine starke *sein*-Tendenz geltend."[262] (Grønvik 1986, 45) Bis auf wenige Ausnahmen hat die Perfektgrammatikalisierung in frühmittelhochdeutscher Zeit nach ca. 300 Jahren den Großteil der Verben erfasst. Ab 1300 und häufiger erst ab 1400 bildet auch das Verb *haben* Perfektformen (*hat gehabt*). Perfektbildungen der Modalverben sind erst ab Anfang des 16. Jahrhunderts belegt, wobei diese im Mittelhochdeutschen noch verschiedene Konkurrenzformen haben (vgl. Oubouzar 1974, 52, 57–58). Erst dann hat die Perfektgrammatikalisierung alle Verben des Deutschen erfasst und ist vollständig vollzogen.

3.3.1.6 Weitere Erklärungen

Eine sprachtheoretische Erklärung des Entstehungsprozesses der Perfektform hat Öhl (2009) erarbeitet, der formale und funktionale Erklärungsansätze für die Auxiliarisierung prüft. Dabei plädiert er für einen integrativen Ansatz und kombiniert formale-nativistische und performative-funktionale Konzepte, um den traditionell als graduell beschriebenen Sprachwandel zu erklären. Der erste Entwicklungsschritt sei nach Öhl im Althochdeutschen des 9. Jahrhunderts erfolgt, als das Vollverb *haben* zu einer Art Funktionsverb in komplexen Prädikaten reinterpretiert wurde (vgl. Öhl 2009, 289). Dadurch habe sich der grammatische Stellenwert von *haben* in Sätzen, in denen das „perfektive" Partizip

---

262 *Sein* als imperfektives, intransitives Verb gehört zu den Verben, die entsprechend der systematischen Entwicklung, wie sie von Grønvik (1986) beschrieben wurde, eigentlich mit einem *haben*-Perfekt hätten gebildet werden müssen.

zusammen mit einem direkten Objekt als Objektsprädikativkonstruktion verwendet wurde, verändert (vgl. Öhl 2009, 293). Begünstigt wurde das durch die zunehmende Flexionslosigkeit der prädikativ verwendeten Partizipien (vgl. Öhl 2009, 285). Öhl widerspricht damit der Erklärung von Grønvik und Szczepaniak sowie Fleischer/Schallert, die die Flexionslosigkeit als Folge und nicht als begünstigenden Faktor der Grammatikalisierung sehen (s. o.). Durch die Reinterpretation von *haben* als Funktionsverb sei das Partizip – so Öhl im Weiteren – als kongruenzloses Prädikativ und damit als „semantisches Bestimmungsglied" reanalysiert worden, wohingegen *haben* den „kategoriebestimmenden verbalen Kopf" gebildet habe (Öhl 2009, 291). „Die perfektive Semantik des PII bewirkte, dass komplexe Prädikate mit *haben* perfektisch interpretiert werden konnten [...]. Es gibt jedoch keine intransitiven oder ditransitiven Verben in solchen Konstruktionen [...]" (Öhl 2009, 293). Die darauffolgende Rekategorisierung (Erweiterung der Konstruktion auf den Gebrauch ohne Objekt und auf intransitive Verben) stelle dann einen abrupten Sprachwandel dar. Damit spricht sich Öhl (genau wie Eckardt 2012) gegen die Interpretation des Prozesses als rein graduellen, schrittweisen Vorgang aus, wie ihn z. B. auch Kuroda (1999, 117) beschreibt. Den abrupten Sprachwandel erklärt Öhl damit, dass auf der einen Seite der aspektuelle Gebrauch regularisiert und konventionalisiert worden sei und auf der anderen Seite Sprecher im Spracherwerb entsprechend der *Least Effort Theory* die neue, einfachere grammatische Entschlüsselung als analytische Flexionsform durchgeführt hätten, bei der das Partizip ein autonomes Prädikat gewesen sei, das mithilfe des Auxiliars flektierte (vgl. Öhl 2009, 291). Eine solche Reanalyse im Spracherwerb sei grundsätzlich abrupt, da sie eine Neuinterpretation der grammatischen Strukturen des Inputs sei. Die Systeminnovation bestehe darin, dass das Auxiliar nunmehr als Flexiv, als T-Element, rekategorisiert wurde (vgl. Öhl 2009, 295). Dieser Entwicklungsschritt sei um 1000 n. Chr. erfolgt. „Das *haben*-Perfekt ist also durch das Zusammenwirken von performanzbasiertem und parametrischem Wandel entstanden, oder, in Coserius Worten: durch mehrere Normwandel, die zu Systemwandel führten" (Öhl 2009, 295). Diese Interpretation ist gut vereinbar mit dem *Avoid Pragmatic Overload*-Ansatz von Eckardt (2012), der sich ebenfalls auf die innovative, unaufwändigere grammatische Entschlüsselung der ambigen Äußerungen bezieht. Allerdings muss hier angezweifelt werden, inwieweit sich der Faktor Spracherwerb als Motor der Reanalyse – besonders in historischen Daten – belegen lässt.

3.3.2 Die Entstehung des deutschen Perfekts im westeuropäischen Kontext

Viele westeuropäische Sprachen – darunter die germanischen, romanischen und slawischen Sprachen – haben Perfektkonstruktionen entwickelt. Bei den germanischen Sprachen divergieren die Perfektkonstruktionen formal hinsichtlich des Gebrauchs der Auxiliare 'haben' und 'sein' und des ge-Präfixes als Bestandteil des Perfektpartizips (vgl. Schmuck 2013). Auch in den romanischen Sprachen ist eine 'haben'/'sein'-Auxiliarvariation feststellbar. Die formale und funktionale Parallelität der westeuropäischen Perfektkonstruktionen lässt einen Zusammenhang in der Entstehung der Formen vermuten. Der Ursprung der periphrastischen Perfektkonstruktionen im Deutschen wurde in der Forschungsliteratur mehrfach auf die Sprachkontaktsituation mit den romanischen Sprachen (Latein als offizielle Schriftsprache, das Spätlatein der Merowingischen und Karolingischen Zeit) zurückgeführt.

Grønvik (1986, 66) vermutet die „Geburtsstätte unserer germanischen Perfektbildungen" „in dem romanischen Gallien und in dem germanischen Flandern und Brabant" – also in dem im 5. Jahrhundert entstehendem und in den Folgejahrhunderten expandierendem Fränkischen Reich. Dort kam es zu regem Sprachkontakt der romanischen und germanischen Volksgruppen, in dessen Folge das spätlateinische bzw. romanische *habere*-Perfekt von den germanischen Volksgruppen entlehnt worden sei. Die politische Führung der Franken in Westeuropa habe die schnelle Verbreitung auch im Nordseeraum ermöglicht (vgl. Grønvik 1986, 66). Dort könne eine frühere und weiter vorangeschrittene Perfektgrammatikalisierung belegt werden: „[S]chon die ältesten altsächsischen, altenglischen und altwestnordischen Quellen [enthalten] viele Belege für *haben*-Fügungen von intransitiven Verben" (Grønvik 1986, 62). Für das Althochdeutsche verzeichnet Grønvik viele sprachliche Besonderheiten, die es von den übrigen germanischen Sprachen unterscheide und zu einer „sprachlichen Sonderstellung" geführt habe (vgl. Grønvik 1986, 67–68). Diese Eigenschaften seien durch geographische und geschichtliche Lage bedingt gewesen. Die Alemannen und vor allem die Bayern hätten sich kulturell-politisch zunächst stark nach Süden orientiert und hätten wenig Kontakt zum Fränkischen Reich gehabt. Erst, als die Franken im 8. Jahrhundert zunächst die Alemannen und etwas später die Bayern unterwarfen, hätte der sprachliche Einfluss auf die oberdeutschen Dialekte zugenommen (vgl. Grønvik 1986, 68–70). Die Entstehung der Perfektformen im Althochdeutschen und ihre vergleichsweise späte Belegung ließe sich dann durch den verzögerten sprachlichen Einfluss aus nordwestlicher Richtung erklären. Diesen Einfluss versteht Grønvik als „Anstoß zu einer ähnlichen Verwendung der eigenen *haben*-Fügungen" (Grønvik 1986, 70), deren Weiterentwicklung eigengesetzlich verlaufen sei.

Auch im Szenario von Drinka (2013, 2017) spielt das Karolingische Reich eine wesentliche Rolle für die Entstehung der Perfektbildungen im Althochdeutschen. Drinka führt die Entstehung der Perfektbildungen in den westeuropäischen Sprachen auf das Altgriechische zurück, dessen Ausbildung von parallelen Perfektbildungen mit den beiden Hilfsverben *sein* und *haben* die spätere Ausbildung von vergleichbaren Strukturen im Lateinischen beeinflusst hätten. Latein war die offizielle Sprache der Eliten im Karolingischen Reich und überdachte die zahlreichen romanischen und germanischen Volkssprachen:

> The continued reliance on Latin as the written medium throughout this period also fostered a mutual acculturation among Romance-speaking and Germanic-speaking élites. In this environment of reciprocal acculturation, the periphrastic perfect also took hold in a number of Romance and non-Romance vernaculars of Europe, enhanced by a reliance on a Latin model [...]. (Drinka 2013, 614)

Das Ergebnis des regen Sprachkontakts der Volksgruppen im Karolingischen Reich bilde sich im *Charlemagne Sprachbund*[263] ab. Der durch Sprachkontakt angestoßene Sprachwandel habe zu einer Anzahl von „similar grammatical patterns" (Drinka 2013, 612) in benachbarten Sprachen geführt. Hinsichtlich der Perfektbildung unterscheidet Drinka diese in Sprachen der „peripheral area", der „core area" und der „nuclear area" (vgl. Drinka 2013, 600–601).[264] Sprachen der „peripheral area" haben weniger typische *haben*-Perfektbildungen und *haben* hat in diesen Sprachen in der Regel *sein* als Auxiliar verdrängt. Hierzu zählt Drinka Portugiesisch, Griechisch, Spanisch, Englisch und Schwedisch. Die „core area" umfasst Sprachen mit klarem *haben/sein*-Kontrast, nämlich Französisch, Italienisch, Deutsch, Niederländisch und Dänisch. Eine Teilmenge der Sprachen (und Dialekte) der „core area" bezeichnet Drinka als „nuclear area". Die Perfektbildungen dieser Sprachen bzw. Dialekte haben einen semantischen Wandel („semantic shift") von *anterior* zu *past* bzw. *perfective* erfahren, also eine semantische Perfektexpansion vollzogen. Diese führt Drinka (2013, 600, 638) auf eine zweite, spätere Beeinflussung der Pariser Sprache des 12. Jahrhunderts auf die „core area" zurück. Zu dieser Region zählt Drinka Französisch, Süddeutsch und Norditalienisch, eben jene Sprachen, für die wir synchron Präteritumschwund feststellen können. Damit stellt Drinka die Arealität – also die geographisch benachbarte Lage – und den dadurch vermuteten regen Sprachkontakt in den Zusammenhang mit der Ausbreitung von sprachlichen Merkmalen (durch Lehnbildung). Die areale Ausbreitung („areal spread") durch Sprachkontakt wird zum Erklärungsrahmen sowohl für die Entstehung des Perfekts als auch für die Perfektexpansion, die wiederum den Präteritumschwund verursacht habe.

---

263 = Karolingisches Reich. Der Begriff *Charlemagne Sprachbund* wurde von van der Auwera (1998) geprägt.
264 Vgl. hierzu die Karten 1 und 8 in Drinka (2013, 601, 636), die eine Bearbeitung der WALS-Karte zum *haben*-Perfekts zeigt und einen Vergleich mit dem Karolingischen Reich erlaubt.

Die Sprachkontaktthese wurde mehrfach und auch schon früh von verschiedenen Autoren vorgebracht (vgl. Meillet [1921] 1970 [zitiert nach Drinka 2013]; Brinkmann 1931; Lockwood 1968; Banniard 2004). Dabei wird die Rolle des lateinischen schriftsprachlichen Einflusses unterschiedlich bewertet. Ungeklärt ist, ob die Beeinflussung vorrangig über die Sprache der Eliten (z. B. Brinkmann, Drinka) oder durch Sprachkontakt im Volk (z. B. Grønvik) stattgefunden haben konnte.

Entgegen der Sprachkontaktthese wird die autonome Entwicklung in den germanischen Sprachen, die unabhängig von lateinischem oder romanischem Einfluss passierte, als möglich erachtet. Öhl (2009, 266) erklärt „die Entstehung dieser Konstruktion im Germanischen und Romanischen durch zwar zeitversetzte, aber konvergente Grammatikalisierungs- und Reanalyseprozesse" und spricht sich gegen eine Erklärung durch syntaktische Entlehnung aus dem Mittellatein aus. Ein Argument besteht für Öhl darin, dass in Dichtungen wie dem *Heliand*, die keine lateinische Vorlage kennen, bereits Perfektformen verwendet werden: „Da es sich um freie Dichtung handelt, muss also das Altsächsisch, in dem er [der *Heliand*; HF] verfasst wurde, in der vorliegenden Form bereits existiert haben, als begonnen wurde, lateinische Texte zu rezipieren." (Öhl 2009, 275). Da Sachsen zur vermuteten Entstehungszeit des *Heliand* jedoch bereits Teil des Fränkischen Reichs war, kann das Sprachkontaktszenario nicht ausgeschlossen werden. Es bleibt jedoch die Frage, wie lang und intensiv ein solcher Austausch gewesen sein müsste, um die syntaktische Entlehnung des Perfekts zu erlauben. Thomason/Kaufman (1988) sehen für syntaktische Entlehnungen einen sehr starken kulturellen Druck als notwendig und positionieren diese auf der letzten, fünften Stufe ihrer Entlehnungsskala (*borrowing hierarchy*) (vgl. Thomason 2001, 70–71; Riehl 2009, 35). Auch Friedman (2012) sieht eine intensive Mehrsprachigkeit als Vorrausetzung für einen solchen, sprachkontaktinduzierten Sprachwandel.

Für eine unabhängige Perfektentwicklung in den germanischen Sprachen spricht sich auch Benveniste ([1966] 1974) aus. Ebert (1978) führt das Argument an, dass auch das Isländische, dem kein romanischer Sprachkontakt unterstellt werden kann, ein *haben*-Perfekt entwickelt habe. Eine autonome Entwicklung ist demnach auch für andere germanische Sprachen denkbar. Heine/Kuteva (2006) halten ein Zusammenspiel von externen (Einfluss durch das romanische Vorbild) und internen Faktoren (eine eigenständige Entwicklung) für möglich. Traugott (1972) weist eine Erklärung durch Entlehnung zurück, sieht jedoch die Möglichkeit, dass die lateinische Perfektform die autonome germanische Konstruktion verstärkt haben könne.

Die Diskussion um die Entstehung der Perfektformen in den westeuropäischen, besonders in den germanischen Sprachen zeigt, dass verschiedene Szenarien möglich sind. Die mangelhafte Beleglage der schriftlichen Zeugnisse als auch unser geringes Wissen über die mündlichen Kommunikations- und Sprachkontaktsituationen dieser Zeit machen es uns heute unmöglich, über Vermutungen hinauszukommen. Die Tatsache, dass das 'haben'/'sein'-Perfekt – das im weltweiten kontrastiven Sprachvergleich eher eine Rarität ist – in den westeuropäischen Sprachen benachbarter, kulturell stark verwobener Länder so häufig vorkommt und viele formale und funktionale Parallelen aufweist, in gar keinen Zusammenhang stehen soll, scheint dahingegen sehr unwahrscheinlich.

Für die Erklärung des Präteritumschwunds ist die Tatsache wichtig, dass alle germanischen Sprachen Perfektkonstruktionen entwickelt haben. Diese Entwicklungen haben zwar parallel stattgefunden, müssen hinsichtlich ihres Beginns und ihrer Geschwindigkeit jedoch differenziert werden. Im Althochdeutschen hatte die Perfektgrammatikalisierung erst vergleichbar spät eingesetzt und sich dann über mehrere Jahrhunderte erstreckt. Bevor alle Verben Perfekt bilden konnten, begann bereits die Perfektexpansion, die nahtlos an die Perfektgrammatikalisierung anschloss. Dahingegen setzte die Perfektgrammatikalisierung im Altsächsischen früher ein und erfolgte schneller. Eine Perfektexpansion ist dagegen im norddeutschen Sprachraum erst spät feststellbar (vgl. Kap. 3.2.1.3 „Tempus-Aspekt-System im Mittelhochdeutschen und Mittelniederdeutschen").

3.3.3 Zusammenfassung – Entstehung des Perfekts

In diesem Kapitel wurde die Grammatikalisierung der Perfektformen im Deutschen beschrieben. Es wurde der Ausgangspunkt der Entwicklung benannt und verschiedene Etappen und Aspekte des Prozesses – semantische und syntaktische Reanalyse, analogische Ausweitung der Konstruktion, Auxiliarwahl, Abschluss – erörtert. Im Anschluss wurden verschiedene Erklärungen des Prozesses diskutiert. Folgende Erkenntnisse können zusammengefasst werden:
1. Die Entstehung des Perfekts kann als Grammatikalisierungsprozess beschrieben werden, bei dem die Spenderlexeme *habēn/eigan* und *sīn/ uuesan* sich zu grammatischeren Zeichen entwickeln. Dieser Grammatikalisierungsprozess ist kein Einzelfall, sondern verläuft entlang eines universellen Grammatikalisierungspfads.
2. Die semantischen und syntaktischen Reanalyseprozesse, die den Sprachwandel ausgelöst und vorangebracht haben, lassen sich anhand der Konzepte der Grammatikalisierungsforschung beschreiben. Es konnten jedoch auch andere theoretische Ansätze zur Beschreibung der Mechanismen geltend gemacht werden.

3. Die Ausdehnung des Grammatikalisierungsprozesses vom Brückenkontext auf alle weiteren Verben verläuft entlang einer Telizitätsskala, auf der sich auch die Skala der Affinität der Situationstypen zum retrospektiven Blickwinkel widerspiegelt. Gleichzeitig verläuft die Entwicklung entlang einer Transitivitätsskala. Beide Skalen finden sich in der Phaseneinteilung von Grønvik wieder. Um 1000 n. Chr. hat die Grammatikalisierung alle Situationstypen erfasst, aber erst nach und nach können Perfektbelege aller Verben nachgewiesen werden. Ab dem 12. Jahrhundert sind Perfektbildungen mit dem Vollverb *sein* belegt, ab dem 13. Jahrhundert mit dem Vollverb *haben*. Erst im 16. Jahrhundert lassen sich auch Perfektformen der Modalverben finden, womit die Perfektgrammatikalisierung einen Abschluss findet.
4. Die Perfektentstehungen im Althochdeutschen und im Altsächsischen lassen sich sowohl als autonome Entwicklung als auch als sprachkontaktinduzierte Entwicklung vorstellen. Wahrscheinlich ist ein Zusammenwirken von beidem.
5. Sprachvergleichend lassen sich Unterschiede zwischen den Perfektgrammatikalisierungen des süddeutschen und norddeutschen Sprachraums feststellen. Die norddeutsche Entwicklung setzte früher ein als die althochdeutsche Perfektgrammatikalisierung. Während im norddeutschen System die Perfektform jedoch über Jahrhunderte semantisch stabil bleibt, schließt sich im hochdeutschen Sprachraum ab mittelhochdeutscher Zeit eine semantisch-funktionale Expansion an die Perfektgrammatikalisierung an.

3.4 Prozess II: Expansion des Perfekts

Die Expansion des Perfekts ist der zweite Teil des Grammatikalisierungspfads, wie er bei Bybee/Dahl (1989) und Bybee/Perkins/Pagliuca (1994) beschrieben wurde. Eine solche semantisch-funktionale Expansion wurde in Kapitel 2.1 („Präteritumschwund kontrastiv") und in Kapitel 3.2.3.1 („Grammatikalisierung") bereits als übereinzelsprachlicher Prozess beschrieben, der in den westeuropäischen Sprachen areal zusammenhängend auftritt (vgl. die Karten in Thieroff 2000, 285, Map 3 und Dahl/Velupillai 2013, Map 68.1). Für das Deutsche haben die Auswertungen der historischen Korpora in den Studien von Solms, Lindgren, Oubouzar und Sapp gezeigt, dass die Perfektformen diachron in ihrer Tokenfrequenz zunehmen, aber auch in ihrer Funktion expandieren (vgl. Kap. 2.4 „Historische Dokumentation des Präteritumschwunds"). Zunächst liegt das daran, dass die Perfektgrammatikalisierung nach und nach alle Verben erfasst. Ab mittelhochdeutscher Zeit schließt sich dann ein semantischer

Wandel, eine Bedeutungserweiterung, an. Die Perfektformen können in immer mehr Kontexten verwendet werden. Dadurch steigt ihre Tokenfrequenz weiter. Der vollzogene Bedeutungswandel wird im Vergleich des mittelhochdeutschen und neuhochdeutschen Tempus-Aspekt-Systems sichtbar. Während sich die Perfektbedeutung im Mittelhochdeutschen auf den Ausdruck von resultativer Gegenwart beschränkt, steht das Perfekt im Neuhochdeutschen (besonders in der mündlichen Kommunikation) auch für perfektive und imperfektive Vergangenheitsbedeutungen.[265]

Der Expansionsprozess setzt im Mittelhochdeutschen im Zuge der Perfektgrammatikalisierung ein. Die Perfektbedeutung beginnt sich ab dem Moment zu verändern, an dem die Perfektkonstruktion auch mit atelischen (nichtgrenzbezogenen) Verben gebildet werden kann. Da diese keinen lexikalisch inhärenten Nachzustand implizieren, ist eine resultative Perfektlesart blockiert und die Verbalsituation selbst gerät in den Fokus. Hier fängt der semantische Expansionsprozess an. Doch: Wie genau vollzieht sich diese Verlagerung des zeitlichen Bezugs der Perfektkonstruktion von der Gegenwart auf die Vergangenheit? Wie lässt sich dieser Prozess modellieren und für eine empirische Untersuchung operationalisieren? Wie sieht der Übergangsbereich zwischen retrospektiver Gegenwartsbedeutung und perfektiver Vergangenheitsbedeutung aus? Woran lässt sich in Sprachen ohne Perfektexpansion eine semantische Opposition zwischen Perfekt- und Präteritumformen festmachen? Welche Rolle spielt die Perfektexpansion für das Tempus-Aspekt-System des Deutschen?

Diese Fragen können bereits anhand einschlägiger Studien zum Französischen, Englischen, Schwedischen, Niederländischen und Deutschen beantwortet werden. Der Sprachenvergleich erleichtert dabei den Zugang zu dem semantischen Übergangsbereich, da die Form-Bedeutungs-Differenzen semantische „Grenzmarken" auf dem übereinzelsprachlichen Grammatikalisierungspfad markieren, die von muttersprachlichen Sprechern des Deutschen schwer wahrzunehmen sind.

Dieses Kapitel hat mehrere Ziele: Zum einen gilt es, die Perfektexpansion als historischen Prozess zu skizzieren und theoretisch zu modellieren. Die historische Darstellung dient zugleich als Argumentationsgrundlage für die Diskussion um die Ursache des Präteritumschwunds. Die in den Studien herangezogenen Analysekonzepte können zum anderen für eine Modellierung des Expansionsprozesses fruchtbar gemacht werden. Erst eine solche Modellierung liefert die Grundlage für eine Operationalisierung, die wiederum die notwendige Basis für die semantisch-funktionale Analyse von Präteritum- und Perfekt-

---

265 Vgl. Kap. 3.1.3 („Das nhd. Tempus-Aspekt-System") und Kap. 3.2.1.5 („Übersicht: Formen und ihre Bedeutungen in den hist. Sprachstufen d. Dt.").

belegen darstellt. Eine Operationalisierung muss semantische Einheiten in dem Kontinuum zwischen der Perfektbedeutung und der Präteritumbedeutung der Perfektform abgrenzen können und die Bedeutungseinheiten so konstituieren, dass folgende, weitere Bedingungen erfüllt sind:
1. Die Einheiten des Kontinuums sollen den historischen Expansionsprozess widerspiegeln. (D. h., sie müssen diachron – in Form einer Implikationsskala – gelten: Um eine „spätere" Bedeutung ausdrücken zu können, muss erst die „frühere" ausgedrückt werden können.)
2. Die Einheiten des Kontinuums sollen den Grad an Grammatikalisierung ausdrücken und dadurch einen synchronen Vergleich ermöglichen. (Je mehr semantische Einheiten der Skala eine Form ausdrücken kann, desto stärker ist sie grammatikalisiert. In verschiedenen Sprachen oder Varietäten kann die Grammatikalisierung unterschiedlich weit durchgeführt worden sein.)
3. Die Einheiten des Kontinuums müssen durch konkrete Kriterien so definiert werden, dass für eine verwendete Form die jeweilige Bedeutungseinheit ermittelt werden kann (z. B. in einer Korpusstudie).

3.4.1 Perfekt als skalare Größe: Der Faktor ‚Gegenwartsrelevanz' bei Waugh (1987)

Eine explizite Modellierung des Perfektexpansionsprozesses findet sich bei Waugh (1987) für die französische Perfektform *passé composé*, die vergleichbar mit der deutschen Perfektform semantisch expandiert hat und dadurch dabei ist, eine synthetische Vergangenheitsform, das *passé simple*, zu verdrängen. Im Gegensatz zum Deutschen verfügt das Französische neben dem perfektiven *passé simple* (dessen Funktion vom *passé composé* übernommen wird) auch über ein stabiles imperfektives Vergangenheitstempus, das *imparfait*. Der Grammatikalisierungspfad führt im Französischen von einem *anterior* zu einem *perfective past* und nicht zu einem *general past* (vgl. Bybee/Perkins/Pagliuca 1994). Das zentrale Konzept in Waughs Modellierung ist die Fokusverlagerung vom Sprechzeitpunkt hin zur Ereigniszeit als *semantic shift*. Die Fokusverlagerung wird durch unterschiedlich starke bzw. schwache Konzeptionen des *aftermath* – des Nachzustands der Verbalsituation – hervorgerufen. Da es sich im Deutschen und Französischen um verwandte Prozesse handelt, ist eine Übertragung von Waughs Konzept auf das Deutsche grundsätzlich unproblematisch (vgl. Dentler 1997, Andersson 1989, 47, Fn. 5).

Waughs Modellierung wird anhand der Lesarten von synchronen Belegen entwickelt. Sie soll jedoch gleichzeitig für den diachronen Expansionsprozess als auch für das synchron bestehende Spektrum an Lesarten des *passé compo-*

sé gelten. Waugh versteht dabei das *passé composé* des Gegenwartsfranzösischen, das in der französischen Forschung als „temps à deux visages" (Waugh 1987, 3) gehandelt wird, nicht als binäre Größe mit zwei Bedeutungen, sondern als eine skalare Größe, die ein Kontinuum an unterschiedlichen Lesarten der gleichen temporalsemantischen Grundbedeutung ermöglicht: „PC [*passé composé*; HF] is a unitary, scalar category" (Waugh 1987, 34) mit einer durchgehenden Grundbedeutung („general meaning", Waugh 1987, 35). Diese ist allen Lesarten des Kontinuums gleich und wird durch den Kontext variiert. Dadurch zeigt sich das *passé composé* als dynamische Größe mit einer hohen „contextsensitivity in general" (Waugh 1987, 35). So kann die gleiche *passé-composé*-Form *j'ai mangé* je nach Kontext sowohl retrospektive Gegenwartsbedeutung (vgl. 1) als auch perfektive Vergangenheitbedeutung (vgl. 2) ausdrücken:

(1) *Je ne mange pas maitenant, parce que j'ai déjà* **mangé**. *Je n'ai plus faim maintenant.*
'Ich esse jetzt nicht, weil ich schon gegessen habe. Ich habe jetzt keinen Hunger.'

(2) *J'ai assez* **mangé** *hier.*
'Ich habe gestern genug gegessen.'

Die Endpunkte der Skala benennt Waugh mit „PC-1" (*passé composé* 1), dem „perfect use" des *passé composé*, und „PC-2" (*passé composé* 2), dem „preterit use" der Form.[266] Diese ließen sich kompositionell aus einer jeweils spezifischen Konstellation mehrerer temporaler Elemente beschreiben: „the deictic zero point, the time of the auxiliary, the time of the participle and the time of focus" (Waugh 1987, 47) sowie der *Referenzzeit*.

Die Bedeutung von PC-1 („perfect use") beschreibt Waugh als Komposition folgender Elemente: „focus on the aftermath of an event which was complete by that moment and took place at some time anterior to it." (Waugh 1987, 4) Diese Definition entspricht dem typischen Verständnis der retrospektiven Gegenwartsbedeutung (vgl. Kap. 3.1.1.2 „Aspektualität"). Für die weitere Modellierung sind folgende Aspekte wichtig: Der Fokus liegt auf dem *aftermath* und macht das PC-1 zu einen Gegenwartsausdruck: „The time of the aftermath is the present moment" (Waugh 1987, 5). Das Ereignis selbst liegt beim PC-1 vorzeitig zum gegenwärtigen *aftermath*. „The exact location in time [...] of the

---

266 Der Terminus „preterit use" für die hier gemeinte Bedeutung ist irreführend, da das *passé composé* nicht die Bedeutung eines germanischen Präteritums annimmt, sondern die des *passé simple* – des perfektiven Mitspielers des imperfektiven Vergangenheitstempus *imparfait*.

event itself" (Waugh 1987, 5) wird nicht fokussiert („defocused"), ist irrelevant oder sogar unbekannt. Das Ereignis wird als vorzeitig, jedoch nicht als losgelöst vom Zeitpunkt des *aftermath*, der grammatisch durch das Auxiliar ausgedrückt wird (= „auxiliary time"), verstanden. Die zeitliche Verortung findet nicht über einen Bezug zur Vergangenheit, sondern über ein Vorzeitigkeitsverhältnis zum Zeitpunkt des *aftermath* statt. Der Blick auf das Ereignis ist „retrospective in nature" (Waugh 1987, 6). Durch seine vorzeitige Perspektivierung, die grammatisch durch das Partizip geleistet wird, erhält das Ereignis auch eine aspektuelle Qualität. Es wird als abgeschlossen („complete", perfektiv) wahrgenommen: „The event is presented as a dimensionalized or global whole, a figure, and is characteristic also of PS [*passé simple*; HF]" (Waugh 1987, 4).

Der ungenaue, oft problematisierte Begriff des *aftermath* umfasst nach Waugh „a variety of different notions" (Waugh 1987, 5): „a present state which comes out of the past event, present results or consequences of the past event, present relevance of the experience of the past event, and so forth" (Waugh 1987, 5). Die Faktoren, die für die Bedeutung des *aftermath* eine Rolle spielen, sind u. a. „the lexical meaning of the verb" (wozu auch der Situationstyp zählt), „other material in the clause, and extensive discourse and pragmatic considerations" (Waugh 1987, 5). Diese wenig konkret formulierten Faktoren führten dazu, dass die Bedeutung des *aftermath* graduell variieren könne: von der sehr konkreten und objektiven Bedeutung eines „present states", eines resultativen Nachzustandes (den Waugh als „strong notion" bezeichnet), hin zu der weniger gegenständlichen, sehr subjektiven Bedeutung der Gegenwartsrelevanz, der *current relevance* (die Waugh als „weak notion" versteht) (vgl. Waugh 1987, 5).[267]

Durch die Abstufungen in dem Verständnis des *aftermath* als stärkere bzw. schwächere Konzeptionen könne es zu einer Fokusveränderung kommen, zu einem „shift of focus from the (posterior) aftermath to the (anterior) event which produced it" (Waugh 1987, 19). Der Fokus verlagere sich vom Auxiliar auf das Partizip. Es komme zu einem „switch from incompleteness of the aftermath to completeness of the event" (Waugh 1987, 20). Je schwächer das Konzept der *Gegenwartsrelevanz* sei, desto stärker wird das Konzept der Vorzeitigkeit „the weakening to current relevance is accompanied by the strengthening of anteriority" (Waugh 1987, 20). Der Fokus wird von der Gegenwart in die Vergangenheit verschoben: „the relation between FocT and present gets weaker, that between FocT and past gets stronger" (Waugh 1987, 20). Den anderen

---

[267] Vgl. auch: „[The] focus on the present is itself a graded notion, going from strong current state to various weaker and subjectively graded types of current relevance" (Waugh 1987, 26). Das Konzept der Gradualität ist nicht unumstritten. Gegen graduelle Modellierungen von semantischem Sprachwandel spricht sich Eckardt (2012) aus.

Endpunkt der Skala bildet das PC-2, das *passé composé* mit perfektiver Vergangenheitsbedeutung: „PC-2 – its preterit use – gives an event which is complete and past [...]. Thus, the focus is on the past moment (the event itself), not on the present" (Waugh 1987, 6).[268]

Bei der Fokusverschiebung kommt es zu Übergangsbedeutungen („transitional uses"), bei denen der Fokus geteilt sein kann und sowohl auf dem *aftermath* als auch auf dem Ereignis liegt. Als Beispiel für eine solche brückenbildende Verwendung nennt Waugh die Kontinuitäts-Lesart des Perfekts, bei der ein Ereignis in der Vergangenheit beginnt und bis zum Referenzzeitpunkt anhält (vgl. Waugh 1987, 28). Diese Fokusverschiebung mit ihren Hauptlesarten an den Skalenenden und den dazwischen liegenden „transitional uses" sei unter Beibehaltung aller Lesarten historisch erfolgt und bestehe synchron als Lesartenspektrum des französischen *passé composé*. In der folgenden Abbildung wird die Skala mit ihren Eigenschaften zusammengefasst (Zusammenfassung der Diagramme XIV und XV bei Waugh 1987, 26, 27):

THE PASSÉ COMPOSÉ CONTINUUM	
◄ PC-1: Perfect Transitional uses	PC-2 :Preterit ►
◄— State —— Current relevance —►	
Deictic reference to the present	Deictic reference to the past
Part of the present sub-system	Part of the past sub-system
Past as part of present	Past as separate from present
More focus on the auxiliary	More focus on the participle
More focus on the aftermath	More focus on the event
Less focus on the participle	Less focus on the auxiliary
More static	Less static
More retrospective	Less retrospective
More iconic[269]	Less iconic
Older	Newer

Abb. 33: Das *passé composé*-Kontinuum bei Waugh (1987, 26–27).

---

[268] Diese kann diagrammatisch kompositionell oder einfach dargestellt werden. Waugh analysiert die Bedeutungen der französischen Tempusformen in sogenannten „diagrammatic representations" (Waugh 1987, 9–23). Sie unterscheidet zwischen einem „compound PC2" und einem „simple PC2" (vgl. Waugh 1987, 19–21). Das PC2(simp) kann als „a true preterit with no ties to the present" (Waugh 1987, 27) verstanden werden, lässt sich jedoch auch aus der kompositionellen Definition von PC2(comp) herleiten, vgl. Waugh (1987, 27). Diese Unterscheidung kann hier vernachlässigt werden.

[269] Waugh fasst mit Ikonizität das Verhältnis von Form und Inhalt. Da es beim PC-1 möglich ist, die Bedeutung durch die formalen Teilelemente zu erklären und zuzuordnen, ist es ikoni-

Waughs Beitrag verdanken wir eine temporalsemantische Modellierung des Perfekts als Kontinuum zwischen einer „ursprünglichen" Perfektbedeutung und einer präteritalen Bedeutung als zwei Endpunkte einer Skala, die diachron entstanden ist und synchron besteht. Diese Skala läuft parallel zu der Affinitätsskala der Situationstypen zum retrospektiven Blickwinkel (vgl. Kap. 3.1.1.2 „Aspektualität"). Waugh beschreibt, wie je nach Situationstyp und Kontext aus einer Nachzustandsbedeutung eine Gegenwartsrelevanzbedeutung werden kann. Diese Bedeutungserweiterung kann wiederum den Mechanismen konversationelle Implikatur und dadurch ermöglichte semantische Reanalyse zugeschrieben werden. Auf diese Mechanismen nimmt Waugh als „extensive discourse and pragmatic considerations" Bezug, sie beschreibt sie jedoch nicht im Einzelnen. Mit der Bedeutungserweiterung verschiebt sich auch die temporale Verortung der ausgedrückten Verbalsituation. Waughs Modell illustriert die Skala der Lesarten anschaulich, eine Operationalisierung der *transitional uses* – der Zwischenbedeutungen – bleibt jedoch aus.

3.4.2 Zeitreferentielle Opposition mit Grauzone: Temporale Verankerungen bei Elsness (1997)

Im Gegensatz zu Waughs Modell, das die Stärke der Fokussierung auf das *aftermath* zum hauptsächlichen Beschreibungskriterium für die Bedeutungsskala zwischen „perfektischer" und „präteritaler" Verwendungen im Französischen macht, schlägt Elsness (1997) in seiner umfangreichen Studie zum englischen Perfekt und Präteritum ein rein zeitreferentielles Modell vor. Entscheidendes Kriterium seiner Modellierung ist die temporale Lokalisation einer Verbalsituation mittels sogenannter Anker („anchors"). Mithilfe dieses Kriteriums beschreibt Elsness eine semantische Opposition zwischen den englischen Perfekt- und Präteritumformen. Diese Grundunterscheidung ermittelt er anhand typischer Verwendungen sowie einer umfangreichen Korpusstudie zum zeitgenössischen britischen und amerikanischen Englisch und eines Bewertungstests. Demnach unterscheiden sich das *simple past* (= *preterite*) und das *present perfect* wie folgt:

> [T]he preterite is typically used in references to situations which are somehow attached to a past-time anchor, the present perfect in references to situations not attached to any such anchor and to situations which extend up to the deictic zero-point or at least are not clearly separate from that point, i.e. to situations located within a temporal range which extends up to zero. (Elsness 1997, 77)

---

scher als PC-2, das semantisch weniger kompositionell ist und bei dem die Bedeutung auch nicht auf formale Teile verteilbar ist.

3.4 Prozess II: Expansion des Perfekts — 271

Anhand eines rein zeitreferentiellen Kriteriums definiert Elsness eine klare Opposition zwischen der Bedeutung des Perfekts und der des Präteritums: das Vorhandensein eines „past time anchors", der eine temporale Verankerung der Verbalsituation in der Vergangenheit gewährt, entscheidet über die Formenverwendung. Der *Anker* kann wiederum sehr unterschiedlich ausgedrückt werden. Es kann sich um temporale Adverbiale, andere Ausdrücke oder den sprachlichen Kontext handeln, die eine zeitliche Verankerung erlauben. Die Verankerung in der Vergangenheit führt dazu, dass eine Verbalsituation als „wholly in the past" und vom deiktischen Nullpunkt (Sprechzeitpunkt) abgelöst gesehen wird. Ist eine klare zeitliche Verankerung der Verbalsituation in der Vergangenheit gegeben, ist die Verwendung der Präteritumform im Englischen obligatorisch und die Verwendung der Perfektform ungrammatisch.

Es kann auch sein, dass die Information zur temporalen Lokalisation der Verbalsituation implizit aus dem weiteren sprachlichen Kontext, dem außersprachlichen situativen Kontext oder dem gemeinsamen Weltwissen der Kommunikationspartner erschlossen werden müssen und die Zeitreferenz nicht genauer bestimmt ist (vgl. Elsness 1997, 7). Die Verankerung kann demnach mehr oder weniger definit und offensichtlich sein. Daher sind in Kontexten, in denen die Verankerung implizit oder indefinit ist, beide Formen möglich und verändern die Lesart nur geringfügig. Das lässt einen semantischen Übergangsbereich entstehen, eine Grauzone (*grey area*):

> [T]here is a considerable grey area where the time referred to is located wholly in the past but where there is no obvious anchor which forces the choice of verb form. In such cases the present perfect is more likely to be selected if the past-time reference carries clear connotation of current relevance. On the other hand, the preterite is the norm if the reference is to unique past time. (Elsness 1997, 355–356)

Die zeitreferentielle Bestimmung der Bedeutungsbereiche der englischen Formen lässt sich demnach wie folgt zusammenfassen.

Tab. 54: Überblick über das zeitreferentielle Modell bei Elsness (1997) (eigene Darstellung).

Bedeutung	„perfektische" Bedeutung	*grey area*	„präteritale" Bedeutung
temporale Lokalisation der Verbalsituation	time-up-to-zero	wholly in the past	
Anker	no past-time anchor	no obvious anchor	past-time anchor
Form	present perfect	present perfect / preterite	preterite

Folgende Beispiele illustrieren die Bedeutungsbereiche nach Elsness:

(3) „perfektische" Bedeutung:
Now John **has repaid** *all his debts.* (Elsness 1997, 23)

(4) *„grey area"*-Bedeutung:
Yes, John is here. I **have** *just* **seen** *him. / Yes, John is here. I just* **saw** *him.*
(Elsness 1997, 217)

(5) „präteritale" Bedeutung:
John **was** *drunk in 1995.* (Elsness 1997, 27)

Für das zeitgenössische Englisch kann Elsness klare Verwendungsregeln formulieren. Es verfügt über eine deutliche semantische Opposition der beiden Formen, die nur über einen schmalen Übergangsbereich verbunden sind. Das entscheidende Kriterium der Opposition ist die temporale Abgrenzung der Verbalsituation vom deiktischen Nullpunkt. Nur, wenn diese Abgrenzung nicht klar vorgenommen wird, ist Variation in der Formenwahl möglich. Allerdings gewinnen in diesen Fällen andere Faktoren, v. a. die Gegenwartsrelevanz, an Geltung und entscheiden über die Formenwahl. Damit ist die Gegenwartsrelevanz als Faktor für die Formenwahl der zeitreferentiellen Verankerung im Englischen nachgeordnet und kann nicht als grundlegendes Bedeutungsmerkmal von Perfektformen verstanden werden (vgl. Elsness 1997, 233).

Unterschiede in der Formenverwendung ermittelt Elsness auch für das britische und amerikanische Englisch. Der Übergangsbereich (*grey area*) entsteht häufig bei Adverbien, die sowohl mit dem Präteritum als auch mit dem Perfekt verwendet werden können und die auf eine vage und unbestimmte jüngste Vergangenheit, die nicht klar vom deiktischen Nullpunkt abgegrenzt ist, referieren (z. B. *just, recently*; vgl. Elsness 1997, 231). Besonders in diesen Fällen, aber auch insgesamt neigt das amerikanische Englisch zu einer stärkeren Präteritumverwendung, während das britische Englisch eine stärkere Perfektverwendung aufweist (vgl. Elsness 1997, 233).

Die geschilderte Opposition hat sich historisch erst in den letzten Jahrhunderten etabliert. Anhand einer Auswertung diachroner Korpora zeigt Elsness, dass die Perfektformen im Englischen seit altenglischer Zeit bis ins 18. Jahrhundert kontinuierlich in ihrer Frequenz angestiegen waren (vgl. Elsness 1997, 270, Fig. 4.1 und 4.2). Die Perfektformen bedienten zunehmend auch Kontexte, die eine temporale Verortung „time wholly in the past" erlaubten – auch in Fällen, in denen eine definite Verankerung gegeben war (vgl. Elsness 1997, 288, Fig. 6.6). Gleichzeitig sank der Anteil der Präteritumformen in Kontexten mit der temporalen Referenz „time not clearly separate from zero" kontinuierlich seit dem Altenglischen (vgl. Elsness 1997, 288, Fig. 4.7).[270] Anschließend – hin zum zeitgenössischen Englisch – ist wiederum eine Abnahme der Gesamthäufigkeit und auch der Häufigkeit in Kontexten „time wholly in the past" der Perfektformen zu verzeichnen. Auf eine „time not clearly separate from zero" zu referieren wird zur wichtigsten Funktion des Perfekts und zunehmend zum entscheidenden Kriterium für seine Verwendung. Die Perfektexpansion, die sich sowohl semantisch als auch formal vollzogen hatte, wurde seit dem 18. Jahrhundert nicht nur gestoppt, sondern auch rückgängig gemacht – im amerikanischen Englisch stärker als im britischen Englisch.[271] Im Gegensatz zum Französischen und Deutschen wurde im Englischen ein klarer, zeitreferentiell definierbarer Bedeutungsbereich für die Perfektform restituiert. Das englische Perfekt zeigt sich daher heute im Vergleich mit den anderen germanischen Perfektformen hinsichtlich seiner semantischen Expansion als konservativste, restriktivste Form.

Im Deutschen hat sich keine solche zeitreferentielle Opposition etabliert. Das Perfekt wurde nicht nur auf Kontexte ausgeweitet, deren temporale Lokalisation unklar ist, sondern auch auf Äußerungen, die eine klare Referenz auf einen Zeitpunkt in der definiten Vergangenheit ausdrücken. Bei der Frage, in welchen Schritten die semantische Expansion vollzogen wurde, ist Elsness' zeitreferentielles Beschreibungsmodell dienlich. Die temporale Bestimmung der Anker und ihre Qualität (definit, indefinit) sind operationalisierbare Größen, die Elsness in seinen Korpusanalysen erfolgreich anwendet. Sie finden auch Eingang in Dentlers Operationalisierung.

3.4.3 Semantische und funktionale Perfektexpansion im Deutschen: Dentler (1997/1998)

Eine solche Operationalisierung finden wir bei Dentler (1997, 1998), die das Konzept der Fokusverlagerung von Waugh und das Konzept der Verankerung

---

270 Wobei wieder ein leichter Anstieg der Präteritumformen im zeitgenössischen amerikanischen Englisch zu verzeichnen ist, was auf die steigende Bedeutung des Präteritums hinweist (vgl. Elsness 1997, 288, Fig. 4.7).
271 Elsness begründet diese Entwicklung mit „language specific conditioning factors", die sich vor allem auf die formale Angleichung der beiden Formen und die dadurch abnehmende Unterscheidbarkeit beziehen (vgl. Elsness 1997, 359). Der formale Zusammenfall könnte, so Elsness, langfristig zur Aufgabe der semantischen Opposition und zu einem Verlust des Perfekts führen. Inwieweit hier wirklich Formwandel auf das Tempus-Aspekt-System des Englischen einwirkt, kann an dieser Stelle nicht weiter diskutiert werden.

von Elsness übernimmt und auf die historische Entwicklung des deutschen Perfekts überträgt. Dentlers Ansatz geht über eine rein zeitreferentielle Bestimmung hinaus und erweitert diese durch Bestimmung von pragmatischen, textuellen und thematischen Kriterien zu einer eigenen Modellierung. Operationalisiert wird diese in Form von fünf Funktionsbereichen, die jeweils komplex aus einem Set an Eigenschaften bestimmt werden und als fünf verschiedene „Kontexteinbettungen der Satzäußerung" zu verstehen sind.

Die Funktionsbereiche lassen sich wie bei Waugh entlang einer Skala anordnen. Dabei befindet sich an dem einen Pol des Kontinuums die ursprüngliche, historisch ältere Bedeutung der Perfektform mit klarem Fokus auf dem Sprechzeitpunkt (Funktionsbereich A) und an dem anderen Pol der jüngste, nämlich der präteritale Bedeutungsbereich der Perfektform mit klarem Fokus auf der Ereigniszeit (Funktionsbereich C). Diachronisch gesehen, wurde der Fokus durch neue Kontexteinbettung von der Sprechzeit auf die Ereigniszeit verlagert. In der folgenden Abbildung wird die Fokusverlagerung durch Pfeile illustriert.

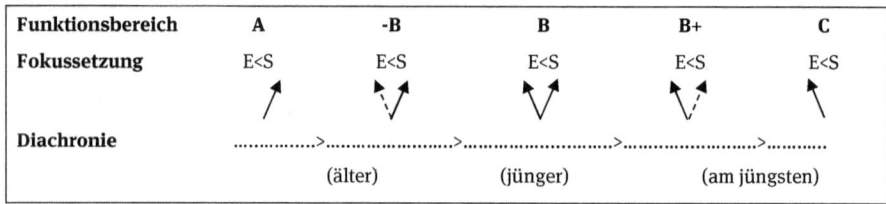

Abb. 34: Funktionsbereiche des Perfekts nach Dentler (1997, 66, 1998, 137).[272]

Dentler definiert die Funktionsbereiche anhand verschiedener satzinterner und satzexterner Kriterien. Wichtig sind ihr der kontextuell gegebene Zeitanker und dessen Definitheit, der Bezug des Sachverhalts in Perfektform zum deiktischen Nullpunkt des Textes und die Textfunktion, die der Perfektform zukommt. Im Folgenden werden die Funktionsbereiche in tabellarischer Form kurz dargestellt.

Funktionsbereich A
Den Ausgangspunkt der Perfektentwicklung stellt der Funktionsbereich A statt. Dieser Funktionsbereich wird darüber hinaus „als ein Sammelbecken für weitere Perfektfälle verwendet, die nur mit großer Schwierigkeit den anderen zugeordnet werden können" (Dentler 1997, 72).

---

[272] S = Sprechzeit, E = Ereigniszeit.

Tab. 55: Funktionsbereich A (vgl. Dentler 1997, 72–73).

+/− Zeitangabe	wenn Zeitangabe, dann mit Bezug auf Sprechzeitpunkt wie 'jetzt', 'heute', Bsp.: ahd. *nu*
Bezug E und S	Ausgedrückt wird eine „Grund-/Folgerelation";[273] auch verstärkt durch Lexeme/Syntagmen mit konsekutiver Bedeutung (z. B. mhd. *daz, alsô*) Ausdruck von Gegenwartsrelevanz
Haupttempus	Präsens: Einbettung der Aussage in einen präsentischen Kontext
Textfunktion	keine Bestimmung

Beispiel für Funktionsbereich A:

(6) *Der meister sprach: „daz* **hat** *Got also* **geschaffen** *daz sie sint underscheiden mit wasser unde mit gebirge daz nith zu ein ander kommen mugen"* (Lucidarius 12, 19; Dentler 1997, 73)

In diesem Beispiel ist die Perfektform in einen Präsenskontext gebettet und lässt eine Grund-Folge-Relation erkennen, die durch das konsekutive *also* verstärkt wird.

Funktionsbereich −B

Den „ersten Schritt der Tempusumschichtung" (Dentler 1997, 74) beschreibt Funktionsbereich −B, der sowohl Bereiche umfasst, die bei Elsness der zeitlichen Bestimmung *time-up-to-zero* zugeordnet werden, als auch die Grauzone des als *time-wholly-in-the-past* bestimmten Bereichs. Durch die Erweiterung auf die indefinite Vergangenheit, die mehr oder weniger an das Sprecher-Jetzt gekoppelt ist, beginnt die Verschiebung des Fokus.

---

273 „[D]er mittels der Perfektfügung jeweils als zum Sprechzeitpunkt vorzeitig situierte Sachverhalt [wird] in eine Grund-Folge-Beziehung zu einem weiteren Sachverhalt gebracht [...], dessen Referenzrahmen den Sprechzeitpunkt tangiert oder überlappt. Dies bedeutet zugleich, dass der vorzeitige Sachverhalt von bestimmter Relevanz zum Sprechzeitpunkt ist." (Dentler 1997, 72)

Tab. 56: Funktionsbereich –B (vgl. Dentler 1997, 74–76).

+ indefinite Zeitangabe	„Kombinationsmöglichkeit des Perfekts mit Temporaladverbien der unbestimmten Vergangenheit" (Dentler 1997, 74), z. B. *bereits, davor/vorher, selten, seit gestern*)[274]
Bezug E und S	Der Referenzrahmen umfasst z. B. – eine unbestimmte Periode der Vergangenheit – einen vergangenen, sich bis zum Sprechzeitpunkt erstreckenden Zeitabschnitt – wird durch Ausblenden der starken Fokussierung des Sprechzeitpunkts quasi aufgehoben. (Es können vier Subtypen differenziert werden[275])
Haupttempus	Präsens: Einbettung der Aussage in einen präsentischen Kontext
Textfunktion	keine Bestimmung

Beispiel für Funktionsbereich –B:

(7) *Es bedarf vil wol gewizzenheit, / swer guot ritter wesen sol. / ouch* **hân** *ichz* **gelernet** *wol / von kinde in mînem muote hie.* (Gregorius 1564; Dentler 1997, 75)

In diesem Beispiel wird auf einen Lernen-Sachverhalt verwiesen, der die Referenzzeit tangiert und dessen Anfang mit dem Temporaladverbial *von kinde* ausgewiesen wird.

Funktionsbereich B
Funktionsbereich B stellt die Brücke zwischen perfektischer und präteritaler Bedeutung dar, gleichzeitig den Beginn der „präteritalen Färbung". Die Fokussetzung ist doppelt: Der Fokus liegt sowohl auf dem Sprechzeitpunkt als auch auf dem Ereignis. Diese Fokusverschiebung ist dabei „extra-textuell bedingt"

---

[274] In ihrer Übersicht (1997, 69; 1998, 141) nennt Dentler auch das Temporaladverb *früher*, das zwar grundsätzlich indefinit ist, dessen Zeitbezug in der Regel durch den Kontext definit wird und eine größere zeitliche Distanz impliziert. In den von Dentler diskutierten Beispielen zum Fb –B kommt *früher* nicht vor. Dort findet sich z. B. „dâfore" ('bereits, davor, vorher'), was zur Charakterisierung des Fbs besser passt.
[275] 1) Sachverhalt verortet in unbestimmter Vergangenheit, die Sprechzeitpunkt tangiert; 2) sich habituell wiederholende Sachverhalte (durch Frequenzangaben wie z. B. *selten*); 3) Sachverhalte, die sich von der Vergangenheit bis zum Sprechzeitpunkt erstrecken (durch Angaben wie z. B. *seit gestern*); 4) Perfektvorkommen in Satzäußerungen atemporalen Charakters (vgl. Dentler 1997, 74).

(Dentler 1997, 80): Die Perfektbelege des Funktionsbereichs B zeichnen sich durch ihre besonderen textuellen Funktionen aus. Sie sind redeabschließend, kommentierend, einführend und/oder textgliedernd. Diese führen dazu, „dass ein sog. Hilfskommunikationsakt vollzogen wird, mit dem der Sprecher den referierten Sachverhalt im Hier und Jetzt seiner Sprechpartner situieren kann." (Dentler 1997, 76) Mit den textuellen Funktionen lässt sich auch die Zwischenstellung dieses Funktionsbereichs erklären: „Dem Perfekt kommt eine Art Brückenfunktion zu, weil es einen Vorkontext im Präteritum mit einem darauffolgenden im Präsens verbindet." (Dentler 1997, 78)

Tab. 57: Funktionsbereich B (vgl. Dentler 1997, 76–79).

(+)/– definite Zeitangabe	definite zeitliche Verortung in der Vergangenheit, aber häufig indirekt über Kontext vermittelt
Bezug E und S	anaphorische oder kataphorische Bezugnahme mit dem Perfekt auf „eine Sachverhaltskonfiguration der bestimmten Vergangenheit" (Dentler 1997, 76)
Haupttempus	Präteritum
Textfunktion	Dentler beschreibt Perfektbelege mit folgenden besonderen textuellen Funktionen: – redeabschließende, resümierende Funktion (vgl. Dentler 1997, 112) – kommentierende Funktion (vgl. Dentler 1997, 115) – einführende Funktion (vgl. Dentler 1997, 117) – textgliedernde Funktion (vgl. Dentler 1997, 120)

Beispiel für Funktionsbereich B:

(8) *Vnder div kom ein lieht von himele vber daz grap, vnde in dem liehte nam in vnser herre Iesus Christus ze sinen gnaden. Do man daz grap danah vf tet, do vant man da niht inne wan himelbrot. Alsvs* **hat** *in* **geeret** *der almæhtige got. Von div swes ir in hivte gebitet mit lvtterem mvte, daz mag er iv wol erwerben.* (Speculum Ecclesiae; Dentler 1997, 77)

In diesem Beispiel lässt sich die kommentierende Funktion des Perfekts in Funktionsbereich B erkennen. Trotz der zeitlichen Situierung des Sachverhalts in der Vergangenheit wird eine Gegenwartsrelevanz der Handlung Gottes (*hat geeret*) für die Gläubigen im Heute (= zum Sprechzeitpunkt) erkennbar. Auf textstruktureller Ebene zeigt sich hier auch die Brückenfunktion des Perfekts, das vergangene Geschehen im Präteritum mit der gegenwärtigen Situation im Präsens verbindet.

Funktionsbereich B+

Funktionsbereich B+ fasst Perfektbelege, bei denen der Fokus „auf einen ganz bestimmten vergangenen Zeitpunkt/-raum" (Dentler 1997, 80) verlagert wird. Dies geschieht durch einen expliziten oder impliziten Zeitanker, der auf einen bestimmten in der Vergangenheit liegenden Referenzrahmen des beschriebenen Sachverhalts verweist. Die Perfektbelege des Funktionsbereichs B+ sind eingebettet in einen Präsenskontext, in einen Zeitabschnitt, der den Sprechzeitpunkt umfasst. Hinsichtlich dieser Jetzt-Zeit stellen die Perfektbelege einen zeitlichen Rückgriff in einen definiten Abschnitt der Vergangenheit dar und liefern quasi Hintergrundinformationen für die jetzt-zeitige Situation. Aus diesem Grund weist Dentler ihnen eine thematische „Backgroundingfunktion" zu, die jedoch nicht mit der aspektuellen Hintergrundierungsfunktion in narrativen Diskursmodi zu verwechseln ist. Die Äußerung im Perfekt ist nicht Teil des chronologischen Erzählstrangs, „da das Zeitintervall des damit beschriebenen Sachverhalts keine chronologische Bewegung ,vorwärts' impliziert" (Dentler 1997, 81).

Tab. 58: Funktionsbereich B+ (vgl. Dentler 1997, 80–82).

+/− definite Zeitangabe	− explizit: Zeitanker z. B. durch Temporaladverbiale, temporale Nebensätze − implizit: inhaltliches Anknüpfen an einen Sachverhalt der definiten Vergangenheit aufgrund „inhaltlich-thematischen Zusammengehörigkeit" (Dentler 1997, 80), auch implizite nominale Zeitanker Bsp.: *gestern*, *damals* (vgl. Dentler 1998, 141)
Bezug E und S	Der Fokus liegt verstärkt auf dem Ereignis. Der Referenzrahmen des Sachverhalts tangiert den Sprechzeitpunkt nicht.
Haupttempus	Das Haupttempus des Textabschnitts ist Präsens. Die Äußerungen im Perfekt sind „in einem für das Perfekt immer noch typischen, d. h. situational verankerten, interaktiven Redekontext im Haupttempus Präsens" (Dentler 1997, 80) enthalten.
Textfunktion	„Backgroundfunktion" durch temporalen Rückgriff

Beispiel für Funktionsbereich B+:

(9) *Er sprach: ja es* **ist** *ain fremder kauffmann gestern* **herkommen** *wol mit fünffzehen hübschen pferden und will auff die hochzeit* (Fortunatus 37, 24; Dentler 1997, 81)

Das Verbalgeschehen, das mit der Perfektform ausgedrückt wird, wird mit Hilfe des Temporaladverbs *gestern* explizit in der Vergangenheit verankert und ist abgelöst vom Sprechzeitpunkt, welcher im zeitlichen Rahmen des Kontextes jedoch umfasst wird. Das Verbalgeschehen ist nicht Teil einer Handlungskette.

Funktionsbereich C
Funktionsbereich C beschreibt die „letzte Phase der Perfekterneuerung" (Dentler 1997, 82). Im Fokus steht das Ereignis, ganz unabhängig vom Sprechzeitpunkt. In Funktionsbereich C kann es nun auch in narrativen Diskursmodi verwendet werden: Es kann sowohl in den Handlungsstrang eingebunden sein (Foregrounding, perfektive Textfunktion), als auch die Umstandsbeschreibungen einer vergangenen Situation liefern (Backgrounding, imperfektive Textfunktion): „Konstitutiv ist hier die Bezugnahme auf einen Sachverhalt als Teilelement eines Taxisschemas, das den zeitlichen Verlauf einer größeren Sachverhaltskonfiguration der bestimmten Vergangenheit betrifft." (Dentler 1997, 82). Die Perfektbelege dieses Funktionsbereiches sind Teil der narrativen, nicht-sprecherbezogenen, monologischen Textpassagen.

Tab. 59: Funktionsbereich C (vgl. Dentler 1997, 82–84).

+/– definite Zeitangabe	implizite oder explizite, definite Zeitangabe der Vergangenheit Bsp.: *damals* (vgl. Dentler 1998, 141)
Bezug E und S	Der Fokus liegt auf der Ereigniszeit. Die Sprechzeit wird ausgeblendet. Der Referenzrahmen des Ereignisses berührt die Sprechzeit nicht.
Haupttempus	Präteritum
Textfunktion	– Foregrounding: Sachverhalt in Perfekt ist Teil des chronologischen Erzählstrangs – Backgrounding: Sachverhalt in Perfekt liefert Umstandsbeschreibungen, z. B. Inzidenzschema

Beispiel für Funktionsbereich C:

(10) *und do er uns lachen sach, fieng er och an zû lachen und mit lachedem mund **ist** er von uns **geschaiden*** (Fortunatus 15, 25)

Die Perfektform ist in diesem Beispiel in einen Präteritumkontext gebettet und Teil der Handlungskette. Die perfektive Vergangenheitsbedeutung von *ist gescheiden* führt zu einem Voranschreiten der Referenzzeit.

Die Funktionsbereiche wurden von Dentler vor dem Hintergrund der Modellierungen von Waugh und Elsness und anhand der Belege in schriftlichen Texten von frühmittelhochdeutscher bis frühneuhochdeutscher Zeit erarbeitet. Die genannten Kriterien ermöglichen eine überwiegend eindeutige Zuordnung der Perfektbelege zu Funktionsbereichen. Allerdings sind diese Funktionsbereiche heterogene Größen. Dentler kombiniert temporalsemantische Kriterien mit textuellen, pragmatischen und thematischen Kriterien. Je nach Funktionsbereich haben die verschiedenen Kriterien jedoch eine unterschiedliche Gewichtung. Dies spiegelt sich bei genauerer Betrachtung teilweise in den Frequenzwerten der Auswertung wider, was Dentler auch kritisch reflektiert. Der kontrastive Blick, mit dem Dentler, die über eine muttersprachliche Schwedischkompetenz verfügt, die Einteilung der Perfektbelege zu den Funktionsbereichen überprüft, stellt sich jedoch als robustes Einteilungskriterium heraus. Die Funktionsbereiche B, B+ und C können im Schwedischen nicht (oder nur in ganz bestimmten Kontexten) mit einer Perfektform ausgedrückt werden. Die Analyseergebnisse können so auch als Kontrastfolie zum Entwicklungsstand des schwedischen Perfekts verstanden werden. Im Einzelnen lässt die Einteilung der Funktionsbereiche – trotz umfangreicher Diskussionen und beispielhafter Beleganalysen (vgl. Dentler 1997, Kap. 6 und 8) – jedoch einige Fragen offen.[276] Im Gegensatz zu Waugh liefert Dentler jedoch eine empirisch verwendbare Operationalisierung mit konkreten Kriterien zur Bestimmung der Lesarten einzelner Perfektbelege in einem Korpus. Mit ihrem Blick auf die Textfunktion und auch das Zusammenspiel von Haupttempus und Perfektbeleg kann sie im Gegensatz zu Elsness mehrere Übergangsbereiche bestimmen. Auch wenn diese in ihrer Definition z. T. heterogen sind, erlauben sie grundsätzlich die Modellierung der „Perfekterneuerung" als kleinschrittigen, historischen Expansionsprozess.

Dentlers Frequenzanalyse von über 2300 Perfektbildungen aus sechs diachronen Teilkorpora vom 11. Jahrhundert bis zum 16. Jahrhundert zeigt, dass „ein deutlicher frequentieller Anstieg von mhd. Perfekta mit präteritaler Färbung belegbar ist" (1998, 138). Die Perfektbelege mit „präteritaler Färbung" (Funktionsbereiche B, B+ und C) steigen von 1,2 % im 11. Jahrhundert auf 20,9 % im 16. Jahrhundert.

---

276 Nicht nachvollziehbar ist z. B. Dentlers Behauptung, dass die Backgrounding-Belege des Funktionsbereichs C aufgrund ihrer Funktion der Umstandsbeschreibung nur eine „abgeschwächte präteritalere Lesart" (Dentler 1997, 82) hätten. Aus diesem Grund vermutet Dentler für die ältesten diachronen Phasen häufiger Belege mit Backgrounding- als mit Foregrounding-Funktion. Unklar bleibt, warum Umstandsbeschreibungen weniger „präterital" sein sollen als Foregrounding-Belege.

Tab. 60: Anteile der Perfektbelege an den Funktionsbereichen nach Dentler (1998, 138).

Zeitraum	Anteil der Perfektbelege in „*perfektischen* Funktionsbereichen"	Anteil der Perfektbelege in „*präteritalen* Funktionsbereichen"
11. Jh.	98,8 %	1,2 %
12. Jh.	95,5 %	4,5 %
13. Jh.	94,3 %	5,0 %
14. Jh.	90,6 %	7,3 %
15. Jh.	80,7 %	18,2 %
16. Jh.	77,6 %	20,9 %

Der Anstieg verläuft kontinuierlich und schrittweise. Auch Kuroda (1999, 119) vermutet anhand seiner Korpusanalyse, dass der semantische Wandel schrittweise verlief, und geht ebenfalls von neuen „pragmatischen Nutzungen" der Perfektform aus: „Die Erweiterung des Verwendungsbereichs der Perfektkonstruktionen können wir [...] als ständigen Übergriff des Verwendungsbereichs der Konstruktion auf die angrenzenden Bereiche charakterisieren". Die „klare Grenze zwischen der ursprünglichen und den neueren Verwendungsweisen" (Kuroda 1999, 121), die Kuroda vermisst, können wir mit Waugh und Dentler als Defokussierung des Sprechzeitpunkts bestimmen.

Die Zunahme von Perfektbelegen mit „präteritaler Färbung" spiegelt sich auch in der Zunahme der atelischen, also nicht-grenzbezogenen Verben in Perfektbildungen wider. Diese können schon in Otfrids *Evangelienbuch* (ca. 830 n. Chr.) nachgewiesen werden und steigen in ihrer Gebrauchsfrequenz „langsam, aber kontinuierlich" (Dentler 1998, 140) von 13,3 % im 11. Jahrhundert auf 33,7 % im 16. Jahrhundert.

Tab. 61: Anteile der atelischen Verben an Perfektbildungen nach Dentler (1998, 140).

Zeitraum	Anteil der Perfektbelege mit atelischen Verben
11. Jh.	13,3 %
12. Jh.	15,7 %
13. Jh.	22,1 %
14. Jh.	23,0 %
15. Jh.	30,4 %
16. Jh.	33,7 %

Dentler bewertet den Präteritumschwund als Verdrängungsprozess, in dem die Präteritumform durch die semantisch und funktional expandierende Perfektform verdrängt wird. Dentlers Untersuchung versteht den Präteritumschwund als „‚push- und drag-Erscheinung' mit dem Schwerpunkt auf dem ‚push' des Perfekts [...]: Das Perfekt sickert während der ganzen mhd. Periode ganz unauffällig in für das Präteritum typische Funktionsbereiche hinein" (Dentler 1998, 142). „[Dieser] Prozeß ist nachvollziehbar, indem eine deutliche Zunahme bestimmter präteritaler Varianten des mhd. Perfekts in für die gesellschaftliche Kommunikation wichtigen Textsorten statistisch belegt werden kann" (Dentler 1998, 134). Dieser langsame, semantische Expansions- bzw. Extensionsprozess habe bereits um die Jahrtausendwende 1000 begonnen und halte in vielen Varietäten des Deutschen immer noch an. Der „innersprachliche Motor" des Prozesses ist die semantische Nähe von Perfekt und Präteritum als „zwei Varianten einer PAST-Kategorie" (vgl. Dentler 1998, 134). Der Prozess wird, wie in Kapitel 3.5 („Verdrängung des Präteritums") gezeigt wird, durch einen Komplex weiterer ineinandergreifender Faktoren gefördert.

Mit der Auswertung der Perfektbedeutungen und -funktionen in einer diachronen Studie gelingt es Dentler, den Expansionsprozess der Perfektform im Deutschen zu dokumentieren und zu datieren. Ihre Daten zeigen, dass die Perfektform bereits in mittelhochdeutscher Zeit in den Funktionsbereich des Präteritums eindringt – zu einem Zeitpunkt, an dem die Perfektform noch nicht vollständig grammatikalisiert war. Die Prozesse der Perfektgrammatikalisierung und der Perfektexpansion gehen nicht nur direkt ineinander über, sondern sie verlaufen zeitweise parallel zueinander.

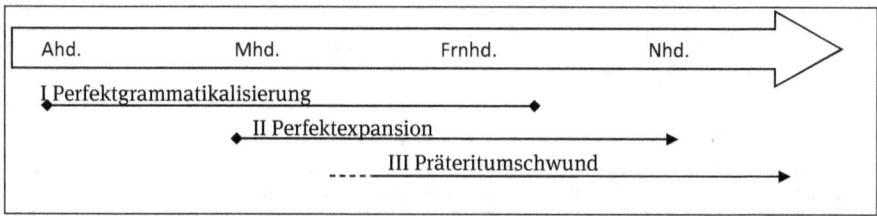

Abb. 35: Übersicht Perfektgrammatikalisierung, Perfektexpansion und Präteritumschwund.

Wie oben bereits gezeigt wurde, ist davon auszugehen, dass diese Prozesse regional unterschiedlich früh einsetzten und in unterschiedlichen Geschwindigkeiten verliefen. In den verschiedenen germanischen Sprachen wurden sie unterschiedlich weit vorangetrieben. Die jeweiligen Expansionsgrade der Perfektformen verschiedener germanischer Sprachen können die „Etappen" des Prozesses, die sich auch in Dentlers Funktionsbereichen widerspiegeln, anschaulich exemplifizieren.

3.4.4 Perfektexpansion im germanischen Vergleich: Dammel/Nowak/Schmuck (2010) und Schmuck (2013)

Wichtige Analysen zum Ablauf der Expansion finden sich daher bei Dammel/ Nowak/Schmuck (2010) und Schmuck (2013), die den Grammatikalisierungsgrad der Perfektformen von vier bzw. drei germanischen Sprachen – Deutsch, Niederländisch, Schwedisch (und Englisch) – vergleichen. Gemeinsam haben die germanischen Sprachen, dass sie ursprünglich mit dem Präteritum nur über ein *general past*-Tempus verfügen sowie keine formale Perfektiv/Imperfektiv-Unterscheidung in der Vergangenheit kennen. Sie haben zudem alle eine Perfektkonstruktion mit *haben* grammatikalisiert. Des Weiteren haben alle germanischen Sprachen neben der starken Verbalflexion, die auf das Indoeuropäische zurückgeht und im Germanischen weiterentwickelt wurde, auch eine schwache Konjugationsklasse sowie weitere unregelmäßige verbale Flexionsmuster entwickelt. Dammel/Nowak/Schmuck (2010) gehen davon aus, dass die Perfektexpansion, die in den vier Sprachen unterschiedlich stark vollzogen wurde, als funktionaler Faktor die Entwicklung der Konjugationsklassen – v. a. die Reorganisation des Ablauts und den Flexionsklassenwechsel „stark > schwach" – in den letzten 1000 Jahren deutlich geprägt hat. Den Grad der Perfektexpansion ermitteln sie anhand von den in Standardgrammatiken und anderen Beschreibungen dargestellten Grammatizitätsgrenzen (Akzeptabilitätsgrenzen) für die Verwendung der Perfektformen.

Im Englischen und Schwedischen ist eine temporal-aspektuelle Opposition zwischen Perfekt und Präteritum erhalten. Die jeweiligen Präteritumformen sind in verschiedenen Kontexten obligatorisch; sie können z. B. nicht mit definiten Vergangenheitsadverbialen (z. B. engl. *yesterday*, schwed. *igår* 'gestern') kombiniert werden.[277] Das Perfekt auf der anderen Seite ist grundsätzlich mit dem gegenwärtigen Sprechzeitpunkt verknüpft, wenn auch nur – wie im Schwedischen – durch Gegenwartsrelevanz.

Gegenwartsrelevanz ist im Schwedischen (im Gegensatz zum Englischen, wo die temporale Verankerung das wichtigste Kriterium ist) der entscheidende Faktor für den Perfektgebrauch: „the event time lies in the past, but this event must in all instances be relevant to the moment of speech" (Dammel/Nowak/ Schmuck 2010, 347).[278] Demnach ist Satz 19 im Schwedischen ungrammatisch (wegen der definiten Zeitangabe in der Vergangenheit), wird jedoch durch den

---

277 Vgl. auch Elsness (1997), Kap. 3.4.2 („Zeitreferentielle Opposition mit Grauzone").
278 Vgl. auch Lindstedt (2001, 777), der für das schwedische Perfekt festhält: „[A] specific time adverbial can combine with the perfect if it is part of the information focus". Der *information focus* wird durch die Gegenwartsrelevanz, die aus der Situation bzw. aus dem aus der Situation resultierenden Zustand entsteht, gewährleistet.

erklärenden Nachtrag in Satz (20) akzeptabel, in dem der durch das Ereignis erzeugte Nachzustand als gültig zum Sprechzeitpunkt ausgewiesen wird; vgl. die folgenden Beispiele nach Dammel/Nowak/Schmuck (2010, 347).

(11) Schwed. *Jag har tagit examen i 1969.
Dt. 'Ich habe die Führerscheinprüfung 1969 gemacht.'

(12) Schwed. ✓Jag har tagit examen i 1969, så jag har examen enligt det gamla systemet.
Dt. 'Ich habe die Führerscheinprüfung 1969 gemacht, daher habe ich einen Führerschein nach dem alten System'

Eine Perfektverwendung wie in Satz 2 wäre im Englischen, das hier restriktiver in der Verwendung ist, nicht möglich. Eine Ablösung der Ereigniszeit von der Sprechzeit durch eine definite Zeitbestimmung der Vergangenheit ist im Englischen das entscheidende Kriterium, das eine Perfektverwendung ungrammatisch macht und eine Präteritumverwendung erzwingt.

Im Niederländischen sind dagegen Perfekt- und Präteritumformen oft austauschbar, wobei Dammel/Nowak/Schmuck eine Tendenz dahingehend feststellen, dass das Präteritum eher bei durativen und iterativen Ereignissen verwendet wird und eine Perfektsetzung in solchen Kontexten eine punktuelle, perfektive Lesart des Ereignisses impliziert. Dammel/Nowak/Schmuck (2010, 347) schließen daraus:

> Thus, in Dutch the perfect is only slightly less grammaticalized than in German. It has not moved through the last stage that is, it has not acquired the function of general and narrative past – a function quite common for the preterite in spoken (Southern) German [...].

Das Niederländische ist bei der Perfektexpansion mit dem Ausdruck von *perfective past* weiter vorangeschritten als das Englische und Schwedische, hat jedoch den letzten Entwicklungsschritt hin zu einem *generell past* nicht vollzogen. Der Ausdruck von *imperfective past*, v. a. auch der Progressivausdruck, sowie die Funktion als Erzähltempus sind noch dem Präteritum vorbehalten. Es gibt Anzeichen dafür, dass das niederländische Perfekt jedoch dabei ist, auch in diese Bedeutungsbereiche vorzudringen (vgl. Schmuck 2013, 230, 253).

Gleichzeitig stellen Dammel/Nowak/Schmuck (2010) Unterschiede bei der Kontinuitäts-Lesart des Perfekts fest. Bei dieser Lesart wird *Ongoingness* der Verbalsituation zum Sprechzeitpunkt ausgedrückt: Das Perfekt drückt einen Sachverhalt aus, der in der Vergangenheit eingesetzt hat und bis zum Sprechzeitpunkt anhält. Dieser sich erstreckende Zeitraum wird durch Temporalangaben mit 'seit'-Adverbien versprachlicht.

Im Deutschen wird diese Bedeutung mit der Präsensform ausgedrückt:

(13) *Ich wohne hier seit 10 Jahren.*

(14) *Ich studiere seit 2012.*

Beide Sätze implizieren im Deutschen, dass der Sachverhalt zum Sprechzeitpunkt anhält. Die folgenden Sätze mit den Perfektformen implizieren dagegen, dass der Sachverhalt zum Sprechzeitpunkt schon beendet ist.

(15) *Ich habe hier seit 10 Jahren gewohnt* ('und jetzt nicht mehr').

(16) *Ich habe seit 2012 studiert* ('und jetzt nicht mehr').

Im Niederländischen könne *perfect continuous* sowohl mit der Perfektform als auch mit der Präsensform ausgedrückt werden. Im Englischen und Schwedischen sei nur die Perfektform akzeptabel. Dammel/Nowak/Schmuck (2010, 350) sehen dies als einen Effekt der Perfektexpansion: „These examples show that, in losing its present time reference, the perfect in German and Dutch is most advanced on its way towards a clear past tense." Das Perfekt werde im Niederländischen und Deutschen demnach hauptsächlich als Vergangenheitstempus aufgefasst und befinde sich in einer klaren Opposition zum Präsens. Die obligatorische Verwendung des Präsens im kontinuativen Bedeutungsbereich weist auf die Bedeutungsspezialisierung des Perfekts hin und unterstreicht seinen hohen Grammatikalisierungsgrad (vgl. auch Schmuck 2013, 254–255).[279]

Im Gegensatz zum Niederländischen kann das Perfekt im Deutschen alle Funktionsbereiche ausdrücken, auch wenn Henriksson noch eine Präferenz der Perfektformen zum perfektiven Blickwinkel und der Präteritumformen zum imperfektiven Blickwinkel vermutet. So kommen Progressiv-Marker hauptsächlich mit Präteritumformen vor und nicht in Perfektsätzen (vgl. Henriksson 2006, 94–96):

> Dies könnte insofern auf die unterschiedlichen aspektuellen Präferenzen der beiden Tempora zurückzuführen sein, als das Perfekt womöglich auch als analytisches Präteritum Reste der ehemaligen perfektiven Bedeutung – und somit z. T. Außenperspektivierung – aufweist, die mit einer progressiven Konstruktion schlecht kompatibel ist. (Henriksson 2006, 95–96)

---

[279] Vgl. hierzu auch Henriksson (2006, 92–94) sowie den Vergleich des deutschen Perfekts und Präsens mit den Formen der skandinavischen Sprachen in Salveit (1977).

Die folgende Tabelle fasst die von Dammel/Nowak/Schmuck kontrastierten Verwendungsunterschiede der Perfektformen in den untersuchten germanischen Sprachen zusammen. Die Verwendungsunterschiede, die hier an vier semantisch (und funktional) bestimmten Funktionsbereichen dargestellt werden und die als diachrone Grammatikalisierungsschritte gewertet werden, können für ein eigenes Analysemodell fruchtbar gemacht werden. Es sind die Kriterien Definitheit der Zeitangabe, *Gegenwartsrelevanz*, Perfektivität und Narrativität, die bei der funktionalen Expansion des Perfekts entscheidende Stufen markieren und einzelsprachlich Akzeptabilitätsgrenzen markieren. Auch für eine synchrone Modellierung des Bedeutungskontinuums zwischen retrospektiver Gegenwart und *general past* darf diesen Kriterien eine große Bedeutung beigemessen werden.

Tab. 62: Der Grammatikalisierungsgrad des Perfekts in den germanischen Sprachen: Perfektexpansion im Vergleich (angelehnt an Dammel/Nowak/Schmuck 2010, 348, Fig. 1).

	1 *present perfect extended now*	2 *past tense current relevance*	3 *past tense perfective*	4 *general past*
DEUTSCH	*PERF (PRÄS)	PERF	PERF	PERF
NIEDERLÄNDISCH	PERF	PERF	PERF	*PERF (✓PRÄT)
SCHWEDISCH	PERF	PERF	*PERF (✓PRÄT)	*PERF (✓PRÄT)
ENGLISCH	PERF	*PERF (✓PRÄT)	*PERF (✓PRÄT)	*PERF (✓PRÄT)
Kriterien		+ Gegenwartsrelevanz + definite Zeitangabe der Verg.	– Gegenwartsrelevanz + definite Zeitangabe der Verg.	– Gegenwartsrelevanz
	Ausdruck von *Ongoingness* zum Sprechzeitpunkt = Kontinuitäts-Lesart	Ausdruck eines Ereignisses der bestimmten Verg. mit Relevanz für den Sprechzeitpunkt	Ausdruck von Punktualität eines Ereignisses der bestimmten Verg. ohne Relevanz für den Sprechzeitpunkt = *perfective past*	Ausdruck der allg. und narrativen Verg. = *general and narrative past*
Beispiele	Ich wohne hier seit zehn Jahren.	Ich habe meinen Führerschein letzte Woche gemacht ('und darf jetzt Auto fahren').	Letztes Jahr bin ich ('noch ein einziges Mal') Fahrrad gefahren.	Die Tür ist aufgegangen und sie ist hereingekommen.

Als Folgen der unterschiedlichen Expansion sehen Dammel/Nowak/Schmuck und Schmuck unterschiedliche Kategorienfrequenzen des Perfekts. Die Sprachen, in denen die Perfektform viele Kontexte bedienen kann, verzeichnen insgesamt eine höhere Tokenfrequenz als Sprachen, in denen die Perfektform funktional stark beschränkt ist. Eine Auswertung von vergleichbaren Texten in den vier untersuchten Sprachen ergab eine deutlich unterschiedliche Formverteilung bei den Vollverben: Im Deutschen wurde die Perfektform gegenüber der Präteritumform zu 79 %, im Niederländischen zu 54 %, im Schwedischen zu 43 % und im Englischen nur zu 32 % verwendet (vgl. Dammel/Nowak/ Schmuck 2010, 352). Die Auswertung historischer Korpora bei Schmuck (2013, 261–266) zeigt, dass das Perfekt im Deutschen deutlich früher als im Niederländischen an Gebrauchsfrequenz hinzugewonnen hatte. Beim Schwedischen ist die Kategorienfrequenz seit dem 17. Jahrhundert unverändert. Die unterschiedliche Kategorienfrequenz führt zu einer unterschiedlich starken kognitiven Verankerung (*cognitive entrenchment*) der Kategorien im mentalen Lexikon der Sprecher und zu einer unterschiedlich starken Autonomie der betreffenden Formen (*lexical strength*). Die Stärke der kognitiven Verankerung wirkt sich wiederum auf formale Entwicklungen in den Sprachen aus. Beim Präteritalausgleich entscheidet sie darüber, welche Stammvokalalternanztypen bei den Ablautmustern entstehen, und beim Konjugationsklassenwechsel beeinflusst sie die Abbaureihenfolge der starken Flexionsformen.

Alle vier Sprachen haben einen Präteritalausgleich (*ablaut leveling in the preterite*) erfahren. Jedoch fand der Ausgleich in den Sprachen in unterschiedlichen Richtungen statt (vgl. Dammel/Nowak/Schmuck 2010, 338–342). Im Schwedischen ging grundsätzlich die Präteritum-Pluralform verloren, im Niederländischen die Singularform, im Deutschen und Englischen war die Ausgleichsrichtung von den einzelnen Ablautreihen abhängig. Das Ergebnis ist, dass die Stammvokalalternanztypen in den Sprachen heute unterschiedlich stark ausgeprägt sind. Im Schwedischen findet sich der Alternanztyp ABA am häufigsten, auch ABC ist vertreten. Beide Typen differenzieren die Präteritum- und Partizipformen durch unterschiedliche Stammvokale. Der Typ ABB kommt nicht vor. Im Gegensatz dazu kann im Deutschen und Niederländischen überwiegend der Alternanztyp ABB[280] festgestellt werden, weniger häufig sind ABA und ABC. Damit ist der Alternanztyp besonders häufig, der nicht einen aspektuellen Unterschied zwischen Perfekt (Partizipform) und Vergangenheit (Präteritumform) (wie

---

280 Z. B. ist der Alternanztyp ABB im Deutschen entstanden, indem in Ablautreihe 1 (mhd. *rîten – [reit] – riten – geriten*) die zweite Stammform und in Ablautreihe 2 (mhd. *bieten – bôt – [buten] – geboten*) die dritte Stammform ausgeglichen wurde (vgl. Dammel/Nowak/Schmuck 2010, 340, 353).

im Schwedischen), sondern einen temporalen Unterschied zwischen Gegenwart (Präsensform) und Vergangenheit (Präteritumform, Partizipform) formal markiert. Nach Schmuck (2013, 257) hat sich damit der Erhalt bzw. Abbau der Aspektdistinktion – aufgrund des Effekts auf die relative Kategorienfrequenz und die dadurch bedingte unterschiedlich starke Verankerung im mentalen Lexikon – als entscheidender Faktor beim Ablautausgleich erwiesen.

Beim Konjugationsklassenwechsel von der starken hin zur schwachen Flexionsklasse, bei dem sprecherökonomisch bei weniger frequenten Verben morphologische Irregularität abgebaut wird, finden sich ebenfalls markante Unterschiede (vgl. Dammel/Nowak/Schmuck 2010, 342–346). Im Schwedischen wechselt zuerst das Partizip die Konjugationsklasse, die Präteritumform ist stabiler und bleibt länger „stark". Im Deutschen und Niederländischen „schwächelt" zuerst die Präteritumform und erst dann wechselt die stabilere Partizipform in die schwache Konjugationsklasse.

Das Englische verhält sich sowohl beim Präteritalausgleich als auch beim Konjugationsklassenwechsel wider Erwarten wie das Deutsche und Niederländische. Dammel/Nowak/Schmuck (2010) erklären dies anhand der Ergebnisse von Elsness (1997), der für das englische Perfekt feststellen konnte, dass es nach der anfänglichen Expansion dann ab dem 18. Jahrhundert eine Restitution und Reetablierung der alten Funktion erfuhr. Die temporal-aspektuelle Opposition zwischen *present perfect* und *simple past* wurde wieder hergestellt. Das Perfekt verlor an Verwendungskontexten und seine Tokenfrequenz nahm wieder ab – im amerikanischen Englisch sogar noch stärker als im britischen Englisch. Zu diesem Zeitpunkt hatten sich die formalen Entwicklungen beim Präteritalausgleich jedoch bereits vollzogen. Ferner machen Dammel/Nowak/Schmuck darauf aufmerksam, dass die umfangreichen Lautentwicklungen (*Great Vowel Shift*) im 15. Jahrhundert zu einer Restrukturierung und Umbildung des Ablautsystems und der Inventare der starken und unregelmäßigen Konjugationsklassen geführt hatte, die die Parallele zum Deutschen und Niederländischen in der morphologischen Entwicklung erklären (vgl. Dammel/Nowak/Schmuck 2010, 355).

3.4.5 Ein integratives Analysemodell für die Perfektexpansion

Die Studien zur Perfektexpansion im Französischen, Englischen, Schwedischen, Deutschen und Niederländischen zeigen, dass die Bedeutungserweiterung des Perfekts graduell geschieht. Sie erfolgt als Fokusverlagerung von der Sprechzeit hin zur Ereigniszeit der Verbalsituation, der eine Verschiebung der temporalaspektuellen Bestimmung von einer retrospektiven Gegenwart hin zur perfektiven und dann imperfektiven Vergangenheit folgt. Für die Abgrenzung der

Tab. 63: Analysemodell zur Perfektexpansion.

TEMPORAL-ASPEKTUELLE BEDEUTUNG		GEGENWART			ÜBERGANGSBEREICH „Zwischen retrosp. Gegenwart und perf. Vergangenheit"		VERGANGENHEIT		
		perfektive Gegenwart	imperfektive Gegenwart	retrospektive Gegenwart[1]	indefinite Vergangenheit mit Gegenwartsrelevanz (retrospektiv)	definite Vergangenheit mit Gegenwartsrelevanz (retrospektiv)	perfektive Vergangenheit	imperfektive Vergangenheit	retrospektive Vergangenheit[1]
PERFEKTEXPANSION									
Gegenwartsrelevanz (fokussierter Nachzustand)				+	+	+	–	–	+[2]
Temp. Verankerung in der Vergangenheit				(Verankerung z. Sprechzeitpunkt)	keine explizite Verankerung	definite Verankerung	definite Verankerung	definite Verankerung	
Entspricht im Modell von ... Waugh (1987)				PC-1 perfect use	transitional uses		PC-2 preterit use		
... Elsness (1997)				time-up-to-zero, no past time anchor	grey area: wholly in the past, no obvious anchor		wholly in the past, past time anchor		
... Dentler (1997)				A	–B	(B) B+	C		
... Dammel/Nowak/Schmuck (2010)				1 – present perfect extended now		2 – past tense current relevance	3 – past tense perfective / 4 – general past		
FORMEN	DEUTSCH			PRÄS/PERF	PERF	PERF	PERF	PERF	PERF
	NIEDERLÄND.			PERF	PERF	PERF	PERF	*PERF (✓PRÄT)	*PERF (✓PRÄT)
	SCHWEDISCH			PERF	PERF	PERF	*PERF (✓PRÄT)	*PERF (✓PRÄT)	*PERF (✓PRÄT)
	ENGLISCH			PERF	PERF	*PERF (✓PRÄT)	*PERF (✓PRÄT)	*PERF (✓PRÄT)	*PERF (✓PRÄT)

1 Perfektlesarten: Resultat, Vollzug, Erfahrung, Kontinuität
2 Relevanz zu einem Zeitpunkt (Referenzzeit) in der Vergangenheit

„transitional uses" – der Zwischenbedeutungen zwischen den „perfektischen" und „präteritalen" Bedeutungen haben sich die Kriterien zeitliche Verankerung, Gegenwartsrelevanz, Aspektualität und Narrativität als relevante Größen erwiesen. Im kontrastiven Vergleich führt die jeweilige Konstellation dieser Kriterien je nach Sprache und deren Perfektgrammatikalisierungsgrad zu einem Umschlagen der Akzeptabilität von Perfektverwendungen.

Im Folgenden wird ein Analysemodell vorgestellt, das zum einen auf die in Kapitel 3.1 („Das deutsche Tempus-Aspekt-System") entwickelten semantischen Grundgrößen zurückgreift und zum anderen die relevanten Größen der Modellierungen von Waugh, Elsness, Dentler und Dammel/Nowak/Schmuck zu einem gemeinsamen Analyseraster zusammenführt.

Tabelle 63 fasst dieses integrative Analysemodell zusammen. Dabei liegt der Fokus auf den für die Perfektexpansion relevanten Bedeutungsbereichen. Zukunft sowie Vorvergangenheit wurden aus Gründen der Übersichtlichkeit weggelassen; die Bedeutungsbereiche der perfektiven und imperfektiven Gegenwart sowie der retrospektiven Vergangenheit wurden nicht näher bestimmt. Des Weiteren wurde der Diskursmodus (narrativ vs. nicht-narrativ) zunächst aus der Modellierung ausgelassen, da er in einem komplexen Verhältnis zu den jeweiligen temporal-aspektuellen Bedeutungsbereichen steht (vgl. Kap. 3.1.2 „Tempus, Aspekt und Diskurs").

Als temporal-aspektuelle Bedeutungsbereiche wurden in Kapitel 3.1.1 („Grundbegriffe") perfektive, imperfektive und retrospektive Gegenwart sowie perfektive, imperfektive und retrospektive Vergangenheit bestimmt. Zusätzlich wird für die Modellierung der Perfektexpansion ein temporal-aspektueller Übergangsbereich angenommen, der das Bedeutungskontinuum zwischen retrospektiver Gegenwartsbedeutung und perfektiver Vergangenheitsbedeutung als Vergangenheit mit Gegenwartsrelevanz beschreibt.[281] Diese Modellierung stimmt auch mit der von Litvinov/Nedjalkov (1988) überein, die für die deutsche Perfektexpansion einen vergleichbaren Übergangsbereich annehmen: „Resultativ > Vorzeitigkeit der Gegenwart > gegenwartsrelevante Vergangenheit > Vergangenheit" (Litvinov/Nedjalkov 1988, 4).

---

[281] Für die semantische Expansion des Plusquamperfekts muss ein zweiter paralleler Übergangsbereich – zwischen vergangener, retrospektiver Bedeutung und perfektiver Vorvergangenheitsbedeutung – angenommen werden. Diese Expansion verlief vermutlich parallel zur Perfektexpansion, sodass wir die gleichen Kriterien und Kategorien auch zur Beschreibung dieses Prozesses annehmen können. Dieser Prozess müsste ebenfalls an historischen Korpora untersucht werden, was bisher noch aussteht.

Tab. 64: Retrospektive Gegenwart.

Bedeutungsbereich	Beispiel
retrospektive Gegenwart – Resultatslesart	*Jetzt ist sie eingeschlafen.*
retrospektive Gegenwart – Vollzugslesart	*Jetzt hat sie sich die Hände gewaschen.*
retrospektive Gegenwart – Kontinuitätslesart	*Ich wohne hier seit zehn Jahren.*
retrospektive Gegenwart – Erfahrungslesart	*Sie war schon mal in Paris und hat den Eiffelturm gesehen.*

Die ursprüngliche Bedeutung der Perfektform, an der auch die Perfektexpansion ansetzt, ist der Ausdruck von retrospektiver Gegenwart. Wie bereits beschrieben wurde, ist die aspektuelle Bedeutung ‚Retrospektivität' ein komplexes Konzept. Neben der Abgeschlossenheitsperspektive und der damit einhergehenden Außenperspektivierung der Verbalsituation wird zusätzlich der aus der Situation folgende Nachzustand fokussiert, der zum Referenzzeitpunkt/Betrachterstandpunkt noch anhält. Der anhaltende Nachzustand kann auch als lediglich abstrakter, kontextuell inferierter Zustand oder als Gegenwartsrelevanz verstanden werden. In der typologischen Literatur wird eine Reihe von typischen Perfektlesarten angenommen. Als relevant für die Modellierung der Perfektexpansion erweisen sich vor allem die Resultatslesart und die Vollzugslesart. Die Kontinuitätslesart und die Erfahrungslesart sind spezielle Perfektlesarten, die sich durch eine besondere temporale Verortung der Situations- bzw. der Referenzzeit auszeichnen. Sie werden vorrangig durch bestimmte Temporaladverbiale (z. B. *seit X, immer, schon mal*) gesteuert. Die Kontinuitätslesart wird im Deutschen in der Regel mittels Präsensformen ausgedrückt und für die Erfahrungslesart sind – vor allem für das Verb *sein* – auch Präteritumformen üblich.

Die Gegenwartsrelevanzbedeutung von Perfektformen entsteht durch die Aktualität des Nachzustandes der vergangenen Verbalsituation zum Sprechzeitpunkt: Da der Nachzustand zum Sprechzeitpunkt noch anhält, kann auch die Verbalsituation noch als relevant für das Jetzt gewertet werden. Eine solche Gegenwartsrelevanzbedeutung kann zum Sprechzeitpunkt noch anhalten, auch wenn die auslösende Verbalsituation eindeutig in der definiten Vergangenheit verortet ist. Im Englischen muss in solchen Kontexten eine Präteritumform gesetzt werden, im Schwedischen kann bei fokussierter Gegenwartsrelevanz eine Perfektform verwendet werden, auch wenn definite Vergangenheitskontexte im Schwedischen eigentlich die Verwendung der Perfektform verbieten. Dieses Zusammenwirken von temporaler Verortung und retrospektiver Perspektivierung hat zu einem temporal-aspektuellen Übergangsbereich von retrospektiver Gegenwart zu perfektiver Vergangenheit geführt.

Tab. 65: Übergangsbereich.

Bedeutungsbereich	Beispiel
indefinite Vergangenheit mit Gegenwartsrelevanz	*Das Telefon hat eben geklingelt.*
definite Vergangenheit mit Gegenwartsrelevanz	*Ich habe letzte Woche meinen Führerschein gemacht ('und darf jetzt Auto fahren').*

Der Übergangsbereich teilt sich in die indefinite und definite Vergangenheitsbedeutung, jeweils mit Gegenwartsrelevanz. Die Definitheit der temporalen Verankerung entscheidet im Englischen über die Grammatizität von Perfektformen. Dies lässt darauf schließen, dass sie für die kognitive Wahrnehmung und Vorstellung von Verbalsituation eine relevante Größe darstellt. Der erste Bereich des Übergangsbereichs – „indefinite Vergangenheit mit Gegenwartsrelevanz" – entspricht der *grey area* von Elsness, also dem Übergangsbereich zwischen einer eindeutigen Verankerung der Verbalsituation in der Vergangenheit und dem Einschluss des deiktischen Nullpunkts in die temporale Verankerung bei gleichzeitigem Ausdruck von Gegenwartsrelevanz. Die Verbalsituation findet vollständig in der Vergangenheit statt, wird aber nicht explizit und eindeutig verankert. Wenn es Temporaladverbiale gibt, so sind diese unbestimmt bzw. ungenau (z. B. *gerade*). Der Nachzustand der Verbalsituation wird fokussiert. Dadurch wird Gegenwartsrelevanz ausgedrückt. Für diesen Bedeutungsbereich können im Englischen sowohl Perfekt- als auch Präteritumformen verwendet werden, wobei unterschiedliche Tendenzen je nach Varietät (Britisches vs. Amerikanisches Englisch) und Adverbialen festzustellen sind (vgl. Elsness 1997).

Im zweiten Bedeutungsbereich des Übergangsbereichs – „definite Vergangenheit mit Gegenwartsrelevanz" – wird die Verbalsituation eindeutig in der definiten Vergangenheit lokalisiert. Dies kann durch den Kontext oder durch definite temporale Adverbiale wie *gestern* (deiktisch), *damals* (absolut) oder *im Jahre 1250* (absolut, kalendarisch) geschehen. Gleichzeitig wird jedoch der Nachzustands der Verbalsituation fokussiert, so dass die Verbalsituation zum Sprechzeitpunkt noch relevant ist. Dieser Bedeutungsbereich kann im Englischen nicht durch Perfektformen ausgedrückt werden. Im Schwedischen sorgt die fokussierte Gegenwartsrelevanz dafür, dass die Verwendung des Perfekts für diesen Bedeutungsbereich gerade noch grammatisch ist.

Tab. 66: Vergangenheit.

Bedeutungsbereich	Beispiel
perfektive Vergangenheit	*Letztes Jahr bin ich ('noch ein einziges Mal') Fahrrad gefahren.* *Die Tür ist aufgegangen und sie ist hereingekommen.*
imperfektive Vergangenheit	*Früher bin ich gerne Fahrrad gefahren.* *Damals hat es noch nicht so viel Verkehr gegeben.*
retrospektive Vergangenheit	*(Als sie nach Hause kam/gekommen ist,) hatte er ('bereits') die Wäsche gewaschen, die Küche geputzt und die Kinder zu Bett gebracht.*

Der Bedeutungsbereich „perfektive Vergangenheit" nimmt eine Vergangenheitsverortung mit perfektivem Blickwinkel vor. Je nach Diskursmodus kann dieser Bedeutungsbereich bestimmte textuelle Funktionen (z. B. Vordergrundierung bei Narration) nahelegen. Die Verbalsituation, auf die durch die Tempusform referiert wird, ist temporal-aspektuell und pragmatisch abgelöst von der Sprechzeit.

Der Bereich der „imperfektiven Vergangenheit" verortet und perspektiviert die Verbalsituation in der imperfektiven Vergangenheit und legt entsprechende Diskursfunktionen (z. B. Hintergrundierung bei Narration) nahe. Da es in den germanischen Sprachen keine eigenen Formen für den Ausdruck der imperfektiven Vergangenheit (wie z. B. in den romanischen Sprachen) gibt, expandiert das Perfekt auch in diesen Bedeutungsbereich. Dies kann bisher nur für das Deutsche festgestellt werden. Im Niederländischen kann die Perfektform nach Dammel/Nowak/Schmuck nur für den Ausdruck von perfektiver Vergangenheit in nicht-narrativen Diskursmodi verwendet werden. Für die imperfektive Vergangenheit und narrative Diskursmodi muss die Präteritumform verwendet werden: die Perfektform ist ungrammatisch.

Der Bereich „retrospektive Vergangenheit" stellt das sogenannte „perfect in the past" dar, also die retrospektive Perspektivierung einer vorvergangenen Verbalsituation, die ausgehend von einem Referenzzeitpunkt in der Vergangenheit retrospektiv betrachtet wird. Der Ausdruck dieses Bedeutungsbereichs wird traditionell der Plusquamperfektform zugeschrieben.

Das Analysemodell versteht sich in erster Linie als temporal-aspektuelles Modell: die Expansion des Perfekts wird vor allem durch die Erweiterung der Ausdrucksmöglichkeiten von zeitreferentiellen und aspektuellen Bedeutungen dargestellt. Dabei implizieren die aspektuellen Bedeutungen auch pragmatischen Gehalt, da sie teilweise durch Implikaturen entstehen (z. B. beruht die Gegenwartsrelevanzbedeutung der retrospektiven Perspektivierung auf solchen pragmatischen Schlüssen). Die Expansion des Perfekts ist jedoch auch anhand der zunehmenden Verwendungsmöglichkeiten in verschiedenen Diskursmodi (sowie zugehörigen Diskursfunktionen) zu beschreiben. Wie in Kapitel 3.1.2 („Tempus, Aspekt und Diskurs") erörtert wurde, kann die Perfektform als Ausdruck von retrospektiver Gegenwart als deiktische Form nur in Diskursformen mit deiktischer temporaler Organisation und nicht in narrativen Diskursen mit ihrer anaphorischen temporalen Organisation verwendet werden. Erst mit zunehmender semantischer, temporal-aspektueller Expansion wird das Perfekt auch zu einer Form, die in narrativen Diskursen verwendet werden kann. Diese Verwendung setzt voraus, dass die Verbalsituation, auf die mit der Perfektform referiert wird, zeitlich abgelöst von der Sprechsituation stattgefunden hat. Dies ist in dem Modell erst mit dem Bedeutungsbereich „definite Vergangenheitsbedeutung mit Gegenwartsrelevanz" der Fall. Erst jedoch mit der perfektiven Vergangenheitsbedeutung ist auch eine pragmatische Ablösung der Verbalsituation von der Sprechsituation erfolgt. Dammel/Nowak/Schmuck stellen für das Niederländische fest, dass Perfektformen zwar für perfektiv perspektivierte, vergangene Verbalsituationen verwendet werden können, jedoch nur in nicht-narrativen Kontexten. Bei einer fortschreitenden Perfektexpansion im Niederländischen wäre zu erwarten, dass bald auch in narrativen Kontexten Perfektformen verwendet werden können. Dies würde aus Sicht der typologischen Forschung den Abschluss der Perfektexpansion manifestieren. Dort wird die Verwendung eines ehemaligen Perfekts als Narrationstempus als entscheidendes Kriterium zur Unterscheidung von *anterior* und *past grams* verwendet (vgl. Kap. 3.1.1.2 „Aspektualität"). Für die germanischen Sprachen ist eine vollständige Expansion des Perfekts, das den Bedeutungsbereich des Präteritums übernimmt, jedoch erst vollzogen, wenn die Perfektformen Verbalsituationen sowohl in der Vergangenheit lokalisieren als auch imperfektiv perspektivieren können.

3.4.6 Expansionsgrad des Perfekts im Deutschen

Das integrative Analysemodell zur Perfektexpansion modelliert den semantischen Expansionsprozess der Perfektform. Anhand der Kriterien, die die einzelnen Bedeutungsbereiche ausmachen, lassen sich nun konkrete Belege und Bedeutungsbeschreibungen auf den semantischen Expansionsgrad überprüfen und die Befunde aus Kapitel 2 durch eine neue „methodische Brille" nochmals bewerten.

3.4.6.1 Expansionsgrad des Perfekts in der deutschen Standardsprache

Die standardsprachlichen Grammatiken und Schulbücher, die als schriftliches Narrationstempus das Präteritum festschreiben, halten an einem „niederländischen" Expansionsgrad fest. Das Perfekt ist – ebenso wie im Niederländischen – aus den narrativen Verwendungskontexten ausgeschlossen, gleichzeitig kann es jedoch grundsätzlich Vergangenheit ausdrücken. Die Korpusstudien zum Tempusgebrauch in schriftlichen Texten spiegeln diese Regelung wider: Die rein narrativen Korpora haben mit 99,4 % (Lindgren 1957, 33) und 94,5 % (Latzel 1977, 100) auch die höchsten Präteritumanteile. Auch in den mündlichen Korpora überwiegen die Präteritumanteile in den Korpora mit narrativem Diskursmodus (z. B. Latzel 1977, 104: 68,2 % Präteritumanteil in erzählender Rede „in Sequenz"). Allerdings wird das Perfekt in diesen mündlichen Erzählungen schon zu rund einem Drittel verwendet. Unklar ist, ob diese Perfektformen ausschließlich perfektive Vergangenheitskontexte bedienen oder auch bereits für imperfektive, hintergrundierende Kontexte verwendet werden. In den historischen Studien ließ sich zeigen, dass die Perfektform sukzessive in die narrativen Diskursmodi vorgedrungen sind. Ob sich die Perfekt- und Präteritumformen mit Vergangenheitsbedeutung hinsichtlich der aspektuellen Perspektivierung (und damit auch hinsichtlich ihrer Diskursfunktionen) unterscheiden, ist den Studien nicht zu entnehmen.

Schauen wir uns die Minimalunterscheidung von Sieberg (1984, 2003a) an, so lässt sich für die Standardsprache doch noch eine genauere Aussage treffen (vgl. Kap. 2.3.1 „Präteritum und Perfekt in der Standardsprache"). Sieberg definiert die semantische Minimalopposition zwischen Perfekt und Präteritum dahingehend, dass das Perfekt einen Sachverhalt immer als vorzeitig zum Orientierungspunkt darstelle, wohingegen das Präteritum nicht notwendigerweise eine solche Vorzeitigkeitsrelation ausdrücken müsse. Sie könne auch eine einfache Kontextreferenz ausdrücken, d. h. dass die im Kontext ausgewiesene Zeitreferenz als weiterhin gültig für die folgende Aussage ausgewiesen werde – was wiederum das Perfekt nicht könne. Diese Funktion – die im Kontext ausgewiesene Zeitreferenz als weiterhin für gültig ausweisen – wird auch von imperfektiv perspektivierten Vergangenheitsbedeutungen (in narrativen Diskursen) ausgeübt. Imperfektiv perspektivierte Verbalsituationen lassen die Referenzzeit nicht voranrücken, sie übernehmen die Referenzzeit des Kontextes (vgl. Kap. 3.1.2.2 „Diskursstrukturierung durch Aspektualität"). Hier gibt es also Hinweise darauf, dass das Perfekt standardsprachlich zwar perfektive Vergangenheit ausdrücken könne, jedoch nicht imperfektive Vergangenheit in narrativen Diskursen. Das Perfekt hätte demnach den letzten Expansionsschritt noch nicht (vollständig) vollzogen. Der genaue Expansionsgrad in der Standardsprache bleibt hier teilweise unklar.

3.4.6.2 Expansionsgrad des Perfekts in den deutschen Dialekten

Die Auswertung der dialektologischen Quellen ergab, dass im oberdeutschen Dialektraum nur noch einzelne Präteritumformen belegt werden konnten (vgl. 2.2.2.2 „Süden"). Das Perfekt wird im Oberdeutschen für alle Vergangenheitskontexte verwendet und ersetzt das Präteritum vollständig. Hier können wir von einer vollständigen Expansion in die perfektiven und imperfektiven Vergangenheitsbedeutungsbereiche ausgehen. Die leichte Tendenz zur Verwendung der *war*-Formen in hintergrundierenden, imperfektiven Kontexten ist in erster Linie auf die lexikalische Verbsemantik des Verbs *sein* als Zustands- und Existenzverb zurückzuführen, die die Verwendung in imperfektiven Kontexten prädestiniert.

In den Dialekträumen des Übergangsgebiets ist das wichtigste Kriterium, das zur Funktionsunterscheidung von Perfekt und Präteritum bemüht wird, der Gebrauch als Erzähltempus (vgl. Kap. 2.2.2.3 „Dialektale Formenbestände – Übergangsraum"). Für das Ostfränkische wird angegeben, dass das Präteritum in narrativen Texten gut erhalten ist (vgl. Gerbet 1908), zum anderen wird das Perfekt bereits explizit als Narrationstempus ausgewiesen (vgl. Franke 1892/1895; Hertel/Hertel 1902). Für das Moselfränkische notiert Müller-Wehingen (1930), dass das Perfekt als „gewöhnliches" Narrationstempus verwendet würde. Für die hessischen Dialekte vermerken Soost (1920) und Schwing (1920) die stärkere Verwendung von Präteritumformen in der Narration, in der jedoch auch bereits Perfektformen verwendet würden. Für das Ostmitteldeutsche finden sich dann erste Bestimmungen, die das Präteritum als Narrationstempus von einem nicht-narrativen Perfekt unterscheiden (vgl. Franke 1892/1895; Weise 1900). Franke (1892/1895) spricht dem Perfekt eindeutig perfektive Vergangenheitsbedeutung zu, wenn er beschreibt, es diene „zur Bezeichnung von vollendeten, abgeschlossenen Thatsachen". Ob das Perfekt auch imperfektive Vergangenheit ausdrückt, wird nicht klar.

Auch für die niederdeutschen Dialekte kann eine Reihe von Verwendungsbeschreibungen in die Diskussion aufgenommen werden (vgl. Kap. 2.2.2.4 „Norden). Für das Perfekt im Westfälischen notiert Bröking, dass es neben seinen „eigentlichen" Bedeutungen auch für die Bedeutungsbereiche des Präteritums verwendet wird (welche sich als perfektive und imperfektive Vergangenheit charakterisieren lassen). Für das Berlinische (vgl. Lasch 1927) und das Nordniederdeutsche (vgl. Schönhoff 1908; Lindow et al. 1998) finden sich Beschreibungen, die das Präteritum als Erzähltempus darstellen, jedoch auch ein Eindringen des Perfekts in narrative Diskursformen beobachten. In den Bedeutungsbeschreibungen und den Beispielen der niederdeutschen Perfekt- und Präteritumformen von Bernhardt (1903) (für regiolektale Sprechweisen im nordnd. Glücksstadt) lässt sich entnehmen, dass beide Formen sowohl perfektive als auch imperfektive Vergangenheitsbedeutung ausdrücken können. Auch für das Nordniederdeutsche wird demnach eine vollständige semantische und diskursmodale Expansion des Perfekts beschrieben.

Die Zusammenschau der dialektgrammatischen Literatur hat gezeigt, dass die punktuellen Bedeutungs- und Verwendungsbeschreibungen mit wenigen Ausnahmen nahelegen, dass in allen (hier untersuchten) Dialekten die Perfektexpansion vollständig vollzogen wurde. Das Perfekt kann demnach überall sowohl perfektive als auch imperfektive Vergangenheitsbedeutung tragen. Ob es auch überall als Narrationstempus dienen kann, ist unklar. Hier gibt es widersprüchliche Befunde. Für das Ostmitteldeutsche und das Niederdeutsche wurde das Präteritum als Erzähltempus beschrieben, wobei auch beobachtet wurde, dass das Perfekt in narrative Diskursformen eindringt.

Es wurde deutlich, dass die Dialektgrammatiken in ihrer Beschreibung der dialektalen Tempus-Aspekt-Systeme verschiedenartig vorgehen und jeweils für verschiedene Systemausschnitte und unterschiedliche Zeitschnitte des 19. und 20. Jahrhunderts geltend gemacht werden können. Die mitunter fehlende Vergleichbarkeit macht es schwer, gültige Aussagen zum Expansionsgrad des Perfekts in den deutschen Regionalsprachen allein anhand dieser Bedeutungsbeschreibungen zu bestimmen. Daher wird im Folgenden auf das REDE-Korpus, ein vergleichbares Korpus gesprochener Regionalsprache zurückgegriffen, um in Form einer Stichprobe zu ermitteln, welche Bedeutungsbereiche jeweils mittels der Perfekt- und Präteritumformen ausgedrückt werden können.

3.4.6.3 Empirische Überprüfung des Perfektexpansionsgrads am REDE-Korpus

Im Rahmen des Forschungsprojekts *Regionalsprache.de* (REDE) wurden an 150 Orten der Bundesrepublik Deutschland Sprachaufnahmen regionalen Sprechens in verschiedenen Situationen erhoben.[282] Für unsere Zwecke – eine Überprüfung der Bedeutungsbereiche der Vergangenheitstempusformen – eignet sich in erster Linie die Situation „Interview zu Sprachverwendung und -biographie mit einer Exploratorin/einem Explorator", in der die Informanten über ihre Sprachbiographie berichten und entsprechend auf vergangene Verbalsituationen referieren. Erwartungsgemäß werden in dieser Situation verhältnismäßig viele Vergangenheitstempusformen verwendet. Die Erhebungssituation ist geprägt von der Frage-Antwort-Struktur des Interviews, in dem die Informanten anhand eines Leitfadens zu verschiedenen Lebensabschnitten befragt werden. Neben beschreibenden Schilderungen kommt es auch immer wieder zu

---

[282] Erläuterungen zu Hintergrund und Methodik des Projekts geben Ganswindt/Kehrein/Lameli (2015).

narrativen Passagen, in denen eine chronologische Folge von Ereignissen – eine Handlungskette auf einer *timeline* – erzählt wird. Miteinander vergleichbar sind die Aufnahmen des Korpus, da neben der Erhebungssituation auch die Informantengruppen, die an den Erhebungen teilnehmen, gleichgehalten werden.[283] Die drei Gespräche, die für die Stichprobe herangezogen werden, sind drei Interviews mit Polizisten mittleren Alters (45–55 Jahre) aus Flensburg, Trier und Traunstein.[284] Alle drei sind im mittleren Dienst beschäftigt und haben aufgrund ihrer Ausbildung und beruflichen Tätig einen ähnlichen beruflichen Werdegang mit vergleichbaren kommunikativen Anforderungen durchlaufen. Mit der Wahl der Erhebungsorte – Flensburg im Nordniederdeutschen, Trier im Moselfränkischen und Traunstein im Mittelbairischen – wurde jeweils ein Gespräch aus dem Präteritumerhaltungsgebiet, dem Übergangsgebiet und dem Präteritumschwundgebiet berücksichtigt.

Im Folgenden wird exemplarisch anhand dieser Gespräche überprüft, inwieweit die Perfekt- und Präteritumformen die für den Perfektexpansionsprozess relevanten Bedeutungsbereiche bedienen (können).

Ausgangspunkt – Ausdruck retrospektiver Gegenwart
Die retrospektive Gegenwart wird in den Gesprächen erwartungsgemäß mit Perfektformen ausgedrückt. Für die einzelnen Lesarten werden jeweils Belege aus allen drei Interviews aufgeführt, sofern die Lesart belegbar war.

Retrospektive Gegenwart mit Resultatslesart
(1) *aber wurde dann aber dienstlich versetzt nach nach mecklenburg vorpommern* **mir ist auch im moment der ort entfallen** *wie hieß das noch da*
(Flensburg: FL 3, Beleg 149)

---

[283] Nicht verschwiegen werden darf, dass die Informanten je nach Dialektraum und individuellen Eigenschaften, die Erhebungssituationen durchaus mit unterschiedlichen Ausschnitten ihrer Systemkompetenz bewältigen. Während die einen Sprecher in der Situation „Interview" durchgängig Dialekt mit den Exploratoren sprechen, weist die Sprechweise anderer Sprecher nur wenige regionale Interferenzen auf und lässt sich dem standardnahen Regionalakzent zuordnen. Die Flensburger und Trierer Polizisten sprechen in den Interviews Regiolekt, der bairische Informant spricht Dialekt. Die bisherigen Erkenntnisse legen nahe, dass bivarietäre Sprecher, die sowohl Dialekt als auch Regiolekt beherrschen (und ebenfalls über die Standardsprache als Zielvarietät ihrer Makrosynchronisierungen verfügen), nicht über unterschiedliche Tempus-Aspekt-Systeme je Varietät verfügen. Je nach Variation in der Vertikale können Sie zwar bewusst mehr oder weniger Präteritumformen verwenden (und ihre Tempusverwendung für bestimmte Textsorten/Diskursformen aktiv steuern). Grundsätzlich scheinen Sprecher jedoch nicht über mehrere Systeme zu verfügen, zwischen denen sie aktiv wechseln. Dies genauer zu erforschen, steht allerdings noch aus.
[284] Im Einzelnen handelt es sich um die Informanten FL3, TR1 und TS10.

(2) *der red jetzt ein wenig ein anders* **der is jetzt nach münchen zogn** *und ich habe mir schon denkt der also des ist jetzt nimmer so wie mer vorher miteinander gredt ham nicht bloß nur jetzt vom inhalt her sondern auch von der sprache her* (Traunstein: TS10, Beleg 578)

In den Belegen wird ausgedrückt, dass die Verbalsituationen *entfallen* und *ziehen* zum Sprechzeitpunkt zwar vollzogen sind, jedoch an die Jetzt-Zeit heranreichen. Dies wird durch die auf die Jetzt-Zeit bezogenen Adverbiale *im moment* und *jetzt* noch verstärkt. Im weiteren Kontext des Belegbeispiels (2) zeigt sich jedoch, dass sich die Angabe *jetzt* doch auf einen etwas weiteren Zeitraum bezieht. Hier wäre auch die Lesart als indefinite Vergangenheit mit Gegenwartsrelevanz denkbar.

Retrospektive Gegenwart mit Vollzugslesart

(3) *biewerer biewerer dialekt das ist plattdeutsch was in zwischendrin was in meiner generation eigentlich schon mehr in die richtung reingeht* **wie ich es jetzt selbst eben hier gesprochen hab** *was ich aber nimmer so pflege* (Trier: TR1, Beleg 5)

(4) *meine mutter ko heute noch nicht hochdeutsch redn die* **wie hab ich gsagt** *wenn besuch da ist dann dann fangt sie einen satz hochdeutsch a oder was halt so hoch hochdeutsch is und und aufhern tut sie ihn bairisch* (Traunstein: TS10, Beleg 234)

Beide Belege beziehen sich jeweils auf die Sprechzeit, zu der die Verbalsituationen vollzogen sind.

Retrospektive Gegenwart mit Erfahrungslesart

Die Erfahrungslesart mit einem Vollverb wird mit Perfekt ausgedrückt:

(5) **ist es noch nie aufgefallen** *dass ein saarländer sich anders verhalten hätte vom dialekt* (Trier: TR1, Beleg 442)

(6) *ich hab einen freund aus sachsen der is jetzt seit seit der wende da bei uns der das find ich auch charakterlich gut* **der hat es noch nie probiert** *dass er bairisch redt* (Traunstein: TS10, Beleg 23)

Die Lesart wird ebenfalls durch die Angaben – *noch nie* – gesteuert.

Retrospektive Gegenwart mit Kontinuitätslesart
Für die Kontinuitätslesart, vor allem für Kontexte mit *seit-X*-Adverbiale finden sich – wie bereits in Kapitel 3.4.4 („Perfektexpansion im germ. Vergleich") erörtert – Präsensformen:

(7) *ja meine eltern sind nach flensburg gezogen und* **seit meinem achten lebensjahr wohne ich hier** (Flensburg: FL3, Beleg 65)

(8) **ich bin seit neunzehnhundertdreiundsiebzig in trier** *und war nie irgendwo anders dienstlich eingesetzt* (Trier: TR1, Beleg 502)

(9) *mit meiner frau die ich damals kennaglernt hab siebenundsiebzig ja siebenundsiebzig* **seit siebenundsiebzig san wir zusammen** (Traunstein: TS10, Beleg 371)

Die Kontinuitäts-Lesart mit *immer/schon immer*-Adverbialen wird in der Regel mit Perfekt und beim Verb *sein* auch mit Präteritum ausgedrückt.

(10) *nee bis zum heutigen zeitpunkt spricht meine mutter so* **wie sie immer gesprochen hat** (Trier: TR1, Beleg 240)

(11) **und meine großeltern sind allesamt schon sehr lange verstorben** (Traunstein: TS10, Beleg 83)

(12) *die doktorin ist jetzt schwerst krebskrank* **die hab ich schon lange nicht mehr geseng** (Traunstein: TS10, Beleg 568)

(13) *Explorator: und wie ist dann hier auf der dienststelle gesprochen worden – ja das ist ein mischmasch* **trier war schon immer so ein bisschen mit saarländern relativ stark besetzt** (Trier: TR1, Beleg 439)

Dies ist die einzige Lesart des retrospektiven Aspekts, die mit Präteritumform ausgedrückt wird. Ansonsten hat sich das Präteritum in den untersuchten Gesprächen aus dem Bedeutungsbereich der retrospektiven Gegenwart herausgezogen.

Übergangsbereich – zwischen retrospektiver Gegenwart und perfektiver Vergangenheit
Für den Übergangsbereich lassen sich nur Belege mit Perfektformen finden.

Indefinite Vergangenheit mit Gegenwartsrelevanz
Die indefinite Vergangenheit mit Gegenwartsrelevanz wird in allen drei Gesprächen mit Perfektformen ausgedrückt.

(14) *ich kann ja auch nur das wiedergeben* **was bei mir haften geblieben ist** *das ist ja nur ein bruchteil das ist das ist ja das was man aus der erinnerung erzählt* (Flensburg: FL3, Beleg 126)

(15) *weil der der der hat jetzt zu mindestens nicht den eindruck erweckt dass er irgendwie hochnäsig oder arrogant geworden wäre* **sondern das ist vielleicht ganz seine ganz normale lebensweise geworden** (Trier: TR1, Beleg 217)

(16) *trotzdem gibt es also in traunreut sehr viele leute die auch aus der umgebung da kemman und* **da bei uns in der siemens arbeit gfundn ham** (Traunstein: TS10, Beleg 278)

Die Verbalsituationen (*haften bleiben, werden, finden*) wurden jeweils in der Vergangenheit (abgelöst vom Sprechzeitpunkt) vollzogen, ihr Nachzustand hält aber zum Sprechzeitpunkt an und wird fokussiert. Die Verbalsituationen sind relevant für die Jetzt-Zeit.

Definite Vergangenheit mit Gegenwartsrelevanz
Ein Ausdruck der definiten Vergangenheit mit Gegenwartsrelevanz findet sich nur im Flensburger und Traunsteiner Gespräch – jeweils mithilfe von Perfektformen:

(17) **ich ich habe ihm schon mal gesagt** *er soll er soll mal ein buch schreiben da drüber* (Flensburg: FL3, 88)

(18) *ja gut traunreut is ja is ja erst neunzehnhundertsiebenundvierzig* **gegründet worn** *als gemeinde und* **in den fünfziger jahren zur stadt erhoben worn** *jetzt sind dementsprechend gibt es da keine gewachsene keinen stamm* (Traunstein: TS, Belege 265, 266)

Die Verbalsituationen werden definit in der Vergangenheit verortet. Im Beispiel (17) markiert die Adverbiale *schon mal*, dass die Verbalsituation *sagen* zu einem in der Vergangenheit liegenden Zeitpunkt erfolgte. Kalendarisch bestimmt wird die Referenzzeit in Beispiel (18) (*neunzehnhundertsiebenundvierzig; in den fünfziger jahren*).

Für den Ausdruck des Übergangsbereichs konnten keine Präteritumbelege festgestellt werden.

Vollzogene Expansion – Ausdruck von Vergangenheit

Perfektive Vergangenheit
Perfektive Vergangenheit wird sowohl mit Perfektformen (Belegbeispiele 19–21) als auch mit Präteritumformen (Belegbeispiele 22–24) ausgedrückt.

(19) *mein vater ist meine ich ich meine er ist in mecklenburg vorpommern geboren und ist dann von da aus richtung ostpreußen mein opa war polizist ist richtung ostpreußen und* **dann sind sie nachher nach ende des zweiten weltkrieges kurz vor ende sind sie geflüchtet** (Flensburg: FL3, Beleg 75)

(20) *der opa war* **der ist vierundsechzig gestorben** *da war ich elf jahre alt das war ein alter grantiger* (Trier: TR1, Beleg 95)

(21) **mein großvater hat eine tschechin gheiratet** *allerdings war das auch bloß eine halbtschechin* (Traunstein: TS10, Beleg 97)

(22) *er ist er ist zwar hier geboren ist bei der polizei gewesen ist dann aber* **wurde dann aber dienstlich versetzt nach nach mecklenburg vorpommern** (Flensburg: Fl3, Beleg 148)

(23) *mein großvater väterlicherseits ist in beßlich das ein nachbarort von butzweiler geboren also auch vom land der hat aber eigentlich nur so so biewerer art gesprochen* **vielleicht weil der schon als ganz junger mann auch nach biewer kam** *und dann in den zwanziger jahren da geheiratet hat* (Trier: TR1, Beleg 75)

(24) *das is dreimal ganga dann is es zum hundertschaftsführer ganga* **und der war dann nach vierzehn tagen weg** *der hat das nicht verkraftet dass er da nicht mit „bartl" unterschreibm derf* (Traunstein: TS10, Beleg 361)

In den Belegbeispielen (19–24) wird jeweils auf eine in der definiten Vergangenheit liegende Verbalsituation, die perfektiv perspektiviert wird, referiert. Die perfektive Perspektivierung erfolgt in (19–23) durch grenzbezogene Situationstypen (Accomplishments: *flüchten, kommen*; Achievements: *sterben, heiraten, versetzt werden*).

In dem Traunsteiner Gespräch lassen sich als Präteritumbelege für den Ausdruck von perfektiver Vergangenheit nur Formen des Verbs *sein* (als inceptiv [= perfektiv] perspektivierte States) feststellen. In Beispiel (24) wird auf das Einsetzen einer Situation (Zustand *weg sein*; wird verstanden als inferierter Nachzustand von z.B. 'ist gegangen', 'wurde gefeuert') referiert, das Fortschreiten der Referenzzeit wird vor allem durch die temporalen Angaben (*dann nach vierzehn tagen*) gesteuert.

Imperfektive Vergangenheit
Imperfektive Vergangenheit wird in allen drei Gesprächen ebenfalls sowohl mit Perfektformen (Belegbeispiele 25–27) als auch mit Präteritumformen (Belegbeispiele 28–30) ausgedrückt. Es lassen sich demnach auch im Flensburger Gespräch Belege für Perfektformen mit imperfektiver Vergangenheitsbedeutung feststellen. Die Perfektform hat temporal-aspektuell vollständig expandiert.

(25) *also das ist eine ganz ganz aussterbende sprache dies* **wie die pitu tanten das früher gesprochen haben auf ihren dampfschiffen** (Flensburg: Fl3, Beleg 5)

(26) *Explorator: das heißt sie haben ihre großeltern auch noch alle bewusst erlebt –* **ja ja ja ja die habe ich noch lange erleben dürfen gott sei dank größtenteils** (Trier: TR1, Beleg 71)

(27) *meine eltern sind flüchtlig flüchtlinge die kommen aus der deutschen sprachinsel iglau das is zwischen prag und wien* **sind da auch in deutsche schulen ganga und ham zwar viel kontakt mit der tschechischen bevölkerung ghabt** (Traunstein: TS10, Belege 35, 36)

(28) **mein opa der war in kriegsgefangenschaft in jugoslawien** *und* **sie musste das also alles alleine regeln** (Flensburg: Fl3, Belege 85, 86)

(29) *der opa war der ist vierundsechzig gestorben* **da war ich elf jahre alt das war ein alter grantiger** (Trier: TR1, Belege 96, 97)

(30) *mein großvater hat eine tschechin gheiratt* **allerdings war das auch bloß eine halbtschechin** (Traunstein: TS10, Beleg 98)

Hervorgerufen werden den imperfektiven Blickwinkel hauptsächlich durch die Situationstypen: Activities (*sprechen, in die Schule gehen*); und States (*erleben dürfen, Kontakt haben, in Kriegsgefangenschaft sein, regeln müssen, elf jahre alt sein, eine halbtschechin sein*).

Diskursmodus Narration
Ob die Perfektform auch diskursmodal die Funktionsbereiche des Präteritums übernommen hat, wird im Folgenden für die einzelnen Gespräche erörtert. Dabei wird überprüft, ob die Perfektform in narrativen Sequenzen sowohl für vordergrundierende als auch für hintergrundierende Kontexte verwendet werden kann.

Traunsteiner Aufnahme

Der Traunsteiner Informant verwendet sowohl für Vordergrund- als auch für Hintergrunddarstellungen einer narrativen Passage Perfektformen.

(31) *ja ich **bin** im krankenhaus traunstein **geboren** und dann die ersten zehn jahre meines lebens in der damaligen gemeinde kammer das is von da ungefähr sieben kilometer **aufgewachsen** und **sind** dann in meinem zehnten lebensjahr nach traunreut **umzogn*** (Traunstein: TS, Belege 28–31)

Die Ereigniskette *bin geboren – (bin) aufgewachsen – sind umzogn* wird mit Perfektformen beschrieben.[285] Der deskriptive Einschub in die Narration – *das is von da ungefähr sieben kilometer* – bezieht sich auf die Sprechsituation (außerhalb der erzählten Welt).

(32) *ich **bin** also im september aus der schule raus und erst im februar bei der polizei **eingstellt worn** ich **hab** ein halbes jahr als staplerfahrer bei der siemens **gearbart** und dann **bin** ich zur polizei und dann **bin** ich zur polizei **ganga*** (Traunstein: TS, Belege 259–262)

Auch in Beispiel 32 wird die Ereigniskette aus vergangen, perfektiv perspektivierten Verbalsituationen gebildet: *bin* (+ Bewegungsverb-Ellipse) – *(bin) eingstellt worn – hab gearbart – bin bin ganga*.

(33) *dann **bin** ich nach dachau **kemma** da **is** dann – Explorator: mit der hundertschaft – mit der hundertschaft da **is** der lehrgang **gmacht worn** ein halbes jahr **warn** wir also nur in die lehrsäle drinnert und dann in die vierte ausbildungsstufe weiterhin in dachau* (Traunstein: TS, Belege 337–339)

Ebenso wird die Ereigniskette aus vergangenen, perfektiv perspektivierten Verbalsituationen in Beispiel 33 gebildet: *bin kemma – is is gmacht worn*. Für die imperfektiv perspektivierte Situationsbeschreibung innerhalb der Erzählung (Umstands-/Hintergrundbeschreibung), wird in dem Traunsteiner Interview eine Präteritumform gewählt: *ein halbes jahr **warn** wir also nur in die lehrsäle drinnert*. Anschließend schreitet die erzählte Zeit entlang der *timeline* weiter.

---

285 Die Form *bin geboren* ist der Form nach ein Zustandspassiv im Präsens, wird hier allerdings gleichbedeutend zu *wurde geboren* verwendet. Daher wird ihr perfektive Vergangenheit zugesprochen.

(34) *ja also ich **hab** diesen diesen baby slang dann auch **versucht** nach hause zu bringen am anfang **ist** mit das recht lustig **vorkomma bin** aber da allerdings da auf massiven widerstand von meiner frau **gstoßen*** (Traunstein: TS10, Belege 406–408)

Ein Beispiel für eine Perfektform mit der Funktion Hintergrundbeschreibung innerhalb von Narration findet sich in (34). Mit *am anfang ist mit das recht lustig vorkomma* wird die Verbalsituation der Ereigniskette (*versuchen nach hause zu bringen*) beschrieben und bewertet. Anschließend führt die Verbalsituation *stoßen* die Narration fort.

Trierer Aufnahme
Im Trierer Interview werden sowohl für die narrativen Vordergrund- als auch für die Hintergrunddarstellungen Perfekt- und Präteritumformen verwendet.

(35) *im juli juli juni neunundsechzig **war** das schuljahr zu ende dann habe ich ein halbes jahr ich **musste** von zu hause aus eine hilfsarbeitertätigkeit **annehmen** und am fünften januar neunzehnhundertsiebzig **bin** ich bin ich zur polizei **gegangen** – Explorator: und wo sind sie dann hingekommen sind sie in trier haben sie die ausbildung begonnen – nein ich **war** ein jahr lang in wittlich wengerohr bei der polizeischule hab da bis zur ja abschlussprüfung **bin** ich in wengerohr **geblieben** januar neunzehnhundertsiebzig **bin** ich für ein halbes jahr nach koblenz **gegangen habe** da eine weitere ausbildung **gemacht** führerschein **bin** anschließend ein halbes jahr nach mainz **gegangen** zur polizeischule* (Trier: TR1, Belege 283–301)

Dies lässt sich in dem Abschnitt in (35) zeigen: Die Ereigniskette auf der *timeline* wird durch *war* [inceptiv persp. Zustand] – *musste annehmen* [perfektiv persp. Zustand] – *bin gegangen* – *bin gegangen* – *habe gemacht* – *bin gegangen* gebildet. Hintergrundbeschreibungen erfolgen mit Präteritum (*ich **war** ein jahr lang in wittlich wengerohr bei der polizeischule*), aber auch mit Perfekt (*bis zur ja abschlussprüfung bin ich in wengerohr geblieben*).

Demnach kann auch der Trierer Informant das Perfekt für imperfektive Vergangenheit in narrativen Kontexten verwenden. Es ist vollständig expandiert.

Flensburger Aufnahme
Für das Flensburger Interview ist eine solche Verwendung des Perfekts nur bedingt nachzuweisen.

(36) *da **hat** mein vater dann eben auch meine mutter **kennengelernt** da **war** mein vater aber noch sehr klein also die sind er **hat** seine haupt seine haupt jugend **hat** er hier oben **verbracht** also meine oma **ist** damals mit zwei kleinen kindern über das **ist** über diese nehrung da **geflüchtet*** (Flensburg: FL3, Belege 79–82)

Im Beispiel (36) wird die Ereigniskette wahrscheinlich aus *hat kennengelernt – ist geflüchtet* gebildet. Es ist nicht ganz klar, ob diese beiden perspektivierten Ereignisse wirklich auf einer *timeline* anzuordnen sind (Hat der Vater die Mutter noch vor der Flucht kennengelernt?) Der Satz *da **war** mein vater aber noch sehr klein* dient als Hintergrunddarstellungen zum *kennenlernen*. Der Satz *er **hat** seine haupt seine haupt jugend **hat** er hier oben **verbracht*** verlässt die erzählte Zeit und erläutert die Zeit nach der Flucht aus heutiger Perspektive. Mit dem Wort *also* wird die Erzählung anschließend wieder aufgegriffen. Hier liegt also kein echter Beleg für eine Perfektform für die imperfektive Vergangenheit in einem narrativen Diskursmodus vor. Andere mögliche Belege des Flensburger Informanten sind ebenfalls uneindeutig oder nicht aussagekräftig.

(37) *meine mutter **ist** in der nähe von langballig **geboren** in terkelstoft das **liegt** nur zwei kilometer weiter und mein vater **ist** mensch da muss ich richtig überlegen mein vater **ist** meine ich ich **meine** er **ist** in mecklenburg vorpommern **geboren** und **ist** dann von da aus richtung ostpreußen mein opa **war** polizist **ist** richtung ostpreußen und dann **sind** sie nachher nach ende des zweiten weltkrieges kurz vor ende **sind** sie **geflüchtet** und **sind** dann letztendlich wieder hier oben **gelandet** erst in kiel mit zwischenstation und **sind** dann nachher hier hoch **gekommen** ja nach langballig diese diese region also da wo ich dann später auch **geboren bin*** (Flensburg: FL3, Belege 66–78)

In diesem Beispiel zeigt sich, dass das Perfekt auf jeden Fall fest als Narrationstempus zum Ausdruck der perfektiv perspektivierten, chronologisch auf einer *timeline* angeordneten Ereignisse etabliert ist. Die narrative Ereigniskette, die mehrmals durch beschreibende Einschübe unterbrochen wird, wird durch die Verbalsituation *ist geboren, ist ist ist* (+Bewegungsverb-Ellipse), *sind sind geflüchtet, sind gelandet, sind gekommen,* (*geboren bin*).[286]

---

286 Der Satz *also da wo ich dann später auch geboren bin* gibt Hintergrundinformationen zu *Langballig*. Gleichzeitig befindet sich das Ereignis chronologisch auf der *timeline* und wird perfektiv perspektiviert. Die genaue Funktion ist daher unklar.

Perfekt kann in dem niederdeutschen Interview[287] als „Narrationstempus" zum Ausdruck einer Ereigniskette auf einer *timeline* nachgewiesen werden. Es ist allerdings unklar, ob es auch für Hintergrunddarstellung innerhalb dieser *timeline* verwendet werden kann. Allein an dem Tempusgebrauch des Flensburger Informanten lässt sich demnach nicht nachweisen, dass das Perfekt im niederdeutschen Sprachgebrauch die Funktionen des Präteritums, zu denen auch der Ausdruck von Hintergrunddarstellungen innerhalb einer Narration (imperfektive Vergangenheit im narrativen Diskursmodus) gehört, vollständig übernommen hat. Hier müssten sich weitere Auswertungen anschließen.

Zusammenfassung zur Überprüfung anhand des REDE-Korpus
1. Die Stichprobe hat gezeigt, dass das Perfekt in den Regionalsprachen semantisch vollständig expandiert hat. Es kann alle Bedeutungsbereiche ausdrücken, die dem Präteritum zugeschrieben werden. Zusätzlich hat es auch die diskursmodalen Funktionen des Präteritums übernommen. Es wird in allen drei Interviews als Erzähltempus zur Darstellung der Ereigniskette verwendet. Perfektbelege für eine hintergrundierende Verwendung innerhalb einer Narration konnten für das Trierer und Traunsteiner Gespräch bestätigt werden. Im Flensburger Gespräch wurde kein eindeutiger Beleg für eine solche Verwendung ermittelt. Hier müssten sich weitere Überprüfungen anschließen.
2. Die Belege haben gezeigt, dass für das Perfekt temporal-aspektuell nun „alles möglich" ist. Es stellt sich jedoch die Frage, ob sich im arealen Vergleich Unterschiede in den Häufigkeiten in den Verwendungen der Tempusformen finden lassen, die den Expansionsprozess widerspiegeln. Solche Tendenzen müssten im Rahmen einer quantitativen Auswertung untersucht werden. Hier stellt sich auch die Frage nach den typischen Bedeutungsbereichen und Verwendungskontexten. Nur eine Quantifizierung (wie sie z. B. für das Mittelhochdeutsche von Zeman 2010 vorgelegt wurde) kann Aufschluss darüber geben, welche Bedeutungen und Verwendungskontexte typischerweise durch welche Formen ausgedrückt werden.
3. Die Überprüfung hat zugleich Hinweise zur Kehrseite des Perfektexpansionsprozesses gegeben. Während das Perfekt immer mehr Bedeutungsbereiche und Verwendungskontexte bedienen kann, zieht sich das Präteritum aus den retrospektiven Bedeutungsbereichen zurück. Es erlebt eine Bedeu-

---

287 Wie oben bereits erläutert wurde, verwendet der niederdeutsche Informant in dem Interview Regiolekt. In welchem Verhältnis sich die Tempus-Aspekt-Systeme von Regiolekt und Dialekt einer Regionalsprache befinden, ist noch nicht bekannt.

tungsverengung. Dies wurde auch bereits in der Auswertung der historischen Grammatiken deutlich. Da auch für den Übergangsbereich keine Präteritumformen belegt werden konnten, ließe sich hier die Vermutung anschließen, dass das Präteritum aus dem Bedeutungsausdruck der Gegenwartsrelevanz vollständig verdrängt wurde.
4. Die Interviews zeigen des Weiteren, dass das Perfekt noch nicht am Ende seines Grammatikalisierungspfads angekommen ist. Es konnten auch Belege für Perfektformen mit retrospektiver Vergangenheitsbedeutung, also der typischen Plusquamperfektbedeutung, festgestellt werden, wie der folgende Beleg zeigt.

(38) *meine schwiegermutter hat dann noch **nachdem ihr mann so früh verstorben ist** hat dann noch einen bekannten ghabt mit dem sie zusammenglebt hat* (Traunstein: TS10, Beleg 485)

Hier – in Beispiel (38) – dringt das Perfekt nun auch in den Bedeutungsbereich des Plusquamperfekts ein. Der Rückgriff *nachdem ihr mann so früh verstorben ist* wird – anstelle eines Plusquamperfekts (oder doppelten Perfekts) – mithilfe eines Perfekts ausgedrückt.

3.4.7 Bewertung der Perfektexpansion in Hinblick auf das deutsche Tempus-Aspekt-System

Die Perfektexpansion im Deutschen führt zu einer Verschiebung im deutschen Tempus-Aspekt-System. Nach Szczepaniak (2011) kann der Gesamtprozess als Wandel von einem aspektuellen Resultativausdruck zu einem temporalen Vergangenheitsausdruck beschrieben werden, der zu einer „Umschichtung des deutschen Tempussystems" (Szczepaniak 2011, 136) beitrug. Diese Umschichtung kann als Ausbau und Profilierung der Tempuskategorie und als Abbau der Aspektkategorie bewertet werden (vgl. auch Schrodt/Donhauser 2003, 2515–2523).

Entsprechend beschreiben auch Nübling/Dammel (2004) diese Entwicklung als „Tempusprofilierung" und zeigen, dass sich dieser Prozess seit mittelhochdeutscher Zeit und verstärkt in der frühneuhochdeutschen Periode auch morphologisch vollzogen hat. Nübling/Dammel stellen fest, dass die Umbauprozesse in der diachronen Entwicklung der Verbalmorphologie von einer Profilierung der Kategorie Tempus herrühren. Die Profilierung ergibt sich durch Nivellierung von höher- aber auch minderrelevanten Nachbarkategorien, z. B. die Nicht-Grammatikalisierung der sich im Auf- und Ausbau befindlichen

Aspektkategorie (vgl. Nübling/Dammel 2004, 183–184). Nübling/Dammel betrachten die morphologischen Entwicklungen im Frühneuhochdeutschen vor dem Hintergrund des Relevanzkonzepts von Bybee (1985, 1994). Dieses besagt, dass mit zunehmenden Relevanzgrad einer grammatischen Kategorie (z. B. Tempus, Aspekt, Modus, Person) diese Kategorie auf der formalen Seite zunehmend fusionierend ausgedrückt wird. Damit wird ein Zusammenhang der Relevanz einer grammatischen Kategorie mit ihrem Ausdrucksverfahren angenommen. Der verbalmorphologische Wandel zeigt sich als relevanzgesteuert. Im Deutschen ließe sich – nach Nübling/Dammel – dieser Zusammenhang für die diachronen Entwicklungen der Verbalmorphologie empirisch nachweisen. So ergibt sich die Tempusprofilierung aus einer Vielzahl von Entwicklungen, u. a. dem präteritalen Numerusausgleich, bei dem die Kategorie Numerus zugunsten der Kategorie Tempus geschwächt wurde (vgl. Nübling/Dammel 2004; nach Schmuck 2010 die wichtigste Stärkung der Tempuskategorie). Eine Reihe weiterer Entwicklungen verstärken die Profilierung der Kategorie Tempus und führen zur Zunahme präteritaler Allomorphie und somit zur Arbitrarisierung des Vokalwechsels der starken und irregulären Verben (vgl. Nübling/Dammel 2004, 196–198). Eine ausführliche Analyse der Mechanismen, die zu einer Stärkung des Kategorienausdrucks Tempus führen, hat Schmuck vorgenommen, die die deutsche Entwicklung mit dem Schwedischen und Niederländischen vergleicht (vgl. Schmuck 2010, 145–212, 2013).

Eine besondere Rolle für die Tempusprofilierung spielt auch die Nivellierung von Aspekt, die sich v. a. in der Nicht-Grammatikalisierung aspektueller Ausdrücke zeigt. So führen Nübling/Dammel (2004) das Derivationspräfix *ge-* als Perfektivitätsausdruck an, das kontinuierlich als Wortbildungselement abgebaut wird und gleichzeitig zu einem Tempuszeichen – nämlich als Flexiv zur Bildung der Perfektpartizipform – grammatikalisiert wird (vgl. 2004, 198). Diese Argumentation setzt voraus, dass sich die Perfektperiphrase in frühneuhochdeutscher Zeit bereits zu einem überwiegend temporalen Vergangenheitstempus, einem „festen Tempuszeichen" (Nübling/Dammel 2004, 198), entwickelt hatte. Abgeschlossen ist die Nivellierung der Aspektualität des *ge*-Präfixes erst ab dem 18. Jahrhundert, als die Partizipien perfektiver Verben ebenfalls eine *ge*-Präfigierung annehmen konnten (vgl. Nübling/Dammel 2004, 198).[288]

Es lässt sich zusammenfassen, dass das deutsche Tempus-Aspekt-System seit althochdeutscher Zeit eine Umschichtung und durch die Integration neuer

---

[288] In ihrem kontrastiven Vergleich mit dem Schwedischen zeigt Schmuck (2010, 2013), dass die Profilierung des Kategorienausdrucks durchaus unterschiedlich verlaufen kann. So werden z. B. im Schwedischen im Gegensatz zum Deutschen die Kategorien Diathese und Aspekt gestärkt.

Formen auch eine wiederholte Erneuerung erlebt. Die Herausbildung von Progressivformen und der doppelten Perfektformen seit frühneuhochdeutscher Zeit ließ neue Verfahren für den Ausdruck von Imperfektivität und Perfektivität entstehen.

3.4.8 Exkurs: Doppelte Perfektbildungen

Die Perfektgrammatikalisierung wurde im Deutschen dicht gefolgt von der formalen und funktionalen Expansion des Perfekts. Das Perfekt wurde funktional aber auch formal kontinuierlich ausgebaut. So finden weitere Grammatikalisierungsprozesse mit dem „sprachlichen Material der Perfektformen" statt. Die sogenannten *doppelten Perfektbildungen* (DPF) sind bereits früh belegt. Diese Bildungen bestehen aus Perfekt- bzw. Plusquamperfektkonstruktionen mit zusätzlichen Partizipien der Auxiliare: z. B. *sie hat/hatte vergessen gehabt; sie ist/war gestorben gewesen* (doppeltes Perfekt/doppeltes Plusquamperfekt). Die Mindestbedingung für die Entstehung der doppelten Perfektbildungen war, dass die Perfektkonstruktion auf die Verben *sein* und *haben* ausgeweitet wurde. Das war ca. 1130 (*sein*) bzw. ab ca. 1400 (*haben*) der Fall. Die ersten doppelten Perfektbildungen sind ab dem 13./14. Jahrhundert (*sein*) bzw. ab dem 14./15. Jahrhundert (*haben*) belegt (vgl. Buchwald-Wargenau 2012, 234). Von Anfang an treten sowohl doppelte Perfekt- als auch Plusquamperfektformen auf. Grundsätzlich handelt es sich insgesamt um seltene Formen, die erst im 20. Jahrhundert an Frequenz gewinnen.[289] Doppelte Perfektbildungen mit *sein* sind dabei wesentlich seltener als die *haben*-Bildungen (vgl. Buchwald-Wargenau 2012, 184).

Traditionell wurde die Herausbildung des doppelten Perfekts direkt in einen kausalen Zusammenhang mit dem Präteritumschwund gestellt und als Ersatzform für das Plusquamperfekt gewertet, das ebenfalls von dem Präteritumschwund betroffen ist. Buchwald-Wargenau (2012) kann empirisch nachweisen, dass der Präteritumschwund als alleiniger Herausbildungsgrund nicht belegbar ist. Sie führt folgende Gegenargumente an (vgl. Buchwald-Wargenau 2012, 74–75):
- Doppelplusquamperfektformen, die mithilfe einer Präteritumform (*hatte/ war*) gebildet werden, waren ebenfalls schon früh nachweisbar. Die Bildung von doppelten Perfektbildungen als Ersatzformen ist daher unwahrscheinlich.

---

289 Buchwald-Wargenau (2012, 121) kann auch schon für das 17. Jahrhundert relativ viele Formen feststellen, wobei die meisten davon afinit sind.

– Die Tatsache, dass beim Präteritumschwund in Süddeutschland die Präteritumformen von *haben* und *sein* erst spät oder gar nicht verloren gingen, macht einen Ersatz des Plusquamperfekts zum großen Teil nicht notwendig, da die Formen weiterhin bildbar waren bzw. sind.
– Auch kann Buchwald-Wargenau frühe Belege aus dem nichtoberdeutschen Raum nachweisen und zeigen, dass die doppelten Perfektbildungen bereits vor der „Hochphase des Präteritumschwunds" (Buchwald-Wargenau 2012, 234) belegt werden können. Auch Rödel (2007, 87) hatte bereits auf das Vorkommen von doppelten Perfektbildungen im nord- und mitteldeutschen Sprachraum hingewiesen.
– Zuletzt gibt die frühe Formenvielfalt doppelter Perfektbildungen[290] einen Hinweis darauf, wie produktiv die Perfektform anfänglich ist und dass die Erklärung als reine Ersatzformen für schwindende Präteritumformen nicht plausibel ist.

Buchwald-Wargenau weist daher einen direkten kausalen Zusammenhang zwischen Präteritumschwund und der Herausbildung der doppelten Perfektbildungen zurück (vgl. 2012, 43–76) und schließt sich der plausibleren Herausbildungshypothese von Rödel (2007) an.

Diese These sieht die Herausbildung der doppelten Perfektbildungen als Folge der Perfektgrammatikalisierung und des Verlusts des althochdeutschen Aspektsystems (Opposition imperfektiv vs. perfektiv durch Null-/*ge*-Präfigierung, vgl. auch Leiss 1992). Buchwald-Wargenau zeigt, dass sich die doppelten Perfektbildungen in dem Zeitraum herausbilden, in den „die maßgebliche Umstrukturierungsphase der Aufgabe der aspektuellen Opposition und der Reorganisation des Verbalsystems nach temporalen Gesichtspunkten fiel" (Buchwald-Wargenau 2012, 234). Allerdings stellt sie auch fest, dass die frühen Belege doppelter Perfektbildungen nicht nur vorrangig aspektuelle Bedeutung tragen, sondern auch frühe Belege mit „temporal-aspektueller" und „primär temporaler" Bedeutung feststellbar sind. Buchwald-Wargenau spricht sich daher dafür aus, „die Suche nach *einem* Herausbildungsmotiv aufzugeben und den Prozess der Genese und Entwicklung der doppelten Perfektbildungen in einem komplexen Zusammenspiel verschiedener Restrukturierungsprozesse im Verbalbereich zu sehen" (Buchwald-Wargenau 2012, 238). Unterstützend kann hier eine Beobachtung von Schmuck (2013, 241) angebracht werden. Sie weist darauf hin, dass es im europäischen Vergleich doppelte Perfektformen grund-

---

290 Buchwald-Wargenau findet frühe Belege für beide Modi (Indikativ und Konjunktiv) sowohl bei Doppelperfekt- als auch bei Doppelplusquamperfektbildungen und des Weiteren auch viele infinite Formen.

sätzlich nur in Sprachen mit Perfektexpansion gibt. Diese verzeichnen aber nicht alle einen Rückgang der synthetischen Präteritumformen.

Die Beleganalysen in Buchwald-Wargenau (2012), Rödel (2007) und Brandner/Salzmann/Schaden (2016) und die Zusammenschau der in der Grammatikschreibung angenommen Bedeutungen in Buchwald-Wargenau (2012, 24–25) zeigen, dass den doppelten Perfektbildungen eine große Bandbreite an Bedeutungen zugesprochen werden kann. Dabei wird häufig, aber nicht immer Abgeschlossenheit (Perfektivität, aber auch Retrospektivität) ausgedrückt: retrospektive Gegenwart, perfektive und retrospektive Vergangenheit, perfektive und retrospektive Vorvergangenheit und auch Vorvorvergangenheit. Wider Erwarten lassen sich auch Kontexte finden, in denen keine Abgeschlossenheitslesart naheliegt. Hier scheint sich die Form auch auf imperfektive Lesarten ausgeweitet zu haben. Brandner/Salzmann/Schaden (2016, 28–29) weisen darauf hin, dass für die doppelten Perfektbildungen auch *remote-past*-Lesarten, also der Ausdruck von temporaler Distanz, angenommen werden. Exklusiv kann das doppelte Perfekt die *Superperfekt*-Bedeutung tragen, die sonst von keiner anderen Form ausgedrückt wird. Diese bezieht sich darauf, dass ein Zustand der durch ein früheres Ereignis ausgelöst wurde, zum Sprechzeitpunkt nicht mehr anhält, z. B.: *Wie ärgerlich! Meine Hände sind wieder klebrig. Ich habe sie mir doch eben gewaschen gehabt.* Das Waschen der Hände hat den kontextuell inferierten Nachzustand 'Hände sind sauber' zur Folge. Dieser Nachzustand hält zum Sprechzeitpunkt jedoch nicht mehr an. Mit der Superperfekt-Lesart hat das doppelte Perfekt eine eigene semantische Nische gefunden.[291]

Trotz ihres langen Bestehens, der steigenden Gebrauchsfrequenz und der semantischen Ausdrucksmöglichkeiten wurden die Formen in der Grammatikschreibung bis heute nicht in die Ränge der regulären Tempusformen aufgenommen. Auch die Duden-Grammatik (2016, 525–526) wertet die doppelten Perfektform als im Wesentlichen gesprochensprachliche Form, die vorrangig als regionale Variante auftrete, um die funktionale Lücke des vermiedenen Präteritums zu schließen. In der frühen Grammatikschreibung werden die Formen zum Teil als „anstandslos", jedoch mindestens als „umgangssprachlich" bezeichnet (vgl. den Überblick in Rödel 2007, 21–22). Dies ist sicherlich auf die Vorbildfunktion der lateinischen Sprache zurückzuführen, deren symmetrisches Tempus-Aspekt-System keine Doppelformen kennt. Populärwissenschaftliche Sprachkritiken ächten die Formen sogar als „Hausfrauenperfekt" (Sick 2004). Eine solche diastratische Interpretation ist empirisch in keiner Weise belegbar. Entgegen der Ächtung in der Grammatikschreibung und

---

291 Die Superperfekt-Lesart wird auch *reversed-result*-Lesart (nach Squartini 1999) oder *two-way-action*-Lesart (nach Thieroff 1992) genannt, vgl. Brandner/Salzmann/Schaden (2016, 16).

Sprachkritik bewertet die Fachliteratur die doppelten Perfektbildung als „lebendige Konstruktion", bei der es sich „keineswegs um ein ungrammatisches oder marginales Phänomen handelt" (Brandner/Salzmann/Schaden 2016, 16). Dies lässt sich in der Performanz der Sprecher auch durchaus belegen (vgl. die vielen Hörbelege aus dem Nähekorpus des 20. Jahrhundert bei Buchwald-Wargenau). In Erhebungen zur Sprachbewertung (v. a. in schriftlichen Erhebungen) wird die Form jedoch regelmäßig zurückgewiesen.[292] Dies ist neben der fehlenden Akzeptanz in der Standardsprache sicherlich auch auf die formale Dopplung innerhalb der Konstruktion zurückzuführen, die – sobald der Fokus darauf gerichtet wird (z. B. in schriftlichen Abfragen) – als redundant und ungrammatisch wahrgenommen wird. Hier zeigt sich eine große Diskrepanz zwischen der Performanz und der Bewertung der Formen. Trotz der aktuellen Forschungsarbeiten bestehen deutliche Desiderate in der empirischen Erforschung dieser Konstruktionen. Es fehlen aussagekräftige Untersuchungen zum Vorkommen der DPF in den deutschen Regionalsprachen. Kognitive Forschungsansätze könnten Klarheit über die Vorteile der Konstruktion in der Sprachproduktion geben. Die Form erlaubt entgegen den anderen Tempusformen eine späte Projektionsänderung: das semantische Merkmal „Retrospektivität" kann durch Hinzufügen der zweiten Partizipform ohne Projektionskorrektur spät ergänzt werden. Auch ein kontrastiver Vergleich mit anderen Sprachen mit doppelten Perfektbildungen steht aus. Hier bieten sich nicht nur die benachbarten germanischen und romanischen Sprachen[293] an, sondern auch das Sorbische, Serbokroatische, Bretonische, Ungarische sowie das Koreanische, für die ebenfalls doppelte Perfektbildungen belegt sind (vgl. Brandner/Salzmann/Schaden 2016, 15).

Die doppelten Perfektbildungen zeigen, wie flexibel und wandelbar das deutsche Tempus-Aspekt-System dort ist, wo es nicht von präskriptiven Normen beschränkt wird: in den dynamischen und innovativen Substandardvarietäten. Vor dem Hintergrund so innovativer Teilsysteme erscheint die Erklärung des Präteritumschwunds durch die Perfektexpansion nur plausibel.

3.4.9 Zusammenfassung – Expansion des Perfekts

In diesem Kapitel wurde ein eigenes integratives Analysemodell zur Beschreibung der Perfektexpansion im Deutschen vorgestellt. Das Modell wurde auf

---

292 So war es dem DFG-Projekt *Syntax hessischer Dialekte* (SyHD) unmöglich, die Formen zu erheben, obwohl diese in der hessischen Regionalsprache lebendig gebraucht werden (vgl. Fleischer/Kasper/Lenz 2012, 31–32).
293 Brandner/Salzmann/Schaden (2016, 15) nennen Katalanisch, Französisch, Okzitanisch, Italienisch, Rätoromanisch, niederländische Dialekte und Jiddisch.

Grundlage der Konzepte und Ergebnisse der Studien von Waugh (1987), Elsness (1997), Dentler (1997, 1998), Dammel/Nowak/Schmuck (2010) und Schmuck (2013) entwickelt. In einem weiteren Schritt wurde es exemplarisch auf ein Korpus gesprochener Regionalsprache angewendet. Folgende Erkenntnisse konnten gewonnen werden:

1. Zunehmende Kategorienfrequenz des Perfekts: Verschiedene Auswertungen von diachronen Korpora konnten einen Anstieg von Perfektformen ab mhd. Zeit feststellen. Dieser Anstieg wird auf die Ausweitung der Perfektgrammatikalisierung auf alle Situationstypen sowie auf eine Bedeutungs- und Funktionserweiterung auf neue, vormals präteritale Kontexte zurückgeführt.

2. Bedeutungsexpansion: Die Bedeutungserweiterung geschieht graduell und kann mithilfe der Modelle von Waugh, Elsness, Dentler und Dammel/Nowak/Schmuck dargestellt und untersucht werden. Sie erfolgt als Fokusverlagerung von der Sprechzeit hin zur Ereigniszeit der Verbalsituation, der eine Verbindung der temporal-aspektuellen Bestimmung von einer retrospektiven Gegenwart hin zur perfektiven und dann imperfektiven Vergangenheit folgt. Für die Abgrenzung der „transitional uses" – der Zwischenbedeutungen zwischen den typisch „perfektischen" und „präteritalen" Bedeutungen – haben sich die Kriterien zeitliche Verankerung, Gegenwartsrelevanz, Aspektualität und Narrativität als relevante Größen erwiesen. Im kontrastiven Vergleich führt die jeweilige Konstellation dieser Kriterien je nach Sprache und deren Perfektgrammatikalisierungsgrad zu einem Umschlagen der Akzeptabilität der Verwendung von Perfektformen.

3. Temporal-aspektueller Übergangsbereich: Mit den Modellen von Waugh, Elsness, Dentler und Dammel/Nowak/Schmuck liegen unterschiedliche Modellierungen des Übergangsbereichs zwischen „perfektischen" und „präteritalen" Bedeutungen vor. Die Konzeptualisierung des Perfekts als Skala bei Waugh und Dentler hat den Vorteil, dass sie die Bedeutungsvarianten der Perfekt- und Präteritumformen in einen sinnvollen Zusammenhang, nämlich in Gestalt eines skalaren Bedeutungskontinuums, stellen, das sowohl synchron als auch diachron Gültigkeit beansprucht. Diese Annahme eines Bedeutungskontinuums ermöglicht die Beschreibung von synchronen Bedeutungsvarianten als ältere und neuere Varianten einer Form, die sich in einem Sprachwandelprozess befindet. Sprachhistorisch lässt sich mit dem Bedeutungskontinuum der Expansionsprozess nachzeichnen. Die Veränderungen in den Form-Bedeutungsbeziehungen können als Bedeutungserweiterung (im Fall des Perfekts) und Bedeutungsverengung (im Fall des Präteritums) verstanden werden. Strukturalistische Beschreibungen (wie z. B. die aktuelle von Petrova 2008a, b) können diese

diachrone Perspektive nicht modellieren, da sie in ihren Beschreibungen von bestimmten Merkmalskomplexen ausgehen, die den jeweiligen Formen als immanent zugeordnet werden: Sie können immer bloß die Synchronie betrachten. Der Präteritumschwund lässt sich aber nur durch eine diachrone Perspektive erklären.

4. Integratives Analysemodell: Aus den vorgeschlagenen Modellen zur Perfektexpansion wurde ein eigenes, integratives Analysemodell entwickelt. In diesem Modell lässt sich der Expansionsweg der Perfektform als Bedeutungserweiterung beschreiben. Ausgangspunkt ist die retrospektive Gegenwartsbedeutung (mit ihren verschiedenen Lesarten). Davon ausgehend dringt die Perfektform in den Ausdruck der indefiniten und definiten Vergangenheit mit Gegenwartsrelevanz vor, der den Übergangsbereich zwischen „perfektischen" und „präteritalen" Bedeutungen darstellt. Schließlich kann die Perfektform auch perfektive und zuletzt imperfektive Vergangenheitsbedeutung ausdrücken. Neben der semantischen Expansion erfährt die Perfektform zusätzlich auch eine diskursmodale Funktionserweiterung. Seine Verwendung wird auf narrative Kontexte ausgeweitet.

5. Exemplarische Überprüfung: Die Überprüfung der Erkenntnisse aus Kapitel 2 anhand des neuen Analysemodells hat nahegelegt, dass das Perfekt in der Standardsprache vollständig expandiert hat – mit Ausnahme des imperfektiven Bedeutungsbereichs in narrativem Diskursmodus (Hintergrunddarstellung in Erzählung). Für die oberdeutschen und mitteldeutschen Dialekte wurde das Perfekt als Narrationstempus benannt, für die niederdeutschen Dialekte wurde ein Eindringen des Perfekts in narrative Kontexte beschrieben. Ob es diskursfunktionale Unterschiede zwischen Perfekt- und Präteritumformen in der Narration gibt, konnte anhand der dialektgrammatischen Literatur nicht eindeutig festgestellt werden. Die empirische, stichprobenartige Überprüfung dreier Interviews aus dem REDE-Korpus konnte für das Mittelbairische, Moselfränkische und Nordniederdeutsche belegen, dass das Perfekt vollständig expandiert hat. Es konnte in allen drei Gesprächen perfektive und imperfektive Vergangenheit ausdrücken, (mit einer Ausnahme) sowohl in besprechenden als auch in erzählenden Passagen. Nur für die Hintergrunddarstellung (imperfektive Vergangenheitsbedeutung) in der Narration konnte für das niederdeutsche Interview keine Perfektform festgestellt werden. Hier müssen weitere Auswertungen angeschlossen werden, um zu überprüfen, ob das niederdeutsche Perfekt auch in die „letzte Domäne des Präteritums" eingedrungen ist.

6. Profilierung der Tempuskategorie: Die Perfektexpansion trägt zu einer Profilierung der Tempuskategorie im Deutschen bei. Die Tempuskategorie, d. h., die temporale Differenzierung im Verbalausdruck, wird zu Ungunsten anderer Kategorien (u. a. Numerus, Aspekt) formal profiliert.

7. Dynamisches Tempus-Aspekt-System: Zusammenfassend ist die Perfektexpansion als ein Sprachwandelprozess in einem insgesamt sehr dynamischen Tempus-Aspekt-System, in dem auch andere Grammatikalisierungsprozesse zu beobachten sind, zu bewerten. Als Beispiel wurden die doppelten Perfektbildungen benannt. Weitere Entwicklungen zeigen sich z. B. in der Grammatikalisierung von Progressivausdrücken.
8. Überlappende Prozesse: Mithilfe der diachronen Studien lassen sich diese Prozesse historisch belegen. Die Perfektgrammatikalisierung und die Perfektexpansion gehen nicht nur direkt ineinander über, sondern sie verlaufen zeitweise parallel zueinander. Ihnen schließt sich als dritter Prozess die Verdrängung des Präteritums an.

3.5 Prozess III: Verdrängung des Präteritums

Der dritte zentrale Sprachwandelprozess ist der Abbau bzw. Verlust der Präteritumformen in den regionalen Tempus-Aspekt-Systemen. Hierbei stellen sich drei Fragen, die im Folgenden erörtert werden: 1. Welche Evidenz gibt es für einen ursächlichen Zusammenhang von Perfektexpansion und Präteritumschwund? 2. Welche anderen Faktoren, die in der Forschungsliteratur zum Präteritumschwund benannt wurden, können geltend gemacht werden? 3. Wie genau verläuft der Abbauprozess? D. h., welche Faktoren bedingen die Reihenfolge des Abbaus bzw. des Erhalts der Präteritumformen verschiedener Verben?

3.5.1 Perfektexpansion als Ursache des Abbaus

Die Perfektexpansion als **die** Ursache des Präteritumschwunds zu werten, begegnet uns in der neueren Forschung am prominentesten in den Arbeiten von Sigrid Dentler (1997, 1998). Sie wählt bewusst die Begriffe „Perfektexpansion" und „Perfekterneuerung" anstelle von „Präteritumschwund", um damit die traditionelle germanistische Perspektive auf diesen Sprachwandelprozess umzukehren. Ihren Publikationen haben wir es zu verdanken, dass für die Erklärung des Präteritumschwunds nicht alleine die Schwächen des Präteritums, sondern auch die Stärken des Perfekts in den Vordergrund gerückt werden. Dentler (1997, 1998) kann in ihrer Studie die Zunahme von Perfektbelegen in präteritalen Kontexten in hochdeutschen Texten des 11.–16. Jahrhunderts nachweisen (s. Kap. 3.4.3 „Semantische und funktionale Perfektexpansion im Deutschen"). Parallel konnte die Abnahme der Kategorienfrequenz des Präteritums belegt werden, die sich verstärkt ab dem 15. Jahrhundert in Texten niederschlägt

(s. Kap. 2.4 „Historische Dokumentation des Präteritumschwunds im Deutschen"). Auf Dentlers Darstellungen greift auch Szczepaniak (2011) zurück, wenn sie die Perfekterneuerung in einen klaren Zusammenhang mit dem Präteritumschwund stellt: „Während das Perfekt als neue Tempusform immer mehr in die Domäne des Präteritums eindrang (Perfekterneuerung), wurden Präteritalformen wie *traf* oder *lachte* immer seltener verwendet (Präteritumschwund)" (Szczepaniak 2011, 137).

Die semantische Ausbreitung des Perfekts in den Bedeutungs- und Funktionsbereich des Präteritums in einen Zusammenhang mit dem Präteritumschwund zu bringen, wurde jedoch auch schon früher unternommen. So schreibt Dal (1966) in ihrer *Kurzen deutschen Syntax auf historischer Grundlage* (und entgegen ihrer Konjunktiv-These von 1960):

> Das zusammengesetzte Perfekt wurde ursprünglich verwendet, wo eine Handlung der Vergangenheit in Verhältnis zur Gegenwart gesetzt wird. Jedoch gab es keine scharfe Grenze zwischen der Verwendung des Perfekts und der des einfachen Präteritums; in vielen Fällen konnte man die eine oder andere Tempusform verwenden, ohne wesentlichen Bedeutungsunterschied. Die Folge war, daß das zusammengesetzte Perfekt sich auf Kosten des einfachen Präteritums ausbreitete. Diesen Vorgang können wir vom 15. Jh. ab beobachten, und in neuerer Zeit hat sich das Perfekt in der Volkssprache so stark ausgebreitet, daß es auf dem süddeutschen Sprachgebiet das einfache Präteritum vollständig verdrängt hat. (Dal 1966, 135)

Dal macht die fehlende semantische Opposition zwischen Perfekt und Präteritum für die Verdrängung des Präteritums verantwortlich – eine aspektuelle Opposition, die im Englischen und Skandinavischen durchaus ausgebildet wurde (s. Kap. 3.4.2: Elsness 1997 und 3.4.4: Dammel/Nowak/Schmuck 2010). Im Deutschen, wo die Grammatikalisierung des Perfekts noch vor vollständigem Vollzug direkt in eine semantische Expansion überging, konnte sich keine Opposition etablieren.

Von einem ganz allmählichen und unauffälligen Einsickern sowohl der Perfekt- als auch Präsensformen „in das präteritale Feld" und darauf folgendem Schwund schreibt auch Ludwig (1967, 128). Einen integrativen Erklärungsversuch unternimmt Trost (1980), indem er den Funktionszusammenfall als Ursache und die Apokopierung als Vollendung des Schwundprozesses bestimmt:

> Die Ausweitung des Perfektgebrauchs wurde die eigentliche Ursache des Präteritumschwundes. Die Ausweitung des Gebrauchs führte zur Bedeutungsentleerung, die merkmalhafte Form sank zur merkmallosen Form und die neue merkmallose Form verdrängte die alte: diese Entwicklung wurde im Oberdeutschen durch den Formenverfall im Gefolge der Apokope vollendet. (Trost 1980, 188)

Auch Frei (1970) sieht den semantischen Zusammenfall als Vorbedingung des Formenverlusts: „Eine grammatische Kategorie kann ja nur dann verlorengehen, wenn sie [...] ersetzbar durch eine andere Form, also funktionsgleich mit dieser, geworden ist." (Frei 1970, 364) Daher wertet sie als „zwingenden Grund zum Praeteritumverlust in weiten oberdeutschen Gebieten [...] nämlich den funktionellen Zusammenfall von Praeteritum und Perfekt." (Frei 1970, 364) Jörg (1976, 185) stellt anhand hrer Untersuchung schweizerdeutscher Texte fest, dass „die Neuerung [= der Präteritumschwund; HF] einen Ansatzpunkt in der gesprochenen Sprache fand, indem hier Perf. und Prät. in ihrer Funktion sich angleichen" und sieht daher in der „Ausgleichung der Tempusfunktionen eine wesentliche Bedingung zur Erklärung des Schwundes".

Sapp (2009, 436–438) überprüft Dentlers These in seiner Korpusanalyse des *Bonner Frühneuhochdeutschkorpus*. Dabei unternimmt er zwar keine semantische Auswertung der Belege, aber er untersucht, wie häufig bestimmte Temporaladverbien gemeinsam mit Perfektformen auftreten – entsprechend der Annahme von Dentler, dass das Auftreten der Temporaladverbien an die jeweilige temporalsemantische Bedeutung von Tempusformen gekoppelt sei. Sapps Auswertung zeigt, dass die Perfektformen in der Tat zunehmend mit Temporaladverbien stehen können, die dem präteritalen Bedeutungsbereich vorbehalten sind. Während im 14. Jahrhundert nur 2,5 % der Perfektformen mit *dann/da/do* kombiniert werden, sind es im 15. Jahrhundert 5,3 % und im 16. Jahrhundert schon 15,3 % (vgl. Sapp 2009, 438, Table 11). Damit bestätigt Sapp Dentlers Beobachtung, dass die Perfektform graduell in die Bedeutungsdomäne der Präteritumform eingedrungen ist, anhand seines Korpus.[294]

Soll die Perfektexpansion als Ursache des Präteritumschwunds geltend gemacht werden, so muss es möglich sein, anhand der Perfektexpansion zwei Tatsachen zu erklären. 1.) Es muss nachgewiesen werden, dass der Schwund der Präteritumformen tatsächlich auf die Expansion zurückgeführt werden kann. Und 2.) Auch die areale Ausbreitung des oberdeutschen Präteritumschwunds muss auf den Expansionsprozess zurückführbar sein.

Für beide Annahmen werden im Folgenden mögliche Belege angeführt.

---

[294] Ob der *semantic shift* jedoch der Auslöser oder die Folge des Präteritumschwunds war, lasse sich – so Sapp, der eine Erklärung aufgrund lautlicher Faktoren favorisiert, – anhand der Daten nicht entscheiden. Sapp beobachtet, dass die erhöhte Zunahme an Perfektformen mit präteritalen Adverbialen zeitgleich zu einem anderen Prozess datiert werden kann: Zu dieser Zeit habe sich der Verlust von Präteritumformen von den Verbformen der 2. Person auf die der 3. Person ausgeweitet. Dies spreche – so Sapp (2009, 438) – eher dafür, dass der *semantic shift* eine Folge des Präteritumschwunds sei. Für eine Diskussion dieser These s. unten Kap. 3.5.2.1 („Lautliche Faktoren").

Annahme 1: Im Zuge der Perfektexpansion verdrängt das Perfekt das Präteritum.

Beleg 1: Sukzessive Perfektexpansion ist nachweisbar
Die Daten von Dentler (1997) (gestützt durch die Auswertungen von Sapp 2009 und Amft 2013) weisen einen funktionalen Expansionsprozess im Hochdeutschen – dem Sprachraum des Präteritumschwunds – nach. Das Perfekt dringt sukzessive in die Bedeutungsbereiche des Präteritums ein und kann im Neuhochdeutschen m. E. synonym zum Präteritum verwendet werden, was im Mittelhochdeutschen noch nicht möglich war (vgl. Zeman 2010, s. oben Kap. 3.2.1.3 „Das Tempus-Aspekt-System im Mittelhochdeutschen").

Beleg 2: Überlappender Verlauf von Perfektexpansion und Präteritumschwund
Die Prozesse Perfektexpansion und Präteritumschwund überlappen sich zeitlich. Der Vergleich der Daten von Lindgren und Dentler zeigt, dass die Frequenzzunahme und die semantische Expansion des Perfekts einhergehen mit einer Frequenzabnahme des Präteritums. Diese Entwicklung beginnt nachweislich in dialogischen Texten/Textpassagen, wo „ursprüngliche" temporal-aspektuelle Perfektkontexte zu finden sind, und weitet sich dann zunehmend auch auf narrative Texte/Textpassagen, die dem Präteritum vorbehalten waren, aus (s. Kap. 2.3 „Präteritumschwund in der Standardsprache" und 3.4 „Expansion des Perfekts").

Beleg 3: Evidenz aus anderen Sprachen
Der kontrastive Vergleich der hochdeutschen Entwicklungen mit anderen Sprachen zeigt, dass sowohl Perfektgrammatikalisierung als auch Perfektexpansion und sogar die Formenverdrängung im Präteritumschwund typische Sprachwandelprozesse sind, die auch in anderen Sprachen erfolgen und in einem Zusammenhang stehen. Es wurde bereits eine Reihe von Sprachen genannt, in denen wie im Deutschen eine Perfektform mit ursprünglich retrospektiver Gegenwartsbedeutung expandiert hat und perfektive Vergangenheitsbedeutung hinzugewonnen hat.[295] Auch der Verlust einer ursprünglichen Präteritumform ist in anderen Sprachen nachweisbar.[296] Allerdings können verschiedene Sprachen – auch innerhalb einer Sprachfamilie – diese Prozesse unterschiedlich weit durchführen. Die Entwicklungen erfolgen anhand des von Bybee/Dahl vorgeschlagenen Grammatikalisierungspfads, der jedoch keinen Automa-

---

[295] Z. B. das Französische und Italienische; s. Kap. 2.1 („Präteritumschwund kontrastiv").
[296] Z. B. im Jiddischen und im Afrikaans; s. Kap. 2.1 („Präteritumschwund kontrastiv").

tismus darstellt. Hierfür seien zwei Beispiele angeführt, bei denen die Perfektexpansion ausbleibt und das Präteritum dadurch stabil bleibt:

Das Schwedische gehört zwar ebenfalls zum Germanischen und hat auch ein Perfekt grammatikalisiert, dieses ist jedoch nicht in die Funktionsbereiche des Präteritums eingedrungen. Die fehlende Expansion führt zu konstanten Kategorienfrequenzen und verhindert eine Verdrängung des Präteritums. Gleichzeitig führt das stabile Präteritum (im Gegensatz zum Niederländischen und Deutschen mit Perfektexpansion) zu einer Reihe charakteristischer, morphologischer Entwicklungen, die die Konstanz der Aspektopposition widerspiegeln und stärken (vgl. Schmuck 2013, s. Kap. 3.4.4 „Perfektexpansion im germanischen Vergleich").

In Saley, einem (ehemals) höchstalemannischen Dorf in der Schweiz (heute: ital. Salecchio), blieben der semantische Zusammenfall von Präteritum und Perfekt und Präteritumschwund ebenfalls aus (vgl. Frei 1970), während das Schweizerdeutsche Präteritumformen (fast) vollständig abgebaut hat (vgl. Jörg 1976). Frei begründet dies mit dem fehlenden Grammatikalisierungsfortschritt der Saleyer Perfektkonstruktion, der durch einen Archaismus gestützt wurde, nämlich der „Erhaltung des flektierten Partizips in praedikativer und halbpraedikativer Stellung und in objektbezogener Funktion mit dem Verb ‚haben'." (Frei 1970, 365) Denn:

> Solange es in der täglichen Rede möglich war, die *Sein-* und *Haben*-Periphrase einmal mit dem flektierten Partizip anzuwenden, also mit deutlich durativem und völlig präsentischem Gehalt, und einmal als mit unflektiertem Partizip, also mit perfektivem und temporalen Charakter, musste diese Form im Dienste der Aspekte bleiben. (Frei 1970, 366)

Die Spender-Konstruktionen, die einst die Entstehung des *haben*-Perfekts ermöglicht hatten, bestanden fort und stützten den „außerordentlich präsentischen Charakter" aller *haben*+Partizip-Periphrasen. Dieser präsentische Charakter, der Ausdruck eines Zustandes zur Sprechzeit, verhinderte die Fokusverschiebung von der Sprechzeit zur Ereigniszeit. Der *semantic shift* trat nicht ein, die „in den ahd. Sprachverhältnissen angelegte Aspektopposition zwischen Praeteritum und Perfekt" (Frei 1970, 368) blieb erhalten.[297] Das Präteritum wurde weder semantisch noch hinsichtlich der Kategorienfrequenz bedrängt. Der „mangelnde Grammatikalisierungsfortschritt" (Rödel 2007, 190) ist hauptsächlich für den Erhalt des Präteritums verantwortlich.[298]

---

297 Vgl. die Beispiele bei Frei (1970, 366).
298 Als weitere Faktoren sieht Frei die Vielzahl an rückumlautenden Präteritalformen schwacher Verben, die auch die formale Differenz zwischen Präsens, Präteritum und Perfektpartizip verstärkten. Der sich gegenseitig stützende Komplex aus Rückumlaut, flektiertem Partizip und bewahrtem Präteritum beruhe nach Frei auf der „Vorherrschaft des Aspekts vor dem tempora-

Annahme 2: Die heutige Präteritum/Perfekt-Distribution in den deutschen Dialekten spiegelt nachweisbare, zeitlich versetzte Perfektexpansionsprozesse wider.

Die zweite Annahme ist, dass die unterschiedliche Perfekt/Präteritum-Distribution in den deutschen Dialekten – also die areale Ausbreitung des Präteritumschwunds, wie sie in Kapitel 2.2 („Präteritumschwund in den deutschen Dialekten") beschrieben wurde – eine Folge von zeitlich versetzten Expansionsprozessen ist. Folgen wir der Argumentationslinie, dass der Präteritumschwund eine Folge der Perfektexpansion war, so muss belegt werden, dass die Grammatikalisierungsverläufe des Perfekts im Norden und im Süden unterschiedlich verliefen und dass im norddeutschen, präteritumerhaltenden Sprachraum eine spätere bzw. langsamere Perfektexpansion stattfand.

Beleg 1: Sprachgeschichtlich gab es (mind.) zwei verschiedene Tempus-Aspekt-Systeme im Deutschen

Die Darstellungen zu den mittelhochdeutschen und mittelniederdeutschen Tempus-Aspekt-Systemen (Kap. 3.2.1.3) sowie der Vergleich von Perfektgrammatikalisierung und Perfektexpansion in den germanischen Sprachen (Kap. 3.3.2 und 3.4.4) haben gezeigt, dass in den germanischen Sprachen sowie in den großen deutschen Dialekträumen unterschiedliche Verläufe der behandelten Prozesse festzustellen sind. Während das Altsächsische schon früh Perfektformen grammatikalisierte, setzte dieser Prozess im Althochdeutschen erst später ein. Die schon früh weit fortgeschrittene Perfektgrammatikalisierung im norddeutschen Sprachraum beobachtet bereits Grønvik (1986, 38; Kursivsetzung HF):

> Aufschlußreich ist auch ein Vergleich mit der as. Bibeldichtung, die bei einem Drittel an Umfang dreimal so viele *haben*-Umschreibungen verwendet, was wohl dadurch zu erklä-

---

len Gehalt" und wurde von der romanischen Nachbarschaft gestützt. Dies habe „den höchstalemannischen Sprachraum zur Konservierung des Praeteritums" (Frei 1970, 367) prädestiniert, dessen letztes Reliktgebiet die Mundart von Saley darstellte. Die Isoliertheit der Saleyer Mundart durch fehlenden Passverkehr und fehlende hochsprachliche Schulbildung und daher der geringe Sprachkontakt zu den übrigen Schweizer Mundarten habe zur Bewahrung des Präteritums („allerdings in Anlehnung an den Gebrauch im Antigoriodialekt" Frei 1970, 371) beigetragen. Frei vermutet, dass das in den 1970ern nur noch auf Saley beschränkte Reliktgebiet früher Teil „einer umfassenderen Praeteritallandschaft im westlichen Raum des Höchstalemannischen, dort, wo durch die Erhaltung lautlich-formaler Archaismen, besonders des flektierten Partizips und des Rückumlautsystems, eine solide Grundlage zur Konservierung des Praeteritums in frühneuhochdeutscher Zeit" (1970, 371) gewesen sei. Dazu passen auch die Befunde von Jacki (1909), der sporadische Überreste des Präteritums im Wallis, im Berner Oberland und im Amt Schwarzenburg feststellen konnte.

ren ist, daß das *haben*-Perfekt im Altsächsischen schon längst auf sämtliche Verben ausgedehnt und ein geläufiges Ausdrucksmittel geworden war, während es in der Sprache Otfrids auf einer Frühstufe der Entwicklung stehengeblieben war.

Diese Beobachtung bestätigt auch Gillmann (2016, 232–244): Das altsächsische Perfekt ist früher bereits weiter entwickelt als das althochdeutsche Perfekt. Die Perfektgrammatikalisierung im Althochdeutschen setzte vermutlich später ein und zog sich über einen längeren Zeitraum. Vor Abschluss der Grammatikalisierung beginnt bereits der Expansionsprozess, der in dem Moment möglich war, in dem auch atelische Verben als Brückenkontexte eine Fokusverschiebung von dem gegenwärtigen Nachzustand auf die vergangene Verbalsituation ermöglichten. Ab dem 14. Jahrhundert ist dann eine stärkere Zunahme von Perfektformen in „präteritalen" Kontexten feststellbar (Dentler 1997; 1998; s. Kap. 3.4.3). Im Norden ist eine solche Expansion nicht vor dem 16. Jahrhundert festzustellen. Der Vergleich der Auswertungen von Zeman (2010), Schöndorf (1983) und Lindgren (1957) hat gezeigt, dass das niederdeutsche Tempus-Aspekt-System des 15./16. Jahrhunderts dem System des Mittelhochdeutschen um 1200 entspricht. Im Frühneuhochdeutschen des 15./16. Jahrhunderts kann bereits eine deutliche Frequenzverschiebung der Kategorienfrequenzen von Präteritum und Perfekt festgestellt werden, die sich auch hinsichtlich der Verteilung auf narrative und nicht-narrative Textpassagen charakteristisch darstellt. Im Niederdeutschen des 15./16. Jahrhunderts ist das Perfekt noch vorrangig den dialogischen, sprecherbezogenen Textpassagen vorbehalten, im Hochdeutschen der gleichen Zeit ist es bereits in die monologischen, nicht-sprecherbezogen Passagen vorgedrungen (s. Tab. 48 und 49 in Kap. 3.2.1.3).

Wie verschieden die Grammatikalisierungsprozesse verlaufen, zeigt sich auch in formalen Unterschieden, z. B. gibt es unterschiedliche Präferenzen in der Auxiliarwahl (*ist/hat angefangen*)[299] (vgl. Gillmann 2011; 2016) und in der Perfektbildung von Modalverben (*er hat sagen gewollt; er hat sagen wollen; er hat gesagt wollen; er hat gesagt gewollt*)[300] (vgl. Fleischer/Schallert 2011, 186–190).

---

[299] Vgl. dazu z. B. die Karte „ist/hat angefangen" (Vierte Runde, Frage 1c) des *Atlas zur deutschen Alltagssprache* (Elspaß/Möller 2001 ff.).
[300] Vgl. die folgenden Beispiele: a) *Mit dem Krom* **hot** *sowieso koaner meh* **speele wolle**. (SyHD-Korpus E2-8, für Nordheim im Rheinfränkischen), b) *Korl* **hett** *den Text nich* **lesen kunnt**. (Lindow et al. 1998, 108, Niederdeutsch), c) *Bos* **honn** *ich freher* **käennt geschwemm**! (SyHD-Korpus E2-15, für Großentaft im Osthessischen).

Beleg 2: Später Einfluss des Südens auf den Norden
Historisch gesehen waren Nord- und Süddeutschland lange Zeit zwei getrennte, eigenständige Sprachräume, die sich auch politisch, wirtschaftlich und kulturell unterschieden und erst seit Entstehung der neuhochdeutschen Standard(schrift)sprache eine gemeinsame sprachliche Überdachung erfuhren. Die unterschiedliche Entwicklung der Tempus-Aspekt-Systeme kann daher in Übereinstimmung mit anderen sprachlichen Nord/Süd-Differenzen gesehen werden (z. B. bei der Durchführung der Zweiten Lautverschiebung, der Artikelsetzung bei Eigennamen, bei Akkusativ/Dativ-Synkretismen, beim *prepositional stranding*).

Die späte Perfektexpansion im Niederdeutschen kann sowohl eigenständig – durch eine Weitergrammatikalisierung entlang des universellen Grammatikalisierungspfads – stattgefunden haben, als auch als Folge des Sprachkontakts mit dem hochdeutschen Sprachraum. Ersteres ist z. B. für das Niederländische zu verzeichnen, dessen Perfekt aktuell dabei ist, den letzten Schritt von einem *perfective past* zu einem *general past* zu gehen.[301] Da der norddeutsche Sprachraum historisch ein sprachliches Kontinuum mit dem niederländischen Sprachraum bildete, könnte für das Niederdeutsche eine parallele, eigenständige Entwicklung gerechtfertigt werden.

Andererseits ist auch eine Begründung durch Sprachkontakt mit dem Hochdeutschen möglich. Wie Gabrielsson (1983) in seiner Darstellung über die Verdrängung der mittelniederdeutschen durch die neuhochdeutsche Schriftsprache skizziert, nimmt der Einfluss des Hochdeutschen auf das Niederdeutsche ab dem 15. Jahrhundert stark zu. Zur gleichen Zeit wird die Hanse in Norddeutschland politisch, wirtschaftlich und kulturell geschwächt. Die bisher vornehmlich auf den Nordseeraum konzentrierten Handelsbeziehungen der Hanse werden immer stärker auf Mitteldeutschland verlagert und auf den Süden gerichtet.

> Damit ist das geschlossene Handelsgebiet der Hanse, die Trägerin einer einheitlichen nd. Schreibsprache gewesen war, viel stärker als bisher nach Süden und Südosten hin geöffnet worden. Es ist damit auch den kulturellen (und ganz besonders den sprachlichen Einflüssen) des Südens ausgesetzt. (Gabrielsson 1983, 122)

Die wichtigste Folge wird der ab dem 16. Jahrhundert zu beobachtende Sprachwechsel zur neuhochdeutschen Schriftsprache sein, der nach dem Eindringen in die gesprochene Sprache schließlich ab dem 19. Jahrhundert auch zu einem

---

[301] Drinka (2013) sieht auch für das Niederländische eine Beeinflussung durch Sprachkontakt mit dem perfektexpansionsfreudigem Französisch als möglich.

Abbau der niederdeutschen Dialekte führen wird. Gabrielsson zeigt anhand einer Übersichtskarte, dass der Übergang von der niederdeutschen zur hochdeutschen Schriftsprache sukzessive verlief (vgl. Gabrielsson 1983, 148). Der Sprachwechsel setzte Anfang des 16. Jahrhunderts im Südosten des norddeutschen Raumes ein und verlief in Richtung Nordwesten, bis er um ca. 1700 in allen Kanzleisprachen des Nordens zum Abschluss gebracht wurde.

Die Perfektexpansion ist zu diesem Zeitpunkt (ca. 1700), als das Frühneuhochdeutsche (bzw. ab 1650/1700: das Neuhochdeutsche) an Einfluss auf das Mittelniederdeutsche gewinnt, bereits stark vorangeschritten. Dentler verzeichnet für das 16. Jahrhundert bereits einen Anteil von über 20 % an Perfektbelegen in „präteritalen" Kontexten. In den oberdeutschen Dialekten macht sich ab Ende des 15. Jahrhunderts schon der Präteritumschwund bemerkbar. Mitte des 16. Jahrhunderts enthalten die oberdeutschen Texte bereits mehr Perfektbelege als Präteritumbelege. Lindgren sieht den Präteritumschwund daher im Bairischen schon ab Mitte des 16. Jahrhunderts als vollzogen.

In der weiteren Entwicklung des Niederdeutschen kommt es dann ebenfalls zu einer Perfektexpansion, die dazu führt, dass die dialektologischen Dokumentationen des 19. und 20. Jahrhunderts eine Zunahme der Perfektformen auf Kosten der Präteritumformen feststellen können. Die Präteritumformen sind zwar im niederdeutschen Sprachraum noch lückenlos belegt, allerdings zeigen die Bedeutungsbeschreibungen der Präteritum- und Perfektformen, dass eine temporal-aspektuelle Opposition der Formen auch im Niederdeutschen nicht mehr besteht (vgl. Kap. 2.2.2 „Dialektale Formenbestände"). Die exemplarische Analyse der Tempusverwendung im REDE-Neuerhebungskorpus hat diese Entwicklung bestätigt (vgl. Kap. 3.4.6 „Expansionsgrad des Perfekts im Deutschen"). Das Perfekt wurde auch in dem niederdeutschen Gespräch für alle Bedeutungsbereiche verwendet. Nur für den Ausdruck imperfektiver Vergangenheit in Narration ließ sich kein eindeutiger Beleg feststellen. Eine Rückführung dieser Entwicklung auf den hochdeutschen Einfluss auf das Niederdeutsche liegt nahe.

Die Funktionserweiterung des Perfekts im niederdeutschen und hochdeutschen Sprachraum bleibt nicht nur auf die Regionalsprachen beschränkt, sondern macht sich – wie in Kapitel 2.3 („Präteritumschwund in der Standardsprache") gezeigt wird – auch in der Standardsprache bemerkbar. Hierzu auch Schrodt/Donhauser (2003, 2520): „Perfekt und Präteritum konkurrieren heute zumindest partiell auch im schriftsprachlichen Standard, im gesprochenen Standard ist das Perfekt als Erzähltempus auch über den süddeutschen Bereich hinaus (neben dem Präteritum) akzeptiert und verbreitet."

Die Erklärung, dass das Niederdeutsche die Perfektexpansion aufgrund des relativ späten hochdeutschen Einflusses erst später begann, kann nur anhand einer diachronen und empirischen Untersuchung bestätigt werden, die die Tempus-Aspekt-Systeme der niederdeutschen Sprachstufen ermittelt, prototypische und nicht-prototypische Verwendungen dokumentiert und diese in Bezug auf die Einflussnahme des Hochdeutschen diskutiert. Eine solche, äußerst wünschenswerte Untersuchung würde das noch fehlende Puzzleteil in der Erklärung des Präteritumschwunds durch Perfektexpansion darstellen und die alternativen Erklärungsansätze, die die Präteritumschwundforschung seit jeher (seit dem Beginn durch Reis 1891 bis zur aktuellsten Publikation von Sapp 2009) bestimmen, widerlegen. Diese alternativen Erklärungsansätze können jedoch durchaus gewinnbringend in der Erörterung des Präteritumschwunds herangezogen werden. Die dort genannten Ursachen des Präteritumschwunds werden als begünstigende Faktoren in das Gesamtbild des Schwunds aufgenommen.

3.5.2 Diskussion weiterer Erklärungsansätze zum Präteritumschwund

In der Geschichte der germanistischen Sprachwissenschaft wurden zahlreiche Versuche unternommen, den Präteritumschwund zu erklären. Die Autoren machen ganz unterschiedliche Faktoren für den Schwundprozess verantwortlich. In dieser Arbeit wurde der Schwund auf einen Verdrängungsprozess durch semantische und funktionale Expansion des Perfekts zurückgeführt. Nichtsdestoweniger können auch weitere Faktoren, die in der traditionellen Präteritumschwundforschung benannt wurden, in die Erklärung des Schwundprozesses aufgenommen werden. In diesem Kapitel werden die wichtigsten Erklärungsansätze referiert und auf ihre Erklärungskraft geprüft. Es wird erstmals explizit ein integrativer, multifaktorieller Erklärungsansatz erarbeitet, der die ursächlichen und fördernden Faktoren des Präteritumschwunds benennt und die Relevanz einzelner Faktoren hierarchisiert. Ein solcher Erklärungsansatz entspricht dem von Schrodt/Donhauser geforderten umfassenderen Erklärungsansatz, „der die Gesamtheit der formalen und funktionalen Umstrukturierungen im Verbalkomplex vom Althochdeutschen zum Frühneuhochdeutsch in Rechnung stellt" (Schrodt/Donhauser 2003, 2519).

3.5.2.1 Lautliche Faktoren

Hans Reis: *e*-Apokope-These
Die erste und am häufigsten diskutierte These zur Erklärung des Präteritumschwunds stammt von Hans Reis. In seiner Dissertation *Beiträge zur Syntax der mainzer Mundart* von 1891 benennt er als Ursache des Schwunds die „lautgesetzliche Entwicklung" des „Wegfall[s] des auslautenden *e*" (Reis 1891, 13), die

e-Apokope, und skizziert den Schwundprozess wie folgt: Ende des Mittelalters sei das auslautende *e* bereits weggefallen, Präteritum aber noch im Gebrauch gewesen.³⁰² Dadurch fielen die Präsens- und Präteritumformen in der 2. Person Singular und Plural und in der 3. Person Singular zusammen („*du spieltest* wurde gleich *du spielst, er spielte = er spielt, ihr spieltet = ihr spielt*" Reis 1898, 334)³⁰³, was zu einer „Zweideutigkeit" der Formen führte:

> [D]ie Beziehung auf die Vergangenheit konnte nicht deutlich ausgedrückt werden; man suchte nun eine Konstruktion, welche dieses zu leisten vermochte. Eine solche fand man in dem periphrastischen Perfektum; es bezeichnete ursprünglich einen Zustand, welcher in der Gegenwart abgeschlossen ist, enthielt aber zugleich einen versteckten Hinweis auf die Vergangenheit, indem die Ursache dieses Zustandes Handlungen sind, welche in der Vergangenheit liegen. Wir haben also hier die nicht ungewöhnliche Vertauschung von Ursache (die Handlung der Vergangenheit) und Wirkung (der in der Gegenwart abgeschlossene Zustand). Diese Form verdrängte das einfache Präteritum zunächst in drei Personen, bald aber drang sie siegreich auch in die übrigen ein. (Reis 1891, 13–14)

Im Anschluss breiteten sich diese Perfektformen mit Präteritumbedeutung durch die „Macht der Analogie" auch auf die starken Verben aus, wodurch „Doppelformen" entstünden, von denen die Präteritumformen „entbehrlich" gewesen seien. Der Schwund sei in seiner räumlichen Ausdehnung von Süden nach Norden verlaufen („ähnlich der hochdeutschen Lautverschiebung") und habe zunächst das „schwache Präteritum" beseitigt, und dann zu den Doppelformen bei „starken Verben" und schließlich zur Beseitigung des „starken Präteritums" geführt (alle Zitate: Reis 1891, 14–16).

Der allmähliche Schwund habe schließlich zu der von Reis beobachteten Raumgliederung geführt, die Reis zu vier „Stufen" zusammenfasst (vgl. Reis 1891, 14–15): 1.) Präteritumformen sind vollständig verdrängt. 2.) Präteritumformen sind nur bei einzelnen „Hilfszeitwörtern" vorhanden. 3.) Präteritumformen sind bei den Verben gebräuchlich, bei denen „keine Zweideutigkeit" entsteht, und bei uneindeutigen Formen, die durch die Koordination mit eindeutigen Präteritumformen disambiguiert werden. Perfektformen nehmen nach Norden hin ab. 4.) Auslautendes *e* und damit auch die Präteritumformen sind vollständig erhalten, Perfekt wird selten gebraucht.³⁰⁴

---

302 Reis (1891, 1898, 1910) beruft sich wiederholt auf mittelalterliche Urkunden und Chroniken, die er aber nicht weitergehend beschreibt.
303 Wie man hier sieht, nimmt Reis sowohl die apokopierten als auch die synkopierten Formen in den Blick.
304 Regional verortet Reis diese vier Stufen nach Angaben von Behaghel (1886) und Firmenich (1846) sehr ungenau: Stufe 1 weist er dem „Bayrischen und Alemannischen" zu. Die südliche Grenze von Stufe 2 liege auf der „Sprachgrenze zwischen Mittel- und Oberdeutsch am Rhein". Stufe 3 beginne wiederum nördlich von Mainz und reiche bis ins Oberhessische hinein.

Das Bemerkenswerte an Reis' Ausführungen ist, dass er den Auslöser für den Präteritumschwund ausschließlich in einer lautlichen Entwicklung, der *e*-Apokope, sieht. Aus seiner Sicht handelt es sich nicht um einen Verdrängungsprozess, sondern um einen Verlustprozess, in dem nach dem Formenverlust eine funktional verwandte (aber nicht bedeutungsgleiche) Verbform die formale Lücke schließt. Perfekt habe damit schließlich zwei Bedeutungen erhalten, wie Reis darstellt: „[E]s steht zur Bezeichnung von Handlungen, welche 1. in der G e g e n w a r t v o l l e n d e t sind; 2. in der V e r g a n g e n h e i t d a u e r t e n oder e i n t r a t e n" (1891, 19; Sperrung im Original), wobei die erste Bedeutung die ursprüngliche, retrospektive Bedeutung des Perfekts und die zweite die nach dem Schwund der Präteritumformen hinzugewonnene präteritale Bedeutung sei.

In seinen Aufsätzen in den *Beiträgen zur Geschichte der deutsche Sprache* von 1898 und in der *Germanisch-romanischen Monatsschrift* von 1910 nimmt Reis die Diskussion um den Präteritumschwund wieder auf und reagiert auf die Schriften von Wunderlich (1901) und Meillet (1909), die verschiedene Gründe gegen die rein lautliche Erklärung anführen. Wunderlich, der die rein lautliche Erklärung nicht für ausreichend erklärungsstark hält, weist u. a. auch auf die romanischen Sprachen hin, in denen das periphrastische Perfekt ebenfalls die „Neigung" zeige, „seine Grenzen zu erweitern" (Wunderlich 1901, 222). Reis erkennt zwar Wunderlichs Argument an, „dass sich praet. und perf. in ihrer bedeutung nahe gestanden haben, und dass deshalb hier und da eine vertauschung eintreten konnte" (Reis 1898, 337), sieht dies jedoch keinesfalls als Auslöser des Präteritumschwunds. Zunächst unklar bleibt, welche Rolle Reis dem Bedeutungszusammenfall der Perfekt- und Präteritumformen beimisst. 1898 wertet er ihn in Reaktion auf Wunderlich noch als „voraussetzung" seiner Erklärung, beschwört jedoch gleichzeitig das alleinige Erklärungspotential der lautlichen Entwicklung. 1910 verdeutlicht er dann, dass der „gelegentliche" Bedeutungszusammenfall von Perfekt und Präteritum alleine als Erklärung nicht hinreichend sei.

[Perfekt] hatte doch oft genug eine vom Präteritum ganz abweichende Bedeutung auszudrücken. Dies wäre aber durch Vermischung der beiden Formen nicht möglich gewesen und so eine Undeutlichkeit des Ausdrucks entstanden, die dem Zweck der Sprache zuwider läuft. Es mußten triftige Gründe sein, welche die Sprache nötigten, diese Undeutlichkeit durch Beseitigung des alten Präteritums und durch Einführung des Perfekts an dessen Stelle in Kauf zu nehmen. (Reis 1910, 385)

Stufe 4 beginne im Westen nördlicher als im Osten, eben dort, wo das auslautende *e* nicht weggefallen sei.

Als einziger „triftiger" Grund ist für Reis die *e*-Apokope zulässig: „So bleibt denn nichts übrig, als die Ursache dieser Bedeutungsverschiebung in lautlichen Veränderungen zu erblicken" (Reis 1910, 387).

Kaj B. Lindgren
Lindgren (1957) geht ebenfalls von der Möglichkeit aus, dass zwischen dem Präteritumschwund und der *e*-Apokope ein „ursächlicher Zusammenhang bestünde" (1957, 119). In der Logik von Reis müsse ein durch die *e*-Apokope verursachter Schwund zu einem früheren und stärkeren Schwund der Präteritumsformen der schwachen Verben und besonders der Formen der 3. Person Singular geführt haben. Um dies zu überprüfen, wertet Lindgren die Verbbelege mehrerer Texte aus der vermuteten „Übergangsperiode" von einem intakten zu einem vom Präteritumschwund durchbrochenen System (15.–17. Jahrhundert) aus und schließt aus den Daten: „Das Ergebnis zeigt im Gegenteil, dass die erwartete Folge der Apokopierung, ein früherer und stärkerer Schwund des Prät. bei den schwachen Verben, nicht eingetreten ist, oder höchstens, dass sie ganz schwach hervortritt." (1957, 124) Auch Unterschiede zwischen der Singular- und Pluralverteilung bei schwachen Verben konnten nicht festgestellt werden, so dass die „Annahme einer unmittelbaren, mechanistischen Einwirkung" der Apokope auf die Präteritumformen sich nicht bestätigen ließe: „Die Abneigung gegen das Präteritum ist in allen Verbtypen durchschnittlich gleich gross gewesen." (1957, 126) Trotz der widersprüchlichen Datenlage hält Lindgren einen „mittelbaren" Zusammenhang für möglich: „Unserer Annahme gemäss wäre der Präteritumschwund zwar eine Folge der lautgesetzlichen Apokopierung, aber eine nur mittelbare Folge, verursacht durch funktionelle Faktoren." (1957, 127)

Wie stellt sich Lindgren diesen Prozess vor? Durch die Apokope komme es zwar zu einem Formenzusammenfall. Das beschädige, aber verändere nicht das System, „sondern die alten Präteritumformen wurden weiterhin verwendet, weil sie eben nötig waren, die zweideutigen genauso wie die eindeutigen." (1957, 127) Daraufhin seien dann nicht nur die zweideutigen Formen, sondern die ganze „beschädigte grammatische Kategorie" vollständig und konsequent ersetzt worden. Das Gesamtbild der Entwicklung skizziert Lindgren wie folgt. Wie sie im Einzelnen abgelaufen sein soll, bleibt aber auch bei Lindgren letztlich „ein Rätsel" (1957, 128):

> Die Lautgesetze lassen funktionell wichtige Formen äusserlich zusammenfallen und beschädigen das Flexionssystem dadurch einschneidend. Dieses bleibt aber vorläufig noch bestehen, und die Sprechenden benutzen unbekümmert die alten Formen; sie lassen sich wohl von dem lautlichen Zusammenfall, der die Verständigung erschwert, etwas stören, aber können vorerst nichts dagegen unternehmen. **Dann taucht eine andere Ausdrucksmöglichkeit auf, die mit der alten konkurriert; in diesem Falle das Perfekt im bishe-**

rigen Verwendungsbereich des Präteritums. Jenes breitet sich zuerst nur wenig auf Kosten von diesem aus, verdrängt es aber noch lange nicht. Besondere Rücksicht auf unkenntlich gewordene Formen wird in dieser Phase noch nicht genommen. Und dann kommt das große Fragezeichen: Auf einmal sieht man ein, dass man auch ohne Präteritum ganz gut zurechtkommt; man kann auch teils in Perfekt, teils in Präsens erzählen. Das neue System ist da, in welchem das als störend empfundene Präteritum gar nicht nötig ist. Und so erfolgt der Schwund dann ganz rasch, und zwar ausdrücklich so, dass er nicht zuerst nur einige Präteritumformen betrifft, sondern auf einmal die ganze Kategorie des Präteritums als überflüssig verwirft. (Lindgren 1957, 128–129; Hervorhebung HF)

Was Lindgren hier nicht explizit hervorhebt, aber doch zum Ausdruck bringt (vgl. die Hervorhebung), ist die Annahme, dass ursächlich für den Schwund die funktionale Ausbreitung des Perfekts in den Funktionsbereich des Präteritums gewesen sein könnte. Der Apokopierung könne dann nicht die Funktion eines Auslösers des Schwunds, sondern eher die Rolle eines Katalysators im Schwundprozess zugesprochen werden.

Streitfrage Apokope: Argumente für und gegen eine rein lautliche Erklärung
Die *e*-Apokope-These wurde aus mehreren Gründen zur Standarderklärung für den Präteritumschwund. Dal (1960, 1–2) beschreibt, dass die These zunächst durch Reis' mehrfache Darstellung und Verteidigung bekannt wurde und dann durch Aufnahme in die von Reis besorgte Neuauflage von Wunderlichs Grammatik „Der deutsche Satzbau" (Wunderlich/Reis 1924, 280–281) und in Sütterlins „Neuhochdeutscher Grammatik" (1924, 449–450) Anerkennung fand. Zur „allgemeinen Annahme" aber sei die These erst durch Behaghels Autorität geworden, der den „Untergang des Präteritums auf süddeutschem Gebiet nach dem Abfall des auslautenden e" als Beispiel dafür anführte, „daß Lautwandel syntaktischen Wandel zur Folge haben könne" (Behaghel 1924, VI; zitiert nach Dal 1960, 2). In den Dialektgrammatiken der ersten Hälfte des 20. Jahrhunderts wird daher auch die Reis'sche Erklärung wiederholt vorgetragen. Die Erklärung durch *e*-Apokope wurde zur Lehrmeinung. Dies war sicherlich auch der Grund, warum Lindgren trotz widersprechender Ergebnisse seine Argumentation der Apokopethese anpasst. Demgemäß nehmen alle auf Reis folgenden Forschungsarbeiten zum Präteritumschwund Stellung zur Apokopethese. Die wichtigsten, in den Diskussionen vorgebrachten Argumente werden im Folgenden kurz vorgestellt.

Argumente für die *e*-Apokope-These
Das Hauptargument für die Apokopierungsthese von Reis ist die räumliche Übereinstimmung des Präteritumschwunds mit dem Gebiet der oberdeutschen

e-Apokope, dem oberdeutschen Raum.[305] Dabei hat sich die Apokope in ähnlicher Weise areal ausgebreitet wie der Präteritumschwund (vgl. Lindgren 1953 und 1957). Zeitlich gesehen geht die Apokope dem Präteritumschwund um ca. 200 Jahre voraus, was ebenfalls einen kausalen Zusammenhang nahelegt. Nach Lindgren (vgl. 1953, 208–210; s. die Karte „Obdt. Apokope", 209) nahm die oberdeutsche Apokope ihren Ausgangspunkt im 13. Jahrhundert im Bairischen und breitete sich dann in nördlicher und westlicher Richtung auf das Ostfränkische und Schwäbische aus. Anschließend erreichte sie das Hoch- und Niederalemannische und schließlich auch das Rheinfränkische. Ab dem 16. Jahrhundert ist eine Restitution unter Einfluss des für die Meißner Kanzleisprache wichtigen Ostmitteldeutschen zu verzeichnen.[306] In der Entwicklung der Standardsprache hat sich die Apokope (mit Einschränkung) nicht durchgesetzt.

Karte 27 vergleicht die Ausdehung der Apokope mit den Präteritalgrenzen der Karten aus dem *Sprachatlas des Deutsche Reichs* (WA).

Sie zeigt eine Abzeichnung der Karten „(müd)-e" (WA 336), „(Aff)-e" (WA 162) und „(heut)-e" (WA 197) sowie der Präteritalgrenzen der Karten „lagen" (WA 350), „kam" (WA 474), „kamen" (WA 346), „tat" (WA 297), „wollten" (WA 510) und „war" (WA 78). Die drei Karten zur *e*-Apokope zeigen eine ähnliche areale Verteilung: Im Norden und im Süden Deutschlands wurde das Endungs-*e* apokopiert. In Teilen des mitteldeutschen und niederdeutschen Sprachraums ist das Schwa erhalten. Die Nicht-Apokopierungsräume der drei abgezeichneten Wenkerkarten zeigen eine nahezu identische Lage, variieren aber an den Rändern leicht, was auf den Diffusionsprozess der Apokope zurückzuführen ist.[307] Wir

---

305 König (2011) argumentiert zugunsten der Apokope-These, wenn er anführt, dass an einigen wenigen Orten am äußersten Südrand des deutschen Sprachraums (i.e. in konservativen, relikthaften Ortsdialekten im Schweizer Wallis und in südbairischen Sprachinseln in Oberitalien), wo die Apokopierung ausgeblieben war, auch Präteritum erhalten geblieben ist (vgl. König 2011, 159, 161). Diesem Argument ist leicht zu widersprechen: In diesen Mundarten sind auch die vollen Nebensilbenvokale in der Verbflexion erhalten, so dass sich die gesamte Flexionsmorphologie und auch das Tempus-Aspekt-System anders darstellen und nicht mit den nördlicheren Dialekten vergleichbar sind. Zu weiteren Eigenschaften des Tempus-Aspekt-Systems relikthafter oberdeutscher Bergmundarten vgl. die ehemalige Situation in Saley (Frei 1970).
306 Vgl. auch die Diskussion des Forschungsstandes zur hochdeutschen *e*-Apokope bei Birkenes (2014, 131–137).
307 Dargestellt werden die Apokopierungsräume eines Substantivs im Nominativ (*Affe*), eines prädikativ verwendeten Adjektivs (*müde*) und eines Adverbs (*heute*). Ein Vergleich mit der Karte „glaube" (WA 116) zeigt, dass die Apokopierung bei Verbformen zur gleichen Raumbildung führt. Das Nicht-Apokopierungsgebiet bei *glaube* entspricht im Großen und Ganzen dem des Substantivs, des Adjektivs und der Adverbien – mit dem Unterschied, dass es im Hessischen südlicher verläuft und auch das Zentralhessische und dessen westliche Übergangsgebiete zum Mittelfränkischen umfasst.

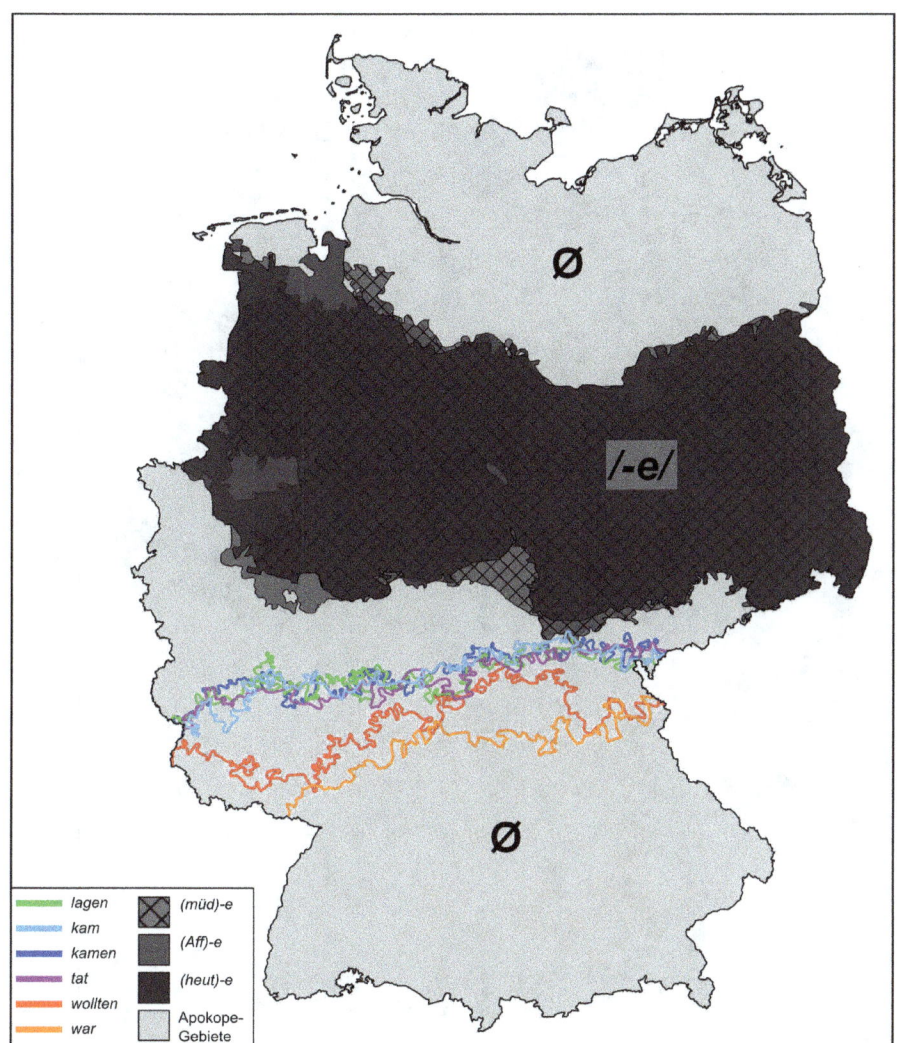

Karte 27: Präteritalgrenzen und Apokopegebiete im Vergleich.

sehen, dass die Wenker'schen Präteritalgrenzen, die in Kapitel 2.2 als die südlichen Grenzen des Übergangsgebietes identifiziert wurden, deutlich südlicher verlaufen als die Grenze zwischen südlichem Apokopierungsgebiet und Nicht-Apokopierungsgebiet. Ein direkter Vergleich von Apokopierungsgebiet und Präteritumschwundgebiet schwacher Verben ist leider nicht möglich, da der *Sprachatlas des Deutschen Reichs* keine Präteritalkarte zu einem schwachen Verb enthält.

332 — 3 Die Erklärung des Präteritumschwunds

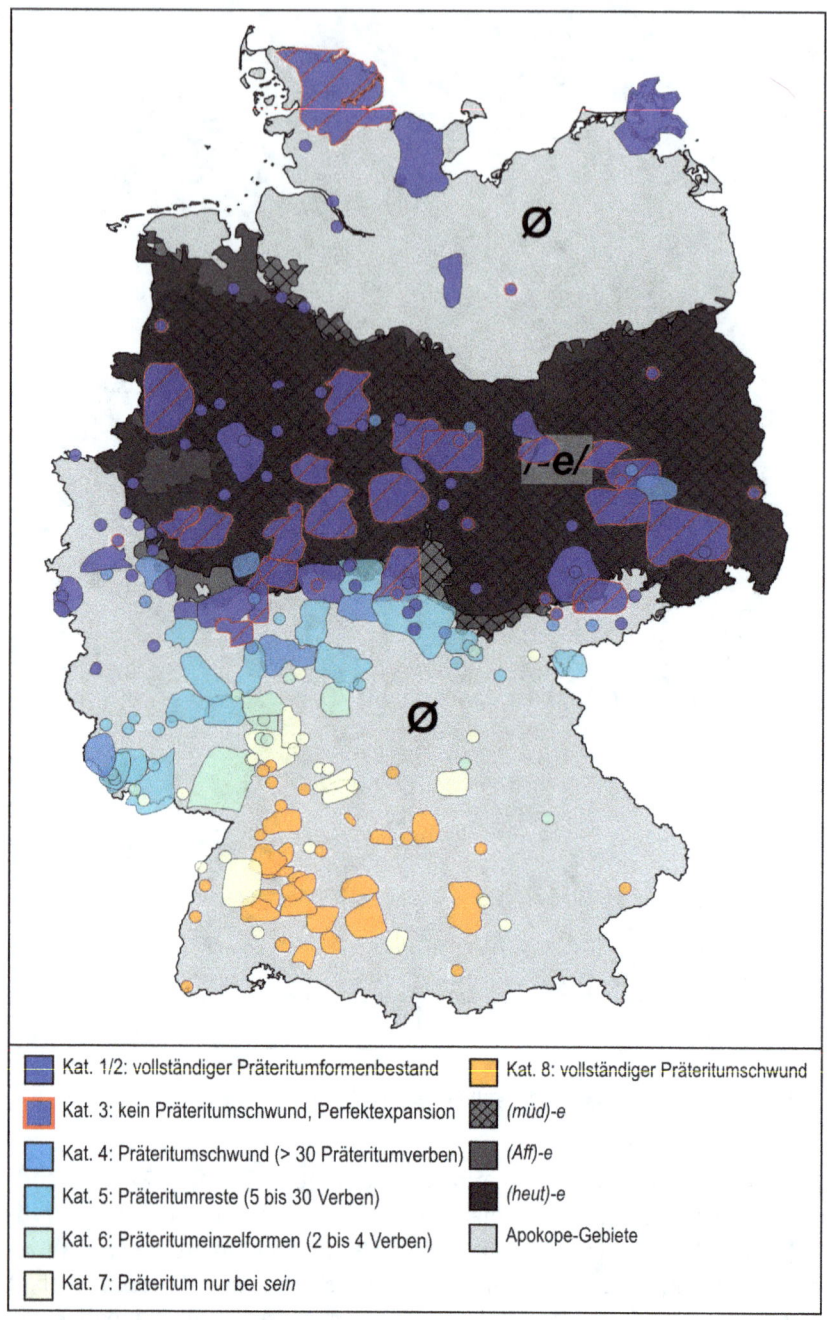

Karte 28: Präteritumschwund nach Ausweis der Dialektgrammatiken und Apokopegebiete im Vergleich.

Ein Vergleich der Apokopegebiete mit der Raumgliederung, die sich anhand der dialektgrammatischen Auswertung ergab, zeigt, dass sich das Nicht-Apokopierungsgebiet nördlich an das Übergangsgebiet des Präteritumschwunds anschließt. Karte 28 bestätigt die areale Überschneidung von Präteritumschwund- und Übergangsgebiet mit dem südlichen Apokopierungsgebiet.

Allerdings lässt sich ein kausaler Zusammenhang nicht bestätigen: Für das Apokopierungsgebiet lassen sich im Niederfränkischen, Ripuarischen, Zentralhessischen und südlichen Obersächsischen eine Reihe von Grammatiken benennen, die trotz Apokope keine Präteritumschwundformen dokumentieren. Für die Dialekträume des Nicht-Apokopierungsgebiets lassen sich wiederum Grammatiken finden, die Formenschwund dokumentieren: u. a. im Nord-Obersächsischen, Ostfälischen, im Zentralhessisch-Nordhessischen Übergangsgebiet.

Die Auswertung der Dialektgrammatiken spricht also gegen die zunächst eingängige *e*-Apokope-These. Im Folgenden werden diese Befunde ausgeführt und um weitere Argumente gegen die *e*-Apokope-These ergänzt.

Argumente gegen die *e*-Apokope-These

a) Präteritumschwund in Sprachen ohne Apokope
Für das Nicht-Apokopierungsgebiet in Karte 28 lassen sich eine Reihe von Dialektgrammatiken benennen, die Präteritumformenschwund dokumentieren: Weiershausen (1927) für das zentralhessisch-nordhessische Übergangsgebiet, Martin (1957) für das nordhessisch-osthessische Übergangsgebiet, Günter (1960) und Seibicke (1967) für das Nordobersächsische, Schaper (1942) und Freise (2010) für das Ostfälische.

Meillet (1926) weist darauf hin, dass auch in anderen Sprachen – Sprachen ohne lautlichen Formenzusammenfall wie zum Beispiel dem Slawischen, Iranischen, Indischen und Armenischen – synthetische (und unregelmäßigere) Präteritumformen zugunsten analytischer (und regelmäßigerer) Perfektformen verloren gingen (vgl. Meillet 1926, zitiert nach Trost 1980, 184). Auch Dal (1960), Dentler (1998) und Abraham/Conradie (2001) bringen dieses Argument an. Nach Thieroff (2000) sind dies das Französische, Norditalienische, Jiddische und mit weiteren Entwicklungen auch einige slawische Sprachen (Polnisch, Tschechisch, Weißrussisch, Ukrainisch und Slowenisch) (vgl. Kap. 2.1 „Präteritumschwund kontrastiv"). Diese Argumentation kann auch gegen Sapps Synkope-These geltend gemacht werden. Inwieweit die Prozesse in den verschiedenen Sprachen im Einzelnen vergleichbar sind, ist zum Teil unklar. Hier wären weitere empirische, kontrastive Studien wünschenswert.

b) Kein Präteritumschwund trotz Apokope
Karte 28 zeigt eine Reihe von Dialekträumen, die im Apokopegebiet liegen, für die jedoch kein Präteritumschwund dokumentiert wird: z. B. Bruijel (1901) für das Niederfränkische, Münch (1904) für das Ripuarische, Büsch (1888) für das Moselfränkische, Corell (1936) für das Nordhessische, Reichard (1914) für das Ostfränkische, Tetzner (1928) für das südliche Obersächsische.

Des Weiteren führt Frei (1970) mit dem Dialekt von Saley, einem höchstalemannischen Reliktgebiet[308] im italienischen Antigoriotal, ein Beispiel dafür an, dass trotz vollständig durchgeführter Apokope die Präteritumformen nicht geschwunden sind[309] und sieht damit die Apokope-These widerlegt:

> Es ist für Saley klar erwiesen, dass die Apokope in keiner Weise zum Praeteritumschwund beigetragen hat; Saley stellt also den paradoxen Fall mit lautgesetzlich durchgeführter obd. Apokope dar, wo aber das Praeteritum voll erhalten ist, und zwar als Kategorie, und auch im nahezu unversehrten Flexionsstand. (Frei 1970, 363)

Damit sei nach Frei die Idee von einer mechanistischen Einwirkung eines einzelnen lautlichen Auslösers auf den Präteritumschwund abzulehnen. Vielmehr sei mit einem Zusammenwirken mehrerer Faktoren zu rechnen:

> Nun ist sowohl die Erhaltung des Praeteritums in Saley wie auch der Schwund dieser Zeitform in andern Dialektgebieten sicher ein Ergebnis mannigfacher wirkender Kräfte, und weder das eine noch das andere scheint durch eine einzige, isolierte, lautliche, funktionelle oder sprachgeographische Wirkung herbeigeführt worden zu sein. (Frei 1970, 364)

Diese „Hauptgründe für die Erhaltung des Praeteritums" in Saley seien a) der „[archaische] Laut- und Formenbestand in mhd./frnhd. Zeit, als in nördlichen Gebieten das Praeteritum schwand", b) der „Einfluss der romanischen Nachbarschaft" und c) die „[p]olitische, verkehrsmässige und kulturelle Abgeschlossenheit von der übrigen alemannischen Schweiz" (Frei 1970, 364).

Neben der älteren hochdeutschen Apokope ist ab dem 16. Jahrhundert auch eine jüngere niederdeutsche Apokope zu verzeichnen (s. Karte 28 und 29), deren Entstehung und Verbreitung jedoch noch schlechter erforscht ist als die der hochdeutschen (vgl. Birkenes 2014, 136).[310] Die niederdeutsche Apokope entstand unabhängig von der hochdeutschen und wirkt auch auf die Verbal-

---

308 Der Dialekt von Saley zeichne sich durch einen besonders „altertümlichen Lautbestand und das Weiterleben des mhd. Praeteritums in der Verbalflexion" (Frei 1970, 1) aus. Nach (Frei 1970, 379) habe er zahlreiche „Spracheigenschaften aus der alt- bis frühneuhochdeutschen Sprachepoche" konserviert.
309 In Saley konnte zu jedem Verb eine Präteritumform gebildet werden (vgl. Frei 1970, 363).
310 Vgl. die Diskussion des Forschungsstandes zur niederdeutschen Apokope in Birkenes (2014, 136–137).

flexion, so dass auch hier eine Homonymie in den Formen der 3. Person Singular Präsens und Präteritum entsteht.[311] Einen solchen Formenzusammenfall (ohne Schwund der Präteritumformen) belegt z. B. Feyer (1941, 71) für den Dialekt des Orts Baden (Kreis Verden). Ein sich an die Apokope anschließender Präteritumschwund kann für das niederdeutsche Apokope-Gebiet allerdings nicht verzeichnet werden. König (2011, 159) versucht dies damit zu begründen, dass durch das erst späte Auftreten der Apokope im Niederdeutschen hier bereits der Einfluss der Schrift-/Standardsprache, die das Präteritum beibehält, stark regulierend gegen einen Präteritumschwund gewirkt habe. Es ist jedoch auch umgekehrt denkbar, dass nämlich das Tempus-Aspekt-System des norddeutschen Sprachraums das System der neuhochdeutschen Standard(schrift)sprache beeinflusst und den Erhalt des Präteritums forciert hat.[312]

c) Zusammenhang von Apokope und Beginn des Schwunds nicht nachweisbar
Die statistischen Auswertungen in Lindgren (1963, 271) können keinen Zusammenhang zwischen *e*-Apokope bei schwachen Verben und Präteritumschwund zeigen. Das wird auch von Oubouzar (1974, 68–69) bestätigt:

> Bereits Lindgren hat es abgelehnt, die Ursache des ‚Präteritumschwunds' in der *e*-Apokope der schwachen Verben zu suchen. Die Untersuchung meiner beiden Korpora bestätigt diese Behauptung: starke und schwache Verben spielen für die Wahl des Präteritums oder des Präsens der Vollzugsstufe keine Rolle.

Auch Sapps (2009) Befunde sprechen gegen die Reis'sche These. So findet Sapp in seinem Korpus sowohl Texte mit einer hohen Quote an Apokopierungen, aber einer „robusten" Verwendung der Präteritumform, als auch Texte mit einer geringen Apokopierungsquote, dafür aber einer „robusten" Verwendung von Perfektformen (vgl. Sapp 2009, 435).

d) Keine Funktionsuntüchtigkeit nach Apokopierung
Gegen die Erklärung durch die *e*-Apokope à la Reis als „eine mechanistische Ursache" spricht sich auch Kaiblinger (1929/30) aus. Reis' Beschreibung, dass im mitteldeutschen Raum schwache, uneindeutige Präteritumformen von Per-

---

[311] Vgl. Thies (2010, 53–57): sowohl *he/se blödd* 'er/sie blutet' (Präsens) als auch *he/se blödd* 'er/sie blutete' (Präteritum). Darüber hinaus zeigen sich z. T. verbspezifisch noch weitere Homonymien zwischen Präsens- und Präteritumformen der ersten und zweiten Person.
[312] Reis (1910, 388) führt an, dass im Norden eine andere Lautentwicklung einen Zusammenfall der Formen verhindert hätte und illustriert dies an einem Beispiel (*spält* vs. *späl*). Dies müsste an einer breiteren Datenbasis überprüft werden.

fektformen ersetzt worden wären, kann Kaiblinger in einer eigenen Auszählung von dialektalen Quellen aus dem nordhessischen Schwälmer Dialekt nicht bestätigen: „Ohne jedes Bedenken gebrauchen die Schwälmer die an sich zweideutigen Präs.-Prät.-Form vom Typus *spielt* [...]" (Kaiblinger 1929/30, 272). Die Auszählung ergibt, dass 10 % der Präteritumsformen (94 Belege) auf solche zweideutigen Formen fallen. „Trotz Gleichklang werden sie nicht durch Perfektum ersetzt" (Kaiblinger 1929/30, 273).[313] Eine Überprüfung des Kontextes ergab wiederum, dass von diesen 94 Belegen alle bis auf 4 „lediglich auf Grund des Zusammenhangs" eindeutig als Präterita verstanden werden konnten, was „beweist, daß die formale Gleichheit einer einzigen Personalform in nur einer Gruppe der Zeitwörter nicht zu den gefährlichen Homonymien gehört, deretwegen eine ganze Zeitkategorie aufgegeben würde" (Kaiblinger 1929/30, 274). Auch Jörg (1976, 184) kann in den von ihr untersuchten Quellen keine Anzeichen dafür finden, „die andeuten, daß das Prät. aufgegeben wurde, weil es seine Funktion aus formalen Gründen nicht mehr erfüllte".

Auch Abraham/Conradie (2001, 4–5) sprechen sich gegen die Apokope als „alleinige[n] bzw. Hauptfaktor bei der Auslösung des Präteritumschwunds" aus. Anhand eines frühneuhochdeutschen, alemannischen Beispieltexts argumentieren Abraham/Conradie (2001, 4–5), dass „die Apokope nicht störte bzw. zu Verwechslungen führte; weder Schreiber noch Leser sahen die Notwendigkeit zur Perfektperiphrase auszuweichen." Die Zeitreferenz sei in dem Text durch die starken Präteritumformen gewährleistet. Damit könne die Apokope nicht als notwendige Bedingung für den Präteritumschwund gesehen werden.

Reis würde hier entgegnen, dass es sich bei diesen Beispielen um die dritte Stufe des Schwundprozesses handle, in der durch Koordination mit eindeutigen starken Verbformen einer Bedeutungsverwechslung vermieden wird. Bei der hohen Tokenfrequenz der starken Verben und auch der irregulären schwachen Verben, bei denen die Tempusunterscheidung durch vokalische oder konsonantische Stammmodulation bewahrt wird, scheint es jedoch der Normalfall zu sein, dass ambige Formen schwacher Verben durch den Kontext disambiguiert werden. Es ist damit sehr unwahrscheinlich, dass die „Undeutlichkeit des Ausdrucks", die nach Reis (1910, 385) „dem Zweck der Sprache zuwider läuft", so folgenschwer wirkt, wie sich Reis das vorstellte.

Anschaulich wird die Fähigkeit, trotz Apokope die Tempusformen zu differenzieren, in der grammatischen Beschreibung des „Eifeldialekts" von Büsch (1888), in der das Präteritum vollständige Formenbestände aufweist.

---

[313] Ähnliche Beobachtungen finden sich auch in den Dialektgrammatiken. So vermerkt z. B. Dellit (1913, 144) für Schmalkalden im nördlichen Ostfränkischen, dass aufgrund von Apokopierung gleichlautende Präsens- und Präteritumformen bei schwachen Verben trotzdem beide erhalten bleiben.

3.5 Prozess III: Verdrängung des Präteritums — 337

> Der Dialekt kommt ohne *e* aus: Statt *er machte, eilte, spürte, legte* etc. sind die praeterita: *häₑ mŭch, oŭlt, spōₑt, lôcht, loŭt, sôt, jlôft, hôelt, sŭt, schŭf, kŭf, schăt, săt, zălt, hăt* trotz des Abfalles von e deutlicher als im hd. unterschieden von den Präsensformen: *häₑ măcht, eilt, spîrt, lăcht, leggt, såt, ljêft, hêilt, sîkt, schaîft, kêft, schătzt, sătzt, zêilt, häₑt*. Solche Formen gesellen sich zu den st. Verben, welche selbstverständlich das tempus genügend bezeichnen, und so wird es dann in zusammenhängender Rede, in der Erzählung nicht mehr störend empfunden, wenn auch einige Formen vorkommen, welche im praes. und praet. gleichlauten, wie: *häₑn dricht, häₑ micht, lôft, låₑft, klôcht: er dreht* und *drehte; mäht, mähte; lobt, lobte; lebt, lebte; klagt, klagte*: durch das Übergewicht der andern Verba ist die ganze Darstellung der bestimmten Zeit Gegenwart oder Vergangenheit zugewiesen. Stehen aber diese mit dem praes. zusammenfallenden praeterita nicht im Zusammenhang mit andern praeterita, so helfen die sie begleitenden Zeitbestimmungen aus, oder man setzt das mit dem Hilfsverb umschriebene perfectum. (Büsch 1888, 31)

Die umfangreichen lautlichen Veränderungen der Präteritalstämme schwacher Verben erhalten eine formale Differenz zwischen Präteritum- und Präsensformen, auch wenn das Schwa bereits apokopiert ist. Ähnlich funktioniert auch die Präteritumendung *-dən*, die in den Grammatiken für Düsseldorf und das Bergische Land dokumentiert werden (statt *left* [< mhd. *lebte*] wird die Form *lefdən* gewählt; vgl. Zeck 1921, 30; Bubner 1935, 118).

e) Analogische Ausbreitung auf starke Verben unwahrscheinlich

Kaiblinger (1929/30) führt – ebenso wie Lindgren (1957, 123) – das Argument an, dass die schwachen Verben im Vergleich zu den Präteritopräsentien und starken Verben eine relativ geringe Tokenfrequenz hätten. Auf eine Ausbreitung des Schwunds in analogischer Weise von den schwachen auf die starken Verben, hätte bedeutet, „dass eine kleine Verbgruppe in einer verhältnismässig kurzen Zeit auch die Hauptmasse mit sich gerissen hätte" (Lindgren 1957, 123), was unwahrscheinlich sei. Ein „Druck der grossen Masse" und damit ein „Drang zur Formänderung" (Kaiblinger 1929/30, 274) auf die starken Verben, der zum Verlust einer ganzen grammatischen Kategorie geführt habe, sei nicht anzunehmen. So fasst Kaiblinger (1957, 275) zusammen: „[D]as Behalten und das Umschreiben des Prät. geschieht ohne jedweden Grundsatz; also auch nicht wegen Mißverständlichkeit."

f) Möglichkeiten der formalen Tempusdifferenzierung trotz Apokopierung

Auch Dal argumentiert gegen die Apokope-These, die nach ihrer Meinung „auf äußerst schwachen Füßen" (Dal 1960, 2) stehe. Sie weist darauf hin, „dass das schwache Verbalsystem auch über andere Mittel als das Dentalsuffix verfügte, um den Tempusunterschied Präsens : Präteritum lautlich zu kennzeichnen" (1960, 2). Sie verweist dabei auf die mittelhochdeutschen Verben mit Umlautwechsel (z. B. *füeren* : *fuorte*), deren Prinzip analogisch auf alle schwachen Verben hätte ausgebreitet werden können. Dal geht in ihrer Argumentation noch weiter: „[F]alls ein Bedürfnis bestanden hätte, das einfache Präteritum als Tempusform zu bewahren, dann [wäre] das volle Dentalsuffix den Apokopetendenzen zum Trotz wiederhergestellt worden." (1960, 2) Dal hat hier also die Möglichkeiten morphologischer Restituierung im Blick.

Ein Beispiel dafür liefert der Dialekt des höchstalemannischen Reliktgebiets Saley. Hier führte der Erhalt und sogar „kräftige, vitale Ausbau des Rückumlautsystems" (Frei 1970, 367) dazu, dass im Paradigma der schwachen *jan*-Verben (der umfangreichsten und wichtigsten Klasse der schwachen Verben) eine formale Unterscheidung von Präsens- und Präteritumformen erhalten blieb (vgl. Frei 1970, 366). In den anderen Klassen der schwachen Verben sei es durch die Apokope zwar zu einem Formenzusammenfall gekommen, allerdings habe „die Saleyer Mundart [...] in der Umschreibung mit *tét* = 'tat' für diese wenigen kritischen Fälle einen hinreichenden Ersatz gefunden" (Frei 1970, 363).

Dass sich im Oberdeutschen formale Tempusdifferenzierungen trotz Apokope ganz regulär ausgebildet haben, beschreibt Thoursie (1984). In seiner morphologischen Analyse eines südbairischen Autographs aus dem 15. Jahrhundert stellt er fest, dass trotz einer fast hundertprozentig durchgeführten Apokope die Präsens- und Präteritumformen der 3. Person Singular nicht zusammengefallen sind, da bei den Präteritumformen in den „Endungsvorsätzen" keine Synkopierung stattgefunden habe (vgl. Thoursie 1984, 119):[314]

Präsens 3. Ps Sg   Präteritum 3. Ps Sg   (Präteritum 3. Ps Pl)
er lebt   : *er lebet*   *(sie lebten)*

Nach Thoursie wurde im Bairischen nach der Apokope die „Möglichkeit der [Tempus-] Differenzierung durch synkopierte bzw. nichtsynkopierte Formen" (Thoursie 1984, 199) genutzt, sofern nicht ohnehin durch Rückumlautung eine Differenzierung vorlag.[315] Sofern in seltenen Fällen Präsens- und Präteritumformen doch identisch seien, werde Tempus durch kontextuelle Kriterien festgestellt (vgl. Thoursie 1984, 20): durch temporale Angaben und/oder durch eindeutige Präteritum- bzw. Präsensformen im Kontext. Thoursie (1984, 54) schließt seine Beobachtungen mit der Feststellung, dass „eine Tempusdifferenzierung Präsens – Präteritum der schwachen Verben möglich ist, auch wenn die Apokope hundertprozentig durchgeführt ist." Daher ist aus seiner Perspektive „die Theorie, dass die Apokope den Präteritumschwund bewirkt habe,

---

314 Beispiel nach Thoursie (1984, 119).
315 Bei Thoursie (1984) sind dies nur die Verben *kennen, nennen* und *wenden*.

schwer zu verstehen. In unserem Text ist von keinem Präteritumschwund die Rede, da die Präterital-Formen gut vertreten sind" (Thoursie 1984, 54).

Das Ausbleiben der Synkope im Bairischen beschreibt bereits Nagl (1886, 369). Zunächst seien „die einst verschiedenen Vocale der Bildungssilben gleichmässig in e [...] geschwächt" worden, anschließend sei „gleichmässig das erste e in -ete (*fragete, sagete*) beibehalten und das letzte apocopiert" worden. Solche Formen (*badet, saget, lebet*) belegt auch Schmeller (1821, 317), denen er allerdings einen konjunktivischen Gebrauch zuschreibt. Haas (2008, 137) stellt diesen Prozess differenzierter dar: so treten die beiden Varianten des Präteritalflexivs (silbische Variante -*et*- und unsilbische Variante -*t*-) abhängig von der Silbenstruktur der Verbstämme im Althochdeutschen auf. Im Neuhochdeutschen hat sich bis auf Verben, die auf einen Dental auslauten, (z. B. *antwort-et-e*) die unsilbische Variante durchgesetzt (z. B. *salb-t-e*).

Haas (2008) zeigt anhand seines Vergleichs verschiedener Drucke der Luther-Übersetzung eines neutestamentarischen Textes aus dem 16. Jahrhundert, dass Luther diese Art der Formenunterscheidung sogar noch ausgebaut hatte.[316] Das stellt Haas in den Kontext von Luthers Bemühung um „die Systematisierung des schwachen Präteritums. Seine [Luthers; Anm. HF] Lösung bestand in der durchgehenden Verallgemeinerung des silbischen Präteritalflexivs -*et*" (2008, 139). Die Variante -*t*- nehme bei den untersuchten 13 schwachen Verben (insgesamt 234 Belege) stetig ab, bis sie nur noch in *iamert, bracht* und *begerte* zu finden sei. Nach Haas (2008, 140) erwecke dies „den Eindruck der bewussten Systematisierung der Standardisierung eines uneinheitlichen Zustands" und zwar orientiert am Oberdeutschen. In der Entwicklung der neuhochdeutschen Schriftsprache kann sich Luthers -*et*-Variante jedoch letztlich nicht durchsetzen. Hier gewinnen die synkopierten -*t*-Formen, die auch in den niederländischen, niederdeutschen und ripuarischen Drucken entgegen Luthers -*et*-Vorlage gesetzt wurden und hier auf den deutlichen Unterschied der verschiedenen Sprachlandschaften und Druckersprachen hinweist: „Die nördlichen Setzer haben denn auch die Präteritumformen Luthers konsequent in ihre funktionaleren Paradigmen übersetzt" (Haas 2008, 140). Für den vogtländisch-erzgebirgischen Dialekt in Greiz kann Rosenkranz (1977, 112–118) sogar noch im 20. Jahrhundert die synkopierte Form (*machet* statt *machte*) als dialektale Sonderform bestätigen. Die Entwicklung der schwachen Verben unter Berücksichtigung der ausbleibenden Synkope hat auch Dammel (2011, 78–81) beschrieben und in einem größeren theoretischen Rahmen verortet.

---

316 Das ergibt der Vergleich der von Luther beeinflussten Wittenberger Drucke (vgl. Haas 2008, 137–140).

Die Tempusdifferenzierung durch ausbleibende Synkope im bairischen Sprachraum, aber auch in den hochdeutschen Bibeldrucken lässt die Frage aufkommen, ob und wenn ja, wann und wo die Apokope zu einem Formenzusammenfall geführt hat. In jedem Fall verliert die Apokope-These hinsichtlich dieser Befunde an Erklärungskraft.

Auch im Niederländischen hat sich trotz Apokopierung eine formale Differenzierung von Präteritum- und Präsensformen herausgebildet. Marynissen (2009) zeigt für das Niederländische, dass die Apokope fast vollständig durchgeführt wurde, jedoch nicht in der Konjugation der regulär schwachen Verben. Dagegen haben die irregulär schwachen Verben eine Apokopierung erfahren. Sie markieren den Tempusunterschied zusätzlich durch Stammmodulation:

> Sobald das Auslautschwa seine Morphemfunktion verlor, konnten die üblichen phonologischen Auslautgesetze greifen, wenn jedoch dadurch unerwünschte Homonyme entstanden, war das Morphem gegen die Gesetzmäßigkeiten der phonologischen Abschleifung gefeit. (Marynissen 2009, 168)

Der Funktionsunterschied bedingt im Niederländischen auch eine Beibehaltung einer formalen Differenz. Die morphologische Differenzierbarkeit trotzt den lautgesetzlichen Entwicklungen. Schmuck (2013, 211–212) führt eine Reihe weiterer Beispiele aus den germanischen Sprachen auf, bei denen dem drohenden Verlust eines Kategorienmarkers durch lautliche (und morphologische) Sonderentwicklungen entgegengetreten wird.

Zusammenfassung

Die dargestellten Positionen legen nahe, dass die mechanistische Annahme, die *e*-Apokope würde zu Präteritumschwund führen, nicht haltbar ist: Präteritumschwund tritt auch in Sprachen ohne Apokope auf und gleichzeitig können Apokopierungen ohne folgenden Präteritumschwund festgestellt werden. Eine analogische Ausbreitung des Schwunds von schwachen auf starke Verben ist sehr unwahrscheinlich. Die Apokope verursachte keine Funktionsuntüchtigkeit im schwachen Verbparadigma. Trotz Apokope gab es in den oberdeutschen Dialekten Möglichkeiten der Tempusdifferenzierung. Es ist demnach sogar fragwürdig, ob die Apokope überhaupt einen Effekt auf den Präteritumschwund hatte. Wenn ja, dann ist damit zu rechnen, dass die Apokopierung verstärkend wirken konnte. Es ist jedoch sehr unwahrscheinlich, dass dieser lautliche Faktor für den Präteritumschwund verantwortlich gemacht werden kann.[317] Um die Rolle der Apokopierung im Einzelnen beurteilen zu können,

---

[317] S. auch Rödel (2007, 184) und Dentler (1997, 6–9, 14), die die Apokope-These ebenfalls als überholt und widerlegt sehen.

wären historische Studien zum Laut- und Formenbestand und deren Entwicklung von mittelhochdeutscher bis neuhochdeutscher Zeit der verschiedenen oberdeutschen aber auch mitteldeutschen Dialekte notwendig. Die dafür geeignete Quellenbasis zu finden, wäre bei einer solchen Untersuchung nicht die einzige Schwierigkeit.

Christopher D. Sapp: Synkope-These
Christopher D. Sapp modifiziert mit seiner Synkope-These die traditionelle Apokope-These von Reis. In seiner Studie wertet Sapp (2009) 20.820 Sätze in Vergangenheitsform des *Bonner Frühneuhochdeutschkorpus* aus, das Texte aus zehn hochdeutschen Dialekträumen eingeteilt in vier Zeitabschnitten enthält. Die Auswertung führt zu folgendem Ergebnis:

> As predicted by the apocope hypothesis, this study has found that the present perfect is favored, and the preterite disfavored, with weak verbs and in texts with high rates of apocope. However, the apocope analysis falsely predicts a preference for the perfect with second-person verbs. (Sapp 2009, 447)

Sapp kann anhand seiner Auswertung nachweisen, dass der Präteritumschwund – wie von Reis behauptet – in der Tat zuerst bei den schwachen Verben einsetzte. Entgegen der Annahme von Reis habe der Schwund aber nicht bei den Verbformen in der 1. und 3. Person Singular (die von der Apokope betroffen waren) eingesetzt, sondern, wie seine Auswertung zeigt, in der 2. Person Singular und Plural. Gleichzeitig kann Sapp einen Zusammenhang zwischen einer hohen Synkopierungsquote und Präteritumschwund feststellen: „The higher the rate of syncope in a group of texts is, the higher its rate of the present perfect" (Sapp 2009, 435). Daraus schlussfolgert Sapp (vgl. 2009, 447–448), dass die Synkope des unbetonten Schwas in den Verbformen der 2. Person der schwachen Präteritumformen den Präteritumschwund ausgelöst habe: „[I]t is syncope in the second person that initiates the decline of the preterite tense" (Sapp 2009, 421). Um die durch die Synkope entstandenen, phonotaktisch unvorteilhaften Konsonantencluster *-tst* und *-tt* zu vermeiden, seien in diesen Kontexten Perfektformen als Ersatz für die phonologisch ungünstigen Präteritumformen bevorzugt worden:

> Syncope resulted in phonotactically dispreferred consonant clusters in the second person preterite of weak verbs. The preferred strategy to avoid these forms was to use the present perfect instead. The use of the present perfect with a simple past meaning then spread to other contexts. It spread to the 1sg. and 3sg., where it also helped disambiguate the post-apocope forms of these suffixes from the 3sg. present tense suffix. It had the least impact on 1pl. and 3pl., since neither syncope nor apocope had any real effects on those preterite endings. By the end of the ENHG [Early New High German; HF] period, both weak and

strong verbs began to favor the present perfect, and by the modern period the present perfect ousted the preterite in all person/number combinations and, in the southernmost dialects, nearly every verb. (Sapp 2009, 436)

Der Prozess habe nach Sapp eben bei diesen schwachen, von der Synkope betroffenen Formen der 2. Person begonnen und sich im Folgenden auf andere Personen und Konjugationsklassen ausgebreitet, wobei als nächstes die morphologisch ähnlichsten Verben, die irregulären schwachen Verben (Rückumlautverben), dann erst die starken Verben von dem Schwundprozess erfasst worden seien, während wenige, irreguläre Verben im Frühneuhochdeutschen vom Präteritumschwund verschont geblieben seien und im Oberdeutschen erst anschließend verloren gingen. Sapp geht wie Reis davon aus, dass der lautliche Wandel (die Synkopierung) syntaktischen Wandel ausgelöst habe. Zusätzlich zieht er in Betracht, dass der Präteritumschwund in dem Moment, als er – ausgelöst von der Synkope – im Gange war, in seiner räumlichen Ausbreitung auf andere deutsche Dialekte von anderen „additional factors" wie Parsing und Sprachkontakt verstärkt wurde (vgl. Sapp 2009, 448).

Sapp stützt seine Synkope-Erklärung durch die Daten seiner Studie, in der Präteritumformen in der 2. Person kaum vertreten sind. Eine ähnliche Verteilung findet sich auch bei Thoursie (1984, 26), was Sapps Befunde erhärtet. Die vorgeschlagene Interpretation der Daten ist jedoch nicht notwendig. Unter Einbeziehung anderer Erklärungsfaktoren wie Diskursmodus und Tokenfrequenzen erweist sich eine neue, alternative Deutung von Sapps Daten als plausibler. Wie in Kapitel 3.1.2 („Tempus, Aspekt und Diskurs") ausgeführt wurde, gibt es einen Zusammenhang von Formen und Diskursmodi sowie der grammatischen Person. In dialogischen Texten/Diskursen ist ein Bezug auf die Sprechzeit, das deiktische Zentrum, prädestiniert. Gleichzeitig erfolgt auch die Personendeixis bezüglich dieses Bezugspunkts. Die Äußerungen beziehen sich auf das „Jetzt, Hier und Ich" des Sprechers, zu dem auch das „Du" des Angesprochenen gehört. Die temporalsemantische Verknüpfung der Perfektform in seiner ursprünglichen retrospektiven Gegenwartsbedeutung macht die Texte in dialogischen, sprecherbezogenen Diskursmodus zu **der** Domäne der erstarkenden Perfektformen – einem Diskursmodus, in dem natürlicherweise der Großteil der Belege der 2. Person vorkommen. Die Präteritumformen werden aus genau diesen Verwendungskontexten verdrängt und erfahren eine Bedeutungsverengung auf die definiten Vergangenheitskontexte. Wie unten (Kap. 3.5.3 „Faktoren des Schwundprozesses" und 3.5.5 „Abbauhierarchie der Präteritumformen") ausgeführt wird, gehen in Schwundprozessen zuerst die regelmäßigen und niedrigfrequenten Verben verloren, da sie über den geringsten Grad an Lexikalisierung verfügen. Je irregulärer und häufiger ein Verb ist, desto besser sind seine Formen im mentalen Lexikon verankert und desto länger kann es

Verdrängungsprozessen trotzen. Die von Sapp festgestellte Abbauhierarchie der Verben und der grammatischen Personen lässt sich demnach auch in Rahmen der Perfektexpansionsthese erklären. Die phonetisch ungünstige Lautkombination, die durch Synkopierung in der zweiten Person entsteht, kann zusätzlich begünstigend gewirkt haben. Die bedeutungsgleiche Alternativform war in diesen Fällen lautlich vorteilhafter und konnte die Präteritumform ohne semantischen Verlust ersetzen.

Die Interpretation von historischen Daten kann demnach aus zwei Perspektiven betrieben werden. Zum einen aus der Perspektive des Schwundprozesses: Diese fragt danach, warum die einen Präteritumformen „schlechter" sind als die anderen (und als Perfektformen) und fokussiert den Beginn des Schwundprozesses. Die andere Perspektive blickt auf die Perfektexpansion und fragt, warum sich die Perfektformen in einem bestimmten Diskursmodus sowie einer bestimmten Konjugationsklasse und Person „leichter" ausbreiten konnten als in anderen.

3.5.2.2 Semantische Faktoren

Neben der Perfektexpansionsthese u. a. von Dentler wurde auch eine semantische Erklärung von Dal vorgelegt, die sich ebenfalls zu einer der klassischen Erklärungsthesen entwickelte.

Ingerid Dal: Umfunktionalisierung des Dentalsuffixes zum Konjunktivmarker

Dal (1960) macht „die modale Bedeutungsbelastung des Dentalsuffixes als mitwirkende Ursache des süddeutschen Präteritumschwunds" (Dal 1960, 7) verantwortlich.

> Man kann nicht annehmen, daß die Präteritumform aufgegeben wurde, weil das Dentalsuffix des schwachen Verbs nicht mehr fähig war, Kategoriedifferenzierung auszudrücken, denn die Präteritumform des schwachen Verbs ist überhaupt nie aufgegeben worden. Die Form ist noch heute in vollem Leben auf dem ganzen Gebiet, das die Kategorie Präteritum eingebüßt hat, zwar nicht mehr als Tempusform, sondern als Form für den ‚irrealen' Modus, und ist als solche dem Ind. Präsentis gegenüber deutlich gekennzeichnet. (Dal 1960, 2)

Dal führt weiter aus, dass das Dentalsuffix sich sogar analogisch ausgebreitet habe und in den oberdeutschen Mundarten nun nicht mehr nur bei schwachen Verben als Konjunktiv-Marker (für den Konjunktiv II) diene, sondern auch bei starken Verben Anwendung finde (z. B. in der Zürcher Mundart: *blybe – i blybti*)[318], was sie bereits für das 17. Jahrhundert belegt. Dal nimmt an, dass sich

---

[318] Weitere Beispiele gibt Nübling (1997): u. a. *singti* 'sänge' und *giengti* 'ginge'.

das Dentalsuffixes von einem Tempus- und Modus-Marker (Vergangenheit und Irrealis) hin zum spezifischen Modusmarker für Irrealis entwickelt habe. Diesen Funktionswandel (bzw. Funktionseinschränkung) setzt Dal bereits im „ausgehenden Mittelalter" an:

> Die einfache Dentalform ist in ihrer Funktion als Modusform beibehalten, und zur Bezeichnung der Vergangenheit tritt das zusammengesetzte Perfekt ein. [...] Es ist an sich nichts Auffallendes darin, daß diese neue Bildung ihr Vordringen als Vergangenheitsform weiter fortsetzt, und dadurch wird das Dentalsuffix des schwachen Verbs immer mehr auf seine modale Funktion beschränkt. (Dal 1960, 6)

An dieser Stelle dreht Dal ihre Argumentation noch einmal um und schlägt vor, dass eine „Dynamik in entgegengesetzter Richtung" (1960, 6) gewirkt habe. Sie nimmt an, dass die Kategorie Irrealis im Oberdeutschen „eine besonders starke Stellung in der Sprache" gehabt habe, so dass „das Formelement -te eine so ausgeprägte Bedeutung von Modalität angenommen [habe], daß es sich nicht mehr als Träger von Vergangenheitsbedeutung eignete, und dies hätte dann dem Vordringen des Perfekts Vorschub geleistet." (1960, 6) Der – wie Dal annimmt – im Süddeutschen besonders häufige, durch das Dentalsuffix markierte Modalitätsausdruck habe also zu einer Spezialisierung des Dentalsuffixes geführt und damit eine formale Lücke geschaffen (Ausdruck von Vergangenheit), in die nunmehr das Perfekt gedrungen sei. Damit sei die Funktionalisierung des Dentalsuffixes als Konjunktivmarker mindestens „eine mitwirkende Ursache" (1960, 7) des Präteritumschwunds.[319]

Überlegungen, dass die Modus-Funktionalisierung des Dentalsuffixes im Zusammenhang mit dem Präteritumschwund steht, gab es bereits vor Dal. Reis (1898, 335–336) verweist auf Nagl (1886), der ebenfalls den Versuch einer rein lautlichen Erklärung unternimmt und den Schwund des Präteritums in der „lautliche[n] uniformierung des ind. praet. mit dem conj. praet. bei den schwachen und bei einer grossen anzahl von starken verbis" (Reis 1898, 335–336) begründet sieht. Der formale Zusammenfall hätte zu missverständlichen Homonymien geführt:

> War aber einmal bei allen Verben die Uniformierung des Ind. und Conj. Praet. durchgedrungen, dann mochten sich denn doch wieder Zweideutigkeiten und Verlegenheiten zum öfteren eingestellt haben. [...] Diese Verlegenheiten bewogen, vielleicht erst seit der ersten Hälfte des XVIII. Jahrh., das Landvolk, zur Bezeichnung des indicativischen Präteritums des zweifellose und entschiedene Perfectum,: „ich hab' g'macht", „i bin g'we'n",

---

[319] In der dritten Auflage ihrer „Kurzen deutschen Syntax" (Dal 1966, 135) greift sie die Konjunktiv-Erklärung nicht wieder auf, sondern erklärt den Präteritumschwund anhand der funktionalen Verdrängung des Präteritums durch das Perfekt (s. o.).

„i bin g'stiegen" etc. für früheres „ich machet", „ich wär'", „ich stieg'" zu adoptieren. (Nagl 1886, 370)

Nagl zufolge weicht der Dialekt der Homonymie durch Ersatz des Indikativ Präteritums mit der Perfektform aus, wohingegen „für die schriftsprache, welche die formen des ind. praet. beibehalten hat, [...] dieser zusammenfall so störend [war], dass die formen mit *würde* und *möchte* für den conj. praet. eingeführt wurden." (Reis 1898, 336)

Reaktionen auf die Konjunktiv-These
1963 reagiert Lindgren mit einem Beitrag in den *Neuphilologischen Mitteilungen* auf Dals (1960) Hypothese. Darin stellt er eine Auswertung von oberdeutschen Texten aus dem 14./15. und 16. Jahrhundert vor, also sowohl von Texten aus der Zeit, in dem das „alte System unverändert" bestanden hätte, als auch aus der „kritischen Schwankungsperiode", in der das alte System durch den Präteritumschwund „durchbrochen" gewesen sei (vgl. Lindgren 1963, 265). Als Ergebnis kommt Lindgren zu dem Schluss, dass sich Dals Hypothese „rein zahlenmäßig" (1963, 266) nicht bestätigen lasse:

[Z]ur Zeit des Prät.Schwundes ist im Gebrauch des Dentalsuffixes noch keine Änderung erkennbar, und folglich finde ich es unwahrscheinlich, dass die Veränderung der Funktion des Dentalsuffixes eine unmittelbare Ursache des Präteritumschwundes sein könnte. (Lindgren 1963, 266)

Eine Änderung der Funktion des Dentalsuffixes sei nach Lindgrens Auswertungen erst später anzusetzen. Von der alten Regelung könne man auch noch im 16. Jahrhundert ausgehen, in dem das Dentalsuffix „weiterhin in erster Linie als Tempusmorphem empfunden wurde" (vgl. Lindgren 1963, 270). Damit könne die Funktionsänderung des Dentalsuffixes als unmittelbare Ursache des Präteritumschwunds ausgeschlossen werden (Lindgren 1963, 271). Auch gegen eine Erklärung des Präteritumschwunds als notwendige Folge der Apokope spricht sich Lindgren nun explizit aus und stimmt Dal in diesem Punkt zu. Trotzdem beharrt er auf der Idee, dass es doch die Möglichkeit „irgendeines Zusammenhangs" zwischen der Apokope sowie der Funktionsänderung des Dentalsuffixes zum Präteritumschwund gebe, auch wenn er diesen Zusammenhang nicht weiter konkretisiert (Lindgren 1963, 264, 271). Als wahrscheinlichere Erklärung für den Präteritumschwund sieht Lindgren eine Neuregelung des Gesamtsystems, in dem das Dentalsuffix von temporaler Bedeutung befreit worden wäre und sich dadurch zum Modusmarker entwickelt hätte. Das wiederum stehe in einem übergeordneten Gesamtprozess, nämlich der Entwicklung von einem synthetischen zu einem analytischen Formenbau, die sich in den untersuchten Texten abzeichnet, in denen insgesamt die Verwendung von periphrastischen Verbalformen stark ansteige. Dabei könne die Frage, „welcher Umstand [hinsichtlich des Präteritumschwunds; Anm. HF] jeweils die bewirkende Ursache und welcher eine direkte Folge gewesen ist" (Lindgren 1963, 283), nicht beantwortet werden.

Nübling et al. (2013) sehen die Schwäche an der von Dal vorgebrachten These darin, dass es sehr unwahrscheinlich sei,

> dass das häufiger verwendete Präteritum dem viel seltener gebrauchten Konjunktiv ausweicht. Zwar war eine Alternativform für die Tempusanzeige in Form des Perfekts vorhanden, aber auch für den Konjunktiv entwickelten sich alternative Bildungsweisen, z. B. die Umschreibung mit *täte* oder *würde* + Infinitiv. (Nübling et al. 2013, 301)

Zudem zeigt Nübling (1997), dass die Bildung und die Verwendung von Konjunktiv II-Formen im Alemannischen beträchtlich schwankt. Es haben sich mehrere Verfahren des Konjunktivs II herausgebildet. So gibt es neben der *würde*- oder *täte*-Periphrase mehrere verbspezifische und zum Teil sogar allomorphe Bildungsweisen. Neben dem Stammvokalwechsel bei einigen starken Verben (z. B. *halte – hielt*; *chō – chäm*) und Ablaut + *i*-Suffix (*hälfe – hulfi*; *gaa – gäbi*) werden Modalverben mit -*t*-Suffixe (*wölle – wett*) und schwache und starke Verben mit -*ti*-Suffixen (*suechti*, *wetti*, *singti*, *giengti*) erweitert. Dabei kommt es nicht nur vor, dass starke Verben durch das aus der schwachen Konjugation stammende Dentalsuffix erweitert wurden, sondern auch schwache, besonders frequente Verben führen nach dem Muster der starken Verben einen analogischen Ablaut ein (*mache – miech*; *choufe – chuuf*; *fräge – frieg*).[320] Was lässt sich hier erkennen? Das Konjunktiv-Verbalsystem befindet sich nach dem Präteritumschwund in einer „Reorganisation". Der teilweise Zusammenfall von indikativischen und konjunktivischen Präteritumformen sowie der Präteritumschwund haben zu einer „Erschütterung" (Nübling 1997, 120) des Konjunktiv-II-Systems geführt. Infolge dessen wurden im Alemannischen unterschiedliche Ausdrucksmittel genutzt, um eine Formdifferenz zwischen Indikativ und Konjunktiv wieder zu gewährleisten. Dabei lassen die verschiedenen verwendeten Ausdrucksmittel Allomorphie entstehen. Analogische Ausbreitungen sind jedoch nicht nur in der Richtung „schwaches Dentalsuffix > starke Verben", sondern auch „starker Ablaut > schwache Verben" zu beobachten. Welche Ausdrucksmöglichkeiten für welche Verben gewählt werden, scheint abhängig von der morpho-phonologischen Struktur der Verben, aber auch ihrer Frequenz zu sein und kann regional variieren. Die Belege und die Argumentation machen

---

[320] Beispiele aus Nübling (1997).

es plausibel, dass die Reorganisation im Konjunktiv-II-System nicht der Auslöser des Präteritumschwunds, sondern – wie Nübling (1997) annimmt – vielmehr eine Konsequenz dieses Prozesses ist.

Diese Schlussfolgerung wird auch durch die Studie von Sapp (2009) unterstützt, der im *Bonner Frühneuhochdeutschkorpus* keinen Beleg für ein starkes Verb mit modalem Dentalsuffix und auch keine Präferenz für eine Verwendung des Dentalsuffixes als Konjunktivmarker feststellen kann. Daraus schließt Sapp, dass die Expansion der konjunktivischen Verwendung des Dentalsuffixes nicht als Grund, sondern als eine Folge des Präteritumschwunds zu interpretieren sei (vgl. Sapp 2009, 440). In gleicher Weise nimmt Rödel (2007, 184) an, dass das Dentalsuffix „nach seiner Verdrängung aus dem ursprünglichen auf ein neues Einsatzgebiet" verschoben wurde.

3.5.2.3 Morphologische Faktoren

Philipp Kaiblinger: morphologische Komplexität
Kaiblinger (1929/30) nimmt die Argumentation von Meillet (1909) auf, wenn er die „zwei Mängel" des Präteritums in den Fokus nimmt: „mißverständliche Homonymie einerseits, zwecklose Formenfülle andererseits. Beide Umstände haben bei seiner Verdrängung mitgewirkt." (Kaiblinger 1929/30, 278) Dabei sei die „Umgehung der Homonymie" nur „eine Seitenkraft", „die Hauptkraft" aber sei „die Verdrängung einer das Lernen und Behalten erschwerenden Beugungs- und Bildungsweise." (1929/30, 278) Demnach bestehe eine „Beziehung zwischen Verfall und Unregelmäßigkeit" (1929/30, 275). Wie im Französischen sei auch im Deutschen das Präteritum dort verdrängt worden, wo die starke Präteritumformenbildung besonders unübersichtlich gewesen sei, aber „wo die Verworrenheit der Präteritalbildung gemildert erscheint" (1929/30, 275), bleibe das Präteritum erhalten. Ein „ziemlich einfaches, leichtfaßliches System" weisen zum Beispiel die niederdeutschen Dialekte auf: „Eine solche Einfachheit kennzeichnet aber das ganze nd. Sprachgebiet bis auf das Westfälische und einige Mda.-Inseln." (1929/30, 276) Die „Einfachheit" sei im Niederdeutschen, so führt Kaiblinger aus, schon früher und stärker entwickelt gewesen als im Oberdeutschen: „Die Bildung des Präteritums war zur Zeit seines Verfalls im Oberdeutschen daselbst viel verwickelter als im Niederdeutschen. Die frühzeitige Regelung hat ihn hier vor dem Verfall geschützt." (1929/30, 278) Der Vorteil und die Stärke des Präteritums im Niederdeutschen sei die Kürze und Einfachheit seiner Bildung. Kaiblinger (1929/30) erklärt den Präteritumschwund also damit, dass mit dem Ersetzen durch die Perfektformen die Komplexität der immer komplexer werdender Ablautsysteme in den oberdeutschen Mundarten umgangen habe werden können. Im Niederdeutschen sei dies aufgrund der

bereits früh vereinfachten Systeme nicht notwendig gewesen. Daraus ergebe sich ein Vorteil der Perfektform: diese enthalte weniger komplexe Vokalwechselmuster als das Präteritum. Statt drei Ablautstufen müssten nur noch zwei memoriert werden und diese unterscheiden sich nur zum Teil vom Präsensstammvokal. Letzteres muss nach den Auszählungen von Dammel/Nowak/Schmuck (2010, 342) allerdings relativiert werden: Nur 20 % der starken Verben haben (in Nhd.) in der ersten und dritten Ablautstufe den gleichen Stammvokal (Ablautmuster ABB = 88 Verben, 51 %; ABC = 49 Verben, 29 %; ABA = 34 Verben, 20 %). Nichtsdestoweniger führt der Präteritumschwund zu einer Vereinfachung der Vergangenheitsbildung, die für Sprecher und Lerner sprachökonomisch von Vorteil ist.

Unterstützend kann hier die Beobachtung von Thoursie (1984, 120) angebracht werden, dass in dem von ihm untersuchten südbairischen Text aus dem 15. Jahrhundert (vgl. oben Kap. 3.5.2.1 „Lautliche Faktoren") der präteritale Numerusausgleich bei starken Verben (noch?) nicht durchgeführt war (mit nur wenigen Ausnahmen): Die Differenz zwischen der zweiten und dritten Ablautstufe wie in *graiff – griffen, zoch – zugen, starb – sturben* (vgl. Thoursie 1984, 120) ist noch erhalten, damit müssen hier drei Ablautstufen für den Vergangenheitsausdruck memoriert werden. Die vier Ablautstufen mit ihrer komplexen Lautsystematik, deren Komplexität sich durch lautliche Entwicklungen seit mittelhochdeutscher Zeit noch verschärft hat, wurden weder ausgeglichen noch vereinfacht. Damit rücken die Vorteile der sehr regelmäßig gebildeten Perfektform in den Vordergrund.

Gertrud Frei: Umschichtungen im verbalen Flexionssystem
Frei (1970, 364) argumentiert, dass das Oberdeutsche im Gegensatz zum archaischen Laut- und Formenbestand des höchstalemannischen Reliktdialekts von Saley, „gewaltige Umschichtungen im lautlich formalen Stand des ganzen Verbkomplexes von Ahd. bis Frühnhd." erfahren habe, die dem Präteritum „den Boden entzogen" hätten. Diese Umschichtungen umfassen nach Frei den Zusammenfall der schwachen Verbklassen durch die Nebensilbenabschwächung, den „Verlust des Gefühls für die Abhängigkeit von st. Grundverb und faktitiven *jan*-Verb", die „Erstarrung des praedikativen Partizips in der flexionslosen Form", die „analogische Ausbreitung der perfektiven Vorsilbe *ga-* auf alle Partizipia Praeteriti" und der „Verlust des Rückumlauts in der 1. Klasse der schw. Verben" (alle: Frei 1970, 364). Frei lässt offen, ob diese Entwicklungen als „Ursache oder Ausdruck eines dauernden Aspektsverlusts im Verbalbereich zugunsten einer wachsenden zeitlichen Systematik" zu verstehen seien. Deutlich wird, dass im Verbalsystem sowohl auf lexikalischer als auch auf grammatischer Ebene der Ausdruck von Aspektualität eingebüßt hat und gleichzeitig

eine Profilierung des Tempusausdrucks zu verzeichnen ist.[321] Sicherlich kann hier von gegenseitigen Wechselwirkungen ausgegangen werden. Freis Ansatz, den Präteritumschwund in einen größeren Komplex von lautlichen, morphologischen und semantischen Veränderungen im deutschen Verbalsystem einzuordnen, soll hier als richtungsweisend bewertet werden.

3.5.2.4 Pragmatische Faktoren

Wunderlich (1901, 221) sieht den Grund für die starke Perfektverwendung (auch im niederdeutschen Sprachraum) in „sorgloser Sprachgebung", in der sich eine „Tendenz zum Haften an oder zur Beziehung auf die augenblickliche Gegenwart" zeige. Dieser Bezug zur Gegenwart wird zum Vorteil der Perfektform gegenüber der Präteritumform: Perfekt werde als aktuellere und „expressivere" Vergangenheitsform empfunden: „Das, was geschehen ist, wirkt zum Sprechzeitpunkt nach, hat also Relevanz für die Gegenwart." (Nübling et al. 2013, 301) Auch Trost (1980, 188) betont die Möglichkeit (und damit den Vorteil) der Perfektform, „Emphase und Expressivität [...] beliebig zugunsten des Perfekts" ausdrücken zu können.

Trier (1965) geht sogar soweit, dass er an den Bedeutungsgegensatz „Gegenwartsbezogenheit" der Perfektform und „Gegenwartsgelöstheit" der Präteritumform eine ganze Reihe von Eigenschaften knüpft:

> Die Vorgegenwart, das Perfekt, bindet an die Gegenwart. – Eng mit diesem Gegensatz hängen andere Gegensätze zwischen beiden Tempora zusammen. Für die Vorgegenwart sind kennzeichnend affektische Beteiligung des Sprechenden, urteilende Stellungnahme, Herausstreichen der Wichtigkeit des Gesagten, Zusammenfassung von Teilhandlungen zu einem größeren als Insgesamt zu überliefernden Ganzen, Aufruf zu innerer Beteiligung der Hörer, Nähe zu Lenkung und Motivation des Handelns, Nähe zu Rechenschaft, Rechtfertigung und Verantwortung, Affinität zu allem was Gewissen ist und sagt. – Auf der anderen Seite zeigt die Erzählvergangenheit einen deutlichen und ihr wesenseigentümlichen Mangel an affektischer Beteiligung, eine Zurückhaltung des Urteils, eine gleichmäßig über das Dargestellte verteilte Liebe und sehr geringe Mitbeteiligung des Bekennens, der Rechtfertigung, der Klage und der Anklage. [...] Das umschreibende Perfekt ist die Redeweise, die den Redenden als einen in der Angst, in der Sorge und in der Verantwortung Stehenden zu erkennen gibt. Das Imperfekt ist die Redeweise dessen, der sich – was das Ausgesagte anlangt – frei von Angst und Sorge fühlt und gewiß ist, für das dargebotene Geschehen keine Verantwortung zu tragen und keine aufzuerlegen. Die Erzählvergangenheit, das Imperfekt, ist das Tempus der Entängstigung, des Entlastetseins von aller Verantwortung. (Trier 1965, 196–197)

Diese Bedeutungsüberladung der Tempusformen mit textuellen, pragmatischen, emotional-psychischen, ja sogar juristischen Funktionen bei Trier ist kaum noch

---

[321] Zur Tempusprofilierung im Frühneuhochdeutschen vgl. Nübling/Dammel (2004), Kap. 3.4.7 („Bewertung der Perfektexpansion").

nachvollziehbar. Sie zeigt in erster Linie, wie versucht wird, einen Funktionsunterschied zweier Formen mit überschneidender temporaler Semantik heraufzubeschwören, und damit einer in einem „optimalen Sprachsystem" unerwünschten, da funktionslosen Synonymie mit aller Kraft zu entkommen.

In plausiblerer Weise begründet Szczepaniak (2011, 137) den pragmatischen Vorteil der Perfektform mit seinem temporalsemantischen Gegenwartsbezug:

> Die Sprecher konnten mit Hilfe des Perfekts die Relevanz des eigenen Redebeitrags erhöhen, da sie nicht nur die Vergangenheit beschrieben, sondern zusätzlich auch eine Erklärung für den Jetzt-Zustand lieferten. [...] Während das Präteritum nur die vergangene Handlung in ihrem Verlauf darstellt [...], stellt das Perfekt eine frühere Handlung als für den aktuellen Zustand verantwortlich dar [...]. (Szczepaniak 2001, 137)

Diese diskurspragmatische Funktion sei allerdings heute nur noch selten greifbar, da durch die inflationäre Verwendung des Perfekts der pragmatische Effekt verloren gegangen sei und sich das Perfekt als Tempusform routinisiert habe (vgl. Szczepaniak 2011, 137–138). Im Prozess der Perfektexpansion habe dieser Faktor jedoch durchaus zur Verdrängung des Präteritums beigetragen (vgl. Szczepaniak 2011, 137).

Kritisch zur Expressivitätshypothese äußert sich Ronneberger-Sibold (1980, 113–116), die fragt:

> Wenn die neuen Konstruktionen einen so besonderen subjektiven Wert haben, der einem besonderen Ausdrucksbedürfnis des Sprechers entspricht – warum verlieren sie diesen Wert so oft und werden zu Ausdrücken für grammatische Kategorien gerade ohne subjektive Ausdruckskraft und verdrängen in dieser Funktion die alten synthetischen Formen? (Ronneberger-Sibold 1980, 114)

Wie also geht diese Expressivität verloren? Semantische Abnutzung schließt Ronneberger-Sibold als Erklärung aus. Diese gelte nur bei Ausdrücken, deren Hauptfunktion Neuigkeits- bzw. Seltenheitsanzeige ist, also nicht bei Ausdrücken für grammatische Kategorien. Bei diesen spielten stilistisch-semantische Erklärungen nur bei der Entstehung, aber nicht beim eigentlichen Wandel eine Rolle (vgl. Ronneberger-Sibold 1980, 115).

Die Frage ist, ob die Perfektform ihre Expressivität wirklich verloren hat. Immerhin hat sie trotz der Bedeutungsexpansion ihre Ausgangsbedeutung beibehalten. In ihrer retrospektiven Bedeutung hat sie nach wie vor expressiven Gehalt. Die Expressivität kann jedoch nicht als Faktor der Präteritumverdrängung gewertet werden; als ein Vorteil der Perfektform sollte sie aber berücksichtigt werden. Gleichzeitig kann als eine Stärke des Präteritums die Möglichkeit zum Distanzausdruck benannt werden.

3.5.2.5 Informationsstruktur

Werner Abraham: Parsing und Diskursprominenz – Präteritumschwund bedingt durch Sprechsprachlichkeit

Eine neue Perspektive auf den Präteritumschwund liefern die Schriften von Werner Abraham (Abraham 1999, 2004, 2005; Abraham/Conradie 2001). Abraham hält kognitive Faktoren für den Präteritumschwund im Oberdeutschen verantwortlich und baut seine Argumentation auf der großen Bedeutung der Sprechsprachlichkeit der vom Präteritumschwund betroffenen Sprachen auf. In Abraham/Conradie (2001) werden als Beispiele das Oberdeutsche, das Afrikaans und das Jiddische diskutiert. Für die Präteritumschwundprozesse dieser Sprachen seien jedoch unterschiedliche und autonome Entstehungsszenarien und -faktoren anzunehmen.[322] Ihnen gemeinsam sei, dass bei Sprechkodes ein eigener Grammatikmechanismus wirke, nämlich der schrittweise ablaufende Verarbeitungsprozess bei der *online*-Rezeption (vgl. Abraham 2005, 119) und damit kämen hier Parsing und Diskursstrukturierung „unmittelbarer und daher anders gewichtet zum Tragen" (Abraham 2005, 126).

Im „Hochdeutschen" stünden optimales Parsing und optimale Diskurssteuerung durch die „hochdeutsche" SVO(V)-Wortabfolge im Konflikt. Nicht so im Oberdeutschen: hier sei durch den Präteritumschwund eine „Reparaturlösung" gefunden worden: Das Oberdeutsche habe durch die Verwendung der Perfektform anstelle der Präteritumform eine besondere strukturelle Strategie entwickelt, bei der durch den Strukturtyp SAuxOV (im unabhängigen Satz) bzw. SOV(Aux) (im abhängigen Satz) die erste Verbklammer frei von lexikalischer Bedeutung sei. Diese Satzposition sei im Besonderen den grammatischen Hilfsverben vorbehalten. Die zweite Verbklammer sei dagegen mit lexikalischem

---

[322] Für das Afrikaans argumentieren Abraham/Conradie (2001), dass vor allem der fehlerhafte L2-Erwerb in der höchst heterogenen Bevölkerung im Südafrika des 17. und 18. Jahrhunderts als ein „verkürztes, unvollständiges Erlernen als möglicher Auslöser für den Präteritumschwund" (Abraham/Conradie 2001, 51) angenommen werden muss. Hinzu kommt, – und das stärkt die Perfektform in hohem Maße – dass die Perfektform im Afrikaans morphologisch stark vereinfacht wurde: so führte eine Person- und Numerusnivellierung zu einer einzigen Hilfsverbform (Aufgabe der Hilfsverbkongruenz), zudem wurden die *sein*-Perfektformen zugunsten der *haben*-Formen aufgegeben (Aufgabe der Mutativunterscheidung) und schließlich fand ein Formenausgleich über alle Vergangenheitspartizipien hin zu einer regulären, schwachen Partizipienbildung (Abbau von Irregularität) statt (vgl. Abraham/Conradie 2001, 52). Für das Jiddische werden dieselben Faktoren wie für das Oberdeutsche angenommen – mit der Abweichung, dass die SOV-Struktur und damit die Vorteile einer prominenten Diskursgestaltung nur für den Nebensatz angenommen werden kann. Im Hauptsatz tendiert das Jiddische durch feste Wortstellung „eindeutig zur grammatischen Identifikation der Satzglieder" (Abraham/Conradie 2001, 121).

Material besetzt. Um diese SAuxOV-Struktur zu realisieren habe das Oberdeutsche mehr Auxiliarverben als das „Hochdeutsche": neben *haben, sein* und *werden* auch noch die *tun*-Periphrase, die eine „Extramöglichkeit der phonologisch sichtbaren Klammer" (Abraham 2005, 121) auch im Präsens darstelle. Gleichzeitig scheue das Oberdeutsche davor zurück, die erste Verbklammer mit „lexikalischem Material" zu besetzen. Dieses sei vorzugsweise der zweiten Verbklammer vorbehalten (vgl. Abraham 2005, 119). Die Eröffnung eines Mittelfeldes durch die Verbklammer „erlaubt eine freie Mittelfeldverschiebung der nominalen Elemente (Scrambling)", da durch die Verschiebung von Satzgliedern aus der Basisposition eine Refokussierung vorgenommen und ein Kontrastakzent erzeugt werden könne, die zu „anderen Textanschlussvoraussetzungen" (Abraham 2005, 121) führten und damit ein besonderes Umakzentuierungspotenzial mit sich brächten. Dies mache das Oberdeutsche im Vergleich mit den anderen germanischen Sprachen zu einer sehr diskursprominenten Sprache. Die Perfektform sei aus diskursstrategischer Sicht also besonders vorteilhaft, da sie „eindeutige und positionell akzentisch identifizierte Diskursfunktionen (alt – neu, Thema – Rhema)" (Abraham 2005, 121) mithilfe des Mittelfelds und des dort möglichen Scramblings ermögliche.

Gleichzeitig spiele laut Abraham das Parsing, verstanden als „die Abarbeitung der einzelnen Satzwörter und Konstituenten von links nach rechts, also wie man diese in der Wortkette im Satz gereiht gesprochen hört" (Abraham 2005, 122), eine wichtige Rolle. Bei einem idealen Parsing sei der Satzgliedstatus jedes Wortes sofort identifizierbar. Dies sei im Deutschen jedoch aufgrund von ambiger Kasusmorphologie oft nicht möglich. Aus Sicht eines optimalen Parsings müsse „daher die Identifikation der Subjektkongruenz über Numerus und Person in der Satzkette so früh wie möglich [erfolgen], um die Zwischenablage von unidentifiziertem Satzteilmaterial auf dem Gedächtniszwischenspeicher so gering wie möglich zu halten" (Abraham 2005, 122). Im Oberdeutschen sei dies durch die frühe Subjektidentifizierung aufgrund der Kongruenzrelation zum finiten Auxiliar in der ersten Verbklammer sichergestellt – bei gleichzeitiger Festsetzung der Thema-Rhema-Unterscheidung durch die Fokusposition vor der zweiten Verbklammer. Damit habe das Oberdeutsche durch die SAuxOV-Struktur die „beste Reparaturlösung" des Dilemmas „ideales Parsing trotz Diskursprominenz" durch die Klammerbildung in der Satzstruktur manifestiert. Daher bietet die Perfektform gegenüber der synthetischen Präteritumform im Oberdeutschen Vorteile hinsichtlich der Informationsverarbeitung und der Diskursgestaltung: „[it] serves a clear structural (= logical-grammatical) as well as psychological (sentence-processing) goal" (Abraham 2004, 263). Der oberdeutsche Präteritumschwund wäre laut Abraham damit als Konsequenz einer Umstrukturierung der Satzgrammatik zugunsten der durch die Perfektform eröffneten Verbklammer zu erklären, „verstanden als Teilfaktor im gesamten polyfaktoriellen Erklärungsrahmen und als hinreichende Bedingung neben anderen" (Abraham 2005, 127). Wie die verschiedenen Faktoren zu gewichten seien und ob die semantische Expansion des Perfekts in den Bedeutungsbereich des Präteritums als Voraussetzung oder als Folge der Umstrukturierung (durch Diskursfaktoren und Einfluss des Parsings) zu werten sei, lässt Abraham dabei offen.

Die von Abraham vorgeschlagenen Parsing- und Diskursfaktoren betonen die strukturellen Vorteile der Perfektform gegenüber einer unvorteilhaften Präteritumform. Um sie als auslösende Faktoren zu rechtfertigen, ist die empirische Basis, auf die Abraham seine Argumentation stellt, allerdings nicht ausreichend. Abraham argumentiert anhand von Beispielsätzen; eine quantitative Auswertung und Gegenüberstellung fehlt, so dass die angenommenen Unterschiede zwischen dem Oberdeutschen und den nördlicheren Varietäten bzw. der Standardvarietät (hinsichtlich Diskusprominenz, Klammerbildung, Wortstellung) nicht empirisch überprüft werden. Nur eine solche empirische, synchrone und diachrone Untersuchung könnte den tatsächlichen Einfluss der von Abraham genannten Faktoren für den Präteritumschwundprozess nachweisen.[323] Auch das Argument der *tun*-Periphrase bedarf einer solchen empirischen Überprüfung: So spielt die *tun*-Periphrase auch im Niederdeutschen eine Rolle (vgl. den Forschungsstand in Weber 2012), und sollte nicht als ausschließlich oberdeutsches Merkmal herangezogen werden.

Drinka (2004) setzt sich kritisch mit der Argumentation von Abraham/Conradie (2001) auseinander und führt Argumente gegen die These an, dass die Präteritumschwundentwicklungen im Oberdeutschen, Afrikaans und Jiddischen autonome Prozesse seien. Sowohl für das Afrikaans als auch für das Jiddische sieht sie eine Beeinflussung durch Sprachen, die bereits in einem Präteritumschwundprozess begriffen waren, als offenkundig. So gehörte zu den L2-Sprechern des frühen Afrikaans eine beträchtliche Anzahl von Auswanderern, die als L1 Sprachen beherrschten, die bereits eine Ersetzung der Präteritumform durch die Perfektform erfahren hatten und zu dem westeuropäischen Kerngebiet (*nuclear area*) des Präteritumschwunds gehörten: Französisch und Deutsch. Das legt die Vermutung nahe, dass der Präteritumschwund im Afrikaans nicht unabhängig von, sondern „in the shadow of the European trend" erfolgte (vgl. Drinka 2004, 214). Für das Ostjiddische, das süd- und mitteldeutsche Ursprünge habe und die analytische Form „wholeheartedly" adoptiert habe, nimmt Drinka (2004, 215) an, dass der Präteritumschwund

---

[323] Die von Drinka unternommene Analyse von mittelalterlichen Bibelübersetzungen geht in eine solche Richtung (s. u.).

„several layers of German-influenced development" repräsentiere: „It is contact, then, not formal or discourse factors, which would be motivating the innovation in Yiddish in this model, counter to Abraham & Conradie's claim" (Drinka 2004, 215). Dabei geht Drinka ebenfalls nach Dentler (1997, 1998) von einer anhaltenden Expansion des Perfekts und weniger von einem Schwund des Präteritums aus. Die Einführung des *semantic shift*, der Bedeutungserweiterung, sei „gradual and variable" gewesen: „The perfect did not suddenly take over the function of the preterite, but slowly extended its own realm into that of the preterite, overlapping upon it." (Drinka 2004, 216) Dieser Prozess sei beim Jiddischen zur Zeit der Ostsiedelung bereits angestoßen gewesen und später durch den wiederholten Sprachkontakt noch verstärkt worden.

In Überprüfung der Argumentation von Abraham/Conradie (2001) für das Süddeutsche führt Drinka (2004) zahlreiche Quellen an und zeigt anhand von Bibelübersetzungen, dass im mittelalterlichen Oberdeutschen kaum Klammerbildungen zu finden sind. Im Mittel- und Niederdeutschen dagegen weisen die Bibelübersetzungen auf eine ausgeprägte Verwendung der Klammer hin. Drinka schließt daraus: „The virtual lack of braciation in OD [obd.] translations points to an inevitable conclusion: braciation could not have played the role in the implementations of PS [= Präteritumschwund] in Southern German which Abraham & Conradie claim it did" (2004, 218; Ergänzungen HF).

Auch Sapp (2009) setzt sich mit dem Ansatz von Abraham/Conradie (2001) auseinander und überprüft in seiner Korpusanalyse des *Bonner Frühneuhochdeutschkorpus*, ob ein statistischer Zusammenhang zwischen der Häufigkeit von Klammerbildungen bzw. der Häufigkeit von *tun*-Periphrasen und dem Präteritumschwund feststellbar ist. Sapps Auswertungen (2009, 440–441) können jedoch keinen Zusammenhang belegen, sondern widersprechen den Annahmen von Abraham/Conradie (2001) auf Grundlage einer breiten, empirisch Datenbasis.

Drinka (2004) stellt noch weitere Fragen, die in der Argumentation von Abraham/Conradie unbeantwortet bleiben: Warum haben andere westgermanische Sprachen, die eine mit dem Oberdeutschen vergleichbare syntaktische Struktur aufweisen, z. B. das Niederländische, das Westfriesische und das Niederdeutsche, keinen Präteritumschwund durchgeführt? Und warum haben andererseits Sprachen, auf die die Diskurs- und Parsingfaktoren nicht in vergleichbarer Weise zutreffen wie das Französische und das Norditalienische, trotzdem Präteritumschwund erfahren? (vgl. Drinka 2004, 219–220) Auch die reine Sprechsprachlichkeit der Präteritumschwund-Varietäten kann als Faktor bezweifelt werden, so zeigt Drinka an drei Beispielen von z. T. isolierten *vernaculars* (African-American Vernacular English, Samaná English und Berbice Dutch), dass der „vernarcular status" von „non-standard varieties with similar parsing and discourse configurations" (2004, 222) allein nicht ausreicht, um Präteritumschwund auszulösen.

In diesem Kontext ist auch festzustellen, dass die Frage danach, warum sich die Präteritumformen im Niederdeutschen gehalten haben, von Abraham nicht ausreichend beantwortet werden: Abraham nimmt an, dass das Niederdeutsche sich schon sehr früh an der Standardschriftsprache orientiert und letztlich eine eigenständige dialektale Syntax zugunsten der standarddeutschen Syntax früh aufgegeben habe (vgl. Abraham 2005, 125, 127–128).[324] Heute sei „nur mehr phonetisches Niederdeutsch übrig [...], nicht jedoch syntaktisch Eigenständiges" (Abraham 2005, 128). Die syntaktische Eigenständigkeit des Niederdeutschen sollte, wie einschlägige Publikationen zu dem Thema zeigen, jedoch nicht unterschätzt werden (vgl. Langhanke et al. 2012).

Im Vergleich mit dem Englischen stellt Drinka fest, dass sich hier ähnlich wie im Deutschen eine „extensive auxiliation" ausgebildet habe. Gleichzeitig habe diese Präferenz für Periphrasen jedoch nicht zu einem Bedeutungswandel der Tempusformen geführt (vgl. Drinka 2004, 223). Drinka begründet den englischen (und skandinavischen) Konservatismus in der Beibehaltung einer semantischen Perfekt/Präteritum-Unterscheidung mit dem fehlenden Sprachkontakt – aufgrund der peripheren Lage zum Kerngebiet der Präteritumschwundsprachen (vgl. Drinka 2004, 223).

Die hier vorgebrachten Gegenargumente gegen die Argumentation von Abraham (und Conradie) legen nahe, die Präteritumschwundprozesse der verschiedenen westeuropäischen Sprachen nicht als autonome Entwicklungsprozesse zu werten und auch die Bedeutung von Parsing- und Diskursfaktoren nicht zu überschätzen. Gleichzeitig ist der Hinweis darauf, dass die durch die Perfektform veränderte Satzstruktur, die Klammerbildung, gewisse Vorteile mit sich bringt, wertvoll. Darauf, dass der Präteritumschwund gut zur Tendenz zu Klammerbildungen im Deutschen passt, haben auch andere hingewiesen (Lindgren 1957; Ronneberger-Sibold 1991; Nübling et al. 2013).[325] Neben den temporalen Perfektperiphrasen (Perfekt, Plusquamperfekt, Doppelperfekt und Doppelplusquamperfekt) entstehen im Deutschen auch weitere periphrastische Ausdrucksverfahren zum Ausdruck von Passiv (*werden*-Passiv), Futur (*werden*-Futur I und II), Konjunktiv, Progressiv (*sein* + *am/im/beim* + Infinitiv) – und dies nicht nur im Oberdeutschen. Insgesamt ist hier ein Trend von synthetischen zu analytischen Konstruktionen feststellbar. In der Argumentation von

---

[324] Der logische Schluss wäre wohl, dass durch den schriftsprachlichen Einfluss die Faktoren der Oralität weniger wirken könnten.
[325] Kritisch dazu s. Dentler (1997, 9), die den Erklärungswert dieses Arguments bezweifelt.

Sieberg (1984) ist die Klammerbildung der entscheidende Faktor für die Tempusformendistribution.

Bernd Sieberg: Satzstruktur und Satzprosodie

Sieberg (1984, 2002, 2003a, 2003b) ist nicht an einer Erklärung des Präteritumschwunds interessiert. Er untersucht ripuarische und standardnahe Korpora, die zahlreiche Präteritumformen enthalten, und fragt in erster Linie nach der Distribution der Verben, die sich in präteritum- und perfektaffine Verben unterscheiden lassen. Es zeigt sich, dass sich die analytischen Perfektformen und die synthetischen Präteritumformen satzstrukturell ähneln, da die im Präteritum auftretenden Verben mehrheitlich als „verbale analytische Einheiten"[326] vorliegen.[327] Diese „ermöglichen die Realisierung des für den Formenbau der deutschen Sprache zentralen Bauprinzips des distanzierten verbalen Rahmens" (Sieberg 1984, 253). Die Tempusformen würden so gewählt, dass sie zu einem satzstrukturell einheitlichen Bauprinzip und satzprosodisch einheitlichen Intonationsmuster führten. Die finiten Hilfsverben der Perfektformen und die finiten Präteritumformen der „verbalen analytischen Einheiten" sind gleichermaßen kurz (in der Regel einsilbig, maximal zweisilbig) und tragen den Wortakzent auf der ersten Silbe. Sie garantieren einen glatten Sprachfluss.[328] Vielsilbige, präfigierte und/oder phonotaktisch komplexere Verben werden somit eher mit Perfektformen gebildet, die dann satzstrukturelle und satzprosodische Einheitlichkeit gewährleisteten. Die Perfektform erweist sich damit bei vielen Verben als satzstrukturell und satzprosodisch vorteilhaft. Dies begünstigt die Expansion des Perfekts.

3.5.2.6 Sprachkontakt

Bridget Drinka: Areale Diffusion

Bridget Drinka (2004, vgl. auch 2017) geht in Anlehnung an Dentler (1998) davon aus, dass der oberdeutsche Präteritumschwund eine Folge der Perfektexpansion sei. In ihrem Beitrag geht es ihr darum, die Annahmen von Abraham/ Conradie (2001), es handle sich bei den Präteritumschwunderscheinungen in

---

[326] Es handelt sich dabei z. B. um „Finites Verb + Infinitiv", „Trennbare Verben", „Phraseologische Einheiten", „Finites Verb + Prädikativ"; vgl. Sieberg (1984, 157–169).
[327] Vgl. Kap. 2.2.3.2 („Raumbilder und Tiefenbohrungen – Übergangsraum") und Kap. 2.3.3.3 („Präteritumverben und Perfektverben").
[328] Vgl. die weiteren Eigenschaften der Verbformen der ersten Verbalklammer in Kap. 2.3.3.3 („Präteritumverben und Perfektverben").

den westeuropäischen Sprachen um eigenständige, voneinander unabhängige und durch je eigene Faktoren gesteuerte Prozesse, zu widerlegen (vgl. oben) und ein alternatives Entstehungsszenario zu entwerfen.

In diesem Entstehungsszenario macht Drinka die areale Diffusion der Bedeutungsveränderung der Perfektform als primäre Motivation für den Präteritumschwund in den westeuropäischen Sprachen verantwortlich (vgl. Drinka 2004, 224). Drinka nimmt an, dass diese Entwicklung in der *Parisian vernacular*, der Sprache der Île-de-France, ihren Ausgangspunkt genommen habe. Dies sei die erste Varietät in Europa gewesen, in der „periphrastic perfects [...] synthetic preterites as markers of the past" (Drinka 2004, 233) ersetzt hätten. Alle westeuropäischen Sprachen, in denen eine vergleichbare Bedeutungsveränderung stattgefunden habe, grenzten räumlich an oder hätten sich wie beim Afrikaans und beim Jiddischen durch Sprachkontaktsituationen mit einer Präteritumschwundsprache aus dem Kerngebiet entwickelt. Sprachen aus den Randgebieten, der „conservative periphery" (Drinka 2004, 224), hätten dagegen die alte Bedeutungsunterscheidung zwischen Perfekt- und Präteritumformen mit retrospektiver Gegenwartsbedeutung vs. Vergangenheitsbedeutung (und auch anderen „archaisms"[329]) bewahrt. Der Einfluss des Französischen auf das Deutsche sei kulturell und sprachlich stark ausgeprägt gewesen und habe ab dem 12. Jahrhundert den westdeutschen Raum geprägt. Dieser soziolinguistische Einfluss habe sich bald weiter in südöstliche Richtung ausgebreitet und so den gesamten oberdeutschen Raum erreicht (vgl. Drinka 2004, 233). Der niederdeutsche Raum habe dagegen nicht unter einem vergleichbar starken, französischen kulturellen und sprachlichen Einfluss gestanden. Dieser sei erst später, vor allem über das Mittelniederländische und Mittelhochdeutsche vermittelt worden (vgl. Drinka 2004, 226). Als Argument für diesen Entwicklungsweg führt Drinka an, dass Perfektformen mit Präteritumbedeutung im westdeutschen Raum (Köln, Trier, Straßburg) früher als in den süddeutschen Varietäten (Augsburg, Nürnberg) zu finden seien. Um den frühen Einfluss des Pariser Französischen zu belegen, wertet sie frühe nordfranzösische und westdeutsche (Kölner) Schriften aus dem 13. Jahrhundert aus und stellt überwiegend eine klare Präferenz für die periphrastischen Perfektformen sowie vorherrschend semantische Ambiguität in der Bedeutung der Formen fest: Die Formen können sowohl mit retrospektiven Gegenwartsbedeutung als auch mit Vergangenheitsbedeutung gelesen werden.

Drinka ordnet diesen Prozess in einen größeren Kontext des Einflusses des Romanischen auf das Germanische ein:

---

[329] Z. B. Resultativkonstruktionen im Sizilischen und Kalabrischen (vgl. Drinka 2004, 224).

> Thus, I suggest that we view the developments [...] as part of an ongoing series of innovations which have flowed from Latin and Romance into Germanic languages, beginning with the full adoption of auxiliation, including the development of the perfect as a tense, followed by the later reinterpretation of the perfect as a preterite in a limited, geographically defined area, according to the model of French. (Drinka 2004, 233)

Abraham spricht sich mehrfach gegen diese „Sprachbundthese" aus. In Abraham (2005, 124–125) begründet er dies damit, dass die in Europa vereinten Sprachen typologisch zu unterschiedlich seien (vor allem hinsichtlich der Wortstellung) und daher die von ihm angenommenen Hauptfaktoren für den Präteritumschwund (Diskursprominenz und Parsingbedingungen) nicht für alle Präteritumschwundprozesse der europäischen Sprachen geltend gemacht werden könnten. Zudem merkt Abraham an, dass „nahezu keine historische Evidenz zu Übertragungsrouten, zu Sponsor und Empfänger dieses Transfers" (Abraham 2005, 124) vorliege.

Wenn wir davon ausgehen, dass die Region, die zuerst durch Sprachkontakt einen *semantic shift* im Perfekt erfahren hat, auch diejenige ist, die den Präteritumschwund am stärksten und konsequentesten vollzogen hat, dann müsste nach den Ergebnissen von Sapp (2009) und Lindgren (1957) das Oberdeutsche der historische Ursprungsraum der Perfektexpansion sein. Das steht im Widerspruch zu Drinka, die für den westdeutschen Raum argumentiert, er sei als erstes von dem *semantic shift* des Französischen beeinflusst worden. Nach den Daten von Sapp zeigen v. a. die östlichen oberdeutschen Dialekte einen höheren Perfektformengebrauch und -anstieg in der frühneuhochdeutschen Periode als die westmitteldeutschen Dialekte. Dies spricht nach Sapp gegen die von Drinka formulierte These des Präteritumschwunds durch Sprachkontakt (vgl. Sapp 2009, 444–447).

Die These, dass Sprachkontakt den *semantic shift* im Deutschen ausgelöst haben könne, ist jedoch grundsätzlich nicht unplausibel. Der kulturelle, soziale und sprachliche Einfluss des Französischen auf das Deutsche im Mittelalter ist kaum zu unterschätzen. Es besteht jedoch auch die Notwendigkeit, diese Annahme durch geeignete diachrone Untersuchungen zu überprüfen. Es bedarf auch einer genaueren Betrachtung, wie sich die slawischen Sprachen in diesen Diffusionsprozess einordnen. Es bleibt unklar, ob auch der slawische Präteritumschwund bei Drinka als Ergebnis des Pariser Einflusses gewertet wird und gewertet werden kann. Immerhin ist das Russische mit der neuen Synthetisierung einer ursprünglich periphrastischen Perfektform, die bereits eine vorherige synthetische Präteritumform verdrängt hatte, in diesem (hier mehrfachen) Grammatikalisierungsprozess am weitesten vorangeschritten. Für das Deutsche ist im Besonderen zu prüfen, wie die areale Diffusion des *semantic shift* und der Formenschwund in Zusammenhang zu bringen sind. Der besonders starke und frühe Entwicklungsstand im Bairischen ließe sich nur in Rahmen der Sprachkontaktthese erklären, wenn gezeigt werden könne, dass das Westdeutsche aufgrund anderer Faktoren zwar früh einen *semantic shift* vollzogen habe, aber die Verdrängung des Präteritums dort dann langsamer verlaufen sei. Für das Oberdeutsche müsste begründet werden, aus welchen Gründen es so „schwundfreudig" war.

Im typologischen Vergleich zeigt sich, dass das deutsche Tempus-Aspekt-System viele Eigenschaften hat, die es mit anderen europäischen Sprachen teilt (vgl. Thieroff 2001, 218). Allerdings treten diese im Deutschen in einmaliger Kombination zusammen, denn dass Deutsche gehört als einzige europäische Sprache gleichzeitig 1.) zu den Sprachen, die ein Präteritum haben (keine formale Perfektiv/Imperfektiv-Unterscheidung in der Vergangenheit), sowie 2.) zu jenen Sprachen, in denen die Perfektform semantisch zu einer *past*-Form geworden ist und 3.) zu den Sprachen mit doppelten Perfektbildungen. Thieroffs Auswertungen haben für eine Auswahl an temporal-aspektuellen Eigenschaften ergeben, dass von 22 europäischen Sprachen drei Sprachen besonders viele Eigenschaften teilen: Deutsch, Französisch und Italienisch, die auch geographisch in unmittelbarer Nachbarschaft liegen. Diese Sprachräume stimmen überein mit dem historischen Reich von Karl dem Großen und werden von Auwera (1998) daher als *Charlemagne Sprachbund* bezeichnet. Die Existenz eines solchen Sprachbunds ist nicht unumstritten. Bei dem jahrhundertelangen, ununterbrochenen Sprachkontakt innerhalb dieses Sprachraums und der eng verwobene Geschichte der westeuropäischen Nationen sowie hinsichtlich der z. T. sprachgenetischen Verwandtschaft der Einzelsprachen sind die bestehenden Gemeinsamkeiten jedoch nicht besonders verwunderlich und die gegenseitige sprachliche Beeinflussung – auch auf grammatischer Ebene – durchaus plausibel.[330]

3.5.2.7 Zusammenfassung – Erklärung des Präteritumschwunds

Die Forschung zum Präteritumschwund der letzten 120 Jahre hat verschiedene Erklärungsthesen hervorgebracht und diskutiert. Bemüht wurden lautliche, semantische, morphologische, pragmatische, informationsstrukturelle sowie kontaktlinguistische Erklärungen. Wahrscheinlich kann kein anderes Sprachwandelphänomen des Deutschen eine solche Fülle von Erklärungsversuchen vorweisen. In der Darstellung wurde deutlich, dass beim Präteritumschwund von einem Komplex aus verschiedenen, zusammenwirkenden Faktoren auszu-

---

[330] Vgl. auch Friedman (2012, 421–422), der grammatischen Wandel durch Sprachkontakt dann als möglich erachtet, wenn eine intensive Zwei- oder Mehrsprachigkeit vorliegt.

gehen ist. Ein solcher multifaktorieller Erklärungsansatz wird in der Forschung wiederholt befürwortet (vgl. u. a. Frei 1970; Trost 1980; Abraham/Conradie 2001; Drinka 2004; Schrodt/Donhauser 2003; Rödel 2007; Sapp 2009; Amft 2013) und hier ausformuliert.

Die vorliegende Arbeit folgt Dentlers (1997, 1998) Erklärungsthese der Perfektexpansion, in der die Perfektform durch semantische Ausbreitung in die Bedeutungsbereiche der Präteritumformen eindrang und diese dadurch sukzessive verdrängte. Dass dieser die Bedeutungserweiterung durch Sprachkontakt ausgelöst wurde (vgl. Drinka 2004), scheint möglich, müsste empirisch jedoch noch nachgewiesen werden. Die lautlichen, morphologischen, pragmatischen und informationsstrukturellen Faktoren werden als fördernde Faktoren, jedoch nicht als ursächlich auslösende Faktoren bewertet. Damit werden entsprechend Rödel (2007, 190) „nicht die Nachteile des Präteritums [...] für dessen Vermeidung, sondern die Vorteile des Perfekts" als wesentliche Faktoren herangezogen.

Im Folgenden werden die diskutierten Faktoren in ihrer Bewertung für den durch die Perfektexpansion ausgelösten Präteritumschwundprozess zusammengefasst:

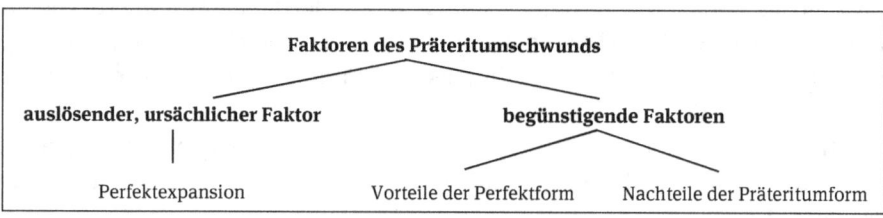

Abb. 36: Faktoren des Präteritumschwunds.

Ursache des Präteritumschwunds
- Ausgelöst wurde der Präteritumschwund durch die semantisch-funktionale Perfektexpansion: Die Perfektformen konnten in zunehmend mehr Kontexten, die ursprünglich dem Präteritum vorbehalten waren, verwendet werden.
- Die Perfektexpansion spiegelt sich in zunehmenden Tokenfrequenz der Perfektformen wider: Seit mittelhochdeutscher Zeit wird die Perfektform häufiger verwendet: 1.) aufgrund der vollständigen Durchführung der Grammatikalisierung (Ausweitung auf alle Situationstypen) und 2.) durch die semantisch-funktionale Perfektexpansion.

- Ausgelöst wird eine regelgeleitete Verdrängung der Präteritumformen, die zu einem verbweisen Abbau führt.

Vorteile der Perfektform
Eine Reihe von Vorteilen der Perfektform begünstigte die Expansion:
- Die einfache, regelmäßige Bildung der Perfektform führt zu einer guten Lernbarkeit und Bildbarkeit (Vorteil im Spracherwerb, Kompetenz- und Performanzvorteil).
- Der ursprüngliche Gegenwartsbezug und die Gegenwartsrelevanzbedeutung bei bereits expandierten Perfektformen ermöglichen den Ausdruck von Expressivität (pragmatischer Vorteil).
- Die Klammerbildung der Perfektform vereinfacht das Parsing bei Erhalt von Diskursprominenz (diskursstruktureller Vorteil).
- Die Perfektform gewährleistet einen satzstrukturell und satzprosodisch einheitlichen Aufbau – unabhängig von der morphologischen und phonotaktischen Struktur der jeweiligen Verblexeme (satzstruktureller und satzprosodischer Vorteil).
- Die zunehmende Relevanz der Perfektform fügt sich sehr gut in die sprachhistorisch zunehmende Klammertendenz des Deutschen ein.

Nachteile der Präteritumform
Zu den Nachteilen der Präteritumform, die den Schwund förderten, gehören folgende Aspekte:
- Das ursprünglich systematische Ablautsystem der starken Verben befindet sich seit althochdeutscher Zeit durch Lautwandel im Umbruch und stört die ursprüngliche Systematik. Weitere Irregularisierungen führen auch bei einem Teil der schwachen, athematischen und Modalverben zu irregulären Flexionsformen. Die komplexe und wenig transparente Formenbildung erschwert den Spracherwerb und die Memorierbarkeit der Präteritumformen.
- Synkopierungen und Apokopierung lassen phonotaktisch unerwünschte Konsonantencluster und Homonymien entstehen, die bei den schwachen Verben zu defektiven Verbalparadigmen führen.

Erklärung der arealen Ausbreitung
Die areale Ausbreitung des Präteritumschwunds (Präteritumschwund im Oberdeutschen im Gegensatz zum Präteritumerhalt im Niederdeutschen) kann durch folgende Aspekte erklärt werden:
- Das Tempus-Aspekt-System des Mittelniederdeutschen mit seiner semantisch-funktionalen Perfekt/Präteritum-Opposition bleibt lange, mindestens

bis ins 16. Jahrhundert, erhalten. Die Perfektexpansion setzt im niederdeutschen Sprachraum später ein und verläuft langsamer als im oberdeutschen Sprachraum.
- Der Präteritumschwund beginnt im Bairischen und diffundiert von dort ausgehend. Das Niederdeutsche ist geographisch und sprachstrukturell am weitesten vom Bairischen entfernt.
- Der niederdeutsche Raum bleibt lange als eigene Kultur- und Sprachlandschaft bestehen und hatte vergleichsweise wenig Kontakt zum Romanischen und Oberdeutschen. Dies bremst die areale Diffusion der Perfektexpansion.
- Der niederdeutsche Raum hat auf der anderen Seite regen Kontakt mit den ebenfalls präteritumerhaltenden westgermanischen und skandinavischen Sprachen wie Niederländisch („niederländisch-niederdeutsches Kontinuum"), Englisch, Dänisch und Schwedisch.
- Die niederdeutschen Präteritumformen sind durch frühe lautliche und morphologische Vereinfachungen in den Verbalparadigmen transparenter und einfacher; sie sind vorteilhafter in Bezug auf Spracherwerb und Memorierbarkeit.

Nachdem in diesem Kapitel die Ursache und die bedingenden Faktoren – die Frage nach dem „Warum" des Präteritumschwunds – ermittelt wurden, bleibt noch die Frage nach dem „Wie" des Schwunds unbeantwortet. Nach welchen Prinzipien vollzieht sich der Verdrängungsprozess der Präteritumformen und wie lässt sich die Abbauhierarchie der Präteritumformen abbilden und erklären?

3.5.3 Die Abbauhierarchie des Präteritums und ihre Faktoren

Im Zuge des Präteritumschwunds werden die Präteritumformen durch die Perfektformen verdrängt. Die Präteritumformen werden immer seltener verwendet. Die sinkende Gebrauchsfrequenz führt zum Verlust der Formen in den deutschen Dialekten. Dieser Verlust verläuft geregelt. In Kapitel 2.2.4.2 („Staffelungen der Formendistribution") wurde gezeigt, dass der Abbau der Präteritumformen verbweise geschieht. Einige Verben (*sein*, Modalverben, starke Verben, irreguläre Verben) haben sich im Abbauprozess der Präteritumformen länger gehalten als andere (seltene Verben, schwache Verben). Im Folgenden werden diese Faktoren, die die beobachteten verbspezifischen Entwicklungen bedingen, ermittelt und anhand der Ergebnisse aus Kapitel 2 diskutiert. Diese Faktoren stehen in einem komplexen Zusammenhang zueinander und wirken gleichzeitig auf die jeweiligen Verben.

3.5.3.1 Ausdrucksseitige Verfahren

Beim Abbau des Präteritums haben sich verschiedene Verben unterschiedlich „verhalten". Das steht zum einen im Zusammenhang mit den jeweiligen ausdrucksseitigen Verfahren, nach denen die Verben ihre Flexionsformen bilden.

Es können verschiedene Ausdrucksverfahren von grammatischer Information benannt werden, die eng an die Gebrauchsfrequenz der Verben gekoppelt sind. Je nach Ausdrucksverfahren fusioniert der Ausdruck der grammatischen Information stärker mit dem lexikalischen Stamm eines Wortes. Entsprechend lässt sich eine Ausdrucksskala zwischen analytischen und synthetischen Verfahren darstellen.[331]

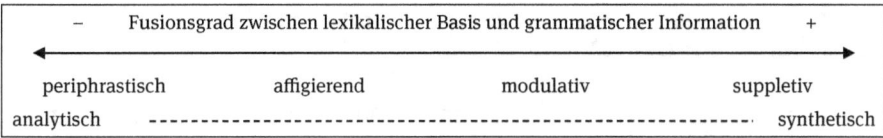

Abb. 37: Ausdrucksverfahren zwischen Analyse und Synthese nach Nübling et al. (2013, 63).

Die verschiedenen Ausdrucksarten der deutschen Verbformen können entlang dieser Skala angeordnet werden. So werden Präsens- und Präteritumformen synthetisch – je nach Konjugationsklasse mithilfe von affigierenden, modulativen oder suppletiven Verfahren – gebildet. Andere Tempusformen wie die Perfektformen oder auch die Passivformen werden analytisch gebildet. Dabei ist die synthetische Bildungsweise die historisch ältere, die Teil des indoeuropäischen und germanischen Erbes des Deutschen ist. Hier wird mithilfe modulativer (z. B. Ablaut) oder affigierender (z. B. Dentalsuffix) Verfahren die grammatische Information ausgedrückt. Die periphrastischen Tempusformen, die sich erst seit dem frühen Althochdeutsch entwickelt haben, bedienen sich eines analytischen Verfahrens, in dem ein finites Auxiliar mit einem oder mehreren infiniten Verbformen kombiniert wird.

Für den Ludwigstädter Dialekt im ostfränkischen Dialektraum hat Harnisch (1997) die vorhandenen Präteritumformen entsprechend ihrer ausdrucksseitigen Verfahren auf einer Skala für die Komprimiertheit des grammatischen Ausdrucks angeordnet. Folgende Abbildung visualisiert diese Zuordnung:

---

[331] Auf einer sprachvergleichenden Ebene kann auch ein Zusammenhang des Fusionsgrads mit der Relevanz der grammatischen Kategorie festgestellt werden (vgl. Bybee 1985).

Präteritum-schwund	Skala zunehmender Komprimierung		Bsp. aus dem Ludwigstädter Dialekt	
	− komprimierend (expansiv/syntaktisch) [= analytisch]			
Abbau des Präteritums ↑ ↓ Erhalt des Präteritums		Diskontinuität zwischen Wörtern mit gleichzeitiger wortinterner Diskontinuität im zweiten Teil des Verbalsyntagmas [= periphrastisch]	had g-šĭmf-d	('hat geschimpft')
		kontinuierender Typ (Agglutination, keine Stammallomorphie gegenüber Nenn-/Präsensform) [= affigierend]	− fehlt −	Dentalsuffix -te bei schw. Verben
		Introflexion mit äußerer Flexion [= modulativ + affigierend]	ghŭn-d	('konnten')
		Introflexion ohne äußere Flexion[332] [= modulativ]	lặx, giŋ	('lag', 'ging')
	▼	Suppletion [= suppletiv]	wạr	('war')
	+ komprimierend (lexikalisch) [= synthetisch]			

Abb. 38: Ausdrucksseitige Verfahren der Vergangenheitsbildung im Ludwigstädter Dialekt nach Harnisch (1997, 120–121).[333]

Für den rein kontinuierenden/affigierenden Typ – der der Präteritalbildung der schwachen Konjugation entspricht – kann Harnisch für den untersuchten Ludwigstädter Text keine Belege feststellen. Die Vergangenheitsformen dieser Verben werden periphrastisch mithilfe der Perfektform gebildet. Die Präteritumformen, die sich belegen lassen, bedienen sich modulativer (+ affigierender) und suppletiver Verfahren: es handelt sich um starke und irreguläre Verben und das Verb *sein*. Die präteritalen Formen sind stark selektiert: Es lassen sich nur stärker komprimierende Bildungen belegen.

Ziehen wir nun die Tabellen zu den Belegen präteritumbildender Verben aus Kapitel 2 heran, dann wird deutlich, dass sich die Beobachtungen von Harnisch (1997) verallgemeinern lassen. Von den 31 präteritumbildenden Verben der alemannischen, schwäbischen, bairischen, rheinfränkischen, ostfränkischen und moselfränkischen Dialektgrammatiken, die insgesamt mindestens dreimal belegt sind, wird eines suppletiv gebildet (*sein*), zehn Verben bilden ihre Formen modulativ und affigierend, 19 Verben werden modulativ gebildet und nur zwei Verben (*sagen, brauchen*) bedienen sich affigierender Verfahren (wobei *sagen* dialektal häufig Stammmodulationen erfährt und *brauchen* als Modalitätsverb klammerbildend ist). Die Ränge 1–10 werden von *sein* (suppletiv), den Modalverben/bzw. Präteritopräsentien (*wollen, sollen, können, mögen,*

---

[332] Die Stammmodulation bei der „Introflexion ohne äußere Flexion" lässt sich noch in rein vokalische Alternation (*lặx*) und vokalisch/auslautkonsonantische Alternation unterteilen (*giŋ*) (vgl. Harnisch 1997, 120).

[333] Die Abbildung wurde aufgrund der Beispiele in Harnisch (1997, 119) und deren Analyse (1997, 120–123) entwickelt. In eckigen Klammern ergänzt wurden die Termini nach Nübling aus Abb. 38 „Ausdrucksverfahren zwischen Analyse und Synthese".

Tab. 67: Ausdrucksseitige Verfahren präteritumbildender Verben in den Dialekten des Präteritumschwundgebiets und des Übergangsraums.

Verben	Ausdrucks-verfahren[334]	Konjugations-klasse	Belegzahl der Verben mit Präteritum in den Dialektgrammatiken[335]						Summe	Rang
			alemannisch/ schwäbisch	bairisch	rheinfränkisch	ostfränkisch	moselfränkisch			
sein	suppl	7	6	11	24	18	13		72	1
wollen	aff (mod+aff)	4	0	3	12	9	13		37	2
sollen	aff (mod+aff)	4	0	2	5	9	13		29	3
haben	mod+aff	5	0	0	10	6	12		28	4
können	mod+aff	4	0	1	4	9	11		25	5
müssen	mod+aff	4	0	0	3	8	12		23	6
dürfen	mod+aff	4	0	0	3	6	11		20	7
sagen	aff (mod+aff)	1/5	0	0	6	3	11		20	7
mögen	mod+aff	4	0	0	0	7	5		12	8
wissen	mod+aff	4	0	0	0	2	10		12	8
denken	mod+aff	5	0	0	0	4	7		11	9
kommen	mod	3	0	0	3	4	4		11	9
geben	mod	3	0	0	0	5	4		9	10
gehen	mod	6	0	0	0	6	2		8	11

---

334 Die Abkürzungen sind wie folgt aufzulösen: suppl = suppletiv, mod = modulativ, aff = affigierend.
335 Die Werte entstammen den Tabellen in Kap. 2.2.2 („Dialektale Formenbestände – Süden") und Kap. 2.2.3 („Dialektale Formenbestände – Übergangsraum"). In die Tabelle aufgenommen wurden alle Verben, die insgesamt mindestens dreimal belegt sind; das entspricht den ersten 15 Rängen.

Tab. 67: (fortgesetzt)

Verben	Ausdrucks-verfahren	Konjugations-klasse	Belegzahl der Verben mit Präteritum in den Dialektgrammatiken					Summe	Rang
			alemannisch/ schwäbisch	bairisch	rheinfränkisch	ostfränkisch	moselfränkisch		
stehen	mod	6	0	0	0	6	1	7	12
sitzen	mod	3	0	0	0	4	2	6	13
werden	mod	3	0	0	0	4	2	6	13
fahren	mod	3	0	0	0	3	1	4	14
hängen	mod	3	0	0	0	3	1	4	14
liegen	mod	3	0	0	0	3	1	4	14
nehmen	mod	3	0	0	0	4	0	4	14
brauchen	aff	1	0	0	0	0	3	3	15
fangen	mod	3	0	0	0	2	1	3	15
fliegen	mod	3	0	0	0	3	0	3	15
helfen	mod	3	0	0	0	2	1	3	15
lassen	mod	3	0	0	0	2	1	3	15
laufen	mod	3	0	0	0	2	1	3	15
schlafen	mod	3	0	0	0	1	2	3	15
sehen	mod	3	0	0	0	2	1	3	15
treffen	mod	3	0	0	0	2	1	3	15
tun	mod	6	0	0	1	2	0	3	15

Tab. 68: Regularität/Irregularität der Konjugationsklassen.

Konjugationsklassen	Beispiele	Mitglieder nhd. Standardsprache[336]	Dental suffix	vokalische Stammmodulation	konsonant. Stammmodulation	Suppletion	Irregularität
1. regulär schwache Konjugation	machen – machte – gemacht; regnen – regnete – geregnet	< 3800	+	–	–	–	niedrig
2. gemischte Konjugation („schwächelnde" starke Verben)	backen – backte/buk – gebacken; salzen – salzte – gesalzen	28	+/–	(+)	–	–	
3. regulär starke Konjugation	laufen – lief – gelaufen; reiten – ritt – geritten	144	–	+	–	–	
4. Präteritopräsentien	können – konnte – gekonnt; wissen – wusste – gewusst	7	+	(+)	(+)	–	
5. irregulär schwache Konjugation	bringen – brachte – gebracht; nennen – nannte – genannt	12	+	(+)	(+)	–	
6. irregulär starke Konjugation	ziehen – zog – gezogen; gehen – ging – gegangen	7	–	+	+	(–)	
7. Sonderverb	sein – war – gewesen	1	–	+	+	+	hoch

---

[336] Die Zahlen wurden für Konjugationsklasse 1 aus Augst (1975, 234) entnommen und für die Konjugationsklassen 2–7 in den Tabellen der Duden-Grammatik (2009, 484–496) ausgezählt.

müssen, dürfen, wissen), den irregulär schwach gebildeten *haben* und *denken* und den modulativ gebildeten, starken Verben *kommen* und *geben* belegt. Hier müsste sich eine Analyse der dialektalen Morphologie dieser Verben anschließen, die die Paradigmen der Verben in den verschiedenen Dialekten ermittelt und vergleicht. Da die Dialektgrammatiken in der Regel nur vereinzelt ganze Paradigmen aufführen, müssten hier Neuerhebungen durchgeführt werden, was der künftigen Forschung vorbehalten bleiben muss.

In der Liste der präteritumbildenden Verben in Tabelle 69 finden wir diejenigen Verben wieder, die in den Gebrauchsstudien als präteritumaffine Verben ermittelt wurden (vgl. Kap. 2.3.3.3 „Präteritumverben und Perfektverben"; v. a. Hauser-Suida/Hoppe-Beugel 1972, Latzel 1977, Hennig 2000, Sieberg 2002; sowie auch Gersbach 1982 und Dietrich 1988 in Kap. 2.2.3.1 „Raumbilder und Tiefenbohrungen – Süden"). Die areale Staffelung spiegelt sich in den regionalsprachlichen und standardsprachlichen Frequenzstaffelungen wider.

Das ausdrucksseitige Verfahren entscheidet auch über die Zugehörigkeit zu Konjugationsklassen, die sich u. a. aufgrund einheitlicher Bildungsmuster einteilen lassen. Diese können hinsichtlich ihrer Regularität bzw. Irregularität angeordnet werden. Die folgende Tabelle gibt einen Überblick.

Irregularität bedeutet dabei, dass die Flexionsformen des Paradigmas von allgemeinen Regeln abweichen. Schwache Verben bilden ihre Flexionsformen regelmäßig affigierend, z. B. durch gleichförmiges Hinzufügen des Dentalsuffixes. Die starken Verben wurden ursprünglich ebenfalls sehr regelmäßig und voraussagbar anhand von Ablautreihen flektiert. Umfangreiche phonologische Wandelprozesse und unterschiedlich verlaufende analogische Ausgleichprozesse haben jedoch zu einer Aufsplitterung in ca. 40 verschiedene Alternanzmuster geführt und zahlreiche Irregularitäten hervorgerufen (vgl. Nübling et al. 2013, 251). Irregulär sind auch die Flexionsmuster der Modalverben und athematischen Verben. Das Höchstmaß an Irregularität erreicht das suppletive Verb *sein*, das seine Flexionsformen aus mehreren Verbstämmen speist und das häufigste Verb im deutschen Wortschatz ist. Je irregulärer ein Verb ist, desto differenzierter, einmaliger ist das Ausdrucksverfahren.

Vergleichen wir die Tabelle der (Ir-)Regularität der Konjugationsklassen mit der Übersicht über die Belegzahlen der präteritumbildenden Verben in den Dialekten des Präteritumschwund- und Übergangsgebiets, so zeigt sich, dass eben jene Verben noch stärker belegt werden, die zu den Konjugationsklassen 3 bis 7 gehören. Es sind die regulär starken Verben, die Präteritopräsentien, die irregulär schwachen und starken Verben sowie das Verb *sein*. Warum es jedoch noch Unterschiede innerhalb der Klassen gibt und in welchem Zusammenhang Irregularität und Präteritumformenerhalt stehen, lässt sich über den Faktor Frequenz erklären.

3.5.3.2 Frequenz

Neben den verschiedenen Ausdrucksverfahren unterscheiden sich Verben vor allem in ihren Frequenzen.[337]

Die Tokenfrequenz von Verbformen, i.e. die Gebrauchsfrequenz von Wörtern und ihren Formen, beeinflusst – neben der Relevanz der grammatischen Kategorien (vgl. Bybee 1985) – maßgeblich die Ausdrucksverfahren. Es lassen sich eine Reihe von Frequenzeffekten benennen, die sich auf die Regularität, die Sprachökonomie und die kognitive Verankerung einer Verbform beziehen. Die Tokenfrequenz beeinflusst u. a. den Grad der Regularität und der Lexikalisierung von Flexionsformen (vgl. Nübling 2002; Nübling et al. 2013). In der folgenden Abbildung (bearbeitet nach Nübling et al. 2013, 66) werden die Zusammenhänge in Form eines Überblicks zusammengefasst.

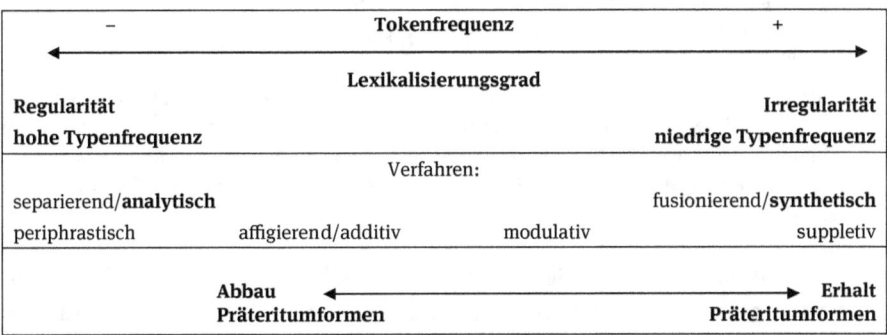

Abb. 39: Zusammenhänge von Gebrauchsfrequenz, Ausdrucksverfahren und der Abbauhierarchie des Präteritumschwunds (nach Nübling et al. 2013, 66).

Je tokenfrequenter eine Form ist, desto eher wird sie irregulär gebildet. Die irregulären und die starken Verben machen im Deutschen ca. zwei Drittel der Verbbelege aus, die schwachen Verben, die einem regulären Bauplan folgen, machen nur ein Drittel der Tokens aus (vgl. Augst 1975). Die Irregularität verleiht der Form häufig eine ökonomischere lautliche Gestalt.

Je häufiger eine Form gebraucht wird, desto ökonomischer wird ihre lautliche Gestalt. Die Form wird komprimiert. Daher sind hochfrequente, irreguläre Formen häufig kürzer und dadurch ökonomischer als die weniger frequenten, regulären Formen. Die hohe Tokenfrequenz führt zu einer Erosion der phonetischen Substanz (z. B. durch Synkopen oder Apokopen, Assimilierungen) und

---

[337] Zu den im Folgenden dargestellten Zusammenhängen vgl. auch Dammel (2011, 263–270).

ruft dadurch Irregularitäten im Flexionsparadigma hervor.³³⁸ Kürze ist bei hochfrequenten Formen von Vorteil, da es ökonomisch ist, häufig gebrauchte inhaltliche Konzepte möglichst einfach und schnell aussprechbar zu halten (vgl. Nübling 2002, 95). Irregularisierungen können daher auch als „Differenzierungsstrategie" betrachtet werden. Sie ermöglichen „eine maximale Distinktiviät bei gleichzeitiger Ausdruckskürze" (vgl. Schmuck 2013, 30). Trotz lautlicher Fusionierungen kommt es zu keinem Informationsverlust auf lexikalischer oder grammatischer Seite. Für hochfrequente Verben führt die irreguläre, ökonomische Form zu einem erleichterten Zugriff auf die Formen. Sie sind in hohem Maße lexikalisiert.

Je unregelmäßiger eine Form ist, desto schwieriger ist es, sie zu erlernen.³³⁹ Nur bei hoher Tokenfrequenz werden die irregulären Formen im mentalen Lexikon verankert. Eine niedrige oder sinkende Tokenfrequenz erschwert das Erlernen und Merken der Formen. Je höher die Tokenfrequenz einer Verbform, desto stärker ist sie im mentalen Lexikon verankert:

> Die Gebrauchsfrequenz wirkt sich also unmittelbar auf die Speicherung im mentalen Lexikon aus, insofern als eine häufige Aktualisierung zu einer geringeren paradigmatischen Einbindung führt und Flexionsformen resistenter gegen analogischen Ausgleich macht, d. h. *high entrenchment* (auch *lexical strength* oder *familiarity*) bewirkt. (Schmuck 2013, 40–41)

Die starke Präsenz im mentalen Lexikon (*entrenchment*) durch hohe Tokenfrequenz hat auch einen konservierenden Effekt (Schmuck 2013, 36). Nur was gut verankert ist, bleibt stabil Teil der Systemkompetenz von Sprechern und dient auch als Zielvorlage für den analogischen Ausgleich anderer Formen. Im Deutschen zeigt sich dieser konservierende Effekt der Tokenfrequenz bei dem Erhalt der starken und unregelmäßigen Verben, die bei niedriger Typenfrequenz eine sehr hohe Tokenfrequenz aufweisen. Sinkt die Tokenfrequenz von starken und unregelmäßigen Verben, so werden ihre Formen regularisiert und/oder abgebaut.³⁴⁰

Die Typenfrequenz ist die Häufigkeit eines Formbildungstyps. Auf die deutschen Verbformen bezogen beschreibt die Typenfrequenz, welches Flexi-

---

338 Irregularisierungen lassen sich nach Nübling außer auf verschiedene Typen von Lautwandel auch auf analogischen Ausgleich und Suppletion zurückführen (vgl. Schmuck 2013, 30–31).
339 Dieses Prinzip macht sich auch in sprachdynamischen Prozessen in regionalsprachlichen Varietäten bemerkbar: vgl. die Erklärung zur *brung*-Analyse in Schmidt/Herrgen (2011, 158–164).
340 Vgl. hierzu die „Halbwertzeiten" der irregulären Verben im Englischen in Lieberman et al. (2007). Je höher die Tokenfrequenzen der Verben sind, desto länger ist ihre vorausgesagte „Lebenszeit".

onsmuster von wie vielen Verben genutzt wird. Im Deutschen stehen sich dabei Tokenfrequenz und Typenfrequenz in einem umgekehrt proportionalen Verhältnis gegenüber. Nach der Auszählung von August (1975, 235) lässt sich das Verhältnis wie folgt darstellen (zitiert nach Nübling et al. 2010, 57):

Tab. 69: Token- und Typenfrequenzen der deutschen Verben im Vergleich (nach August 1975, 235; zitiert nach Nübling et al. 2010, 57).

Klasse	Frequenz	Typenfrequenz von 4000 Verben im Lexikon sind	Tokenfrequenz von in einem fließenden Text vorkommenden Verben sind
schwache Verben		3811 = 95,3 %	41 %
starke Verben		169 = 4,2 %	41 %
irreguläre Verben (*sein*, *gehen*, *tun* etc.)		20 = 0,5 %	18 %

Ca. 95 % der deutschen Verben werden nach dem schwachen Flexionsmuster flektiert. Diese haben aber nur eine Tokenfrequenz von 41 %. Sie sind genauso häufig, wie die starken Verben, zu denen jedoch nur ca. 4 % der deutschen Verben gehören. Die irregulären Verben, zu denen August (1975, 233–236) neben den suppletiven Verben auch athematische Verben und andere irreguläre Verben zählt, haben nur eine Typenfrequenz von 0,5 %, bestreiten jedoch 18 % der Verbformen eines Textes. Dass die starken und irregulären Verben die häufigsten Verben sind, hat auch damit zu tun, dass sie einen großen Teil des Grundwortschatzes ausmachen. Häufig haben diese Verben neben konkreten Bedeutungen auch abstrakte Lesarten (*geben* als 'jmdn. einen Gegenstand geben' oder 'es existiert'). Das macht sie tokenfrequenter und verstärkt die Verankerung im mentalen Gedächtnis.

Die 39 Ablautmuster der neuhochdeutschen starken Verben haben unterschiedlich viele Vertreter; sie haben je eigene Typenfrequenzen. Zur Ablautalternanz / ai – i – i / (in *reiten – ritt – geritten*) lassen sich z. B. 23 zugehörige Verben finden, die meisten Alternanzen sind jedoch nur durch ein Verb vertreten, wie z. B. / i – aː – eː / in *bitten – bat – gebeten*. Je typenfrequenter diese Ablautmuster sind, desto höher ist ihre Schematizität, i.e. ihre Anwendbarkeit auf andere lexikalische Basen. Eine hohe Schematizität kann wiederum konservierend wirken.[341]

---

[341] Vgl. Nowak (2015). Nowak findet mit dem Ablautmuster x – o – o ein solches Muster mit hoher Schematizität in verschiedenen germanischen Sprachen. Das Muster ist ein überstabiler Marker, dient als potentielle Zwischenstufe beim Abbau von Morphologie und muss langfristig jedoch als Schwächesymptom der betroffenen Kategorie gewertet werden (vgl. Schmuck 2013, 32–33).

Die hohe Typenfrequenz der schwachen Verben hat eine starke Anziehungskraft auf instabile, starke oder irreguläre Verben. In der Geschichte des Deutschen kann eine Reihe von starken Verben genannt werden, die zur schwachen Konjugationsklasse übergetreten sind oder aktuell „schwächeln", d. h. eine schwache Flexionsformen übernehmen (vgl. Schmuck 2013, 42). Auch neue, ins Deutsche entlehnte Verben folgen dem affigierenden Flexionsparadigma der schwachen Verben. Zum Beispiel wird das aus dem Englischen stammende Verb *chillen* schwach konjugiert (*chillen – chillte – gechillt*) und nicht stark (*chillen – choll – gechollen*).[342] Damit hat die schwache Konjugationsklasse die einzige noch produktive Bildungsweise: Sie kann bei neu in das Lexikon aufgenommenen Lexemen angewendet und auch von Lexemen anderer Bildungsweisen übernommen werden. Sie kommt auch dann zur Anwendung, wenn mithilfe von Analogiebildungen Präteritumformen, die nicht zur eigenen Systemkompetenz gehören oder nicht stark genug mental verankert sind, gebildet werden müssen. Dies erklärt z. B. die typischen Fehler von hessischen Schulkindern, die zu eigentlich starken Verben schwache Präteritumformen bilden: **er ziehte, *er schreite, *er hebte* (vgl. Hasselberg/Wegera 1976, 59).

Neben der Token- und Typenfrequenz ist die kategorielle Frequenz von großer Bedeutung. Sie beschreibt, wie häufig eine grammatische Kategorie auftritt. Verändert sich die Kategorienfrequenz in einer Sprache, kann das Auswirkungen auf die Richtung morphologischer Wandelprozesse haben (vgl. die kontrastive Analyse zum präteritalen Numerusausgleich in Schmuck 2013, 163–181) und, wie beim Präteritumschwund, sogar zum Verlust einer Kategorie führen.

Bei diesem Verlustprozess werden zunächst die Formen seltener Verben verschiedener Konjugationsklassen abgebaut. Es folgen die Formen schwacher, regulärer Verben, aber auch die Präteritumformen niedrig frequenter, starker und irregulärer Verben. Dies liegt an ihrem geringen Grad von Lexikalisierung und der entsprechend geringeren Verankerung im mentalen Lexikon. Auch unökonomische Formen – z. B. vielsilbige Verben oder Verben mit Konsonantenclustern oder anderen phonotaktisch unvorteilhaften Eigenschaften – werden eher ersetzt, da sie in der ersten Verbalklammer tendenziell gemieden werden (vgl. dazu Sieberg 1984). Länger erhalten bleiben die frequenten Verben, von denen im Deutschen viele Verben irregulär gebildet werden. Die hohe Tokenfrequenz stützt dabei die irregulären Verbformen. Durch die häufige Aktualisierung sind sie bestmöglich im mentalen Lexikon verankert und weisen einen hohen Grad an Lexikalisierung auf. Gleichzeitig sind diese Formen als Folge der hohen Tokenfrequenz häufig ökonomisch kurz und bieten daher einen Performanzvorteil.

---

342 Ich danke Jürg Fleischer für das anschauliche Beispiel!

3.5 Prozess III: Verdrängung des Präteritums — 373

Um zu überprüfen, inwieweit der Einfluss der Tokenfrequenz die Abbauhierarchie der Präteritumformen beeinflusst, wurden für eine Auswahl von Verben die Tokenfrequenzen der Präteritumformen ermittelt. Die Tokenfrequenzen wurden anhand des *Deutschen Referenzkorpus (DeReKo)/Archiv der Korpora geschriebener Gegenwartssprache* (Institut für Deutsche Sprache 2016) mithilfe der *COSMAS-II*-Anwendung errechnet. Das Korpus umfasst belletristische, wissenschaftliche und populärwissenschaftliche Texte sowie eine große Anzahl von Zeitungstexten. Es wurde vor allem aufgrund seiner Größe (über 29 Mrd. Wörter) und seiner guten Zugänglichkeit gewählt. Ein Nachteil ist selbstverständlich, dass es als Korpus der geschriebenen Sprache nur bedingt und indirekt für die gesprochene Sprache (und noch weniger für die Regionalsprachen) geltend gemacht werden kann. Der ausschlaggebende Vorteil des Korpus ist seine Größe: Auch für niedrigfrequente Verbformen können noch Belege ermittelt werden. Eine Gegenüberstellung der Tokenfrequenzen von gesprochensprachlichen und geschriebensprachlichen sowie regionalsprachlichen Korpora steht noch aus. Auch konnten im Rahmen dieser Arbeit nur exemplarisch für ausgewählte Verben die Tokenfrequenzen ermittelt werden. Eine eigene Studie, die die Kategorien-, Token- und Typefrequenzen der deutschen Verben auswertet und in einen Zusammenhang mit Regularisierungs- und Irregularisierungsprozessen stellt, ließe sich hier anschließen.

In den Suchanfragen wurde jeweils der Wortlaut der Präteritumformen eingegeben. Gewertet wurden ausschließlich die mit der jeweiligen Suchform identischen Belege (kleingeschrieben, keine Varianten). Aufgrund von Homonymien[343] fallen die Formen der 1. und 3. Person Singular und Plural im Suchergebnis zusammen. Bei den schwachen Verben fallen die indikativischen und konjunktivischen Verbformen zusammen. Bei *sein* und *haben* wird nicht zwischen Voll- und Hilfsverbverwendungen differenziert. Für die Frequenzauswertung ausgewählt wurden die ranghöchsten vier Verben und eine Reihe weiterer Verben, für die in den alemannischen, schwäbischen, bairischen, rheinfränkischen, ostfränkischen und moselfränkischen Dialektgrammatiken Präteritumformen belegt wurden. Des Weiteren wurden vier Verben ausgewählt, die im Korpus von Hennig (2000, 183) eine „Perfektneigung" aufwiesen: *versuchen, arbeiten, heiraten, kriegen*. Zusätzlich wurden noch die schwachen Verben *leben* (ein Präteritumbeleg bei Gersbach 1982) und *wohnen* (erhoben im SyHD-Projekt, vgl. Fischer 2015) in die Abfrage mit aufgenommen.

---

[343] Diese Homonymien müssten im Rahmen einer Folgestudie durch Überprüfung der Einzelbelege und eine komplexere Suchsyntax differenziert werden. Für die Zwecke dieser Arbeit genügt ein Überblick.

Tab. 70: Tokenfrequenzen von Präterita im Vergleich.

Verb	Frequenzwerte aus dem *Deutschen Referenzkorpus*					Belege in den Dialektgramm.	
	Rang DeReKo	∑ Präteritum- formen	1./3. Ps. Sg.	1./3. Ps. Pl.	2. Ps. Sg.	2. Ps. Pl.	Anzahl der Belege	Rang Dialekt- grammatiken
sein	1	23.558.498	*war* 17.844.274	*waren* 5.695.678	*warst* 14.361	*wart* 4.185	72	1
haben	2	12.077.519	*hatte* 8.788.648	*hatten* 3.279.493	*hattest* 8.013	*hattet* 1.365	28	4
können	3	4.335.545	*konnte* 2.910.748	*konnten* 1.421.462	*konntest* 2.772	*konntet* 563	25	5
sagen	4	4.073.637	*sagte* 3.951.579	*sagten* 120.937	*sagtest* 1.081	*sagtet* 40	20	7
kommen	5	3.199.397	*kam* 2.238.117	*kamen* 960.336	*kamst* 772	*kamt* 172	11	9
wollen	6	2.335.812	*wollte* 1.643.695	*wollten* 685.981	*wolltest* 5.058	*wolltet* 1.078	37	2
gehen	7	2.281.037	*ging* 1.768.497	*gingen* 512.074	*gingst* 420	*gingt* 46	8	11
liegen	8	863.128	*lag* 648.535	*lagen* 214.393	*lagst* 107	*lagt* 93	4	14
versuchen	9	408.707	*versuchte* 250.622	*versuchten* 158.022	*versuchtest* 57	*versuchtet* 6	/	/

		arbeitete	arbeiteten	arbeitetest	arbeitetet		
arbeiten							
	10	362.722	296.198	7	119	/	/
leben		lebte	lebten	lebtest	lebtet		
	11	267.301	155.992	111.226	72	11	/	/
sitzen		saß	saßen	saßest[344]	saßet		
	12	244.555	167.012	77.510	28	5	6	13
fragen		fragte[345]	fragten	fragtest	fragtet		
	13	219.547	182.672	36.752	111	12	2	16
glauben		glaubte	glaubten	glaubtest	glaubtet		
	14	112.643	73.887	38.658	81	17	/	/
heiraten		heiratete	heirateten	heiratetest	heiratetet		
	15	91.687	81.572	10.099	3	13	/	/
wohnen		wohnte	wohnten	wohntest	wohntet		
	16	72.199	43.729	28.451	17	2	/	/
schlafen		schlief	schliefen	schliefst	schlieft		
	17	26.838	17.873	8.544	413	8	3	15
kriegen		kriegte	kriegten	kriegtest	kriegtet		
	18	4.781	3.179	1.589	12	1	1	17

[344] Die Form *saßt* (2. Ps. Sg./Pl.) wurde 27mal belegt.
[345] Zu *fragen* ließen sich auch starke Präteritumformen belegen: *frug* (528mal), *frugen* (45mal), *frugst* (4mal).

Die Tabelle 70 zeigt die Frequenzwerte der Präteritumformen von 18 Verben aus dem *Deutschen Referenzkorpus (DeReKo)*. Aufgeführt wird der Rang, den die 18 Verben im Vergleich zueinander hinsichtlich ihrer Gesamtbelegzahlen der Präteritumformen innehaben. Des Weiteren werden die Tokenfrequenzen der einzelnen Personalformen – soweit formal differenzierbar – aufgeführt. Die letzten beiden Spalten enthalten die Anzahl, in wie vielen Dialektgrammatiken für das Verb eine Präteritumform belegt ist, sowie den Rang, den das Verb im Vergleich mit anderen Verben dabei einnimmt (vgl. Tab. 69 „Ausdrucksseitige Verfahren der Verben in den Dialekten des Präteritumschwundgebiets und des Übergangsraums").

Folgende Beobachtungen lassen sich festhalten: Das Voll-/Kopula-/Auxiliarverb *sein* ist in jeder Hinsicht ein Sonderverb. Es belegt sowohl im Vergleich der Frequenzwerte als auch der Belegungen in den Dialektgrammatiken den ersten Rang. Mit über 23 Mio. Präteritumbelegen ist es fast doppelt so häufig belegt wie das nächst häufigere Verb *haben*. Jede Personalform hat im Vergleich zu den anderen Verben die höchste Trefferzahl. Den zweiten Rang besetzt das Voll-/Auxiliarverb *haben* mit über 12 Mio. Treffern, das in der Dialektgrammatikauswertung den vierten Rang belegt. Auf Platz 3 folgt das Modal-/Vollverb *können* (über 4 Mio. Treffer, Rang 5 in der Dialektgrammatikauswertung). Das Modal-/Vollverb *wollen* ist mit ca. 2,3 Mio Treffern nur halb so häufig wie *können* und belegt in der *DeReKo*-Auswertung nur den 6. Rang, obwohl es in der Dialektgrammatikauswertung den 2. Rang besetzt.[346] Es stellt sich die Frage, warum die morphologisch vergleichbaren Verben in den Dialektgrammatiken nicht eine mit der Frequenz übereinstimmende „Rangplatzierung" erreichen. Hier müssten sich Detailstudien anschließen, die überprüfen, welche Faktoren diese Diskrepanz hervorrufen.[347] Auffällig ist, dass die Personalformen der 2. Person mit ca. 5.000 und ca. 1.000 Belegen vergleichsweise stark verwendet werden. Bei *wollen* werden auch in der 2. Person offensichtlich Präteritumformen präferiert.

Häufig belegte Präteritumformen haben des Weiteren das schwache Verb *sagen* (> 4 Mio.) sowie die starken Verben *kommen* (> 3 Mio.) und *gehen* (> 2 Mio.). Diese Verben gehören mit 20, 11 und 8 Belegungen in den Dialektgrammatiken noch zu den gut erhaltenen, präteritalen Restformen. Weniger häufig belegt im *DeReKo* und weniger gut erhalten sind die starken Verben *liegen* (< 1 Mio.), *sitzen*

---

346 Ein Vergleich der Frequenzwerte der Präsensformen 1./3. Ps. Sg. zeigt ähnliche Verhältnisse (*will*: 5.239.739 Treffer; *kann*: 9.435.492 Treffer).
347 Z. B. könnte es sein, dass *können* und *wollen* syntaktisch unterschiedlich gebraucht werden: Würde *können* häufiger als Vollverb verwendet werden als *wollen*, würde dies den tendenziell früheren Abbau erklären, da nicht in gleicher Weise eine Klammerstruktur entstünde.

(< 250.000) und *schlafen* (ca. 26.000). Hier reihen sich die überprüften schwachen Verben ein, für die (fast) keine präteritalen Restformen in den Dialektgrammatiken belegt wurden (Ausnahmen: *fragen* ist zweimal belegt, *kriegen* einmal). Diese Verben bilden durch ihren Stammauslaut auf /t/ lautlich unvorteilhafte Wiederholungssilben in den Flexionformen (*arbeiteten, heirateten*) oder sie haben unbetonte Präfixe, die einem einheitlichen Betonungsschema in der finiten Verbklammer (ein- oder zweisilbig, erste Silbe betont) entgegen stehen (*versuchten*) (vgl. Sieberg 1984). Hier reihen sich jedoch auch die schwachen und lautlich unauffälligen Verben wie *leben, fragen, glauben* und die weniger frequenten *wohnen* und *kriegen* ein. Um zu beurteilen, wie diese Reihung entsteht und welche Aussagekraft sie hinsichtlich des Präteritumschwunds hat, müssten an dieser Stelle weitere Frequenzanalysen folgen. So müssten die Präteritumfrequenzen auch mit den Perfektfrequenzen und den allgemeinen Lexemfrequenzen kontrastiert werden, sowie die einzelnen Verben hinsichtlich ihrer syntaktisch (Vollverb vs. Modalverb vs. Kopulaverb) und z. T. morphologisch (vgl. *fragen*: schwache vs. starke Flexion) heterogenen Eigenschaften differenziert werden. Als weiterer Faktor müsste hier auch die Typenfrequenz einzelner Bildungsmuster, also die Schematizität, der Verben überprüft werden. Auch muss die Auswahl der Verben um ein repräsentatives Set an Verben ergänzt werden. Eine solche Untersuchung muss als Folgestudie der künftigen Forschung vorbehalten werden. Die vorliegende Auswertung konnte nur in Form einer Stichprobe die angenommenen Zusammenhänge überprüfen. Sie konnte nachweisen, dass sich die Abbauhierarchie – im Großen und Ganzen – in den Tokenfrequenzen widerspiegelt.

Zuletzt lässt sich an der Tabelle 70 auch die Abbauhierarchie der Personalformen aufzeigen und die Befunde von Thoursie (1984) und Sapp (2009) bestätigen, die gezeigt haben, dass die Präteritumformen der 2. Person (*du, ihr*) zuerst schwinden. In den Frequenzauswertungen zeigt sich, dass die Formen der 1./3. Person Singular häufiger belegt sind als die der 1./3. Person Plural und diese wiederum häufiger als die Formen der 2. Person.[348] Für die Personalformen der zweiten Person lassen sich in diesem schriftsprachlichen Korpus vergleichsweise wenig Präteritumformen feststellen. Das lässt sich damit erklären, dass das Korpus kaum aus dialogischen Diskursformen besteht, also wenig gegenseitige Ansprache der Kommunikationspartner erfolgt. Gleichzeitig ist die Ansprache als Teil einer deiktischen Diskursstrukturierung zur Domäne der Perfektform geworden, die sich zunächst auch nur in dialogischen Diskursformen ausgebreitet hatte. Zudem können mit der Wahl der Perfektform die lautlich

---

[348] Diese Abfolge bleibt auch bestehen, wenn man die Frequenzen der homonymen Personalformen halbiert.

komplexen Präteritumformen vermieden werden, was nach der Expansion zu einem deutlichen Vorteil der Perfektform gegenüber den Präteritumformen führt.

Um diesen Zusammenhang auch statistisch zu belegen, müssten hier weitere Auswertungen angeschlossen werden, die die Frequenzen der Präteritumformen mit denen der Perfektformen der 2. Person kontrastieren und auf statistische Zusammenhänge testen.

3.5.3.3 Verbsemantik

Eine weitere Eigenschaft, in der Verben variieren, ist ihre lexikalische, aspektuelle Bedeutung. In Kapitel 3.1.1.2 („Aspektualität") wurde diese Bedeutung in verschiedene Situationstypen eingeteilt, die sich unter anderem in dem Merkmal [± Grenzbezogenheit] unterscheiden.

Bei den präteritumbildenden Verben des Schwund- und Übergangsgebiets in Tab. 69 handelt es sich überwiegend um nicht-grenzbezogene Situationstypen. Dies bestätigen auch die Studien von Harnisch (1997) und Latzel (1977). Bei den Präteritumverben bei Harnisch (1997) handelt es sich vor allem um modale und prototypisch statische Verben („Ruheverben", Verben des Wortfelds „Sinn und Verstand"). Ebenso bezeichnen die präteritumaffinen Verben im Korpus von Latzel (1977) „keine Veränderungen". Gleiches gilt für die Liste der Präteritumverben bei Hennig (2000): Auch hierbei handelt es sich um nicht-grenzbezogene Verben (States, Activities) sowie grenzbezogene Verben mit statischen Varianten. Das lässt auf einen Zusammenhang zwischen der aspektuellen Verbsemantik und dem Abbau von Präteritumformen schließen. Die Präteritumformen grenzbezogener Verben werden demnach tendenziell schneller/eher abgebaut als nicht-grenzbezogene Verben. Oder umgekehrt: Die Perfektform wird präferiert mit grenzbezogenen Verben gebildet und breitet sich bei diesen Verben besonders stark aus.

Dass es einen Zusammenhang zwischen der Perfektform mit ihrer retrospektiven Bedeutung und den grenzbezogenen Situationstypen gibt, wurde bereits in Kapitel 3.1.1.2 („Aspektualität") erläutert. Demnach verhält sich der retrospektive Blickwinkel besonders affin zu grenzbezogenen Situationstypen, da diese bereits in ihrer Verbsemantik einen Nachzustand, der zu einem Teil der aspektuellen Bedeutung wird, implizieren. Im Lauf der Perfektgrammatikalisierung und auch der Perfektexpansion wurde die Perfektkonstruktion zuerst und besonders stark mit grenzbezogenen, dynamischen Situationstypen gebildet. Erst später wurde sie auf statische, nicht-grenzbezogene Situationstypen übertragen. Dies lässt sich u. a. an der Tabelle 61: „Anteile der atelischen Verben an Perfektbildungen nach Dentler (1998, 140)" (Kap. 3.4.3) bestätigen. Die Tabelle zeigt, wie die Perfektkonstruktion auch allmählich mit Verben nicht-grenzbezogener Situationstypen gebildet wird. Im 16. Jahrhundert machen die nicht-grenzbezogenen Situationstypen immer noch nur ca. 34 % der Perfektbelege aus. Der Ausdruck von Imperfektivität (v. a. durch statische Situationstypen) ist zur letzten Domäne des Präteritums geworden. Daher verwundert es nicht, dass die präteritalen Restformen in den Dialekten des Schwund- und Übergangsgebiets in der Regel zu diesen nicht-grenzbezogenen Situationstypen gezählt werden können.

Die Präteritumformen der Modalverben werden aus mehreren Gründen so gut erhalten. Sie werden nicht nur irregulär gebildet und sind hoch frequent, als Zustandsverben sind sie auch wenig perfektaffin. Als Präteritopräsentien sind die Modalverben aus den Perfektstämmen von grenzbezogenen Verben entstanden. Sie drücken ursprünglich den aus dem Verbalgeschehen resultierenden Nachzustand aus und können als State-Verben zu den *private predicates* gerechnet werden.[349] Im Perfektgrammatikalisierungsprozess sind die Modalverben die letzte Verbgruppe, die Perfektformen bildet. Die ersten Belege lassen sich erst im 16. Jahrhundert feststellen; mehrere Jahrhunderte, nachdem die Konstruktion im Althochdeutschen entstanden war (vgl. Oubouzar 1974, 57–58). Des Weiteren spielt auch die Klammerbildung der Modalverben eine wichtige Rolle für ihren starken Präteritumerhalt.

3.5.3.4 Klammerbildung

In der Geschichte des Deutschen kann eine allgemeine Tendenz hin zu mehr analytischen Formen und zu klammernden Strukturen festgestellt werden. Die analytischen Verbformen beeinflussen die Satzstruktur: Sie eröffnen im Gegensatz zu den synthetischen Verbformen[350] eine Satzklammer und dadurch ein Mittelfeld. Sie erlauben dem Sprecher, die Informationen seiner Äußerung unterschiedlich prominent zu positionieren. Gleichzeitig ergeben sich für den Hörer Vorteile durch eine einfachere syntaktische Dekodierung: Der Hörer weiß während des Dekodierungsprozesses jederzeit, ob er sich am Anfang, in der Mitte oder am Ende einer Konstituente befindet, da deren Grenzen durch die diskontinuierliche Form markiert werden (vgl. Ronneberger-Sibold 1991; nach Fleischer/Schallert 2011, 285). Formale Grenzmarkierung ist eine im Deutschen immer wichtiger gewordene Funktion, die sich auf Kosten des Prinzips, nach

---

349 So lässt sich z. B. das Präteritopräsens *können* auf **kunnan*, was eine Zustandsperfektform zur Aoristwurzel ***ĝ(e)n(e)H₃* 'erkennen' darstellt, zurückführen. Seine Bedeutung lässt sich als 'ich habe erkannt und kenne' erklären (vgl. Birkmann 1987, 70).
350 Natürlich gibt es auch Verben, die bereits in der synthetischen Form eine Klammer bilden (z. B. Partikelverben, Kopulaverben u. ä.). Vgl. die Analyse solcher Verben bei Sieberg (1984, 141–212), der diese als „verbale analytische Einheiten" bezeichnet.

welchem Zusammengehöriges auch syntaktisch zusammengestellt wird, ausdehnt (vgl. Fleischer/Schallert 2011, 285–289).

Verben unterscheiden sich also auch darin, welche syntaktischen Strukturen sie jeweils fordern und ob sie Klammern bilden. Passivhilfsverben, Modalverben und Modalitätsverben fordern ein zweites, infinites verbales Element. Sie sind dadurch syntaktisch funktionalisiert und bilden eine Verbalklammer. Solche syntaktisch funktionalisierten Verben zeigen einen stärkeren Erhalt der Präteritumformen. Dies lässt sich zum einen mit ihrer hohen Tokenfrequenz und starken und/oder irregulären Bildungsweise[351] erklären, zum anderen bilden diese Verben auch in ihren synthetischen Flexionsformen (Präsens, Präteritum) bereits eine Verbalklammer. Neben den Modalverben und dem Passivhilfsverb betrifft dies auch eine Reihe weitere Verben, die regulär in – wie Sieberg (1984) sie nennt – „verbalen analytischen Einheiten" auftreten (z. B. auch Kopulaverben). Diese Konstruktionen fügen sich bereits gut in das deutsche Klammerprinzip ein und können ihre satzstrukturellen und satzprosodischen Vorteile geltend machen (vgl. Kap. 3.5.2.5 „Informationsstruktur").

Werden Modalverben und Passivkonstruktionen in die Perfektform gesetzt, steigt durch die dreiteiligen Verbalkomplexe auch die Gesamtkomplexität der syntaktischen Struktur, die in den Regionalsprachen des Deutschen zu einer großen Variation an Formen und auch zu divergierenden, unökonomischen Serialisierungsfolgen führt.[352] Die syntaktische Funktionalisierung von Verben und die Mehrgliedrigkeit des Verbalkomplexes führen daher tendenziell zum Erhalt von Präteritumformen.

Zuletzt lässt sich noch darauf hinweisen, dass eine Konservierung von Präteritumformen auch durch die Verwendung in Sprichwörtern, Merksprüchen und Phraseologismen gestärkt wird.

3.5.3.5 Überblick: Die Abbauhierarchie der Präteritumformen

Als Faktoren des Abbauprozesses der Präteritumformen wurden in diesem Kapitel die ausdrucksseitigen Verfahren, die Frequenz, die aspektuelle Verbsemantik und die syntaktische Klammerbildung benannt. Zusätzlich wurden

---

351 Z. B. besteht die Gruppe der Modalverben morphologisch aus Präteritopräsentien und das Passivhilfsverb *werden* ist ein starkes Verb mit einmaliger Ablautalternanz.

352 Vgl. die folgenden Beispiele: a) *Mit dem Krom hot sowieso koaner meh speele wolle.* (SyHD-Korpus E2-8, für Nordheim im Rheinfränkischen), b) *Korl hett den Text nich lesen kunnt.* (Lindow et al. 1998, 108, Niederdeutsch), c) *Bos honn ich freher käennt geschwemm!* (SyHD-Korpus E2-15, für Großentaft im Osthessischen) sowie die Ausführungen zu den Varianten der Perfektkonstruktion in Fleischer/Schallert (2011, 186–190).

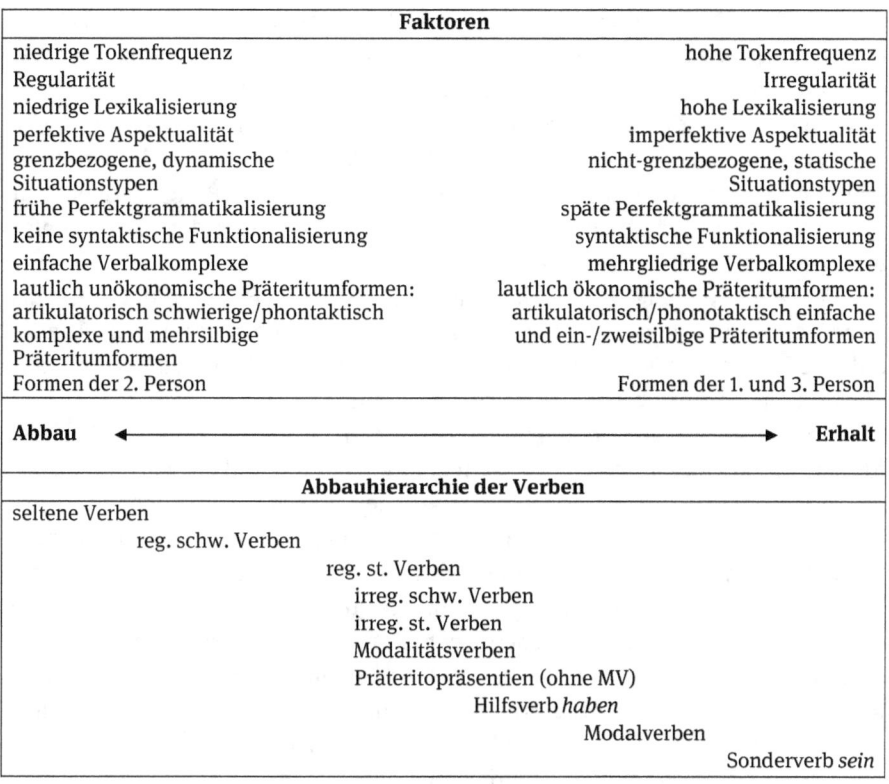

Abb. 40: Faktoren des Abbaus und Erhalts der Präteritumformen.

phonologische Faktoren angeführt. Die Zusammenhänge werden in der Abbildung 40 noch einmal zusammenfassend dargestellt.

Die genannten Faktoren beschreiben, welche Kräfte an dem Abbau und dem Erhalt der Präteritumformen zerren. Die Abbauhierarchie der Verben ordnet die Verbgruppen entlang einer Skala an. Dabei darf diese Anordnung entlang der Abbauhierarchie nicht als absolut verstanden werden. Im Einzelnen muss geprüft werden, welche Faktoren in welcher Kombination bei jedem Verb wirken. In der Diskussion der Faktoren wurden die Ergebnisse aus Kapitel 2 herangezogen. Eine weitere Überprüfung der Abbauhierarchie anhand empirischer Korpusanalysen steht jedoch noch aus.

Das Verb *sein* hat sich in jeder Hinsicht als Sonderverb erwiesen. In den Dialektgrammatiken zeigt es mit Abstand den höchsten Präteritumerhalt. Als suppletiven Verb ist es höchst irregulär und verfügt über stark lexikalisierte, ökonomische Verbformen; als Kopula- und Auxiliarverb bildet es Satzklammern; als Zustands- und Existenzverb drückt es nicht-grenzbezogene Verbalsituationen aus. Dass dieses Verb in der Abbauhierarchie an letzter Stelle steht und seine Präteritumformen im Zuge der Vertikalisierungsprozesse im Oberdeutschen wieder an Häufigkeit zunehmen, verwundert nicht.

Auch die Modalverben zeigen einen starken Präteritumerhalt. Sie sind hochfrequent, haben als Präteritopräsentien irreguläre Formen, bilden Klammern, und drücken statische Verbalsituationen aus. Ihre Perfektformen wurden erst spät grammatikalisiert, so dass eine Verdrängung der Präteritumformen auch erst spät einsetzen konnte.

Des Weiteren zeigt das Verb *haben* einen starken Präteritumerhalt. Auch *haben* ist hochfrequent; neben seiner Vollverbfunktion tritt es auch als Auxiliar auf. Die Verbformen werden irregulär gebildet und auch die Perfektform dieses Zustandsverbs wurde vergleichsweise spät grammatikalisiert.

Zur Gruppe der Verben, die in den Grammatiken noch mit präteritalen Restformen belegt werden, gehören die irregulären starken und schwachen Verben, die Präteritopräsentien (ohne Modalverben, i.e.: *wissen*), Modalitätsverben (wie *(nicht) brauchen, lassen*) sowie hoch frequente regulär starke Verben. Niedriger frequente starke Verben und regulär schwache Verben werden vergleichsweise eher durch die Perfektform ersetzt. Ebenso werden die phonologisch unvorteilhaften Präteritumformen gemieden (mehrsilbige Präteritumformen, präfigierte Präteritumformen, Präteritumformen mit Konsonantenclustern und wiederholten Silben wie in <-*tete*>). Die Präteritumformen seltener Verben werden zuerst abgebaut. Innerhalb der Verbparadigmen werden zunächst die Flexionsformen der 2. Person abgebaut, dann erst die der 1. und 3. Person.

3.5.4 Evidenz aus der Spracherwerbsforschung

Die Kategorien-, Typen- und Tokenfrequenzen sind auch von besonderer Bedeutung für den Spracherwerb von Kindern, da sie den Input bestimmen, durch den Kinder ihre Sprachkompetenz aufbauen. Die durch die Perfektexpansion und den Präteritumschwund beeinflussten Gebrauchsfrequenzen spiegeln sich im Deutschen auch im kindlichen Spracherwerb wider.

Reuen (1998) wertet verschiedene Studien zum Spracherwerb der Tempusformen im Deutschen aus[353] und fasst zusammen, dass das Perfekt früher als das Präteritum erworben wird. Die folgende Tabelle nach Reuen (1998, 83, Abb.4) gibt eine Übersicht über die Reihenfolge im Erwerb der Tempora im Deutschen:[354]

---

[353] Zu den Studien im Einzelnen vgl. Reuen (1998, 79–80).
[354] Bittner (2013, 61) verzeichnet die gleiche Reihenfolge, jedoch mit etwas abweichendem Erwerbsalter.

Tab. 71: Die Reihenfolge im Erwerb der Tempusformen (nach Abb. 4 in Reuen 1998, 83).

Durchschnittsalter	1;8	1;11	2;5	2;9	3;4	3;6
Tempusform	Infinitiv	Präsens	Perfektpartizip	Perfekt	Präteritum	Plusquamperfekt

Die Präteritumformen werden nicht nur später als das Perfekt erworben, sie treten zunächst auch nur bei den Verben *haben, sein, werden* und den Modalverben auf.[355] Vollverben werden anfangs nur mit Perfekt gebildet (vgl. Rau 1979, 363; Reuen 1998, 82). Erst später werden auch für diese Verben Präteritumformen gebildet. Die verbweise Erwerbsreihenfolge spiegelt demnach auch die Abbauhierarchie wider. Die Verben, deren Präteritumformen länger erhalten bleiben, sind die Verben, deren Präteritumformen zuerst erlernt werden.

Des Weiteren werden die später erworbenen Präteritumformen – vor allem die der unregelmäßigen und starken Verben – auch länger fehlerhaft gebildet. Wonner (2015) zeigt dies an einer empirischen Studie, in der die Präteritumformenbildung von Dritt-, Fünft- und Siebtklässlern verglichen wird. Die Bildung fehlerhafter Präteritumformen (vor allem von unregelmäßigen und starken Verben) nimmt zwar vom dritten bis zum siebten Schuljahr ab, einige Unsicherheiten in der Bildung der Präteritumformen sind jedoch auch noch bei den 11 bis 13-Jährigen zu beobachten.[356]

Auch der Vergleich von Studien zum Spracherwerb von deutschen, britischen und amerikanischen Kindern in Reuen (1998) bestätigt die bisherigen Erkenntnisse. So erlernen britische Kinder – anders als deutsche – das Präteritum (*simple past*) durchschnittlich eher als das Perfekt (*present perfect*). In Kapitel 3.4.2 („Zeitreferentielle Opposition mit Grauzone") wurden die Ergebnisse von Elsness (1997) diskutiert, die zeigen, dass das Amerikanische die Perfektexpansion stärker zurückgenommen hat als das Britische. Das Britische verwendet die Perfektformen auch für die unmittelbare Vergangenheit (die *grey area* bei Elsness), wofür das Amerikanische stärker die Präteritumform setzt. Wie Reuen (1998, 89) zeigt, erwerben die amerikanischen Kinder das Perfekt entsprechend später als die britischen. Im Französischen, in dem die perfektive

---

355 Nach Rieckborn (2007, 91) werden die ersten Präteritumformen zeitgleich mit den ersten Perfektformen gebildet. Dabei handle es sich jedoch zunächst nur um Formen von *sein*.
356 Es ist nicht überraschend, dass es sich dabei um Verben wie z. B. *schwimmen* und *heben* handelt (vgl. Wonner 2015, 165), die auch in der Erwachsenensprache einen Formenwandel erfahren (vgl. Nowak 2015).

Vergangenheitsform *passé simple* von der Perfektform *passé composé* aus der mündlichen Kommunikation verdrängt wurde und nur noch in der Schriftsprache gebraucht wird, wird entsprechend das *passé composé* deutlich früher als das *passe simplé* erworben. Das zeigt Kielhöfer (1982), der den Tempusformenerwerb von französischen Kindern untersucht. Während das *passé composé* schon im Alter von 3,5-5 Jahren erworben wird, wird das schriftsprachliche *passé simple* erst ab ca. 11 Jahren beherrscht (vgl. Kielhöfer 1982, 100). Der Erwerb der Tempora für „besprechende" Texte bzw. die mündliche Kommunikation ist schon mit ca. 7-8 Jahren abgeschlossen, während der Erwerb der Tempusformen für „erzählende" fiktionale Texte in der schriftlichen Kommunikation erst mit ca. 13-14 einen Abschluss findet (vgl. Kielhöfer 1982, 99-100).

Es zeigt sich, dass sich der Grad der Expansion von Perfektformen, der sich in hohen Gebrauchsfrequenzen (im Input der Lerner) widerspiegelt, auch in dem Erwerbsalter bzw. in der Reihenfolge des Erwerbs der Tempusformen niederschlägt. Dieser Zusammenhang müsste sich auch im regionalsprachlichen Spracherwerb in den unterschiedlichen Dialekträumen des Deutschen zeigen lassen. Es wäre zu erwarten, dass die Kinder, die im oberdeutschen Raum aufwachsen, das Präteritum später erwerben als norddeutsche Kinder.

Ein weiterer Aspekt, der den Erwerb der Tempusformen und deren Verwendung beeinflusst, ist das Korrekturverhalten von Eltern (bzw. den Bezugspersonen von Kindern im Spracherwerb). Während das Perfekt für alle alltagssprachlichen Kontexte und für alle Bedeutungsbereiche verwendet werden kann, ist das Präteritum auf den Ausdruck von Vergangenheit (ohne Gegenwartsrelevanz) reduziert.[357] Dies ist im Englischen nicht der Fall. Hier gibt es eine deutliche zeitreferenzielle Opposition zwischen Perfekt und Präteritum, die die Verwendung des Perfekts für den Ausdruck der bestimmten Vergangenheit und die Verwendung des Präteritums für den Ausdruck der Verortung *time-up-to-zero* ungrammatisch macht (vgl. Elsness 1997; Kap. 3.4.2). Eine ungrammatische Verwendung der Tempusformen tritt bei englischen Kindern vermutlich eher auf und wird stärker sanktioniert (durch negative Rückkopplung: indirekte oder direkte Korrektur) als beim Tempusformengebrauch bei deutschen Kindern. Dies müsste in Studien zum Tempusformengebrauch und dem Korrekturverhalten in der Eltern-Kind-Kommunikation für perfektexpandierende und nicht- (bzw. weniger stark) expandierende Sprachen überprüft werden.

---

357 Der Ausdruck von retrospektiver Gegegnwart mit dem Präteritum ist auf wenige Verben und Kontexte beschränkt; vgl. den Ausdruck der Erfahrungslesart in „Warst du schon mal in Japan?". Für den Ausdruck von Vergangenheit mit Gegenwartsrelevanz wird tendenziell das Perfekt verwendet.

3.6 Zusammenfassung

Die in diesem Teil der Arbeit gewonnenen Erkenntnisse lassen sich wie folgt zusammenfassen:

3.6.1 Zum Tempus-Aspekt-System des Deutschen

Die neuhochdeutschen Tempusformen ließen sich hinsichtlich ihrer temporalen und aspektuellen Bedeutungen systematisch bestimmen. Dazu wurden zentrale Bedeutungseinheiten von Temporalität und Aspektualität unterschieden und Zusammenhänge zwischen den Bedeutungen und dem Diskursmodi und Diskursfunktionen ermittelt. Das neuhochdeutsche Tempus-Aspekt-System weist eine Reihe von Synonymien auf. So können sowohl Präteritumformen als auch Perfektformen imperfektive und perfektive Vergangenheitsbedeutung ausdrücken. Dies lässt sich durch historische Entwicklungen erklären.

3.6.2 Zur historischen Entwicklung des deutschen Tempus-Aspekt-Systems

Der diachrone Vergleich der Formenbestände in den historischen Sprachstufen des Deutschen hat gezeigt, dass das deutsche Tempus-Aspekt-System durch die Entstehung der Perfekt- und Plusquamperfektformen sowie der doppelten Perfektbildungen um neue Formen erweitert wurde. Gleichzeitig wurde die *ga-/gi-/ge-*Präfigierung abgebaut. Hinsichtlich der Bedeutungseinheiten, die die Perfekt- und Präteritumformen ausdrücken können, hat der diachrone Vergleich gezeigt, dass das Perfekt eine Bedeutungsexpansion und das Präteritum eine Bedeutungsverengung erfahren haben. Das Präteritum wurde sukzessive aus seinen ursprünglichen Bedeutungsbereichen verdrängt, was zu dem in Kapitel 2 dokumentierten Präteritumschwund führte. Es lassen sich demnach drei zentrale Prozesse bestimmen, die zum aktuellen Status quo der Tempusformendistribution geführt haben: Perfektgrammatikalisierung, Perfektexpansion und Präteritumschwund. Die drei Prozesse wurden anhand der vorhandenen Forschungsliteratur in ihrem Verlauf rekonstruiert. Es zeigte sich, dass die Prozesse jeweils prinzipiengeleitet verlaufen und benennbaren Einflüssen unterliegen.

3.6.3 Zur Perfektgrammatikalisierung

Die Entstehung des Perfekts ist als Grammatikalisierungsprozess beschreibbar. Die Grammatikalisierung des *haben*-Perfekts beginnt im 8. Jahrhundert und erfolgt geregelt entlang der Telizitäts- und Transitivitätsskalen. Dabei bilden zuerst die grenzbezogenen Verben, zu denen der retrospektive Blickwinkel eine besondere Affinität aufzeigt, und die transitiven Verben Perfektformen, später auch die nicht-grenzbezogenen Verben. Parallel entwickelt sich das *sein*-Perfekt, das sich u. a. auf die Bildung mit intransitiven, grenzbezogenen Verben spezialisiert. Abgeschlossen wird die Perfektgrammatikalisierung erst im 16. Jahrhundert, als auch die letzte Verbgruppe – die Modalverben – Perfektformen bilden. Noch bevor alle Verben Perfektformen bilden können, beginnt bereits die Perfektexpansion.

3.6.4 Zur Perfektexpansion

Ab mittelhochdeutscher Zeit ist eine Zunahme des Perfektgebrauchs sowie eine semantisch und funktionale Expansion des Perfekts zu beobachten. Die Perfektformen dringen in die Bedeutungs- und Funktionsbereiche des Präteritums ein. Um diese semantisch-funktionale Expansion zu beschreiben, wurde ein integratives Analysemodell entwickelt, das verschiedene Vorschläge zur Beschreibung von Perfektexpansionsprozessen zusammenführt. Dieses Modell enthält einen Übergangsbereich von retrospektiver Gegenwart zu perfektiver Vergangenheit – den Bedeutungsbereich „Vergangenheit mit Gegenwartsrelevanz" –, der die Skalarität der Perfektbedeutungen operationalisiert. Neben einer temporal-aspektuellen Bedeutungsexpansion ist auch eine funktionale Expansion des Perfekts festzustellen: Es kann mit zunehmenden Expansionsgrad auch in nicht-deiktischen Diskursformen verwendet werden.

Eine exemplarische Überprüfung der Perfektexpansionsgrade in den deutschen Regionalsprachen konnte auch für das Nordniederdeutsche eine vollständige semantische Expansion feststellen. Es ist unklar geblieben, ob das Perfekt im Nordniederdeutschen auch Hintergrunddarstellungen in narrativen Diskursformen übernehmen kann, also auch funktional vollständig expandiert hat.

3.6.5 Zum Präteritumschwund

Der Präteritumschwund wurde als Folge der Perfektexpansion erklärt. Dies wurde zum einen auf die nachweislich expandierende und in den Bedeutungsbereich der Präteritumform vordringende Perfektform und zum anderen auf die arealen Unterschiede des Expansionsprozesses zurückgeführt, die die heutige Raumgliederung des Präteritumschwunds begründen. Der auslösende Faktor des Verdrängungsprozesses ist die semantische und funktionale Expansion des Perfekts. Weitere Faktoren, die sich als Nachteile der Präteritumform und als Vorteile der Perfektform identifizieren lassen, haben die Verdrängung begünstigt. Die Verdrängung verläuft regelgeleitet in Form einer Abbauhierarchie, deren Faktoren als Frequenz, ausdrucksseitige Verfahren, Verbsemantik und Klammerbildung identifiziert wurden (vgl. Kap. 3.5). Diese Abbauhierarchie spiegelt sich in den arealen Staffelungen wider (vgl. Kap. 2.2) und stimmt mit den Häufigkeitsverteilungen in den standardsprachlichen Korpora (vgl. Kap. 2.3) und den historischen Befunden (vgl. Kap. 2.4) überein.

4 Ergebnisse der Arbeit und Ausblick

4.1 Zusammenfassung der Ergebnisse

Diese Arbeit hat durch ein konsequent integratives Vorgehen die bisher disparaten Dokumentationen und Forschungsergebnisse unterschiedlicher linguistischer Disziplinen zu einem umfassenden Gesamtbild zusammengefügt. Dadurch konnten Antworten zu einem Thema erarbeitet werden, das bereits „zum Beispiel für die Unergründlichkeit der Sprachgeschichte" (Trost 1980, 184) geworden war.

4.1.1 Zur Dokumentation des Präteritumschwunds

4.1.1.1 Raumgliederung
Die räumliche Ausdehnung des Präteritumschwunds konnte durch die Auswertung der Präteritumkarten im *Sprachatlas des Deutschen Reichs* (Wenker 1888–1923) und der Dialektgrammatiken neu kartiert werden.

Die Wenkerkarten zeigen jeweils Präteritalgrenzen, die den deutschen Sprachraum in ein nördliches Gebiet mit Präteritumerhalt und ein südliches Gebiet mit Präteritumschwund teilen. Ein Vergleich der Isoglossen, die parallel, aber gestaffelt verlaufen, und eine Berücksichtigung der von der jeweiligen Leitform abweichenden Belege nördlich und südlich der mäandernden Isoglossen lassen jedoch darauf schließen, dass sich die Raumgliederung des Präteritumschwunds nicht durch eine Zweiteilung, sondern durch eine Dreiteilung auszeichnet: Das südliche Präteritumschwundgebiet und das nördliche Präteritumerhaltgebiet werden durch ein Übergangsgebiet verbunden (vgl. Karte 10).

Diese Dreiteilung bestätigt sich in der Auswertung der dialektgrammatischen Literatur (vgl. Karte 11). Die Dialektgrammatiken dokumentieren für den süddeutschen Raum einen beinahe vollständigen Präteritumverlust. Nur Präteritumformen von *sein* – und im bairischen Raum vereinzelt auch von Modalverben – können als Einzelformen belegt werden. Richtung Norden nimmt die Anzahl der präteritumbildenden Verben kontinuierlich zu. Im Westen eröffnet sich ein breites Übergangsgebiet, in dem in den Dialekten sukzessive immer mehr Verben mit Präteritumformen belegt werden und das vom Rheinfränkischen über das Moselfränkische und Zentral- und Osthessische bis hin zum Ripuarischen und Nordhessischen reicht. Im Osten ist das Übergangsgebiet vergleichsweise schmal. Die präteritumbildenden Verben werden erst im nördlichen Ostfränkischen zahlreicher, wobei in den ostmitteldeutschen Dialekten bereits überwiegend vollständige Formeninventare dokumentiert werden. Für den niederdeutschen Sprachraum können dann fast ausschließlich vollständige Formenbestände verzeichnet werden. Viele Grammatiken der mitteldeutschen und niederdeutschen Sprachräume, die vollständige Formeninventare dokumentieren, verzeichnen gleichzeitig eine Expansion des Perfekts in Bedeutung und Gebrauch. Nur vereinzelt (und nicht raumbildend) werden Verwendungsunterschiede der beiden Formen genannt. Die Regionalatlanten und weiteren Studien bestätigen die von den Wenkerkarten und Dialektgrammatiken dokumentierte Raumgliederung.

Am Raumbild lässt sich die Diachronie des Schwunds ablesen: Im Norden wird die Expansion des Perfekts bei vollständigen Formenbeständen festgestellt. Dies ist historisch der erste Schritt im Entwicklungsprozess des Präteritumschwunds. Südlicher werden erste Verlustformen dokumentiert, die dann in Gebiete übergehen, in denen ein teilweiser Schwund, nur noch Restformen und schließlich, ganz im Süden, nur noch Einzel-formen oder der vollständige Schwund beschrieben werden. Hierin spiegelt sich der historische Prozess wider, in dem Präteritumformen verbweise und von Süden nach Norden durch das expandierende Perfekt verdrängt werden. Die areale Ausbreitung schlägt sich auch in der Staffellandschaft der Isoglossen wider, die die Präteritumersetzung in Form eines Diffusionsfächers abbildet.

4.1.1.2 Gestaffelter Abbau des Präteritums
Die Präteritumformen werden geregelt abgebaut. Diese Regelhaftigkeit spiegelt sich in einer Reihe von Staffelungen wider, die sich in folgenden Tendenzen beschreiben lassen:

1. Anzahl der präteritumbildenden Verben: Je nördlicher innerhalb des Übergangsgebiets ein Dialektraum liegt, desto mehr Verben dieses Dialekts bilden Präteritumformen.

Diese verbweise Staffelung zeigt sich bereits beim Vergleich der Wenkerkarten und konnte durch die Auswertungen der Dialektgrammatiken bestätigt werden. Diese Tendenz darf nicht als absolute Regel verstanden werden. In der quantitativen Auswertung der belegten, präteritumbildenden Verben in Karte 11 spiegelt sie sich in der arealen Verteilung der farblich symbolisierten Erhebungsräume und orte wider. Die Farbgebung verläuft sequentiell von orange über gelb und grün sowie türkis und hellblau bis zu dunkelblau und symbolisiert die Anzahl der präteritumbildenden Verben. Auf der Karte ordnen sich die Erhebungsräume und orte übereinstimmend mit dieser Farbskala von Süden nach Norden an.

2. Kategorienfrequenz: Je nördlicher ein Dialektraum liegt, desto höher ist die Gebrauchsfrequenz von Präteritumformen.

Die zunehmende Relevanz der Präteritumformen von Süden nach Norden zeigt sich in steigenden Gebrauchsfrequenzen. Das wird im Vergleich der Korpusuntersuchungen von Gersbach (1982), Harnisch (1997) und Sieberg (1984) sichtbar und lässt sich anhand weiterer Studien (SyHD-Erhebung in Fischer 2015; Sperschneider 1959, Karte 18 [hier: Karte 26]) bestätigen.

3. Verbspezifische Staffelung: Die areale Staffelung der präteritumbildenden Verben unterliegt einer geregelten, verbspezifischen Staffelung.

Anhand der Grammatiken konnte eine Liste von Verben ermittelt werden, die einen stärkeren Präteritumerhalt aufweisen (vgl. Tab. 67). Zu diesen Verben gehören u. a. *sein, haben, wollen, sollen, können, müssen, dürfen, sagen, wissen, kommen, denken, geben, gehen, stehen, werden, nehmen, sitzen, tun* und eine Reihe weiterer Verben. Diese Verben lassen sich in verschiedene Gruppen mit ähnlichen morphologischen, syntaktischen und semantischen Eigenschaften einteilen: Es sind in erster Linie irreguläre und starke Verben. Viele von ihnen sind als Kopula-, Modal-, oder Hilfsverben syntaktisch funktionalisiert. Es sind häufige Verben, die zum Grundwortschatz gehören und von denen viele eine imperfektive Verbsemantik haben.

4. Tokenfrequenzen: Eine parallele verbspezifische Staffelung lässt sich auch in Auswertungen standardsprachlicher (und regionalsprachlicher) Korpora feststellen.

Die Verben, die in den Grammatiken als Präteritumreste und präteritale Einzelformen belegt werden konnten, sind die Verben, die sich in Korpusstudien als besonders präteritumaffin Verben zeigen (u. a. Latzel 1977; Hennig 2000; Sieberg 2002). Diese Verben zeichnen sich des Weiteren durch ihre hohen Tokenfrequenzen aus. Die Korpusanalysen zeigen auch, dass die temporale Organisation von Diskursformen und die nähe- bzw. distanzsprachliche Konzeption von Texten einen Einfluss auf die Tempusformenwahl haben. Weitere Unterschiede lassen sich zwischen den Personalformen der Präteritumparadigmen belegen: Hier neigen besonders die Formen der 2. Person zu Perfektformen.

5. Abbauhierarchie: Die verbspezifische Staffelung lässt sich in diachronen Studien als Verlustreihenfolge belegen und damit als Abbauhierarchie beschreiben.

Diachrone Studien konnte diese Staffelung als Abbauhierarchie bestätigen (vgl. Sapp 2009; Amft 2013; Rowley 2013). Demnach unterscheiden sich die Verben in ihrer Affinität zur Präteritum- bzw. Perfektbildung. Die expandierende Perfektform konnte die Präteritumformen einiger Verben schneller/stärker verdrängen als die Präteritumformen anderer Verben.

6. Faktoren des geregelten Abbaus: Der verbweise Abbau geschieht geregelt und lässt sich anhand einer Reihe von Faktoren beschreiben: Tokenfrequenz, ausdrucksseitige Verfahren, Verbsemantik, Klammerbildung.

Im Verdrängungsprozess des Präteritums erhalten sich die Präteritumformen besonders lange, die eine hohe Tokenfrequenz aufweisen, eine stärker lexikalisierte, gut im mentalen Lexikon verankerte und lautlich ökonomische Präteritumform aufweisen, die eine statische, imperfektive Verbsemantik haben und zur Klammerbildung neigen (und dadurch zu einheitlichen Satzstrukturen und Satzintonationsmustern führen). Innerhalb der Präteritumparadigmen werden die Formen der 2. Person eher abgebaut als die der 1. und 3. Person, was sowohl diskursmodalen als auch phonotaktischen Eigenschaften geschuldet ist. Bei der Verdrängung des Präteritums dominiert das Perfekt demnach verstärkt niedrig frequente Verben mit regulärer, schwacher Bildungsweise, mehrsilbige und präfigierte Verben, nicht-klammernde Vollverben und Verben mit grenzbezogener, perfektiver Semantik sowie Personalformen der 2. Person. Die Verben bzw. Verbgruppen lassen sich entlang einer Abbau/Erhalt-Skala, die von den genannten Faktoren gesteuert wird, anordnen (s. Abb. 40 „Faktoren des Abbaus und Erhalts der Präteritumformen").

4.1.1.3 Diachronie
Zur Datierung des Präteritumschwunds im hochdeutschen Sprachraum lässt sich eine Reihe von Studien heranziehen. Eine sukzessive Zunahme von Perfektformen ab dem 14. Jahrhundert dokumentieren Dammers/Hoffmann/Solms (1988) und verstärkt ab dem 16. Jahrhundert Oubouzar (1974). Ab dem 15. bzw. 16. Jahrhundert (vgl. Sapp 2009; Lindgren 1957) schlägt sich der Schwund in den schriftlichen Korpora nieder. Die niedrigsten Präteritumwerte können für das 16. Jahrhundert festgestellt werden, bevor es durch die zunehmende Verbreitung der neuhochdeutschen Standardschriftsprache wieder zu höheren Präteritumwerten kommt. Am stärksten expandiert das Perfekt im ostoberdeutschen Sprachraum, in dem das Präteritum im 16. Jahrhundert die geringsten Belegwerte aufweist (vgl. Lindgren 1957; Sapp 2009). Ausgehend vom östlichen oberdeutschen Sprachraum breiten sich Perfektexpansion und Präteritumschwund in nördlicher, westlicher und südwestlicher Richtung aus.

In den historischen Korpora lassen sich die gleichen verbweisen Staffelungen wie in den modernen Korpora feststellen (vgl. Sapp 2009; Amft 2013). Auch im diachronen Vergleich zeigen sich die entsprechenden Entwicklungen: Das Perfekt nimmt vor allem bei schwachen, aber auch bei rückumlautenden und starken Verben zu. Modalverben und das Verb *haben*, die auch erst spät eine Grammatikalisierung erfahren, bleiben zunächst dem Präteritum vorbehalten. Innerhalb der Verbparadigmen sind es die Formen der 2. Person, für die abnehmende Präteritumfrequenzen festgestellt werden (vgl. Sapp 2009; Amft 2013). Diese Entwicklungen münden in den arealen Staffelungen in den Dialekten und lassen sich entlang der Abbauhierarchie in Abb. 40 „Faktoren des Abbaus und Erhalt der Präteritumformen" beschreiben.

Die Perfekt- und Präteritumdistributionen variieren (wie in den Korpusstudien zum 20./21. Jahrhundert) in Abhängigkeit zur Textsorte bzw. den entsprechenden Diskursmodi. Dabei haben erzählende Texte bzw. Passagen stets höhere Präteritumanteile als dialogische Passagen. Im diachronen Vergleich (14.–17. Jh. bei Lindgren 1957 und 18./21. Jh. bei Langenberg) zeigt sich, dass die Perfektformen kontinuierlich vor allem in den dialogischen Passagen, aber auch in den narrativen Passagen an Häufigkeit zunehmen.

Im kurzzeitdiachronen Vergleich der dialektalen Formenbestände zeigen sich unterschiedliche Befunde. Während für die konservativen, hessischen Dialekte nur eine geringe Variabilisierung festzustellen ist, zeigt sich im ostmitteldeutsch-ostfränkischen Kontaktraum im 100-Jahres-Vergleich eine Ausdehnung des Präteritumabbaus. In den Dialektgrammatiken werden ebenfalls je nach Dialektraum unterschiedliche Entwicklungstendenzen beschrieben. Im oberdeutschen Präteritumschwundraum – besonders im westlichen Raum – werden Präteritumformen des Verbs *sein* als neue, aus standardnäheren Varietäten stammende oder von jüngeren Sprechern benutzte Formen dokumentiert. Die Korpusstudien von Gersbach (1982) und Dietrich (1988) zum Westoberdeutschen können einen Zusammenhang einer stärkeren Verwendung von Präteritumformen in standardsprachlicheren Sprechweisen bestätigen. Vermutet wird eine Zunahme und Stabilisierung der Präteritumformen durch den Einfluss der Standardsprache, in der das Präteritum als Narrationstempus konventionalisiert ist und besonders in Distanzkommunikation verwendet wird. Dabei hat es auch eine weitere Funktionalisierung als Marker für stilistisch höhere Register und formelle Situationen erfahren. In dieser Funktion kommt es auch zu hyperkorrekten Verwendungen, da den Sprechern vorrangig die stilistische Markierung bewusst ist, nicht aber die semantische Opposition zwischen dem Ausdruck von Vergangenheit (Präteritum- und Perfektform als synonyme Varianten) und von retrospektiver Gegenwart (in der Regel Perfektform als einzige Variante). Unklar ist, wie sich der Einfluss der Standardsprache im niederdeutschen, präteritumerhaltenden Raum auswirkt. Für das Ostfälische wurde beschrieben, dass dialektale Präteritumformen durch standardnähere Formen und Perfektformen ersetzt werden (vgl. Schaper 1942). Hier stärkt der Einfluss der Standardsprache also tendenziell die Perfektformen und ihre Expansion. Die konkreten Entwicklungen, die durch die Ausbildung der sprachlichen Vertikale in den verschiedenen regionalsprachlichen Tempus-Aspekt-Systemen angestoßen wurden, sind bisher unerforscht.

4.1.2 Zur Erklärung des Präteritumschwunds

4.1.2.1 Präteritumschwund als Folge von historischen Sprachwandelprozessen

Die Variation in der synchronen Distribution von Perfekt- und Präteritumformen in den Dialekten des Deutschen lässt sich als Ergebnis der Perfektexpansion erklären. Nachdem das Perfekt zu althochdeutscher Zeit grammatikalisiert wurde, expandiert es semantisch-funktional und dringt sukzessive in die Bedeutungs- und Funktionsbereiche des Präteritums ein. Dadurch wird das Präteritum allmählich und faktorengesteuert verdrängt. Diese historischen Sprachwandelprozesse wurden im Einzelnen beschrieben und in einen Zusammenhang gestellt.

4.1.2.2 Das deutsche Tempus-Aspekt-System

Das neuhochdeutsche Tempus-Aspekt-System lässt sich mit einer Reihe von grundlegenden Unterscheidungen zu temporalen und aspektuellen Bedeutungseinheiten beschreiben. Als temporale Bedeutungseinheiten wurden Zukunft, Gegenwart und Vergangenheit sowie Vorvergangenheit ermittelt. Im Bereich der aspektuellen Bedeutung wurde zwischen den Situationstypen States, Activities, Semelfactives, Accomplishments und Achievements sowie dem imperfektiven, perfektiven und retrospektiven Blickwinkel unterschieden.

Hinsichtlich des Vergangenheitsausdrucks weist das neuhochdeutsche System eine Reihe von Synonymien auf: So dienen Perfekt und Präteritum als Varianten zum Ausdruck sowohl von perfektiver also auch von imperfektiver Vergangenheit. Im diachronen Vergleich der Tempus-Aspekt-Systeme der historischen Sprachstufen des Deutschen zeigt sich, dass dies nicht immer so war. Das Perfekt wurde erst zu althochdeutscher Zeit grammatikalisiert und war noch im Mittelhochdeutschen auf den Ausdruck von retrospektiver Gegenwart spezialisiert. Im Frühneuhochdeutschen lässt sich dann eine semantisch-funktionale Expansion des Perfekts in die Bedeutungs- und Funktionsbereiche des Präteritums feststellen, was zur Konkurrenz von Präteritum und Perfekt im Neuhochdeutschen führt. Währenddessen zieht sich das Präteritum aus dem Ausdruck der Retrospektivität zurück. Während die neuhochdeutsche Standardsprache das Präteritum erhält, kommt es in den deutschen Dialekten zur Verdrängung durch das Perfekt. Es lassen sich demnach drei zentrale Prozesse feststellen, die die heutige Präteritum/Perfekt-Distribution in den Dialekten hervorgerufen haben: Die Entstehung des Perfekts, die Expansion des Perfekts und schließlich die Verdrängung des Präteritums durch das expandierende Perfekt.

4.1.2.3 Perfektgrammatikalisierung und Perfektexpansion

Bei der Entstehung des Perfekts und seiner Expansion handelt es sich um typische Entstehungs- und Entwicklungsprozesse von Formen zum Ausdruck von Retrospektivität, die sich auch in anderen Sprachen dokumentieren lassen. Die Entstehung des Perfekts ab dem 8. Jahrhundert wird als Grammatikalisierungsprozess beschrieben, der sich entlang einer Telizitäts- und Transitivitätsskala entwickelt. Die verschiedenen Verben bzw. Verbgruppen sind u. a. unterschiedlich affin zum Ausdruck der Retrospektivität und lassen eine Perfektbildung nur sukzessive zu. Erst im 16. Jahrhundert können mit den Modalverben auch die letzten Verben eine Perfektform bilden. Zu diesem Zeitpunkt machen sich bereits eine Expansion der Perfektformen sowie eine Verdrängung der Präteritumformen bemerkbar.

Die Expansion des Perfekts wird durch die Komplexität des Retrospektivitätsausdrucks möglich. Die Perfektbedeutung lässt sich als eine skalare Größe darstellen, die durch verschiedene Faktoren – Fokussierung der Verbalsituation vs. des Nachzustands, definite vs. indefinite temporale Verankerung, grenzbezogene vs. nicht-grenzbezogene aspektuelle Verbbedeutung – variiert und dadurch eine Fokusverschiebung von der Sprechzeit hin zur Ereigniszeit erlaubt. Dadurch lässt sich ein temporal-aspektueller Übergangsbereich zwischen der retrospektiven Gegenwart und der perfektiven Vergangenheit modellieren, der die Brückenkontexte des historischen Expansionsprozesses beschreibt, die synchron als Bedeutungsvarianten der Perfektform vorliegen.

Für die Modellierung des temporal-aspektuellen Übergangsbereichs wurden die Ansätze von Waugh (1987), Elsness (1997) und Dentler (1997) sowie der kontrastive Vergleich von Dammel/Nowak/Schmuck (2010) und Schmuck (2013) zu einem integrativen Beschreibungsmodell zusammengeführt. Damit lassen sich sowohl die einzelsprachlich unterschiedlich weit durchgeführten Perfektexpansionsprozesse vergleichen, als auch die Expansionsgrade in den deutschen Regionalsprachen empirisch überprüfen. Es zeigt sich, dass das Deutsche im Vergleich mit dem Englischen, Schwedischen und Niederländischen die umfangreichste Perfektexpansion aufweist. Die empirische Überprüfung der Expansionsgrade im REDE-Korpus zeigt, dass das Perfekt sowohl im Oberdeutschen und Westmitteldeutschen als auch im Niederdeutschen die imperfektive Vergangenheitsbedeutung ausdrücken kann und daher semantisch vollständig expandiert hat. Unklar ist geblieben, ob das Perfekt im Niederdeutschen auch für Hintergrundbeschreibung in narrativen Diskursen verwendet werden kann und somit auch diskursmodal vollständig expandiert hat. Eine Perfektexpansion im Niederdeutschen wurde bereits in der Auswertung der Dialektgrammatiken belegt. Für den mitteldeutschen und niederdeutschen Raum lässt sich eine Reihe von Dialektgrammatiken benennen, die eine Expansion des Perfekts bei noch vollständigen Formenbeständen dokumentieren. Die Expansion geht dem Formenverlust voraus.

4.1.2.4 Perfektexpansion als Ursache des Präteritumschwunds

Diese Beobachtung der dialektgeographischen Studien, dass die Perfektexpansion dem Präteritumschwund vorausgeht, wird von den historischen Studien gestützt. So lässt sich eine semantisch-funktionale Expansion des Perfekts anhand historischer Korpora und diachroner Studien nachweisen (vgl. Lindgren 1957; Dentler 1997; Sapp 2009; Amft 2013). Der Schwund machte sich erst bemerkbar, als das Perfekt bereits expandiert hatte. Ein solches Szenario ist ebenso aus kontrastiver Perspektive plausibel: Auch in anderen Sprachen können solche Expansions- und Schwundprozessfolgen beobachtet werden.

Die Raumgliederung des Präteritumschwunds mit südlichem Schwundgebiet und nördlichem Erhaltungsgebiet lässt sich durch zeitlich versetzte Perfektexpansionsprozesse im norddeutschen und süddeutschen Raum erklären. Ein Vergleich der Daten von Schöndorf (1983) für das Niederdeutsche und Lindgren (1957) sowie Sapp (2009) für das Hochdeutsche belegt unterschiedlich weit durchgeführte Perfektexpansionsprozesse im Niederdeutschen und Hochdeutschen des 15.–16. Jahrhunderts. Die späte Perfektexpansion lässt sich mit einem späten Einfluss des Hochdeutschen auf das Niederdeutsche erklären. Erst ab dem 16. Jahrhundert ist ein verstärkter Einfluss des Hochdeutschen auf das Niederdeutsche feststellbar. Zu diesem Zeitpunkt ist die Perfektexpansion im Hochdeutschen schon stark vorangeschritten. In den hochdeutschen Texten macht sich da bereits der Präteritumschwund bemerkbar.

4.1.2.5 Die multifaktorielle Erklärung des Präteritumschwunds

Charakteristisch für die Geschichte der Erforschung des Präteritumschwunds sind die zahlreichen, widersprüchlichen Erklärungsansätze. In dieser Arbeit wurde die disparate Forschungssituation zu einer integrativen, multifaktoriellen Erklärung zusammengeführt.

Als auslösender und ursächlicher Faktor des Präteritumschwunds wurde die Expansion des Perfekts benannt. Die semantisch-funktionale Ausbreitung der Perfektformen in die präteritalen Bedeutungs- und Funktionsbereiche führt zu einer prinzipiengeleiteten Verdrängung des Präteritums. Die verbweisen Staffelungen der Abbauhierarchie spiegeln diesen faktorengesteuerten Verdrängungsprozess wider.

Verschiedene Eigenschaften der Perfekt- bzw. Präteritumformen haben diesen Prozess jedoch begünstigt und beschleunigt. Die Perfektform weist eine Reihe von Vorteilen auf, die die zunehmende Verwendung fördern. Zum einen verfügt das Perfekt über eine einfache und regelmäßige Formenbildung. Zur Bildung werden nur die Partizipformen der Vollverben und die Flexionsparadigmen zweier Hilfsverben benötigt. Dies führt zu einer ausgezeichneten Lern- und Memorierbarkeit. Diskursstrukturell ist die Perfektform vorteilhaft, da die Klammerbildung das Parsing vereinfacht und gleichzeitig Diskursprominenz erhält. Des Weiteren führt die Klammerbildung zu einem satzstrukturell und satzprosodisch einheitlichen Satzaufbau und fügt sich hervorragend in die sprachhistorisch zunehmende Klammertendenz des Deutschen ein.

Das Präteritum zeigt sich vor allem aufgrund seiner komplexen und irregulären Formenbildung als nachteilig. Das ursprünglich systematische Ablautsystem der starken Verben befindet sich seit althochdeutscher Zeit durch Lautwandel im Umbruch und auch ein Teil der schwachen und athematischen Verben sowie der Modalverben haben irreguläre Flexionsformen entwickelt. Die komplexe und wenig transparente Formenbildung erschwert den Spracherwerb und die Memorierbarkeit der Präteritumformen. Auch entstehen durch Synkopierung und Apokopierung Homonymien und unerwünschte Konsonantencluster, die zu defektiven Verbalparadigmen der schwachen Verben führen. Verglichen mit der Präteritumform erweist sich die Perfektform als die vorteilhaftere Variante.

4.2 Ausblick

Als Ausblick lässt sich ein Forschungsprogramm benennen, das an den Ergebnissen dieser Arbeit ansetzt. Eine zentrale Aufgabe ist die weitere Erforschung der dialektalen Tempus-Aspekt-Systeme. Um die dialektalen, präteritalen Formenbestände genauer zu dokumentieren und auch um zu bestätigen, dass es sich bei der Abbauhierarchie um eine Implikationshierarchie handelt, gilt es, die Dialektgrammatiken um weitere Kompetenzbeschreibungen zu ergänzen. In der Auswertung der Dialektgrammatiken konnte nur das interpretiert werden, was die Autoren der Grammatiken dokumentieren. Eine Implikationshierarchie des Formenabbaus spiegelt sich in den Grammatiken zwar wider, ließ sich aber nicht beweisen. Das liegt auch daran, dass bei nicht aufgeführten Verbformen mitunter unklar war, ob sie im Dialekt nicht vorhanden sind oder nur nicht beschrieben wurden. Hier bietet es sich also an, mit einem einheitlichen Erhebungsdesign Kompetenzabfragen durchzuführen, in denen eine Auswahl von Verben hinsichtlich der dialektalen (sowie regiolektalen) Präteritumparadigmen überprüft wird. Über die regiolektalen Tempus-Aspekt-Systeme ist noch weniger bekannt als über die dialektalen Systeme. Auch hier müssten sich weitere Untersuchungen anschließen.

Des Weiteren sind die dialekten Präteritumformen hinsichtlich ihrer ausdruckseitigen Verfahren zu erfassen und zu analysieren. Die dialektalen Flexionsformen weichen von den standardsprachlichen Formen deutlich ab: Eine Reihe von Verben gehören im Dialekt einer anderen Konjugationsklasse an. Auch Lautwandel und morphologische Ausgleichsprozesse haben zu deutlichen Unterschieden zwischen den Formen verschiedener Dialekte und auch zwischen dialektalen und standardsprachlichen Formen geführt. Auch für den historischen Prozess müsste im Einzelnen festgestellt werden, welche phonologischen und morphologischen Eigenschaften die Präteritumformen der verschiedenen Dialekträume hatten, als der Schwundprozess einsetzte.

Die Dokumentation der dialektalen Formenbestände ließe sich um die Beschreibung weiterer Tempus-Aspekt-Formen erweitern. Diese Beschreibung müsste sich auch dem Zukunftsausdruck, dem Konjunktiv- und Passivausdruck sowie den Formen und Konstruktionen mit unklarem Status widmen (u. a. doppelte Perfektbildungen, *tun*-Periphrase, Progressivkonstruktionen). Die in dieser Arbeit vorgeschlagene Beschreibungsgrundlage ließe sich entsprechend weiterentwickeln.

Als weiteres zentrales Desiderat ist der Mangel an vergleichenden Performanzstudien zu nennen. Zwar liegen mit Gersbach (1982), Sieberg (1984), Dietrich (1988), und Harnisch (1997) erste Korpusanalysen zum Tempusgebrauch für Teilregionen vor, bisher gibt es jedoch keine einzige Studie, die mit einheitlichem Erhebungs- und Analysedesign den dialektalen und regiolektalen Gebrauch von Tempusformen in verschiedenen Dialekträumen qualitativ und quantitativ auswertet und regional vergleicht. Mit einer solche Korpusstudie ließe sich auch der Expansionsgrad der Perfektformen systematisch vergleichen und damit Rückschlüsse auf den historischen Verlauf ziehen.

Eine weitere Aufgabe bezieht sich auf die Faktoren des Präteritumschwundprozesses. Im Rahmen dieser Arbeit konnten eine Reihe von Faktoren benannt werden, die den Abbauprozess des Präteritumschwunds steuern. Allerdings konnten diese Faktoren nicht hierarchisiert werden. Um eine Hierarchisierung zu ermitteln, werden weiterführende Frequenzauswertungen benötigt. Eine solche Studie müsste anhand einer repräsentativen Verbliste erfolgen und auch die Perfektfrequenzen sowie die Lexem- und Typenfrequenzen berücksichtigen. Neben standard- und geschriebensprachlichen Korpora sollten hier auch gesprochensprachliche und regionalsprachliche Korpora ausgewertet und den standardsprachlichen Werten gegenübergestellt werden.

Dank der historischen Studien ließen sich Perfektexpansion und Präteritumschwund grob datieren. Anhand einzelner Studien konnte ein unterschiedlicher Verlauf der Perfektexpansion im hochdeutschen und niederdeutschen Sprachraum belegt werden. Weitere Arbeiten zur genauen historischen Entwicklung dieser Prozesse stehen jedoch noch aus. Insbesondere fehlen Studien, die die Perfektexpansion an historischen Texten areal und diachron vergleichend untersuchen und die hier aufgezeigten Zusammenhänge im Detail beschreiben und überprüfen. Es fehlt eine genaue Dokumentation von Perfektexpansion und Präteritumschwund in Raum und Zeit.

Als letzte und größte Aufgabe ist die Erforschung des Präteritumschwunds als europäischen Sprachwandelprozess zu nennen. Der deutsche Präteritumschwund ist kein isolierter Prozess, sondern muss im Kontext eines europäischen Präteritumschwunds gesehen werden. Um diesen Prozess zu verstehen, müssen ähnliche Studien zum Verlauf und zur Arealität von Perfektexpansion und Präteritumschwund in den regionalen Varietäten der deutschen Nachbarländer – Dänemark, Österreich, Italien, Schweiz, Frankreich, Luxemburg, Belgien, Niederlande – sowie in den deutschen Sprachinseln und den Minderheitensprachen in Deutschland und in den slawischen Nachbarsprachen durchgeführt werden. Die in dieser Arbeit entwickelten Analyseverfahren ließen sich entsprechend erweitern. Diese Arbeit ist erst der Anfang.

5 Verzeichnisse

5.1 Literaturverzeichnis

Abraham, Werner (1999): Preterite Decay as a European Areal Phenomenon. In: Folia Linguistica 33/1–2, 11–18.

Abraham, Werner (2004): The European demise of the simple past and the emergence of periphrastic perfect: areal diffusion or natural, autonomous evolution under parsing facilitation? In: Abraham, Werner (Hrsg.): Focus on Germanic typology. Berlin: Akademie Verlag, 241–271. (= Studia typologica. 6).

Abraham, Werner (2005): Präteritumschwund und das Aufkommen des analytischen Perfekts in den europäischen Sprachen: Sprachbundausbreitung oder autonome Entfaltung? In: Eggers, Eckhard/Schmidt, Jürgen Erich/Stellmacher, Dieter (Hrsg.): Moderne Dialekte, neue Dialektologie. Akten des 1. Kongresses der Internationalen Gesellschaft für Dialektologie des Deutschen (IGDD) am Forschungsinstitut für Deutsche Sprache „Deutscher Sprachatlas" der Philipps-Universität Marburg vom 5.–8. März 2003. Stuttgart: Steiner, 115–133. (= Zeitschrift für Dialektologie und Linguistik. Beihefte. 130).

Abraham, Werner/Conradie, C. Jac (2001): Präteritumschwund und Diskursgrammatik. Präteritumschwund in gesamteuropäischen Bezügen: areale Ausbreitung, heterogene Entstehung, Parsing sowie diskursgrammaische Grundlagen und Zusammenhänge. Amsterdam, Philadelphia: Benjamins.

Ágel, Vilmos/Hennig, Mathilde (Hrsg.) (2006): Grammatik aus Nähe und Distanz. Theorie und Praxis am Beispiel von Nähetexten 1650–2000. Tübingen: Niemeyer.

Ágel, Vilmos/Hennig, Mathilde (2007a): Überlegungen zur Theorie und Praxis des Nähe- und Distanzsprechens. In: Ágel, Vilmos/Hennig, Mathilde (Hrsg.): Zugänge zur Grammatik der gesprochenen Sprache. Tübingen: Niemeyer, 179–214. (= Reihe Germanistische Linguistik. 269).

Ágel, Vilmos/Hennig, Mathilde (Hrsg.) (2007b): Zugänge zur Grammatik der gesprochenen Sprache. Tübingen: Niemeyer. (= Reihe Germanistische Linguistik. 269).

Albrecht, Karl (1881): Die Leipziger Mundart. Grammatik und Wörterbuch der Leipziger Volkssprache. Zugleich ein Beitrag zur Schilderung der Volkssprache im Allgemeinen. Leipzig: Arnold.

Alles, Heinz (1953): Mundart und Landesgeschichte der Wetterau. Dissertation. Marburg.

Altenhofer, Eduard (1932): Untersuchungen zur Dialektgeographie der Westpfalz und der angrenzenden Teile des Kreises Saarbrücken und Lothringens. Dissertation. Marburg.

Amft, Camilla (2013): Das präteritale Konzept im Frühneuhochdeutschen. Zur Distribution von Präteritum und präteritalem Perfekt in Flugschriften des 16. Jahrhunderts. Dissertation. Uppsala.

Anderson, Lloyd B. (1982): The "perfect" as a universal and as a language-specific category. In: Hopper, Paul J. (Hrsg.): Tense-aspect. Between semantics & pragmatics. Containing the contributions to a Symposium on Tense and Aspect, held at UCLA, May 1979. Amsterdam, Philadelphia: Benjamins, 227–264. (= Typological studies in language. 1).

Armbruster, Wilhelm (1926): Behandlung der Laute und Flexion in der Mundart von Lustenau und Umgebung. Examensarbeit. Tübingen.

Augst, Gerhard (1975): Wie stark sind die starken Verben? Überlegungen zur Subklassifikation der nhd. Verben. In: Augst, Gerhard (Hrsg.): Untersuchungen zum Morpheminventar der deutschen Gegenwartssprache. Tübingen: Narr, 231–281.

Auwera, Johan van der (1998): Conclusion. In: Auwera, Johan van der/Ó Baoill, Dónall P. (Hrsg.): Adverbial constructions in the languages of Europe. Berlin, New York: Mouton De Gruyter, 813–836. (= Empirical approaches to language typology. EUROTYP. 20–3).

Baader, Theodor (1913): Laut- und Formenlehre der osnabrückisch-tecklenburgischen Mundarten. Manuskript aus dem Nachlaß des Verfassers im Germanistischen Institut der Universität Nimwegen.

Ballweg, Joachim (1988a): Präsensperfekt und Präteritum im Deutschen. In: Ehrich, Veronika/Vater, Heinz (Hrsg.): Temporalsemantik. Beiträge zur Linguistik der Zeitreferenz. Tübingen: Niemeyer, 81–95.

Ballweg, Joachim (1988b): Semantik der deutschen Tempusformen. Eine indirekte Analyse im Rahmen einer temporal erweiterten Aussagelogik. Düsseldorf: Schwann.

Banniard, Michel (2004): Germanophonie, latinophonie et accès à la Schriftlichkeit (Ve-VIIIe siècles). In: Hägermann, Dieter/Haubrichs, Wolfgang/Jarnut, Jörg (Hrsg.): Akkulturation. Probleme einer germanisch-romanischen Kultursynthese in Spätantike und frühem Mittelalter. Berlin: Walter De Gruyter, 340–358.

Bauer, Erika (1957): Dialektgeographie im südlichen Odenwald und Ried. Marburg: Elwert. (= Deutsche Dialektgeographie. 43).

Bauer, Hermann (1864): Der ostfränkische Dialekt, wie er in Künzelsau und in dessen nächster Umgebung gesprochen wird. In: Zeitschrift des historischen Vereins des württembergischen Franken 3/6, 369–419.

Bäuerle, Rainer (1979): Temporale Deixis, temporale Frage. Zum temporalen Gehalt deklarativer und interrogativer Sätze. Tübingen: Narr.

Baur, Gerhard Wolfram (1967): Die Mundarten im nördlichen Schwarzwald. Marburg: Elwert. (= Deutsche Dialektgeographie. 55a).

Bayer-Weghake, Marion/Simon, Elke/Herbst, Oliver (2008): Sprachatlas von Unterfranken (SUF). Band 3. Formengeographie I (Nomen und Pronomen) und Formengeographie II (Verb). In: Krämer-Neubert, Sabine/Wolf, Norbert Richard (Hrsg.) (2005–2008): Sprachatlas von Unterfranken. (Bayerischer Sprachatlas: Regionalteil 3). Heidelberg: Winter.

Behaghel, Otto (1886): Die deutsche Sprache. Leipzig: Freytag.

Behaghel, Otto (1924): Deutsche Syntax. Eine geschichtliche Darstellung. Teil 2. Die Wortklassen und Wortformen, B. Adverbium, C. Verbum. Heidelberg: Winter.

Bellmann, Günter/Herrgen, Joachim/Schmidt, Jürgen Erich (Hrsg.) (1994–2002): Mittelrheinischer Sprachatlas (MRhSA). 5 Bände. Tübingen: Niemeyer.

Benveniste, Émile ([1966] 1974): Probleme der allgemeinen Sprachwissenschaft. (Dt. Erstausgabe von „Problèmes de linguistique générale" 1966. Paris: Editions Gallimard). München: List.

Bergmann, Gunter (1965): Das Vorerzgebirgische. Mundart und Umgangssprache im Industriegebiet um Karl-Marx-Stadt–Zwickau. Halle: Niemeyer. (= Mitteldeutsche Studien. 27).

Bernhardt, Julius (1894): Die Glückstädter Mundart. Zweiter Teil. In: Jahrbuch des Vereins für niederdeutsche Sprachforschung 20, 1–39.

Bernhardt, Julius (1903): Zur Syntax der gesprochenen Sprache. (Ein Versuch). In: Jahrbuch des Vereins für niederdeutsche Sprachforschung 29, 1–25.

Bertaloth, Georg (1935): Zur Dialektgeographie des vorderen Odenwalds und des nördlichen Rieds. Erlangen: Palm & Enke.

Binnick, Robert I. (1991): Time and the Verb. A Guide to Tense and Aspect. New York: Oxford University Press.

Binnick, Robert I. (2001): Temporality and aspectuality. In: Haspelmath, Martin/König, Ekkehard/Oesterreicher, Wulf/Raible, Wolfgang (Hrsg.): Language Typology and Language Universals. An International Handbook. Volume 1. Berlin, New York: Walter De Gruyter, 557–567. (= Handbooks of linguistics and communication science Handbücher zur Sprach- und Kommunikationswissenschaft. 20.1).
Binnick, Robert I. (Hrsg.) (2012): The Oxford Handbook of Tense and Aspect. Oxford, New York: Oxford University Press.
Birkenes, Magnus Breder (2014): Subtraktive Nominalmorphologie in den Dialekten des Deutschen. Ein Beitrag zur Interaktion von Phonologie und Morphologie. Stuttgart: Steiner. (= Zeitschrift für Dialektologie und Linguistik. Beihefte. 156).
Birkmann, Thomas (1987): Präteritopräsentia. Morphologische Entwicklungen einer Sonderklasse in den altgermanischen Sprachen. Tübingen: Niemeyer. (= Linguistische Arbeiten. 188).
Bischoff, Karl (1935): Studien zur Dialektgeographie des Elbe-Saale-Gebietes in den Kreisen Calbe und Zerbst. Marburg: Elwert. (= Deutsche Dialektgeographie. 36).
Bittner, Dagmar (2013): Grammatische Entwicklung. In: Ringmann, Svenja/Siegmüller, Julia (Hrsg.): Handbuch Spracherwerb und Sprachentwicklungsstörungen. Schuleingangsphase. München: Urban & Fischer, 51–76.
Bleyer, Friedrich Wilhelm (1936): Beiträge zur Dialektgeographie des südwestlichen Westerwaldes. Dissertation. Bonn.
Block, Richard (1911): Die Mundart von Eilsdorf. Formenlehre. In: Zeitschrift für Deutsche Mundarten 6, 193–217.
Bock, Gudrun (1965): Die Mundart von Waldau bei Schleusingen. Köln, Graz: Böhlau. (= Mitteldeutsche Forschungen. 35).
Bock, Karl Nielsen (1933): Niederdeutsch auf dänischem Substrat. Studien zur Dialektgeographie Südostschleswig. Marburg: Elwert. (= Deutsche Dialektgeographie. 34).
Bödiker, Johann ([1690] 1746): Grundlage der Teutschen Sprache. Mit dessen eigenen und Johann Leonhard Frischens vollständigen Anmerkungen. Durch neue Zusäze vermehret von Johann Jacob Wippel. Nebst nöthigen Registern. Berlin: Nicolai.
Boger, Karl W. (1935): Die Mundart des Enz-Pfinz-Gebietes nach Lauten und Flexion. Dissertation. Stuttgart: Fink.
Bölsing, Friedrich (2011): Niederdeutsche Sprachlehre. Plattdeutsch im Kirchspiel Lindhorst Schaumburg-Lippe. Hildesheim [u. a.]: Olms.
Boon, Peter (1983): Beobachtungen zum Tempussystem in Hans Sachs' Fastnachtspielen. Zugleich ein Beitrag zur Diskussion über die Tempusnomenklatur und zur Erforschung der Ausdehnung des oberdeutschen Präteritumschwunds. In: Schieb, Gabriele/Fleischer, Wolfgang/Große, Rudolf (Hrsg.): Beiträge zur Erforschung der deutschen Sprache. Band 3. Leipzig: VEB Bibliographisches Institut Leipzig, 230–242.
Borchers, Erich (1927): Sprach- und Gründungsgeschichte der erzgebirgischen Kolonie im Oberharz. Marburg: Elwert. (= Deutsche Dialektgeographie. 22).
Borchert, Hans (1955): Dialektgeographie des südlichen Emslandes. (Kreis Lingen, Kreis Steinfurt). Dissertation. Marburg.
Born, Ekkehard (1938): Die Mundart in Darmstadt und in seinem Umland. Erlangen: Palm & Enke.
Born, Walter (1978): Kleine Sprachlehre des Münsterländer Platt. Münster: Verlag Regensberg.

Bracke, Herbert (1966): Der hennebergische Sprachraum. Untersuchungen zur Laut- und Wortgeographie. Dissertation. Jena.
Brandes, Ludwig (2013): Die Mundarten des Raumes Breckerfeld-Hagen-Iserlohn. Ein Beitrag zur westfälischen Dialektgeographie. Köln, Weimar, Wien: Böhlau. (= Niederdeutsche Studien. 56).
Brandner, Ellen/Salzmann, Martin/Schaden, Gerhard (2016): Zur Syntax und Semantik des doppelten Perfekts aus alemannischer Sicht. In: Lenz, Alexandra N./Patocka, Franz (Hrsg.): Syntaktische Variation – areallinguistische Perspektiven. Wien: V&R unipress, 13–45.
Braune, Wilhelm/Heidermanns, Frank (2004): Gotische Grammatik. Mit Lesestücken und Wörterverzeichnis. 20. Auflage. Tübingen: Niemeyer. (= Sammlung kurzer Grammatiken Germanischer Dialekte. A. Hauptreihe Nr. 1).
Braune, Wilhelm/Reiffenstein, Ingo (2004): Althochdeutsche Grammatik I. Laut- und Formenlehre. 15. Auflage. Tübingen: Niemeyer. (= Sammlung kurzer Grammatiken Germanischer Dialekte. A. Hauptreihe Nr. 5/1).
Braunstein, Hermann (1978): Der Dialekt des Dorfes Schutterwald (Ortenaukreis). Grammatik und Wortschatz. Schutterwald: Eigenverlag d. Verf.
Bräutigam, Kurt (1934): Die Mannheimer Mundart. Walldorf bei Heidelberg: Lamade.
Bredtmann, Hermann (1938): Die Velberter Mundart. Ein kurzer Abriß der Laut- und Formenlehre nebst einem Wörterverzeichnis. Wuppertal-Elberfeld: Martini & Grüttefien.
Brinker, Klaus (1993): Textlinguistik. Heidelberg: Groos. (= Studienbibliographien Sprachwissenschaft. 7).
Brinker, Klaus/Antos, Gerd/Heinemann, Wolfgang/Sager, Sven F. (Hrsg.) (2000): Text- und Gesprächslinguistik. Ein internationales Handbuch zeitgenössischer Forschung. 1. Halbband. Berlin, New York: Walter De Gruyter. (= Handbücher zur Sprach- und Kommunikationswissenschaft. 16.1).
Brinker, Klaus/Antos, Gerd/Heinemann, Wolfgang/Sager, Sven F. (Hrsg.) (2001): Text- und Gesprächslinguistik. Ein internationales Handbuch zeitgenössischer Forschung. 2. Halbband. Berlin, New York: Walter De Gruyter. (= Handbücher zur Sprach- und Kommunikationswissenschaft. 16.2).
Brinkmann, Hennig (1931): Sprachwandel und Sprachbewegungen in althochdeutscher Zeit. Jena: Frommann. (= Jenaer germanistische Forschungen. 18).
Bröking, Wilhelm (1945): Studien zur Umgangssprache von Gevelsberg, Grafschaft Mark. Dissertation. Marburg.
Bromm, Ernst (1913): Studien zur Dialektgeographie der Kreise Marburg, Kirchhain, Frankenberg. Marburg: Elwert. (= Deutsche Dialektgeographie. 7).
Bruijel, Martinus (1901): Het dialect van Elten-Bergh. Dissertation. Utrecht.
Bubner, Rudolf Helmut (1935): Untersuchungen zur Dialektgeographie des Bergischen Landes zwischen Agger und Dhünn. Marburg: Elwert. (= Deutsche Dialektgeographie. 24).
Bücher, Johannes (1986): Bonn-Beueler Sprachschatz. Köln, Bonn: Rheinland-Verlag, Habelt. (= Rheinische Mundarten. 3).
Buchwald-Wargenau, Isabel (2012): Die doppelten Perfektbildungen im Deutschen. Eine diachrone Untersuchung. Berlin: Walter De Gruyter. (= Studia Linguistica Germanica. 115).
Bunning, Heinrich (1933): Studien zur Geschichte der Bremischen Mundart (seit dem Untergang der mittelniederdeutschen Schriftsprache). In: Jahrbuch des Vereins für niederdeutsche Sprachforschung 60/61, 63–147.

Burkart, Hans (1965): Laut- und Formenlehre der Mundart von Bühl-Kappelwindeck. Examensarbeit. Freiburg.
Büsch, Theodor (1888): Ein Beitrag zur Kenntnis des Mittelfränkischen. Malmedy: Beilage zum Programm des Progymnasiums zu Malmedy.
Bybee, Joan L. (1985): Morphology. A study of the relation between meaning and form. Amsterdam: Benjamins.
Bybee, Joan L. (1994): Morphological universals and change. In: Asher, Ronald E. (Hrsg.): The encyclopedia of language and linguistics. Volume 5. Oxford: Pergamon Press, 2557–2562.
Bybee, Joan L./Dahl, Östen (1989): The creation of tense and aspect systems in the languages of the world. In: Studies in Language 13, 51–103.
Bybee, Joan L./Perkins, Revere Dale/Pagliuca, William (1994): The evolution of grammar. Tense, aspect, and modality in the languages of the world. Chicago: University of Chicago Press.
Carruthers, Janice (2012): Discourse and Text. In: Binnick, Robert I. (Hrsg.): The Oxford Handbook of Tense and Aspect. Oxford, New York: Oxford University Press, 306–334.
Caudal, Patrick (2012): Pragmatics. In: Binnick, Robert I. (Hrsg.): The Oxford Handbook of Tense and Aspect. Oxford, New York: Oxford University Press, 269–305.
Christa, Peter (1927): Wörterbuch der Trierer Mundart mit Sprachgesetzen derselben und Sprachproben in Prosa und Poesie. Honnef am Rhein.
Comrie, Bernard (1976): Aspect. An introduction to the study of verbal aspect and related problems. Cambridge, New York: Cambridge University Press.
Comrie, Bernard (1985): Tense. Cambridge, New York: Cambridge University Press.
Corell, Hans (1936): Studien zur Dialektgeographie der ehemaligen Grafschaft Ziegenhain und benachbarter Gebietsteile. Marburg: Elwert. (= Deutsche Dialektgeographie. 7).
Cornelissen, Georg/Schaars, Alexander/Sodmann, Timothy (1993): Dialekt à la carte. Dialektatlas Westmünsterland – Achterhoek – Liemers – Niederrhein. Unter Mitarbeit von/met medewerking van Christa Hinrichs. Köln, Doetinchem, Vreden: Landschaftsverband Rheinland (Amt für rheinische Landeskunde), Stichting Staring Instituut und Landeskundliches Institut Westmünsterland.
Dahl, Östen (1985): Tense and aspect systems. Oxford: Blackwell.
Dahl, Östen/Velupillai, Viveka (2013): The Perfect. In: Dryer, Matthew S./Haspelmath, Martin (Hrsg.) The World Atlas of Language Structures Online. URL: http://wals.info/chapter/68 [letzter Zugriff: 08. 02. 2016], Karte „Map 68.1" lizenziert unter Creative Commons-Lizenz BY-4.0., URL: https://creativecommons.org/licenses/by/4.0/legalcode.
Dal, Ingerid (1960): Zur Frage des süddeutschen Präteritumschwundes. In: Hartmann, Hans/Neumann, Hans (Hrsg.): Indogermanica. Festschrift für Wolfgang Krause. Zum 65. Geburtstage am 18. September 1960 von Fachgenossen und Freunden dargebracht. Heidelberg: Winter, 1–7.
Dal, Ingerid (1966): Kurze deutsche Syntax auf historischer Grundlage. 3. Auflage. Tübingen: Niemeyer.
Dal, Ingerid/Eroms, Hans-Werner (2014): Kurze deutsche Syntax auf historischer Grundlage. 4. Auflage. Berlin: Walter De Gruyter. (= Sammlung kurzer Grammatiken germanischer Dialekte. B: Ergänzungsreihe. 7).
Dammel, Antje (2011): Konjugationsklassenwandel. Prinzipien des Ab-, Um- und Ausbaus verbalflexivischer Allomorphie in germanischen Sprachen. Berlin, New York: Walter De Gruyter. (= Studia Linguistica Germanica. 103).

Dammel, Antje/Nowak, Jessica/Schmuck, Mirjam (2010): Strong verb paradigm leveling in four Germanic languages. A category frequency approach. In: Journal of Germanic Linguistics 22/4, 337–359.
Dammers, Ulf/Hoffmann, Walter/Solms, Hans-Joachim (1988): Grammatik des Frühneuhochdeutschen. 4. Band. Flexion der starken und schwachen Verben. Hrsg. von Moser, Hugo; Stopp, Hugo und Besch, Werner. Heidelberg: Winter. (= Germanische Bibliothek. Reihe 1, Sprachwissenschaftliche Lehr- und Elementarbücher).
de Swart, Henriëtte (2012): Verbal aspect. In: Binnick, Robert I. (Hrsg.): The Oxford Handbook of Tense and Aspect. Oxford, New York: Oxford University Press, 752–779.
Deiter, Heinrich (1921): Nachtrag zum Wörterverzeichnisse der Mundart von Hastenbeck. In: Hannoversche Geschichtsblätter 24/1, 29–70.
Dellit, Otto (1913): Die Mundart von Kleinschmalkalden. Laut- und Formenlehre, Syntax und Wortschatz. Marburg: Elwert.
Dentler, Sigrid (1997): Zur Perfekterneuerung im Mittelhochdeutschen. Die Erweiterung des zeitreferentiellen Funktionsbereichs von Perfektfügungen. Göteborg: Acta Universitatis Gothoburgensis. (= Göteborger germanistische Forschungen. 37).
Dentler, Sigrid (1998): Gab es den Präteritumschwund? In: Askedal, John Ole (Hrsg.): Historische germanische und deutsche Syntax. Akten des Internationalen Symposiums anläßlich des 100. Geburtstages von Ingerid Dal, Oslo, 27. 9.–1. 10. 1995. Frankfurt am Main [u. a.]: Lang, 133–147. (= Osloer Beiträge zur Germanistik. 21).
Desclés, Jean-Pierre/Guentchéva, Zlatka (2012): Universals and Typology. In: Binnick, Robert I. (Hrsg.): The Oxford Handbook of Tense and Aspect. Oxford, New York: Oxford University Press, 123–154.
Diekhans, Johannes/Fuchs, Michael (Hrsg.) (2004): P.A.U.L. D. 6. Persönliches Arbeits- und Lesebuch Deutsch. Paderborn: Schöningh.
Dietrich, Martina (1988): Die Verwendung des Präteritum im Konstanzer Dialekt. Eine Untersuchung gesprochener Sprache. Zulassungsarbeit. Konstanz.
Dietz, Gisela (1954): Mitteldeutsch und Oberdeutsch zwischen Vogelsberg, Spessart und Rhön. Dissertation. Marburg.
Dingeldein, Heinrich (1977): Grammatische und soziolinguistische Untersuchung einer dörflichen Sprachstruktur (Würzberg im Odenwald). Examensarbeit. Marburg.
Dölker, Helmut (1935): Die Mundart im Kreis Eßlingen am Neckar. Eßlingen am Neckar.
Dreher, Eleonore (1919): Laut- und Flexionslehre der Mundart von Liggersdorf und Umgebung. Dissertation. Tübingen.
Drinka, Bridget (2004): Präteritumschwund: evidence for areal diffusion. In: Abraham, Werner (Hrsg.): Focus on Germanic typology. Berlin: Akademie Verlag, 211–240. (= Studia typologica. 6).
Drinka, Bridget (2013): Sources of auxiliation in the perfects of Europe. In: Studies in Language 37/3, 599–644.
Drinka, Bridget (2017): Language Contact in Europe. The Periphrastic Perfect through History. Cambridge: Cambridge University Press.
Dry, Helen Aristar (1983): The Movement of Narrative Time. In: Journal of literary semantics 12, 19–53.
Duden-Grammatik (1966): Der Große Duden. Grammatik. Bearbeitet von Paul Grebe. 2. Auflage. Mannheim: Bibliogr. Institut.
Duden-Grammatik (1998): Duden. Grammatik der deutschen Gegenwartssprache. Herausgegeben von der Dudenredaktion. 6. Auflage. Mannheim: Dudenverlag. (= Der Duden in zwölf Bänden; das Standardwerk zur deutschen Sprache. 4).

Duden-Grammatik (2009): Duden. Die Grammatik. Unentbehrlich für richtiges Deutsch. Umfassende Darstellung des Aufbaus der deutschen Sprache vom Laut über das Wort und den Satz bis hin zum Text und zu den Merkmalen der gesprochenen Sprache; mit zahlreichen Beispielen, übersichtlichen Tabellen und Grafiken sowie ausführlichem Register. Herausgegeben von der Dudenredaktion. 8. Auflage. Mannheim: Dudenverlag. (= Der Duden in zwölf Bänden; das Standardwerk zur deutschen Sprache. 4).

Duden-Grammatik (2016): Duden. Die Grammatik. Unentbehrlich für richtiges Deutsch. Der Aufbau der deutschen Sprache vom Laut über das Wort und den Satz bis hin zum Text und zu den Merkmalen der gesprochenen Sprache. Herausgegeben von Angelika Wöllstein und der Dudenredaktion. 9. Auflage. (= Der Duden in zwölf Bänden; das Standardwerk zur deutschen Sprache. 4).

Dützmann, Heinz (1939): Syntax von Nomen und Verb im Ostlüneburgischen auf Grund der Mundart von Kaarßen. In: Zeitschrift für Mundartforschung 15, 1–24.

DWB (1854–1961): Deutsches Wörterbuch von Jacob und Deutsches Wörterbuch von Jacob und Wilhelm Grimm. 16 Bände in 32 Teilbänden. Leipzig: Hirzel. (www.woerterbuchnetz.de).

Eberle, Julius (1938): Die Mundart um die Kupfer nach Lauten und Flexion. Stuttgart: Fink.

Ebert, Robert Peter (1978): Historische Syntax des Deutschen. Stuttgart: Cotta.

Ebert, Robert Peter/Reichmann, Oskar/Solms, Hans-Joachim/Wegera, Klaus-Peter (1993): Frühneuhochdeutsche Grammatik. Hrsg. von Reichmann, Oskar und Wegera, Klaus-Peter. Tübingen: Niemeyer. (= Sammlung kurzer Grammatiken Germanischer Dialekte. A. Hauptreihe Nr. 12).

Eckardt, Regine (2012): Grammaticalization and semantic reanalysis. In: Maienborn, Claudia/von Heusinger, Klaus/Portner, Paul (Hrsg.): Semantics. Band 3. Berlin [u. a.]: De Gruyter Mouton, 2675–2701. (= Handbücher zur Sprach- und Kommunikationswissenschaft. 33.3).

Ehrich, Veronika/Vater, Heinz (1989): Das Perfekt im Dänischen und im Deutschen. In: Abraham, Werner/Janssen, Theo (Hrsg.): Tempus – Aspekt – Modus. Die lexikalischen und grammatischen Formen in den germanischen Sprachen. Tübingen: Niemeyer, 103–132. (= Linguistische Arbeiten. 237).

Eich, Lothar (1925): Die Mundart des Rieses und ihr Übergang zum Fränkischen. Dissertation. Leipzig.

Eichinger, Ludwig M. (Hrsg.) (2008 ff.): Sprachatlas von Oberbayern (SOB). Heidelberg: Winter. (= Bayerischer Sprachatlas: Regionalteil. 6).

Eller, Nicole (2008): Das Tempussystem des bairischen Basisdialekts im Böhmerwald. In: Patocka, Franz/Seiler, Guido (Hrsg.): Dialektale Morphologie, dialektale Syntax. Beiträge zum 2. Kongress der Internationalen Gesellschaft für Dialektologie des Deutschen, Wien, 20.–23. September 2006. Wien: Präsens, 27–43.

Elmentaler, Michael/Gessinger, Joachim/Macha, Jürgen/Rosenberg, Peter/Schröder, Ingrid/Wirrer, Jan (Hrsg.) (2015 ff.): Norddeutscher Sprachatlas (NOSA). Hildesheim: Olms.

Elsness, Johan (1997): The perfect and the preterite in contemporary and earlier English. Berlin, New York: Mouton De Gruyter. (= Topics in English Linguistics. 21).

Elspaß, Stephan/Möller, Robert (Hrsg.) (2001 ff.): Atlas zur Deutschen Alltagssprache. URL: www.atlas-alltagssprache.de [letzter Zugriff: 06. 05. 2016].

Engels, Heinz (1996): Ons Platt – schwazz op wiss. Ein Lehr- und Wörterbuch der Düsseldorfer Mundart. Met Raritäte us de Joldjrub dr Dösseldorwer Mondaht met rond 3700 schöne, alde, urije on fast verjessene Uusdröck on Namens. Düsseldorf: Droste.

Eroms, Hans-Werner/Spannbauer-Pollmann, Rosemarie (Hrsg.) (2003 ff.): Sprachatlas von Niederbayern (SNiB). Heidelberg: Winter. (= Bayerischer Sprachatlas: Regionalteil. 5).

Evans, Vyvyan/Green, Melanie (2006): Cognitive linguistics. An Introduction. Amsterdam: Benjamins.

Fabricius-Hansen, Cathrine (1986): Tempus fugit. Über die Interpretation temporaler Strukturen im Deutschen. Düsseldorf: Schwann.

Fabricius-Hansen, Cathrine (1991): Tempus. In: Stechow, Arnim von/Wunderlich, Dieter (Hrsg.): Semantik. Ein internationales Handbuch der zeitgenössischen Forschung. Berlin: Walter De Gruyter, 722–748. (= Handbücher zur Sprach- und Kommunikationswissenschaft. 6).

Fauconnier, Gilles (1994): Mental spaces: aspects of meaning construction in natural language. Cambridge: Cambridge University Press.

Fauconnier, Gilles (1997): Mappings in thought and language. Cambridge: Cambridge University Press.

Feihl, Helene (1928): Die Mundart von Aalen und Umgebung nach Lauten und Flexion. Examensarbeit. Tübingen.

Felsberg, Otto (1888): Die Koburger Mundart. In: Mitteilungen der geographischen Gesellschaft (für Thüringen) zu Jena 6, 127–160.

Feyer, Ursula (1939): Deutsche Mundarten. Nordniedersächsisch aus Oldenburg (Friesische Wede und Amerland). Berlin, Leipzig: Harrassowitz. (= Arbeiten aus dem Institut für Lautforschung an der Universität Berlin. 5).

Feyer, Ursula (1941): Deutsche Mundarten. Die Mundart des Dorfes Baden, Kreis Verden grammatisch und phonetisch dargestellt, mit einer quantitativen Analyse der Vokale. Leipzig: Harrassowitz. (= Arbeiten aus dem Institut für Lautforschung an der Universität Berlin. 7).

Filip, Hana (2011): Aspectual class and Aktionsart. In: von Heusinger, Klaus/Maienborn, Claudia/Portner, Paul (Hrsg.): Semantics. Band 2. Berlin: De Gruyter Mouton, 1186–1217. (= Handbücher zur Sprach- und Kommunikationswissenschaft. 33.2).

Filip, Hana (2012): Lexical Aspect. In: Binnick, Robert I. (Hrsg.): The Oxford Handbook of Tense and Aspect. Oxford, New York: Oxford University Press, 721–751.

Firmenich, Johannes Matthias (1846): Germaniens Völkerstimmen. Sammlung der deutschen Mundarten in Dichtungen, Sagen, Märchen, Volksliedern usw. Berlin: Schlesinger.

Fischer, Hanna (2015): Präteritumschwund in den Dialekten Hessens. Eine Neuvermessung der Präteritalgrenze(n). In: Elmentaler, Michael/Hundt, Markus/Schmidt, Jürgen Erich (Hrsg.): Deutsche Dialekte. Konzepte, Probleme, Handlungsfelder. Akten des 4. Kongresses der Internationalen Gesellschaft für Dialektologie des Deutschen (IGDD). Stuttgart: Steiner, 107–133. (= Zeitschrift für Dialektologie und Linguistik. Beihefte. 158).

Fischer, Hanna (2017): Distribution von Perfekt- und Präteritumformen. In: Fleischer, Jürg/Lenz, Alexandra/Weiß, Helmut: SyHD-atlas. URL: www.syhd.info/phptest/atlas/#perfekt-praeteritum [letzter Zugriff: 01.10.2017].

Fleischer, Jürg/Kasper, Simon/Lenz, Alexandra N. (2012): Die Erhebung syntaktischer Phänomene durch die indirekte Methode. Ergebnisse und Erfahrungen aus dem Forschungsprojekt „Syntax hessischer Dialekte" (SyHD). In: Zeitschrift für Dialektologie und Linguistik 79/1, 2–42.

Fleischer, Jürg/Lenz, Alexandra N./Weiß, Helmut (2015): Syntax hessischer Dialekte (SyHD). In: Kehrein, Roland/Lameli, Alfred/Rabanus, Stefan (Hrsg.): Regionale Variation des Deutschen. Projekte und Perspektiven. Berlin, New York: De Gruyter Mouton, 261–287.

Fleischer, Jürg/Schallert, Oliver (2011): Historische Syntax des Deutschen. Eine Einführung. Tübingen: Narr.
Fludernik, Monika (2012): Narratology and Literary Linguistics. In: Binnick, Robert I. (Hrsg.): The Oxford Handbook of Tense and Aspect. Oxford, New York: Oxford University Press, 75-101.
Fox, Nikolaus (1930): Die Saarlouiser Mundarten. In: Latz (Hrsg.): Saarlouis 1680-1930. Rückschau und Ausblick im 250. Gründungsjahr der Stadt. Saarlouis: Hausen, 181-224.
Frank, Julius (1898): Die Frankenhäuser Mundart. Dissertation. Halle: Karras.
Franke, Carl Gottlob (1892/1895): Die Unterschiede des ostfränkisch-oberpfälzischen und obersächsischen Dialektes, sowie die von den vogtländischen und erzgebirgischen Mundarten dazu eingenommene Stellung. In: Bayerns Mundarten 1/2, 1892: 19-36, 261-290, 374-389; 1895: 73-93, 317-343.
Frebel, Peter (1957): Die Mundarten des westlichen Sauerlandes zwischen Ebbegebirge und Arnsberger Wald. Marburg: Elwert. (= Deutsche Dialektgeographie. 45).
Frei, Gertrud (1970): Walserdeutsch in Saley. Wortinhaltliche Untersuchung zu Mundart und Weltsicht der altertümlichen Siedlung Salecchio/Saley (Antigoriotal). Bern, Stuttgart: Haupt. (= Sprache und Dichtung, N.F. 18).
Freiling, Paul (1929): Studien zur Dialektgeographie des hessischen Odenwaldes. Marburg: Elwert. (= Deutsche Dialektgeographie. 12).
Freise, Klaus (2010): Hildesheimer Platt. Wörterbuch, Aussprache, Grammatik und plattdeutsche Geschichten. 2. Auflage. Göttingen: Cuvillier.
Freudenberg, Rudolf (1959): Die Mundart von Böbing (Landkreis Schongau/Obb.). Dissertation. München.
Frey, Eberhard (1975): Stuttgarter Schwäbisch. Laut- und Formenlehre eines Stuttgarter Idiolekts. Marburg: Elwert. (= Deutsche Dialektgeographie. 101).
Friebertshäuser, Hans (1961): Sprache und Geschichte des nordwestlichen Althessen. Marburg: Elwert. (= Deutsche Dialektgeographie. 46).
Friebertshäuser, Hans (1987): Das hessische Dialektbuch. München: Beck.
Friedman, Victor A. (2012): Language contact. In: Binnick, Robert I. (Hrsg.): The Oxford Handbook of Tense and Aspect. Oxford, New York: Oxford University Press, 398-427.
Fritz, Gerd (2012): Theories of meaning change. An overview. In: Maienborn, Claudia/von Heusinger, Klaus/Portner, Paul (Hrsg.): Semantics. Band 3. Berlin [u. a.]: De Gruyter Mouton, 2625-2651. (= Handbücher zur Sprach- und Kommunikationswissenschaft. 33.3).
Funk, Petronilla (1957): Irgertsheim (Oberbayern). Geschichtlich-volkskundlicher Überblick und Untersuchung mundartlichen Lautbestandes. Dissertation. München.
Gabrielsson, Artur (1983): Die Verdrängung der mittelniederdeutschen durch die neuhochdeutsche Schriftsprache. In: Cordes, Gerhard/Möhn, Dieter (Hrsg.): Handbuch zur niederdeutschen Sprach- und Literaturwissenschaft. Berlin: Schmidt, 119-153.
Gallée, Johan Hendrik/Lochner, Johannes/Tiefenbach, Heinrich (1993): Altsächsische Grammatik. 3. Auflage. Tübingen: Niemeyer. (= Sammlung kurzer Grammatiken Germanischer Dialekte. A. Hauptreihe Nr. 6).
Ganswindt, Brigitte/Kehrein, Roland/Lameli, Alfred (2015): Regionalsprache.de (REDE). In: Kehrein, Roland/Lameli, Alfred/Rabanus, Stefan (Hrsg.): Regionale Variation des Deutschen. Projekte und Perspektiven. Berlin, New York: De Gruyter Mouton, 425-457.
Gebhardt, August (1907): Grammatik der Nürnberger Mundart. Leipzig: Breitkopf & Härtel. (= Sammlung kurzer Grammatiken deutscher Mundarten. 7).

Geeraerts, Dirk (2012): Cognitive approaches to diachronic semantics. In: Maienborn, Claudia/von Heusinger, Klaus/Portner, Paul (Hrsg.): Semantics. Band 3. Berlin [u. a.]: De Gruyter Mouton, 2652–2675. (= Handbücher zur Sprach- und Kommunikationswissenschaft. 33.3).

Geiss, Franz (p. J. [um 1910]): Die Mundart von Sechtenhausen und Schlossberg. Examensarbeit. Tübingen.

Gerbet, Emil (1908): Grammatik der Mundart des Vogtlandes. Lautlehre. Mit einer Karte. Leipzig: Breitkopf & Härtel.

Gersbach, Bernhard (1982): Die Vergangenheitstempora in oberdeutscher gesprochener Sprache. Formen, Vorkommen und Funktionen untersucht an Tonbandaufnahmen aus Baden-Württemberg, Bayrisch-Schwaben und Vorarlberg. Tübingen: Niemeyer. (= Idiomatica. 9).

Gillmann, Melitta (2011): Die Grammatikalisierung des sein-Perfekts. Eine korpuslinguistische Untersuchung zur Hilfsverbselektion der Bewegungsverben im Deutschen. In: Beiträge zur Geschichte der deutschen Sprache und Literatur (PBB) 133/2, 203–234.

Gillmann, Melitta (2016): Perfektkonstruktionen mit ›haben‹ und ›sein‹. Eine Korpusuntersuchung im Althochdeutschen, Altsächsischen und Neuhochdeutschen. Berlin, New York: De Gruyter Mouton. (= Studia Linguistica Germanica. 128).

Girnth, Heiko (2010): Mapping language data. In: Lameli, Alfred/Kehrein, Roland/Rabanus, Stefan (Hrsg.): Language and Space. An International Handbook of Linguistic Variation. Volume 2: Language Mapping. Berlin, New York: Mouton De Gruyter, 98–121. (= Handbücher zur Sprach- und Kommunikationswissenschaft. 30.2).

Gladiator, Klaus (1971): Untersuchungen zur Struktur der mittelbairischen Mundart von Großberghofen. München: Fink. (= Münchener Studien zur Mundartforschung. 2).

Goepfert, Ernst (1878): Die Mundart des sächsischen Erzgebirges nach den Lautverhältnissen, der Wortbildung und Flexion. Leipzig: Veith & Comp.

Goessgen, Waldemar (1902): Die Mundart von Dubraucke. Ein Beitrag zur Volkskunde der Lausitz. A. Grammatischer Teil. Breslau. (= II. Beiheft zu den Mitteilungen der Schlesischen Gesellschaft für Volkskunde).

Goethe, Johann Wolfgang von (1774): Die Leiden des jungen Werthers. Bd. 2. Leipzig: Weygand. In: Deutsches Textarchiv. URL: www.deutschestextarchiv.de/goethe_werther02_1774/112 [letzter Zugriff: 21. 12. 2016].

Greferath, Theodor (1922): Studien zu den Mundarten zwischen Köln, Jülich, M.-Gladbach u. Neuss. Marburg: Elwert. (= Deutsche Dialektgeographie. 11b).

Grønvik, Ottar (1986): Über den Ursprung und die Entwicklung der aktiven Perfekt- und Plusquamperfektkonstruktionen des Hochdeutschen und ihre Eigenart innerhalb des germanischen Sprachraumes. Oslo: Solum.

Gruber, Anton ([1942–1947] 1989): Die Westallgäuer Mundart. (Grammatik und Wörterverzeichnis). Herausgegeben von Manfred Renn. Heidelberg: Winter. (= Sprache, Literatur und Geschichte. 2–3).

Grund, Heinrich (1935): Die Mundart von Pfungstadt und ihre sprachliche Schichtung. Bühl in Bade: Konkordia.

Gülich, Elisabeth/Hausendorf, Heiko (2000): Vertextungsmuster Narration. In: Brinker, Klaus/Antos, Gerd/Heinemann, Wolfgang/Sager, Sven F. (Hrsg.): Text- und Gesprächslinguistik. Ein internationales Handbuch zeitgenössischer Forschung. 1. Halbband. Berlin, New York: Walter De Gruyter, 369–385. (= Handbücher zur Sprach- und Kommunikationswissenschaft. 16.1).

Günter, Reinhard (1960): Ortsgrammatik von Holzdorf. Examensarbeit. Leipzig.
Gütter, Adolf (1959): Die Ascher Mundart. Dissertation. Freiburg im Breisgau.
Gvozdanović, Jadranka (2012): Perfective and Imperfective Aspect. In: Binnick, Robert I. (Hrsg.): The Oxford Handbook of Tense and Aspect. Oxford, New York: Oxford University Press, 781–802.
Haas, Walter (2008): „On schaden verwandlet". Über den Umgang der frühen Nachdrucker mit Luthers Verdeutschung des Neuen Testaments. In: Besch, Werner/Klein, Thomas (Hrsg.): Der Schreiber als Dolmetsch. Sprachliche Umsetzungstechniken beim binnensprachlichen Texttransfer in Mittelalter und Früher Neuzeit. Berlin: Schmidt, 119–149. (= Zeitschrift für deutsche Philologie. Sonderhefte. 127).
Hain, Heinrich (1936): Mundartgeographie des oberen Rednitzgebietes. Nürnberg: Spindler.
Harnisch, Rüdiger (1997): Ein mitteldeutsches Tempusparadigma in textökonomischer Sicht. In: Birkmann, Thomas/Klingenberg, Heinz/Nübling, Damaris/Ronneberger-Sibold, Elke (Hrsg.): Vergleichende germanische Philologie und Skandinavistik. Festschrift für Otmar Werner. Tübingen: Niemeyer, 111–128.
Hartmann, Hans/Neumann, Hans (Hrsg.) (1960): Indogermanica. Festschrift für Wolfgang Krause. Zum 65. Geburtstage am 18. September 1960 von Fachgenossen und Freunden dargebracht. Heidelberg: Winter.
Hasenclever, Max (1904): Der Dialekt der Gemeinde Wermelskirchen. Dissertation. Marburg.
Hasselbach, Karlheinz (1971): Die Mundarten des zentralen Vogelsbergs. Marburg: Elwert. (= Deutsche Dialektgeographie. 76).
Hasselberg, Joachim/Wegera, Klaus-Peter (1976): Hessisch. Düsseldorf: Schwann. (= Dialekt/Hochdeutsch – kontrastiv. Sprachhefte für den Deutschunterricht. 1).
Hauser-Suida, Ulrike/Hoppe-Beugel, Gabriele (1972): Die Vergangenheitstempora in der deutschen geschriebenen Sprache der Gegenwart. Untersuchungen an ausgewählten Texten. München: Hueber. (= Heutiges Deutsch. Reihe I: Linguistische Grundlagen. 4).
Heilig, Otto (1900): Die Flexion des Verbums in der alemannischen Mundart von Kenzingen. In: Zeitschrift für hochdeutsche Mundarten 1, 359–365.
Heine, Bernd/Kuteva, Tania (2006): The changing languages of Europe. Oxford: Oxford University Press.
Heinemann, Wolfgang (2000): Textsorte – Textmuster – Texttyp. In: Brinker, Klaus/Antos, Gerd/Heinemann, Wolfgang/Sager, Sven F. (Hrsg.): Text- und Gesprächslinguistik. Ein internationales Handbuch zeitgenössischer Forschung. 1. Halbband. Berlin, New York: Walter De Gruyter, 507–523. (= Handbücher zur Sprach- und Kommunikationswissenschaft. 16.1).
Heinold, Simone (2015): Tempus, Modus und Aspekt im Deutschen. Ein Studienbuch. Tübingen: Narr.
Heissel, Sebastian (1935): Die Mundart von Friedingen und Umgebung nach Lauten und Flexion. Jena: Universitätsdruckerei Neuenhahn.
Held, Karl (1915): Studien zur Dialektgeographie der hessischen Pfalz. Dissertation. Marburg.
Hennig, Mathilde (2000): Tempus und Temporalität in geschriebenen und gesprochenen Texten. Tübingen: Niemeyer. (= Linguistische Arbeiten. 421).
Henriksson, Henrik (2006): Aspektualität ohne Aspekt? Progressivität und Imperfektivität im Deutschen und Schwedischen. Stockholm: Almqvist & Wiksell International. (= Lunder Germanistische Forschungen. 68).
Hentschel, Elke/Weydt, Harald (2013): Handbuch der deutschen Grammatik. 4. Auflage. Berlin: De Gruyter Mouton.

Hermann, Eduard (1957): Die Coburger Mundart. Aus dem Nachlaß des Verfassers. Herausgegeben von Adolf Siegel. Coburg: Körber. (= Coburger Heimatkunde und Heimatgeschichte. 20/II).

Herrgen, Joachim (1986): Koronalisierung und Hyperkorrektion. Das palatale Allophon des /CH/-Phonems und seine Variation im Westmitteldeutschen. Stuttgart: Steiner. (= Mainzer Studien zur Sprach- und Volksforschung. 9).

Hertel, Ludwig (1886): Die Greizer Mundart. In: Mitteilungen der geographischen Gesellschaft (für Thüringen) zu Jena 5, 132–165.

Hertel, Ludwig (1888): Die Salzunger Mundart. In: Neue Beiträge zur Geschichte des deutschen Altertums 5/4, 1–150.

Hertel, Oskar/Hertel, Ludwig (1902): Die Pfersdorfer Mundart. In: Zeitschrift für hochdeutsche Mundarten 3, 96–120.

Hewson, John (2012): Tense. In: Binnick, Robert I. (Hrsg.): The Oxford Handbook of Tense and Aspect. Oxford, New York: Oxford University Press, 507–535.

Hewson, John/Bubenik, Vit (1997): Tense and aspect in Indo-European languages. Theory, typology, diachrony. Amsterdam, Philadelphia: Benjamins. (= Amsterdam studies in the theory and history of linguistic science – Series IV Current issues in linguistic theory. 145).

Heymann, Wilhelm (1909): Das bremische Plattdeutsch. Eine grammatische Darstellung auf sprachgeschichtlicher Grundlage. Bremen: Winter.

Heyse, Thurid/Klepsch, Alfred/Mang, Alexander/Reichel, Sybille/Arzberger, Steffen (2007): Sprachatlas von Mittelfranken (SMF). Band 7. Morphologie und Syntax. In: Munske, Horst Haider/Klepsch, Alfred (Hrsg.): Sprachatlas von Mittelfranken. (Bayerischer Sprachatlas: Regionalteil 2). Heidelberg: Winter.

Hies, Arnold ([1957] 1972): Die hessische Mundart im Vergleich mit dem Hochdeutschen. Versuch einer Gegenüberstellung zum Zwecke der Festlegung eines aussprachegemäßen Schriftbildes für alle Zweige der hessischen Mundart. Manuskript. Marburg.

Hille, Hermann (1939): Die Mundart des nördlichen Harzvorlandes, insbesondere des Huygebietes. (= Grammatik der Huymundart. Dissertation. Hamburg). Quedlinburg: Huch. (= Forschungen zur Geschichte des Harzgebietes. 7).

Hinderling, Robert (Hrsg.) (2004 ff.): Sprachatlas von Nordostbayern (SNOB). Heidelberg: Winter. (= Bayerischer Sprachatlas: Regionalteil. 4).

Hirsch, Anton (1971): Mundarten im Spessart. Dialektgeographische Studien über den Aufbau einer Mundartbarriere. Aschaffenburg: Geschichts- u. Kunstverein Aschaffenburg e. V. (= Veröffentlichungen des Geschichts- und Kunstvereins Aschaffenburg e. V. 13).

Höfer, Albert (1845/46): Das Verbum der Neuniederdeutschen Mundart Neu-Vorpommerns. In: Zeitschrift für die Wissenschaft der Sprache 1, 379–392.

Hofmann, Fritz (1926a): Niederhessisches Wörterbuch. Zusammengestellt auf Grund der Mundart von Oberellenbach, Kreis Rotenburg (Fulda). Marburg: Elwert. (= Deutsche Dialektgeographie. 19).

Hofmann, Max (1926b): Laut- und Flexionslehre der Mundart von Sulz am Neckar und Umgebung. Dissertation. Tübingen.

Hohnerlein, Benno (1955): Die Mundart um den unteren Kocher und die untere Jagst. Laute und Flexion, Gliederung und Wandlungen. Dissertation. Tübingen.

Holthausen, Ferdinand (1886): Die Soester Mundart. Laut- und Formenlehre. Norden, Leipzig: Soltau. (= Forschungen. 1).

Hommer, Emil (1915): Studien zur Dialektgeographie des Westerwaldes. Marburg: Elwert. (= Deutsche Dialektgeographie. 4).
Hönig, Fritz ([1905] 1952): Wörterbuch der Kölner Mundart. Neudruck nach der von seinen Freunden und Verehrern im Jahre 1905 herausgegebenen Auflage. Köln: Bachem.
Hoopmann, D. (1893): Plattdeutsche Grammatik des niedersächsischen Dialektes. Nach den neuesten Sprachquellen aufgestellt. Bremen: Kaiser.
Hörlin, Rainer (1988): „Fränggisch gredd". Eine Sprachkunde (ost)-fränkischer Mundarten. Lonnerstadt: Selbstverlag.
Hornn, Walter (1968): Sooche sagt man nicht, sondern sagen secht mer! Leitfaden der Rothenburger Mundart mit einer Übersicht über die Sprachräume der deutschen Mundarten. Rotheburg ob der Tauber: Verlag des Vereins Alt-Rothenburg.
Hövemeyer, Bruno (1927): Die Laut- und Flexionslehre in der Mundart der Steinlach und Umgebung. Dissertation. Tübingen.
Hufnagl, Alfred (1967): Laut- und Formenlehre der Mundart von memmingen und Umgebung samt einer dialektgeographischen Übersicht des Landkreises Memmingen. München: Schön.
Hunsche, Friedrich Ernst (1963): Die niederdeutsche Sprache. Versuch einer Grammatik. Brochterbeck: Selbstverlag.
Iatridou, Sabine/Anagnostopoulou, Elena/Izvorski, Roumyana (2003): Observations about the form and meaning of the perfect. In: Alexiadou, Artemis/Rathert, Monika/Stechow, Arnim von (Hrsg.): Perfect explorations. Berlin, New York: Mouton De Gruyter, 153–204.
Institut für Deutsche Sprache (Hrsg.) (2016): Deutsches Referenzkorpus / Archiv der Korpora geschriebener Gegenwartssprache 2016-I. (Release vom 31. 03. 2016). Mannheim: Institut für Deutsche Sprache. URL: www.ids-mannheim.de/DeReKo [letzter Zugriff: 10. 04. 2016].
Jacki, Kurt (1909): Das starke Präteritum in den Mundarten des hochdeutschen Sprachgebiets. In: Beiträge zur Geschichte der deutschen Sprache und Literatur (PBB) 34, 425–529.
Jacobsohn, Hermann (1933): Aspektfragen. In: Indogermanische Forschungen 51, 292–318.
Jardon, Arnold (1891): Grammatik der Achener Mundart. I. Teil: Laut- und Formenlehre. Aachen: Cremersche Buchhandlung.
Jellinghaus, Hermann ([1877] 1972): Westfälische Grammatik. Die Laute und Flexionen der Ravensbergischen Mundart mit einem Wörterbuche. Walluf: Sändig.
Jellinghaus, Hermann (1888): Mundart des Dorfes Fahrenkrug in Holstein. In: Jahrbuch des Vereins für niederdeutsche Sprachforschung 14, 53–58.
Jespersen, Otto (1924): The philosophy of grammar. New York: Holt.
Jörg, Ruth (1976): Untersuchungen zum Schwund des Präteritums im Schweizerdeutschen. Tübingen [u. a.]: Francke. (= Basler Studien zur deutschen Sprache und Literatur. 52).
Jørgensen, Peter (1928/29): Formenlehre der dithmarsischen Mundart. In: Teuthonista; Zeitschrift für deutsche Dialektforschung und Sprachgeschichte 5, 2–38.
Jørgensen, Peter (1934): Die dithmarsische Mundart von Klaus Groths «Quickborn». Lautlehre, Formenlehre und Glossar. Kopenhagen: Levin & Munksgaard.
Kaiblinger, Philipp (1929/30): Ursachen des Präteritumverfalls im Deutschen. In: Teuthonista; Zeitschrift für deutsche Dialektforschung und Sprachgeschichte 6, 269–278.
Kaiser, Heribert (1924): Die Mundart von Hof a. Saale. Vokalismus und Konsonantismus der Haupttonsilben und der wichtigsten nichthaupttonigen Silben. Dissertation. Erlangen.
Kalau, Gisela (1984): Die Morphologie der Nürnberger Mundart. Eine kontrastive und fehleranalytische Untersuchung. Erlangen: Palm & Enke. (= Erlanger Studien. 52).

Kamp, Hans/Reyle, Uwe (1993): From discourse to logic. Dordrecht: Kluwer.
Karch, Dieter (1975): Zur Morphologie vorderpfälzischer Dialekte. Tübingen: Niemeyer. (= Phonai, Lautbibliothek der europäischen Sprachen und Mundarten, Deutsche Reihe, Beiheft. 3).
Kehrein, Roland (2012): Regionalsprachliche Spektren im Raum. Zur linguistischen Struktur der Vertikale. Stuttgart: Steiner. (= Zeitschrift für Dialektologie und Linguistik. Beihefte. 152).
Kehrein, Roland/Fischer, Hanna (2016): Nähe, Distanz und Regionalsprache. In: Hennig, Mathilde/Feilke, Helmuth (Hrsg.): Zur Karriere von Nähe und Distanz. Berlin, New York: De Gruyter Mouton.
Keinath, Walter (1930): Die Mundart von Onstmettingen und Umgebung nach Lauten und Flexion. Samt einer Sprachkarte. Tübingen: Laupp.
Keseling, Gisbert (1968): Periphrastische Verbformen im Niederdeutschen. In: Jahrbuch des Vereins für niederdeutsche Sprachforschung 91, 139–151.
Kettner, Bernd-Ulrich (1978): Niederdeutsche Dialekte, norddeutsche Umgangssprache und die Reaktion der Schule. In: Ammon, Ulrich/Knoop, Ulrich/Radtke, Ingulf (Hrsg.): Grundlagen einer dialektorientierten Sprachdidaktik. Theoretische und empirische Beiträge zu einem vernachlässigten Schulproblem. Weinheim, Basel: Beltz, 285–312. (= Beltz-Studienbuch. Bd. 12).
Kibort, Anna (2008): Tense. Grammatical Features. URL: http://www.grammaticalfeatures.net/features/tense.html [letzter Zugriff 01.03.2018].
Kielhöfer, Bernd (1982): Entwicklungssequenzen beim Erwerb der Vergangenheitstempora in der französischen Kindersprache. In: Linguistische Berichte 81/82, 83–103.
Kirchberg, Carl (1906): Laut- und Flexionslehre der Mundart von Kirn a. d. Nahe mit Berücksichtigung der näheren Umgebung. Straßburg: DuMont Schauberg.
Klar, Rudolf Hugo (1924): Formen- und Wortbildungslehre der Mundart von Idar a. d. Nahe (nebst einem Abriss der Lautlehre). Dissertation. Bonn.
Klein, Wolfgang (1994): Time in language. London, New York: Routledge.
Kleinn, Klementine (1942): Volk und Sprache zwischen Egge und Weser. Dissertation. Münster.
Knaus, Ludwig Theodor (1863): Versuch einer schwäbischen Grammatik für Schulen. Reutlingen: Bohm.
Knupfer, Karl (1912): Die Mundarten des Rot-Tales. (OA. Gaildorf). Tübingen: Laupp.
Koch, Günter (2007): Sprachatlas von Niederbayern (SNiB). Band 5. Formengeographie I: Verbum. In: Eroms, Hans-Werner/Spannbauer-Pollmann, Rosemarie (Hrsg.) (2003 ff.): Sprachatlas von Niederbayern. (Bayerischer Sprachatlas: Regionalteil 5). Heidelberg: Winter.
Koch, Peter/Oesterreicher, Wulf (1985): Sprache der Nähe – Sprache der Distanz. Mündlichkeit und Schriftlichkeit im Spannungsfeld von Sprachtheorie und Sprachgeschichte. In: Romanistisches Jahrbuch 36, 15–43.
Köhler, Otto (1931): Die Flexion in der Mundart von Aschenroth. Dissertation. München.
Kollmer, Michael (1985): Wesenszüge des Bairischen. Nachgewiesen an der Mundart Niederbayerns und der südlichen Oberpfalz, insbesondere des Bayerischen Waldes. Verfaßt und herausgegeben zu J. A. Schmellers 200. Geburtsjubiläums. Prackenbach: Eigenverlag d. Verf.
König, Werner (Hrsg.) (1997–2009): Sprachatlas von Bayerisch-Schwaben (SBS). Heidelberg: Winter. (= Bayerischer Sprachatlas: Regionalteil. 1).

König, Werner (Hrsg.) (1998): Sprachatlas von Bayerisch-Schwaben (SBS). Band 6. Formengeographie I. Verbum. Bearbeitet von Edith Funk. In: König, Werner (Hrsg.): Sprachatlas von Bayerisch-Schwaben. (Bayerischer Sprachatlas: Regionalteil 1). Heidelberg: Winter.

König, Werner (2011): dtv-Atlas Deutsche Sprache. 17. Auflage. München: Deutscher Taschenbuch Verlag.

Krämer-Neubert, Sabine/Wolf, Norbert Richard (Hrsg.) (2005–2009): Sprachatlas von Unterfranken (SUF). 6 Bände. Heidelberg: Winter. (= Bayerischer Sprachatlas: Regionalteil. 3).

Kratzer, Angelika (2000): Building statives. In: Conathan, Lisa J./Good, Jeff/Kavitskaya, Darya/Wulf, Alyssa B./Yu, Alan C.L (Hrsg.): Proceedings of the Twenty-Sixth Annual Meeting of the Berkeley Linguistics Society. General Session and Parasession on Aspect (2000). Berkley: Berkeley Linguistics Society, 385–399.

Krause, Gustav (1896): Die Mundarten im südlichen Teile des ersten Jerichowschen Kreises (Provinz Sachsen). In: Jahrbuch des Vereins für niederdeutsche Sprachforschung 22, 1–35.

Krell, Leo (1927): Die Stadtmundart von Ludwigshafen am Rhein. Versuch einer Darstellung ihrer Laut- und Formenlehre (mit Einschluß der wichtigsten syntaktischen Erscheinungen) auf grammatischer Grundlage. Kaiserslautern: Kayser.

Kroh, Wilhelm (1915): Beiträge zur nassauischen Dialektgeographie. Marburg: Elwert. (= Deutsche Dialektgeographie. 4).

Kromayer, Johannes ([1619] 1986): Deutsche Grammatica. Zum newen Methodo der Jugend zum besten zugerichtet. Neudruck. Hildesheim, Zürich, New York: Olms. (= Documenta Linguistica. Reihe IV. Deutsche Grammatiken des 16. bis 18. Jahrhunderts).

Krug, Walter (1969): Laut- und Wortgeographische Untersuchungen in der Heidelandschaft zwischen unterer Mulde und Elbe. Halle: Niemeyer. (= Mitteldeutsche Studien. 29).

Kufner, Herbert L. (1961): Strukturelle Grammatik der Münchner Stadtmundart. München: Oldenbourg.

Kuroda, Susumu (1999): Die historische Entwicklung der Perfektkonstruktionen im Deutschen. Hamburg: Buske. (= Beiträge zur germanistischen Sprachwissenschaft. 15).

Labouvie, Erich (1938): Studien zur Syntax der Mundart von Dillingen an der Saar. Marburg: Elwert. (= Deutsche Dialektgeographie. 13).

Lang, Alfred (1906): Die Zschorlauer Mundart. Dissertation. Leipzig: Noske.

Lang, Walter (1923): Laut- und Flexionslehre der Mundart von Neuhausen ob Eck und Umgebung. Dissertation. Tübingen.

Langacker, Ronald W. (1999): Grammar and conceptualization. Berlin: Mouton De Gruyter. (= Cognitive Linguistics Research. 14).

Langacker, Ronald W. (2002): Concept, image and symbol: The cognitive basis of grammar. 2. Auflage. Berlin, New York: Mouton De Gruyter.

Lange, Heinrich (1963): Die Mundart der Orte Göddeckenrode und Isingerode und die Dialektgrenzen an der oberen Oker. Marburg: Elwert. (= Deutsche Dialektgeographie. 68a/b).

Langenberg, Jean (2008): Der Präteritumschwund in der deutschen Literatursprache. Ein Vergleich der Literatur des 18. und 21. Jahrhunderts. Saarbrücken: VDM Verlag Dr. Müller.

Langhanke, Robert/Berg, Kristian/Elmentaler, Michael/Peters, Jörg (Hrsg.) (2012): Niederdeutsche Syntax. Hildesheim: Olms. (= Germanistische Linguistik. 220).

Langner, Helmut (1970): Untersuchungen zur Mundart und zur Umgangssprache im Raum um Wittenberg. Dissertation. Potsdam.
Lasch, Agathe (1927): „Berlinisch". Eine berlinische Sprachgeschichte. Berlin: Hobbing.
Lasch, Agathe (1974): Mittelniederdeutsche Grammatik. 2. Auflage. Tübingen: Niemeyer. (= Sammlung kurzer Grammatiken Germanischer Dialekte. A. Hauptreihe Nr. 9).
Latzel, Sigbert (1977): Die deutschen Tempora Perfekt und Präteritum. Eine Darstellung mit Bezug auf Erfordernisse des Faches "Deutsch als Fremdsprache". München: Hueber. (= Heutiges Deutsch. Reihe III: Linguistisch-didaktische Untersuchungen des Goethe-Instituts. 2).
Lausberg, Helmut (1993): Situative und individuelle Sprachvariation im Rheinland. Variablenbezogene Untersuchung anhand von Tonbandaufnahmen aus Erftstadt-Erp. Köln: Böhlau. (= Rheinisches Archiv. 130).
Lechner, Michael (1948): Das schwäbisch-bairische Übergangsgebiet zwischen Lech und Amper/Glonn. Dissertation. München.
Lehmann, Christian (1995): Thoughts on Grammaticalization. München: Lincom.
Lehnert, Aloys (1926): Studien zur Dialektgeographie des Kreises Saarlouis. Bonn: Klopp. (= Rheinische Beiträge und Hülfsbücher zur germanischen Philologie und Volkskunde. 12).
Leiss, Elisabeth (1992): Die Verbalkategorien des Deutschen. Ein Beitrag zur Theorie der sprachlichen Kategorisierung. Berlin, New York: Walter De Gruyter. (= Studia Linguistica Germanica. 31).
Leithaeuser, Julius ([1929] 1968): Wörterbuch der Barmer Mundart nebst einem Abriß der Sprachlehre. Wiesbaden: Sändig.
Lenz, Alexandra N. (2003): Struktur und Dynamik des Substandards. Eine Studie zum Westmitteldeutschen (Wittlich/Eifel). Wiesbaden: Steiner. (= Zeitschrift für Dialektologie und Linguistik. Beihefte. 125).
Lenz, Philipp (1900): Die Flexion des Verbums im Handschuhsheimer Dialekt. In: Zeitschrift für hochdeutsche Mundarten 1, 17–26.
Lieberman, Erez/Michel, Jean-Baptiste/Jackson, Joe/Tang, Tina/Nowak, Martin A. (2007): Quantifying the evolutionary dynamics of language. In: nature Vol. 449, 713–716.
Liekmeier, Ferdinand (1987): Das Scharmeder Platt. Eine Dokumentation des ostwestfälischen Platt in der speziellen Sprechweise der Gemeinde Scharmede. Scharmede: Heimatverein.
Lierow (1904): Beiträge zur Syntax des Verbums in der mecklenburgischen Mundart. In: Achter Jahresbericht der städtischen Realschule mit Progymnasium zu Oschatz, 3–22.
Liesenberg, Friedrich (1890): Die Stieger Mundart, ein Idiom des Unterharzes, besonders hinsichtlich der Lautlehre dargestellt, nebst einem etymologischen Idiotikon. Göttingen: Vandenhoeck & Ruprecht.
Lindgren, Kaj B. (1953): Die Apokope des mhd. -e in seinen verschiedenen Funktionen. Helsinki. (= Somalaisen Tiedeakatemian Toimituksia. Sarja-Ser. B Nide-Tom. 78,2).
Lindgren, Kaj B. (1957): Über den oberdeutschen Präteritumschwund. Helsinki. (= Somalaisen Tiedeakatemian Toimituksia. Sarja-Ser. B Nide-Tom. 122,1).
Lindgren, Kaj B. (1963): Über Präteritum und Konjunktiv im Oberdeutschen. In: Neuphilologische Mitteilungen 64, 264–283.
Lindow, Wolfgang/Möhn, Dieter/Niebaum, Hermann/Stellmacher, Dieter/Taubken, Hans/Wirrer, Jan (Hrsg.) (1998): Niederdeutsche Grammatik. Leer: Schuster. (= Schriften des Instituts für Niederdeutsche Sprache. 20).

Lindstedt, Jouko (2001): Tense and aspect. In: Haspelmath, Martin/König, Ekkehard/ Oesterreicher, Wulf/Raible, Wolfgang (Hrsg.): Language Typology and Language Universals. An International Handbook. Volume 1. Berlin, New York: Walter De Gruyter, 768–783. (= Handbooks of linguistics and communication science Handbücher zur Sprach- und Kommunikationswissenschaft. 20.1).
Linke, Norbert (2007): Moderne Radio-Nachrichten. Redaktion, Produktion, Präsentation. München: Reinhard Fischer. (= DeutscheHörfunkAkademie. Schriftenreihe. 7).
Litvinov, Viktor P./Nedjalkov, Vladimir P. (1988): Resultativkonstruktionen im Deutschen. Tübingen: Narr. (= Studien zur deutschen Grammatik. 34).
Löbner, Sebastian (2002): Is the German Perfekt a Perfect Perfect? In: Wunderlich, Dieter/ Kaufmann, Ingrid/Stiebels, Barbara (Hrsg.): More than words. A Festschrift for Dieter Wunderlich. Berlin: Akademie Verlag, 369–391. (= Studia Grammatica. 53).
Lockwood, William Burley (1968): Historical German syntax. Oxford: Claredon Press.
Löfstedt, Ernst (1933): Ostfälische Studien I. Grammatik der Mundart von Lesse im Kreise Wolfenbüttel (Braunschweig). Lund: Ohlsson. (= Lunds Universitets Årsskrift NF 1. 29, 7).
Lucko, Peter (1982): Zur Beschreibung des deutschen Tempussystems. In: Zeitschrift für Germanistik 3, 315–324.
Ludwig, Otto (1967): Präsens und süddeutscher Präteritumschwund. In: Neuphilologische Mitteilungen 68, 118–130.
Luthardt, Emil (1962): Mundart und Volkstümliches aus Steinach, Thüringerwald und dialektgeographische Untersuchungen im Landkreis Sonneberg, im Amtsgerichtsbezirk Eisfeld, Landkreis Hildburghausen und in Scheibe im Amtsgerichtsbezirk Oberweißbach, Landkreis Rudolstadt. Dissertation. Hamburg.
Maas, Herbert (1978): Wou die Hasen Hoosn und die Hosen Huusn haaßn. Ein Nürnberger Wörterbuch. 3. Auflage. Nürnberg.
Mackel, Emil (1907): Die Mundart der Prignitz. In: Jahrbuch des Vereins für niederdeutsche Sprachforschung 33, 73–105.
Mackenbach, Wilhelm (1924): Dialektgeographie des Siegkreises zwischen Agger und Bröl und der angrenzenden Orte der Kreise Mülheim am Rhein, Wipperfürth und Gummersbach. Dissertation. Marburg.
Magnusson, Erik Rudolf (1939): Syntax des Prädikatsverbums im Mittelniederdeutschen. Von der ältesten Zeit bis zum Anfang des fünfzehnten Jahrhunderts. Lund: Gleerup. (= Lunder Germanistische Forschungen. 8).
Maiwald, Cordula (2002): Das temporale System des Mittelbairischen. Synchrone Variation und diachroner Wandel. Heidelberg: Winter. (= Schriften zum bayerischen Sprachatlas. Bd. 6).
Maiwald, Cordula (2004): Zur Funktion von Perfekt und Präteritum im Bairischen. In: Gaisbauer, Stephan/Scheuringer, Hermann (Hrsg.): Linzerschnitten. Beiträge zur 8. Bayerisch-österreichischen Dialektologentagung, zugleich 3. Arbeitstagung zu Sprache und Dialekt in Oberösterreich, in Linz, September 2001. Linz: Adalbert-Stifter-Institut des Landes Oberösterreich, 321–327. (= Schriften zur Literatur und Sprache in Oberösterreich. Folge 8).
Maiwald, Cordula (2008): Sprachatlas von Oberbayern (SOB). Band 3. Verbmorphologie. In: Eichinger, Ludwig M. (Hrsg.) (2008 ff.): Sprachatlas von Oberbayern. (Bayerischer Sprachatlas: Regionalteil 6). Heidelberg: Winter.
Mang, Alexander (2004): Sprachatlas von Mittelfranken (SMF). Band 6. Sprachregion Nürnberg. In: Munske, Horst Haider/Klepsch, Alfred (Hrsg.): Sprachatlas von Mittelfranken. (Bayerischer Sprachatlas: Regionalteil 2). Heidelberg: Winter.

Mangold, Hans (1930): Die Mundart von Adelsheim. Dissertation. Heidelberg.
Marahrens, August (1858): Grammatik der Plattdeutschen Sprache. Zur Würdigung, zur Kunde des Characters und zum richtigen Verständnis derselben. Altona: Selbstverlag.
Martin, Bernhard (1925): Studien zur Dialektgeographie des Fürstentums Waldeck und des nördlichen Teils des Kreises Frankenberg. Marburg: Elwert. (= Deutsche Dialektgeographie. 15).
Martin, Lothar (1957): Die Mundartlandschaft der mittleren Fulda. (Kreis Rotenburg und Hersfeld). Marburg: Elwert. (= Deutsche Dialektgeographie. 44).
Martin, Roland (1922): Untersuchungen zur rhein-moselfränkischen Dialektgrenze. Marburg: Elwert. (= Deutsche Dialektgeographie. 11a).
Marynissen, Ann (2009): Sprachwandel zwischen Evolution und Normierung. Die e-Apokope als Bruchstelle zwischen dem Niederländischen und dem Deutschen. In: Zeitschrift für Dialektologie und Linguistik 76/2, 165–188.
Mattheier, Klaus J. (1987): Beller Platt. Dialektologische Skizze einer Mundart der Nordosteifel. In: Knoop, Ulrich (Hrsg.): Studien zur Dialektologie I. Hildesheim: Olms, 163–182. (= Germanistische Linguistik. 91–93).
Maurmann, Emil (1898): Grammatik der Mundart von Mülheim a. d. Ruhr. Leipzig: Breitkopf & Härtel. (= Sammlung kurzer Grammatiken deutscher Mundarten. 4).
McCoard, Robert W. (1978): The English Perfect. Tense Choice and Pragmatic Inferences. Amsterdam: North-Holland.
Mehlem, Richard (1944): Die Kalenberger Mundart. Dissertation. Hamburg.
Mehne, Rolf (1954): Die Mundart von Schwenningen am Neckar (Flexion, Wortbildung, Syntax, Schichtung). Dissertation. Tübingen.
Meillet, Antoine (1909): Sur la disparition des formes simples du prétérit. In: Germanisch-romanische Monatsschrift 1, 521–526.
Meillet, Antoine ([1921] 1970): General characteristics of the Germanic languages. (Übersetzung von „Charactères généraux des langues germaniques" 1921. Paris: Klincksick.). Coral Gables, Florida: University of Miami Press.
Meillet, Antoine (1926): Linguistique historique et linguistique générale. Paris: Champion.
Meisinger, Othmar (1901): Die Rappenauer Mundart II. Teil: Flexionslehre. In: Zeitschrift für hochdeutsche Mundarten/2, 246–277.
Meng, François (1967): Die Mundart von Auenheim bei Kehl. Examensarbeit. Straßburg.
Menge, Hermann (2007): Lehrbuch der lateinischen Syntax und Semantik. Völlig neu bearbeitet von Thorsten Burkard und Markus Schauer. 3. Auflage. Darmstadt: Wissenschaftliche Buchgesellschaft.
Merkle, Ludwig (1975): Bairische Grammatik. München: Heimeran.
Mottausch, Karl-Heinz (2002): Das Verb in der Mundart von Lorsch und Umgebung. Gegenwart und Vergangenheit. Marburg: Elwert. (= Deutsche Dialektgeographie. 95).
Müller, Friedrich (1939): Die Mundart von Lebach (Saar) und seiner weiteren Umgebung. Dissertation. Freiburg im Breisgau.
Müller, Johannes (1922): Untersuchungen zur rhein-moselfränkischen Dialektgrenze. Dissertation. Marburg.
Müller-Wehingen, Josef (1930): Studien zur Dialektgeographie des Saargaus. Bonn: Röhrscheid. (= Rheinisches Archiv. 13).
Münch, Ferdinand (1904): Grammatik der ripuarisch-fränkischen Mundart. Bonn: Cohen.
Münch, Wilhelm (1923): Untersuchungen zur mittelrheinischen Dialektgeographie. (Kreise Rheingau und St. Goarshausen). Dissertation. Marburg.

Munske, Horst Haider/Klepsch, Alfred (Hrsg.) (2003–2013): Sprachatlas von Mittelfranken (SMF). 9 Bände. Heidelberg: Winter. (= Bayerischer Sprachatlas: Regionalteil. 2).
Musan, Renate (1999): Die Lesarten des Perfekts. In: Zeitschrift für Literaturwissenschaft und Linguistik (LiLi) 113, 6–51.
Musan, Renate (2002): The German Perfect. Its Semantic Composition and its Interaction with Temporal Adverbials. Dordrecht: Kluwer.
Mussaeus, Johann Jacob (1829): Versuch einer plattdeutschen Sprachlehre mit besonderer Berücksichtigung der mecklenburgischen Mundart. Neu-Strelitz, Neu-Brandenburg: Dämmler.
Nagl, Hans Willibald (1886): Da Roanad: Eine Übertragung des deutschen Thierepos in den niederösterreichischen Dialekt. Grammatische Analyse des niederösterreichischen Dialekts mit ausführlichem Nachschlagebuch. Wien: Carl Gerold's Sohn.
Nerger, Karl (1869): Grammatik des mecklenburgischen Dialektes älterer und neuerer Zeit. Laut- und Flexionslehre. Leipzig: Brockhaus.
Nespital, Helmut (2005): Verbale Klassifikationssysteme I: Aspekte und Aktionsarten. In: Cruse, D. Alan/Hundsnurscher, Franz/Job, Michael/Lutzeier, Peter Rolf (Hrsg.): Lexikologie. Ein internationales Handbuch zur Natur und Struktur von Wörtern und Wortschätzen. Berlin, New York: Walter De Gruyter, 999–1007. (= Handbücher zur Sprach- und Kommunikationswissenschaft. 21.2).
Nicolay, Nathalie (2007): Aktionsarten im Deutschen. Prozessualität und Stativität. Tübingen: Niemeyer. (= Linguistische Arbeiten. 514).
Nicolle, Steve (2012): Diachrony and Grammaticalization. In: Binnick, Robert I. (Hrsg.): The Oxford Handbook of Tense and Aspect. Oxford, New York: Oxford University Press, 370–397.
Noack, Fritz (1938): Die Mundart der Landschaft um Fulda. Marburg: Elwert. (= Deutsche Dialektgeographie. 27).
Nowak, Jessica (2015): Zur Legitimation einer 8. Ablautreihe. Eine kontrastive Analyse zu ihrer Entstehung im Deutschen, Niederländischen und Luxemburgischen. Hildesheim: Olms.
Nübling, Damaris (1997): Der alemannische Konjunktiv II zwischen Morphologie und Syntax. Zur Neuordnung des Konjunktivsystems nach dem Präteritumschwund. In: Ruoff, Arno/Löffelad, Peter (Hrsg.): Syntax und Stilistik der Alltagssprache. Beiträge der 12. Arbeitstagung zur alemannischen Dialektologie, 25.–29. Sept. 1996 in Ellwangen/Jagst. Tübingen: Niemeyer, 107–121. (= Idiomatica. 18).
Nübling, Damaris (2002): Wörter beugen. Grundzüge der Flexionsmorphologie. In: Dittmann, Jürgen/Schmidt, Claudia (Hrsg.): Grundkurs Linguistik. Freiburg: Rombach, 87–104. (= Rombach Grundkurs. 5).
Nübling, Damaris/Dammel, Antje (2004): Relevanzgesteuerter morphologischer Umbau im Frühneuhochdeutschen. In: Beiträge zur Geschichte der deutschen Sprache und Literatur (PBB) 126/2, 177–207.
Nübling, Damaris/Dammel, Antje/Duke, Jane/Szczepaniak, Renata (2010): Historische Sprachwissenschaft des Deutschen. Eine Einführung in die Prinzipien des Sprachwandels. 3. Auflage. Tübingen: Narr.
Nübling, Damaris/Dammel, Antje/Duke, Jane/Szczepaniak, Renata (2013): Historische Sprachwissenschaft des Deutschen. Eine Einführung in die Prinzipien des Sprachwandels. 4. Auflage. Tübingen: Narr.
Oechsner, Hans-Adolf (1951): Die Mundart des Nagold-Enzgebietes. Laute und Flexion, Abstufungen und Wandlungen. Dissertation. Tübingen.

Oesterhaus, Wilhelm ([o.J., ca. 1910–1920]): Formenlehre des lippischen Platt.
Ogihara, Toshiyuki (2011): Tense. In: von Heusinger, Klaus/Maienborn, Claudia/Portner, Paul (Hrsg.): Semantics. Band 2. Berlin: De Gruyter Mouton, 1463–1484. (= Handbücher zur Sprach- und Kommunikationswissenschaft. 33.2).
Öhl, Peter (2009): Die Entstehung des periphrastischen Perfekts mit *haben* und *sein* im Deutschen – eine längst beantwortete Frage? In: Zeitschrift für Sprachwissenschaft 28, 265–306.
Otterstetter, Hans (1952): Die Mundart von Pirmasens. Studien zur Soziologie einer pfälzischen Stadtmundart. Dissertation. Mainz.
Oubouzar, Erika (1974): Über die Ausbildung der zusammengesetzten Verbformen im deutschen Verbalsystem. In: Beiträge zur Geschichte der deutschen Sprache und Literatur (PBB) 95, 5–96.
Palm, Ernst (1936): Alte Imperfekte in einer meissnisch-oberlausitzer Übergangsmundart. In: Zeitschrift für Mundartforschung 12, 135–141.
Parsons, Terence (1990): Events in the semantics of English. A study in subatomic semantics. Cambridge/Massachusetts: MIT Press.
Pasch, Eduard (1878): Das Altenburger Bauerndeutsch, eine sprachliche Studie. Altenburg: Lippold.
Paul, Hermann (1886): Prinzipien der Sprachgeschichte. Halle: Niemeyer.
Paul, Hermann (2007): Mittelhochdeutsche Grammatik. Neu bearbeitet von Thomas Klein, Hans-Joachim Solms und Klaus-Peter Wegera. 25. Auflage. Tübingen: Niemeyer. (= Sammlung kurzer Grammatiken Germanischer Dialekte. A. Hauptreihe Nr. 2).
Peetz, Anna (1989): Die Mundart von Beuren. Phonetik und Morphologie. Stuttgart: Steiner. (= Mainzer Studien zur Sprach- und Volksforschung. 17).
Petrova, Svetlana (2008a): Anglistische und germanistische Modelle einer kompositionellen Tempussemantik. Eine Synthese am Beispiel der standardsprachlichen Entwicklung und dialektalen Variation im deutschen Tempus- und Modussystem. In: Wolf, Hans-Georg/Peter, Lothar/Polzenhagen, Frank (Hrsg.): Focus on English. Linguistic structure, language variation and discursive use. Studies in honour of Peter Lucko. Leipzig: Leipziger Universitätsverlag, 203–218.
Petrova, Svetlana (2008b): Die Interaktion von Tempus und Modus. Studien zur Entwicklungsgeschichte des deutschen Konjunktivs. Heidelberg: Winter. (= Germanistische Bibliothek. 30).
Pfeifer, Anni (1927): Beiträge zur Laut- und Formenlehre der Mainzer Mundart. In: Giessener Beiträge zur deutschen Philologie 19, 33–67.
Philipp, Oskar (1897): Die Zwickauer Mundart. Dissertation. Leipzig: Hoffmann.
Pickert, Julius (1908): Das starke Verbum im Münsterländischen, mit besonderer Berücksichtigung der Dorstener Mundart. Siegen: Vorländer. (= Beilage zum Jahresbericht des Gymnasiums zu Attendorn, Ostern 1908, 1909).
Polenz, Peter von (1954): Die altenburgische Sprachlandschaft. Untersuchungen zur ostthüringischen Sprach- und Siedlungsgeschichte. Tübingen: Niemeyer. (= Mitteldeutsche Forschungen. 1).
Polzenhagen, Frank (2008): The so-called Tense-Aspect system of the English verb: A cognitive-functional view. In: Wolf, Hans-Georg/Peter, Lothar/Polzenhagen, Frank (Hrsg.): Focus on English. Linguistic structure, language variation and discursive use. Studies in honour of Peter Lucko. Leipzig: Leipziger Universitätsverlag, 219–246.
Portner, Paul (2003): The temporal semantics and modal pragmatics of the perfect. In: Linguistics & Philosophie 26, 459–510.

Portner, Paul (2011): Perfect and progressive. In: von Heusinger, Klaus/Maienborn, Claudia/ Portner, Paul (Hrsg.): Semantics. Band 2. Berlin: De Gruyter Mouton, 1217–1261. (= Handbücher zur Sprach- und Kommunikationswissenschaft. 33.2).
Prior, Arthur (1967): Past, present and future. Oxford: Oxford University Press.
Protze, Helmut (1957): Das Westlausitzische und Ostmeissnische. Dialektgeographische Untersuchungen zur lausitzisch-obersächsischen Sprach- und Siedlungsgeschichte. Halle: Niemeyer. (= Mitteldeutsche Studien. 20).
Pühn, Hans-Joachim (1956): Ostholsteinische Mundarten zwischen Trave und Schwentine. Dissertation. Marburg.
Radden, Günther/Dirven, René (2007): Cognitive English grammar. Amsterdam, Philadelphia: Benjamins.
Raichle, Albert (1932): Die Mundart von Saulgau und Umgebung nach Lauten und Flexion. Dissertation. Tübingen.
Rall, Erich (1925): Die Mundart des Unteren Amts Neuenbürg. Dissertation. Tübingen.
Rapp, Moriz (1855): Grammatische Übersicht über den schwäbischen Dialect. In: Die deutschen Mundarten 2, 102–115.
Rau, Marie Luise (1979): Die Entwicklung von Vergangenheitsstrukturen in der Sprache eines Dreijährigen. In: Folia Linguistica 13/3–4, 357–412.
Raupp, Traugott (1921): Die Mundart von Wiesloch. Laut- und Formenlehre. Dissertation. Heidelberg.
Regel, Karl (1868): Die Ruhlaer Mundart. Weimar: Böhlau.
Reichard, Edinhard (1914): Die Wasunger Mundart. 2. Teil. Hildburghausen: Eye. (= Schriften des Vereins für Sachsen-Meiningische Geschichte und Landeskunde. 71).
Reichenbach, Hans (1947): Elements of symbolic logic. London: Collier-McMillan.
Reis, Hans (1891): Beiträge zur Syntax der mainzer Mundart. Mainz: Gottsleben.
Reis, Hans (1898): Das Präteritum in den süddeutschen Mundarten. In: Beiträge zur Geschichte der deutschen Sprache und Literatur (PBB) 19, 334–337.
Reis, Hans (1910): Der Untergang der einfachen Vergangenheitsform. In: Germanisch-romanische Monatsschrift 2, 382–392.
Rescher, Nicholas/Urquhart, Alasdair (1971): Temporal logic. Wien, New York: Springer. (= Library of exact philosophy. 3).
Reuen, Christiane (1998): Vergangenheitsbezüge in der Kindersprache. Eine Untersuchung zum Gebrauch der Tempora und des temporalen Lexikons bei Kindern. Frankfurt a. M., Berlin, Bern: Lang. (= Europäische Hochschulschriften. I/1672).
Reuter, Elvira (1989): Die Mundart von Horath (Hunsrück). Phonetik und Morphologie. Hamburg: Buske. (= Forum Phoneticum. 45).
Rieckborn, Susanne (2007): Erst- und Zweitspracherwerb im Vergleich. Eine Studie zum Erwerb von Tempus und Aspekt im Deutschen und Französischen. Hamburg: Kovač. (= Philologia. 99).
Riehl, Claudia Maria (2009): Sprachkontaktforschung. Eine Einführung. 2. Auflage. Tübingen: Narr.
Ritz, Marie-Eve (2012): Perfect Tense and Aspect. In: Binnick, Robert I. (Hrsg.): The Oxford Handbook of Tense and Aspect. Oxford, New York: Oxford University Press, 881–907.
Rocholl, Marie Josephine (2015): Ostmitteldeutsch – eine moderne Regionalsprache? Eine Untersuchung zu Konstanz und Wandel im thüringisch-obersächsischen Sprachraum. Hildesheim: Olms. (= Deutsche Dialektgeographie. 118).
Rödel, Michael (2007): Doppelte Perfektbildungen und die Organisation von Tempus im Deutschen. Tübingen: Stauffenburg. (= Studien zur deutschen Grammatik. 74).

Roedder, Edwin C. (1936): Volkssprache und Wortschatz des badischen Frankenlandes. Dargestellt auf Grund der Mundart von Oberschefflenz. New York: The Modern Language Association of America. General Series.

Rompelman, Tom Albert (1953): Form und Funktion des Präteritums im Germanischen. In: Neophilologus 37, 65–83.

Ronneberger-Sibold, Elke (1980): Sprachverwendung, Sprachsystem. Ökonomie und Wandel. Tübingen: Niemeyer. (= Linguistische Arbeiten. 87).

Ronneberger-Sibold, Elke (1991): Funktionale Betrachtungen zu Diskontinuität und Klammerbildung im Deutschen. In: Boretzky, Norbert/Enninger, Werner/Jessing, Benedikt/Stolz, Thomas (Hrsg.): Sprachwandel und seine Prinzipien. Beiträge zum 8. Bochum-Essener Kolloquium über "Sprachwandel und seine Prinzipien". Bochum: Brockmeyer, 206–236. (= Bochum-Essener Beiträge zur Sprachwandelforschung. 14).

Rosenkranz, Heinz (1977): Vogtländisch-erzgebirgisch *machet* 'machte' – eine Sonderform des schwachen Präteritums. In: Schütz, Wolfgang (Hrsg.): Historizität und gesellschaftliche Bedingtheit der Sprache. Beiträge zum Sprachgeschichtlichen Colloquium der Sektion Sprachwisschenschaft an der Friedrich-Schiller-Universität Jena. Jena: Friedrich-Schiller-Universität, 112–118.

Rothstein, Björn (2006): The perfect time span. On the present perfect in German, Swedish and English. Dissertation. Stuttgart.

Rothstein, Björn (2007): Tempus. Heidelberg: Winter. (= Kurze Einführungen in die germanistische Linguistik. 5).

Röttsches, Heinrich (1877): Die Krefelder Mundart und ihre Verwandtschaft mit dem Altsächsischen, Angelsächsischen und Althochdeutschen. In: Die deutschen Mundarten 7, 36–91.

Rowley, Anthony R. (1983): Das Präteritum in den heutigen deutschen Dialekten. In: Zeitschrift für Dialektologie und Linguistik 50/2, 161–182.

Rowley, Anthony R. (2013): ‚Waß sy zLanzet zue hat tragn': „Der Bauernsohn in der Kirche" und die „Bauernklagen". Drei westmittelbairische Stücke aus der Mitte des 17. Jahrhunderts – Texte und Darstellung des Dialekts. In: Ferstl, Christian/Rowley, Anthony R. (Hrsg.): Was sich in Landshut zugetragen hat – und anderswo. Beiträge zur Schmellerforschung und darüber hinaus. Regensburg: Ed. Vulpes, 11–89. (= Jahrbuch der Johann-Andreas-Schmeller-Gesellschaft. 2012).

Sager, Sven F. (2000): Gesprächssorte – Gesprächstyp – Gesprächsmuster– Gesprächsakt. In: Brinker, Klaus/Antos, Gerd/Heinemann, Wolfgang/Sager, Sven F. (Hrsg.): Text- und Gesprächslinguistik. Ein internationales Handbuch zeitgenössischer Forschung. 1. Halbband. Berlin, New York: Walter De Gruyter, 1464–1471. (= Handbücher zur Sprach- und Kommunikationswissenschaft. 16.1).

Salveit, Laurits (1977): Präsens und Perfekt im Deutschen und in den germanischen Sprachen. In: Kolb, Herbert/Lauffer, Hartmut (Hrsg.): Sprachliche Interferenz. Festschrift für Werner Betz zum 65. Geburtstag. Tübingen: Niemeyer, 139–145.

Salzmann, Johannes (1888): Die Hersfelder Mundart. Versuch einer Darstellung derselben nach Laut- und Formenlehre. Marburg: Ehrhardt.

Sapp, Christopher D. (2009): Syncope as the cause of Präteritumschwund. New Data from an Early New High German corpus. In: Journal of Germanic Linguistics 21/4, 419–450.

Schachner, Theodor (1908): Das Zeitwort *sein* in den hochdeutschen Mundarten. Darmstadt: Uhde.

Schachtschabel, Otto (1910): Die Mundart von Kranichfeld in Thüringen. Dissertation. Straßburg: DuMont Schauberg.
Schaefer, Ludwig (1912): Die Verbalflexion der Mundart von Schlierbach (Kreis Biedenkopf). Ein Beitrag zur hessischen Mundartenforschung. In: Zeitschrift für Deutsche Mundarten 1912, 54–89.
Schaper, Magdalene (1942): Die Wandlung der Mundart Warslebens im Laufe der lebenden Generationen. Dissertation. Prag.
Schieb, Gabriele (1976): Der Verbkomplex aus verbalen Bestandteilen. In: Akademie der Wissenschaften der DDR (Hrsg.): Zur Ausbildung der Norm der deutschen Literatursprache auf der syntaktischen Ebene (1470–1730). I. Der Einfachsatz. Unter der Leitung von Kettmann, Gerhard und Schildt, Joachim. Berlin: Akademie Verlag, 39–234. (= Bausteine zur Sprachgeschichte des Neuhochdeutschen. 56/I).
Schirmunski, Viktor M. ([1962] 2010): Deutsche Mundartkunde. Vergleichende Laut- und Formenlehre der deutschen Mundarten. Herausgegeben und kommentiert von Larissa Naiditsch. Unter Mitarbeit von Peter Wiesinger. Aus dem Russischen übersetzt von Wolfgang Fleischer. Frankfurt am Main [u. a.]: Lang.
Schleicher, August (1858): Volkstümliches aus Sonneberg im Meininger Oberlande. Weimar: Böhlau.
Schmeding, Heinrich (1937): Die Mundart des Kirchspiels Lavelsloh und der angrenzenden Ortschaften. Münster: Aschendorffsche Verlagsbuchhandlung. (= Veröffentlichungen der volkskundlichen Kommission des Provinzialinstituts für westfälische Landes- und Volkskunde. 1).
Schmeller, Johann Andreas (1821): Die Mundarten Bayerns grammatisch dargestellt. München: Thienemann.
Schmidt, Jürgen Erich/Herrgen, Joachim (2011): Sprachdynamik. Eine Einführung in die moderne Regionalsprachenforschung. Berlin: Schmidt. (= Grundlagen der Germanistik. 49).
Schmidt, Jürgen Erich/Herrgen, Joachim/Kehrein, Roland (Hrsg.) (2008 ff.): Regionalsprache.de (REDE). Forschungsplattform zu den modernen Regionalsprachen des Deutschen. Bearbeitet von Dennis Bock, Brigitte Ganswindt, Heiko Girnth, Simon Kasper, Roland Kehrein, Alfred Lameli, Slawomir Messner, Christoph Purschke, Anna Wolańska. Marburg: Forschungszentrum Deutscher Sprachatlas. URL: http://www.regionalsprache.de [letzter Zugriff: 24. 05. 2016].
Schmidt, Peter (1995): Wesen und Funktion der semantischen Kategorie „Temporalität". In: Jachnow, Helmut/Wingender, Monika (Hrsg.): Temporalität und Tempus. Studien zu allgemeinen und slavistischen Fragen. Unter Mitarbeit von Karin Tafel. Wiesbaden: Harrassowitz, 27–69. (= Slavistische Studienbücher. N.F., 6).
Schmuck, Mirjam (2010): Relevanzgesteuerter verbalmorphologischer Wandel im Deutschen und Schwedischen. In: Dammel, Antje/Kürschner, Sebastian/Nübling, Damaris (Hrsg.): Kontrastive Germanistische Linguistik. Hildesheim: Olms, 523–552. (= Germanistische Linguistik. 206–209).
Schmuck, Mirjam (2013): Relevanzgesteuerter verbalmorphologischer Umbau. Eine kontrastive Untersuchung zum Deutschen, Niederländischen und Schwedischen. Hildesheim: Olms. (= Germanistische Linguistik: Monographien. 29).
Schnabel, Michael (2000): Der Dialekt von Weingarts. Eine phonologische und morphologische Untersuchung. Heidelberg: Winter. (= Schriften zum bayerischen Sprachatlas. Bd. 2).

Schneider, Franz (1934): Die Mundart von Epfendorf und Umgebung nach Lauten und Flexion. Dissertation. Tübingen.
Schnellbacher, Edeltraut (1963): Mundart und Landschaft des östlichen Taunus. In: Marburger Universitätsbund. Jahrbuch 1963/2, 375–499.
Scholl, Klaus (1913): Die Mundarten des Kreises Ottweiler. Untersuchungen auf lautphysiologischer und sprachgeschichtlicher Grundlage. Straßburg: Trübner.
Schön, Friedrich (1908): Die Grammatik der Saarbrücker Mundart. In: Saarbrücker Zeitung 148/Nr. 88/II, Nr. 89/II, Nr. 90/II, 88–99.
Schön, Friedrich (1922): Wörterbuch der Mundart des Saarbrücker Landes nebst einer Grammatik der Mundart. Saarbrücken. (= Mitteilungen des Historischen Vereins für die Saargegend. 15).
Schöndorf, Kurt Erich (1983): Zum Gebrauch der Vergangenheitstempora in den mittelniederdeutschen Bibelfrühdrucken. In: Askedal, John Ole/Christensen, Christen/ Findreng, Ådne/Leirbukt, Oddleif (Hrsg.): Festschrift für Laurits Saltveit zum 70. Geburtstag am 31. Dezember 1983. Oslo, Bergen, Tromsö: Universitetsforlaget, 171–181.
Schönhoff, Hermann (1908): Emsländische Grammatik. Laut- und Formenlehre der emsländischen Mundarten. Heidelberg: Winter. (= Germanische Bibliothek. I. Sammlung germanischer Elementar- und Handbücher. Reihe 1: Grammatiken. 8).
Schoof, Wilhelm (1905): Beiträge zur Kenntnis der Schwälmer Mundart. In: Zeitschrift für hochdeutsche Mundarten 5, 246–291.
Schottelius, Justus Georg ([1663] 1967): Ausführliche Arbeit von der teutschen Haubtsprache. Neudruck. Herausgegeben von Wolfgang Hecht. Tübingen: Niemeyer. (= Deutsche Neudrucke. Reihe Barock. 11).
Schrodt, Richard (2004): Althochdeutsche Grammatik II. Syntax. Tübingen: Niemeyer. (= Sammlung kurzer Grammatiken Germanischer Dialekte. A. Hauptreihe Nr. 5/2).
Schrodt, Richard/Donhauser, Karin (2003): Tempus, Aktionsart/Aspekt und Modus im Deutschen. In: Besch, Werner/Betten, Anne/Reichmann, Oskar/Sonderegger, Stefan (Hrsg.): Sprachgeschichte. Ein Handbuch zur Geschichte der deutschen Sprache und ihrer Erforschung. 3. Teilband. 2. Auflage. Berlin, New York: Mouton De Gruyter, 2504–2525. (= Handbücher zur Sprach- und Kommunikationswissenschaft. 2).
Schübel, Georg (1955): Die Ostfränkisch-Bambergische Mundart von Stadtsteinach im ehemaligen Fürstbistum Bamberg. Lautlehre und Beugungslehre. Gießen: Schmitz.
Schultze, Martin (1874): Idioticon der nord-thüringischen Mundart. Den Bürgern Nordhausens gewidmet. Nordhausen: Förstemann.
Schütze, Monika (1953): Dialektgeographie der Goldenen Mark des Eichsfeldes. Halle: Niemeyer. (= Mitteldeutsche Studien. 13).
Schwäbl, Johann Nepomuk (1903): Die altbayerische Mundart. Grammatik und Sprachproben. München: Lindauer.
Schwing, Heinrich (1920): Beiträge zur Dialektgeographie der mittleren Lahn. Dissertation. Marburg.
Seelmann, Erich (1908): Die Mundart von Prenden (Kreis Nieder-Barnim). Dissertation. Norden: Soltau.
Seibicke, Wilfried (1967): Beiträge zur Mundartkunde des Nordobersächsischen (östlich der Elbe). Köln, Graz: Böhlau.
Seibt, Walter (1930): Zur Dialektgeographie der hessischen Bergstrasse. Gießen: Kindt.
Seiler, Guido (2005): Wie verlaufen syntaktische Isoglossen und welche Konsequenzen sind daraus zu ziehen? In: Eggers, Eckhard/Schmidt, Jürgen Erich/Stellmacher, Dieter

(Hrsg.): Moderne Dialekte, neue Dialektologie. Akten des 1. Kongresses der Internationalen Gesellschaft für Dialektologie des Deutschen (IGDD) am Forschungsinstitut für Deutsche Sprache „Deutscher Sprachatlas" der Philipps-Universität Marburg vom 5.–8. März 2003. Stuttgart: Steiner, 313–341. (= Zeitschrift für Dialektologie und Linguistik. Beihefte. 130).
Sick, Bastian (2004): Zwiebelfisch: Das Ultra-Perfekt. In: Spiegel Online. URL: www.spiegel.de/kultur/zwiebelfisch/zwiebelfisch-das-ultra-perfekt-a-295317.html [letzter Zugriff: 06. 05. 2016].
Sieberg, Bernd (2003b): Regelhafte und normale Anwendung von Perfekt und Präteritum: Mit Anregungen für den DaF-Bereich. In: Jahrbuch der ungarischen Germanistik, 291–315.
Sieberg, Bernd (2003a): Zur Unterscheidung der Tempuskategorien Perfekt und Imperfekt. In: Muttersprache 113/2, 108–119.
Sieberg, Bernd (1984): Perfekt und Imperfekt in der gesprochenen Sprache. Untersuchungen zu Gebrauchsregularitäten im Bereich gesprochener Standard- und rheinischer Umgangssprache mit dem Erp-Projekt als Grundlage der Korpusgewinnung. Dissertation. Bonn.
Sieberg, Bernd (2002): Analytische Imperfektbildungen in der gesprochenen Sprache. In: Muttersprache 112/3, 240–252.
Siemon, Karl (1921): Mundart von Langenselbold und die Dialektgrenzen seiner weiteren Umgebung. Dissertation. Marburg.
Smith, Carlotta S. (1991): The parameter of aspect. Dordrecht, Boston, London: Kluwer. (= Studies in Linguistics and Philosophy. 43).
Smith, Carlotta S. (2011): Tense and aspect: Time across languages. In: von Heusinger, Klaus/Maienborn, Claudia/Portner, Paul (Hrsg.): Semantics. Band 2. Berlin: De Gruyter Mouton, 2581–2608. (= Handbücher zur Sprach- und Kommunikationswissenschaft. 33.2).
Solms, Hans-Joachim (1984): Die morphologischen Veränderungen der Stammvokale der starken Verben im Frühneuhochdeutschen. Untersucht an Texten des 14.–18. Jahrhunderts. Dissertation. Bonn.
Soost, Heinrich Hermann (1920): Studien zur Dialektgeographie Nordhessens. Dissertation. Marburg.
Spangenberg, Karl (1962): Die Mundartlandschaft zwischen Rhön und Eichsfeld. Halle: Niemeyer. (= Mitteldeutsche Studien. 25).
Sperschneider, Heinz (1959): Studien zur Syntax der Mundarten im östlichen Thüringer Wald. Marburg: Elwert (Deutsche Dialektgeographie, 54).
Spieß, Balthasar (1873): Die Fränkisch-Hennebergische Mundart. Wien: Braumüller.
Squartini, Mario (1999): On the semantics of the Pluperfect. Evidence from Germanic and Romance. In: Linguistic Typology 3, 51–89.
Ständer, Heinrich Carl (1966): Wie säht m'r dit on dat op Düsseldorfer Platt? Kleines Wörterbuch der Düsseldorfer Mundart mit teilweiser Angabe der Aussprache und der Herkunft aus anderen Sprachen. Düsseldorf.
Stechow, Arnim von (1999): Eine erweiterte Extended-Now Theorie für Perfekt und Futur. In: Zeitschrift für Literaturwissenschaft und Linguistik (LiLi) 113, 86–118.
Steins, Adolf (1998): Grammatik des Aachener Dialekts. Herausgegeben von Klaus-Peter Lange. Köln: Böhlau. (= Rheinisches Archiv. 141).
Steitz, Lothar (1981): Grammatik der Saarbrücker Mundart. Saarbrücken: Saarbrücker Druckerei u. Verl. (= Beiträge zur Sprache im Saarland. 2).

Stellmacher, Dieter (1964): Dialektgeographische Untersuchungen in den Kreisen Herzberg/ Elster und Jessen/Elster. Diplomarbeit. Leipzig.

Stellmacher, Dieter (1973): Untersuchungen zur Dialektgeographie des mitteldeutsch-niederdeutschen Interferenzraumes östlich der mittleren Elbe. Köln, Wien: Böhlau. (= Mitteldeutsche Forschungen. 75).

Stengel, Andreas (1877): Beitrag zur Kenntnis der Mundart in der schwäbischen Retzat und mittleren Altmühl. In: Die deutschen Mundarten 7, NF 1 (DDM 7), 389–410.

Stolte, Heinrich (1925): Wie schreibe ich die Mundart meiner Heimat? Ein Beitrag zur niederdeutschen Rechtschreibung und Mundartforschung auf der Grundlage der Ravensberger Mundart in Brockhagen und Steinhagen. Leipzig: Lenz.

Stroh, Fritz (1928): Probleme neuerer Mundartforschung. Beobachtungen und Bemerkungen zu einer Darstellung der Mundart von Naunstadt (Taunus). Gießen: Kindt.

Strohmaier, Otto (1930): Die Laute und die Flexion des Schwäbischen in der Mundart des Oberamts Blaubeuren. Nürtingen am Neckar: Henzler.

Stutterheim, Christiane von/Carroll, Mary (2007): Durch die Grammatik fokussiert. In: Zeitschrift für Literaturwissenschaft und Linguistik (LiLi) 37/145, 35–60.

Stutterheim, Christiane von/Carroll, Mary/Klein, Wolfgang (2003): Two ways of construing complex temporal structures. In: Lenz, Friedrich (Hrsg.): Deictic conceptualisation of space, time, and person. Amsterdam, Philadelphia: Benjamins, 97–133. (= Pragmatics & Beyond, New Series. 112).

Stutterheim, Christiane von/Carroll, Mary/Klein, Wolfgang (2009): New perspectives in analyzing aspectual distinctions across languages. In: Klein, Wolfgang/Li, Ping (Hrsg.): The expression of time. Berlin [u. a.]: Mouton De Gruyter, 195–216. (= The expression of cognitive categories. 3).

Stutterheim, Christiane von/Kohlmann, Ute (2000): Beschreiben im Gespräch. In: Brinker, Klaus/Antos, Gerd/Heinemann, Wolfgang/Sager, Sven F. (Hrsg.): Text- und Gesprächslinguistik. Ein internationales Handbuch zeitgenössischer Forschung. 1. Halbband. Berlin, New York: Walter De Gruyter, 1279–1292. (= Handbücher zur Sprach- und Kommunikationswissenschaft. 16.1).

Sührig, Werner (2002): Ostfälisches Platt im Hildesheimer Land. Das Sievers-Kese'sche Gesamtwerk. Hildesheim: Olms. (= Veröffentlichungen des Landschaftsverbandes Hildesheim. 13).

Sütterlin, Ludwig (1924): Neuhochdeutsche Grammatik. Mit besonderer Berücksichtigung der neuhochdeutschen Mundarten. München: C. H. Beck. (= Handbuch des deutschen Unterrichts an höheren Schulen. 2.2).

Szczepaniak, Renata (2011): Grammatikalisierung im Deutschen. Eine Einführung. 2. Auflage. Tübingen: Narr.

Ternes, Elmar (1988): Zur Typologie der Vergangenheitstempora in den Sprachen Europas (synthetische vs. analytische Bildungsweise). In: Zeitschrift für Dialektologie und Linguistik 55/3, 332–342.

Tetzner, Emil (1928): Die Mundart von Leubsdorf in gemeinverständlicher Darstellung. Eine Handreichung besonders für Lehrer, die sich die Mundart ihres Ortes erarbeiten wollen. Hohenfichte: Selbstverlag.

Teuber, Oliver (2005): Analytische Verbformen im Deutschen. Syntax, Semantik, Grammatikalisierung. Hildesheim, New York: Olms. (= Germanistische Linguistik: Monographien. 18).

Teuchert, Hermann (1964): Die Mundarten der brandenburgischen Mittelmark und ihres südlichen Vorlandes. Berlin: Akademie Verlag. (= Deutsche Akademie der

Wissenschaften zu Berlin. Veröffentlichungen des Instituts für deutsche Sprache und Literatur. 30).
Thieroff, Rolf (1992): Das finite Verb im Deutschen. Tempus – Modus – Distanz. Tübingen: Narr.
Thieroff, Rolf (2000): On the areal distribution of tense-aspect categories in Europe. In: Dahl, Östen (Hrsg.): Tense and aspect in the languages of Europe. Berlin, New York: Mouton De Gruyter, 265–305. (= Empirical approaches to language typology. EUROTYP. 20–6).
Thieroff, Rolf (2001): The German tense-aspect-mood system from a typological perspective. In: Watts, Sheila/West, Jonathan/Solms, Hans-Joachim (Hrsg.): Zur Verbmorphologie germanischer Sprachen. Tübingen: Niemeyer, 211–230.
Thies, Heinrich (2010): SASS Plattdeutsche Grammatik. Formen und Funktionen. 1. Auflage. Neumünster: Wachholtz.
Thomason, Sarah G. (2001): Language contact. An introduction. Edinburgh: Edinburgh University Press.
Thomason, Sarah G./Kaufman, Terrence (1988): Language Contact, Creolization, and Genetic Linguistics. Berkeley, Los Angeles, Oxford: University of California Press.
Thoursie, Stig A. O. (1984): Die Verbalflexion eines südbairischen Autographs aus dem Jahre 1464. Ein Beitrag zur frühneuhochdeutschen Morphologie. Göteborg: Acta Universitatis Gothoburgensis. (= Göteborger germanistische Forschungen. 25).
Traugott, Elizabeth Closs (1972): A history of English syntax: A transformational approach to the history of English sentence structure. New York: Holt, Rinehart & Winston.
Trebs, Emil (1914/15): Die niederdeutschen Mundarten des Landes Lebus. In: Mitteilungen des Vereins für Heimatkunde des Kreises Lebus in Müncheberg 1/4–5, 78–83.
Treiber, Gottlieb (1931): Die Mundart von Plankstadt. Dissertation. Heidelberg.
Trier, Jost (1965): Stilistische Fragen der deutschen Gebrauchsprosa. Perfekt und Imperfekt. In: Henß, Rudolf/Moser, Hugo (Hrsg.): Germanistik in Forschung und Lehre. Vorträge und Diskussionen des Germanistentages in Essen 21.–25. 10. 1964. Berlin: Schmidt, 195–208.
Trost, Igor (2011): Zur Verwendung der Vergangenheitstempora (am Beispiel von *sein*) in einem Erzähltext aus dialektalem Spontangesprächsmaterial. Akten der 10. Arbeitstagung für bayerisch-österreichische Dialektologie (Klagenfurt 2007). In: Klagenfurter Beiträge zur Sprachwissenschaft 34–36, 159–171.
Trost, Pavel (1980): Präteritumsverfall und Präteritumsschwund im Deutschen. In: Zeitschrift für Dialektologie und Linguistik 47/2, 184–188.
Ulbricht, Elfriede (1948): Beobachtungen zur Mundart von Weida/Thüringen. Leipzig.
Urff, Hans (1926): Mundart und Schriftsprache im Hanauischen. Hanau: Verlag des Hanauer Geschichtsvereins. (= Hanauer Geschichtsblätter. Neue Folge der Veröffentlichungen des Hanauer Geschichts-Vereins. 6).
van Benthem, Johan (1983): Modal logic and classical logic. Napoli, Atlantic Highlands, N.J.: Bibliopolis; Distributed in the U.S.A. by Humanities Press. (= Indices. 3).
van der Auwera, Johan (1998): Conclusion. In: van der Auwera, Johann (Hrsg.): Adverbial constructions in the languages of Europe. Berlin: Mouton De Gruyter, 813–836.
Vater, Heinz (1975): *Werden* als Modalverb. In: Calbert, John P./Vater, Heinz (Hrsg.): Aspekte der Modalität. Tübingen: Narr, 71–148.
Vater, Heinz (1997): Hat das Deutsche Futurtempora? In: Vater, Heinz (Hrsg.): Zu Tempus und Modus im Deutschen. Trier: Wissenschaftlicher Verlag, 53–69.
Vendler, Zeno (1957): Verbs and Times. In: Philosophical Review 66, 143–160.
Vendler, Zeno (1967): Linguistics in philosophy. Ithaca, NY: Cornell University Press.

Vogelsang, Manfred (1993): Die Mundart von Bliesmengen-Bolchen (Saarland). Grammatische Einleitung und Wörterbuch. Saarbrücken: Institut für Phonetik. (= Phonetica Saraviensia. 11).

Vogt, Friedrich E. (1931): Die Mundart von Deufringen und Umgebung nach Lauten und Flexion. Dissertation. Stuttgart: Fink.

Vogt, Friedrich E. (1977): Schwäbisch in Laut und Schrift. Eine ergründende und ergötzliche Sprachlehre. Stuttgart: Steinkopf.

Vorberger, Lars (2017): Regionalsprache in Hessen. Eine Untersuchung zu Sprachvariation und Sprachwandel im mittleren und südlichen Hessen. Dissertation. Marburg.

Wagner, Emma/Horn, Wilhelm (1900): Verbalformen der Mundart von Großen-Buseck bei Gießen. In: Zeitschrift für hochdeutsche Mundarten 1, 9–17.

Wandel, Rudolf (1934): Die Mundart von Reutlingen-Betzingen und Umgebung nach Lauten und Flexion. (Gekürzte Fassung). Dissertation. Tübingen.

Wanner, Emma (1908): Die Flexion des Verbums in der Zaisenhäuser Mundart. In: Zeitschrift für Deutsche Mundarten, 173–180.

Waugh, Linda R. (1987): Marking time with the passé composé. Towards a theory of the perfect. In: Lingvisticae Investigationes 11/1, 1–47.

Weber, Edelgard (1959): Beiträge zur Dialektgeographie des südlichen Werra-Fuldaraumes. Tübingen: Niemeyer. (= Mitteldeutsche Forschungen. 15).

Weber, Thilo (2012): Neue Fragen an alte Daten. Niederdeutsche Syntaxgeographie auf der Grundlage von Zwirner- und DDR-Korpus. In: Langhanke, Robert/Berg, Kristian/Elmentaler, Michael/Peters, Jörg (Hrsg.): Niederdeutsche Syntax. Hildesheim: Olms, 157–180. (= Germanistische Linguistik. 220).

Weiershausen, Adolf Albert (1927): Dialektgeographie des Kreises Wittgenstein. Dissertation. Marburg.

Weinrich, Harald (1964): Tempus. Besprochene und erzählte Welt. Stuttgart: Kohlhammer. (= Sprache und Literatur. 16).

Weise, Oscar (1889): Die Altenburger Mundart. Eisenberg: Beyer. (= Mitteilungen des Geschichts- und Altertumsforschenden Vereins zu Eisenberg. 4).

Weise, Oscar (1900): Syntax der Altenburger Mundart. Leipzig: Breitkopf & Härtel.

Welter, Wilhelm (1929): Studien zur Dialektgeographie des Kreises Eupen. Bonn: Röhrscheid. (= Rheinisches Archiv. 8).

Welter, Wilhelm (1933): Die niederfränkischen Mundarten im Nordosten der Provinz Luettich. Haag: Nijhoff. (= Noord- en Zuid-Nederlandsche dialectbibliotheek. 4).

Wenker, Georg (1888–1923): Sprachatlas des Deutschen Reichs. Handgezeichnetes Original. Marburg.

Wenker, Georg (2013): Schriften zum Sprachatlas des Deutschen Reichs. Band 2: Handschriften: Kartenkommentare 1898–1911, Druckschriften: Veröffentlichungen 1877–1895. Herausgegeben und bearbeitet von Alfred Lameli. Hildesheim: Olms.

Wenz, Heinrich (1911): Laut- und Formenlehre der Mundart von Beerfelden mit Berücksichtigung der näheren Umgebung. Dissertation. Straßburg.

White, Donald V. (1966): Die Mundart der Pfarrei Eisenhofen/Hirtlbach (Oberbayern). Phonologie, Morphologie und Syntax. Dissertation. Southhampton.

Wierzbicka, Mariola/Schlegel, Dorothee (2008): Sprechzeiten im Diskurs. Zum absoluten und relativen Gebrauch der Tempora in der gesprochenen deutschen Sprache. München: Iudicium.

Wiesinger, Peter (1983): Die Einteilung der deutschen Dialekte. In: Besch, Werner/Knoop, Ulrich/Putschke, Wolfgang/Wiegand, Herbert Ernst (Hrsg.): Dialektologie. Ein Handbuch zur deutschen und allgemeinen Dialektforschung. 2. Halbband. Berlin, New York: Walter De Gruyter, 807–900. (= Handbücher zur Sprach- und Kommunikationswissenschaft. 1).

Wiesinger, Peter (1989): Die Flexionsmorphologie des Verbums im Bairischen. Wien: Verlag der Österreichischen Akademie der Wissenschaften. (= Sitzungsberichte der Österreichischen Akademie der Wissenschaften, Philologisch-Historische Klasse. 523).

Wiest, Josef (1931): Laute und Flexion der Mundart von Burgrieden und Umgebung. 2. Teil. Dissertation. Tübingen.

Wiggers, Julius (1858): Grammatik der plattdeutschen Sprache. In Grundlage der Mecklenburgisch-Vorpommerschen Mundart. 2. Auflage. Hamburg: Hoffmann und Campe.

Wingender, Monika (1995): Zeit und Sprache. In: Jachnow, Helmut/Wingender, Monika (Hrsg.): Temporalität und Tempus. Studien zu allgemeinen und slavistischen Fragen. Unter Mitarbeit von Karin Tafel. Wiesbaden: Harrassowitz, 1–26. (= Slavistische Studienbücher. N.F., 6).

Wittmann, Stephan (1943): Die Mundart von München und Umgebung. Dissertation. München.

Witz, Hans (1935): Die Mundart des Markgräfler Landes, ihre Wesenszüge und allgemeingeschichtlichen Voraussetzungen. Examensarbeit. o.O.

Witzel, Leonhard (1918): Historische Grammatik der Mundart aus Niederellenbach. Dissertation. Marburg.

Wix, Hans (1921): Studien zur westfälischen Dialektgeographie im Süden des Teutoburgerwaldes. Marburg: Elwert. (= Deutsche Dialektgeographie. 9).

Wonner, Sonja (2015): Wie flektieren Schulkinder die Vergangenheitsformen starker Verben? Untersuchungen zu Dritt-, Fünft- und Siebtklässlern. Frankfurt a. M.: Lang. (= Germanistik, Didaktik, Unterricht. 14).

Wunderlich, Hermann (1901): Der deutsche Satzbau. Band 1. 2. Auflage. Stuttgart: Cotta.

Wunderlich, Hermann/Reis, Hans (1924): Der deutsche Satzbau. Erster Band. 3. Auflage. Stuttgart, Berlin: Cotta.

Zeck, Karl (1921): Laut- und Formenlehre von Düsseldorf-Stadt und -Land. Dissertation. Münster.

Zeman, Sonja (2010): Tempus und „Mündlichkeit" im Mittelhochdeutschen. Zur Interdependenz grammatischer Perspektivensetzung und „historischer Mündlichkeit" im mittelhochdeutschen Tempussystem. Berlin, New York: Walter De Gruyter. (= Studia Linguistica Germanica. 102).

Zeman, Sonja (2013): Vergangenheit als Gegenwart? Zur Diachronie des „Historischen Präsens". In: Jahrbuch für Germanistische Sprachgeschichte 4/1, 236–256.

Zhang, Lihua (1995): A contrastive study of aspectuality in German, English, and Chinese. New York: Lang. (= Berkeley insights in linguistics and semiotics. 19).

Zifonun, Gisela (2000): Textkonstitutive Funktionen von Tempus, Modus und Genus Verbi. In: Brinker, Klaus/Antos, Gerd/Heinemann, Wolfgang/Sager, Sven F. (Hrsg.): Text- und Gesprächslinguistik. Ein internationales Handbuch zeitgenössischer Forschung. 1. Halbband. Berlin, New York: Walter De Gruyter, 315–330. (= Handbücher zur Sprach- und Kommunikationswissenschaft. 16.1).

Zinser, Richard (1933): Die Mundart des Oberen Gäus südlich von Herrenberg nach Lauten und Flexion. Stuttgart: Hofbuchdruckerei.

5.2 Tabellenverzeichnis

Tabelle 1: Übersicht über die Präteritumformen in der Wenker-Erhebung —— 15
Tabelle 2: Kategoriensystem für die Auswertung der Dialektgrammatiken mit Anzahl der zugeordneten Grammatiken —— 29
Tabelle 3: Symbole zur tabellarischen Auswertung der Dialektgrammatiken —— 36
Tabelle 4: Auswertung der alemannischen Dialektgrammatiken —— 38
Tabelle 5: Auswertung der schwäbischen Dialektgrammatiken —— 38
Tabelle 6: Auswertung der bairischen Dialektgrammatiken —— 42
Tabelle 7: Auswertung der rheinfränkischen Dialektgrammatiken —— 46
Tabelle 8: Beleghäufigkeiten von Verben mit Präteritumformen in den rheinfränkischen Grammatiken —— 50
Tabelle 9: Beleghäufigkeiten von Verben mit Präteritumformen in den ostfränkischen Grammatiken —— 52
Tabelle 10: Auswertung der ostfränkischen Dialektgrammatiken —— 53
Tabelle 11: Beleghäufigkeiten von Verben mit Präteritumformen in den moselfränkischen Grammatiken —— 58
Tabelle 12: Auswertung der moselfränkischen Dialektgrammatiken —— 59
Tabelle 13: Auswertung der hessischen Dialektgrammatiken —— 68
Tabelle 14: Auswertung der ripuarischen und niederfränkischen Dialektgrammatiken —— 74
Tabelle 15: Auswertung der ostmitteldeutschen Dialektgrammatiken —— 80
Tabelle 16: Auswertung der westfälischen Dialektgrammatiken —— 85
Tabelle 17: Auswertung der ostfälischen Dialektgrammatiken —— 89
Tabelle 18: Auswertung der Dialektgrammatiken für das Mecklenburgisch-Vorpommersche, Brandenburgische und Berlinische —— 93
Tabelle 19: Auswertung der nordniederdeutschen Dialektgrammatiken —— 99
Tabelle 20: Formendistribution der Übersetzungsfragen im Fragenkatalog des *Sprachatlas von Oberbayern* nach Maiwald (2002) —— 105
Tabelle 21: Verben mit Präteritumbelegen im Korpus von Gersbach (1982, 84–86) —— 106
Tabelle 22: Präteritumbelege bei Dietrich (1988) —— 108
Tabelle 23: Auswertung der Präteritum- und Perfekt-Belege in Hörlin (1988) —— 119
Tabelle 24: Auswertung der Präteritumvarianten im MRhSA —— 121
Tabelle 25: Übersicht über die Häufigkeitsverteilungen der Tempusformen in Korpora geschriebener Sprache —— 137
Tabelle 26: Übersicht über die Häufigkeitsverteilungen der Tempusformen in Korpora gesprochener Sprache —— 138
Tabelle 27: Abnahme finiter Präteritumformen nach Dammers/Hoffmann/Solms (1988, 525), beruhend auf Solms (1984, 311) —— 149
Tabelle 28: Anstieg der Perfektformen nach Oubouzar (1974, 79, 83) —— 149
Tabelle 29: Sekundärauswertung der Daten in Lindgren (1957) nach Jahrhunderten —— 150
Tabelle 30: Sekundärauswertung der Daten in Lindgren (1957) für das 15.–17. Jahrhundert —— 151
Tabelle 31: Anzahl Tempusformen (nach Sapp 2009, 425, Table 1: *Frequency of the present perfect by century*) —— 151
Tabelle 32: Sekundärauswertung der Daten in Boon (1983, 234) —— 153
Tabelle 33: Sekundärauswertung der Daten in Lindgren (1957) – Präteritumanteile nach Textsorte —— 154

Tabelle 34: Sekundärauswertung der Daten in Lindgren (1957) – Tempusverwendung nach Diskursmodus —— 155
Tabelle 35: Tempusdistribution nach Textsorte und Textmodus in Langenberg (2008, 57–81) —— 156
Tabelle 36: Situationstypenmodell nach Henriksson (2006, 45), erweitert um Semelfactives —— 182
Tabelle 37: Rekonstruktion des gotischen Tempus-Aspekt-Systems —— 220
Tabelle 38: Rekonstruktion des althochdeutschen Tempus-Aspekt-Systems —— 223
Tabelle 39: Rekonstruktion des mittelhochdeutschen Tempus-Aspekt-Systems —— 225
Tabelle 40: Gesamtverteilung der Tempora im mhd. *Herzog Ernst* nach Zeman (2010, 112) —— 226
Tabelle 41: Übersicht über das Analysekonzept von Zeman (2010) —— 227
Tabelle 42: Das mittelhochdeutsche Präsens nach Zeman (2010) —— 228
Tabelle 43: Das mittelhochdeutsche Präteritum nach Zeman (2010) —— 230
Tabelle 44: Das mittelhochdeutsche Perfekt nach Zeman (2010) —— 231
Tabelle 45: Das mittelhochdeutsche Plusquamperfekt nach Zeman (2010) —— 232
Tabelle 46: Das mittelniederdeutsche Tempus-Aspekt-System nach Magnusson (1939) —— 235
Tabelle 47: Anzahl der Vergangenheitsformen in drei mnd. Bibelübersetzungen (1478–1522) nach Schöndorf (1983, 174) —— 236
Tabelle 48: Präteritum-Perfekt-Verteilung im arealen und diachronen Vergleich —— 237
Tabelle 49: Präteritum-Perfekt-Verteilung nach Diskursmodus im arealen und diachronen Vergleich —— 237
Tabelle 50: Rekonstruktion des frühneuhochdeutschen Tempus-Aspekt-Systems —— 241
Tabelle 51: Formenübersicht: Auf- und Abbau des Formenbestands im diachronen Vergleich —— 241
Tabelle 52: Bedeutungen der Perfektform – diachron —— 242
Tabelle 53: Bedeutungen der Präteritumform – diachron —— 243
Tabelle 54: Überblick über das zeitreferentielle Modell bei Elsness (1997) (eigene Darstellung) —— 271
Tabelle 55: Funktionsbereich A (vgl. Dentler 1997, 72–73) —— 275
Tabelle 56: Funktionsbereich –B (vgl. Dentler 1997, 74–76) —— 276
Tabelle 57: Funktionsbereich B (vgl. Dentler 1997, 76–79) —— 277
Tabelle 58: Funktionsbereich B+ (vgl. Dentler 1997, 80–82) —— 278
Tabelle 59: Funktionsbereich C (vgl. Dentler 1997, 82–84) —— 279
Tabelle 60: Anteile der Perfektbelege an den Funktionsbereichen nach Dentler (1998, 138) —— 281
Tabelle 61: Anteile der atelischen Verben an Perfektbildungen nach Dentler (1998, 140) —— 281
Tabelle 62: Der Grammatikalisierungsgrad des Perfekts in den germanischen Sprachen: Perfektexpansion im Vergleich (angelehnt an Dammel/Nowak/Schmuck 2010, 348, Fig. 1) —— 286
Tabelle 63: Analysemodell zur Perfektexpansion —— 289
Tabelle 64: Retrospektive Gegenwart —— 291
Tabelle 65: Übergangsbereich —— 292
Tabelle 66: Vergangenheit —— 293
Tabelle 67: Ausdrucksseitige Verfahren präteritumbildender Verben in den Dialekten des Präteritumschwundgebiets und des Übergangsraums —— 365

Tabelle 68: Regularität/Irregularität der Konjugationsklassen —— **367**
Tabelle 69: Token- und Typenfrequenzen der deutschen Verben im Vergleich (nach Augst 1975, 235; zitiert nach Nübling et al. 2010, 57) —— **371**
Tabelle 70: Tokenfrequenzen von Präterita im Vergleich —— **374**
Tabelle 71: Die Reihenfolge im Erwerb der Tempusformen (nach Abbildung 4 in Reuen 1998, 83) —— **383**

5.3 Abbildungsverzeichnis

Abbildung 1: Häufigkeiten der Beleganzahlen in Grammatiken —— 31
Abbildung 2: Hierarchie des Präteritumschwunds —— 82
Abbildung 3: Abbauhierarchie des Präteritumschwunds nach Verbklassen —— 129
Abbildung 4: Affinität des Tempusformengebrauchs in der Standardsprache des 20. Jahrhunderts —— 147
Abbildung 5: Zeitleiste des Präteritumschwunds nach Lindgren (1957, 97) —— 150
Abbildung 6: Historische Entwicklung von Perfektexpansion und Präteritumschwund —— 160
Abbildung 7: Abbildung zu absoluten temporalen Distinktionen in natürlichen Sprachen von Kibort (2008) —— 168
Abbildung 8: Temporale Grundbedeutungen im Deutschen —— 170
Abbildung 9: Ausschnitt des zeitlogisches Modells für das Englische von Reichenbach (1947) —— 172
Abbildung 10: Zwei-Ebenen-Modell nach Henriksson (2006) —— 180
Abbildung 11: Zeitschema der States nach Henriksson (2006, 34) —— 183
Abbildung 12: Zeitschema der Activities nach Henriksson (2006, 37) —— 184
Abbildung 13: Zeitschema der Accomplishments nach Henriksson (2006, 39) —— 185
Abbildung 14: Zeitschema der Achievements nach Henriksson (2006, 39) —— 185
Abbildung 15: Zeitschema der Semelfactives (eigene Abbildung) —— 186
Abbildung 16: Aspektuelle Situationstypen im Überblick —— 187
Abbildung 17: Die fünf Kardinalpositionen nach Hewson/Bubenik (1997, 14) und Hewson (2012, 510) —— 193
Abbildung 18: Affinität des retrospektiven Blickwinkels zu den Situationstypen —— 198
Abbildung 19: Entwicklung eines temporalen Kontrasts im Germanischen durch Verschmelzung von ie. Aorist- und Perfektformen nach Hewson/Bubenik 1997, 354, Fig. 3; ergänzt: HF) —— 200
Abbildung 20: Aspektuelle Blickwinkel im Überblick —— 201
Abbildung 21: Aspektuelle Bedeutungen im Deutschen —— 202
Abbildung 22: Überblick über aspektuelle Perspektivierung und temporale Bewegung im Text —— 209
Abbildung 23: Eigenschaften der aspektuellen Blickwinkel —— 210
Abbildung 24: Diskursgliedernde Funktionen der aspektuellen Blickwinkel —— 210
Abbildung 25: Affinitäten der Tempusformen zur nähe-/distanzsprachlichen Diskursgestaltung —— 213
Abbildung 26: Überblick: Bedeutungen und Funktionen —— 215
Abbildung 27: Das nhd. Tempus-Aspekt-System (Indikativ) —— 216
Abbildung 28: Universeller Grammatikalisierungspfad (nach Bybee/Dahl 1989, 58, 68) —— 245
Abbildung 29: Grammatikalisierungspfad der Perfektform im Deutschen (in Anlehnung an Bybee/Dahl 1989, 58, 68) —— 247
Abbildung 30: Grammatikalisierung des Perfekts —— 254
Abbildung 31: Entwicklung des *habēn/eigan*-Perfekts nach Grønvik (1986) —— 256
Abbildung 32: Übersicht über die Entwicklung des Perfekts im Deutschen nach Grønvik (1986) —— 257
Abbildung 33: Das *passé composé*-Kontinuum bei Waugh (1987, 26–27) —— 269
Abbildung 34: Funktionsbereiche des Perfekts nach Dentler (1997, 66, 1998, 137) —— 274

Abbildung 35: Übersicht Perfektgrammatikalisierung, Perfektexpansion und Präteritumschwund —— **282**
Abbildung 36: Faktoren des Präteritumschwunds —— **360**
Abbildung 37: Ausdrucksverfahren zwischen Analyse und Synthese nach Nübling et al. (2013, 63) —— **363**
Abbildung 38: Ausdrucksseitige Verfahren der Vergangenheitsbildung im Ludwigstädter Dialekt nach Harnisch (1997, 120–121) —— **364**
Abbildung 39: Zusammenhänge von Gebrauchsfrequenz, Ausdrucksverfahren und der Abbauhierarchie des Präteritumschwunds (nach Nübling et al. 2013, 66) —— **369**
Abbildung 40: Faktoren des Abbaus und Erhalts der Präteritumformen —— **381**

5.4 Kartenverzeichnis

Karte 1: „Map 3" aus Thieroff (2000, 285) —— 11
Karte 2: „Map 68.1: 'Have' perfects in Europe" aus Dahl/Velupillai (2013) —— 12
Karte 3: „Vergangenheitstempora in den Sprachen Europas" aus Ternes (1988, 340) —— 13
Karte 4: Präteritalgrenzen der starken Verben bei Wenker —— 17
Karte 5: Neukartierung der Wenkerkarte *kamen* —— 19
Karte 6: Präteritalgrenzen bei Wenker im Vergleich: starke Verben vs. Modalverb —— 20
Karte 7: Neukartierung der Wenkerkarte *wollten* —— 22
Karte 8: Neukartierung der Wenkerkarte *war* (1) —— 24
Karte 9: Neukartierung der Wenkerkarte *war* (2) —— 25
Karte 10: Präteritalgrenzen bei Wenker im Vergleich —— 25
Karte 11: Überblick: Präteritumschwund nach Ausweis der Dialektgrammatiken —— 33
Karte 12: Präteritumschwund nach Ausweis der alemannischen und schwäbischen Dialektgrammatiken —— 37
Karte 13: Präteritumschwund nach Ausweis der bairischen Dialektgrammatiken —— 41
Karte 14: Präteritumschwund nach Ausweis der rheinfränkischen Dialektgrammatiken —— 45
Karte 15: Präteritumschwund nach Ausweis der ostfränkischen Dialektgrammatiken —— 51
Karte 16: Präteritumschwund nach Ausweis der moselfränkischen Dialektgrammatiken —— 57
Karte 17: Präteritumschwund nach Ausweis der hessischen Dialektgrammatiken —— 62
Karte 18: Präteritumschwund nach Ausweis der ripuarischen und niederfränkischen Dialektgrammatiken —— 73
Karte 19: Präteritumschwund nach Ausweis der ostmitteldeutschen Dialektgrammatiken —— 76
Karte 20: Präteritumschwund nach Ausweis der westfälischen Dialektgrammatiken —— 84
Karte 21: Präteritumschwund nach Ausweis der ostfälischen Dialektgrammatiken —— 88
Karte 22: Präteritumschwund nach Ausweis der Dialektgrammatiken des Mecklenburgisch-Vorpommerschen, Brandenburgischen und Berlinischen —— 92
Karte 23: Präteritumschwund nach Ausweis der nordniederdeutschen Dialektgrammatiken —— 96
Karte 24: Überblick: Sprachatlanten und weitere Studien —— 101
Karte 25: „Südgrenze von Imperfekten" aus Sperschneider (1959, Karte 17) —— 114
Karte 26: „Imperfektformen" aus Sperschneider (1959, Karte 18) —— 116
Karte 27: Präteritalgrenzen und Apokopegebiete im Vergleich —— 331
Karte 28: Präteritumschwund nach Ausweis der Dialektgrammatiken und Apokopegebiete im Vergleich —— 332

Register

Abbauhierarchie 72, 129, 156, 159–160, 163, 343, 362, 373, 377, 381–383, 387, 390, 392, 395–396
Ablaut 283, 287–288, 346–348, 361, 363, 368, 371, 396
Accomplishments 182–187, 197, 208, 255, 302, 393
Achievements 120, 182–183, 185–187, 197, 208, 302, 393
Activities 182–187, 197, 208, 245, 255, 303, 378, 393
Afrikaans 9, 351, 353, 357
aftermath 266–270
Aktionsart 143, 179, 222, 229, 234
Altgriechisch 199–200, 240, 260–261
Althochdeutsch 191–192, 218, 220–224, 242–243, 250–253, 255–256, 258, 260, 263–264, 309, 311, 321–322, 325, 339, 361, 363, 379, 393, 396
Altsächsisch 191, 218, 220, 223, 238, 250–251, 255, 260, 262–264, 321–322
am-Progressiv 72, 192, 217
Analogie 248–249, 251, 326, 372
anterior 14, 176–177, 193, 195–196, 205–206, 245–246, 261, 266, 268, 294
Aorist 1, 9–10, 13, 171, 199–201, 219–221, 234
Apokope 40, 65, 78, 317, 326–331, 333–336, 338, 340–341, 345, 361, 369, 396
Apokope-These 329, 333–334, 337, 340–341
Aspekt 166, 174, 176, 179, 189–193, 198–200, 309, 315
Aspektualität 166, 178, 188, 190, 202, 219, 228, 234, 290, 309, 314, 348, 381, 385
aspektueller Blickwinkel 179–180, 188, 190–192, 194, 202, 207, 210
Assimilierung 21, 369
Auxiliar 141, 251, 253, 255–256, 258–261, 268, 310, 352, 363, 376, 381–382
Auxiliarwahl 258, 263, 322

Bedeutungsunterschied 8, 83, 100, 131–132, 136, 146, 189, 219, 317

Charlemagne Sprachbund 10, 261, 359

Dialekt 2–3, 14, 30, 107, 110, 130–131, 145, 147
Diskursmodus 96, 154, 163, 204, 206, 209, 230, 236–237, 290, 293, 295, 306–307, 315, 342–343
Doppelte Perfektbildung 40, 217–218, 243, 308, 310–313, 316, 359, 385, 397

Englisch 9, 172, 174, 195, 234, 257, 261, 265, 270–273, 283–289, 291–292, 317, 355, 362, 372, 384, 394
Erzähltempus 13–14, 36, 96, 135, 146, 205, 229, 284, 296–297, 307, 324
Expansionsgrad 161, 165, 282, 294–295, 297, 386, 394, 397

Französisch 10, 13, 177, 199, 201, 207, 234, 246, 261, 265–267, 269–270, 273, 288, 333, 347, 353–354, 357–359, 383–384
Frühneuhochdeutsch 158, 191, 205, 236–238, 240, 242–244, 280, 308–310, 322, 324–325, 336, 342, 358, 393
Funktionsunterschied 8, 29, 34, 75, 79, 83, 96, 100, 130–131, 340, 350

Gegenwartsrelevanz 87, 120, 133–134, 194–195, 231–232, 268, 270, 272, 277, 283, 290–292, 294, 300–301, 308, 314–315, 361, 384, 386
general past 14, 56, 87, 177, 206, 246–247, 266, 283, 286, 323
Gotisch 192, 200, 218–221, 224, 242
Grammatikalisierungspfad 14, 161, 176, 210, 245–247, 250, 263–266, 308, 319, 323

Hilfsverb 16, 30, 44, 56–57, 61–63, 123, 128–129, 163, 223, 254–255, 257, 261, 351, 356, 373, 381, 390, 396

imperfective past 284
imperfektive Vergangenheit 86–87, 97, 199, 201, 210, 213, 216–217, 221, 223, 225, 230, 235, 241–243, 246, 265, 288, 290, 293, 295–297, 303, 305–307, 314–315, 324, 393–394

imperfektiver Blickwinkel 190, 192, 197, 202–203, 207, 214, 223, 285, 303
Irregularität 72, 288, 368–370
Isoglosse 16–17, 19, 21, 23, 26, 35, 44, 117, 127, 388–389
Italienisch 9–10, 13, 177, 201, 261, 333, 354, 359

Jiddisch 9–10, 201, 333, 351, 353–354, 357

Kategorienfrequenz 82, 158, 287–288, 314, 316, 320, 322, 372, 382, 389
Klammerbildung 123, 129, 146, 352–356, 361, 379–380, 387, 391, 396
Konjunktiv 15, 18, 20–21, 40, 57, 103, 157, 339, 343–344, 346–347, 355, 373, 397
Konjunktiv-These 317, 345
Kontamination 20
Kopulaverb 129, 141, 177, 258, 376–377, 380–381, 390
Kreuzungsform 20, 63

landschaftliches Hochdeutsch 27–28, 131
Latein 132, 171, 199, 201, 234, 240, 252–253, 260–262, 312
Lexikalisierung 117, 342, 369, 372, 381

Mittelhochdeutsch 159, 191, 218, 224, 226, 228–229, 231–234, 236, 238, 240, 242–244, 256, 258, 264–265, 282, 308, 319, 321–322, 357, 360, 386, 393
Mittelniederdeutsch 218, 233, 235–238, 321, 323–324, 361
Modalitätsverb 61, 364, 380–382
Modalverb 16, 20–21, 26, 30, 40, 44, 50, 56, 61–62, 72, 82, 102–109, 113, 115, 117, 120–123, 125, 127–129, 141, 146, 157, 160, 163, 229, 238, 258, 264, 322, 346, 361–362, 364, 368, 376–377, 379–383, 386, 388, 390–391, 394, 396

Nachzustand 182–183, 185–186, 188, 192, 197–198, 265–266, 268, 284, 291–292, 301–302, 312, 322, 378–379, 394
Narrationstempus 11, 56, 79, 83, 100, 131, 139, 294–297, 306–307, 315, 392
Niederländisch 201, 261, 265, 283–289, 293–295, 309, 320, 323, 339–340, 354, 357, 362, 394

Passivhilfsverb 380
past imperfective 246, 393

past perfective 14, 56, 177, 206, 247, 266, 284, 323
perfektive Vergangenheit 1, 10–11, 86–87, 97, 199, 210, 220–221, 223, 225, 230–231, 234–235, 241–243, 246, 256, 265, 267, 269, 279, 290, 292–296, 300, 302, 304, 312, 319, 385–386, 394
perfektiver Blickwinkel 192, 198, 202–203, 207, 209, 223, 285, 293, 393
Perfektverben 123
Portugiesisch 13, 261
Präteritalausgleich 4, 287–288
Präteritalgrenze 16–21, 23, 26, 113–115, 127, 130, 330–331, 388
Präteritopräsens 16, 32, 56, 58, 115, 337, 364, 367–368, 379, 381–382
Präteritumverben 44, 56, 378
progressiv 176, 190, 192, 200, 202, 284–285, 310, 316, 355, 397

Reanalyse 248–250, 253–254, 259, 263, 270
Regiolekt 3, 37, 91, 100, 145, 396
Regionalsprache 1, 3, 131, 145, 164, 211, 297, 307, 313–314, 324, 373, 380, 386, 394
Regularität 117, 368–369, 381
Resultativkonstruktionen 194, 230, 244–246
retrospektive Gegenwart 97, 199, 210–211, 213, 216–217, 220–225, 230–231, 233, 235, 238, 241–243, 254, 286, 288, 290–292, 294, 298–300, 312, 314, 386, 392–394
retrospektive Gegenwartsbedeutung 199, 205, 207, 209, 214, 216, 233, 243–244, 265, 267, 290, 315, 319, 342, 357
retrospektive Vergangenheit 217, 220–221, 223–225, 230–232, 235, 240–243, 290, 293, 308, 312
retrospektiver Blickwinkel 188, 192–193, 195, 197–198, 200, 202–203, 223, 256, 264, 270, 378, 386, 393

Satzklammer 122–123, 146, 379, 381
schwache Verben 23, 32, 40, 44, 51–52, 56, 58, 61, 63–65, 67, 72–73, 75, 77–79, 82, 88, 90, 94, 98, 106–109, 120, 123, 126, 129, 142, 144, 147, 157, 160, 163, 328, 331, 335–344, 346, 348, 361–362,

364, 368–369, 371–373, 377, 381–382, 396
Schwedisch 234, 261, 265, 280, 283–289, 291–292, 309, 320, 362, 394
Semelfactives 182, 186–187, 197, 208, 393
Situationstyp (aspektueller) 179–182, 185–190, 194–195, 197–198, 201–202, 208, 219, 230, 256, 258, 264, 268, 270, 302–303, 314, 360, 378–379, 381, 393
Spanisch 13, 261
Spracherwerb 131, 145, 178, 259, 361–362, 382–384, 396
Sprachkontakt 10, 159, 250, 260–264, 323, 342, 354–355, 357–360
Sprachökonomie 110, 122, 142–144, 288, 348, 369–370, 372, 380–381, 391
Staffellandschaft 26, 389
Standardsprache 2–3, 14, 18, 23, 105, 107, 110, 130–133, 135–136, 144–147, 174, 205, 215–216, 295, 313, 315, 324, 330, 335, 392–393
starke Verben 16–17, 19–21, 26, 30, 35, 40, 50–52, 61–62, 64–66, 72–73, 77–79, 82, 84–85, 91, 95, 106–109, 113, 115, 117, 120, 125, 129, 144, 147, 157, 160, 163, 283, 326, 336–337, 340, 342–344, 346–348, 361–362, 368–369, 371–372, 376, 381–383, 391, 396
States 182, 184, 187–188, 198, 208, 302–303, 378–379
Synkope 40, 333, 338–343, 361, 369, 396

Telizitätsskala 256, 264, 385, 394
Temporalität 166, 178, 385
Tempus 166–167, 173–174, 176, 188, 308–309
Tempusprofilierung 308–309
Tokenfrequenz 18, 23, 117, 370–373, 376–377, 380–382, 390–391
Transitivität 258
Transitivitätsskala 255, 264, 385, 394
tun-Periphrase 67, 72, 94, 98, 217, 352–354, 397
Typenfrequenz 370–372, 377, 382, 397

Verbalklammer 372, 380
Vorvergangenheit 169–170, 214, 216–217, 220–221, 223–225, 229–230, 232, 234–235, 240–243, 290, 312, 393

Wenkersätze 15

www.ingramcontent.com/pod-product-compliance
Lightning Source LLC
Chambersburg PA
CBHW051553230426
43668CB00013B/1835